한국사

52

대한민국의 성립

국사편찬위원회

자문위원

김 운 태 　 이 만 열 　 조 동 걸

편찬위원

도 진 순 　 정 재 정 　 한 시 준

집필(대한민국의 성립)

김 기 원 　 김 성 보 　 김 재 용 　 노 동 은 　 박 찬 표

박 태 균 　 서 중 석 　 안 종 철 　 오 광 수 　 유 민 영

정 용 욱 　 정 해 구 　 정 호 웅

기획 · 편집

강 영 철 　 이 근 택 　 고 성 훈 　 고 숙 화

복간 간행 : 김 용 곤 · 장 득 진

한국사 간행취지

우리 겨레가 앞으로 어떻게 살아갈 것인가 하는 문제는 우리들은 물론 우리와 더불어 살아가는 세계인들의 관심사일 것이다. 이에 대한 해답은 과거에 어떻게 살아왔는가 하는 우리 역사에 대한 인식을 통해 찾을 수 있을 것이라고 생각된다.

본 위원회에서는 이미 1970년대에 『한국사』 25권을 간행하여 해방 이후 한국사의 연구성과를 집대성함으로써 한국사에 대한 인식을 새롭게 한 바 있다. 그 이후 한국사회는 놀라운 성장과 발전을 이루었고 역사학계도 상당한 연구성과를 축적하였다. 이러한 변화에 발맞추어 한국사학계는 새로운 『한국사』 편찬의 필요를 느끼게 되었다.

이에 본 위원회는 일차적으로 한국사 연구지원비를 마련하여 역사학계로 하여금 1980년대 중반까지 연구성과가 미진하다고 생각되는 분야를 연구할 수 있도록 하였다. 이어서 1989년부터 1990년까지의 준비를 거쳐 1991년에는 '신편 한국사 편찬위원회'를 따로 구성하고 총 60권에 달하는 새로운 『한국사』를 편찬하기로 하였다. 그리고 다음과 같은 『한국사』 편찬의 목표를 세웠다.

① 한국의 역사와 문화에 대한 객관적 인식의 토대를 제공할 수 있는 한국사를 편찬한다.

② 민족의 창조적 문화활동과 민족사의 내재적 발전을 드러내는 한국사를 편찬한다.

③ 최근까지의 연구성과를 체계화하고 새로운 영역을 개척함으로써 한국사 연구의 지평을 넓힌다.

④ 한국사 연구와 관련하여 고고학·인류학·사회학·경제학 등 인접학문의 연구성과를 수용하여 한국사 인식의 폭을 넓히는 데 기여한다.

새로운 『한국사』를 펴내면서 우리 모두가 바라는 바는, 민족의 통일에 대비해야 하고 급격히 변화하는 시대상황 속에서, 한국사 연구자의 깊이 있는 연구를 도와주고 독자들의 역사인식을 드높일 수 있는 길잡이 구실을 할 수 있었으면 하는 것이다.

국사편찬위원회 위원장

목 차

Ⅲ. 미군정기의 사회·경제·문화

1. 미군정기의 사회

2. 미군정기의 경제

3. 미군정기의 문화

Ⅳ. 남북한 단독정부의 수립

1. 대한민국의 수립

2. 조선민주주의인민공화국의 수립

개 요

I

해방 3년기는 미·소 군대가 남북을 점령하였던 시기로, 그 이후 남과 북 체제의 기본 골격이 형성되었다는 점에서도 역사적 의의가 있지만, 혁명적 변화의 시기였다는 점에서도 역사적 의의가 있다.

1945년 8월 15일 해방은 한국사회에 혁명적 변화를 가져왔다. 한국인은 역사상 처음으로 자유를 가졌다. 언론·출판·집회·결사의 자유 등 인간의 기본권이 상당 부분 보장되었다. 한국어도 자유롭게 사용할 수 있게 되었고, 한글을 가지고 민족문화를 발달시킬 수 있게 되었다. 경제도 한국인이 주체가 되었고, 장기간 지속되어 온 소작제가 토지개혁에 의해 철폐될 수밖에 없게 되었다. 민주주의 사회의 도래가 당연시되었다. 정치·사회 등 여러 부문에서 변혁운동이 활발히 전개되었다.

이와 같은 혁명적 변화는 민족국가의 건설에 의해서 구체화되게 되어 있었다. 해방이 되었을 때 근대적 민족국가는 자연스럽게 수립될 것으로 기대하였으나 현실은 그렇게 간단하지 않았다. 민족 내부의 좌우·남북 대립도 그것을 어렵게 하였지만, 미국과 소련의 대한정책이 더 기본적인 장애 요인으로 작용하였다.

미국은 태평양전쟁이 발발할 무렵부터 전쟁이 끝나면 동아시아에서 영향력을 크게 행사할 것을 예상하였고, 한국에 대해서는 신탁통치를 실시하고자 하였다. 1943년 카이로선언에서 '적당한 절차를 거쳐' 한국을 독립시켜주겠다고 한 것도 신탁통치 실시와 관련이 있었다. 소련은 한반도에 자국에 우호적인 정권을 수립하고자 하였다. 특히 일본이 포츠담선언을 수락하면서 미국이 북위 38도선을 경계로 북쪽은 소군이 남쪽은 미군이 점령할 것을 제의하여 소련이 동의한 것은 민족국가 건설에 심대한 장애 요인으로 작용할 수밖에 없었다. 미국은 해양세력으로 자본주의진영을 대표하고 있었고, 소련은 대륙세력으로 사회주의체제의 사령탑이어서 냉전이 본격화되면 38선은 '국경선'이 될 수밖에 없었다.

1945년 9월 8일 인천에 상륙한 미군은 군정을 실시하였다. 미군정은 현상타파정책을 썼던 독일·일본에서와 달리 현상유지정책을 썼던 바, 친일경찰 등 친일파 등용은 커다란 해악을 끼쳤다. 또한 간접통치를 하였던 독일·일본에서와는 대조적으로 직접통치를 하였으며, 한민당 등 우익세력을 적극 육성하고 좌익세력을 억압하였다.

한국인은 해방된 그날부터 자주적으로 민족국가 건설 활동에 들어갔다. 일제가 패망하자 미리부터 준비를 해왔던 呂運亨·安在鴻 등은 좌우를 규합하여 建國準備委員會(약칭 건준)를 발족시켰던 바, 그것에 호응하여 남과 북에서 건준지부를 결성하였다. 해방이 되었을 때 대한임시정부가 중경에 있었던 것을 비롯하여 여러 해외 독립운동단체가 먼 곳에 있었기 때문에 국내 각지에 건국준비단체가 조직된 것은 한민족의 자주성을 세계에 과시하는 등 중요한 의미가 있었다. 건준은 각지에서 치안을 담당하였고, 조선총독부의 각종 시설을 보호하여 장차 수립될 우리 정부에 넘기고자 하였다. 건준은 이름 그대로 국내외의 여러 독립운동세력으로 구성될 과도정부가 들어서기까지 임시적 과도적 임무를 맡았다.

8월 하순, 9월초에 미군이 서울에 곧 들어올 것이라는 소식이 퍼지면서 건준에서 우익이 탈퇴하는 등 좌와 우의 갈등현상이 구체화되었다. 9월 6일 좌익 주도로 건준 後身으로 人民共和國(약칭 인공)이 조직되었다. 인공은 미군의 진주에 대비하여 조직되었지만, 우익의 중경임시정부 추대운동에 대한 대응으로 조직된 것이기도 하였다. 인공이 조직되면서 좌우 대립은 중경임시정부 추대와 인공 지지의 대립으로 나타났다.

인공이 조직된 이후 지방의 건준 지부는 대개 인민위원회로 개편되었다. 인민위원회는 면단위와 그 아래 단위에까지 조직되었다. 적지 않은 인민위원회가 그 지역 주민들의 지지를 받았지만, 미군이 각 지방에 주둔하여 행정권을 행사하면서 대부분의 인민위원회는 더 이상 지역 '정권'으로서 기능하지 못하였다.

해방이 되면서 여러 정당이 조직되었다. 9월에 결성된 우익의 대표적 정당으로는 韓國民主黨(약칭 한민당)과 國民黨이 있었다. 宋鎭禹·金性洙 등이 이끈 한민당은 보수적인 명사·유지가 많이 참여하였고, 지주와 부르주아세력을 대변하였다. 중경임시정부 추대운동에 앞장섰고, 건준·인공세력 타도에 힘을 쏟았다. 신민주주의·신민족주의를 표방한 안재홍의 국민당은 중도우파적 성격을 지녔는데 좌우연합 등 민족대단결을 중시하였다.

한민당이 우익의 중심세력이라면 좌익에서는 朝鮮共産黨(약칭 조공)이 강력하였다. 조공은 9월에 '재건'되었음을 선포하였다. 朴憲永이 이끈 조공에서 채택한 8월테제는 부르주아혁명-토지혁명을 현단계노선으로 제시하였다. 조공은 당조직과 대중조직에 힘썼고, 1946년초까지는 비교적 온건하였다. 11월에는 여운형을 중심으로 人民黨이 발족되었다. 부르주아와 공산주의자들이 포함된 인민당은 좌우연합의 매개 역할을 할 것임을 선언하였다.

북에서는 10월에 남과 북의 정치적 조건이 다르다는 이유로 朝鮮共産黨北朝鮮分局이 창설되었다. 북조선분국은 조선공산당의 하부조직임을 표명하였지만 실제로는 독립적으로 활동하였으며, 1946년초부터는 北朝鮮共産黨(책임비서 金日成)으로 호칭하였다. 11월에는 曺晩植을 당수로 한 朝鮮民主黨(약칭 조민당)이 창당되었다. 조민당은 간부 다수가 월남하고 공산주의자들이 침투하여 점차 정체성을 상실하였다. 12월에는 중국에서 조선독립동맹간부들이 입북하였는데, 다음해에 金科奉 등은 당명을 新民黨으로 바꾸었다. 독립동맹은 남한에 경성특별위원회(위원장 白南雲)를 조직하였던 바, 이것 또한 명칭이 신민당으로 바뀌었다.

10월에는 미군의 지지를 받으며 李承晩이 귀국하였다. 그는 獨立促成中央協議會를 조직하여 미군정이 바라던 바대로 각 정파를 규합하려고 하였으나 조공 등의 반발로 성공하지 못하였다. 金九 등 중경임시정부 요인들은 11월에 개인자격으로 환국하여 우익의 환영을 받았다. 중경임시정부 요인들이 귀국함에 따라 민족대단결이 요청되었으나, 임정이 주장하는 '법통'을 인공측이 인정하지 않고 동등하게 합작할 것을 요구하여 두 세력간에 타협이 이루어지지 않았다.

한국문제에 대한 연합국 결정은 해방되고 3개월이나 지난 12월 하순에 이루어졌다. 모스크바회담에서 미국무장관은 신탁통치안을 제시하였고, 소련외상은 임시정부 수립을 중심으로 한 수정안을 제시하여, 미·영·소 3국외상은 27일 합의를 보았다. 모스크바 三相결정으로 알려진 이 합의는 제1항에서 조속히 임시 조선민주주의정부를 수립할 것을 규정하였고, 제2항에서 미·소 점령군 대표로 미·소공동위원회(약칭 미·소공위)를 구성하여 임시조선정부 수립 등의 임무를 맡도록 하였으며, 제3항에서 5년 이내의 신탁통치를 실시하되, 신탁통치 실시의 방안은 미·소공위가 조선임시정부와 협의하여 작성하도록 하였다. 그리고 4항에서는 남·북조선의 현안을 논의하기 위해 2주 이내에 미·소 양군 대표회의를 열도록 하였다. 요약하면 먼저 임시정부를 구성하고 4개국 신탁통치를 실시하되, 그 방안은 나중에 마련하도록 되어 있었다.

反託鬪爭은 처음에는 소련이 신탁통치 실시를 주장하고 미국이 즉시독립을 주장하였다는 오보 등에 격발되었다. 반탁투쟁은 김구 등 중경임시정부가 주도하였고, 한민당·국민당 등 우익이 적극 호응하였다. 반탁투쟁은 서울·인천지역에서 30·31일에 한층 고조되었으며, 총파업이 결의되었다. 반탁투쟁은 중경임정 추대운동과 병행되었으며, 반공반소운동의 성격이 강하였다. 좌익에서는 처음에는 개인적으로 예전에 알고 있었던 신탁통치라면 그것은 반대한다고 피력하였는데, 1946년 1월 2일에는 조공과 인공에서 공식적으로 신탁조항이 포함된 모스크바 삼상결정을 지지한다고 발표하였다. 초기 반탁투쟁에 참여하였던 金奎植·안재홍·金炳魯 등 중도우파는 민족국가를 건설하는 데 모스크바 삼상결정의 중요성을 인식하고, 조속히 임시정부를 수립하기 위해 미·소공위 활동에 협조하되, 내용이 불확실한 신탁통치는 자주정신으로 받지 않도록 하자고 주장하였다. 중도좌파도 이와 비슷한 주장을 하였다.

한국문제에 대한 연합국의 유일한 합의인 모스크바 삼상결정은 오히려 '탁치정국'을 초래하였고, 그리하여 미·소공위가 열리기 전에 좌우 분립 현상이 나타났다. 1946년 2월 우익 정당·사회단체는 김구가 이끄는 非常國民會議와 이승만이 리더십을 가진 南朝鮮大韓國民代表民主議院에 집결하였으며, 좌익은 民主主義民族戰線으로 모였다. 이 시기에 북에서는 북조선 행정

10국을 보다 중앙집권적으로 조직한 北朝鮮臨時人民委員會(위원장 김일성)가 조직되었다.

1946년 3월 20일 열린 미·소공위는 원만하게 진행되지 못하였다. 임시정부 수립 협의대상에 대해서 미국측과 소련측 입장이 달랐기 때문이다. 특히 반탁투쟁을 벌인 우익측 정당·사회단체는 모스크바결정을 반대하는 것이므로 협의대상에서 배제하여야 한다는 소련측의 주장을 미국측으로서는 받아들일 수 없었다. 결국 소련측이 양보하여 4월 18일 반탁투쟁을 했더라도 모스크바 삼상결정을 지지하면 협의대상으로 할 수 있다는 〈공동성명 5호〉가 발표되어 물꼬가 트였지만, 〈공동성명 5호〉를 둘러싸고 반탁세력·미국측·소련측의 견해가 엇갈려 미·소공위는 5월초 휴회되었다.

Ⅱ

미·소공위의 활동이 좌절되었다는 것은 민족국가 수립이 어렵게 되었다는 것을 의미하였다. 이승만은 6월 3일 井邑에서 남한단독정부 수립의 필요성을 피력하였고, 이에 대해 한민당은 수긍하는 태도를 보였다. 북에서는 이 시기에 민주기지론이 제기되었다. 〈남녀평등법〉·〈노동법〉·〈국유화법〉 등이 제정되었고, 북의 정당·사회단체를 망라하여 7월에 北朝鮮民主主義民族統一戰線이 결성되었다. 8월에는 북조선공산당과 신민당을 통합하여 北朝鮮勞動黨(위원장 김두봉)을 조직하였다.

미·소공위 휴회로 민족국가 건설이 위기에 빠지자 미·소공위 속개를 촉구하고 민족대단결을 이루기 위해 좌우합작운동이 전개되었다. 좌우합작운동은 미군정의 지지를 받았다. 미국·미군정은 조공을 탄압하면서, 좌익을 분열시키고 개혁적인 중도파를 자기 편으로 끌어들여 친미세력을 강화하고, 미·소공위 활동을 성사시키기 위해 이승만·김구 등 극우세력을 견제하면서 좌우합작운동을 지원하였다. 또한 미군정은 左右合作委員會 중심으로 입법기구를 설립하고자 하였다.

좌우합작위원회는 비상국민회의민주의원 등에서 우익대표로 김규식 등 5명을 선정하였고, 좌익은 민전에서 여운형 등 5명을 좌익대표로 선정하여 7월 25일 첫 회의를 열었다. 그러나 7월 27일 민전에서 사실상 합작을 반대하기 위한 5원칙을 발표함으로써 중대한 난관을 맞이하였다. 민전 5원칙은 박헌영이 평양에서 돌아온 뒤 조선공산당이 채택한 新戰術에 따른 것이었다. 신전술은 그때까지 미군정에 대하여 우호적인 입장을 보였던 것을 전환하여 경우에 따라서는 군중투쟁을 전개할 수도 있다는 공세적 투쟁노선이었다. 5원칙 발표 후 좌익에서는 합작운동에 여운형 지지세력만이 참여하였다.

신전술이 등장하면서 좌익은 대분열을 맞이하게 되었다. 8월에 공산당·인민당·신민당 등 좌익 3당의 합당이 추진되었지만, 박헌영 지지세력과 여운형 지지세력으로 분열되었고, 전자가 중심이 되어 11월에 南勞黨이 결성되었다. 또한 박헌영 체포령 등으로 시기가 앞당겨져 9월총파업이 발생하였고, 그 와중에서 10월항쟁이 일어났다. 9월총파업·10월항쟁은 좌익 내부의 분열을 더욱 촉진하였고 좌우대립을 심화시켰다.

9월총파업·10월항쟁에도 불구하고 좌우합작운동은 미군정의 지지를 받으며 계속되어 10월 7일에는 〈좌우합작 7원칙〉이 발표되었다. 7원칙이 발표되면서 미국에 의해 미·소공위를 속개하려는 움직임이 일어났다. 그렇지만 좌익의 주류와 우익의 한민당 등이 7원칙에 반대하고 여운형이 좌익 내부에서 곤경에 빠짐에 따라 좌우합작운동은 지지부진하였고, 그것은 중도파에 의한 통일국가건설운동으로 변하였다.

12월에는 관선의원(정원 45명)과 민선의원(정원 45명)으로 구성된 南朝鮮過渡立法議院이 출범하였다. 김규식이 의장인 입법의원은 〈친일파 처단법〉·〈보통선거법〉 등을 둘러싸고 중도파와 극우세력간에 심한 대립을 보였다. 북에서는 1947년 2월에 각급 인민위원회선거에 의하여 선출된 대의원으로 구성된 인민회의가 소집되었고, 北朝鮮人民委員會(위원장 김일성)가 창설되었다.

미·소공위는 1947년 5월 21일 재개되었다. 처음에는 잘 되어 가는 것 같았지만 7월에 다시 공전되었다. 1947년 3월 트루만독트린으로 미·소간에 냉전이 본격화되었는데, 7월경 미국은 더욱 강력한 대소강경정책을 채택하였다. 7월 19일 여운형 암살은 분단이 피할 수 없는 상황에 이르렀음을 상징적으로 보여준 사건이었다.

9월에 미국은 한국문제를 유엔에서 다루어줄 것을 요청하였다. 11월 14일 유엔총회에서는 유엔감시하의 남북총선거안을 통과시켰다. 그러나 소련은 한국문제를 유엔에서 다루는 것을 반대하였고, 미·소 양군철퇴안을 제시하였기 때문에 유엔총회의 결의를 받아들일 의향이 없었다. 1948년 1월 유엔조선임시위원단이 서울에 왔을 때 소련측은 이들이 북에 들어오는 것을 허용하지 않았다.

한국문제가 유엔에 이관된 이후 민족자주연맹을 중심으로 한 중도파 민족주의자들과 한독당에서는 남북지도자회의를 통해서 통일국가건설운동을 전개하고자 하였다. 유엔임시위원단이 들어오자 김구·김규식 등은 북의 김일성·김두봉에게 요인회담을 열 것을 제의하였다. 2월 26일 유엔소총회에서는 남한만의 총선거를 결의하였다. 하지 주한미군사령관은 5월 10일 선거를 실시할 것을 발표하고 구체적인 작업에 들어갔다.

3월 25일 북측은 南北諸政黨社會團體代表者連席會議를 열 것을 제의하였다. 1948년 4월 해방되고 최초로 평양에서 열린 남북지도자들의 회의는 두 가지가 있었다. 북의 주도로 19일에서 23일 사이에 열린 연석회의는 남의 단선단정을 반대하는 데 주력하였다. 북측이 내켜하지 않았지만 김구·김규식이 강력히 요청하여 26일에서 30일 사이에 열린 南北要人會談, 일명 南北協商에서는 통일국가를 건설하기 위한 구체적인 방안 등이 포함된 공동성명서를 채택하였다. 남북협상은 통일국가건설운동의 일환으로 전개되었을 뿐만 아니라, 동족상잔의 전쟁을 막고 대화에 의해 민족문제를 해결하자는 의지가 담겨 있었다.

5월 10일 남에서는 역사 이래 처음으로 보통선거가 실시되었다. 형태상으로 볼 때 5·10보통선거는 프랑스나 이탈리아·일본보다 약간 늦게 실시되었을 뿐이었다. 5월 31일 제헌국회가 소집되었다. 국호는 大韓民國으로 결정하였다. 대통령중심제였고 사회주의가 가미된 통제경제를 지향한 헌법이 7월 17일 공포되었다. 곧 이어 국회에서 대통령에 이승만, 부통령에 李始榮이 선출되었으며, 李範奭을 국무총리로 한 초대 내각이 구성되어 8월 15일 정부수립을 공포하였다(국회의장 申翼熙, 대법원장 김병로).

북에서는 4월 연석회의에 이어 6월 29일부터 제2차 南北諸政黨社會團體指導者協議會를 열어 남의 선거를 부정하고, 선거를 실시하여 最高人民會議를 창설하기로 했다. 북의 최고인민회의는 남의 '지하선거'를 통하여 선임되었다는 대표들이 뽑은 360명의 대의원과 북의 8·25선거로 선출된 212명, 도합 572명의 대의원으로 구성되었다. 그러나 통상 20명 내외로 구성된 상임위원회에서 최고인민회의(의장 許憲) 임무를 대부분 처리하였다. 상임위원회위원장(김두봉)은 국가원수였다. 국호는 朝鮮民主主義人民共和國이었다. 9월 8일 헌법을 채택하였고, 9월 9일 내각(수상 김일성, 부수상 박헌영·金策·洪命熹)이 성립되었다.

Ⅲ

해방은 사회·경제적으로 혁명적 상태를 가져왔다. 이렇게 된 데에는 해방이 갖는 혁명적 성격 외에도 몇 가지 요인이 있었다.

첫째는 급격한 인구이동이다. 만주 등지의 이주민을 제외하더라도 1940년을 전후하여 한국인이 징용·징병·군속·일본군성노예 등으로 대거 국외로 끌려나갔고, 국내에서도 500만 명 내외가 고향을 떠나 각종 노동에 투입되었기 때문이었다. 해방이 되었을 때 국내 각지에서 고향에 들어온 사람들, 일본·만주 등지에서 귀국한 사람들, 북에서 월남한 사람들로 큰 변화를 겪지 않을 수 없었다. 인구 이동은 각종 단체의 탄생과 활동에 영향을 미쳤다.

둘째는 토지문제다. 남한은 당시 총경지중 63.4%가 소작지였고(1945년말 기준), 농가호수중 순소작농은 48.7%에 이르렀는데, 여기에 자작 겸 소작농까지 합치면 80% 이상이 소작을 하였다(1945년말 기준). 농민들은 소작료와 토지개혁에 민감한 반응을 보이지 않을 수 없었다.

셋째 일제말 화폐의 대량 남발 등으로 인플레가 극심하였고, 1945년 연말 이후 생필품이 귀해졌다. 모리배의 준동 등 여러 요인으로 식량품귀현상이 장기간 계속되었으며, 미군정은 악명높은 공출을 하곡까지 실시하였다. 뿐만 아니라 기업은 휴업이 빈번하였고, 공장이 제대로 가동되지 않아 110만 명 이상의 실업자가 나왔고(1946년 기준), 취업자도 대단히 불안한 상태에서 빈곤에 시달렸다.

혁명적 분위기 속에서 위의 조건과 활동가들의 노력에 의해, 좌익이 주도하였지만, 해방후에는 대규모 사회단체가 결성되었고 사회운동이 활발하였다.

규모가 큰 사회단체로는 노동단체가 맨먼저 조직되었다. 1945년 9월 朝鮮勞動組合全國評議會準備委員會가 조직되었고, 11월초에는 남북대표들이 모여 朝鮮勞動組合全國評議會(약칭 전평)를 결성하였다. 전평은 산별조직을 원칙으로 하였으나 기업체적 또는 직업별 조직이 있었고, 중요 산업지대에는 지방평의회를 두었다. 전평은 초기에는 노동자자주관리운동을 폈으며, 1946년 봄~여름까지 산업협력 방침을 채택하기도 하였다. 12월에는 全國農民組合總聯盟(약칭 전농) 결성대회가 있었다. 전농은 결성초기에는 인민공화국 정책과 비슷하게 소작료 3·7제 시행을 주장하였으나, 북에서 토지개혁을 실시한 뒤에는 급진적인 토지개혁을 주장하였다. 역시 12월에는 朝鮮青年總同盟이 조직되었는데, 1946년 4월에는 조선청년총동맹과 조선공산당청년동맹이 해체하여 民主主義青年同盟을 조직하였다. 또한 12월에는 朝鮮婦女總同盟이 결성되었다. 한편 귀환장병들은 國軍準備隊와 學兵同盟을 조직하였다.

우익은 좌익에 대항하기 위해 1946년 3월 大韓獨立促成勞動總聯盟을 조직하였다. 이 단체는 위로부터 아래로 조직되었고, 청년단체가 조직에 중요한 역할을 하였는데, 9월총파업까지는 미미한 존재였다. 수많은 우익계 청년단체도 조직되었는데, 西北青年會·大韓青年團과 미군정의 지원을 받은 민족청년단의 활동이 활발하였다. 이들 청년단체는 대한노총 및 학생단체 등과 함께 경찰의 후원을 받으며, 테러 등의 방법으로 좌익 타격의 선봉에 섰다.

1946년 9월총파업은 노동자들의 극심한 생활고가 기본 요인으로 깔려 있었으나, 직접적으로는 전평지도부 지시에 의해 일어났다. 철도파업으로 교통이 마비되는 등 총파업은 사회적으로 큰 영향을 미쳤지만, 경찰과 우익 청년단체의 탄압과 테러에 의해 타격을 입었다. '힘'과 '힘'의 대결에서 노동자는 경찰과 청년단체에 대항하는 데 한계가 있었다. 파업이 진행중이던 대구에서 10월 1일에 발생한 큰 시위는 '대구폭동'으로도 불리는 10월항쟁으로 번졌다.

미군정에서는 북한 등 외부의 사주에 의한 것이라고 발표하였지만, 10월항쟁의 전개과정을 볼 때 그것은 각 지역에서 상호 호응하여 일어난 것이었다. 친일파 경찰·관리 등에 대한 불만, 하곡수집에 대한 불만이 직접적인 원인이었는데, 전반적으로 미군정에 대하여 그동안 쌓였던 불만이 작용하였다고 볼 수 있다. 전평은 1947년 3월 22일에는 1일 총파업을 벌였고, 그해 메이데이에도 적극 노동자를 동원하는 등 소모적 투쟁을 계속하여 점차 무력한 존재가 되었다.

북에서는 1946년 3월 무상몰수·무상분배의 급진적인 토지개혁을 실시하였다. 미군정은 토지개혁 의지가 약했다. 이 때문에 新韓公社를 설립하여 동양척식회사 등 일본인 토지를 관리하게 하였고, 소작료로 3·1제를 공포하였다. 미군정은 1948년 3월 신한공사에 속해 있는 귀속농지의 매각령을 공포하였던바, 토지 주산물 1년 생산량의 3배를 15년간 현물로 상환하게 한 것이다. 결국 토지개혁은 대한민국정부 수립 이후로 미루어졌다.

해방 3년기에는 문학·연극·미술·음악·무용·영화 등의 부문에서 수많은 단체가 결성되었다. 또한 이 시기부터 교육열이 무섭게 팽창하기 시작하였다. 각 분야의 문화단체는 다수가 좌와 우로 분립하는 현상을 보여주었으며, 좌익과 우익의 정치투쟁에서 선전대 역할을 맡기도 하였다.

해방된 지 3일째인 8월 18일, 그 전날 조직된 조선문학건설본부 등이 참여하여 朝鮮文化建設中央協議會가 결성되었다. 이 단체에는 문학건설본부(위원장 이태준)와 함께 조선미술건설본부(위원장 고희동), 조선음악건설본부(위원장 박경호), 조선연극건설본부(위원장 송영), 조선영화건설본부(위원장 이재명) 등이 속해 있었다. 한편 조선문학건설본부에 불만이었던 문인들은 다음달에 조선프롤레타리아예술연맹을 만들었던바, 이 두 단체는 1945년 12월에 朝鮮文學同盟(위원장 홍명희)이 되었다. 우익 문인들은 복고주의 색채가 강한 全朝鮮文筆家協會(1946년 3월)와 순수문학 지향의 朝鮮青年文學家協會(1946년 4월)로 모였다.

문학에서 왜색 탈피가 중요한 과제로 대두되었는데, 蔡萬植은 자신의 친일활동을 비판한 소수 작가중의 한명이었다. 염상섭·채만식 등은 좌우의 어느 한편에 서기를 거부하고 중도노선에 서서 평화적인 방법으로 민족국가가 건설되기를 바랐다. 같은 좌익계 문인끼리도 안함광과 임화의 민족문학논쟁처럼 논쟁이 있었고, 김동리의 순수문학주장을 둘러싸고 김동규·김동석 등과의 신랄한 논쟁도 있었다.

한편, 해방과 더불어 미술계에서 제기된 가장 뜨거운 논의도 왜색의 탈피와 민족미술의 건설이었다. 회화상에서 왜색은 전통회화뿐만 아니라 서양화에서도 극복되어야 할 대상으로 지적되었다. 이와 함께 미술계의 현안으로 자주 거론된 것은 계몽적인 차원의 미술 대중화와 생활화였다. 음악에서는 김순남의 〈산유화〉 등이 호평을 받았다. 대중오락 문화매체로 각광을 받은 영화는 미군정하였기 때문이지만 미국영화 위주의 외국영화가 압도적으로 많이 상영되었다.

〈徐仲錫〉

Ⅰ. 광복과 미·소의 분할점령

1. 해방 이전 미·소의 대한정책
2. 해방 이후 미·소의 점령정책

I. 광복과 미·소의 분할점령

일제의 패퇴와 대동아공영권 붕괴로 전후 동아시아는 격렬한 변화의 소용돌이 속에 휩싸였고 반파쇼진영에 참여했던 여러 세력은 각자 새로운 질서를 모색하였다. 미·소가 한반도를 분할해서 점령하였으며 한국인들은 해방되는 그날부터 자율적인 국가건설운동을 개시하였다. 그리고 그것은 전후 고조되기 시작한 미·소간 긴장과 갈등을 매개로 하여 복잡한 양상을 띠고 전개되었다. 한국의 여러 혁명세력은 일제 식민지하에서 주권 회복을 위해 노력함과 동시에 사회경제적 개혁을 추구하였고, 그 과정에서 자본주의적 근대화와 사회주의적 혁명노선을 실험해 볼 수 있는 기회를 가졌었다. 그러나 해방 이후 분할점령으로 초래된 상황은 어느 한 노선의 선택으로 해결될 수 있는 문제는 아니었고, 자주적 국가건설의 실패로 한반도는 남과 북으로 분단되고 말았다.

1. 해방 이전 미·소의 대한정책

20세기 전반 일본제국주의는 영국·미국 등 구미제국주의 국가들의 양해 아래 '동아시아의 헌병'으로 등장하였지만 세계대공황 이후 일본의 침략이 아시아 전역과 태평양지역으로 확대됨에 따라 점차 이들 국가와 대립하게 되었다. 일제는 만주사변(1931)·중일전쟁(1937)을 통해 만주와 중국으로 침략을 확대하였고, 이 단계에서 일본의 제국주의 침략에 대항했던 것은 이 지역의 민족해방운동 역량이었다. 이 시기 조선의 반제운동, 만주의 조선인·중국인 연합 항일무장투쟁, 중국 화북지역의 중국공산당 지도하의 항일전쟁, 중국 관내의 중국국민당 지도하의 항일전쟁은 일본의 천황제 파시즘에 맞서

아시아 대륙에 대한 일제의 침략을 저지하고 민족해방과 독립을 이루기 위해 고난에 찬 싸움을 벌였지만 일제의 침략을 저지할 수는 없었다. 유럽에서 제2차 세계대전 발발 이후 일본이 동남아시아로 침략을 확대하면서 이들 지역을 지배하고 있던 영국·네덜란드·프랑스 등 구제국주의 국가들과의 대립이 격화되더니 일본의 하와이 진주만 기습을 시발로 마침내 미국과 전면적인 전쟁상태에 돌입하였다. 이로써 동아시아지역의 반파시즘투쟁은 식민지·반식민지의 민족해방운동세력과 미국을 중심으로 한 연합국 대 일제의 전면전으로 비화하였다.

중일전쟁 후기부터 일제 지배층에 의해 고창된 '대동아공영권'은 일제의 아시아 침략을 합리화하기 위한 이데올로기이자 구호였지만 거기에는 이 시기 동아시아 국제질서가 반영되어 있었다.[1] 그것은 조선·대만·만주·중국 등 태평양전쟁 발발 이전 일제가 침략을 통해 확보한 지역에 대한 배타적이고 독점적인 지배를 목표로 한 것이었고, 구미의 제국주의 국가들에 대해 동아시아와 태평양지역의 식민지 재분할을 요구한 것이었다. 조선은 일제의 식민지로 대동아공영권에 편입되어 있었고, 이전부터 일제의 침략전쟁을 위해 인적·물적 자원의 동원과 군수·병참기지 역할을 강제받았지만 태평양전쟁이 발발함으로써 동아시아의 반제민족해방투쟁은 연합국과 동아시아의 민족해방운동세력을 한 축으로 하고 일본제국주의를 다른 한 축으로 하는 양대세력 사이의 전면적 전쟁으로 비화하였다.

---

1) 대동아공영권 구상의 선구는 1938년 近衛文麿 수상에 의해 구체화된 동아 신질서 구상이었다. 이 구상은 원래 구미 제국주의와 공산주의 배격의 명목으로 '日滿支블록론'에 따라 중국에 대한 배타적 독점지배를 목표로 한 이데올로기였다. 그러나 조선·만주·중국에서 동남아시아로, 또 태평양지역으로 일본의 침략이 확대됨에 따라 대동아공영권의 범위도 확대되었다. 이것은 나치즘의 '생활권(Lebensraum)' 이론과 마찬가지로 파시즘 국가들에 의한 세계 재분할을 합리화하기 위한 이데올로기였다. 대동아공영권 구상은 대아시아주의로 분식되었지만 그것은 孫文이나 安重根 등이 주장했던 것처럼 피억압민족을 구미의 제국주의 지배로부터 해방하기 위한 것이 아니라 일본이 구미열강의 지위를 대신해 낡은 불평등관계를 새로운 불평등관계로 교체한 것에 불과하였다.

1) 미국의 전후 대한정책 형성

태평양전쟁에서 일제에 대항해 연합국의 군사적 대응을 주도한 미국은 전후 동아시아질서 재편에 가장 적극적이었다. 이 무렵 정식화된 미국의 '대지역(Grand Area)' 구상은 일본의 대동아공영권을 대체할 만한 것이었다. 미국은 구제국주의체제의 식민지 분할방식이나 태평양전쟁 이전 동아시아에 대해 미국이 취했던 세력균형책과 질적으로 다른 단일한 세계체제의 수립에 입각한 '신세계질서(New World Order)'를 상정했고, 여기에서 동아시아와 태평양지역은 전후 신질서를 위한 핵심지역(a key world area)으로 간주되었다.[2)]

미국은 태평양전쟁 발발 이전부터 전후 아시아~태평양지역에서 미국 중심의 신세계질서를 수립하기 위한 전후구상에 들어갔다. 미국의 전후구상을 선도한 것은 미국의 독점자본가집단의 이해관계를 대외정책으로 정식화하는 기능을 맡고 있던 대외관계협의회(Council on Foreign Relations)였고, 이들이 주도한 '전쟁과 평화' 기획('War and Peace' Project) 참여자들이 태평양전쟁 발발 이후 '국무부 전후 대외정책에 관한 자문위원회(The Advisory Committee on Postwar Foreign Policy)'에 대거 참가하여 전후 미국의 세계전략과 대외정책을 구상하고 입안하였다. 아래 〈표〉는 미국의 기획집단에 의해 전후 대한정책 구상이 성숙되어 가는 과정을 미국측 중요 문서들을 중심으로 개괄한 것이다.

〈표〉 미국의 전후 대한정책 구상 발전과정

각 단계	총론적·원칙적 토론 단계	정책 준비 단계	정책 결정 단계
해당시기	1942년 2월~1943년 6월	1943년 3월~1945년 1월	1945년 3월 이후

2) 미국의 전후구상에서 '대지역' 개념이 등장하여 전후 '신세계 질서'에 대한 구상으로 발전하고 또 이것을 실현할 구체적인 방안이 마련되어 가는 과정에 대해서는 정용욱, 《1942~47년 미국의 대한정책과 과도정부형태 구상》(서울대 박사학위논문, 1996), 12~32쪽 및 Laurence H. Shoup and William Minter, *Imperial Brain Trust : The Council on Foreign Relations and U.S. Foreign Policy*(New York : Monthly Review Press, 1977), 125~141쪽 참고.

각 단계	총론적·원칙적 토론 단계	정책 준비 단계			정책 결정 단계
문서제목과 작성시점	〈P31, 정치소위원회 잠정견해 : 한국과 사할린〉, 1942년 8월 1일	〈T318, 한국의 내부 정치구조〉, 1943년 5월 19일	〈P-B81, 한국의 독립정권 수립문제〉, 1944년 5월 28일	〈H200, 한국 : 정치문제 : 국제적 감독기구의 필요성〉, 1944년 11월 13일	SWNCC 77, 78, 79, 101 계열의 점령, 군사, 군정, 국제민정기구에 관한 일련의 정책문서들
작성목적	한국에 대한 전후처리 원칙의 제시	관련 사실 수집과 조사·분석	정책 작성을 위한 잠정 지침의 제시	정책요강(Policy Summary) 제시	정책 지침 작성
주요내용	전후 식민종속지역에 적용할 신탁통치안의 일반 원칙 마련과 지역별 적용 방안 점검. 한반도 국제 신탁통치안 제시	독립 실현 방안, 국내 정치구조, 주변강대국의 태도, 경제자립 전망, 영토와 국경선 문제 등 한반도 신탁통치안의 실시와 관련된 구체적 문제 검토	① 점령-독립 사이의 과도기에 적용될 정책계획 제시 : 군정 실시 이전과 이후로 나누고, 이후는 군정 실시단계와 유엔의 민간행정단계로 구분 ② 국제민간행정부의 구성, 관리, 운영방법 제시 ③4강대국의 협정에 의한 군사적 안전보장 장치 마련의 필요성 제기	한반도의 독립과 관련하여 ① 국제적 측면 ② 안보문제 ③ 한국인의 독립능력의 세 측면을 구체적으로 검토, 연합국의 공동점령·공동 관리를 지향	점령군의 구성, 군정에 의한 한국인 취급 원칙, 군정청 행정에 한국인 이용문제, 과도적 국제기구 등의 개별 사안들에 대한 실무적인 정책 지침 논의
담당기구	자문위 정치소위	자문위 영토소위	협의회 '기획' 정치소위원회	국무부 정책기획위원회 한국소위원회	삼부조정위원회 및 산하의 극동소위원회
비고		카이로선언 한국관련 조항의 기초		얄타회담을 위한 요약보고서의 성격	최종 지침은 1945년 9월~10월에 완성

이러한 전략적 구상에 입각한 미국의 동아시아정책은 전후 미국이 이 지역에서 결정적 영향력을 행사할 것이라는 가정에서 출발하였다. 그리고 전후 태평양지역에서 미국의 패권과 주도권을 상정하면서 한반도를 포함한 동아시아지역 문제 해결의 일반적 방침으로 마련된 것이 신탁통치안이었다. 여기에는 두 가지 고려 사항이 포함되어 있었다. 첫째는 전후 유럽의 구제국주의 국가들 및 여타 강대국의 동아시아 지배를 더 이상 허용해서는 안 된다는 점이었고, 둘째는 이 지역의 각성한 민중들에 의해 민족주의운동이 점차 강해지고 있기 때문에 이들의 독립 열망을 어느 정도 개량적으로 흡수할 수 있는 '안전밸브'가 필요하다는 것이었다.[3] 신탁통치안은 이 지역에서 미국의

군사력과 경제력이 다른 국가들을 압도하게 될 조건에서 미국의 안보와 미국 자본의 자유롭고 안전한 전세계적 활동을 위한 장치이자 식민지역에 대한 새로운 관리방식으로 고안된 것이라고 할 수 있다.

미국은 태평양전쟁 기간 중 당면한 대일전을 승리로 이끌기 위해 총력을 기울였지만 동시에 전후구상 실현을 위한 조건 마련에 골몰하였다. 미국은 카이로회담·얄타회담·포츠담회담 등 전시 연합국 회담에서 영국·중국·소련으로부터 신탁통치안에 대한 동의를 얻어내려 하였고, 종전이 다가오면서 특히 소련으로부터 확약을 받아두려고 하였다. 전후 한국의 장래에 대한 최초의 국제공약인 카이로선언의 한국 조항 "조선 인민의 노예상태에 유의하여 '적당한 절차를 거쳐(in due course)' 조선을 자주독립시킬 것을 결의한다"는 미국의 주도적 노력에 의해 이루어진 것이었다.[4] 그러나 영국·중국·소련은 한국의 독립에 대해 원칙적 동의를 표시하였으나 신탁통치안에 대해서는 암묵적으로 동의하는 태도를 취하였을 뿐이고 미국은 종전까지 명문화된 국제적 협정을 끌어내지는 못하였다.[5]

또 종전시 이 지역의 군사정세가 이후 한국문제 처리에 중요하게 작용할 것이므로 미국의 발언권과 주도권 확보를 위해서 정치·군사상황을 미국 측

---

3) 미국측 전후구상 주창자들의 다음과 같은 발언은 미국의 의도를 잘 나타내준다. "식민지 민중은 자치정부를 요구하기 시작했다. … 이들 지역에서 혁명이 발생한다면 이는 세계안보에 공헌하는 것이 아니다. 안전밸브가 없으면 보일러는 터져 버릴 것이다."(미국 국립문서관, RG 59, Notter File, 상자번호 55, 〈정치소위원회 회의록, 제50차 회의 의사록〉, 1943년 4월 3일).

4) 1943년 11월 미국·영국·중국 3국 수뇌가 카이로에서 회담을 갖고 그 결과 카이로선언을 발표(11월 27일)하였다. 이 선언은 제1차 세계대전 이후 일본이 탈취·점령한 태평양의 여러 섬들의 박탈, 만주·대만·澎湖諸島의 중국 반환, 조선 해방 등 연합국의 對日戰 목표를 천명하였다.

5) 신탁통치안을 관철시키기 위한 미국측의 외교노력에 대해서는 다음을 참고할 것.
Department of State, "*United States Policy Regarding Korea, Part II, 1941～1945*"(《미국의 대한정책 1834～1950》, 한림대 아시아문화연구소 자료총서 1, 1987) 2부.
Michael C. Sandusky, *America's Parallel*(Alexandria, Virginia : Old Dominion Press, 1983).
영국·중국 및 소련의 반응에 대해서는 구대열, 《한국국제관계사연구 2》(역사비평사, 1995), 3～5장 참고.

에 유리하게 조성할 수 있는 현실적 대비책이 필요했다. 태평양전쟁에서 일본과 군사적으로 대항했던 것은 주로 미국이었으며 다른 연합국들의 전쟁 수행에서도 미국의 군비 지원이 중요한 역할을 했지만 막강한 소련 지상군의 존재와 소련의 대일전 참전이 동북아시아에 초래할 정치적 영향력은 미국으로서는 우려할 만한 것이었다. 미국 군부는 이러한 불투명성에 대비해 연합국 공동점령·공동시정 방침 내지 분할점령안을 마련하였다. 38도선 분할점령도 이러한 고려의 연장선상에서 한반도의 전략적 중요성과 현실적인 군사력 배치상의 애로, 소련의 대응을 조화시키기 위해 나온 것이었다.[6]

또 미국은 신탁통치안을 통해 아시아 민족해방운동세력과의 관계를 조절하려고 하였다. 태평양전쟁기에 미군 OSS는 重慶 臨政 산하의 광복군과 국내 진공작전을 준비하였고, 맥아더(Douglas MacArthur)는 필리핀에서 원주민 게릴라의 반일투쟁을 지원하는 등 아시아의 민족해방운동과 부분적으로 연대하였다.[7] 신탁통치안은 이러한 제한적 연대를 전후에도 지속시키며 아시아 민족운동의 열기를 미국 주도의 자본주의 세계체제 내에서 개량적으로 흡수하려던 시도였다.

해방 직전 동아시아 정세를 결정한 기본적 대립축은 파시즘 대 반파쇼세력의 대결이었고 이러한 기본적 역관계 안에서 일제의 대동아공영권 구상과 미국의 전후구상이 대결하였다. 그리고 종전이 가까워오면서 점차 후자가 전면에 대두하였다. 이러한 변화는 동아시아의 민족해방운동세력에게는 적잖은 의미를 가지고 있었다. 왜냐하면 일제의 대동아공영권 구상이 아시아 민족해방운동세력에 대한 전면적 억압의 논리였다면, 신탁통치 구상은 아시아 민족해방운동세력과의 부분적 제휴와 연대를 통한 민족주의운동의 제한적 분출을 목표로 하였기 때문이다.

일본의 패전으로 동아시아에서 반제반파쇼투쟁은 민주주의세력의 승리로 귀결되었다. 그러나 일제에 대항하는 반파시즘진영은 한 힘이 아니었고 일제

---

6) 미국 군부의 전후 대비책 논의과정 및 계획내용에 대해서는 정용욱, 앞의 책, 32~42쪽 참고.

7) 한국인 독립운동세력의 참전을 둘러싼 한미간 교섭과 그 의미에 대해서는 정용욱, 위의 책, 42~67쪽 참고.

의 무조건 항복은 여러 세력의 공동노력의 결과였다. 반파시즘 진영은 자본주의체제를 대표하는 미국, 사회주의체제를 대표하는 소련, 반제반일투쟁 과정에서 성장한 동아시아의 민족해방운동세력으로 구성되어 있었다. 이들 세력들은 대동아공영권의 붕괴 후 동아시아의 전후 신질서를 놓고 내부 대립과 세력 재편을 겪게 되었다. 이미 대일전 수행 과정에서부터 미국의 전후 처리방안을 놓고 미국·영국·중국·소련 사이에 이해관계의 대립이 잠복해 있었고, 이들 사이에 한반도에 대한 영향력 확장과 주도권 확보를 위한 견제와 경쟁이 계속되었다. 또 한반도의 민족해방운동세력 역시 전후 독자적인 국가건설노선을 가지고 미국의 신탁통치안과 대립하기 시작했다.

한편 미국 군부는 태평양전쟁의 전황이 점차 드러나기 시작하자, 對日작전의 일환으로, 또 전후 한반도의 정치적 처리와 관련하여 점령안을 구체적으로 마련하기 시작하였다. 군부의 군사적 고려에 깔린 생각은 그 이전 단계의 전후기획의 연장선상에서 이후 한반도에서 미국의 주도적 영향력을 확보하기 위해 가급적 중요한 지역을 조기에 선점해야 한다는 것이었다. 38선 분할점령은 대일전 조기종결이라는 상황에서 미국이 이러한 자신의 구도를 관철시키려던 노력의 결과였다.

해방 이전 미국은 해외 한국인 민족운동단체와 그 지도자들을 광범하게 접촉하면서 한국인 민족운동세력들의 내부 정세에 적응할 기회를 가질 수 있었다. 즉 이 시기 미국의 對韓人政策은 한국의 민족운동에 대한 미국의 대응이라는 측면에서 나름대로 중요한 의미를 가진다. 주목할 것은 이 시기에 미국이 한국 민족운동세력의 동향을 항상 '독립능력'의 측면에서 파악하였다는 점이다. 이것은 미국이 이들의 동향을 전후 정세와의 관련 속에서 예의주시하였다는 것을 말해준다.

미국은 각 지역의 한인단체들을 평가할 때 지도력(지도자)의 제공과 주민들의 행정실무적 능력의 양 측면을 분리하여 평가하였다. 전반적으로 미국은 해외의 한국 독립운동단체들과 그 지도자들이 국내의 지도자들보다 독립과 해방 이후 정부수립에 관해 비교적 명료한 생각을 가지고 있다고 평가하였다. 반면 정부운영과 관련된 실무적 능력이라는 점에서 비교적 풍부한 경험을 가지고 있는 것은 소련 영토 내의 귀화한인들과 만주지역의 한인들 일부

정도이고 그 외의 해외세력들은 근대적 행정능력이 부족한 것으로 평가하였다. 다만 일제에 의해 고용되었던 한국 내 관리들은 전후에도 한국의 행정에 하급관리로 고용될 수 있을 것으로 예상하였다.

미국은 해외의 모든 한인단체들이 가능한 빨리 독립을 확보해야 한다는 생각에 철저하고, 그들 사이의 주요한 차이는 목적을 성취하는 수단방법과 수립되어야 할 정부의 정확한 형태라고 평가하였다. 즉 미국은 각 독립운동단체들의 조기독립 열망을 잘 알고 있었고, 이들 사이의 차이가 전후 새로 수립될 정부의 형태와 수립방법을 둘러싸고 집약적으로 표출될 것이라는 점을 익히 예상하였다.

더하여 미국은 한국 독립운동단체들이 주재해 있는 각 지역의 정치적 동향과 이것이 각 단체들의 활동에 미치는 영향, 해당 지역 한국 독립운동의 국제정치적 관련성을 예의 주시하였다. 미국은 중국정부가 臨政에 끼치는 영향력을 의구심을 가지고 지켜보았고, 만주와 소련 연해주지역의 한인단체와 소련의 관계가 이후 한국 정치에 끼칠 영향을 우려하였다.

전체적으로 미국은 중국과 미주지역의 한인 독립운동단체들의 정치적 성향 차이, 조직적 분화나 지도자 개인들 사이의 반목 등 내부 사정을 잘 알고 있었다. 또 중국 화북지역과 만주·소련령 연해주지역의 단체들 및 한국 내의 정세에 대해서도 나름대로의 판단기준을 가지고 그 동향을 평가하고 있었다. 미국은 이들 각 단체의 정치적 지향성이 갖는 국내적·국제정치적 의미를 충분히 인식하고 있었다. 그리고 이러한 한국인들 내부 정세와 미국의 전후 정책구상의 조응 문제가 종전이 다가오면서 점차 중요하게 부각되었다.

2) 해방 이전 소련의 대한정책

해방 이전 시기 소련의 동북아시아정책에서 한반도지역은 결코 부차적인 관심의 대상이 아니었다. 소련은 대일전 참전에 앞서 이 지역에 소련과 우호적인 정부를 수립하겠다는 구체적 원칙을 세워놓고 있었다. 소련의 대일전 참전이 준비 단계에 들어선 시점에서 소련정부의 대한정책 담당자들은 친소적인 한국독립정부의 수립을 우선 순위로 하고 소련의 주도적인 역할이 보

장되는 조건에서 신탁통치 실시를 차선의 방책으로 하는 대한정책구상을 하고 있었다.[8)]

소련은 제2차 세계대전이 끝나가는 시점에서 동아시아의 방어망 구축을 위해 동아시아로 시선을 돌렸다. 소련은 1941년 4월 13일 일본과 중립조약을 통해 외교적인 방어망을 구축한 후 대독일전에 전력투구하였다. 2차대전에서 독일을 패배시키는 데 소련군은 결정적인 요소였으며 이는 일본과의 중립조약이 없었다면 매우 어려웠을 것이다.[9)] 하지만 러일전쟁 이래로 일본은 소련을 재침입할 수 있는 적대국가였으며, 소련에게 대독일전쟁의 승리 이후 접경지역인 만주와 한반도로부터 일본을 몰아내는 것은 동아시아지역 방어망 구축에 있어 가장 핵심적인 내용이 되었다. 한반도 해방문제, 혹은 한반도로의 세력확장 문제는 소련의 부차적인 목표였고, 우선 소련의 최대 접경지인 만주지역에서 일본세력의 퇴출, 이후 침략의 발판이 될 수 있는 한반도로부터 일본세력 퇴출, 그리고 한 단계 더 나아가서는 일본 본토에 대한 세력확장이 소련 동아시아정책의 최대 목표였다.

해방 이전 소련이 한반도에 대해 구체적인 정책을 지니고 있었음을 보여주는 자료는 1945년 6월 29일 소련 외무성 제2극동국장 주코프와 부국장 자브로딘에 의해 작성된 보고서이다. 이 보고서는 대일참전 이전의 한국에 대한 소련의 관심과 구상을 알 수 있는 최초의 자료이다.

1. 한국을 통해 아시아 대륙으로 팽창하려는 일본에 대한 러시아의 투쟁은 역사적으로 정당한 행위였다. 그러나 러시아는 극동에서 일본의 한국 침략을 저지할 만큼 충분한 힘을 보유하지 못했으며, 일본이 영국 및 일정 정도로 미국과 독일의 지지를 받고 있었던 데 반해 러시아는 본질적으로 고립되어 있었다.

---

8) 이하 해방 이전 소련의 대한정책에 대해서는 김성보, 〈소련의 대한정책과 북한에서의 분단질서 형성－1945년~1946년〉(역사문제연구소 편, 《분단 50년과 통일시대의 과제》, 역사비평사, 1995) ; 전현수, 〈소련군의 북한 진주와 대북한 정책〉(《한국독립운동사연구》 9, 한국독립운동사연구소, 1995) 참고.

9) 1943년 미·영군이 시실리에 상륙하는 데 독일군 2개 사단의 저항을 받았지만 소련군은 전 전선에서 독일군 200개 사단의 공격에 당면하고 있었다. 따라서 미·영군이 대륙에서 제2전선을 형성하더라도 이것은 독·소 전선에 비해 문자 그대로 부차적인 전선 정도밖에 되지 않는 것이었다(구대열, 앞의 책, 182쪽).

2. 일본은 한국에서 영원히 구축되어야 한다. 왜냐하면 한국이 일본의 지배하에 놓이게 되면, 소련의 극동이 항상적으로 위협받게 될 것이기 때문이다.
3. 한국이 장차 일본만이 아니라 극동으로부터 소련에 압박을 가하려는 임의의 다른 강대국에 의해 소련을 공격하는 전초기지로 전환되는 것을 저지할 수 있을 만큼 한국의 독립은 효과적이지 않으면 안된다. 소련과 한국의 우호적이고 긴밀한 관계를 확립하는 것이야말로 한국의 독립과 소련 극동지역의 안전을 보증하는 보다 현실적이고 올바른 방안이 될 것이다. 장차 한국 정부가 수립될 때 이것은 반드시 실현되어야 한다.
4. 한국에 대한 중국과 미국의 이해를 고려할 때 한국문제 해결은 의심할 여지 없이 일련의 곤란에 부딪히게 될 것이다. 그 외에도 일본에게서 대만과 澎湖諸島를 빼앗으면 일본으로서는 남쪽 방향으로 진출할 길이 차단될 것이다. 그러나 이를 보충하기 위해 일본은 경제적 이해관계를 승인하는 형태일지라도 한국에서 배출구를 찾으려 시도할 가능성이 있다. 소련의 이해관계에서 일본의 한국에 대한 정치적·경제적 영향력은 배제되어야 한다.

(전현수, 〈소련군의 북한 진주와 대북한정책〉, 《한국독립운동사연구》 9, 1995, 352쪽에서 재인용).

위의 자료를 놓고 볼 때 소련의 대한정책은 대동아시아정책의 일부분이었고, 소련의 만주 및 한반도 진공은 소련에 우호적인 국가들로 방어망을 구축하기 위한 작업의 일환으로 진행되었음을 알 수 있다.

해방 이전 소련 대한정책의 핵심은 일본세력의 완전한 축출에 있었다. 해방 직후까지만 해도 동아시아에서의 소련 최대의 적은 미국이 아닌 일본이었다. 제2차 세계대전의 막대한 희생 앞에서 일본이 만주나 한반도를 통해 재침하는 것을 방지하는 것이 전후 소련의 1차적 목표였다고 할 수 있다. 해방 직전과 직후에 소련의 관심이 일본에 집중되었음을 보여주는 또 다른 사례는 한반도의 38도선 분할안이 포함된 〈일반명령 제1호〉에 대한 답신 및 이후 소련의 태도이다.

〈일반명령 제1호〉는 일본군의 항복 접수에 관하여 중국·대만 및 북위 16도 이북의 인도차이나에서는 일본군이 중국의 장개석에게 투항하며, 만주·북위 38도 이북의 한국과 사할린에서는 소련군 사령관이 항복을 받도록 하고, 일본·필리핀 및 북위 38도선 이남의 한국에서는 맥아더 장군이 항복을 받도록 각국의 접수 영역을 분할하였다. 1945년 8월 15일의 〈일반명령 제1

호〉에 대해 스딸린은 바로 다음 날 미국 대통령 트루만에게 회신을 보내어 아래와 같이 수정 제안을 하였다.

1. 3대국 크리미아회담의 결정에 의거, 소련이 영유하기로 된 쿠릴열도를 일본군의 대소련군 항복지구에 포함시킬 것.
2. 사할린과 홋카이도 사이의 소야해협 북방에 접하고 있는 홋카이도 북부를 일본군의 대소련군 항복지구에 포함시킬 것.

(H. S. 트루만 지음·박관숙 역, 《트루만》, 1984, 201~202쪽).

미국은 이에 대해 8월 18일 위의 1항, 즉 쿠릴열도를 소련군 항복지구에 포함시키자는 제의에 동의한 반면, 일본 본토의 일부에 소련군이 진주할 것을 요구하는 제2항은 명백히 거부하였다.10)

이와 같이 소련이 미국의 제의에 신속하게 동의한 것은 일본이라는 반대급부를 요구하기 위해 한반도의 38선 분할점령을 수락한 것이라고 할 수 있다. 만주와 한반도에 관한 이해관계도 일본의 재침략 방지라는 의식이 그 핵심에 자리잡고 있었다. 그러한 까닭에 소련은 한반도에 대한 분할점령을 쉽게 수락할 수 있었고, 일본 점령에의 참여라는 새로운 제안을 다음날로 미국에 발송하였다.

전반적으로 소련의 대한정책은 일본의 '비군사화·민주화'라는 동아시아정책의 일반적 목표와 관련을 가지면서, 한반도가 다시는 소련을 향한 침략기지가 되지 않도록 이 지역에 소련에 우호적인 정부를 수립하는 것으로 요약할 수 있다. 1946년 3월 서울에서 열린 미·소공동위원회 첫 회의에서 소련대표 쉬티코프가 발언하였듯이 소련은 해방 이후에도 이러한 자신의 목표를 기회 있을 때마다 천명하였다.

〈鄭容郁〉

10) 김성보, 앞의 글, 63쪽.

2. 해방 이후 미·소의 점령정책

1) 분할점령과 미·소의 초기 점령정책

미국은 한반도 신탁통치안의 세부에 대해 강대국의 완전한 합의를 끌어내지 못한 채 종전을 맞이하였다. 그리고 일단 미군이 남한을 점령하고, 군정을 실시하기 시작하자 점령군이 의지할 수 있는 구체적 지침의 마련, 한국문제의 처리원칙에 대한 내부적 방침의 확정과 국제적 승인의 확보가 정책담당자들의 현안이 되었다. 특히 미군정과 동경의 맥아더사령부[1]는 국무부에 군정을 위한 지침을 조속히 마련해 줄 것을 거듭 촉구하였다.

미국 국무부와 육군부·삼부조정위원회(SWNCC)·합동참모본부(JCS)는 8월 하순부터 10월 중순에 걸쳐 신탁통치 실시 이전에 한국에 적용될 정치·경제적 방침을 집중적으로 논의하였다. 그 논의의 결론으로 맥아더와 주한미군사령관 하지(John R. Hodge)에게 전달된 것이 〈SWNCC 176/8, 한국의 미군 점령지역내 민간행정에 관해 미육군 태평양지구 사령관에게 주는 초기 기본지령〉(이하 〈기본지령〉)이다. 이 문서는 남한의 점령통치와 民政에 관한 최초의 정책지침이었다. 이 문서는 1945년 10월 13일 삼부조정위원회가 최종적으로 승인하였고, 10월 17일 맥아더 장군에게 전달되었다.

먼저 〈기본지령〉은 '일본 항복 이후 신탁통치 수립 이전'에 한시적으로 한국의 민정에 적용될 것이라는 점을 밝혔다. 국무부는 처음부터 점령이 신탁통치로 대체될 것임을 점령당국에게 전달하였다. 다음으로 〈기본지령〉은 일본으로부터 한국의 완전한 정치적·행정적 분리, 일본의 사회적·경제적·재정적 통제로부터 한국의 완전한 자유 획득을 민정의 주요 목표로 제시하였다. 또 〈기본지령〉은 일본통치의 잔재와 비민주적 요소의 점진적 해소라는 단서를 달고 있으나, 위의 목표의 실현을 위해 기존의 행정기구와 실정법 등

1) 정식 명칭은 연합군최고사령부(SCAP, Supreme Command of Allied Powers)였지만, 내용적으로는 미 극동군사령부(GHQ, FEC: General Headquarter, Far East Command)였고, 사령관 맥아더 장군의 이름을 따서 맥아더사령부로 불렸다.

을 활용할 것을 지시하였다.[2)]

전체적으로 〈기본지령〉은 해방 이전의 정책구상이 취하고 있는 해결방향, 즉 한국의 일본으로부터의 분리와 점진적인 독립획득이라는 목표를 제시하고, 일본군의 항복 접수 이후 군정이 시급히 처리해야 할 사항과 임무를 제시하였다. 〈기본지령〉은 구체제 해체, 한국의 정치적 독립과 한국사회의 민주화라는 방향을 제시하면서도 초기 민정에 구체제의 기구·인적 자원의 부분적 활용을 제시한 약간은 혼란스러운 것이었다.

이 문서에서 미국은 신탁통치 실시 이전에 설치하기로 되어 있던 4대국으로 구성된 국제민간행정기구 대신에 미·소 양 군정을 통합하여 과도적 행정을 행하고, 이것을 '가능한 빠른 시기에' 신탁통치 협정하의 中央行政機構(Central Administrative Authority)로 연결시킨다는 방침을 최종적으로 확정하였다.[3)]

미국은 종전 이전 전후기획 단계에서 구상하였던 신탁통치하의 국제민간행정기구 구상을 수립절차를 약간 수정한 채 점령 이후의 상황변동에 맞추어 그대로 적용하려 하였다. 미국은 신탁통치를 실시할 때 국제연합의 틀을 활용하고자 하였다. 삼부조정위원회는 신탁통치의 형태, 시행조건과 방법을 결정하면서 국제신탁통치 제도에 관한 국제연합 헌장에 의거하여 한국을 비전략지역으로 분류하였다. 또 신탁통치 조건을 총회의 승인을 얻도록 규정함으로써 국제연합의 감시를 받을 수 있도록 하였다. 이런 방식하에서는 한국인이 총회에 訴請을 제출할 수 있는 권한도 일정하게 인정되었다.[4)] 미국은

---

2) 삼부조정위원회 십진분류 문서철, 〈SWNCC 176/8, 한국의 미군 점령지역내 민간행정에 관해 미육군 태평양지구 사령관에게 주는 초기 기본지령〉, 1946년 10월 13일(이하 이 문서철의 자료는 'SWNCC 분류번호, 문서제목, 작성일자'로 줄여서 표기).

3) 〈SWNCC 79/1, 한국민간행정기구의 구성과 구조〉, 1945년 9월 27일 및 〈SWNCC 101/4, 삼부조정위원회 극동소위 보고서〉와 첨부 "C" 〈한국의 국제신탁통치에 관한 미국의 정책〉, 1945년 10월 24일.

4) 〈SWNCC 101/4, 삼부조정위원회 극동소위 보고서〉와 첨부 "C" 〈한국의 국제신탁통치에 관한 미국의 정책〉, 1945년 10월 24일. 한국을 비전략지역으로 상정함으로써 미국이 가질 수 있는 이점은 비전략지역의 경우가 전략지역의 경우보다 미국의 주도권 관철이 용이하다는 점을 생각할 수 있을 것이다. 국제연합 헌장에 의하면 전략지역은 강대국이 비토권을 갖는 안전보장이사회의 승인을 받아야 했고, 비전략지역은 총회의 결정에 의존하였다.

미·영·중·소 4대국을 '국제연합 헌장 79조가 규정하는 의미에서 한국에 직접적 이해관계를 가진 국가'로 간주하였고, 이들이 행정당국이 되어 신탁통치 협정을 성립시키고, 신탁통치를 실시한다는 방침을 결정하였다.[5]

다음으로 점령 이후 신탁통치 실시 이전에 행정을 담당할 기구를 4대국 국제기구에서 미·소 양군의 점령 통합으로 대치한 데에서 나타나듯이, 미·소 양군의 한반도 분할점령을 기정사실로 인정한 위에서 다음 행동방안을 모색하였다. 한반도에 대한 미·소의 영향력 행사가 군사점령을 매개로 보다 직접적이고 절대적으로 행사되고 있는 현실적 상황을 이후 한국문제의 처리에 반영시킨 것이다.

마지막으로 "남한 행정의 조직에서 현지 사령관은 그 권한을 소련과의 협정에 따라 전 한국에 확대할 수 있게 그 구조를 만들 것"을 지시한 것에서 알 수 있듯이, 미국은 남한에 수립된 군정하의 행정기구를 이북으로 확대함으로써 분할점령을 해소하고자 하였다. 즉 미국은 신탁통치 실시 이전에 미국의 주도하에 미·소 양군의 점령을 중앙집중화하고, 미국이 남한에서 수립한 행정부를 토대로 중앙집권적 행정부를 마련하겠다는 공세적인 구상을 마련하였다.

그러나 지엽적인 군사적 사안 외에 점령통치를 중앙집중화 하거나 정치·경제정책과 관련된 원칙적인 문제들을 미·소 양 점령군 사이에서 해결하는 것은 불가능하였고, 미국정부도 이러한 현지의 사정을 인정하지 않을 수 없었다.[6] 이제 소련과 정부 차원의 구체적 협정이 현지의 군정당국이나 본국이 부딪힌 문제점들을 해결하기 위한 중요한 통과점이 되었고, 위의 접근방법은 미국이 모스크바 3상회담에 가져간 협정 초안에 그대로 반영되었다.[7]

국무부는 신탁통치를 위한 국제적 협정을 고집하면서 이를 공공연하게 내비치고 있었지만, 한국인들의 반응은 냉담하였다. 국무부 극동국장 빈센트(John Carter Vincent)의 신탁통치 발언이 1945년 10월 언론에 흘러 나오자 한

---

5) 〈SWNCC 101/4, 삼부조정위원회 극동소위 보고서〉, 1945년 10월 24일.
6) 740.00119 Control(Korea), 〈베닝호프가 국무장관에게〉, 1945년 10월 1일.
〈SWNCC 79/2, 보튼이 빈센트에게 보내는 비망록〉, 1945년 10월 18일.
7) United Government Printing Office, *Foreign Relations of United States* 1945, Vol. II, 641~643쪽(이하 *FRUS*로 줄임).

국의 정치세력들은 강도의 차이는 있으나 모두 이에 반대하였다.

국무부도 분할점령으로 야기된 점령통치상의 어려움과 이것이 한반도 문제 해결에 미칠 부정적 영향을 알고 있었고, 신탁통치안을 한국인들에게 납득시키는 것이 그리 쉬운 일이 아니라는 것을 잘 알고 있었다. 하지만 미국은 국제민간행정기구안의 기본 틀을 유지한 채 이 기구에 최대한 한국인을 참여시킨다는 정도의 수정을 통해 한국인들을 설득하려 하였고, 신탁통치 협정을 조속히 마련함으로써 이 문제를 해결하려 하였다.[8]

하지의 24군단은 매우 위압적인 자세로 38도선 이남지역의 점령에 임하였다.[9] 한국의 정치문제에 대해서는 신중하게 대처할 것이 진주 이전부터 강조되었지만[10] 하지가 부딪힌 남한의 혁명적 열기는 전술군 사령관이 감당하기엔 벅찬 것이었다. 남한의 정세를 '불만 댕기면 즉각 폭발할 화약통'으로 묘사한 하지의 수선스러운 보고서는 과장이 아니었다.[11] 물론 군정의 실시에 따른 초기적 혼란과 행정적·실무적 문제들이 하지를 괴롭혔지만, 이러한 점들은 요원을 보강하고 지역상황에 익숙해지면 극복할 수 있는 문제들이었다. 오히려 하지가 당면한 중요한 문제점은 다음의 두 가지였다. 하나는 태평양의 섬들에서 전투에 몰두하였던 야전군 사령관 하지가 군정의 수립, 과도적 행정 이후의 한국의 장래에 관한 미국의 구상과 계획에 익숙해질 기회가 없었다는 점이다. 다른 하나는 국내의 폭발적인 정치적 열기에 대처하는 문제였다.

전자에 대해 하지와 상급자 맥아더가 받은 초기의 지침은 "초기의 두 지역 점령은 조속한 시일 내에 4대국에 의한 중앙집권적 행정기구로 대치되어

---

8) 〈SWNCC 101/1, 한국의 임시국제행정기구〉, 1945년 9월 11일 및 〈SWNCC 101/4, 삼부조정위원회 극동소위 보고서〉, 1945년 10월 24일.

9) 미육군 태평양방면군 사령관 명의의 포고문 1호와 2호에는 戰勝軍 사령관으로서 정복자적인 태도가 포고문 전반에 스며있었다. 포고문 전문은 *FRUS* 1945, Vol. Ⅵ, 1043~1044쪽 참고.

10) 군사실 문서철, 상자번호 41, 〈Annex "F" to Estimate of the Enemy Situation, Blacklist-Baker "Forty"〉, 1945년 8월 15일.

11) 점령 직후 미군정의 한국 정치상황 보고서는 어느 것이나 한국의 혁명적 열기, 특히 좌익세력의 활성화와 조직적 활동에 대해 깊은 우려를 표명하였다(군사실 문서철, 상자번호 65, 〈하지와 베닝호프의 전문들〉, 1945년 9월 12·15·18일).

야 하고, 이어서 같은 4대국에 의해 국제신탁통치로 대치되어야 한다. 전국에 걸친 정상적 정치·경제관계를 유지하는 것은 소련군사령부와 연락 여하에 달렸다"는 일반적 방침에 대한 확인뿐이었다.[12] 맥아더사령부와 육군부는 군사적 점령과 일본군 항복 접수 이후 남한의 정치·경제 문제들에 관한 방침을 조속히 하달해줄 것을 거듭 국무부측에 재촉하였다. 특히 점령군 당국은 인위적인 38도선 분할점령의 불합리성에 대해 점령 직후부터 우려를 나타냈다.[13]

후자의 문제, 즉 한국 내의 정치적 열기와 한국인의 '조급한 독립요구'에 대처하는 문제는 더욱 화급했다. 진주 직후에 미군정이 접한 한국인의 반응은 미국에게는 매우 우려할 만한 것이었다. 일본군의 항복접수와 소련에 대한 보루의 구축을 점령목적으로 생각하고 있었던 하지는 잘 조직된 급진세력의 존재와 그에 비해 조직도 인기도 없는 보수세력 사이의 역관계를 점령목적 자체를 위태롭게 하는 것으로 간주하였다.[14]

미군이 진주하여 가장 먼저 맞닥뜨린 문제는 정부의 형태를 가진 국내의 '朝鮮人民共和國(이하 인공)', 해외의 '大韓民國臨時政府(이하 임정)'의 처리였다. 미국은 해방 이전부터 임정의 정부자격 승인을 거부하였다. 그러나 진주 이후 미군정이 부딪힌 인공은 그 실체를 간단히 부정해 버릴 수 없는 측면을 가지고 있었다. 중앙의 활동력이나 지방에서 인민위원회 조직의 광범한 존재, 일본 항복 후에 중앙이나 지방에서 보여주었던 자치의 경험 등은 이들의 실체를 증명하기에 충분하였다.[15]

수립과정의 졸속성이나 조직의 성격·위상 문제 등을 별도로 한다면 인공

---

12) 〈OPD/ 2971, Memo for Record : International Agreements as to Occupation of Korea(SWNCC 176)〉, 1945년 8월 24일(신복룡 편, 《한국분단사자료집》 Ⅳ, 원주문화사, 1991, 80~82쪽).

13) 〈SWNCC 176/1 첨부 비망록, 육군부 차관 맥클로이가 삼부조정위원회 의장에게〉, 1945년 8월 24일.

14) 〈사관기장〉, 1946년 3월 8일(鄭容郁 編, 《解放直後 政治·社會史 資料集》 1, 1994, 196쪽).

15) 미군정의 한 관리는 미군의 물리력이 없었더라면 인민공화국세력은 어느 누구도 저지할 수 없었을 것이라고 고백하였다(*History of United States Army Forces in Korea* 2, 17쪽, 이하 *HUSAFIK*).

은 해방 직후의 시점에서 임정과 함께 가장 중요한 정치조직의 하나임에 틀림없었다. 임정이 태평양전쟁 발발 이후 정부승인 외교를 적극 펼쳤던 것과 비슷하게 해방 직후 국내의 첫 움직임은 '정부'라는 조직 형태를 매개로 한 완전독립의 성취라는 방향이었다. 미국은 국제민간행정기구를 통해 독립 이전의 과도기에 대처한다는 방침을 가지고 있었으나, 한국인들은 미국의 예상을 훨씬 앞질러 매우 이른 시기부터 독자적인 정부수립과 국가건설에 착수하였다.

미군정은 남한에서 미군정 이외 일체의 정부를 인정하지 않는다는 방침을 내외에 천명함으로써 일단 인공과 임정 모두를 부인하였다.[16] 그러나 이러한 미군정의 정부자격 부인이 인공과 임정에 각각 똑같은 의미를 갖는 것은 아니었다. 인공의 부인은 지방인민위원회에 대한 미군정과 경찰의 물리적 탄압을 동반한 조직 및 활동 전반에 대한 전면적이고 실질적인 부인이었다. 미군정은 건국준비위원회·인공·각지의 인민위원회 등 자생적 조직들을 모두 좌익세력의 소비에트화 기도로 간주하였다. 점령 이후 각지에 전술군을 파견하여 직접통치체제를 구축하는 과정은 이들을 해체하고 대신 이전의 일제 식민지 통치기구와 친일관리, 경찰을 부활시키는 것에 다름 아니었다. 점령 초기 미군정은 반소·반공체제의 구축이라는 목표하에 점령통치기구를 수립하였다.[17]

한편 미군정은 임정의 정부자격을 인정하지 않았지만 임정의 대중적 명성과 임정 요인들을 이용하여 국내정치에 대처하려는 의도를 가지고 있었다. 하지는 진주한 지 1주일 만인 9월 15일, 맥아더에게 '임시정부 자격으로 重慶 망명정부를 환국시켜 간판으로 활용'하게 해줄 것을 건의하였다.[18] 동경의 맥아더사령부는 하지의 건의를 받아들여 이를 국무부에 교섭하였고, 9월

16) 미군정은 10월 10일과 12월 12일 두 차례에 걸쳐 인민공화국 부인성명을 발표하였다. 또 임정 요인들에게는 귀국 이전에 개인자격으로 귀국하는 것이라는 다짐을 받았다(*HUSAFIK* 2, 35~37쪽).

17) 점령초기 미군정 통치기구 수립과정의 구체상에 대해서는 朴瓒杓, 《韓國의 國家形成 : 反共體制 樹立과 自由民主主義의 제도화-1945년~1948년》(고려대 박사학위논문, 1995), 3장 참고.

18) 미국무부 편·김국태 역, 《해방3년과 미국 I》(1984), 59~60쪽. 하지의 정치고문 베닝호프는 국무장관에게 이 사실을 再送하였다.

하순 미군정·맥아더사령부와 국무부 사이에 임정의 귀국과 활용 문제를 둘러싼 교섭이 계속되었다.[19]

하지와 맥아더의 건의를 받자 국무부는 개인별 송환을 찬성도, 반대도 하지 않고 있으나, 임정을 승인하거나 하나의 단체로 송환해서는 안된다는 회답을 보내왔다.[20] 맥아더 사령부는 상부에 재차 李承晩·金九·金奎植의 조속한 개인자격 입국을 권고하였으며, 이들이 현재의 顧問會議를 대신하게 될 것이라고 언급하였다.[21] 육군부도 현지의 의견에 동의하였고, 이것은 해방 이전에 군부가 한국의 전후처리를 위해 소련과 사전협정을 강조하였던 것과는 다른 태도였다. 점령 이후 군부는 현지의 견해에 따라 정책적 태도를 결정하고 있었다.[22] 국무부는 10월 16일 군정에 필요한 한국인들의 개인자격 입국을 허용한다는 내용을 언론에 발표하였다.[23]

국무부는 임정의 정부자격을 승인해서는 안된다는 종래의 입장을 견지하였으나, 임정 요인의 개인자격 귀국에 동의함으로써 사실상 임정활용에 대한 미군정의 건의를 받아들였다. 또 미군정은 임정 요인들이 개인자격으로 귀국하는 것임을 여러 차례 강조하였으나, 이러한 설명이 한국인들 사이에 그대로 받아들여질 리 없었다. 미군정은 김구 등 임정 요인들이 귀국하자 임정을

19) 〈작전국 기록 : 미국과 중국으로부터 한인 귀환건〉, 1945년 10월 13일(국사편찬위원회, 《한국독립운동사》 자료 23, 1993, 330쪽).

20) 740.00119 Control(Korea), 〈미육군 태평양사령부에서 주한미군사령부에〉, 1945년 10월 1일. 이 전문에서 맥아더는 미주에는 임정과 협조하기를 원하는 약 50인 가량의 보수적 인사들이 있으며, 중경에도 그 정도의 숫자가 있으니 필요하면 이들을 개인자격으로 보내겠다며 논평을 부탁하였다.

21) 〈작전국 기록 : 미국과 중국으로부터 한인 귀환건〉, 1945년 10월 13일(국사편찬위원회, 앞의 책, 330쪽). 미군정 고문회의는 9명의 '저명한 보수주의자'로 구성되었다. 이들은 金性洙·金用茂·金東元·宋鎭禹·李容卨·姜柄順·吳泳秀·尹基益·全用淳으로 모두 한민당 계열의 인사들이다. 애초에 미군정은 11명을 임명하였는데, 曺晩植은 북한에 있어 참석할 수 없었고, 呂運亨은 고문회의가 우익에 편중되었다는 점을 들어 임명을 거부하였다(*HUSAFIK* 2, 8쪽).

22) 〈육군부 차관 맥클로이가 국무차관 애치슨에게〉, 1945년 11월 13일(미국무부 편·김국태 역, 앞의 책, 140~142쪽). 이 서한에서 맥클로이는 하지의 이승만·김구 활용 구상을 반대하는 국무부 극동국장 빈센트를 논박하며 하지를 적극적으로 옹호하였다.

23) 740.00119 Control(Korea), 〈국무부 극동국에서 주중 미국대사에게〉, 1945년 10월 16일.

'정부'로서 대접하는 듯한 분위기를 연출하였으며,[24] 임정을 '간판으로 활용' 하겠다는 계획을 계속 추진하였다. 즉 미군정의 임정에 대한 태도는 이중적인 것으로서 임정의 정부자격과 법통성을 부인하는 한편으로 임정의 '독립운동의 화신'으로서의 명성을 남한의 정치적 대표자라는 대중적 이미지로 연결시키려고 노력하였다.

미군정의 임정에 대한 이중적 태도는 인공을 타도하고 남한의 혁명적 정세에 대응하려는 미봉적 조치만은 아니었고, 미군정 나름의 뚜렷한 점령정책 구상이 수립되어 있었기 때문에 가능하였다. 미군정은 10월에 들어 임정 요인들의 개별적 활용 또는 간판 활용에서 나아가 보다 '적극적인 조치'를 구상하였다. 그것은 맥아더사령부와 미군정이 간헐적으로 제기하였던 남한의 정계통합을 통한 '자문기구'와 '과도정부' 수립 계획이다. 맥아더의 정치고문 앳치슨(George Jr. Atcheson)은 10월 15일 '장차 집행부 내지 행정부적인 정권기관으로 발전할 수 있는 조직'으로 全韓國人民執行委員會(National Korean Peoples Executive Committee)를 구성할 것을 국무장관에게 건의하였다. 그는 이 위원회에는 현재 하지 장군의 고문회의가 고문으로 참여하거나 적당한 시기에 통합될 수 있을 것이고, 초기단계에서는 이승만·김구·김규식을 중심으로 구성되어야 할 것이라는 의견을 덧붙였다.[25]

이러한 앳치슨의 구상은 이후 하지와 그의 정치고문 랭던(William R. Langdon)에 의해 더욱 발전하였다. 하지는 앳치슨의 구상을 받아 과도행정부의 수립 경로를 보다 논리적으로 제시하였다. 하지는 상부에 보내는 11월 5일자 전문에서 "고문회의를 확대하여 統合顧問會議(Coalition Advisory Council) 구성→군정 감독하에 고문회의 주도로 과도적인 한국행정부(AIB Korean

---

24) 김구를 처음으로 국내에 소개하는 11월 26일의 기자회견장에서 하지는 그를 '조선을 극히 사랑하는 위대한 영도자'로 묘사하였으며, 그에 대해 최대의 경의를 표하였다(《自由新聞》, 1945년 11월 27일).

25) 〈재일본 정치고문 대리 앳치슨이 국무장관에게〉, 1945년 10월 15일(미국무부 편·김국태 역, 앞의 책, 104쪽). 그는 공산주의세력의 활동에 비추어 보건대 한국인들에게 정부기구에 참여하도록 하는 적극적인 조치를 취하지 않으면 안 된다고 생각하였다. 미군정과 맥아더사령부는 민족혁명적 세력과 공산주의적 세력을 특별히 구분하지 않은 채, 이들 모두를 '빨갱이(commie)'로 파악하고, 조기에 대결자세를 취하였다.

Administration) 설치→총선거로 국민정부(Popular Government)를 수립"하는 경로를 제시하였다.[26] 하지의 전문은 미군정 나름대로 이후 한국에서 수립될 정부의 발전방향과 발전단계를 체계적으로 제시하였다는 점에서 의미를 갖는다. 그리고 새로 수립될 과도행정부의 원형은 기존 고문회의의 확대판이라는 점을 밝힘으로써 그 기구의 정치적 성격을 암시하였다.

미군정의 과도정부 형태에 대한 구상은 하지의 정치고문 랭던의 政務委員會(Governing Commission) 구상에 와서 한층 구체화되었다. 랭던은 "① 군정 내에 김구를 중심으로 하여 회의체(Council)를 구성하고, 이 회의체가 정무위원회를 조직, ② 정무위원회와 군정을 통합하고, 군정을 한국인 조직으로 대체, ③ 정무위원회가 과도정부(Interim Government)로 군정을 계승, ④ 정무위원회는 국가수반을 선거로 선출하고, 국가수반은 정부를 구성"한다는 발전경로를 제시하였다.[27]

앞에서 지적한 하지의 전문이 미군정이 구상한 과도정부 형태의 논리적 발전경로를 제시하였다면, 랭던의 정무위원회 구상은 한국의 내부 정세에 맞추어 정부수립의 경로와 방법을 보다 포괄적이고 구체적으로 제시하였다. 랭던 구상의 가장 큰 특징은 그것이 국무부의 신탁통치안과 국제민간행정기구안을 내용적으로 대체하였다는 점이다.

랭던은 정무위원회 구상을 건의하는 전문의 첫머리에서 공개적으로 신탁통치의 기각을 주장하였다. 또 랭던은 국제민간행정기구안을 충분히 숙지한 상태에서 정무위원회 구상을 작성하였다. 오히려 랭던은 자신의 정무위원회 구상이 신탁통치안과 국제민간행정기구안의 원안 노릇을 하였던 〈SWNCC 79/1〉과 〈SWNCC 101/4〉를 관련 근거로 하여 작성되었고, 이를 대체하기 위한 것임을 전문에서 밝혔다.

다음으로 정무위원회 구상은 남한의 정계통합을 그 실현의 전제로 하였다. 미군정은 이 무렵 한국인의 정치적 통합 필요성을 거듭하여 공개적으로 표

26) 〈CA 54311, 더글라스 맥아더 육군대장이 참모총장에게〉, 1945년 11월 5일(미국무부 편·김국태 역, 위의 책, 127쪽).
27) 〈재한국 정치고문대리 랭던이 국무장관에게〉, 1945년 11월 20일(미국무부 편, 김국태 역, 위의 책, 151~152쪽).

명하였고, 특히 임정의 귀국이 다가오자 정치적 통합의 중심으로서 임정의 역할을 암시하였다.[28] 랭던이 정무위원회 구상을 상부에 전송한 시점은 김구가 귀국하기 사흘 전의 시점이었지만, 랭던은 김구로 하여금 정무위원회의 모태가 될 정치단체의 대표체를 조직케 할 것을 예상하였다. 랭던의 이러한 발상은 그 이전의 고문회의 설치, 미군정의 이승만·임정 활용 의도의 연장선상에서 미군정이 우익 중심의 남한 정계통합을 정부수립의 전제조건으로 인식하였고, 그 방향에서의 미군정 활동을 승인받고자 하였음을 보여준다.

랭던 구상은 군정의 발전방향을 나름대로 제시하였다는 점에서도 주목해야 한다. 랭던은 미국인의 감독과 거부권을 전제로 군정을 한국인으로 점차 대체할 것을 제기하였다. 이 제안 역시 미군정이 진주 이후 우파 중심으로 통치기구의 충원을 꾀했던 조치를 기정사실화하면서, 앞으로 이 방향에서 계속 군정에 한국인을 충원할 것임을 시사하는 것이다. 미군정은 이후 이러한 조치를 군정의 '한국인화(Koreanization)'로 불렀다.

마지막으로 랭던 구상은 소련과의 관계에서 공세적인 자세를 보여주었다. 정무위원회 구상은 "국가수반을 선출하기 이전에 소련측과 양군 철수 및 정무위원회 권한의 북한으로의 확장에 관한 협정을 맺고, 회의체가 소련군 지역 내 인사를 정무위원회에 임명할 수 있게 위의 계획을 사전에 소련측에 통지할 것, 만약 소련측의 참여가 쉽사리 이루어지지 않을 경우 38도선 이남만이라도 이 계획이 실행되어야 할 것"을 제안하였다. 이것은 소련과의 협의를 거치지 않은 미군정의 선제적·일방적 행동을 의미하는 것이었고, 미군정은 소련의 협조를 구하지 못할 경우 남한만이라도 이 계획을 추진할 것이라는 강경한 태도를 취하였다.

랭던 구상이 정무위원회 권한의 북한으로의 확장을 통해 분할점령 상태를 해소하려 하였다는 점은 〈SWNCC 79/1〉과 〈SWNCC 101/4〉가 상정한 '양군 점령의 통합'이나 '통일행정기구' 설치 방침과도 맥이 닿아 있었다. 다만 그 통합의 주체에서 국무부 案이 미군정을 염두에 두었다면 랭던 안은 정무

---

28) 빈센트의 신탁통치 발언에 대한 아놀드의 10월 30일 논평(《每日新聞》, 1945년 10월 31일) 및 하지가 맥아더에게 보낸 11월 5일자 전문 〈CA 54311, 맥아더가 합참의장 마샬에게 재송〉(*FRUS* 1945, Vol. VI) 참고.

위원회가 군정을 대신하였다. 미군정은 38선의 철폐와 남북의 행정적·경제적 통합을 위한 소련과의 사전협상을 상부에 여러 차례 제기하였다. 미국은 모스크바 3상회담에서 한국문제에 관해 사전에 2가지를 제안하였다. 그 하나는 신탁통치안이었고, 다른 하나는 남북한 통일행정의 수립문제였다. 미군정은 미·소공위 개최 이전에 열린 미·소 양군 대표자회담에서도 이 문제를 집중적으로 제기하였고, 또 미·소공위 본회담에서도 이 문제를 초기 입장으로 제시하는 등 이 문제에 대한 집착을 버리지 않았다.

전체적으로 정무위원회 구상의 핵심은 이후 정부를 장악할 정치적 대표집단, 즉 한국인 권력집단을 미리 구성하고 이를 육성하자는 것으로 요약할 수 있다. 그리고 이 정치적 대표집단에게 미군정의 정치적·행정적 권한을 일정하게 제공하자는 것이다. 미군정은 정치적 대표집단의 구성에서 가급적 광범한 세력의 참여를 희망하였으나, 여기에는 우익 보수세력의 주도권, 남한의 비례적 우세가 전제되었다.

동경과 서울에서 구상한 '적극적인 조치'는 독립 이전의 단계에서 군정의 지탱점이 되어 줄 뿐만 아니라 군정을 대신할 수 있는 한국인 '과도정부'의 설치로 모아지고 있었고, 정무위원회 구상은 그것의 가장 완성된 형태를 보여 주었다. 정무위원회 구상은 국무부가 제시하였던 국제민간행정기구안을 부분적으로 참조하면서도, 내용적으로는 그것과 전혀 다른 미군정 나름의 과도정부 형태를 제시하였다. 그리고 이 구상에는 미군정이 점령 이후 취한 일련의 조치와 활동들이 이미 전제되어 있었고, 또한 이 시점에서 미군정의 국내정치에 대한 대처방향을 제시하였다.

국무부는 미군정측의 과도정부형태 구상이 계속 발전하자 이에 대해 제동을 걸었다.[29] 국무부가 미군정측 구상에 반대하였던 이유는 크게 두 가지이

29) 〈국무부 극동국장 빈센트가 육군부의 비트럽 대령에게 보내는 비망록〉, 1945년 11월 7일(미국무부 편·김국태 역, 앞의 책, 129~130쪽) ; 〈육군부 차관 맥클로이가 국무차관 애치슨에게〉, 1945년 11월 13일(같은 책, 140~142쪽) ; 〈극동국장 빈센트가 국무차관 애치슨에게 보내는 비망록〉, 1945년 11월 16일(같은 책, 146쪽). 대체로 하지의 정치고문 베닝호프, 랭던을 포함한 현지의 관리들과 맥클로이가 하지를 지지하였고, 국무부 관리 빈센트·보튼은 미군정측 구상에 반대하였다.

다. 첫째, 이 안이 신탁통치하의 국제민간행정기구 설치라는 국무부 안에 어긋나고, 국무부가 유지해 온 국제적 해결방식을 교란시킬 것이라는 점이다. 특히 군정측 제안은 소련과의 사전협상을 고려하지 않았고, 한국인 정치세력을 조기에 투입할 경우 정부수립 문제에서 한국인들의 주도성을 일정하게 인정할 수밖에 없게 될 것이다. 둘째, 미군정이 정무위원회의 핵심세력으로 상정한 임정인사들의 효용성에 대한 평가이다. 해방 이전부터 국무부는 이승만과 김구로 대표되는 임정 요인들의 국민적 대표성과 정치적 역량을 불신하였다. 게다가 국무부는 이전부터 임정의 정부자격을 부인하는 태도를 견지하였다. 국무부는 이들에게 대표성을 부여하면 다른 정치세력들이 반발하여 정치불안만 가중시킬 것이라고 생각하였다. 미국이 이전에 유지하였던 공식적 입장에 비추어 볼 때, 군정측 구상을 공개적으로 추진한다면 현실적으로 내외 여론의 비판과 소련의 반대를 불러 일으키게 될 것이 분명하였다.

10월과 11월에 맥아더사령부와 주한미군사령부가 고안한 일련의 정부수립 구상은 국무부에 의해 끝내 받아들여지지 않았으나 양자의 교섭과정에는 몇 가지 주목해야 할 사항들이 있다.

먼저 지적할 것은 맥아더사령부와 주한미군사령부를 중심으로 한 현지의 반소·반공 분위기의 조기 결집이다. 맥아더사령부는 미군정 전시기는 아니라 하더라도 적어도 점령 직후의 정책 형성에 큰 역할을 하였다. 맥아더 사령부는 점령 초기 한반도 내부 정세에 대한 정보수집, 군정요원 및 군정에 필요한 미국인 고문과 한국인 정치가들의 차출과 충원에서 큰 역할을 하였다. 또 하지와 마찬가지로 맥아더사령부도 해방 직후 자신의 역할을 장차 미·소대립에 대한 대비책의 마련에 두었고, 이 방향에서 해당지역의 정세추이를 살피고 있었다. 맥아더와 그의 측근들은 대체로 미국 내에서 전통적인 아시아 중시주의자들로 분류되었고, 또 격렬한 반공주의자들이었다. 점령초기에 맥아더사령부를 중심으로 결집하였던 세력들은 기존의 정책목표를 대체할 만한 새로운 독자적 목표를 가지고 있었던 것은 아니었다. 하지만 기존 노선의 수정과 새로운 접근방법을 적용할 수 있을 만한 영향력과 인적 결합을 가지고 있었다.[30)]

다음으로 미군정 구상의 현실적 출발점이 자신이 실행하고 있던 우익 중심의 정계개편 노력, 조직적인 우익 육성에 있었다는 점이다. 즉 시기에 따라 고문회의·임정·이승만에 대한 강조의 차이가 조금씩 보이지만, 미군정 구상이 이들 한민당·임정·이승만세력의 통합을 자신의 정부구상 실현의 전제로 하였다는 것은 명백하였다. 미군정은 정무위원회 구상에 보이듯이 임정 귀국 후에는 이승만보다 김구에 기대감을 표명하였으나, 이 시기 미군정의 구상은 양자의 통합 내지 이승만과 獨立促成中央協議會를 매개로 한 정계통합에 주된 목표가 있었다.

마지막으로 미군정의 구상은 소련의 반응 또는 소련과의 협상을 예상하지 않고 있을 뿐만 아니라 국무부의 신탁통치 구상을 부인하였고, 그런 측면에서 도발적이었다. 국무부는 랭던의 정무위원회 구상을 반대한다는 것과 한반도 신탁통치가 미국의 공식 정책임을 미군정에게 환기시켰다.[31] 그러나 미군정은 이후에도 자신의 반탁입장을 굽히지 않았고, 모스크바 3상회담이 열리기 전후에는 집중적으로 반탁의사를 상부에 타전하였다.[32] 이러한 반탁입장은 모스크바협정 타결 뒤에도 계속 유지되었다.

미군정이 국무부의 신탁통치안을 끝내 불신했던 이유로 미군정의 조숙한 반공주의와 국무부의 국제주의적·자유주의적 성향의 차이, 또는 양자의 對蘇 대응전술의 차이가 일반적으로 지적되고 있다. 그러나 진정한 이유는 미군정이 신탁통치안으로는 남한의 급박한 정치적 상황에 대처할 수 없다고 판단한 데 있었다. 미군정은 한국인들의 자주적인 국가건설 열망을 무한정

---

30) 이런 의미에서 미국의 군부, 정보계통, 전통적으로 아시아에 깊은 이해관계를 가진 자본가집단 및 선교사집단의 동향이나 이들의 한국문제에 대한 접근방식을 유의해서 살펴볼 필요가 있다. 미국 정가에서 이들의 움직임이 중요해지는 것은 중국정세가 격화하고 '차이나로비'가 강화되는 1949년 이후이고, 맥카시즘이 풍미하는 1950년대에 들어 절정에 달했으나 그 이전부터 이들의 활동은 상당히 활발하였다. 또 이승만의 미국인 지지자들은 대체로 이들과 중복되었다.

31) 〈국무장관이 재한국 정치고문대리 랭던에게〉, 1945년 11월 29일(미국무부 편·김국태 역, 앞의 책, 159~160쪽).

32) 〈재한국 정치고문대리 랭던이 국무장관에게〉, 1945년 12월 11일(미국무부 편·김국태 역, 위의 책, 164~165쪽); 〈재한국 정치고문대리 랭던이 국무장관에게〉, 1945년 12월 14일(같은 책, 166~168쪽); 〈육군대장 더글라스 맥아더가 합동참모본부에〉, 1945년 12월 16일(같은 책, 169~172쪽); 740.00119 Control(Korea), 〈육군장관 패터슨이 국무장관 대리 애치슨에게〉, 1945년 12월 19일.

부인할 수는 없었고, 이것에 대응할 수 있는 나름의 대안적 계획을 마련하지 않으면 안 되었다. 그것은 한국인들의 독립정부에 대한 열망을 일정하게 만족시켜 주어야 했으며, 동시에 미국 대한정책의 지지기반을 마련해 줄 수 있어야 했다. 미군정은 자신의 주도하에 한국인 '자문기구' 내지 '과도정부'를 만들고, 이것을 우익세력 육성과 결합시킴으로써 나름대로 해결책을 찾아갔다.

미국이 공식적인 대한정책으로 가다듬어 온 신탁통치 구상은 적용 첫 단계부터 한국인들의 반발과 현지 집행자들의 재고 요청을 받았다. 이제 신탁통치안이든 정무위원회 구상이든 구체적 정책은 미·소간 교섭과 한국의 국내정치에 영향을 받지 않을 수 없다는 것이 점령초기 대한정책의 적용과정에서 명백해졌다.

2) 모스크바 3상회의 결정과 미·소공동위원회(1946~1947)

1945년 12월 16일, 모스크바에서 미·영·소 3국 외상회담이 열렸다. 미국은 한반도 문제의 처리와 관련하여 〈한국의 통일행정(Unified Administration for Korea)〉이라는 특별비망록을 사전에 소련측에 전달하였다. 미국이 제안한 비망록의 주요 내용은 ① 교통·통신·체신·교역·산업 등 일체의 현안을 취급할 남북간 통일행정부의 조속한 수립, ② 한국에 대한 4개국 신탁통치 등 2가지였다. 신탁통치안의 주요내용은 ① 4개국이 행정·입법·사법 기능을 수행하여 한국이 독립할 수 있을 때까지 5년간 신탁통치를 한다. 그것은 5년간 연장할 수 있다, ② 신탁통치하에서 행정을 담당할 국제민간행정기구로 1명의 고등판무관(High Commissioner)과 4대국을 대표하는 4명의 위원으로 이루어진 執行委員會(Executive Council)를 구성한다는 것이다.[33]

미국측은 미군정의 반탁 입장을 숙지하고 있었으나, 회담대표들이 미국측 제안으로 제출한 비망록은 국무부가 구상하였던 신탁통치안과 국제민간행정

33) *FRUS* 1945, Vol. II, 641~643쪽. 최상룡은 집행위원회에서 소련에 비해 미국이 3 대 1의 우위를 보장받을 수 있고, 고등판무관이 미국인이 될 것으로 예상되었다는 점에서 이 제안이 '미국 우위의 계산'에서 나온 것이었다고 평가하였다(최상룡, 《미군정과 한국민족주의》, 나남, 1988, 175쪽).

기구안의 기조를 그대로 유지하였다.[34] 그리고 신탁통치에 앞선 행정부의 통합은 미국이 이전부터 구상하였던 것이었지만, 동시에 미군정이 모스크바 3상회의 개막 이전에 인위적인 38선 분할을 제거할 수 있는 구체적 조치들을 모스크바회의에서 마련하여 줄 것을 강조해 옴에 따라 이를 수렴한 것이었다.[35] 그러나 소련은 신탁통치에 선행하는 통일행정부의 설치를 거부하였고, 미국의 제안을 검토한 뒤 포괄적인 역제안을 제출하였다.[36]

소련은 '先 정부수립, 後 신탁통치'를 대안으로 제출하였다. 그리고 신탁통치기간은 최소화시킬 것을 주장하였다. 해방 이전만 해도 계속되는 미국의 신탁통치안 주장에 대해 소련은 마지못해 동의하는 태도를 취하며 직접적인 언급을 회피했다. 그리고 소련은 이제 먼저 정부를 수립할 것을 주장함으로써 미국측 계획에 제동을 걸었다. 미국은 비정치적·행정실무적 문제를 우선시키고, 국제적인 해결방식을 주장함으로써 자신의 주도권과 우세를 보장받으려고 하였다. 반면 소련은 해방 이후 한국 내의 정세나 좌·우세력관계가 자신에게 유리하다고 판단하였고, 보다 본질적인 정부수립 문제를 제기함으로써 자신의 주도권을 관철시키려 하였다.

이러한 미·소간 정부수립 방안의 차이는 한국의 독립에 대한 양국의 접근방법의 차이를 보여줌과 아울러 해방 이후 한반도 내부에 조성된 정치정세를 반영하였다. 미국은 점령 이후 군정을 설치하여 직접 남한을 통치하였다. 그리고 이후 신탁통치하에서 집행위원회라는 국제행정기구를 설치하고, 여기에 한국인들을 행정요원으로 참여시킬 것을 계획하였다. 반면 소련군은

---

34) 국무부는 소련과의 한국 신탁통치안 협정이 일련의 신탁통치 협정 중 첫번째인 만큼 다른 협정들의 모범이 될 수 있도록 가급적 자세한 서류를 작성하였다(740.00119 Control(Korea), 〈국무부 극동국 내부비망록〉, 1945년 11월 14일). 국무부가 미군정측의 과도정부형태 구상에 거부감을 느꼈던 이유 중의 하나로 신탁통치안을 다른 지역에 광범하게 적용하려던 국무부측의 의도도 고려해야 할 것이다.

35) 〈육군대장 더글라스 맥아더가 합동참모본부에〉, 1945년 12월 16일(미국무부 편·김국태 역, 앞의 책, 169~172쪽).

36) NARA, RG 59, General Records of the Department of State, Lot 60-D-330 : Records of the Office of Northeast Asian Affairs(Briefing Books), 1943~1954, Research Project 62. 국무부 정책역사조사국 작성, *Handbook of Far Eastern Conference Discussions*(1949. 11), H-13~15.

북한점령 이후 인민위원회에 자치권을 부여하였고, 曺晩植과 金日成의 합작을 성사시키는 등 자신의 조정과 비호하에 일찌감치 정부수립을 위한 토대를 쌓아가고 있었다. 그리고 일반적으로 남한에서도 좌익세력이 우익에 비하여 조직적으로 우세를 점하고 있다고 평가하였다.

모스크바 3상회담에서 타결된 '한국[37]에 관한 결정'은 소련측 제안을 원안으로 하고, 여기에 사소한 내용·표현상의 수정을 가한 것이었다. 12월 28일 발표된 최종 결정문안은 다음과 같다.

> ① 조선을 독립국으로 부흥시키고 조선이 민주주의 원칙 위에서 발전하게 하며 장기간에 걸친 일본통치의 악독한 결과를 신속히 청산할 조건들을 창조할 목적으로 '조선민주주의임시정부'를 창설한다. 임시정부는 조선의 산업·운수·농촌경제 및 조선인민의 민족문화의 발전을 위하여 모든 필요한 방책을 강구할 것이다.
> ② 조선임시정부 조직에 협력하며 이에 적응한 방책들을 예비 작성하기 위하여 남조선 미군사령부 대표들과 북조선 소련군사령부 대표로 공동위원회를 조직한다. 위원회는 자기의 제안을 작성할 때에 조선의 민주주의 정당들, 사회단체들과 반드시 협의할 것이다. 위원회가 작성한 건의문은 공동위원회 대표로 되어 있는 양국 정부의 최종적 결정이 있기 전에 미·소·영·중 각국 정부의 심의를 받아야 한다.
> ③ 공동위원회는 조선민주주의임시정부를 참가시키고 조선민주주의 단체들을 끌어들여 조선인민의 정치적·경제적·사회적 진보와 민주주의적 자치발전과 또는 조선국가 독립의 확립을 원조 협력하는 방책들도 작성할 것이다. 공동위원회의 제안은 조선임시정부와 협의 후 5년 이내를 기한으로 하는 조선에 대한 4개국 신탁통치(후견)의 협정을 작성하기 위하여 미·소·영·중 각국 정부의 공동심의를 받아야 한다.
> ④ 남·북 조선과 관련된 긴급한 제문제를 심의하기 위하여 또는 남조선 미군사령부와 북조선 소련군사령부간의 행정·경제 부문에 있어서의 일상적 조정을 확립하는 제방안을 작성하기 위하여 2주일 이내에 조선에 주둔하는 미·소 양국 사령부 대표로서 회의를 소집할 것이다.
> (북조선민전 중앙위원회 서기국 편, 〈蘇米共同委員會에 關한 諸般資料集〉,

37) 이 글에서 '한국'은 남·북한을 통칭하는 용어로 사용되었다. 당시의 용례로는 '한국' 보다는 '조선'이라는 용어가 보다 널리 사용되었으나, 이 글에서는 당시의 자료를 직접 인용하는 경우를 제외하곤 모두 '한국'으로 통일하였다. 양자 모두 영어로는 'Korea'로 표기되었고, 의미상의 차이는 없다.

《韓國現代史資料叢書》 13, 돌베개, 1947, 37쪽의 원문을 현대어법에 맞추어 부분적으로 수정 인용).

위의 모스크바 3상결정이 규정한 '朝鮮民主主義臨時政府' 수립방안은 미국의 원래 구상과는 커다란 차이가 있었다. 무엇보다 국제적 처리방식 일변도의 국제민간행정기구안이 정당·사회단체를 통해 한국인들의 의지와 요구를 부분적으로 반영하는 '선 임시정부' 수립안으로 변경되었다. 이로써 사실상 국제민간행정기구안은 철회되었다.

또 미·소 양측 점령군 사령부 대표들로 이루어진 미·소공동위원회가 한국문제 해결의 매개기구가 됨으로써, 미국과 소련이 한국문제 해결의 당사자로 부각되었다. 위 결정은 비록 4대국에 의한 신탁통치를 상정하였지만, 한국의 장래에 직접적인 영향을 행사하는 것은 어디까지나 미국과 소련이라는 것을 과시하였다. 이것은 모스크바결정이 미·소 양군의 분할점령이라는 현실을 기반으로 하였음을 보여주었다.

미국측 제안이나 위의 결정문 모두 신탁통치를 상정하였지만 그 성격은 전혀 달랐다. 미국측 제안은 정부수립 이전 국제행정기구 관리하의 신탁통치를 의미하였지만, 모스크바결정의 신탁통치안은 '조선민주주의임시정부'와 협의를 거쳐 4대국의 협정에 의해 실시되는 것이었다.[38] 즉 임시정부의 수립을 전제로 한 신탁통치의 실시는 신탁통치의 성격이나 통치권의 행사라는 측면에서 미국이 제안한 신탁통치안과는 크게 다를 수밖에 없었다.

미국이 모스크바 3상회담에서 자신의 제안을 포기하고, 내용상 현격한 차이가 있는 소련측 제안을 받아들인 이유로는 우선 한국 내 정세가 미국으로 하여금 소련측 제안을 거부할 명분이 없게 만들었을 것이라는 점을 들 수 있다. 미군정은 본국에 한국인들의 신탁통치에 대한 강한 거부감을 거듭 환기시켰고, 국무차관 애치슨(Dean G. Acheson)은 미군정의 위와 같은 요청을 모스크바에 가 있던 번즈(James F. Byrnes) 국무장관에게 전하면서 신탁통치는 국제연합 기구의 후원을 받는 것이고, 행정부에 관한 잠정협정임을 강조하는 것이 좋을 것이라고 조언하였다.[39] 미국측 스스로 자신들의 제안을 원

38) 최상룡, 앞의 책, 177쪽.

안 그대로 한국인들에게 납득시키기는 어려울 것이라는 점을 느끼고 있었다.

다음으로 미국은 모스크바협정의 운용 여하에 따라 미국의 이해관계를 관철시킬 수 있을 것으로 생각하였다.[40] 모스크바결정은 임시정부 수립을 선결과제로 제시하였지만, 미국의 신탁통치 제안도 받아들인 일종의 절충의 결과였다. 모스크바결정은 '미·소공동위원회 설치→미·소공동위원회와 한국의 정당·사회단체가 협의하여 임시정부 수립 권고안 제출→4대국 심의→임시정부 수립→임시정부는 미·소공동위원회 밑에서 구체적인 신탁통치 협정의 작성에 참가→4대국의 신탁통치 협정 공동심의'라는 복잡한 절차를 예상하였다. 여기서 임시정부 수립안이나 신탁통치 협정 모두 4대국이 심의하기로 되어 있고, 임시정부 수립은 특히 美·蘇共同委員會(이하 '미·소공위')의 활동에 의존하고 있었다. 미국은 이러한 다단계 수립절차를 통해 미국측 정책의 기조를 유지할 수 있을 것으로 생각하였을 것이다.

모스크바 3상결정은 '적당한 절차를 거쳐' 한국에 독립을 부여한다는 1943년 카이로선언 이래 한국 독립에 관한 국제적 합의의 애매모호한 내용을 보다 구체화하였다는 점에서 의의를 가진다. 또 모스크바결정은 임시적 성격이긴 하지만 통일정부 수립을 제시하였다는 점에서 주권문제 해결의 경로를 구체화한 것이다. 그런 점에서 자주독립정부를 수립하려는 근대 이래 한국 민족운동사상의 커다란 전환점을 이루었음에 틀림없다. 그러나 다른 한편으로 이 안이 5년간의 신탁통치(또는 후견)를 예상하였다는 점에서 민족역량의 전면적 개화를 통한 자주적인 정부수립과는 일정한 거리가 있었다. 그런 면에서 이 안은 일정한 제한성을 가진 것이기도 하였다.

모스크바 3상회담의 '한국에 관한 결정'이 실현되기 위해서는 미·소 양 점령군 대표로 미·소공위가 구성되고, 여기서 임시정부 수립을 위한 구체적 절차와 방법을 마련해야 했다. 모스크바결정은 다른 한편으로 한국인들에게 독립에 관한 국제적 규정성을 절감하게 만들었다. 이제 한국 내 각 정치세력들에게는 미·소공위에 어떻게 대응할 것인가 하는 문제가 완전독립의 실현

---

39) 740.00119 Control(Korea), 〈애치슨이 번즈 국무장관에게 보내는 전문〉, 1945년 12월 20일.
40) 최상룡, 앞의 책, 180쪽.

과 통일정부 수립에서 주요한 과제로 제기되었다.

한편 모스크바결정은 미·소공위가 한국의 정당·사회단체와 협의하여 임시정부를 수립하도록 규정하였다. 이것은 미·소 양국에게 한반도에서 자기측의 구상과 정책을 관철할 수 있는 지지기반을 조성하는 것이 현실적인 과제로 제기되었음을 의미한다. 이로 인해 미·소공위는 국내정치에 영향을 주었을 뿐만 아니라 동시에 국내정치로부터 영향을 받기도 하였다.

1945년 말 모스크바결정의 한국관련 내용이 국내에 보도되자 국내에서는 반탁운동이 거세게 일어났다. 이 시기 우익진영 일반, 그 중에서도 김구를 중심으로 한 임정세력은 반탁운동에 가장 적극적으로 참여하였다. 또 대대적인 선전작업을 통해 반탁운동을 확산한 것은 韓國民主黨(이하 '한민당')의 기관지로 일컬어지던 《동아일보》였다. 우익은 신문을 앞세워 신탁통치 주창자는 소련이며, 모스크바결정을 찬성하는 공산주의자는 소련의 앞잡이이자 매국노이고, 반탁운동은 즉시 독립을 위한 애국운동이라는 등식으로 선전활동을 전개하였고, 반탁운동을 반소·반공운동으로 몰아갔다.[41]

모스크바 3상회담의 한국관련 내용을 국내에 최초로 보도한 것은 《동아일보》 1945년 12월 27일자 머리기사이다. 모스크바 3상회담의 결정서가 공식발표된 것이 서울 시각으로 12월 28일 정오이니 이 기사는 모스크바 3상회담 결정서가 발표되기 만 하루전, 주한미군사령부가 결정서를 입수하기 이틀전에 발표되었다. "소련은 信託統治 주장, 미국은 卽時獨立 주장, 소련의 구실은 38선 分割占領"이라는 제하의 이 기사는 모스크바 3상회담 당시 미·소 양측의 입장과 주장을 정반대로 보도하였을 뿐만 아니라 결정서의 내용을 왜곡한 것이었다. 나아가 이 기사는 반탁운동을 격화시키는 도화선이 되었고, 이후 며칠간 모스크바 3상회담과 그 결정 내용에 대한 국내신문의 보도 태도와 보도 방향을 결정하였다.

---

41) 윤해동, 〈반탁운동은 분단·단정노선이다〉(《역사비평》, 겨울호, 1989), 170~180쪽.
찬·반탁운동의 경과와 성격에 대해서는 다음의 논문들을 참고할 것.
이수인, 〈모스크바 삼상협정 찬반운동의 역사적 성격〉(《한국현대정치사》 1, 실천문학사, 1989).
오연호, 〈미군정의 분열조작 '신탁통치파동'〉(《말》 3월호, 1989).

한민당은 반탁의 깃발 뒤에서 친일파라는 비난을 피하였고, 자신들의 정치적 복권을 꾀할 수 있었다는 점에서 어느 면에선 가장 큰 수혜자였다. "흥미있는 것은 반탁소동으로 빨갱이와 백파가 균형을 이루게 되었고, 양쪽이 다 우리에게 도와달라고 우는 소리를 하게 되었다"[42]는 하지의 지적처럼 우익은 반탁운동으로 좌익과의 세력 불균형을 일시적으로 만회할 수 있었다. 그리고 하지의 지적이 암시하듯이 이러한 사태는 미군정으로서도 바람직한 것이었다.

미군정은 이전부터 본국에 신탁통치가 국내 정국에 미칠 파장을 우려하며 신탁통치라는 용어 대신 다른 용어를 사용할 것과 나아가 신탁통치 구상 자체의 변경을 요청하고 있었다. 하지의 시도는 모스크바 3상회담 때까지 계속되었으나, 신탁통치 자체의 수정은 받아들여지지 않았다. 사태의 전개를 주시하고 있던 미군정은 모스크바 3상회담이 막바지에 접어들자 미국측이 신탁통치안을 제안했다는 사실이 가져 올 정치적 곤경을 예상하고, 미국에 쏟아질 비난의 방향을 소련측으로 돌리려 했을 가능성이 있다.[43]

미군정은 반탁운동이 격화되자 반탁운동에 따른 국내 정세의 격화에 대해 상부에 우려를 전달하였다.[44] 그러나 미군정은 국무부에 모스크바결정의 正文을 보내달라고 요청하였을 뿐이지 《동아일보》 왜곡보도의 진위를 확인하는 조치를 취하지 않았다. 미군정은 이 왜곡보도를 해명할 필요성을 느끼지 않았던 것이다. 오히려 미군정은 이 무렵 한국에 신탁통치를 강요하고자 한 것은 소련이며 따라서 소련이 이에 대해 비난받아야 한다는 믿음을 한국인

42) 〈사관기장〉, 1946년 1월 2일(鄭容郁 편, 앞의 책, 174쪽).

43) 하지는 이후 타스통신이 모스크바회담에서 신탁통치 제안자가 미국이라는 사실을 공개하자, 국무부를 향해 제때에 필요한 정보를 주지 않는다며 강한 불만을 표시하였다(〈육군대장 더글라스 맥아더가 합동참모본부에〉, 1946년 2월 2일, 미국무부 편·김국태 역, 앞의 책, 215~216쪽). 그러나 국무부는 모스크바 3상회담에 참석한 미국측 대표단에게 하지의 요청을 그때그때 전달했으며, 하지는 모스크바 3상회담에 임하는 미국측 입장을 사전에 숙지하고 있었다며 하지의 불평에 대해 오히려 불쾌감을 표시하였다(〈국무장관이 육군장관 패터슨에게〉, 1946년 4월 1일, 같은 책, 247~248쪽). 정작 하지가 놀란 것은 모스크바결정이 미국측 원안과 다른 방향으로 타결되었다는 점일 것이다.

44) 〈육군대장 더글라스 맥아더가 합동참모본부에〉, 1946년 1월 23일(미국무부 편·김국태 역, 위의 책, 198~199쪽).

들 사이에 조장시키려 노력하였고, 국무부도 비슷한 태도를 취하였다.[45)]

미군정은 모스크바결정의 국내 전달 이후 야기된 반탁선전과 반탁운동을 방조함으로써 그것이 남한정치에 미치는 효과를 십분 활용하였다. 즉 우익의 반탁운동이 반소여론을 조성하고, 남한에서 우익의 정치적 입장을 강화하는 한 미군정측에 결코 해로울 것이 없었다. 이는 적절히 이용한다면 미래의 회담에서 미국측 입장을 강화해줄 수 있었다. 반탁운동을 거치며 남한에서는 반탁=반소, 친소=찬탁이라는 등식이 성립되었으며, 좌·우 대립이 본격화되었다. 미군정은 1945년 말, 1946년 초의 반탁운동을 계기로 국내에서 찬·반탁 대립구도를 좌·우 대립구도와 결합시킬 수 있었다.[46)] 그러나 미군정이 반탁운동을 무한정 허용하였던 것은 아니다. 미국은 반탁운동이 군정에 대한 반대운동, 또는 좌·우 어느 정치세력이든 한국인들의 이니셔티브에 의한 독자적인 정부수립운동으로 발전하는 것을 용납하지 않았다.

김구를 중심으로 한 임정은 반탁운동을 임정법통론에 입각한 정부수립운동으로 연결시켰다. 모스크바결정이 국내에 알려지자 임정의 주도로 '信託統治反對國民總動員委員會'가 결성되었다. 이 위원회의 9개조 '행동강령'에는 '임정의 절대수호'와 '외국군정 철폐' 요구가 들어있었으며, 임정은 '國字 1·2' 호 포고를 발표하여 정권 접수를 선언하였다.[47)] 이러한 시도에 적잖이 당황

---

45) C. Leonard Hoag, 신복룡·김덕원 역, 《한국분단보고서》 상(풀빛, 1992), 266·268~272쪽.

46) 1945년 말, 1946년 초의 반탁운동은 해방 직후의 정치적 대립구도가 반공이데올로기를 매개로 한 이념적 대립구도로 전환하는 과정에서 하나의 중요한 계기를 이루었다. 金星淑은 반탁운동을 거치면서 좌우대립은 골육상쟁의 지경에 이르렀다고 지적하였다. 한편 모리 요시노부는 모스크바결정 발표 이후의 반탁운동이 한국에서 반공이데올로기 형성에 큰 역할을 하였음을 지적한다. 즉 일제 식민지시대만 해도 공산주의는 단지 천황제파시즘 이데올로기에 반대하는 대항이데올로기로서 한국민족운동의 한 조류로 인식되었을 뿐이지만 이 시기의 반탁운동을 거치면서 좌우 대립구도가 국내정치에 각인되었다는 것이다. 즉 한국에서 좌우 이념대립은 그 자체 아무런 내용성이나, 역사적·철학적 기준 없이 소련 내지 공산주의에 대한 태도 여하에 따라 결정되었고, 또 미·소간의 국제적 대결구도가 조기에 국내에서 재생산되었다(모리 요시노부, 〈한국 반공주의 이데올로기 형성과정에 관한 연구〉, 《한국과 국제정치》 5-2, 경남대 극동문제연구소, 1989).

47) 《동아일보》, 1946년 1월 2일.

한 미군정은 임정의 기도를 쿠데타로 규정하면서 단호한 태도로 저지하였다.

하지는 1946년 1월 1일 김구를 만나 임정의 기도를 저지시켰다. 하지는 "자살하겠다고 날뛰는 김구를 겨우 진정시켜, 반탁시위가 군정에 대해서가 아니라 신탁통치에 반대하기 위해 행해졌다"는 것을 라디오방송을 통해 밝히도록 설득하였다.[48] 이 일화에서 주목할 것은 하지가 김구를 위협하면서 강조한 내용이다. 하지는 반탁운동 자체를 문제삼은 것이 아니라, 반탁운동이 미군정을 향한 것이 아니라는 점을 홍보하는 데 주의를 기울였다. 미군정은 이 사건을 계기로 임정의 법통성과 정부로서의 위상을 한층 단호하게 부인하였다. 미군정은 이후 '임정의 해체와 새로운 정당으로의 재편'계획을 적극적으로 추진하였다.[49]

1946년 1월 24일 소련이 타스통신을 통하여 모스크바 3상회담의 경과와 탁치안의 원래 제안자가 미국이라는 사실을 공개함으로써 미국은 심각한 정치적·도덕적 타격을 입었다.[50] 즉 반탁운동이 가지고 있던 반소여론의 조성, 우익측의 정치적 입지 강화라는 정치적 효과는 그 근거가 사라지게 되었을 뿐만 아니라 미국의 신용은 크게 실추되었다. 하지만 신탁통치 조항의 의미를 축소 해석하려는 미국의 노력은 이후에도 계속되었다. 미·소공위 회담의 전 과정을 통해 미국이 '의사표현의 자유'를 고집한 것도 그러한 노력의 일환이라고 할 수 있을 것이다.

미국 국무부와 미군정은 신탁통치에 대해 상반된 입장을 보이고 있었지만, 막상 모스크바 3상회담에서 신탁통치에 관한 협정이 타결되자 워싱턴 당국자들과 미군정 모두 신탁통치 조항의 의미를 축소하는 작업을 벌였다. 이러한 반응은 미국이 처한 입장과 앞으로 미국이 취할 태도를 시사하는 것이다. 미국은 모스크바결정의 실행에 적극적인 태도를 보이지 않았지만, 다른 한편으로 그것의 실행을 적극적으로 반대할 처지도 아니었다.

---

48) 1946년 1월 1일 김구와 면담 자리에서 하지는 "나를 속이면 죽여버리겠다"고 위협했다. 면담 직후 임정 선전부장 엄항섭은 방송을 통해 국민들에게 파업을 중지하고 일터로 돌아갈 것을 요청하였다(〈사관기장〉, 1946년 1월 1일~2일, 정용욱 편, 앞의 책, 174쪽).

49) 정용욱, 〈미군정의 임정관계 보고서〉(《역사비평》, 가을호, 1993), 364·375쪽.

50) 타스통신 전문은 *FRUS* 1946, Vol. Ⅷ, 201~203쪽.

워싱턴의 삼부조정위원회는 1월에 모스크바결정 제2항이 상정한 임시정부 수립계획을 마련하였다. 1946년 1월 28일 삼부조정위원회가 최종 승인한 〈SWNCC 176/18, 한국에 관한 정치적 방침〉이 바로 그것이다.[51] 이 문서는 미·소공위의 권한과 기능, 임시정부 수립계획의 마련과 관련해 미·소공위 미국측 대표단이 취할 입장과 대응책을 포괄적으로 제시하였다. 미·소공위 미국대표단은 미·소공위에 대한 전반적인 정책 지침을 본국으로부터 받았다. 하지만 현지에서의 대표단 구성은 주한미군사령관 하지의 권한에 속했고, 또 대표단은 하지로부터 명령을 받았다. 미·소공위를 위해 본국으로부터 보강된 인원은 데이어(Charles C. Thayer)가 유일하였다. 나머지 대표단원들은 모두 현지에서 충원되었다. 미·소공위 미국대표단의 초대 수석대표는 아놀드(Archibald V. Arnold)였다.

미·소공위 미국대표단(이하 '대표단')은 국무부 방침을 보다 구체화시켜 회담 개시 이전에 〈한국정부 구성에 관한 협상지침〉을 마련하였다.[52] 이 문서에서 미국은 철저하게 대소전략의 관점에서 전 한국임시정부 수립문제를 파

---

51) 〈SWNCC 176/18〉의 결론은 합동참모본부에 의해 2월 11일 맥아더 장군에게 전달되었다. 그러나 이 문서가 최종승인되었던 1월 28일경, 이미 주한미군사령부는 스폴딩(Sidney P. Spalding) 장군을 통해 이 문서의 초안인 〈SWNCC 176/15〉를 전달받았다.
〈주한 정치고문 베닝호프가 국무장관 대리에게〉, 1946년 1월 28일(*FRUS*, Vol. Ⅷ, 213~214쪽).

52) 미·소공위 문서철, 롤번호 5, 〈한국정부 구성에 관한 협상지침〉, 일자미상. 작성자와 작성일자가 밝혀져 있지 않으나, 내용으로 보아 미·소공위 개막일인 3월 20일 이전에 작성되었다. 작성자는 데이어였을 것으로 추정된다. 그는 미·소공위 미국대표단원 가운데 가장 유능한 對蘇협상 전문가였다. 웨스트포인트 출신으로 소련과 독일에서 8년간 국무부 소속 외교관으로 근무하였다. 육군부와 OSS에 차출되어 1944년부터 유고와 루마니아 등에서 정치공작을 담당하였다. 유고에 있는 동안 그는 '미군부파견 독립사절'이란 직함으로 티토와 교섭을 담당하였다. 소련인들과 교섭 경험이 많은 소련전문가였다. 미·소공위에 대비하여 그를 한국에 파견하도록 추천한 사람은 駐蘇대사 해리만이었다. 해리만은 데이어의 공작수완과 대소 강경태도를 높이 평가하였다. 1차 미·소공위는 거의 그가 막후에서 조종했다고 해도 과언이 아니다. 1946년 6월 미국으로 돌아갔다. 2차 미·소공위 때에도 미군정은 그를 원하였으나, 참석하지 못하였다. 그는 후에 '미국의 소리(Voice of America)' 방송 책임자(1948~1949년)를 지냈다.

악하였다. 이러한 관점에서 미국은 조기에 한국을 독립시키는 것은 바람직하지 않으며, 설사 정부가 수립되더라도 이 정부에는 제한된 권한만 부여하여야 한다고 생각하였다. 즉 지금 시점에서 한국의 즉각 독립은 親蘇정부의 수립을 의미하므로 결코 받아들일 수 없고, 반면 임시정부 수립은 어떤 형태든 일정 기간 한반도에 대한 미국의 영향력을 유지시킬 수 있는 식으로 점진적으로 이루어져야 한다는 것이었다. 그리고 그러한 영향력의 확보방안 마련이 대표단의 중심적 임무가 되었다.

다음으로 국무부나 미군정 모두 신탁통치 내지는 그것에 준하는 위장된 통제책이 당분간 필요하다고 생각하였다. 본국의 지침은 별도 지시가 있을 때까지 미·소공위에서 신탁통치 문제를 논의하지 말 것을 지시하였다. 이것은 한국인들의 반탁감정을 의식하고, 조기에 회담이 난관에 부딪히는 것을 막기 위한 조치였을 뿐이고, 국무부가 실제로 신탁통치가 불필요하다고 생각하였던 것은 아니었다. 특히 이전에 미군정이 반탁입장을 밝혀왔다는 사실에 비추어볼 때, 미군정의 태도변화는 주목할 만하다. 미국은 신탁통치를 대신할 수 있는 것으로 ① 유엔의 국제적 보장, ② 미국의 차관공여, ③ 한국의 외교와 국방을 제한하는 방법 등을 예상하였다. 이 지침은 현재 시점에서 ①은 불가능하므로 임시정부 구성에서 미국측 영향력을 확실히 보장할 수 있는 방안을 마련하고 이를 ②, ③과 연결시키는 방안을 대안으로 상정하였다. 주목할 것은 미국이 일찍부터 유엔의 개입을 신탁통치를 대신할 수 있는 보장장치로 인식하였다는 점이다.

또 구체적인 협상에 임해서는 미·소공위의 '1차적이고 긴급한 정치적 임무'가 임시정부 수립이지만 남북의 민간행정기구 통합이 시간적·논리적으로 임시정부 수립에 선행하며, 협상에서 민간행정기구 통합 문제를 임시정부 수립 문제와 동일한 수준에서 동시적으로 논의할 것을 결정하였다.[53] 이러한 협상방침은 모스크바 3상회담에서 소련에 의해 거부당했던 것이고, 모스크바 결정 내용과도 어긋났지만 미국은 이 문제를 제기함으로써 보다 유리한 협

53) 〈SWNCC 176/18, '결론 4-a-(3)' 및 첨부물 B '토론사항 1'〉.
미·소공위 문서철, 롤번호 5, 〈한국정부 구성에 관한 협상지침〉·〈미·소공위의 목적〉·〈한국임시정부 구성조건에 관한 제안〉.

상 위치를 확보한다는 방침이었다.

마지막으로 한국의 정당·사회단체와의 협의는 이들 단체와 직접 협의 대신 한국인 대표로 구성·설치될 별도의 협의기구를 이용한다는 방침을 정했다. 이 방침은 모스크바결정이 규정한 임시정부 수립방법과 내용적으로 차이가 있었다. 또 이 방침은 미국이 모스크바 3상회담 이전까지 견지하였던 국제민간행정기구 수립구상과도 다른 것이었다. 미국이 구상한 임시정부 수립방안의 특징은 이 '협의대표기구'의 구성과 설치에 집약적으로 표현되었다. 그리고 미군정은 남한의 협의대표기구로서 南朝鮮代表民主議院(이하 '민주의원')을 조직하였다.

미국측 임시정부 수립방안의 핵심은 한국인 지도자들로 구성될 협의대표기구 문제였다. 〈SWNCC 176/18〉은 협의대표기구의 구성방안에 대해 구체적인 지시를 하달하였고, 대표단은 본국의 지침에 따라 임시정부 수립절차를 작성하였다. 그것을 요약하면 다음과 같다.

① 남조선대표민주의원 구성.
② 민주의원은 이에 상당하는 이북의 대표기구와 함께 자문기구의 기초를 이룰 한국의 대표적 민주주의 지도자들의 포괄적인 명부를 제출. 이에 입각해 남·북한 인구비례에 따라 통합자문기구(Korean Advisory Union)를 구성.
③ 통합자문기구는 임시국무회의(Council of State) 후보자 명부를 작성. 미·소공위는 이 명부를 검토, 승인 또는 적절히 수정한 뒤 한국임시정부안으로 미국과 소련정부에 제출.
④ 자유·민주·비밀선거에 의해 정부가 선출될 때까지 국무회의가 임시정부의 역할을 담당.
(미·소공위 문서철, 롤번호 5, 〈한국정부 구성에 관한 협상지침〉과 〈한국임시정부 구성에 관한 제안〉, 〈자문기구와 한국임시정부 구성에 관한 미국측 제안〉).

협의대표기구를 통한 임시정부 수립방안에서 먼저 눈에 띄는 것은 그 수립절차와 1945년 가을 이래 미군정측이 주장해 온 과도정부형태의 유사성이다. 위의 수립절차는 랭던의 정무위원회 구상이 제시한 '정무위원회(남한 또는 남·북한의 정치적 대표기구)→과도정부(임시정부)→선거를 통한 정부 선출'이라는 경로와 사실상 다를 것이 없다. 또 정무위원회 구상이나 협의대표기구 설치구상이나 모두 그 구상의 중심은 최초의 정무위원회·협의대표기구의 구성문제였다.

수립절차에서 눈에 띄는 다른 한 가지 특징은 남한측 협의대표기구인 민주의원의 주도적 역할을 예상하였다는 점이고, 이것 역시 정무위원회 구상과 다를 것이 없다. 미국은 인구와 행정구역을 더 많이 포괄하고 있다는 이유에서 민주의원의 주도성을 관철시키려 하였고, 미국측 지지세력이 수적 우위를 확보할 수 있도록 세심하게 배려하였다. 본국의 지침에서도 만약 공동협의기구 구성에 실패하여 남과 북에 각각 협의대표기구를 만들 때에는 인구비례 또는 도별 숫자비례(남 : 7½ 대 북 : 5½)를 따를 것을 지시하였다.[54] 미국대표단은 민주의원의 대표성이 시비거리가 될 경우 협상이 가능하다는 태도였지만,[55] 남한의 보다 온건한 세력들이 주도권을 행사해야 한다는 입장에는 변함이 없었다. 미국은 협의대표기구를 통해 "소련이 조종하는 소수파가 우세를 점하지 못하도록 확실히 보장"받고자 하였다. 직접 협의방식이 조직과 활동력에서 우세한 좌익에게 유리한 방식이라면, 자문기구방식은 좌익에 비해 대중적·조직적 기초가 취약한 반면 명망있는 정치인들이 많았던 우익에게 유리한 방식이었다.

위의 임시정부 수립절차는 임시정부가 법적으로 고정되는 절차로 선거를 상정하였으나, "선거가 반드시 즉각적인 완전독립을 의미하지 않는다는 점을 한국인들에게 납득시켜야 하고," 이와 관련해 국제적 차관공여와 같은 위장된 통제책을 마련할 것을 구상하였다. 또 현재 남한에서 작동하고 있는 정부를 모델로 일반적인 조직체계를 수립하며, 임시정부가 기능하기 이전에 38선을 철폐하여 한국의 행정·경제를 통합할 것을 예상하였다. 이렇게 수립된 임시정부는 헌법 초안을 작성하고, 연합국 정부가 미·소공위의 권고를 승인

54) 〈SWNCC 176/18, 첨부물 B 토론사항 5·7〉.

55) "민주의원을 지지하는 목적의 하나는 우리들에게 충분한 협상의 여지를 확보하기 위해서이지 최후통첩이 아니라는 점을 강조한다. 만약 소련측이 인민당(공산당)이 포함되어 있지 않다고 주장하면 조만식과 교환조건으로 여운형(박헌영)을 포함시킬 수 있을 것이다."(미·소공위 문서철, 롤번호 5, 〈한국정부 구성에 관한 협상지침〉, 5~6쪽).

하였을 때부터 헌법이 효력을 발휘하는 것으로 되어 있으나, 임시헌법의 실행에 따르는 모든 행동 권한은 미·소공위의 승인을 거쳐야 했다. 이때 정부의 몇몇 권한, 예컨대 외교와 국방문제 등은 당분간 미·소공위가 장악할 것을 예상하였다.

위와 같은 절차와 방법을 좇아 임시정부가 수립된다면, 이는 비록 정부형태를 취하고 있다 하더라도 통치권이나 주권 행사가 제한된 행정기구에 가까운 것이 될 것이 틀림없었다. 미국측 임시정부 수립방안은 전체적으로 임시정부의 위상과 권한을 축소하고, 미·소공위 내지 다른 수단을 통해 당분간 한국의 내부문제에 결정권을 행사하려는 의도를 담고 있었다. 미국대표단이 구상한 임시정부의 위상과 성격을 고려할 때 미국측 임시정부 수립방안은 모스크바결정 이전의 원래 신탁통치안에 담긴 계획과 의도를 여전히 관철시키고 있다. 그러나 다른 한편으로 임시정부 수립절차에서 협의대표기구를 임시정부 수립의 매개로 삼으려 했다는 것은 중요한 변화이다.

미국은 국제민간행정기구안이 모스크바 3상회담에서 이미 소련측에 의해 거부되었기 때문에 이를 그대로 관철시킬 수 없는 상황에 있었다. 그리고 모스크바결정대로 정당·사회단체와 직접 협의를 통해 미국이 주도권을 행사할 가능성도 희박했다. 미국이 협의대표기구를 통해 임시정부를 구성하려 한 것은 이러한 내외적 조건을 평가한 위에서 행해진 결정이었다. 이것은 국무부가 이전에 미군정이 주장하였던 과도정부형태 구상을 정부수립의 현실적 경로로 수용하였음을 보여주는 것이다.

미국은 임시정부 수립의 절차와 방법에 논의를 집중하고, 정부각료 선출은 한국인들에게 맡긴다는 입장이었지만 소련은 모스크바결정이 수정 불가능한 최종결정이며, 미·소공위의 임무는 모스크바결정을 정확하고 충실하게 이행하는 것이라는 입장을 가지고 있었다. 따라서 토의를 임시정부 구성에 집중시킨다는 태도를 취하였다. 즉 미·소공위가 정당·사회단체와의 협의를 거쳐 정부 각원을 직접 선발함으로써 바로 임시정부 구성에 돌입한다는 것이다.

소련 외무인민위원회 위원장 몰로토프(V. M. Molotov)는 미·소공위 개회 직전인 1946년 3월 16일 미·소공위 소련측 대표단에게 보낸 〈전한국임시정부 수립과 관련하여 소미공동위원회 소련군사령부에 보내는 훈령〉 제1호에서 "① 내각제의 한국임시정부 수립, ② 내각은 남북에 균등하게 배분하되, 남한대표 중 절반은 좌익이 차지, ③ 신탁통치 후 내각제 정부수립과 단원제 국회를 구성할 것 등"을 미·소공위에 임하는 소련측 대표단 지침으로 하달하였다.[56] 소련측은 회담 이전부터 임시정부 요원의 선출과 안배를 위해 고심하였다. 소련은 개별인물의 정치적 비중과 성향을 면밀히 따져 회담이 시작될 무렵에는 나름의 임시정부 내각명단을 작성하기에 이르렀다. 다음 〈표〉는 소련측이 준비한 내각명단이다.

〈표〉 소련이 구상한 '전한국임시정부' 내각명단

각료 직위	성 명	현 직 책
수 상	呂 運 亨	조선인민당 당수(南)
부 수 상	朴 憲 永 金 奎 植	조선공산당 당수(南) 대한민국임시정부 부주석, 민주의원 부의장(南)
외 무 상	許 憲	민주주의민족전선 중앙위 위원장(南)
내 무 상[1]	崔 庸 健 (金 日 成)	민주당 지도자, 북조선임시인위 보안국장
공 업 상	金 武 亭	북조선 공산당 조직국 간부부장, 북조선임시인위 위원
교 육 상	金 枓 奉	신민당 지도자, 북조선임시인위 부위원장
각료직위	성 명	현 직 책
선 전 상	吳 淇 燮	조선공산당 중앙위원
노 동 상	洪 南 杓	조선공산당 중앙위원, 민전 중앙위 부의장(南)
계획경제위원장	崔 昌 益	신민당 부위원장, 농림국 차장
농 림 상	미 국 추천	副相 2인[미국측 1·소련측 1(명재억)]
재 정 상	〃	부상 2인[미국측 1·소련측 1(朴文圭)]
교 통 상	〃	부상 2인[미국측 1·소련측 1(한희진)]
체 신 상	〃	부상 2인[미국측 1·소련측 1(安基成)]
보 건 상	〃	부상 2인[미국측 1·소련측 1(이상숙)]
상 업 상	〃	부상 2인[미국측 1·소련측 1(이지엽[2])]
임시정부예비후보	金起田(南), 金桂林(南), 홍기주, 현창형, 김명희	
국 방 상[1]	金 日 成	북조선공산당 제1서기, 북조선임시인위 위원장

56) 김성보, 〈소련의 조선임시정부 수립 구상〉(《역사비평》, 봄호, 1994) 및 《중앙일보》, 1995년 2월 14일.

* 소련군 정치사령부 본부 제7국장 부프체프가 전러시아볼셰비키공산당 중앙위원회 위원 빠뉴쉬킨에게(1946년 3월 15일), 〈단평--조선임시정부 각료 후보들에 대하여〉; 〈조선임시정부의 구성원에 대한 쉬티코프 동지의 초안〉(1946년 3월 7일)을 토대로 작성.
  1. 내무상 최용건과 국방상 김일성, 양자 사이에는 약간의 차이가 있다. 쉬티코프 장군의 추천에는 국방성이 들어있지 않고, 내무상으로 최용건 대신 김일성을 추천하였다.
  2. 이지엽은 이두엽으로 발음되기도 한다.

소련측은 모스크바결정을 반대하는 세력들을 정당·사회단체와의 협의과정에서 제외하려 하였고, 정부의 구성은 좌우연립정부 형태를 취하였지만 각료들 선발에서 '1과 1/2'을 확보한다는 방침을 고수하였다. 즉 소련은 이북지역의 대표는 자신을 지지하는 세력들 중심으로 선발될 것으로 예상하였고, 남한에서는 좌익세력이 대표의 절반을 차지해야 한다는 생각이었다.[57] 소련은 이러한 각료선발을 통해서 한국에 자신에게 유리한 정부를 수립할 수 있을 것으로 생각하였다. 소련이 반탁단체 제외를 고집한 것은 신탁통치 조항을 전적으로 지지해서라기보다[58] 반탁단체의 임시정부 참여를 처음부터 제한함으로써 협상에서나 장차 수립될 임시정부에서 유리한 위치를 확보한다는 계산이 작용하였다.

양측의 임시정부 수립방안을 비교하면 임시정부 수립이라는 당면과제에 한해서는 소련측 방식이 보다 직선적이고 구체적이었다. 반면에 미국측 접근태도는 간접적이고 우회적이었으며, 임시정부 수립의 절차와 방법이라는 형식상의 문제에 집착하였다. 미국과 소련의 임시정부 수립방안은 한국에 대한 양측의 이해관계를 관철시키기 위해 고안해 낸 장치라는 성격이 강하였다. 그리고 양측 구상의 실현 여부는 협상 이전에 한국 사회 내부에서 그 실현기반을 어떻게 조성할 것인가 하는 문제에 크게 좌우되었다.

---

57) 미국은 이북의 북조선임시인민위원회 설치, 이남의 민주주의민족전선의 출현을 소련측이 자신의 전략을 실현하기 위해 준비를 완료한 것으로 파악하였다. 740.00119 Control(Korea), 〈맥아더가 국무장관에게〉, 1946년 2월 24일 ; 〈랭던이 국무장관에게〉, 1946년 3월 19일.

58) 소련은 해방 이전부터 모스크바 3상회담까지 계속 미국측의 신탁통치 제안에 소극적인 자세로 임했고, 신탁통치를 실시하지 않거나 그 시기를 단축하는 것이 좋겠다는 입장을 유지하였었다.

미군정은 민주의원을 설치함으로써 형식적으로나마 이전부터 추구하던 한국인 대표기관을 설치할 수 있었지만 자신의 목표를 온전하게 달성할 수는 없었다. 무엇보다 민주의원이 한국인 정치세력의 대표기구를 자처하기에는 한계가 많았다. 민주의원에 북한대표를 포함시키는 문제는 '비실제적'이라는 이유로 구상단계에서 제외되었고, 남한의 좌익을 참여시키는 데에도 실패하였다. 하지의 정치고문 굳펠로우(Preston M. Goodfellow)는 呂運亨을 좌파의 대표로 민주의원에 끌어들이기 위해 마지막까지 집요한 공작을 펼쳤지만 끝내 성공할 수 없었다. 오히려 좌익은 민주의원이 설치된 바로 다음 날인 2월 15일 民主主義民族戰線(민전)을 수립하였고, 민주의원은 우익의 대표기관으로 그 위상이 고정되었다.

국무부는 협의대표기구의 구성을 지시하면서 '좌우익의 극단주의자가 아닌' 정당의 지도자들이 다수를 점하여야 한다는 점을 명시하였다.[59] 그러나 미군정은 민주의원의 설치를 통해 이승만 중심의 우익 통합을 관철시킬 수 있었을 뿐이다. 이승만은 민주의원 설치과정에서 중요한 역할을 함으로써 자신을 일시 우익 최고지도자의 자리에 올려놓을 수 있었다. 이승만은 독립촉성중앙협의회와 임정의 非常政治會議籌備會 사이의 통합을 절충하는 역할을 하였으며, 미군정의 구상을 한국인 정치지도자들에게 실어 나르는 매개자의 역할을 하였다.

임정계열의 비상국민회의 최고정무위원회는 '과도정부 수립의 산파역'을 자처하였으나, 민주의원에 합류함으로써 주관적 의도와는 상관없이 '미군정의 최고자문기관'이 되어버렸다는 비판을 면할 수 없게 되었다. 심지어 金星淑·張建相·金元鳳·成周寔 등 임정의 일부 인사들이 임정의 해체를 통탄하며 임정을 탈퇴하는 사태가 발생하였다.[60]

미군정이 모스크바 3상회담 이후에도 공공연하게 반탁입장을 표명하였다는 사실은 미국측이 내부적으로 미처 모스크바결정 이후의 국면에 대응할

59) 〈SWNCC 176/18〉. 초안에는 '중간파와 중간좌파'로 되어 있었다. 그러나 '중간좌파'라는 단어를 사용하면 미국 정부가 친공적 정책을 구사하는 것으로 오해받을 소지가 있다는 육군부 차관 피터슨의 지적에 따라 문구가 수정되었다(〈SWNCC 문서철, 피터슨 비망록〉, 1946년 1월 28일).

60) 金星淑, 〈오호! 臨政 30년만에 해산하다〉(《월간중앙》 8월호, 1968).

수 있는 정비가 이루어지지 않았음을 보여주는 것이다. 민주의원은 미군정이 이전부터 추구해오던 남한의 정계통합 노력의 연장선상에서 만들어진 것이 틀림없었다. 그리고 미군정은 모스크바결정 이후의 상황변화에 맞추어 민주의원을 새로이 미·소공위 협의대표기관으로 자리매김하였다. 그러나 민주의원은 남한의 정치적 통합기구로서 대표성은 물론 참여단체들의 반탁성향으로 인해 이후 소련과의 협상에서도 그다지 유용한 협상수단이 될 수 없었다.

오히려 민주의원이 설립된 지 1주일밖에 지나지 않은 시점에서 미군정은 민주의원을 끝까지 지지할 것인가 아니면 이 기구를 진정한 합작기구로 전환시켜야 할 것인가 하는 딜레마에 봉착하였음을 인정하였다. 하지의 말을 빌리자면 "만약 전자의 대안을 선택한다면 미국이 파시스트, 친일파를 지원한다고 비난받는 결과가 될 것이고, 후자의 대안을 선택한다면 결국 민주의원은 심하게 좌측으로 쏠려서 소련이 후원하는 그룹이 민주의원을 장악하게 될 것"이었다.[61)]

하지는 처음부터 민주의원의 제한성을 인정하였지만, 소련과의 협상에 즈음해 민주의원 이외에 다른 대안을 가지고 있었던 것도 아니었다. 미군정으로선 민주의원을 약간 손질하여 미·소공위에 임하는 것 외에 다른 방법이 없었다. 하지는 미·소공위 개회 전 이승만을 의장직에서 물러나게 하고 대신 온건파인 김규식으로 하여금 의장대리를 맡게 함으로써 민주의원에 대한 좌익과 소련의 반발을 완화시키고자 하였다.[62)]

---

61) 740.00119 Control(Korea), 〈Tfgcg 301, 하지가 국무장관에게〉, 1946년 2월 22일.
62) 손세일, 《李承晩과 金九》(일조각, 1970), 226쪽.
이승만은 미·소공위가 개막되기 하루 전인 3월 19일 돌연 민주의원 의장직을 '稱病休職'하였다. 이승만이 민주의원 의장직을 잠시 물러난 것은 소련과의 관계를 의식한 것이겠지만, 보다 직접적으로는 이승만의 광업권 매각 스캔들도 작용하였던 것으로 보인다. 해방 이전 이승만이 미국에서 임정 대통령으로 행사하며 미국인 돌베어에게 광업권을 판 사실이 3월 12일 《조선인민보》에 보도되었던 것이다. 돌베어는 한미협회 회원으로 이승만의 미국인 로비스트 가운데 하나였다. 이 사실은 소련의 《프라우다》지에도 보도되었다(《조선인민보》, 1946년 3월 15일).
이 사건은 원래 미주에서 발행되는 《독립》, 1946년 1월 23일자에 처음 보도되었다. 이 신문은 민족혁명당 미주지회의 기관지 노릇을 하였던 신문이다. 이 사건이 터지자 하지는 《독립》 신문사에 장서를 보내 이승만의 광산조차설이 사실이라면 법정에 내놓을 증거가 있는지를 물으며 신문사를 을러댔다. 당시

1946년 3월 20일, 서울 덕수궁에서 제1차 미·소공위 회담이 시작되었다. 미군정의 반탁입장과 취약한 협상기반에도 불구하고 미·소 양측이 3월 말에 작업 일정과 방법에 합의함으로써 회담 초반 협상은 순조로이 진행되는 듯이 보였다. 이러한 분위기는 외부에도 전달되어, 한국인들로 하여금 회담 성사에 대해 기대감을 가지게 하였다.[63]

그러나 협의대상 정당·사회단체 때문에 회담이 난관에 부딪히자 양측은 본질적인 차이점을 극복하려 하기보다는 각자의 입장을 문안수정이나 부분적 절충을 통해 관철시키려 하였다. 미국측은 남북한 행정의 통합을 임시정부 수립문제보다 앞세우거나, 민주의원을 임시정부 수립의 매개로 하는 것이 모스크바결정에 비추어 별로 정당성을 가질 수 없다는 점을 스스로 인정하였다.[64] 미국은 소련이 자신의 제안을 받아들이지 않고 반탁운동단체를 협의에서 제외해야 한다는 입장을 버리지 않자 난처한 입장에 놓이게 되었다.

회담이 난항을 계속하던 4월 5일, 소련측 대표단은 과거에 반탁운동을 하였더라도 앞으로 모스크바결정을 지지하면 과거의 반탁활동을 불문에 붙이고, 협의대상으로 할 수 있다는 새로운 양보안을 제안함으로써 회담에 돌파구를 제공하였다.[65] 이에 대해 양측은 협상을 계속하였고, 마침내 4월 18일 "미·소공위는 목적과 방법이 진실로 민주주의적이며 또한 모스크바결정의 한국에 관한 조항의 목적을 지지하기로 선언한 한국의 민주주의 제 정당 및 사회단체들과 협의한다"는 취지의 〈미·소공위 5호 성명〉을 공식발표하였다.

미군정은 4월 17일 소련측과 〈5호 성명〉에 합의한 뒤 우익단체들을 〈5호 성명〉에 서명하도록 적극 설득하였다. 민주의원의 일부 의원들이 〈5호 성명〉에 대한 지지를 거부하자 하지는 심지어 〈5호 성명〉의 취지에도 어긋나

民族革命黨 美洲支會 회장이었던 곽림대는 이 사실의 발원지가 루즈벨트 대통령의 비서 얼리(Steven Early)였다고 전하였다(곽림대, 《못잊어 華麗江山》, 인물연구소, 1973, 206쪽).

63) 미·소공위 제3호 공동성명에 대한 국내 각 정당·단체의 반응에 대해서는 《서울신문》, 1946년 4월 1일 참고.

64) 미·소공위 문서철, 롤번호 5, 미국측 제안문서 제3호, 〈한국정부 구성에 관한 협상지침〉, 3쪽.

65) 인민평론사 편역, 〈미·소공동위원회 휴회경위〉(《세계의 눈에 비친 해방조선의 진상》, 1946), 11쪽.

고 소련측을 자극할 수도 있는 성명을 발표하면서까지 반탁단체들을 협의에 참여시키려고 하였다.[66]

미군정은 이와 같이 〈5호 성명〉을 계기로 한국인 정치세력들에게 미국이 미·소공위 회담에 적극적으로 대응하고 있음을 시사하였고, 하지의 성명 발표 이후 반탁단체들이 대거 〈5호 성명〉에 서명하였다. 이승만도 '참여하의 반탁' 전술을 승인하였고, 우익의 대표적 반탁단체인 한민당·민주의원·비상국민회의 소속단체가 협의 참여를 선언하였다.

그러나 미국측은 협의대표기구를 통한 협의를 포기한 순간부터 일찌감치 미·소공위를 결렬시킬 의도를 가지고 있었고, 사실은 일종의 이중행동을 하였다고 할 수 있다.[67] 반탁단체가 대거 협의를 신청하는 사태는 다시 소련측을 자극하게 되었고, 5월 6일 소련대표단은 민주의원을 협의에서 배제할 것을 요구하였다. 이에 대해 미국은 협의에 참여한 단체들에게 '의사표현의 자유'가 보장되어야 한다고 응수하였다. 5월 8일 쉬티코프는 하지를 개인적으로 만나 마지막 절충을 시도하였지만 양측은 타협점을 찾을 수 없었다.[68] 1차 미·소공위는 회의 개최 50여 일 만에 양측의 입장차이만 확인한 채 막을 내렸다.

미국측이 한국인 정당·사회단체와의 직접 협의를 받아들이면서 조기에 회담을 무산시키기로 결심한 데에는 여러 가지 요인이 있었다. 우선 미국측이 스스로 인정하였듯이 협의대표기구의 구성이 모스크바결정에 비추어 정당성을 가질 수 없었다. 또 협의대표기구로 미군정이 내세운 민주의원이 대표성을 주장할 만한 처지가 아니었다. 민주의원은 애초의 기대와는 달리 우

---

66) 하지는 4월 27일, "5호 성명에 서명하더라도 신탁통치에 대한 의사를 자유롭게 발표할 수 있고, 이 선언에 서명한다고 해서 그 정당·사회단체가 신탁을 찬성하는 표시는 아니다"는 취지의 특별성명을 발표하였다(《동아일보》, 1946년 4월 28일).

67) 미국 대표단은 소련과 협상을 통해 미·소공위 5호 성명에 합의하였지만 그 이전에 이미 내부적으로는 미·소공위 결렬 방침을 굳히고 있었다. 이에 대해서는 미국측 대표단 단장이 미국 대표들에게 보내는 〈분과위원회에 주는 지시〉와 그 부록인 〈일정표〉, 1946년 4월 6일 참고. 모두 미·소공위 문서철, 롤번호 5에 수록.

68) 미·소공위 문서철, 롤번호 7, 〈하지와 쉬티코프의 대화 비망록〉, 1946년 5월 8일.

익세력으로만 구성된 군정의 일개 자문기구에 불과하였고, 대표성도 없고 민주적이지도 않다는 세간의 평가를 받았다.[69] 마지막으로 미군정은 '의사표현의 자유'를 강조하며 많은 우익단체들을 협의에 참여시켰지만, 협의에 임할 실무적 준비가 전혀 되어 있지 않았다.

국내 정치세력의 평가와 이용문제를 둘러싸고 국무부와 미군정 사이에 인식 차가 있었지만, 국무부는 대표단이 마련한 회담방침 자체에 대해서는 계속 지지를 표명하였다. 미군정이 반탁단체를 협의대상에 포함시키기 위해 동원한 '의사표현의 자유' 원칙은 국무부로부터 전적인 지지를 받고 있었다. 다만 그 시점에서 그렇게 조기에 미·소공위를 결렬시키는 데 국무부가 동의하였는지는 의문이지만 협상에 관한 전권이 거의 현지의 하지와 대표단에 주어졌던 만큼 미군정의 의사가 관철되는 가운데 국무부도 사후적으로 이를 따르지 않을 수 없었을 것이다. 국무부는 미·소공위의 결렬소식이 전해지자 이를 재개시키려고 노력하기보다 신속하게 남한에서 미국의 지지기반을 확대하기로 입장을 정리하였다.

미국 국무부는 제1차 미·소공위 결렬 이후 남한에서 정치·경제적 성공을 거둠으로써 지지기반을 확보하고, 소련에게 양보를 강요하는 상황을 창출하지 못하는 한 소련과의 협상은 성공 가능성이 희박하다고 판단하였다. 그리고 국무부는 미·소공위 재개교섭을 전적으로 미군정에게 맡겨 놓았다. 미·소 양군 사령부는 1차 미·소공위 결렬 이후 서로 서신을 교환하며 회담 재개를 모색하였다.

1946년 가을로 접어들자 통일정부 수립의 현실적 출구로서 미·소공위 속개에 대한 한국인들의 기대감이 점차 높아갔다. 분단상태가 지속되자 이승만·한민당을 제외한 대부분의 정치세력들과 일반대중들 사이에 분할점령 상태의 해결을 위한 첫걸음은 미·소공위 속개라는 현실적 태도가 점차 지배하였다. 좌익은 1차 미·소공위 결렬 직후부터 바로 미·소공위 속개운동을 펼쳤고, 좌우합작 추진세력은 합작의 성사를 통한 미·소공위 재개를 1단계 목표로 설정하였다. 또 우익은 반탁의 구호 아래 결집되어 있었고, 이승

69) 마크 게인, 《해방과 미군정》(까치, 1986), 34쪽.

만·한민당세력은 미·소공위 재개 대신 미·소공위의 용도폐기를 주장하였지만 미·소공위 재개를 노골적으로 반대할 처지는 아니었다.

미군정과 소련 민정청의 교섭과정에서 하지의 경제고문 번스(Arthur C. Bunce)가 1946년 10월 3일부터 7일 사이에 소련군 민정청 정치고문 발라사노프(G. M. Balasanov)의 초청으로 비밀리에 평양을 방문하였다. 번스는 평양에 머무는 동안 발라사노프와 미·소공위 재개 조건을 문서로 작성하여 가능한 합의점을 모색하는 단계에까지 교섭을 진행하고 돌아왔다.[70] 미군정은 번스·발라사노프 회담을 계기로 소련측이 미·소공위 재개를 준비하는 것이 아닌가 은근히 기대하였다.[71]

번스·발라사노프 회담은 성사 여부에 관계없이 그 논의내용 세 가지를 주목할 필요가 있다. 첫째, 미·소공위 재개와 임시정부 수립을 위한 타협안을 찾는 과정에서 미·소공위에 참여시켜 주도적 역할을 맡길 한국인 지도자들을 둘러싸고 절충을 벌였다. 번스일행이 평양에 머무는 동안 이승만·김구를 제외하고 미·소공위를 재개하는 문제가 논의되었고, 논의과정에서 소련은 여운형에게 호감을 표시하였다.[72]

둘째, 미·소공위 재개조건에 대한 문안 절충을 구체적으로 시도하였다.

---

70) 740.00119 Control(Korea), 〈정치고문부 송달문서 51, 번스의 평양방문 보고서〉, 1946년 10월 16일.

71) 미군정은 소련이 미·소공위 재개를 준비하고 있다는 판단의 근거로 미·소공위 소련측 수석대표 쉬티코프가 모스크바에서 평양으로 귀임한 뒤 얼마 안 되어 발라사노프의 방문 제안이 뒤따른 점, 여운형이 평양방문을 마치고 돌아와 김일성·김두봉의 미·소공위 재개에 대한 기대감을 전하고 있는 점, 좌익이 9월총파업과 '10월항쟁'을 통해 미군정에 압력을 행사하고 있는 점 등을 들었다(740.00119 Control(Korea), 〈Tfurc 62, 랭던이 국무장관에게〉, 1946년 10월 8일 및 〈힐드링, 아놀드소장, 보튼의 대화 비망록〉, 1946년 10월 16일).

72) 여운형은 1946년 12월 4일의 정계은퇴 성명 발표 이후 한 신문과 가진 인터뷰에서 "일전 모 석상에서 군정청 모 요관을 만났는데 그의 말을 들으면 저간 10월에 이승만, 김구 양씨를 반탁책임자로 회의에서 제외할 것을 조건으로 북조선과 교섭을 진행하였으나 실패하고 금후로는 현지교섭을 단념하였다고 한다"는 발언을 하였다(노획 문서철, SA 2007, 상자번호 10, 《週報批判新聞》, 1946년 12월 9일). 또 미·소공위 소련측 수석대표 쉬티코프는 발라사노프로부터 번스와 회담내용을 보고받는 자리에서 '여운형으로 타협을 보는 것이 좋겠다'는 반응을 보였다(〈쉬티코프비망록〉 1, 1946년 10월 3일).

발라사노프는 번스에게 미 · 소공위 재개의 기초로 하지와 치스짜코프가 받아들일 만한 초안을 만들어 볼 것을 요청하였다. 번스와 발라사노프는 번스가 만든 잠정성명을 놓고 절충을 벌였고, 번스는 서울로 돌아와 미 · 소공위 재개 초안을 미국측 대표단과 협의하였다.[73] 이 초안은 11월 1일 하지가 치스짜코프에게 보내는 서한으로 구체화되었다. 그 내용은 미국이 주장하던 의사표현의 자유와 소련측 주장인 정부구조와 조직 협의에서 반대를 조장하는 정당 · 사회단체를 제외시킨다는 점을 문서적으로 절충한 것이었다.[74]

셋째, 소련이 양군철수 문제를 제기하였다는 점이다. 발라사노프는 번스와 회담 중 넌지시 이 문제를 끄집어냈으나, 번스가 서울로 돌아온 뒤 보고를 받은 미국의 반응은 민감하였다. 국무부는 번스의 보고를 받자 즉시 트루만(Harry S. Truman) 대통령에게 소련이 동시철군을 제기하였다는 사실을 환기시켰으며, 또 駐蘇대사 스미스(W. Bedell Smith)에게 전문을 보내 의견을 구하였다.[75] 미국측 내부에서는 이 제안을 받아들일 수도 있다는 반응이 일각에 있었으나,[76] 미군정이나 국무부 모두 임시정부 수립 이전의 동시철군은 불가하다는 것으로 입장을 정리하였다.

번스 · 발라사노프 회담에 나타난 타협적 분위기에도 불구하고 회담에서 시도된 절충은 끝내 무위로 돌아갔고, 미군정은 이후 점령군 당국 차원의 현지교섭을 포기하였다. 번스 · 발라사노프 회담을 통한 양 점령군 당국의 절충이 실패한 것은 과도입법의원의 설치를 둘러싸고 표출된 남한정치의 혼란, 남한 내 좌익 3당 합당을 둘러싼 좌익 정치세력 내부의 분열, '10월항쟁'의 여파 등으로 남한정국이 좀처럼 진정되지 않았고, 이러한 남한 내 정세를 보며 소련은 이전과 같은 비타협적 태도를 계속 견지하였다.[77]

---

73) 740.00119 Control(Korea), 〈Tfurc 64, 번스가 국무장관에게〉, 1946년 10월 17일.
74) 서한의 전문은 《조선일보》, 1946년 11월 7일 참고.
75) 740.00119 Control(Korea), 〈힐드링, 아놀드, 보튼의 대화 비망록〉, 1946년 10월 16일 및 〈극동부 차장 펜휠드의 대담비망록〉, 1946년 10월 31일.
76) 740.00119 Control(Korea), 〈점령지역 차관보 힐드링 장군이 빈센트에게 보내는 부서내 비망록〉, 1946년 11월 8일.
77) 치스짜코프는 10월 26일자 서한에서 종래의 소련측 입장을 재천명하였다. 하지의 11월 1일자 서한은 양측의 절충내용이 부분적으로 반영되었으나 소련측에 의해 받아들여지지 않았다(미 · 소공위 문서철, 롤번호 5, 〈치스짜코프가 하

미·소공위의 휴회상태가 장기화하고, 남한점령의 성과에 대한 비관적 평가가 늘어가는 가운데 하지는 1월 하순, 워싱턴에 한국문제의 해결을 강력하게 촉구하는 전문을 보냈다. 맥아더는 이 전문을 중개하면서 하지에 대한 지지의사를 나타냄으로써 하지를 응원하였다. 전문에서 하지와 맥아더는 한국문제의 해결을 위한 4가지 선택적 대안을 제시하였다. 그 내용은 "① 한국문제의 유엔 이관, ② 한국상황을 다룰 비당사자국 중심의 위원단 구성, ③ 미국·소련·영국·중국 4대국이 회합하여 모스크바결정 제3항을 명확하게 한 해결안 제시, ④ 미·소간 고위 회담으로 전 한국이 하나의 정치·경제적 단위로 성공적으로 발전하는 데 장애가 되는 문제들을 해결"하자는 것이었다.[78] 하지의 전문이 의도한 것은 미국정부가 정부 차원에서 한국문제의 해결에 적극 나설 것을 촉구한 것이었다. 하지는 순서상 뒤의 대안으로 갈수록 현실적인 실현 가능성이 높을 것으로 보았고, 현실적인 대안으로 4번째 안을 건의하였다.

하지는 국내 정세를 보고하는 같은 날짜의 전문에서 1월 18~20일 사이에 예정되었던 우익측 쿠데타계획의 배후와 경과·현재 진행상황을 보고한 뒤, 현재의 정세를 "① 38도선 분할과 소련의 태도가 점령지역 차원의 해결을 불가능하게 하고 있으며, 현지 차원의 협상으로 미·소 협조는 불가능, ② 외부의 지원이 없으면 경제사정은 절망적, ③ 우리의 점령통치는 勞力이나 경비의 지출에서 모두 수확체감의 법칙이 작용하고 있고, 사기도 저하됨, ④ 2개월 이내에 미·소공위 재개에 성공하거나, 한국 상황에 대한 적극적 행동이 없으면, 한국에서 미국이 서약한 사명을 달성할 기회와 한국인의 신임을 잃게 될 것"이라고 요약하였다.[79]

하지가 제시한 위의 4가지 선택적 대안이나 정세보고는 미군정의 정세판단과 비관적 분위기를 잘 보여줄 뿐만 아니라, 미군정의 이후 행동방향을 짐작하게 한다. 하지는 이 시점에서 상부의 정치적 결단을 강력하게 촉구하는

지에게〉, 1946년 10월 26일 ; 〈하지가 치스짜코프에게〉, 1946년 11월 1일).

78) 740.00119 Control(Korea), 〈Cx 69369, 맥아더가 국무장관에게〉, 1947년 1월 22일. 하지의 전문은 전문번호 〈Tfgcg 98〉로 같은 날 맥아더에게 전달되었다.

79) 740.00119 Control(Korea), 〈하지가 국무장관에게〉, 1947년 1월 22일(?). 이 전문은 번호와 발신일자 미상이나, 전문 접수시간이 1월 22일 오후로 되어 있다.

한편, 워싱턴에 경제원조의 확대를 적극적으로 요청하였다.

하지의 전문을 전후하여 워싱턴의 대한정책 담당자들 사이에서도 대한정책을 둘러싼 논의가 활발하게 전개되었다. 새로 부임한 마샬(George C. Marshall) 국무장관은 극동국장에게 당시 미국정부 내에서 추진 중이던 對韓 경제원조안에 대한 국무부의 찬성의사를 밝히면서, "남한에 정식 정부를 수립하고, 그 경제를 일본경제에 결합시키기 위한 계획을 기초할 것"을 지시하였다.[80] 또 군부의 지도자들은 보다 근본적인 해결책의 일환으로 주한미군을 철수시키자는 의견을 제기하였다. 육군부 장관 패터슨(Robert B. Patterson)과 합동참모본부 의장 아이젠하워(Dwight D. Eisenhower)가 1947년 1월 말의 국무부·육군부·해군부 3부 장관회의에서 이 이상 소련과 협상을 계속하는 것은 의미가 없다며 대안으로 남한정부 수립을 제기하였고, 국무부에 철군의 필요성을 인정하여 어떤 결정을 내릴 것을 요청하였다.[81]

이 무렵 워싱턴의 미국 대한정책 담당자들간에는 무언가 보다 적극적인 해결책이 마련되어야 한다는 분위기가 고조되어 있었다.[82] 이때 제기된 내용 가운데에는 점령 지속과 원조 확대에서부터 한국문제의 유엔 이관 내지 4강대국 이관, 남한 단정안과 봉쇄구상, 조기철군론 등 모스크바결정에 의한 한국문제 해결 이외에 미국이 상정할 수 있는 대안들이 두루 망라되어 있었다. 이러한 대안들은 기존 대한정책의 전면적 수정이나 근본적 변화를 함축하는 새로운 내용들이었고, 위의 군부 지도자들의 견해는 그 가운데 가장 비관적

---

80) *FRUS* 1947, Vol. VI, 〈국무장관 마샬이 극동국장 빈센트에게〉, 1947년 1월 29일. 한국경제와 일본경제의 결합을 지시한 마샬의 지시는 해방 직후 한국경제의 일본경제로부터의 분리를 공식화한 것과는 정반대의 방향을 가리키는 것이다. 이 지시를 들어 미국이 남한 단정수립을 본격화하였다는 지적이 많으나 이 지시의 전후문맥을 보여주는 자료는 나타나지 않고 있고, 지시 그 자체도 매우 간단해서 마샬의 생각을 해명하기는 어렵다(李鍾元, 〈戰後米國の極東政策と韓國の脫植民地化〉, 《近代日本と植民地》, 岩波書店, 1993, 21쪽).

81) 삼부조정위원회 문서철, 롤번호 7, 〈삼부장관회의〉, 1947년 1월 31일.

82) 국무부 내에서는 새로 부임한 마샬 장관에게 제출할 대한정책 지침을 논의하고 있었고, 이 과정에서 현지 차원의 대소협상이 성과가 없으면, 정부 차원에서 미·소공위 재개를 교섭하거나 임시정부 수립 대신 4강 탁치를 4강들과 논의하자는 안이 제기되기도 하였다(740.00119 Control(Korea), 〈법률고문 미커가 일본과 앨리슨에게 보내는 비망록〉, 1947년 1월 17일).

이고 청산적인 견해를 반영하였다.

이와 같이 대한정책 관련자들이 한결같이 대한정책의 재검토를 요청하는 분위기 속에서 '한국에 관한 部間 특별위원회(이하 특위)'가 구성되었다. 이후 특위에서는 주한미군 철수와 남한단정 수립 문제를 포함하여 한국문제를 포괄적으로 논의하였다. 특위의 논의과정에서는 특히 군부의 철군 주장과 국무부의 철군 불가론이 대립되었다.[83]

특위의 논의과정에서 나타난 군부의 조기철군 주장은 군사적 견지에서 對蘇 전면전의 경우 한반도에 주둔한 지상군은 활동에 제약을 가져올 뿐이며, 전후 동원체제가 해체되고 심각한 병력부족을 겪는 상태에서 남한에 주둔한 미군은 다른 지역에 적절히 재배치되어야 하고, 재정적인 측면에서도 균형예산에 대한 국내적 압력이 심각한 상태에서 계속 점령비용을 감당하기가 어렵다는 것으로 어쨌든 남한에 단독정부를 수립하고 조속히 철군해야 한다는 입장이다.[84]

대외원조의 우선 순위를 둘러싼 전반적 재평가, 미군 병력의 지속적인 감축과 국방비 지출의 감소에서 나타나듯이[85] 종전 후 군사예산과 군사자원은 계속 감소되는 추세에 있었다. 군부는 이에 대해 어떤 식으로든 대응하지 않으면 안 되었고, 이를 군사전략의 일정한 수정과 병력의 재배치로 극복하려 하였다. 이 주장의 배후에는 소련측의 협상태도를 보건대 한국문제의 조기해결은 불가능하고, 남한의 상황을 보건대 남한에서 미국측 입장을 지탱하기는 점점 더 어렵지 않겠는가 하는 비관적인 평가가 깔려 있었다. 군부의 주장은 군사적 견지에 선 立論으로 이 주장을 극단적으로 추구하면 이후의 사태전

83) 특별위원회에는 국무부, 육군부 관리는 물론 예산국 관리와 미군정 대표들이 참여하여 논의를 거듭하였다. 또 고위층에서도 비망록과 보고서를 둘러싸고 의견조정이 거듭되었다(740.00119 Control(Korea) 〈마틴이 우드에게 보내는 한국계획에 관한 비망록〉, 1947년 3월 31일 ; 〈빈센트가 국무차관 애치슨에게 보내는 비망록〉, 1947년 4월 8일 ; 〈육군장관 패터슨이 국무차관 애치슨에게〉, 1947년 4월 4일).

84) 위의 〈육군장관 패터슨이 국무차관 애치슨에게〉, 1947년 4월 4일.

85) 1948년이 되면 병력은 종전시의 1/10, 군비지출 규모는 1/9로 감축되었다(이원덕, 〈주한미군 철수에 관한 연구－1947~1949의 경우를 중심으로－〉, 서울대 외교학과 석사학위논문, 1987, 18~23쪽).

개와 상관 없이 미국의 對韓公約을 철회하고 한국을 포기하는 외에 다른 대안은 없는 셈이다.

그러나 국무부는 철군을 반대하였고, 이러한 국무부의 입장은 특위 보고서에 잘 나타난다. 특위가 작성한 3월 말의 한 보고서는 한반도의 군사적 가치에 대한 군부의 평가를 인정하면서도, "소련이나 소련이 지배하는 군대에 의한 전 한국 장악은 극동에서 미국의 이해에 전략적 위협이 될 것이고, 특히 일본에 매우 심각한 정치·군사적 위협이 될 것"임을 지적하였다.[86] 이 지적은 군부의 조기철군 주장에도 불구하고 특위가 한국의 전략적 지위에 대해 해방 이전부터의 평가를 유지하였음을 보여준다.

특위는 남한단정안에 대해서도 검토하였다. 특위는 단정안이 최소한 미국이 지고 있는 성가신 짐의 일부를 덜어줄 수 있다는 점을 인정하였으나 이것이 미국과 한국인들이 직면한 문제를 모두 해결해주는 것은 아니라고 평가하였다. 우선 전반적인 역관계를 볼 때 이러한 조치는 남한을 소련의 통제권하에 넘기는 것으로 인식되었고, 이는 극동에서 미국의 이익을 손상하고, 미국의 지위를 불리하게 하는 것으로 평가되었다. 또 단정안을 실행에 옮기기 위해서는 과정적으로 소련과 사전협정이 필요하거나 아니면 모스크바결정 위반이라는 비난을 감수해야 할 것이라는 점이 지적되었다.[87]

다음으로 수립된 단독정부가 정상적으로 기능하고 오랫동안 지속될 수 있을 것인가에 대한 예측과 평가가 필요하였다. 단정안은 한국 내 지지세력으로 이승만과 한민당을 중심으로 하는 우익세력 이외에 다른 지지기반을 형성할 수 없을 것으로 예상하였다. 미국은 이들의 보수적 성향, 정치적 기반의 허약성 때문에 이들에 대한 불신을 떨쳐버릴 수 없었다. 따라서 남한단정을 수립한다 해도 이 정부에 대한 모종의 지원이 계속되어야 할 것이라고 예상하였다. 이것은 군부가 단정안의 장점으로 꼽고 있던 한국에 대한 점진적인 지원의 철회라는 방향과 거리가 멀었다.

하지는 특위와 정책협의를 위해 워싱턴에 체류할 때, 의회와 육군부, 심지

86) 삼부조정위원회 문서철, 롤번호 8, Inter-departmental Committee on Korea 1947, 〈한국에 관한 특별위원회 보고서〉, 1947년 3월 31일.
87) *FRUS* 1947, Vol. VI, 〈한국에 관한 部間특별위원회 보고서 초안〉, 1947년 2월 25일.

어 국무부의 일부 관리들조차 한국에서 빨리 손을 떼야 한다는 공기가 존재하는 것을 보고 당혹감을 나타냈다.[88] 하지가 특위와 정책 협의를 위해 워싱턴에 체류할 때, 육군부 관리들은 일본으로부터 철군이 한국에 미치는 영향을 하지에게 질문하였다. 질문자의 의도는 각 지역별로 기회비용을 산출하면서 감군 효과를 따져보기 위한 것인데, 하지는 이 질문에 대해 매우 당황하면서 일본으로부터 철군한다면 한국에 머물 이유가 없을 것이라고 대답하였다. 하지는 일본과 한국 어느 한쪽에서 군대를 철수해야 한다면 그것은 한국이 되겠지만, 결코 한국에서 철군해서는 안 된다는 입장을 취하였다.[89]

당시 미국 정가나 일반여론 가운데에는 전후 세계 각지로 확대되는 미국의 개입을 우려하면서, 그것을 감내할 수 없는 미국의 처지에 비추어 원조의 우선순위를 재조정해야 한다는 여론이 일고 있었다.[90] 그러나 다른 한편으로 트루만 독트린에 반영된 그리이스·터키에 대한 미국의 원조 확대에 나타나듯, 미국의 세계전략과 대외정책 실현을 위해 군사력에 대한 요구가 더욱 높아지고 있었던 것 또한 사실이다.

남한도 사정은 마찬가지여서 워싱턴의 군사력 재배치에 대한 고려와는 달리 점령당국은 1946년 후반 이래 군사력 증강에 대한 목소리를 높여 왔다. 주한미군사령부는 소련군 감군 첩보와 더불어 북한 인민군의 증원 사실을 꾸준히 보고하였다. 보고 내용이 들쭉날쭉하여 사실 여부를 정확히 파악하기 어렵고, 신뢰하기 어려운 내용이 많지만[91] 중요한 것은 하지가 이러한 징후를 북한군대에 의한 남한 혁명 원조와 연결시키며 지속적으로 상부의 주의

88) 웨드마이어 문서철, 상자번호 2, 〈하지 장군이 웨드마이어 장군에게 행한 구두보고〉, 1947년 8월 27일.

89) 주한미군사령부 문서철, 상자번호 63/96, 〈하지와 육군부·국무부 관리들의 회의록〉, 1947년 3월 3일.

90) 각국별 원조 우선순위의 재검토는 모두 이러한 사정을 배경으로 한 것이다. 이에 대한 구체적 내용은 *FRUS* 1947, Vol. I, 합동전략조사위원회(Joint Strategic Survey Committee)보고서 〈US Assistance to Other Countries from the Standpoint of National Security〉, 1947년 4월 29일 참고.

91) 일례로 1946년 10월 28일자 전문은 이북에서 30만 명이 군사훈련을 받고 있다는 첩보를 전하고 있으나, 불과 며칠 뒤인 10월 31일자 전문에는 그 숫자가 50만 명에 이르고 있다(육군부 정보참모부 전신철, 상자번호 114, 〈Tfgbi 494〉 및 〈Tfgbi 502〉).

를 촉구하였다는 점이다.[92)]

미군정의 병력증강 요구는 현지의 유동적 정세에 대해 워싱턴의 주의를 환기시키기 위한 의도가 배어있는 것이지만, 다른 한편으로 미군정이 우려하는 바를 잘 나타낸다. 즉, 남한의 정치적 혼란상태에 이어 이북으로부터의 남한 좌익에 대한 무력원조는 전 한국을 좌익의 수중에 넣게 만들 것이므로 이러한 사태를 방지하기 위해서는 오히려 군사력이 증강되어야 한다는 것이 하지의 입장이었고, 상부로서도 이러한 주장을 무시할 수 없었다.

1947년 봄의 철군논의에서 워싱턴의 군부 지도자들의 입장이 주로 한반도의 군사전략적 가치나 병력전개의 문제를 강조하면서, 조기철군의 조건을 모색하였다면 미군정 당국이나 국무부는 미군 철수로 초래될 힘의 공백이 한국의 급진세력에게 권력 장악의 길을 열어주고, 이것이 한반도에서 미국의 이해관계를 위협하게 될 것을 우려하였다.

전체적으로 특위는 남한단정 수립이나 주한미군의 조기철수를 반대하였다. 특위는 1947년 5월까지 활동하였고, 이들의 논의내용은 그때그때 정책결정에 반영되었다. 이 위원회가 논의과정에서 추구한 행동방침은 대체로 다음과 같이 요약할 수 있다.

(1) 미·소공위 재개를 위해 소련과 정부 대 정부 차원의 논의를 다시 추진
(2) 남한의 정치·경제·문화적 발전을 위해 '적극적이고도 장기적인 계획'을 추진. 점령비용 이외에 추가적으로 3년 간 6억 불을 원조
(3) 적절한 선거법이 만들어지면 가능한 빨리 '남조선과도정부'를 수립
(*FRUS* 1947, Vol. VI, 〈한국에 관한 부간 특별위원회 비망록〉, 1947년 2월 25일 ; 삼부조정위원회 십진주제분류 문서철, 롤번호 8, 〈한국에 관한 부간 특별위원회 보고서〉, 1947년 3월 31일 ; 같은 문서철, 롤번호 7, 〈삼부장관회의〉).

군부의 철군주장과 같이 대한정책을 근본적으로 수정하려는 분위기가 일각에 존재하였지만 특위가 제시한 위의 행동계획은 워싱턴의 고위당국이 하지가 제시한 미군정의 현실적 처방을 따랐음을 보여준다. 대한정책의 전면적

92) 주한미군사령부 전신철, 롤번호 247, 〈Tfgcg 522, 주한미군사령관이 맥아더 장군에게〉, 1946년 10월 28일.

수정을 수행할 만큼 미국측 내부에 정책적 준비가 이루어졌거나 정책결정집단 내부에 합의가 이루어져 있었던 것은 아니었다. 또 기본적으로 이러한 정책변화가 당시 남한의 상황을 호전시킬 수 있는 구체적 대안이나 근거들을 확보하고 있지 못하다는 인식이 크게 작용하였다. 미국은 남한 내 대중적 지지의 상실, 철군시 남북간 무력대결의 가능성, 미·소공위 결렬에 따른 미·소관계의 악화와 국제적 비난여론의 초래를 감수하면서까지 정책변화를 수행할 처지가 아니었다.

그러나 다른 한편으로 이 시기 고위 정책결정집단 내부의 대한정책에 관한 논의과정과 논의내용이 대소선전에 충실히 이용되고 있었다는 점은 주목할 필요가 있다. 특위는 6억 불 원조안을 작성하면서 이미 이 제안의 의회통과가 쉽지 않으리라 예상하였다.[93] 그렇지만 정책의 실현 가능성 여부에 상관없이 대한정책을 둘러싼 정부 내의 논의는 그때그때 언론에 반영되었다. 애치슨·힐드링(John H. Hilldring)과 같은 고위층 인사들의 발언은 용어의 선택까지 고려한 매우 신중한 것이었으나, 비교적 정확하게 내부의 논의내용을 확인하여 주었다. 또 언론에 의해 이러한 발언들이 대소 강경자세로의 선회에 따른 대한정책의 변화를 암시하는 것으로 해석되는 분위기가 연출되었다.[94]

1947년 3월 트루만 독트린 발표 이후 미국정부는 한국문제의 해결을 위해 일종의 대소 선전활동을 벌이고 있었고, 여러 통로로 미국의 한국에 대한 확고한 개입의지를 시위하였다. 특위에서 일단 미·소공위 재개를 위한 정부차원의 교섭을 결정하자, 미국정부는 소련정부와 미·소공위 재개교섭 과정에서 이러한 강경한 자세와 미국의 개입의지를 의도적으로 과시하였다.[95]

미국의 마샬 국무장관은 모스크바 4상회담 말미인 4월 8일에 소련 외상 몰로토프에게 미·소공위 재개를 제안하는 서한을 보냈다. 이후 양측은 서신

---

93) *FRUS* 1947, Vol. VI, 〈한국에 관한 部間특별위원회 보고서 초안〉, 1947년 2월 25일.
94) 모스크바 4상회담이 개최되는 3월 10일을 전후하여 이러한 취지의 발언과 보도가 빈발하였다. 예컨대 3월 10일 힐드링의 디트로이트 경제구락부에서의 연설, 애치슨의 3월 12일자 기자회견, 3부 장관회의에서의 6억 불 경제원조안 심의에 대한 보도 등을 참고. 각각 《동아일보》, 1947년 3월 12일·13일·21일.
95) 몰로토프에게 미·소공위 재개를 제안하는 서한 초안에 대한 애치슨의 논평과 수정 참고. 740.00119 Control(Korea), 〈국무부에서 주소 미국대사관에〉, 1947년 4월 2일.

을 교환하여 미·소공위 재개조건을 교섭하였고, 마침내 미·소공위를 5월 20일에 재개하기로 합의하였다.[96] 마샬과 몰로토프 사이에 교환된 서신의 내용은 번스·발라사노프 회담 이래 양측이 모색하였던 절충의 방향, 즉 의사표현의 자유를 관철하려는 미국의 입장과 반탁단체를 제외하고 임시정부 수립을 서두르는 소련의 입장을 임시 봉합한 것이었다.[97] 즉 양측이 비록 미·소공위 재개일자에 합의하였지만 근본적인 입장 조절이나 어느 일방의 획기적 양보가 있었던 것은 아니었다. 양측은 모두 서한에 나타난 문구를 회담석상에서 자기측 입장에 유리하게 전술적으로 이용하겠다는 계산을 하고 있었고, 어느 한쪽도 회담의 장래와 타협 가능성을 낙관하지 않았다.[98] 양측은 회담 재개 자체에 기대를 걸었고, 회담과정에서 상대방으로부터 최대한 양보를 끌어낸다는 입장이었다.

국무부는 미·소공위 재개시 미국대표단이 따라야 할 공식지침을 5월 12일 미군정에 하달하였다. 국무부는 1차 회담시 지침이었던 〈SWNCC 176/18〉을 2차 회담에서도 그대로 실행할 것을 지시하였다.[99] 대표단은 2차 회담 사전기획 과정에서 미·소가 회담에서 합의에 도달할 경우와, 그렇지 못하고 미국측이 회담 교섭에 상관없이 일방적으로 행동해야 할 경우 양자에 대비하여 예상계획을 수립하였다.[100] 미국은 2차 회담을 최종회담으로 간주하였

---

96) 미·소 양국 정부 사이의 교섭경과에 대해서는 740.00119 Control(Korea), 〈마샬이 몰로토프에게 보내는 서한〉, 1947년 4월 8일 ; 〈몰로토프의 답신〉, 1947년 4월 9일 ; 〈마샬 회신〉, 1947년 4월 30일 ; 〈몰로토프 회신〉, 1947년 5월 8일 참고.

97) 소련측이 미·소공위 재개의 조건으로 제시한 것은 1946년 11월 26일자 치스짜코프 서한과 이에 대한 하지의 12월 24일자 하지의 답신이었다. 미국도 12월 24일자 하지의 답신을 미·소공위 재개의 기초로 삼는 데 동의하였다. 하지의 12월 24일자 서한은 '의사표현의 자유' 원칙을 강조하는 한편으로 모스크바결정을 적극적으로 반대하는 단체·개인을 정부협의에서 배제한다는 취지의 문안을 포함하였다.

98) 740.00119 Control(Korea), 〈국무부가 삼부조정위원회에〉, 1947년 5월 7일 ; 〈정치고문실 송달문서 100, 랭던이 국무장관에게〉, 1947년 5월 11일 ; 중앙일보사 현대사연구소 소장, 〈소·미공동위원회 소련측 대표단에게 보내는 훈령〉, 1947년 5월 18일.

99) 740.00119 Control(Korea), 〈국무부가 주한미군사령부에〉, 1947년 5월 12일.

100) 〈미·소공위 미국측 대표단이 주한미군사령관에게 ; 미·소공위 미국대표단의 일반적 조직구조〉, 1947년 4월 28일 ; 〈미·소공위 재개시 행동지침에 관한 싸

고, 출발점에서부터 소련과 합의에 도달하지 못하면 미국측 계획을 일방적으로 추진할 생각을 가지고 있었다.

특기할 것은 2차 회담에 와서 신탁통치에 대한 미국측 태도에 변화가 나타난다는 점이다. 미국은 임시정부에 대한 미국의 영향력을 확보하기 위해 신탁통치 내지 그것에 준하는 위장된 통제책의 마련이 필수적이라고 간주하였음은 앞에서 살펴보았다. 그러나 2차 회담 개시 직전 대표단에 의해 제시된 신탁통치에 대한 입장은 "신탁통치는 한국의 주권을 최소한의 범위에서 침해하는 단지 필요한 명목상의 것이어야 하고, 미·소공위나 유사한 기구에 의해 수행되어야 하며, 이 기구는 강력한 미국외교사절단과 결합되어야" 한다는 것이었다.

미국은 이러한 태도변화에 대해 아무런 구체적 설명을 하지 않았으나, 이 같은 변화는 미국의 대한정책 전반 및 그 수행방식과 관련해 주목해야 한다. 임시정부 수립 이후 한국문제에 대한 결정권을 신탁통치를 통해 미국 주도하의 4강구도에 묶어 놓겠다는 구상이 보다 실질적인 권한을 갖는 한국정부의 설립과 이에 대한 미국의 보다 직접적인 개입이라는 형태로 바뀌어가고 있음을 보여준다.

소련은 협의대상 문제에서 "원칙적인 입장을 고수하고 양보하지 않는다"는 방침을 가지고 제2차 미·소공위에 임하였다. 소련은 7~8월까지는 임시정부 수립문제에 대한 추천서를 제출한다는 방침에서 임시정부 수립방안의 마련을 초미의 과제로 삼았다. 소련은 미·소공위와 협의할 한국인 정당·사회단체의 명단 작성시 북 45%, 남 55%의 비율을 지킬 것이나, 남북의 인구비례를 감안 북 40% 대 남 60%로 양보할 수도 있다고 내부적으로 방침을 정하였다. 단, 남에서 좌우의 비율이 50 : 50으로 유지되어야 한다는 입장은 1차 회담과 다름없었다.[101] 소련은 한국인 정당·사회단체와의 협의 단계에서 소련을 지지하는 좌익계열 단체들의 수적 우위와 비례적 우세를 확보함

전트의 비망록〉, 1947년 4월 21일. 모두 미·소공위 문서철, 롤번호 9. 1차 미·소공위의 미국측 기획자가 데이어였다면, 2차 미·소공위 미국측 협상기획에서는 주로 싸전트와 웨커링이 큰 역할을 하였던 것으로 보인다.

101) 중앙일보 현대사연구소 소장, 〈소미공동위원회 소련측 대표단에게 보내는 훈령〉, 1947년 5월 18일.

으로써 이를 임시정부 수립에서 주도권 확보로 연결시킨다는 방침을 계속 견지하였다.

기타 임시정부 수립에 대한 소련의 구상은 1차 회담과 대동소이하다. 단지 임시정부 이외에 민주주의 정당·사회단체 대표들로 구성된 임시인민회의의 창설을 예상하였다는 점이 1차 회담과 다른 큰 특징이다. 소련은 임시인민회의에 자문·협상기관의 위상을 부여하였다. 이것은 1차 회담에서 미국측이 협의대표기구를 선호했던 것을 의식하여 만들어졌을 것이다.

소련측도 2차 회담을 최종적인 회담으로 간주하였고, 임시정부 구성에 합의하지 못할 경우 이 문제를 한국인 당사자들에게 맡기고 외국 군대는 한국에서 철수해야 한다는 방침을 세워놓았다. 즉 좌파가 주도권을 장악하는 임시정부의 수립을 추구하되, 그것이 여의치 않을 경우 한국인 스스로가 정부 수립에 나서게 한다는 것이다. 소련은 선거가 급한 것이 아니라는 입장이었고, 선거가 실행될 경우 승리할 수 있을지 확신을 가지지 못하였다.[102)]

미·소 어느 쪽도 어느 일방의 주도하에 임시정부가 수립되거나 수립될 임시정부에 상대방의 영향력이 주도적으로 행사되는 것을 협상과정에서 방지한다는 입장에서는 기본적으로 동일하였다. 그러나 임시정부 수립방안과 관련해서는 양쪽 모두 1차 회담과 비교해 차이를 보이고 있다. 특히 미국측은 임시정부 수립의 절차와 방안에서 많은 변화를 보여주었다. 무엇보다 미국은 한국인 정당·사회단체와의 협의 대신 선거절차를 임시정부 수립의 기본방안으로 중시하였다. 또 회담 결렬시 미국은 한국문제를 4강대국 내지 유엔에 이관한다는 방침이었고, 소련은 한국인들의 자체해결에 맡긴다는 내부적 방침을 가지고 있었다.

2차 미·소공위 개시 직전 미군정은 회담을 위한 실질적인 조치로 반탁단체를 협의에 최대한 참여시키고, 이들을 미국의 계획 내에서 자제시키기 위해 노력하였다. 미국은 미국측 입장을 지지해줄 수 있는 우익계열 단체들을 가급적 많이 참여시켜 협의대상 단체의 선정에서 수적 우위를 확보하는 것이 필요했다. 또 다른 한편으로 최소한 반탁단체들이 노골적인 반탁활동으로 회

102) 〈레베데프비망록〉, 1947년 5월 22일.

담석상에서 미군정의 입장을 난처하게 만드는 사태를 방지할 필요가 있었다.

미군정은 사전에 우익측 단체들의 미·소공위 참여를 적극 유도하였고, 회담 개최 직전에는 미군정 고위당국자까지 나서서 우익측 지도자들에게 협의 참여와 공개적인 반탁활동의 자제를 요청하였다. 특히 이승만과 김구의 참여와 협조를 확보하는 것이 관건이었으므로 하지와 브라운(Albert E. Brown)은 이들을 설득하려 애썼다. 브라운은 이승만에게 가능한 행동노선은 "① 그의 정당을 이끌고 모스크바결정을 달성하고 합법적으로 미국을 지원하여 독립을 얻거나, ② 범법자가 되어 법망 밖에서 4강대국과 공개적으로 전쟁을 치르는 방법 뿐"이라고 위협하였지만 그를 설득할 수 없었다. 이승만은 "모스크바결정을 통한 정부 수립은 미국의 공식정책이 아니라 일부 미국인들의 생각일 뿐"이라고 응수하였다. 그는 자신의 남한단독정부안을 고집하면서 힐드링도 이 방안에 동의했으며, 이 방법이 자기의 노선이라고 답하였다.[103]

미군정은 회담 직전 중도파로부터도 미국측 입장에 대해 전적인 협조를 끌어내지 못하였다. 중도 좌·우파는 전반적으로 통일정부 수립의 한 계기로써 미·소공위 재개를 크게 환영하였지만, 미국측 입장을 지지하였던 것은 아니었다. 브라운은 김규식과 안재홍에게 협조를 부탁하였지만, 김규식과 안재홍은 먼저 미군정에서 조병옥과 장택상을 해임할 것을 요청하였다. 미군정으로부터 번번이 정치·사회적 개혁 요청을 거절당하였던 김규식과 안재홍은 정계은퇴 의사를 내비치며 브라운에게 압력을 행사하였다.[104]

브라운은 미·소공위 개최 직전 하지에게 미·소공위 개최조건을 다음과 같이 보고하였다.

(1) 우익정파들의 비협조 위협, 이들은 사실상 이승만이 이끄는 남한만의 독립정부를 원한다.
(2) 중간파는 조병옥과 장택상이 해임되지 않으면 협조하지 않으려 한다.
(3) 극좌파는 사실상 소련이 지배하는 정부를 원한다.

---

103) 미·소공위 문서철, 롤번호 6, 〈브라운 작성 ; 이승만과의 회담〉, 1947년 5월 17일.
104) 미·소공위 문서철, 롤번호 6, 〈브라운 작성 ; 5월 19일 현재 정치상황〉, 1947년 5월 19일.

따라서 다음의 행동노선이 채택되어야 한다.

(1) 미·소공위와 협의를 위해 선택된 모든 정당·사회단체들에게 협조를 요청하며 미·소공위를 진행시킨다.
(2) 초청을 수락한 정당·사회단체들과 협의하고 총선거에 의한 임시정부 수립을 진행하는 것이 바람직하다.
(미·소공위 문서철, 롤번호 6, 〈브라운 작성 ; 5월 19일 현재 정치상황〉, 1947년 5월 19일).

미군정은 미·소공위 재개의 전제조건으로 사전에 남한 내에서 자신의 지지기반을 확보한다는 계획이었으나, 위의 보고서 (1)·(2)항에 나타나듯 2차 회담의 개최 시점에서 미군정은 좌익은 물론 우익과 중도파 어느 세력으로부터도 전적인 협조를 확보하지 못한 채 회담을 맞았다. 브라운은 회담 개최가 임박하였으므로 일단 미·소공위를 재개시킨 뒤, 협의에 가급적 많은 단체를 참여시키도록 노력하는 한편 총선에 의한 임시정부 수립이라는 미국측 입장을 회담에서 견지할 것을 제시하였다.

1947년 5월 22일 제2차 미·소공동위원회가 시작되었다. 양측은 임시정부 수립을 둘러싼 현격한 입장의 차이에도 불구하고 매우 신중하게 회담에 임하였으며, 겉으로 나타난 회담 초반의 분위기는 비교적 우호적이었다.[105] 6월 7일 마침내 양측이 공동결의문 12호 작성에 합의하였고, 그 내용을 6월 11일 〈미·소공위 11호 성명〉으로 발표하였다.

〈미·소공위 11호 성명〉은 미·소공위 협의에 참여하고자 하는 각 정당·사회단체들에게 "① 모스크바결정을 지지하고 조선임시정부 조직에 대한 미·소공위 결의를 고수하며 신탁통치(후견)에 관한 제안을 작성하는 데 협력한다는 내용의 〈선언문〉에 서명날인하고 그 선언문을 첨부한 청원서를 제출할 것, ② 임시정부의 조직 및 그 원칙에 관한 자문서 및 임시정부 정강에 대한 자문서에 답해줄 것"을 요청하였다.[106] 따라서 협의에 참여하고자 하는

105) 미·소공위 문서철, 롤번호 5, 버취 작성 〈제25차 미·소공위 회의 요약〉, 1947년 5월 23일.
106) 北朝鮮民戰中央書記局 편, 〈蘇米共同委員會에 관한 諸般資料集〉(《韓國現代史資料叢書》 13, 돌베개, 1947), 140~141쪽.

정당·사회단체는 〈선언문〉을 첨부한 청원서, 임시정부에 관한 두개의 답신서를 제출해야 했다.

6월 11일의 〈미·소공위 11호 성명〉 발표 이후 미·소공위는 정당·사회단체들의 협의 신청을 접수하였다. 접수 결과 협의를 신청한 단체의 수는 이남에서는 425개, 정파별로는 우익 158개(58.1%), 좌익 70개(26.9%), 중간파 42개(15%), 정체불명의 군소단체 153개였다.[107] 이북에서는 총 38개 단체가 협의를 신청하였으며, 정치적 성향은 좌익 일색이었다. 양 지역을 합해 463개 단체가 협의를 신청하였다. 남·북을 합한 협의 신청단체의 정파별 숫자와 비율은 우익 158개(51.3%), 좌익 108개(35.1%), 중간파 42개(13.6%)였다.

협의 신청서를 접수한 6월 하순까지만 해도 미·소공위는 순로롭게 진행되는 것처럼 보였다. 신청서의 접수가 끝난 뒤 미·소공위는 6월 말과 7월 초에 각각 서울과 평양에서 협의신청 단체들과 회합을 갖고 협의의 목적과 절차에 대한 설명회를 가졌다. 그러나 7월 초순, 협의대상 정당·사회단체의 명부작성 문제를 본격적으로 논의하는 단계에 접어들자 재차 양측의 입장이 팽팽히 맞서게 되었다.

소련은 특히 反託鬪爭委員會 가입단체의 협의 배제를 요청하였고,[108] 미국은 非常國民會議, 獨立促成國民會, 民族統一總本部 등 우익진영의 주요 단체들이 망라되어 있던 반탁투쟁위원회 소속단체의 배제를 절대로 허용할 수 없다는 태도를 견지하였다. 협의대상 단체명부의 작성이 벽에 부딪히자 미국은 상호합의를 통한 미·소공위 성사는 불가능하다고 판단하고, 일방적 행동을 통해 한국문제를 해결하기로 결정하였다. 미국은 7월 중순부터 현지와 본국에서 일방적 행동을 위한 준비를 시작하였다.[109] 미국측의 이러한 행동은

107) 740.00119 Control(Korea), 〈ZGCG 929, 제이콥스가 국무장관에게〉, 1947년 6월 24일. 미국이 공식적으로 발표한 총 단체수는 425개이지만 정치성향별로 분류해 놓은 총 단체수는 423개이다. 분류과정에서 약간의 착오가 있었던 것으로 보인다. 정체불명의 군소단체는 대부분 유령단체인 것으로 보인다.

108) 反託鬪爭委員會는 반탁운동의 과정에서 1947년 1월 24일 우익단체의 통합을 위해 조직되었다. 위원장으로 김구, 부위원장으로 조성환·조소앙·김성수가 선임되었다. 이승만은 최고고문으로 추대되었다(《조선일보》, 1947년 1월 24일·26일).

109) *FRUS* 1947 Vol. VI, 〈제이콥스가 국무장관에게〉, 1947년 7월 16일.

미·소공위 재개 이후 두 달이 채 못된 시점에서 미국이 사실상 미·소공위 실패를 인정하였음을 의미한다. 미국은 회담을 지속해 보았자 한국 내 정치 세력의 협조도, 소련으로부터의 양보도 확보하지 못할 것이라는 판단에 도달하였다.

미국이 일방적 행동을 결심하게 된 시기는 공교롭게도 미국측 대표단이 평양을 방문하고 돌아온 뒤였다. 미국측 대표단장 브라운은 소련군 당국에 강력하게 요청하여 7월 1일 曺晩植과 회견할 수 있었다. 이 자리에서 브라운은 조만식에게 신탁통치에 대한 견해를 물었다. 조만식은 미국만의 신탁통치가 가장 바람직하지만 미·소 양국에 의한 신탁통치가 불가피하다면 그것을 받아들여야 할 것이라고 대답하였다.[110] 브라운은 주로 북한의 상황과 남북의 정치지도자들에 대해 의견을 구하였고, 조만식은 이승만과 김구가 미·소공위 성사를 위해 미국대표단을 지원하지 않는 것은 큰 유감이라고 답하였다.[111] 또 조만식은 선거나 임시정부 수립 이전에 남한에도 토지개혁이 필요하다는 점을 강조하였다.

이제까지 강경한 반탁론자로 알려져 있던 조만식이 이 시점에서 신탁통치를 받아들여야 하지 않겠는가 하는 상황인식을 표명하였다는 것은 놀라운 일이다. 조만식의 반응은 미·소공위에서 미·소가 좀처럼 타협점을 찾지 못하고, 이승만·김구진영의 반탁운동이 미·소공위의 성사를 더욱 불투명하게 만드는 요인으로 작용하는 것을 우려하였기 때문에 나타난 것으로 보인다.

또 조만식이 신탁통치 실시 이전이라도 남한에서 토지개혁을 시행할 필요가 있음을 지적한 것은 미군정으로 하여금 자신의 점령정책의 취약성을 다시 한 번 돌아보게 만들었을 것이다. 북한과 남한의 좌익은 1946년 봄 이래 이북의 토지개혁과 그 성과를 남한에서 미군정의 경제정책과 비교하여 남한의 민중들에게 널리 선전하였다. 그러나 남한에서는 2차 미·소공위가 개최

---

110) 미·소공위 문서철, 롤번호 6, 〈브라운이 하지에게 ; 조만식 회견기〉, 1947년 7월 2일. 조만식은 이 회견에서 남한에 내려가 정치활동을 재개하고 싶다는 강렬한 희망을 표시하였다.

111) 위와 같음. 조만식은 5월 하순에도 밀사를 통해 하지에게 이승만의 반탁활동이 미·소공위 사업을 방해할까 우려된다는 취지를 전한 바 있다(미·소공위 문서철, 롤번호 6, 〈이묘묵이 하지에게〉, 1947년 5월 27일).

되고 있던 시점에서도 입법의원에서 토지개혁법안을 둘러싼 줄다리기가 여전히 계속되었고, 이 문제의 해결 전망은 여전히 불투명하였다.

미국대표단의 조만식 면담 의도는 북한에도 정치적 반대자가 광범하다는 것을 폭로함으로써 반탁단체의 협의참여 문제나 미국측이 주장하던 '의사표현의 자유' 원칙의 필요성을 강조하기 위함이었다. 그러나 조만식의 위와 같은 반응으로 미국측은 의도하던 바를 제대로 달성할 수 없었다. 또 미군정은 평양에서 귀환한 대표단원들에게 보고 들은 것과 방문소감을 빠짐없이 보고서로 제출하도록 지시하였는데, 보고서들은 이북에는 이미 인민위원회 정권이 확립되었고, 전반적으로 정치적 통제가 완벽하다는 인상을 받았음을 지적하였다.[112)]

미국은 회담 이전 남한의 우익과 중간파로부터 자신의 입장에 대한 전폭적 지지를 끌어내는 데 실패하였고, 이로 인해 미국의 입장은 회담이 진행될수록 더욱 난처해졌다. 미국이 미·소공위를 통한 정부수립 의지를 완강하게 내비치자 우익세력의 상당 부분이 협의를 신청하였고, 여기에는 이승만세력도 일부 참가하였다. 협의를 신청한 우익의 주요 단체들은 한민당을 중심으로 臨政樹立對策協議會(이하 '임협')를 구성하였다.[113)] 그리고 협의에 참가한 단체의 숫자가 남한에서는 우익이 좌익을 훨씬 상회하였지만, 정작 반탁진영의 핵심인 이승만과 김구는 반탁입장을 고집하였다.

미국대표단은 회담 석상에서는 '광범한 협의'의 원칙에 따라 반탁단체를 협의에 참여시킬 것을 완강하게 고집하였고, 회담장 바깥에서는 반탁단체를 협의에 참여시키기 위해 동분서주하였다. 반탁운동의 광범한 존재를 들어

---

112) 미·소공위 문서철, 롤번호 6, 〈Pyongyang Trip－American Delegation, June～July, 1947〉. 일반적으로 1947년 후반이 되면 이북은 경제적 측면에서도 해방 이후의 혼란을 극복하고 안정기조로 들어선 것으로 평가되고 있다. 그 징표로 1947년 12월 실시된 화폐개혁을 들 수 있다. 여러 경제지표를 통해 해방 이후 이북의 경제변화를 분석한 방선주, 〈1946년 북한 경제통계의 일 연구〉(《아시아문화》 8, 한림대 아시아문화연구소, 1992) 참고.

113) 臨協은 미·소공위 협의에 참가를 신청한 우익단체들의 협의체 조직이다. 협의회에 소속된 일부 단체의 반탁운동을 문제삼아 이후 소련 대표단은 이들을 협의에서 제외할 것을 미국측에 요청하였다. 臨協에 대해서는 사전트 작성, 〈특별보고서 7, 임시정부수립대책협의회〉(《資料集》 12), 471～480쪽 참고.

'의사표현의 자유' 원칙과 반탁단체의 협의 참여를 정당화하려는 미군정의 노력에도 불구하고,[114] 미군정은 반탁진영의 정부수립 운동을 자신의 계획 아래 통일시키거나 회담과정에서 소련의 양보를 얻어내는 데에 실패하였다.

미국은 미·소공위 개최기간 중 모든 정치적 집회를 금지시킴으로써 반탁진영의 노골적인 대규모 반탁운동을 적절히 통제하였다.[115] 그러나 이승만의 단정안 선전은 노골적이었고, 이승만의 우익 내 위상이나 이승만의 선전내용 때문에 미군정은 그를 견제하느라 애를 썼다. 이 무렵 이승만은 전투적인 반탁구호와 미국정부 고위층의 남한단정 밀약설을 이용하여 소련, 미·소공위, 하지에 대한 반대에 총력을 기울였다. 또 김구는 6월 23일, 우익 청년단체의 반탁시위와 소련대표단에 대한 投石사건의 배후로 지목되고 있었다. 한민당을 중심으로 한 임협도 협의에는 참여하고 있었으나, 반탁입장을 완전히 철회한 것은 아니었다.

중간파 정당·사회단체가 제출한 답신서들에 나타난 중간파의 지향 역시 미국의 구상과는 거리가 멀었다. 미국은 제출된 답신서를 토대로 임시정부의 조직과 구성에 관해 각 정파의 견해를 종합적으로 분석하였다. 미국이 답신서 분석에서 주목한 것은 중간파의 동향이다. 분석에 의하면 중간좌파는 지나치게 공산주의노선에 경도되어 있었고, 정부의 조직에서 중간파 대부분이 지명에 의한 입법기구의 설치를 원하였다. 또 개혁에 대해서는 실시시기의 선택이 문제였지, 좌익·우익·중간파의 어느 정파나 사회·경제적 개혁을 요구하였다. 중간파와 좌익은 특히 즉각적인 개혁 실시를 요구하였다.[116]

미국은 분석이 끝난 뒤 보고서의 공개를 금지하였다. 그 이유는 위의 내용 분석에서 알 수 있듯이 답신서의 내용들이 미국의 구상과 차이가 있었고, 공개된다면 미·소공위 회담에서 미국측에 불리하게 이용될 것이 틀림없었기

114) 미·소공위 문서철, 롤번호 6, 〈버취가 브라운에게 ; 반탁운동〉, 1947년 7월 8일.

115) 미군정은 5월 17일 미·소공위 개최기간 중 모든 정치적 집회를 금지시키는 行政命令 제3호를 발표하였다. 民政長官 安在鴻의 말을 빌면, 이 조치는 임시정부 조직 협의에 어떤 단체든지 자격을 상실케 하지 않으려는 것이 그 목적이었다(《서울신문》, 1947년 5월 20일).

116) 미·소공위 문서철, 롤번호 9, 미·소공위 미국대표단 작성, 〈전한국임시정부의 헌장·정강에 대한 한국인 정당·사회단체의 답신서 분석〉, 1947년 9월 30일.

때문이다. 미국대표단 간사 웨커링(John Weckerling) 준장은 답신서들이 "서구식 민주주의에 대해 거의 전적인 이해부족을 나타내고 있고, 이것은 자신들이 한국에서 가르치려 했던 것이 실패했음을 의미한다"고 결론지었다.117)

협의대상 단체명부의 작성을 놓고 실랑이가 계속되는 가운데, 소련은 미군정이 남한의 우익진영으로부터 전적인 협조를 받지 못하고 있다는 것을 알아채고 오히려 더욱 완강하게 반탁단체의 협의 배제를 고집하였다. 소련은 이승만에게서 떨어져 나와 협의를 신청한 우익단체들을 위협하거나 위신을 실추시킴으로써 미국측을 곤경에 빠뜨리고, 이들을 협의에서 제외하거나 최소한 우익의 발언권을 봉쇄하겠다는 전략을 구사하였다.118) 반탁투위 산하단체의 제외 요청, 6월 23일의 반탁시위와 관련된 단체들의 반소행위 비난, 임협 산하단체들 중 반탁투위 연루단체들에 대해 절연 성명 요구 등을 통해 소련은 반탁단체들을 제외하기 위한 파상적 공세를 펼쳤다.

미국은 소련의 이러한 공세에 완강하게 저항하는 한편 7월 중순 이후 미·소공위의 결렬을 예상하면서 새로운 대책을 마련하기 시작하였다. 미국측 대표단은 자신의 이러한 의도를 숨기려 하지 않았다.119) 미·소간 합의에 대해 기대를 버리자 미국은 이후의 회담과정에서는 자기측에서 구상하였던 임시정부 수립방안을 제기하여 이것을 선전하고, 미·소공위 결렬 이후를 대비하는 데 보다 치중하였다. 그리고 미국은 미·소공위 결렬 이후에 취할 행동계획으로 한국문제의 4강 회부 내지 유엔 이관을 구상하고 준비를 진행하였다.

소련은 반탁단체 제외문제가 미국의 완강한 반대에 부딪히자 내부논쟁을 거쳐 새로운 제안을 하였다. 이 제안은 8월 5일 미·소공위에 제출되었다.

---

117) 미·소공위 문서철, 롤번호 9, 〈웨커링이 브라운에게 ; 한국인 정당·사회단체의 답신서 분석의 공개〉, 1947년 10월 10일.

118) 소련이 제외시키려고 한 것은 한민당 김성수의 지도하에 있는 臨協 산하의 단체들이었다. *FRUS* 1947 Vol. VI, 〈Zgcg 907, 하지가 힐드링에게〉, 1947년 7월 16일 및 〈제이콥스가 국무장관에게〉, 1947년 7월 16일.

119) 미국대표단의 일원이었던 피셔는 대표단을 방문한 좌익단체 대표들에게 '진행중인 회의는 단순한 겉치레에 불과하다, 신탁통치를 지지하는 한국인은 애국자가 아니다, 김구나 이승만을 지지해야 한국인들의 정부가 수립될 것'이라고 발언하였다(〈쉬티코프비망록〉, 1947년 7월 18일).

소련 수석대표 쉬티코프(Штыков Т. Ф.)는 7월 말 소련측 대표단원들에게 회담 정체를 타개하기 위한 방안으로 '① 협의대상 문제 해결을 수석대표와 제1분과위원회 대표에게 위임하고, 임시정부의 조직과 구성에 관한 토의를 2·3분과위원회에서 즉각 개시하거나, ② 한국인들에게 모든 일을 위임하는 방안'을 제안하였다. 이에 대해 그의 참모들은 이전의 입장을 고수할 것을 주장하였으나, 결국 제안 ①을 대표단 의견으로 결정하였고, 모스크바로부터 승인을 받아냈다.[120]

하지만 8월에 들어 미·소공위는 이미 '전략적 이유 외에는 더 이상의 지속노력이 무의미한 상태'에 접어들었다.[121] 이때부터는 소련도 회담 자체보다 가급적 서울에 오래 머물러 좌익에 대한 테러를 막아줌으로써 이들의 세력약화를 방지하는 데에 더 신경을 썼다.[122] 일찌감치 결렬이 예상되었지만 미·소공위가 공식적으로 결렬된 것은 10월 18일이었다. 이것은 미·소공위 결렬의 책임을 면하기 위하여 먼저 정회를 제안하지 않으려는 양측의 태도와 회담을 지속하여 좌익에 대한 탄압을 막아보려는 소련의 의도가 작용하였기 때문이었다.

3) 점령에서 분단으로

미·소공위 미국측 대표단은 7월 중순 이후 미·소공위 결렬을 기정사실화하면서 이후의 대비책을 본국에 촉구하였다. 비슷한 시기에 하지는 합동참모본부에 보낸 전문에서 미·소공위의 결렬은 미국의 대한정책을 근본적으로 변경시킬 것이라면서 자기 나름의 새로운 정책방향을 제안하였다. 하지가 제시한 방향은 "① 미·소공위가 실패하면 이를 지체 없이 선언하고, 그 이후의 행동계획을 수립해야 한다, ② 미·소공위 결렬 이후 신속하게 남한 자치정부를 수립하고, GARIOA[123] 이상의 원조를 제공해야 한다, ③ 본 사령부

120) 〈쉬티코프비망록〉, 1947년 7월 30일·31일.
121) *FRUS* 1947 Vol. VI, 〈Zurc 1071, 제이콥스가 국무장관에게〉, 1947년 8월 26일.
122) 〈쉬티코프비망록〉, 1947년 8월 2일.
123) GARIOA 원조는 2차대전 이후 독일·일본·남한 등 미국이 점령했던 지역에서 기아, 질병, 사회불안 등을 방지하여 민생안정과 경제부흥을 도모하기 위해

의 전투부대를 유지할 수 있도록 모든 노력을 다해야 한다"는 것이다.[124]

이 무렵 워싱턴에서도 미·소공위가 결렬될 것이라는 전망이 점차 지배적으로 되었고, 심지어 군부는 노골적으로 '한국으로부터 떠날 것'을 요청하였다. 군부는 "미국이 보살펴야 할 것은 독일과 일본이고, 미국이 전세계에 걸친 부흥계획을 달성할 수는 없을 것이라고 주장"하였다.[125] 일단 한국문제의 일방적 처리가 불가피하다는 판단에 도달하자 미국의 대한정책 담당자들은 1차적인 목표로 남한단정의 수립, 그 처리절차로서 한국문제의 유엔 이관을 당연한 것으로 받아들였다. 오히려 미국에게 중요한 것은 한국문제의 처리절차가 아니라 단정수립 이후의 현실적 대비책을 어떻게 마련할 것인가의 문제였다.

미국정부 내 관련 부서들로 만들어진 특별위원회는 한국문제의 처리를 위해 미국은 ① 이승만과 그의 단체, ② 남한선거, ③ 남한 임시 또는 과도정부에 대한 태도를 결정해야 할 것이라고 예상하였다. 특별위원회는 한국문제의 처리절차에 관한 세부적인 일정과 행동계획을 7월 말에 비망록으로 제출하였고, 이것은 이 시기 이후 대한정책 방향을 결정하는 기초적 정책문서인 〈SWNCC 176/30, 한국에 관한 특별위원회 보고서 ; 한국에서 미국의 정책〉에 그대로 반영되었다.[126]

〈SWNCC 176/30〉은 미국측 정책전환 방침을 공식화하였을 뿐만 아니라 미·소공위 결렬에서 한국문제의 유엔 이관에 이르는 세부적 일정과 처리절차를 정식화하였다. 그것은 대체로 한국문제를 전체적으로 4강대국에 다시 회부하는 것이고, 소련이 이 제안을 받아들이지 않을 때에는 한국문제를 유엔에 이관하는 것이다. 그리고 한국 임시정부 수립방안은 유엔의 감시하에

제공되었다. 이 원조는 물품형태로 제공되었으며, 대부분이 미국 예산법 1항의 점령지역구제원조(Government Appropriation Relief in Occupied Areas)를 위한 항목에서 지출되었기 때문에 일반적으로 GARIOA원조로 알려져 있다.

124) 하지 장군 문서철, 상자번호 1/96, 〈C 54133, 하지가 합동참모본부에〉, 1947년 7월 18일.

125) 하지 장군 문서철, 상자번호 1/96, 〈러취가 하지에게〉, 1947년 7월 2일·7일.

126) *FRUS* 1947 Vol. VI, 〈동북아시아부 차장 앨리슨의 비망록〉, 1947년 7월 29일 ; 〈SWNCC 176/30, 한국에 관한 특별위원회 보고서 ; 한국에서 미국의 정책〉. 이 보고서는 8월 4일 삼부조정위원회에 제출되었고, 8월 6일 승인되었다.

남북한 인구비례에 기초하여 선거를 실시하자는 것이다.

또 〈SWNCC 176/30〉은 먼저 한반도로부터 주한미군의 조기철수는 소련의 한반도 지배를 초래할 것이므로, 주한미군 조기철수는 불가능하다는 것을 공식 천명하였다. 이 문서는 그 당시 군부로부터 제기되던 주한미군 조기철수론을 일단 거부하였지만, 동시에 미국의 개입을 줄일 수 있는 방안을 모색할 것을 촉구함으로써 국무부와 육군부 사이의 입장 차이를 절충하려 하였다.[127)]

이 문서는 남한에서 미국의 지위가 불안하므로 이를 만회할 수 있는 적극적 조치가 필요하다는 점을 재차 확인하였다. 미국은 적극적 정책의 한 표현으로서 이전부터 남한에 대한 원조확대를 계속 주장하였지만, 한국문제의 유엔 이관이라는 정치적 처리방침의 변화 속에서도 원조의 필요성은 계속 지적되었다. 오히려 원조의 확대는 한국문제의 유엔 이관과 남한단정 수립으로 초래될지도 모를 정치적 불안정성을 완화하는 하나의 수단으로 간주되었다. 이 문서는 점령지역 구제 원조 이상의 적극적인 경제부흥 원조가 필요하다는 점을 제기하였다.

이 문서는 또 한국문제의 유엔 이관이라는 정책전환이 점진적으로 추진되어야 하며, 한국 내에서 극우세력과 극좌세력이 야기하는 혼란이 이러한 점진적인 정책전환을 방해하지 않도록 주의를 기울일 것을 지시하였다. 이러한 지적은 미국이 미·소공위를 결렬시켰다는 비난을 피할 수 있게 회담성과가 없더라도 당분간 회담을 지속할 것과 미·소공위 결렬시 미국에게 쏟아질지도 모를 국제여론의 비판이나 한국 내 정치세력의 반발을 최소화시키도록 담당자들에게 주의를 환기시킨다는 의미가 있었다.

특별위원회 방침에 대해 미국정부 내에서는 물론이고 미군정에서도 원칙적으로는 반대가 없었다. 1947년 7월 중순 이래 미국의 미·소공위 결렬방침은 확고하였고, 미국은 위의 행동계획을 하나하나 실행에 옮겼다. 미국은 8월 26일 소련을 비롯해 영국·중국에 〈한국에 관한 미국의 제안〉을 보냈

127) 오코노기는 〈SWNCC 176/30〉이 국무부를 중심으로 하여 추진되어 온 한국 원조계획과 육군부로 대표되는 주한미군의 조기철수 요구, 곧 '개입'과 '철수'라는 두 가지 요청의 조화를 기도한 최초의 시도였다고 평가하였다(오코노기 마사오, 《한국전쟁-미국의 개입과정》, 청계연구소, 1986, 18쪽).

다.[128] 소련은 미국이 소련을 포함한 다른 관련국들의 동의 없이 일방적으로 행동하고 있다는 것과 미국의 제안이 남·북에 별개의 입법기구 수립을 상정함으로써 필연적으로 한국을 분단시킬 것이라는 점을 들어 미국이 제안한 4대국 회의에 불참할 것을 통보하였다.[129] 미국은 소련의 거부를 예상하였고, 이미 소련이 거부의사를 밝혀오기 이전부터 한국문제를 유엔에 이관하기 위한 준비를 서둘렀다.[130] 미국은 8월 27일 한국문제의 유엔 제출을 준비하기 위한 작업조를 결정하였다.[131] 미국은 유엔에서 한국문제의 결정에 도달하지 못할 경우, 독자적으로 남한에 독립을 부여하게 될 가능성도 아울러 고려하였다.[132]

미국은 9월 중순 한국문제를 유엔에 상정하였다.[133] 그리고 한국문제가 유엔에 상정되었을 때에는 이미 미국이 유엔에서 한국문제를 처리하기 위한 준비를 마친 상태였다. 한국문제의 유엔 이관에 대해 소련이 거부할 것이 확실했으므로, 이것은 사실상 미국이 단정안을 본격적으로 준비하기 시작하였음을 의미하였다.

한국문제의 유엔 이관은 모스크바결정의 폐기를 의미하는 것이었고, 이것은 곧 모스크바결정의 이행을 전제로 남과 북에 주둔해 있던 미·소 양군의 점령 근거가 사라짐을 의미하였다. 한국문제 유엔 이관으로 미국은 미군 주둔의 명분을 새로이 구하지 않으면 안 되었다. 이 시기에 미국 대한정책 담당자들 사이에서 새로이 주한미군 철수문제가 논의되었는데, 이때의 철군논의는 이제 정책대안의 선택이라는 차원에서 철군을 기정사실로 받아들인 상태에서 남한점령을 대신할 현실적 대비책을 마련하는 차원으로 바뀌었다.[134]

---

128) *FRUS* 1947, Vol. VI, 〈국무장관대리가 주소 미국대사관에〉, 1947년 8월 26일 및 첨부 〈한국에 관한 미국의 제안〉.

129) *FRUS* 1947, Vol. VI, 〈소련외상 몰로토프가 국무장관에게〉, 1947년 9월 5일.

130) *FRUS* 1947, Vol. VI, 〈러빗이 제이콥스에게〉, 1947년 9월 2일.

131) 740.00119 Control(Korea), 〈국무부 점령지역차관보 살츠만이 삼부조정위원회 의장에게 보내는 비망록〉, 1947년 8월 27일. 앨리슨이 작업조장을 맡았다. 작업조에는 국무부를 중심으로 육군부·해군부가 참여하였다.

132) 740.00119 Control(Korea), 〈국무부 전문 1684, 국무장관이 제이콥스에게〉, 1947년 8월 29일.

133) 미국은 9월 16일 소련에게 한국문제의 유엔 상정을 알리는 서한을 발송하였다 (*FRUS* 1947, Vol. VI, 〈국무장관이 주소대사에게〉, 1947년 9월 16일).

또 미국은 한국문제를 유엔에 이관함에 따라 점령 종식의 형식적 근거, 철수의 시점, 철수의 구체적 절차나 방법을 현실적으로 마련하지 않으면 안되었다. 논의가 진행 중이던 9월 26일, 소련이 양군 동시철수안을 제안함으로써 철군논의는 어떻게 한국에서 '명예롭게 철수'하느냐 하는 명분 찾기와 점령을 대신할 실질적인 대안 찾기의 차원으로 접어들었다.

하지는 소련의 동시철군 제안을 "우리가 한국에 온 이래로 가장 감내하기 힘든 선전책동이다. 그것은 광범한 파급효과를 가지고 있고, 한국인들뿐만 아니라 전세계 약소국들의 지지를 보다 광범하게 얻어내기 위한 시도"였다고 평가하였다.[135] 하지의 파악은 "한반도에서 미국의 철수는 아시아의 민족운동을 소련측에 넘겨버리는 것"이라는 국무부 관리의 우려와 정확히 일치하는 것이었다.[136] 그것은 약소국의 점증하는 민족운동이 소련이 지향하는 정치적·이데올로기적 가치와 결합하는 것에 대한 우려였다.

소련이 동시철군을 제안하자 브라운은 소련이 제안을 발표한 바로 이튿날, 소련이 미·소공위 협의대상 문제에 관해 미국측 입장에 동의하지 않는 한 미·소공위 재개나 소련 제안을 거부할 것이라는 반박성명을 발표하였다.[137] 그리고 미국은 점령종식 문제를 유엔의 결정에 연계시킴으로써, 미국측 해결방안의 틀 내에서 이 문제를 다루고자 하였다.[138] 한국문제의 유엔 이관은 전후 한국문제 해결의 주된 당사자로 간주되었던 소련을 미국 주도하의 4강 구조에 묶어놓지 못하는 이상 미국으로서는 자연스러운 귀결이자 미래의 행

134) 이 논쟁은 1948년 4월에 가서 양자를 절충하는 형태로 재정리되었다. 〈NSC 8, 한국에 대한 미국의 입장〉은 해방 이전부터 견지되었던 '소련의 한반도 지배는 극동에서 미국의 지위와 안보에 심각한 영향을 미칠 것'이라는 평가를 재확인하면서 동시에 미국이 한반도에서 대규모 전쟁에 개입될 위험성에 대해 우려를 표명하였다(*FRUS* 1948, Vol. VI, 1163~1169쪽).

135) 〈사관기장〉, 1947년 9월 30일(졸편, 《해방직후 정치·사회사 자료집》 1, 313쪽).

136) *FRUS* 1947, Vol. VI, 784~785쪽.

137) 《조선일보》, 1947년 9월 28일. 미군정은 소련 제안을 ① 한국인들에게 반미감정을 고조시키기 위해, ② 유엔총회 통과를 저지시키기 위해 다른 나라들을 현혹시킬 목적에서, ③ 미국 내 의회나 다른 그룹들에 철수 여론을 일으키기 위해서라고 분석하였다. 소련의 선전방향을 잘 요약해 놓고 있다(740.00119 Control(Korea), 〈Zpol 1200, 주한미군 사령부가 국무부에〉, 1947년 9월 28일).

138) *FRUS* 1947, Vol. VI, 〈극동국장 버터워스가 국무차관 러벳에게〉, 1947년 10월 1일.

동의 자유를 위한 보장책이었다.

한국문제를 유엔에 이관하기로 방침이 정해지자 미국은 모든 문제를 유엔의 심의와 결정에 연계시킨다는 원칙을 고수하였다. 1947년 가을, 미국의 유엔대표 덜레스(John Foster Dulles)가 유엔에서 한국문제를 능숙하게 처리하는 동안 하지의 정치고문 제이콥스(Joseph E. Jacobs)는 뉴욕과 서울을 오가며 남한의 상황에 맞게 유엔의 결의를 유도해 내는 한편 미군정의 견해를 최대한 반영하여 일을 신속하게 마무리지으려고 노력하였다.

미국이 한국문제를 유엔에 이관한 것은 소련의 의사를 무시한 일방적인 행동이었고, 이 단계에서 미국이 내건 '통일된 독립 한국'의 수립이라는 정책 목표가 온전히 실현되리라고 생각하는 것은 비현실적이었다. 또 미국은 소련의 동시철군 제안 의도가 점령을 무력화시키는 효과를 가져올 것이므로 외교적 대응 이상의 구체적 대응책 마련이 시급하다는 것을 잘 알고 있었다.

미국의 단정수립을 위한 대응책 모색과정에서 가장 중요한 것은 1947년 8월과 9월에 각각 한국을 방문한 웨드마이어(Albert. C. Wedemeyer)와 드레이퍼(William H. Draper) 사절단의 활동과 이들이 남긴 보고서이다. 웨드마이어는 대통령 특사의 자격으로 중국과 한국을 방문하였다. 웨드마이어의 주된 임무는 미국의 對中國 원조 확대 여부를 결정하기 이전에 중국상황을 검토하기 위한 것이었다.[139] 드레이퍼는 육군부 차관으로서 점령지역의 상황을 시찰하기 위해 일본과 한국을 방문하였다. 드레이퍼의 주된 방문목적은 당시 맥아더가 일본에서 준비 중이던 재벌 해체 계획이 지나치게 철저하다고 판단하여 이를 저지시키기 위한 것이었다.[140]

---

139) 웨드마이어 사절단이 구성되는 배경과 활동, 이들이 미국의 대외정책에 미친 영향 등을 전반적으로 분석한 William Stueck, *The Wedemeyer Mission : American Politics and Foreign Policy during the Cold War*(Athens, Georgia : The University of Georgia Press, 1984) 참고. 웨드마이어는 태평양전쟁 중 중국전구 사령관으로 근무한 바 있고, 군대에서는 주로 전략기획 분야에서 활약하였다.

140) Howard B. Schonberger, *Aftermath of War ; Americans and the Remaking of Japan, 1945~1952*(Kent, Ohio : The Kent State Univ. Press, 1989), 161~197쪽. 월가 출신의 드레이퍼는 전후 일본 점령정책을 '민주화와 개혁'에서 '재건'으로 '역전(reverse course)'시킨 장본인의 하나로 꼽힌다.

웨드마이어 보고서의 한국에 관한 내용은 전반적으로 미군정의 활동을 합리화해 주고, 남한단정 수립에 대비해 국내의 정치적 혼란을 극복할 수 있는 내부적 정비를 촉구하는 내용이었다. 즉, 이 보고서는 대한정책이 실패한 이유를 1차적으로 소련의 외부적 방해, 2차적으로 남한 내부의 정치적 혼란에서 구하였다. 따라서 앞으로 대한정책은 남한에 대해 독자적 정책을 강구해야 한다고 주장하였다. 그는 무엇보다 對韓원조 확대의 필요성을 역설하였다. 그가 이승만 등 극우세력을 신랄하게 비판한 것은 어찌 보면 원조를 위한 사전정비의 필요성을 강조한 것이라고도 할 수 있다. 이것은 그의 중국에 관한 보고서가 국민당정부의 협소한 대중적 기반이나 테러정책을 비판하면서 동시에 원조 확대를 촉구한 것과 일맥상통하는 것이다.[141]

웨드마이어 사절단이 상대적으로 정치분야에 강조점을 두어 조사활동을 벌였다면, 드레이퍼 사절단은 상대적으로 경제분야에 강조점을 두어 조사활동을 벌였다. 웨드마이어와 드레이퍼의 아시아 방문의 초점은 중국과 일본이었지만, 이들의 방한은 대한정책의 측면에서도 매우 중요한 의미를 가졌다. 웨드마이어는 중국의 내부사정은 물론 동북아 정세에 정통한 편이었고, 대통령 특사라는 자격이 그의 방문에 무게를 더했다. 또 드레이퍼는 육군부에서 사실상 대한정책을 총지휘하는 인물이었다.[142] 워싱턴의 당국자들은 이들의 방한을 단정안이 현실화될 때를 대비한 사실수집과 사전조사 작업의 일환으로 이해하였다.[143]

미군정 역시 웨드마이어와 드레이퍼의 방한을 남한의 상황과 자신의 견해를 상부에 전달하고, 또 확고한 조치를 촉구하는 기회로 삼았다. 미군정은 양 사절단을 위해서 사전에 치밀한 준비를 하였다. 또 미군정은 사절단의 방한 기간은 물론이고 방한을 전후하여 이들에 대한 남한 내 여론동향을 주의 깊게 관찰하였다.[144] 한마디로 이들의 방한은 미·소공위 결렬을 앞두고 워싱

141) 한국에 관한 보고서의 전문은 *FRUS* 1947, Vol. VI, 〈1947년 9월 웨드마이어 중장이 대통령에게 제출한 중국·한국에 관한 보고서〉, 1947년 9월 19일 참고.
142) 하지 장군 문서철, 상자번호 1/96, 〈버틀러가 하지에게〉, 1947년 11월 19일.
143) 앞의 〈SWNCC 176/30〉, '권고사항' f항.
144) 하지는 웨드마이어에게 제출할 보고서들의 작성방향을 지시하였고, 작성된 보고서들을 직접 검토하였다(군사실 문서철, 상자번호 44, 〈McGray의 회의비망

턴과 서울 사이에서 이후의 점령정책 전반을 최종 조율하는 역할을 하였다.

웨드마이어는 방한 중 미군정 관리뿐만 아니라 한국의 정치인들과 광범한 접촉을 가졌다. 그의 방한활동은 국내정치적 측면에서도 커다란 반향을 일으켰다. 이미 웨드마이어가 방한하기 이전부터 이승만은 웨드마이어가 하지를 견책하러 오는 것이고, 트루만이 이승만에게 보내는 개인사절이라는 선전공세를 펼쳤다.145) 다른 한편으로 미군정도 웨드마이어의 방한을 한국언론에 널리 선전함으로써 자신들의 전술변화를 위장하는 데 이용하였다. 즉 미국은 웨드마이어 사절단의 공식 방한목적이 한국에 대한 원조계획의 연구라고 천명함으로써 미·소공위를 결렬시키고, 한국문제를 유엔으로 이관하려는 미국측 의도를 숨기는 데 이용하였다.146)

웨드마이어는 방한 중 이승만은 물론 김구·김성수 등 우익 정치가들과 김규식·안재홍 등 중간파 정치가들을 주로 면담하였다. 웨드마이어는 허헌 등 좌익 지도자들과도 면담을 시도하였으나, 좌익 지도자들은 그들에 대한 미군정의 체포령을 문제삼아 나타나지 않았다. 또 좌우를 막론하고 각 단체들은 웨드마이어를 향해 자기 정파의 정치적 계획과 건의내용을 선전하고, 조직적 세를 과시하는 데 분주하였다.

대체로 우익이 총선을 통한 남한 단정수립, 신탁통치 반대, 미국의 군사·경제적 원조 등을 주장하였다면 좌익은 모스크바결정의 정확한 실시, 경찰과 우익단체의 백색테러 엄단, 군정 내 친일파 처단, 토지개혁 등을 요구하였다.

록〉, 1947년 8월 19일). 또 미군정 정보당국이 조사한 한국의 정세와 여론동향에 대해서는 군사실 문서철, 상자번호 44, 〈웨드마이어 장군 방한에 즈음한 G−2의 정세평가〉 및 《주간정보요약》 97·101·102호 참고.

145) 740.00119 Control(Korea), 〈주한미군사령부가 국무부에〉, 1947년 8월 11일. 이승만의 선전공세는 웨드마이어의 방한을 정치적으로 이용하기 위한 책동의 일환이었다. 이는 웨드마이어의 정치적 성향이나 워싱턴의 파견의도로 볼 때 전혀 근거 없는 것도 아니었다. 미·소공위 결렬조짐이 점차 뚜렷해짐에 따라 이승만측은 미군정과 관계개선을 서둘렀고, 워싱턴에 있던 이승만의 로비스트들은 웨드마이어의 방한을 미군정과 화해하는 하나의 계기로 이용하고자 하였다. 이들은 이승만에게 미군정과 협조를 위해 웨드마이어를 끌어들이라고 충고하였다(하지 장군 문서철, 상자번호 1, 〈러취가 하지에게 보내는 편지〉, 1947년 7월 16일).

146) 740.00119 Control(Korea), 〈Zgcg 1033, 하지가 국무장관에게〉, 1947년 8월 17일.

또 중간파는 분단의 장기화에 대한 우려를 표명하며 좌우합작의 필요성을 역설하였다.147) 각 정치세력의 주장과 활동으로 보건대 이들은 웨드마이어의 방한목적을 미·소공위 정돈 상태 이후 미국이 취하게 될 새로운 대한정책의 입안과 이후 미국의 남한정치에 대한 대응책 마련과 결부시켜 이해하였음을 알 수 있다.

한국에서 귀국한 뒤 웨드마이어는 트루만 대통령에게 미국이 철군하지 않고 남한에 대한 지원정책을 계속해야 한다는 것을 결론으로 제시하였다. 웨드마이어는 그 근거로 한국에 대한 지원의 중단은 소련의 한국 지배를 의미하고, 이는 인근 일본이나 중국에 심각한 영향을 미칠 것이라는 취지의 보고서를 제출하였다.148) 이러한 평가와 주장은 웨드마이어 자신의 견해를 나타낼 뿐만 아니라, 미군정의 견해를 전적으로 수용한 것이었다. 웨드마이어는 이후에도 이러한 평가를 거듭하였는데, 그가 귀국 이후 곧 군부의 핵심적 기획집단인 육군부 작전기획국장에 취임한다는 점에서 그의 견해는 소홀히 할 수 없다.

미군정은 웨드마이어·드레이퍼와 회의에서 조기철군 반대의사를 거듭 밝혔고, 오히려 최소한 5년간 점령 연장과 그 기간 중 적극적인 군사·경제 원조를 요청하였다. 미군정은 대응책이 확보되지 않는 한 철군은 불가하다는 입장이었다. 그러나 소련이 동시철군을 제안해 놓고 있는 상태에서 미국이 무한정 점령을 지속할 수는 없었고, 미군정은 철군 이후의 사태에 대비하지 않으면 안 되었다. 미국은 철군 이후 국내의 정치적 대결이 군사적 대결구조로 전환하는 것을 우려하였다. 일단 남과 북에 분단정권이 수립되면 한국인들 내부에서 재통일을 위한 움직임이 강력하게 분출될 것이고, 그것은 군사적 대결까지 불사하는 것이 될 것이라는 것이 미군정의 판단이었다. 미국의 정책담당자들은 이러한 인식에서 남한의 군사력 증강 필요성을 주장하였다.

미국은 당장 1947년 10월부터 군사력 증강을 구체적으로 준비하기 시작하

---

147) 웨드마이어 장군 문서철, 상자번호 10·11에 나타나는 개인·단체들의 건의내용과 편지 참고.

148) 앞의 〈1947년 9월 웨드마이어 중장이 대통령에게 제출한 중국·한국에 관한 보고서〉.

였다. 육군부는 10월 중순 남한 군대의 육성에 관한 미군정의 견해를 구하였고, 하지는 적절한 장비만 주어진다면 1년 안에 이북의 군사력에 대항할 만한 남조선 군대를 육성할 수 있으리라는 대답과 함께 자세한 편제·훈련 계획을 보냈다.149) 하지는 처음 병력 10만 수준의 육군 창설을 요청하였으나, 1948년 3월 최종적으로 경비대를 5만 명으로 증원하고 이들에게 중무장 보병 형태의 무기를 제공하기로 결정되었다.150)

정치적 측면에서는 국내의 정치정세, 각 정치세력의 활동상과 이후 활동방향, 이들에 대한 미국의 대응책이 논의되었다. 웨드마이어 사절단은 미·소 공위의 성사 가능성과 지속 필요성 여부를 현장에서 최종 확인하는 역할을 하였다. 또 회의에서는 좌우합작 및 중간파에 대한 현실적 평가에 논의가 모아졌다. 그런데 드레이퍼 사절단에 와서는 이후 이승만의 역할과 현지에서 생각하는 한국문제의 유엔 상정 이후 해결책이 집중적으로 논의되었다. 양 사절단의 방문 사이에는 불과 한 달이라는 시간차밖에 없었지만 이렇게 논의의 중심이 변하였다는 것은 중요한 시사점을 제공한다. 이것은 미국이 현실적으로 이승만을 권력의 중심으로 하는 정부수립에 대비하지 않을 수 없었음을 보여주는 것이다.

하지는 웨드마이어와의 회담에서 이승만 일파가 한국인 중 상당수를 통제하고 있고, 미국이 남한에 남아있는 한 이승만의 미래의 이용가치를 생각해야 하기 때문에 공개적 불화를 피하기 위해 최선을 다하였다고 보고하였다. 하지는 "그들은 반공의 핵심을 이루고 있기 때문에 남한에서 선거가 시행되면 권좌에 앉게 될 것이고, 그들은 행정적 능력은 없지만 조금만 자제시킬 수 있다면 미래에 이들을 승부수로 이용할 수 있을 것"이라고 판단하였다.

149) 맥아더사령부 전신철, 상자번호 3, 〈W 88572, 육군부에서 맥아더사령부 경유 하지 장군에게〉, 1947년 10월 17일 ; 〈Tfgcg 1293, 하지 장군이 육군부에〉, 1947년 10월 21일.

150) 맥아더사령부 전신철, 상자번호 3, 〈Cx 58437, 하지 장군이 맥아더사령부 경유 육군부에〉, 1948년 2월 6일 ; 〈Warx 97886, 육군부에서 하지 장군에게〉, 1948년 3월 10일. 그러나 이때에는 이미 한국인들 나름의 경비대 증원이 진행 중이었고, 그 수가 5만 명에 육박하였다(Robert K. Sawyer, *Military Advisors in Korea : KMAG in Peace and War,* Washington, D.C. ; OCMH, Dept. of the Army, 1962, 29~30쪽).

드레이퍼와 회의에서도 중간파 지원정책이 철회되었을 때, 남한에서 미국의 이해관계를 지탱해 줄 정치지도자로 이승만 외에 다른 대안이 없다는 것을 사실상 인정하였다.

드레이퍼 방한 이후 중간파와 우익의 김구세력까지 동시철군안을 문제해결의 실마리로 삼는 상황에서 이제 미국에게는 이승만을 자제시키는 것이 문제가 아니라 그의 정치적 고립과 불안정성을 극복하는 것이 문제가 되었다. 미국은 우익의 분열상, 좌익측의 반대활동으로 이승만 정권은 출발부터 극히 취약할 것이고, 그가 정치적 위기를 극복하는 방법은 다른 정치세력과 조화로운 연합보다는 정적을 배제시키는 형태로 진행될 것이며, 그 수단은 반공드라이브 정책이 될 것이라는 점을 익히 예상하였다.[151] 더하여 미국은 남한이 정치적 위기로부터 벗어날 수 있는 방안은 남한정부에 대한 국제적 승인과 이 정권에 대한 지속적이고 집중적인 군사·경제 원조뿐이라고 생각하였다.[152]

하지는 웨드마이어 사절단의 방문에 대비하면서 자세한 경제상황 보고와 건의안을 준비하였다. 또 드레이퍼 사절단과는 경제적 대응책을 집중적으로 논의하였다. 미국측 상황분석 보고서들이 인정하듯 경제적 궁핍은 대중들의 태도를 결정짓는 데 있어서 정치적 동기보다 심각한 요소였다. 당시 남한의 경제상태에 대해 점령군 당국자는 미군이 철수하면 "남한은 2개월 이내에 우마차경제로 돌아가고, 900만 명의 인구가 기아상태에 직면할 것"이라고 예상할 정도였다.[153] 드레이퍼가 돌아간 직후부터 미군정 경제전문가들이 워싱턴에 장기간 체류하며 당국자들과 구체적인 원조계획을 논의하였다.

원조를 둘러싼 논의에서 알 수 있듯이 경제·군사원조는 정권의 붕괴를 막기 위한 예방수단으로 여겨졌다. 1948~1949년에 실시된 원조는 주로 군사력 확대와 구호와 관련된 것이었고, 진정한 경제적 자립과 안정 추구와는 거

151) "P" File, 〈Intelligence Memorandum 66, Rhee Syngman and the Post-election Period in South Korea〉, 1948년 5월 9일.

152) "P" File, CIA 〈ORE 15-48 The Current Situation in Korea〉, 1948년 3월 18일 ; CIA, 〈ORE 44-48 Prospects for Survival of the Republic of Korea〉, 1948년 10월 28일.

153) 740.00119 Control(Korea), 〈동북아시아부 존 윌리암스의 비망록〉, 1948년 2월 4일.

리가 멀었다. 정권의 안정과 새로운 정책수립의 융통성을 확보할 수 있는 시간적 여유의 확보가 이 시기 경제원조 계획의 핵심이었다.

웨드마이어 사절단의 방한 이래 미국이 추구한 대남한 정책의 방향은 남한 군대의 육성과 강화, 경제원조의 확대, 남한 내 정치적 혼란의 수습으로 요약할 수 있다. 이 가운데 군대 육성과 원조 확대는 미군정이 이전부터 주장하던 것이었고, 주한미군 철수가 불가피하게 된 상황에서는 선택의 여지가 없는 대안으로 간주되었다. 1947년 가을부터 군대 육성과 원조 확대를 위한 내부적 조정과 실무적 준비가 미국측 대한정책 담당자들의 과제가 되었다.

미국이 독자적인 대남한 정책을 준비하면서 부딪힌 가장 큰 문제는 남한 내 정세의 불안정성이었다. 이와 같은 불안정한 정세는 주로 경제적 피폐와 정치적 불안으로부터 비롯되었다. 미국측 남한 단정안의 주요 지지세력은 이승만·한민당 계열이었다. 그러나 미·소공위 결렬 이후 한국인들 내부에서 한국문제의 자주적 해결노력이 강화되는 가운데 이승만·한민당세력의 정치적 고립은 심화되는 것처럼 보였다. 미국측 내부에서는 군대 육성과 경제원조가 모두 남한의 정치적 불안을 진정시키기 위한 수단으로 간주되는 분위기였다.

미국은 점령 이래 신정부의 수립방안을 선도적으로 제시하였고, 이러한 정부수립 구상에 한국 내 정치세력을 포섭함으로써 자신의 대한정책을 관철하고자 했다. 이러한 계획의 실현을 위해서는 한국에서 안정적인 정치적 기반과 광범한 지지세력을 확보하는 것이 필요하였다. 1946년 이래 미국은 중간파를 활용하여 대중적 지지기반을 확대하고, 전한국임시정부 수립의 전제로 남한과도정부를 설치하고자 했다. 그러나 미국은 과도정부안에 대해 좌익·우익·중도파 어느 정치세력으로부터도 전적인 지지를 확보할 수 없었다.

미국은 미·소공위 결렬 이후 한국문제의 유엔 이관, 남한 단정안의 현실화라는 전반적인 정세변화 속에서 오히려 중간파의 이탈과 남한 내 정치적 기반의 축소를 감수하지 않으면 안되었다. 1947년 후반 이후 미국에게는 남한 단정 수립이 가져올 내외의 반대를 무마시키고, 한반도 정세의 안정을 기할 수 있는 현실적 조치의 마련이 점령정책의 목표가 되었다.

〈鄭容郁〉

Ⅱ. 통일국가 수립운동

1. 광복 전후의 통일국가 수립운동
2. 주요 정치세력의 통일국가 수립운동

Ⅱ. 통일국가 수립운동

1. 광복 전후의 통일국가 수립운동

1) 건국준비위원회의 활동

(1) 제2차 세계대전과 해방

제2차 세계대전에서 연합국이 승리함으로써 한반도는 일본으로부터 해방되었다. 그러나 미국과 소련은 한반도를 분할 점령함으로써 민족적 비극의 단초가 시작되었다. 이는 한반도가 직면한 민족적 과제의 성격이 국제정치의 동학(mechanism)에 의해 외부적으로 규정받는다는 것을 의미한다. 따라서 현대 한국정치를 정확히 이해하기 위해서는 제2차 세계대전의 성격과 그 역사적 의미를 먼저 규명하여야 한다.

제1차 세계대전이 제국주의 국가간의 식민지 분할을 위한 전쟁이었다고 한다면 이어서 발생한 제2차 세계대전은 매우 복잡한 양상을 띠었다. 제2차 세계대전은 대략 3단계를 거치면서 전개되었다.

1단계는 독일의 유럽 침략, 일본의 만주 침략, 이탈리아의 이디오피아 침략으로 시작된다. 이렇게 시작된 전쟁은 폴란드에 대한 독일의 침공(1939), 영국과 프랑스의 독일에 대한 선전 포고로 이어진다. 이 단계는 식민지 재분할을 위한 선진 자본주의 제국간에 벌어졌던 '제국주의적 성격의 전쟁'으로 특징지울 수 있다.

2단계는 독일이 사회주의 종주국이던 소련을 침략하고(1941), 일본이 미국과 영국에 선전 포고를 하며, 이와 동시에 소련이 연합국에 합류하는 시기이다. 이 단계에서는 소련을 축으로 한 식민지 종속국의 '반제반파시즘투쟁' 성격이 부각되는 단계였다.

3단계는 종전이 임박하면서, 식민지 모국과 피식민지간에 등장한 식민지적 모순관계에 의한 '반제민족해방전쟁'이라는 성격이 전면에 나타나는 단계였다.[1]

이처럼 제2차 세계대전의 종결은 제1단계에서 표출되었던 제국주의간 전쟁의 종결만을 의미할 뿐이었고, 제국주의와 사회주의, 제국주의와 민족해방투쟁의 대립구도는 종전과 함께 더욱 가시화되기 시작했다.

아울러 종전 후의 세계질서는, 전쟁 과정에서 주도세력으로 부상한 자본주의 진영의 중심국인 미국과 사회주의 진영의 중심국인 소련을 양대 축으로 전개되는 동서갈등에 의해 규정받게 된다.

그리하여 종전 후의 세계사는 다음과 같은 모순과 그 상호작용에 의해 규정되었다. 즉, ① 사회구성체 내부에 존재하는 계급 모순, ② 자본주의 세계체제와 사회주의 세계체제간의 모순, ③ 자본주의체제 내의 선진국가와 종속적 제3세계 피압박민족 사이의 모순, ④ 선진자본주의 국가 상호간의 모순, ⑤ 사회주의국가 상호간의 모순 등이 그것이다.

이러한 모순관계 속에서 제2차 세계대전으로 결과된 세계질서는 미·소를 축으로 한 대립이 등장하기 시작하였다. 미국을 중심으로 한 자본주의진영은 자본주의의 위기라는 국면에서 자본주의진영을 방어하고 재건하려는 과제에 당면하였고, 이에 대응한 현상정책이 반공주의를 내세운 구질서의 온존과 재건이었다. 이와 함께 소련을 중심으로 한 사회주의진영의 부각으로 자본주의 진영과 대립축을 형성하게 되었다.

따라서 종전 직후 한반도는 이러한 세계사적 모순이 집중적으로 교차되는 곳이었다. 한반도에 직접적인 이해관계를 갖고 있던 인접국들이 모두 세계사적 대립구조의 중요한 당사자들이었으며, 그 결과 이러한 세계사적 모순은 한반도에서 첨예한 형태로 노출되었다. 한반도는 갈등과 분쟁의 소지가 상시적으로 잠재하는 지역이었으며, 민족의 운명 또한 이러한 세계사적 갈등구조에 의해 지배될 수밖에 없었다.

제2차 세계대전 중에 형성된 두 경쟁적 사회체제로 인하여 전시 연합국회담에서도 국가간의 이해관계가 첨예하게 대립된 형태로 나타나게 되었다. 한

---

1) 박현채, 《청년을 위한 한국현대사》(소나무, 1992), 25~26쪽.

국의 전후처리에 대한 연합국간의 논의는 1943년 11월 카이로회담(Cairo Conference)에서부터 시작되었다. 미국의 루즈벨트(Franklin D. Roosevelt)에 의해 주도된 한국의 독립절차는 즉각 독립이 아닌 적절한 시기(in due course)에 독립이 허용될 것이라는 애매모호한 단서를 붙여 놓은 상태로 마무리 지어졌다. 루즈벨트는 카이로회담을 마치고 대일전에 참전하겠다는 소련의 약속을 얻어내기 위해 11월 28일 테헤란에서 스딸린(Joseph V. Stalin)·처칠(Winston L. S. Churchill)과 회담을 가졌다. 여기에서도 3거두는 한국문제에 관해서 스딸린이 구두로 합의함으로써 한국의 독립문제를 언급하기 시작했으나 구체적인 논의는 되지 않았고 다만 한국의 신탁통치에 대한 루즈벨트의 구상에 감정적으로 동의한 상태였다. 여기에서 루즈벨트는 필리핀에서의 미국의 경험을 토대로 한국이 완전한 독립을 이루기 위해서는 약 40년간의 훈련기간이 필요하다고 제안하였다.

그후 1945년 2월 8일 얄타회담(Yalta Conference)에서는 미·소간의 이해의 사활이 걸린 유럽의 전후 처리문제, 세계평화기구의 문제, 소련의 참전문제 등이 거론되었다. 루즈벨트와 처칠은 스딸린과의 회담에서 소련의 대일참전의 조건으로 한국신탁통치안에 관해 스딸린으로부터 비공식적인 승인을 받아냈다. 얄타회담에서 한반도에 대한 문제는 한반도에서 외국군대의 주둔문제를 거듭 주장하는 소련측에 대해 미국측은 외국군 없는 신탁통치를 실시한다는 것을 말한 것이 전부였다.

제2차 세계대전 중의 마지막 회담이었던 1945년 7월 26일 포츠담선언(Potsdam Declaration)은 적당한 시기에 한국의 자유로운 독립이 이루어져야 한다는 카이로선언이 재확인되는 수준으로 끝맺었다. 포츠담선언에서 한국의 신탁통치안이 직접적으로 거론되지는 않았으나 그 회담 전후에 미합동참모부는 미군의 한반도 진입은 비록 38도선으로 확정되지는 않았으나 서울을 비롯한 전략적 요지인 인천·군산·부산항이 포함되어야 한다고 결정한 바 있었다. 이는 소련군의 한반도 진입을 예상한 포석이었으며 또한 4대국 신탁통치를 고려하여 소련군은 청진·나진·원산에 진주하고, 미국군은 서울·인천·부산에, 영국군은 군산과 제주도에, 그리고 중국군은 평양에 주둔하는 것으로 계획하여 서울은 베를린과 같이 4개 연합국이 합동주둔하는 것으로

되어 있었다.[2]

이와 같은 내용은 일차적으로 얄타체제의 핵심이며 또한 4개국 신탁통치 구상과 관련있음을 알 수 있다. 그후 일본의 히로시마(廣島)와 나가사키(長崎)에 원폭이 투하되면서 8월 8일 소련은 대일 선전포고를 시작으로, 9일 웅기를 폭격하고 경흥으로 진공하여, 13일에는 청진으로 진격하였다.[3]

이처럼 소련군이 시급히 진격함에 따라 미국의 트루만(Harry S. Truman)은 미국의 책임지역내에 한국의 수도를 포함시켜 38도선에서 분단키로 결정하고, 8월 13일 영국과 소련 및 중국에 전달하였으며, 이것이 수락되자 8월 15일 일반명령 1호가 태평양지역 최고사령부에 전달되었고, 이것을 맥아더(Douglas MacArthur) 사령관은 9월 2일 남한에 선포하였다.

이러한 과정을 거치면서 한국의 해방과 분단은 국제적 의미에서 결정지어졌고 한국민의 의지와는 전혀 상관 없이 운명이 결정되고 말았다.

1945년 8월 15일은 한민족에게는 현대사의 始點이다. 그것은 일제의 식민지라는 질곡에서 벗어나 새로운 독립적 민족국가를 건설할 수 있는 분기점이었기 때문이다. 따라서 해방의 1차적 과제는 민족자주독립국가를 건설하는 것이었으며 해방된 국가에 어떠한 외세도 간섭할 수 없는 당당한 주권국가로서 국제사회의 일원이 되는 것이었다. 봉건체제에서 식민지 상태로 빠져든 상황에서 민족자주국가의 수립은 무엇보다 중요한 당면과제였다. 두 번째 과제는 국민주권을 본질로 하는 자유민주주의제도를 수립하여 현대적인 시민사회를 건설하는 일이었다. 세 번째는 자주적인 시장경제체제를 통해 근대화를 이룩하는 일이었다. 식민지 종속경제를 탈피하여 반봉건적 지주소작제를 철폐함으로써 耕者有田의 원칙에 따라 농토를 농민에게 분배하고 일제의 잔재를 청산하는 것이었다. 마지막으로 일제에 동조한 친일파·부일세력을 청산하여 민족정기를 바로잡고 정의로운 사회를 건설하는 일이었다. 그러나 이러한 민족의 당면과제는 해방을 스스로 쟁취하지 못한 데다 해방정국을 이끌 주도세력의 부재로 대부분이 미해결의 과제로 넘겨지고 말았다.

---

2) 이에 대한 자세한 내용은 한정일, 《분단과 미군정》－한국현대정치사 1(실천문학사, 1989), 24～26쪽을 참조할 것.

3) 김학준, 《한국문제와 국제정치》(박영사, 1976), 20～21쪽.

따라서 1945년 8월 15일의 해방이 한민족에게 무엇을 의미하는가는 세계사적으로 전개된 갈등구조에 대한 철저한 이해로부터 재조명되어야 한다. 해방의 과정을 어떻게 이해하느냐에 따라, 해방의 의미는 다음과 같이 다양하게 해석되고 있다.4)

첫째, 주어진 해방론이다. 이 이론은 해방의 직접적 원인이 미·소를 중심으로 한 연합군의 승리이며, 연합국이 일제를 패망시킴에 따라 한민족에게 해방이 주어졌다고 본다. 다시 말하면 해방은 연합군이 한민족에게 준 '조건부 선물'이며, 따라서 해방 후 국가수립 과정에서 외세의 영향은 불가피하다는 입장이다. 이것은 한민족의 해방이 미·소연합국의 힘에 의해 국제적으로 규정된다는 결정론적 견해이며, 해방 직후 대부분의 우익 정치세력과 朴憲永이 주도한 조선공산당도 한동안 인정하였던 입장이다. 현재의 남한당국이 공식적으로 받아들이고 있는 정설로서 타율적·수동적 해방론을 의미한다.

둘째, 자율적 해방론이다. 이 이론은 북한에서 등장하였다. 이것은 한민족의 해방을 '싸워서 쟁취한 해방'으로 규정하며, 싸움의 주체를 항일무장투쟁세력으로 본다. 북한정권이 수립된 후, 북한학계는 김일성이 소련군의 일원으로 해방작전에 참여했다고 주장하였다. 그후, 1960년대에는 '조선혁명군'이 별도의 자주적인 부대를 편성하여 소련군과 '제휴'하여 해방작전에 참여하였다는 '동반해방설'을 주장하였다. 그러다가 1975년에 와서 북한학계는 "조선인민혁명군의 총공격 개시 후 1주일 만에 일본제국주의는 무조건 항복했다"는 '조국자주해방론' 즉 쟁취한 해방론을 주장한다.

이 이론의 취약점은 이와 관련한 북한학계의 주장이 시기적으로 달라진다는 것이며, 아울러 객관적 사실을 너무 무시한다는 것이다.

셋째, 복합적 외인론이다. 이 이론은 타율적 해방론과 자율적 해방론을 절충한 것으로 '해방에의 자주적 기여론' 또는 '해방준비론'으로도 불리운다. 이것은 내인론과 외인론을 상호결합한 것이다. 이 이론은 국내외에서 끊임없이 지속되었던 독립운동이 해방에 아무런 공헌도 하지 않은 것은 아니라고 주장한다. 이 이론은 국내외의 독립운동이 해방에 대해 일정한 기여를 했다고

4) 이완범, 〈해방 3년사의 쟁점〉(《해방전후사의 인식》 6, 한길사, 1989), 78~81쪽.

인정하면서 한편으로는 연합국의 기여까지도 긍정적으로 평가하는 입장이다. 따라서 해방의 主因은 연합국의 승리였지만 한민족 스스로 전개한 독립투쟁도, 부차적이긴 하지만, 해방을 성취하는 데 없어서는 안 될 요인이었다고 간주한다. 이것은 남한내의 진보적 지식인들과 객관적 입장에서 한반도 문제를 이해하려는 외국의 학자들이 취하는 입장이다.

이러한 논의와는 달리, 1945년 8월 15일 이후 전개된 남한의 역사에 대한 평가에 따라 해방의 의미를 구분할 수 있다.

'주어진 해방론'이나 '복합적 외인론'은 1945년 8월 15일의 '해방'을 일단 일제의 억압과 착취로부터의 해방으로 간주한다. 따라서 이 이론들은 외세에 의해 해방이 주어지긴 했지만, 그로 인해 대한민국이라는 독립국가가 수립되어 광복을 이룩했으며 그후 자주적으로 한국사회가 발전되고 있으므로, 1945년 8월 15일의 해방은 '본질적 해방'이라고 간주한다. 이러한 입장은 남한 내의 전통적인 보수적 시각을 반영한다.

이와는 달리 수정주의자들은 한민족에게 있어서 진정한 해방은 '통일된 자주독립국가'를 건설하는 것인데, 외세의 개입으로 통일과 자주화가 달성되지 않았기 때문에 해방의 의미가 퇴색되었다고 본다. 수정주의자들의 입장은 다시 두 가지로 나뉘는데, 그 하나는 대한민국이 어느 정도의 정치적 독립을 유지하고 있음을 인정하지만, 그와 동시에 통일국가의 수립이 좌절되었다는 사실을 부정하지 않는, 그리하여 1945년의 해방을 '분단시대의 기점으로서 불완전한 해방'으로 보는 설이다. 다른 이론은 현재의 남한은 자주성이 구현되지 못했기 때문에 해방이 부정되었다는, '부정된 해방론'으로, 남한의 정치상황을 지배자만 교체되었을 뿐 1945년 이후에도 식민지성은 일관되게 관철되고 있다고 본다.

해방의 의미를 어떻게 해석하든, 1945년 8월 15일 일본제국의 패망으로 한민족은 새로운 삶을 실현할 수 있는 기회를 부여받았다. 일제의 가혹한 수탈에 더 이상 시달릴 필요가 없었으며, 매판자본가의 착취에 더 이상 시달릴 필요가 없었다. 해방은 전근대적인 제도를 척결하는 반봉건적 혁명을 의미했다. 나아가 해방은 일제잔재의 소탕과 친일파의 처단을 의미했으며 제국주의의 침략을 분쇄하는 것이었다. 그러나 너무나 많은 장애가 이러한 꿈의 실현을 가로막고 있었다.

(2) 해방정국과 건국준비위원회의 활동

해방이 되자 일제의 탄압으로 그동안 금지당했던 정치활동이 활발해지기 시작했다. 일제의 폭압적인 식민정책으로 자신의 정치적 견해를 표출할 수 없었던 한민족은 해방으로 정치공간이 열리자 자신의 정치적 이해관계에 따라 그리고 이념에 따라 집단을 형성하기 시작하였다. 해방 직후 정치활동을 전개한 주요 정치세력으로는 金性洙·宋鎭禹를 중심으로 한 우익 민족주의 세력, 呂運亨을 중심으로 한 사회주의적 민족주의세력, 박헌영을 중심으로 한 공산주의세력, 기독교계 인사를 중심으로 한 종교세력으로 분류할 수 있다. 이들은 해방과 함께 해외 즉 중국·소련·미국으로부터 입국한 정치세력과 이합집산하면서 헤게모니를 쟁취하기 위해 경쟁하였다. 이들 정치세력 상호간에는 국가건설의 기본방침이 달랐기 때문에 자신의 주장을 관철하기 위하여 대립하고 투쟁하였다. 여기에 외적 요인으로 미국과 소련이라는 매개변수가 작용하여 갈등은 한층 더 극대화되었다. 이들 중에서 해방과 함께 가장 먼저 조직화된 것이 여운형을 중심으로 한 建國準備委員會였다.

일제의 패망이 임박했지만, 대다수 민족지도자들은 민족해방에 대한 뚜렷한 전망을 갖지 못하고 관망 상태에 있었다. 이는 일제의 가혹한 사상 탄압과 보도 통제로 인하여 지도적 위치에 있었던 인사들까지도 정세의 변화를 알 수 없었기 때문이었다. 여운형이 해방정국에서 다른 사람들보다 비교적 신속하고 유리한 입장에서 활동을 시작할 수 있었던 것은 식민통치하에서 그가 전개한 활발한 활동과 무관하지 않지만, 해방 1년 전에 그가 비밀리에 결성한 朝鮮建國同盟 때문이었다. 조선건국동맹은 1944년 8월에 여운형·趙東祜 등이 조직하였는데, 뒤에 李如星·金世鎔·李萬珪·李相佰 등이 참여하였으며, 전국적인 조직망을 확보, 상당수의 조직원을 갖고 있었다.[5)]

태평양전쟁에서의 참패와 원폭투하 소식을 접하면서 항복이 임박해지자 조선총독부는 일본인의 안전귀국과 생명·재산을 보호하기 위해 자신들에게

5) 홍인숙, 〈건국준비위원회의 조직과 활동〉(《해방전후사의 인식》 2, 한길사, 1987), 57~71쪽.

우호적이었던 송진우에게 치안권과 행정권을 맡아 줄 것을 요청하였다. 그러나 송진우는 대한민국임시정부만이 통치권력을 이양받을 수 있는 권한을 갖고 있어서 개인적으로는 불가능하다며 이를 거부하였다. 총독부당국은 여운형에게 이를 다시 요청하였다. 총독부가 자신들과 좋은 관계가 아니었던 여운형에게 항복 후의 치안권과 행정권을 맡아 달라고 요청하였던 것은 여운형이 조선의 청년·학생들로부터 많은 지지를 받고 있었기 때문이었다. 일본의 항복이 공표되었을 때, 조선인들로부터 존경을 받고 있던 여운형이 자신들의 생명과 재산을 보호해 줄 수 있는 적합한 인물이라고 총독부 관리들은 판단하였다.

8월 15일 아침, 정무총감 엔도 류사쿠(遠藤柳作)로부터 일본 패망 후 치안권과 행정권을 위촉받은 여운형은 ① 전국적으로 정치범과 경제범을 즉시 석방할 것, ② 3개월간의 식량을 확보해 줄 것, ③ 치안유지와 건국운동을 위한 모든 정치운동에 대하여 절대로 간섭하지 말 것, ④ 학생과 청년을 훈련·조직하는 일에 절대로 간섭하지 말 것, ⑤ 노동자와 농민을 건국사업에 동원·조직하는 일에 간섭하지 말 것 등 5개항의 조건을 제시하였다.[6]

당시의 급박한 상황에서 총독부는 여운형이 제시한 조건을 수용할 수밖에 없었고 이에 따라 여운형은 즉각 건국준비위원회의 조직에 착수하였다. 여운형과 그의 측근 인사들은 8월 15일 오후에 조직의 기본 틀을 마련하고, 17일에 여운형을 위원장, 安在鴻을 부위원장으로 하는 건국준비위원회의 조직을 완료하였다. 이어 8월 26일에는 건국사업의 방향을 나타내는 선언과 강령을 발표하였다. 이날 발표된 선언의 요지는, "건국준비위원회는 한민족을 진정한 민주주의적 정권으로 재조직하기 위한 준비기관이자 모든 진보적 민주주의세력을 결집하기 위해 각 계층의 인민에게 완전히 개방된 기관으로, 반동적 반민주세력과 투쟁하여 민주주의정권을 수립하지 않으면 안된다"는 것이었다.

강령의 구체적 내용은 다음과 같다. 첫째, 우리는 완전한 독립국가의 건설을 기한다. 둘째, 우리는 전 민족의 정치적·사회적 기본요구를 실현할 수

6) 이만규, 《여운형선생 투쟁사》(총문각, 1946), 188쪽.

있는 민주주의정권의 수립을 기한다. 셋째, 우리는 일시적 과도기에 있어서 국내 질서를 자주적으로 유지하여 대중생활의 확보를 기한다.[7)]

여운형은 해방 전에 조직한 조선건국동맹을 중심으로, 그리고 일제의 항복 직후 석방된 정치범과 민족주의자들과 더불어 건국을 준비해 나갔다. 건국준비위원회의 조직과 활동에 대한 일반 국민들의 지지가 급격히 확산되자, 여운형은 건국준비위원회의 조직을 확대 정비하였다. 8월 31일, 건국준비위원회는 12부 1국의 체제를 갖추어 준정부적인 조직으로 개편되었다.[8)] 건국준비위원회의 조직은 지방에서도 활발히 진행되어, 8월 말에는 건국준비위원회 지방지부라는 명칭을 가진 조직이 전국적으로 145개에 이르렀다.[9)]

건국준비위원회는 새로운 민주주의적 독립국가의 수립을 위해 준비하는 과도적 조직체임을 표방하고, 반민족적·반민주적 세력을 제외한 전 민족의 통일체를 결성하기 위해 노력하였다. 이를 위해 건국준비위원회는 "자유민주주의를 표방하는 극우세력(한민당 계열)과 프롤레타리아 민주주의를 표방하는 극좌세력(조선공산당 계열) 그리고 자유민주주의를 주장하나 균등의 원칙을 존중한 중도 우파세력(안재홍의 국민당계열), 프롤레타리아 민주주의를 지향하나 프롤레타리아독재는 부정하는 중도 좌파세력(여운형의 인민당 계열)"을 모두 참여시켰다. 여운형은 다양하게 분산되어 있던 정치세력들을 한 곳으로 규합함으로써, 국가건설을 위한 좌우균형의 연합전선을 형성하려 했던 것이다.[10)]

이러한 의도에 따라 건국준비위원회는 시간이 흐름에 따라 점차 조직을 확대·개편하였다. 초기의 조직이 급박한 상황에서 명망가들을 중심으로 한 조직이었다면, 중기의 조직은 보다 실질적인 업무를 수행할 수 있는 활동가들을 기반으로 한 조직이 되었으며, 후기의 조직은 미군의 진주가 임박해지고 우익세력들이 점차 세력을 규합하는 분위기에 편승하여 건국준비위원회

---

7) 송남헌, 《한국현대정치사》 제1권 : 건국전야(성문각, 1980), 71~72쪽.

8) 구성원들의 이념적 성격과 일제하의 활동경력에 대해서는 홍인숙의 앞의 글을 참조할 것.

9) 건국준비위원회 지방조직에 관해서는 안종철, 《광주 전남 지방현대사 연구》(한울출판사, 1991)을 참조할 것.

10) 건국준비위원회 조직 구성원들의 해방 이전의 활동경력이나 이데올로기적 지향점에 대해 자세한 내용은 홍인숙, 앞의 글 및 전용헌, 〈해방이후 좌파세력의 정치조직과 정치노선〉(《한국현대정치론》 1, 나남, 1990)을 참조할 것.

조직에서 탈퇴함에 따라 보다 좌익적 성격이 강한 조직으로 변하기 시작하였다. 참여인사들은 그들이 추종하는 이념에 따라 다양하게 변하였지만 조직적 측면에서는 12부 1국이라는 상당히 체계화된 조직으로 발전하였다.

이미 지적한 바와 같이 건국준비위원회의 조직과 영향력은 확대·강화되었으나, 전국유지자대회의 문제, 건국준비위원회 조직과 운영상의 문제에서 여운형과 안재홍간에 견해 차이가 나타남으로써 균열을 보이기 시작하였다. 또한 간부들이 조직의 방침과는 다르게 독단적 행동을 함으로써 조직내의 분열을 초래하였고,[11] 갈등과 분열이 심화되어 국민들의 여망이었던 건국사업이 지지부진한 상황이었다. 따라서 건국사업에 박차를 가하기 위해 건국준비위원회는 9월 4일 조직을 재정비하게 되었다. 새로 구성된 3차 조직의 인적구성은 다음과 같다.

위원장 : 여운형, 박문규
부위원장 : 안재홍[12], 許憲
총무부 : 崔謹愚, 全奎弘
조직부 : 李康國, 李相燾
안전부 : 이여성, 梁在廈
치안부 : 崔容達, 劉錫鉉, 鄭宜植, 張權, 李丙學
문화부 : 咸秉業, 李鍾洙
건설부 : 尹亨洙, 朴容七
조사부 : 崔益翰, 高景欽
양정부 : 李珖, 李貞求
후생부 : 鄭求忠, 李圭鳳
재정부 : 金世鎔, 吳載一
교통부 : 金炯善, 權泰彙
기획부 : 朴文圭, 李舜根
서기국 : 崔星煥, 鄭處默, 鄭和濬

그러나 여운형의 이와 같은 이상은 현실적으로 실현이 불가능하였다. 정치

11) 송남헌, 앞의 책, 73~74쪽 참조.
12) 안재홍은 명목상의 부위원장이었을 뿐 실질적으로는 건국준비위원회에서 사퇴한 형편이었다.

세력간의 이해관계와 이념적 차이가 시간이 지남에 따라 표출되고 증폭되었으며, 이에 따라 이들 사이에 이합집산이 가속화되었다. 일제의 항복 직후 정세를 관망하던 우익세력들은 점차 결집하기 시작하였으며, 반면에 일사불란해 보이던 건국준비위원회는 내부적 균열을 겪게 되었다. 안재홍 등 우익세력은 "건국준비위원회가 초계급적 협조정신으로 명실상부한 과도기적 기구여야 함에도 불구하고 좌경화되어 간다"며 건국준비위원회에서 탈퇴하였다. 이렇게 되자, 초기와는 달리 좌익세력이 건국준비위원회를 주도하게 되었으며, 건국준비위원회는 결국 조선공산당의 영향하에 놓이게 되었다.

(3) 조선인민공화국의 탄생과 좌절

9월 초 미군의 진주가 임박하자, 건국준비위원회 내에는 미군을 주체적으로 받아들이고 미군정에 대하여 하나의 통일된 정부로서 대처하기 위해 국가를 수립해야 한다는 주장이 제기되었다. 그리하여 건국준비위원회는 9월 6일 경기여고에서 1천 300백여 명의 인민대표자들이 모인 가운데 여운형을 임시의장으로 하는, 전국인민대표자대회를 개최하였다. 전국인민대표자대회는 주권이 국민에게 있음을 선언하고, 임시정부조직법을 가결하였으며 중앙인민위원회를 구성하였다. 아울러 전국인민대표자대회는 '朝鮮人民共和國'의 수립을 선포하고, 다음과 같은 정강과 시정방침을 발표하였다.

1. 일본제국주의와 봉건적 잔재세력을 일소하여 진정한 민주주의 실현을 기한다.
2. 일본제국주의의 법률・제도를 즉각 철폐한다.
3. 일본제국주의자와 민족반역자들의 토지를 몰수하여 농민에게 무상분배한다.
4. 일본제국주의자와 민족반역자들의 공장・광산・철도・항만・선박・통신 그밖의 모든 시설을 몰수하여 국유화한다.
5. 언론・출판・집회・결사 및 종교의 자유를 보장한다.
6. 8시간 노동제를 실시하고, 만 14세 이하의 유년노동을 금지하며, 만 18세 미만 청소년의 노동시간을 6시간으로 제한한다.
7. 국제평화 유지를 위한 우방국가들과의 긴밀한 협력을 중요시한다.

(정일준, 〈해방직후 분단국가 형성에 관한 일고찰〉, 《해방직후의 민족문제의 형성과 사회운동》, 창작과 비평사, 1990, 128쪽)

이 밖에도 18세 이상의 남녀에 대한 선거권 부여, 남녀의 동등한 권리, 최저임금제, 실업 방지, 강제공출제 철폐, 의무교육제 등이 포함되어 있었다. 토지의 무상몰수, 무상분배와 중요 산업기관의 국유화 등이 사회주의정책이라 하여 우익세력의 반발을 샀으나, 우익 민족주의단체들을 포함하여 대다수 독립운동단체들도 해방 전 토지와 중요 산업의 국유화를 표방하고 있었다. 이렇게 볼 때, 조선인민공화국의 정강과 시정내용은 당시 상황에 비추어 볼 때 대체로 온건한 내용들이었으며, 특히 토지관련 정책은 농민들로 부터 크게 환영받았다. 그러나 일부에서는 조선인민공화국이 발표한 선언문과 강령, 그리고 정책노선이라고 할 수 있는 시정방침 등으로 볼 때 조선인민공화국의 조직성격은 좌파지향적이라는 견해도 있다. 즉 자주독립을 방해하는 외래세력에 대해 철저한 투쟁을 한다는 내용, 노동자·농민의 생활향상, 세계 민주주의 국가와의 국제평화주의 등의 내용을 들면서 좌파지향적이라는 해석을 하고 있다.13)

조선인민공화국이 건국준비위원회의 해체와 동시에 급속도로 조직되게 된 배경에는 몇 가지 요인이 있었다. 먼저 미군정 실시에 직면한 여운형과 박헌영을 비롯한 정치지도자들의 해방정국에서의 주도권을 장악하기 위한 필요성에서였다. 특히 좌파세력은 형식적이라도 국내 각계 각층의 사회세력들이 참여하는 정치세력들을 만들어 미군정으로부터 정통성을 인정받고 주도권을 장악하여 세력을 확장하려는 의도를 갖고 있었다. 즉 미군정을 이용하여 좌파세력을 강화할 수 있는 기회를 갖고자 하였다. 둘째, 중경의 대한민국임시정부와 맞설 수 있는 정치조직을 만들 필요성을 갖고 있었다. 당시 해방정국에서 중경의 임시정부가 민중으로부터 지지를 받고 있었고, 어느 정도 정통성을 지니고 있었기 때문이었다. 따라서 당시 李承晩을 조선인민공화국의 주석으로 추대한 것도 민중과 미군정으로부터 어느 정도 확고한 지지를 받을 수 있을 것이라는 가정과 동시에 중경의 임시정부보다 우월한 지지를 확보하여 먼저 해방정국의 주도권을 장악하기 위한 조치였다고 볼 수 있다.14)

인민대표자대회는 중앙인민위원회의 인민위원 55명, 후보위원 20명, 고문

13) 전용헌, 앞의 글, 163쪽.
14) 전용헌, 위의 글, 162~163쪽.

12명을 선출하였다. 조선인민공화국의 지도부 구성은 좌익이 압도적 우위를 유지하면서도 좌우익을 연결시키기 위해 노력했다. 그러나 부서장으로 선임된 인사들 가운데 우익은 모두 참여를 거부하였기 때문에 사실상 좌익세력이 조선인민공화국을 주도하게 되었다.15) 이러한 조선인민공화국의 수립에 대해 벽보내각이나 좌파조직이라는 비난이 대두되자, 여운형은 다음과 같이 호소하였다.

> 일본으로부터 해방된 오늘날 민주주의 조선을 건설함에 있어 구태여 빛깔을 문제삼을 필요가 어디 있느냐. 모두가 합력하여 민주주의 국가를 건설하면 그만이 아니겠느냐 … 조선인민공화국이라면 적색으로 아는 사람은 소학교 1학년과 같은 사람이라 할 것이다. 갈라지면 넘어지고 뭉치면 일어선다. 한민당·국민당·건국준비위원회 등이 손을 잡고 국민 총력을 집결해야 하며 이것을 인민대중은 원하고 있다. 그리고 사대주의 배외사상은 절대로 배격해야 한다.

여운형은 국가 건설을 위해 사상적 차이를 극복하려는 의지를 보였다. 여운형은 먼저 국내의 혁명동지를 규합·단결하여, 국가건설을 준비하고, 해외혁명동지들이 입국하면 이들과 함께 혼연 일체의 과도정권을 세우려 하였다.

여운형의 이러한 복안에도 불구하고, 주석으로 선출된 이승만을 비롯하여 대부분의 우익인사들은 조선인민공화국에의 참여를 거부하였다. 아울러 아놀드(Archibald V. Arnold) 군정장관과 하지(John R. Hodge) 미군사령관은 10월 10일과 16일에 각각 성명을 발표하여 조선인민공화국을 부인하였다. 이들은 "미군정 기관은 남한에서 최고 통치기관으로 존재하고 있으므로 북위 38도 이남의 조선에 두 개의 정부를 병립시킬 수 없다"는 이유로 조선인민공화국

---

15) 각료구성을 보면 중앙정부의 주석에는 이승만, 부주석 김구, 국무총리 허헌, 내무부장 김구, 외무 김규식, 재무 조만식, 사법 김병로 등이었다. 이와 같이 명단에는 이승만·김구·김규식·김성수·김병로·안재홍·조만식 등 해외 및 국내의 저명한 우익 민족주의 지도자들이 포함되어 있었다. 명단에 포함된 우익 지도자들 중 이승만·조만식·김구 등은 아직 해외에서 입국하지도 않았을 뿐만 아니라 서울에 있지도 않았기 때문에 그들로부터 사전 협의를 받을 수도 없었고, 심지어는 명단 발표 후에도 조선인민공화국 주도측에서 우익지도자들을 찾아가 수락을 요청한 일도 없었다. 조선인민공화국은 말하자면 박헌영과 여운형이 정세의 급박함에 밀려 진지성이 결여된 자세를 보여 '벽보내각'이라는 비판을 받기도 하였다.

을 비합법적인 것으로 규정하고 해산을 명하였다.[16] 이렇게 하여, 해방 직후 독립국가 건설을 위한 노력은 좌절되었다.

미군당국이 조선인민공화국을 부인하고 해산 명령을 내리게 된 배경에는, 미군당국에 대해 효율적으로 대처하지 못한 국내 정치세력의 분열과 반목이 일정한 역할을 하였다. 우익세력들은 건국준비위원회의 결성에서부터 이에 대해 비협조적이었다. 여운형은 일제가 무조건 항복하였으니 조선민족은 즉시 자주적으로 주권 확립에 매진하여야 하며 우선 국내외의 혁명단체를 총망라하여 새로운 독립정부를 수립하자고 주장하였다. 이에 반해 송진우 등 우파는 총독부가 연합군에게 정권을 인계할 때까지는 경거망동을 삼가고, 중경의 대한민국임시정부를 한국의 정통정부로 추대하자고 하였다.

의견 차이가 해소되지 않은 가운데, 여운형이 건국준비위원회를 설립하여 해방정국을 주도하게 되자, 송진우 등은 여운형을 비난하고, 임정의 정통성 계승을 주장하면서 별도로 국민대회준비위원회를 결성하였다. 우파는 조선인민공화국에 참여하여 독립국가를 건설하자는 제의를 거부하고, 자파의 이익을 위해 미군에 왜곡된 정보를 제공하였으며, 그 결과 미군당국은 조선인민공화국에 대해 처음부터 부정적인 입장을 취했다.[17]

그러나 조선인민공화국을 이와 달리 평가해야 한다는 주장도 있다. 건국준비위원회의 중심 인물이었던 여운형이 조선인민공화국의 대표 인물로 등장했기 때문에 조선인민공화국을 건국준비위원회의 연장으로 보는 것은 잘못이라는 것이다. 李庭植은 조선인민공화국의 설립은 박헌영계의 공산당에 의한 궁중혁명이었다고 주장한다. 박헌영은 조선인민공화국을 설립함으로써, 여운형과 그의 주변에 모였던 서울청년회파 내지는 장안파 인사들로부터 정치적 주도권을 박탈하고자 했으며, 조선인민공화국을 자기 주도하의 공산혁명을 위한 하나의 도구로 삼으려 했다는 것이다. 박헌영은 인민대표자대회 소집에 대해 여운형의 승락을 받기는 했다. 그러나 중앙인민위원회가 구성되고 조선인민공화국의 조각 내용이 발표되었을 때에야 박헌영의 이러한 계략이 드러났으므로, 처음 조선인민공화국 수립 문제가 거론되었을 때, 여운형

16) 《동아일보》, 1945년 12월 9·13일.
17) 《조선일보》, 1946년 2월 24일.

은 박헌영의 속셈을 알아차리지 못했을 것이라는 주장이다. 이정식은 전국인민대표자대회에 참가한 대표자들의 대표성과 절차에 대해서도 의문을 제기하고 있다. 중앙인민위원의 53.6%가 재건파 공산당원으로서 편파적 구성이었고, 이는 이미 조선공산당이 조선인민공화국의 헤게모니를 장악했음을 나타내는 증거라는 것이다.18)

이미 위에서 살펴본 것처럼 중앙에서 뿐만 아니라 각 지방에서도 건국준비위원회 조직이 결성되어 활발한 활동을 벌였지만, 9월 6일 조선인민공화국이 선포되면서 중앙인민위원회의 활발한 활동은 전국적으로 지방인민위원회의 결성을 촉구하는 사회적 분위기를 조성하였다. 이러한 분위기에 따라 각 지방에서 각 지방인민위원회가 조직되게 되었다. 남한의 7도 12시 148군에 걸쳐 다음 〈표〉와 같이 인민위원회의 지방조직이 완결되었다.

〈표〉 인민위원회의 지방조직

전국 총수		38도 이남			38도 이북			비고
		세수	기조직	미조직	세수	기조직	미조직	
道	13	9	7	2	7	6	1	경기도 북부, 황해·강원도 남부
市	21	12	12	-	9	9	-	
郡	218	148	148	-	70	70	-	
邑	103	75	75	-	28	28	-	
面	2244	1680	1667	13	564	564	-	
島	2	2	2	-	-	-	-	

* 김남식, 《남로당연구》 Ⅲ(돌베개, 1988), 35쪽.

미군정은 진주하면서부터 지방인민위원회 등의 정치조직을 매우 좌익적인 것으로 평가하면서 이를 경계하고 대응하는 전략을 취하게 되지만, 미군정 관리가 지적하였듯이19) 지방인민위원회는 완전하게 좌익적 성향의 조직만은

18) 이정식, 〈인민공화국과 해방정국〉(《한국사 시민강좌》 12, 일조각, 1993), 15~45쪽.

19) 미군정의 통치구조에 대해서는 당시 전남지방 미군정청 정보국장이었던 Meade, Grant E., *American Military Government in Korea*, New York : ColumBia University, Kings Crown Press, 1951(안종철 옮김, 《주한미군정연구》, 돌베개, 1993) 참조.

아니었다.[20]

각 지방인민위원회의 구성원들의 대부분은 해방초기 건국준비위원회 활동을 했던 연로한 보수세력이 거의 탈락하고 일제하의 항일운동 경력이 있는 사회주의적 성향의 활동가들이 중심이 된 조직이었다. 도인민위원회의 조직이 정비되고 실질적으로 지방행정을 장악해 나가면서부터 활동력이 떨어지는 연로한 보수세력은 위축될 수밖에 없었던 것이다. 그들 중에는 그후 미군정과 관계를 맺으면서 새로운 활로를 모색하게 된다.

2) 신탁통치 논쟁과 좌우대립

(1) 모스크바 결정과 국내의 파장

연합국은 한반도 문제에 대해 구체적인 해결 방안을 마련하지 못한 채 종전을 맞았다. 연합국이 합의한 것은 적절한 시기에 한반도를 독립시킨다는 것과 신탁통치를 실시한다는 것 뿐이었다. 특히 신탁통치 문제는 당시 미국대통령 루즈벨트가 제안하였고, 이에 대해 스딸린이 구두 합의해 준 상태였다.

이러한 합의 내용을 구체화시키기 위해 미국・영국・소련의 3개국 외상이 1945년 12월 26일부터 28일까지 한반도 문제를 논의하기 위해 모스크바에 모였다. 모스크바 3상회의는 군사상의 목적을 위해 잠정적으로 미・소 양군에 의해 분할된 남북한을 통일시키고 독립을 달성시킬 수 있는 방안을 모색하는 것이었다. 모스크바 3상회의의 협정 내용은 다음과 같다.

모스크바 3상회의 결정문

1. 한국을 독립국으로 부흥시키고 민주주의의 원칙에 따라 국가를 발전시키는 동시에 일본의 가혹한 지배의 잔재를 조속히 청산하기 위하여 한국에 민주적 임시정부를 수립하여 산업・교통・농업 등의 발전과 민족문화 발전을 위한 제반 조치를 취하도록 할 것이다.
2. 한국에 민주적인 임시정부의 수립을 실현하기 위해 남한의 미군사령부와 북한의 소련군사령부 대표들로 구성되는 공동위원회를 설치한다. 이 위원회는 한국의 민주적 제 정당 및 사회단체들과 협의한다. 이 위원회의 건의는 미・

---

20) 안종철, 앞의 책(1991)을 참조.

소·영·중 4개국 정부에게 제출되어 검토된 후 미·소 양 정부가 최종 결정한다.

3. 공동위원회는 한국의 민주적 임시정부와 민주적 제 단체의 협력 아래 한국을 정치적·경제적·사회적으로 발전시키며, 민주주의적 자치정부를 수립하여 독립국가로 육성시키는 데 그 사명이 있다. 공동위원회는 한국 임시정부와 타협한 후 미·소·영·중 정부에 제출하여 4개국에 의한 최장 5개년간의 신탁통치에 관한 협정을 체결할 것이다.
4. 남한 및 북한에 관한 긴급문제의 심의를 위하여 남한의 미군사령부와 북한의 소련군사령부 사이에 행정·경제분야에서 부단한 협력을 확립하기 위한 방법을 검토하기 위하여 미·소 점령사령관의 대표로 구성되는 공동위원회를 2주일 내에 개최한다.

모스크바 3상협정의 핵심 내용은 "한국을 독립국가로 재건하기 위해 민주적인 임시정부를 수립하고, 임시정부의 참여하에 미·소·영·중 4개국이 주도하는 신탁통치 협정을 미·소가 체결한다"는 것이었다. 이것은 독립을 유보하고 유엔 주도하의 신탁통치를 실시하자는 미국의 제안과 한인의 참여가 보장된 임시정부를 수립해야 한다는 소련의 안이 교묘하게 중첩된 타협의 산물이었다.[21]

흔히 모스크바 3상협정이 곧 신탁통치를 의미하는 것으로 알려져 있으나, 신탁통치는 정확히 '모스크바 3상회의 결정서 중 신탁통치 실시 조항'이라고 말해야 옳다. 그 핵심적 내용은 임시정부 수립이었다. 그럼에도 불구하고 모스크바 3상회의의 핵심적 내용이 '임시정부 수립'이 아닌, '소련의 제의에 의한 신탁통치 결정'으로 국내에 왜곡 전달됨으로써 즉각적 독립을 요구하는 민족감정을 자극하였다. 당시 《동아일보》는 모스크바 3상회의의 내용을 '소련은 신탁통치 주장, 미국은 즉시 독립을 주장'한 것으로 보도하여[22] 여론을 들끓게 하였을 뿐만 아니라, 미국의 외신도 '신탁통치 결정'을 부각시켜, 3상협정의 내용을 왜곡하였다. 해방과 함께 독립을 기대하고 있던 민중은 이러한 소식이 전해지자, 좌우익을 막론하고 이를 격렬히 비난하였다. 신탁통치

21) 전시 연합국회담에서는 한반도에 대한 신탁통치안을 미국이 적극 주장하였는데, 협정 내용으로 볼 때 모스크바 3상회의에서는 소련측이 모스크바 결정을 주도하였다.
22) 《동아일보》, 1946년 1월 27일.

를 일제의 지배와 유사한 식민상태의 연속으로 판단하였기 때문에 모든 민족세력은 탁치반대운동을 전개하기 시작하였고, 한반도에 새로운 정치적 소용돌이가 불어 닥쳤다.23)

이러한 내용의 결정문이 한반도에 알려지게 되자 한민족은 모스크바 결정에 반대하는 운동에 민족의 단합된 힘을 발휘하기 시작하였다. 일제 36년간의 식민지체제의 억압적 상태가 또 다시 지속된다는 두려움과 즉시 독립국가를 달성해야 한다는 국민의 바람이 반탁운동으로 나타난 것이었다.

이렇게 형성된 '반탁정국'은, 1946년 1월 2일 조선공산당이 기존의 반탁주장을 철회하고 모스크바 결정을 지지한다고 발표함으로써, 새로운 국면으로 접어들었다. 이로부터 좌우익 사이에 첨예한 대립이 노정된다. 소련의 지시를 받은 좌익은 신탁통치가 단순한 원조를 의미하는 후견제이며, 임시정부와 미·소공동위원회의 협의에 따라 실시되지 않을 수도 있다고 평가하면서 임시정부의 수립을 위해 모스크바 결정을 지지해야 한다고 주장하였다. 이에 비해 신탁통치를 식민지화로 판단한 우익은 찬탁을 매국행위로 간주하면서 맹렬히 반대운동에 모든 힘을 결집시켰다.

이처럼 신탁통치 문제로 정국이 혼미를 거듭하자 곤경에 빠진 것은 미군정청이었다. 미군정청은 모스크바 협정을 지지하고 실천해야 할 입장이었지만, 그렇다고 한민족 사이에 고양된 민족감정을 무시할 수도 없는 상황이었다. 게다가 미군정청에 우호적이고 협력적이었던 우익세력까지도 신탁통치를 반대하는 상황이었고, 오히려 미군정청이 경계하는 좌익세력이 모스크바협정을 찬성하는 상반된 상황은 미군정청의 정책 대안을 극도로 제한하였다.

해방을 기점으로 정치세력들간에 형성되었던 '애국 대 매국(친일)'이라는 대립구도는 신탁통치 실시문제를 계기로 '좌익 대 우익'의 구도로 전환되게 되었다. 신탁통치를 둘러싼 대립구도에서 역사적 정당성이나 과거의 친일경력은 문제되지 않았다. 오직 상대방을 정국 무대에서 제거하고, 자신들의 이익이 관철되고, 자신들이 의도한 새로운 국가를 수립하는 것만이 목적이었다. 이러한 구도를 중심으로 양 진영은 각각 헤게모니 장악을 위하여 제각기

23) 이동현, 《한국신탁통치》(평민사, 1990), 82~96쪽.

통일전선체를 조직하기 시작하여 우익은 비상국민회의를, 그리고 좌익은 민주주의민족전선을 결성함으로써 좌우익 대결구도는 더욱 증폭되었다.

(2) 우익세력의 통일전선－비상국민회의

신탁통치 실시문제를 둘러싸고 여론이 분분해지자, 임정세력은 1946년 1월 4일 金九 주석의 성명을 통해 당면 비상대책을 천명하였다. 임정은 1월 21일부터 비상정치회의주비회를 열고, 우익의 통일전선 구축을 위해 노력했다.

곧 이어 이승만의 독립촉성중앙협의회가 가세하기 시작했다. 임정세력은 우선 좌익과 우익의 연립을 요구하면서 반탁을 중심으로 모든 정당이 통일할 것을 주장하였다. 그러나 당시의 정치적 상황으로 보아 이와 같은 통일은 이루어질 수 없었다. 모든 좌익정당은 이들이 소집한 회의에 참석조차 하지 않았다.

2월 1·2일 이틀 동안, 서울 천주교회에서 이승만의 독립촉성중앙협의회를 비롯한 모든 우익정당, 사회단체와 중도파 정당들이 참석한 가운데 비상국민회의를 발족시켰다. 비상국민회의는 조직 대강을 채택하고 과도정권 수립 등 긴급문제를 처리할 최고정무위원회를 구성키로 하였으며, 그 인선을 이승만과 김구 양 영수에게 일임하였다. 최고정무위원회는 이승만과 김구 등 28명으로 구성되었는데, 나중에 미군정청의 권유로 민주의원으로 전환된다.[24)]

반탁운동을 가장 먼저 주도한 김구는 반탁노선이 국민들의 전폭적인 호응을 받자 미·영·소·중의 4개국에 임시정부 명의로 '신탁통치 절대 반대' 성명을 발송하였고 이 기회를 이용하여 정부의 기능을 수행하려 하였다. 임정은 내무장관 명의의 임시정부 포고 제1호를 통해, "현재 전국 미군정청 소속의 경찰기구 및 한인 직원은 전부 본 임시정부 지휘하에 예속하게 한다"고 발표하였다. 이것은 미군정에 대한 정면 도전을 의미한 것이었다. 이로 인해 임정세력은 미군정청으로부터 배척당하게 된다.

이처럼 김구진영이 반탁운동에 발 벗고 나선 것은 독립국가를 이룩하겠다는 혁명가의 기원이라는 이상주의적 측면이 있지만, 이와 더불어 이승만과의

---

24) 송남헌, 앞의 책, 281쪽.

경쟁에서 그의 정치적 권위를 만회해 보려는 현실적인 목적도 있었다.

(3) 좌익세력의 통일전선—민주주의민족전선

이처럼 우익진영이 신탁통치 절대 반대라는 명분으로 결집하자, 좌익진영도 이에 대응하여 모스크바 결정의 지지를 조직적으로 전개시켜 나갈 필요가 있었다. 이러한 분위기가 전개되기 이전에도 좌익진영은 미·소공동위원회에 대비하기 위하여 국내 정치세력은 물론, 해외세력이었던 이승만 및 김구(임정) 계열과의 통일전선 형성을 시도하였다. 그러나 통일전선의 수립은 처음부터 쉬운 일은 아니었다.

우익과의 통일전선 구축에 대해 좌익진영 내부에서조차도 노선의 차이가 존재하고 있었다. 박헌영이 이끄는 조선공산당은 일제하 지주 및 자본가계급 전체가 민족해방운동에 동참하기는 고사하고, 제국주의적 수탈의 도구로 존재했기 때문에 그들 계급을 친일 민족반역자세력이라고 규정하면서 이들과의 합작을 반대했다. 그러나 여운형 등의 온건 좌익세력은 이와는 다른 입장을 취하고 있었다. 여운형은 이승만이나 임정세력은 제한적이나마 민족해방운동에 참여해 왔고, 그들과 국내의 반민족적 집단과는 별다른 관계가 형성되지 않았다는 이유로 그들과의 통일전선 수립에 적극적이었다.

이러한 내부적인 의견 차이에도 불구하고, 조선공산당을 비롯한 좌익진영은 우익진영의 정당들과 통일전선을 모색하였다. 1946년 1월 6일, 조선공산당·인민당·국민당·한민당 대표들의 비공식적인 회합이 있었고, 다음 날 7일에는 정식으로 4당 간담회가 열렸다. 4당 대표들은 민족통일의 필요성에 관해 의견일치를 보았고 이를 바탕으로 공동 코뮤니케를 발표했다. 그러나 한민당과 국민당측이 '신탁통치' 문제에 관한 이견을 이유로 이미 발표된 공동 코뮤니케를 파기한다고 선언함으로써 좌익과 우익을 망라한 통일전선의 구축은 불가능해졌다.

이에 따라 조선공산당은 좌익진영만의 통일전선체 구성에 나서게 되었다. 1946년 1월 9일, 좌익진영의 29개 단체가 서울 YMCA 강당에 모여 민주주의민족전선 발기준비위원회를 개최하였다. 이날 발기준비위원회에서는 통일전선 결성에 관한 일체의 준비 공작을 공산당과 인민당에 일임하였다.[25]

좌익의 통일전선체인 민주주의민족전선의 결성대회는 1946년 2월 15일과 16일 이틀에 걸쳐 개최되었는데, 조선공산당을 중심으로 조선인민당·독립동맹·노동조합전국평의회·농민조합전국총연맹·청년총연맹·부녀총동맹·문학가동맹·과학기술단체 등 29개 정당, 사회단체와 각 지역의 사회단체가 참가하였다. 임정세력에서 이탈한 김원봉·성주식·김창숙·장건상 등도 민주주의민족전선에 적극 가담하였다. 결성대회는 좌익진영의 각계 각층을 대표하는 305명의 인사들로 중앙위원회를 구성하였으며, 아울러 47명으로 된 집행위원회도 두도록 하였다. 중앙위원은 각 단체의 조직원 비율에 따라 선거로 선출하였다. 사무국에는 사무국장(이강국) 아래에 조직부·선전부·문화부·재정부·기획부·조사부 등을 두었다.

민주주의민족전선은 "조선민족의 완전한 독립 달성과 민주주의정권 수립을 위시하여 긴급한 민족문제에 이르기까지 조선민족의 현 단계에 부여된 역사적 임무를 달성하기 위해(규약 2조)" 조직되었고, 이를 위해 "민주적 여론과 요구를 총괄적으로 대표하고 민주주의의 공동적 투쟁본부와 정부수립에 있어서 수시로 의회적 역할을 하는 동시에 앞으로도 의회조직으로 발전할 수 있고 단계적 임무를 수행할 수 있는 투쟁기관으로서 역할을 다하고자" 했다. 이것으로 볼 때 민주주의민족전선은 우익의 비상국민회의에 대항하기 위한 조선공산당·인민당·신민당 등의 결집체였다고 볼 수 있으며, 그 인적 구성으로 보아서는 조선인민공화국의 후신이라 할 수 있다.[26]

(4) 신탁통치 문제와 좌우의 갈등

가. 좌익세력과 찬탁논리

이미 지적한 바와 같이 반탁운동이 해방정국을 압도하고 있었기 때문에 좌익세력은 어떤 성명을 발표하거나 행동을 감행하기가 어려웠다. 이들은 대한민국임시정부 세력이 주도해 나가고 있었던 반탁국민총동원위원회에 참석하지 않고,[27] 12월 31일 조선인민공화국 중앙인민위원회 명의로 임시정부 국

25) 양동주, 〈해방후 좌익운동과 민주주의민족전선〉(《해방전후사의 인식》 3, 한길사, 1988), 93쪽.

26) 양동주, 위의 글, 136쪽.

무위원에게 통일위원회 구성을 제의하였다.

좌익세력을 대변하고 있던 중앙인민위원회는 임시정부와 조선인민공화국을 동시에 해체하고 단일정부의 창설을 요구하고 있었고, 민족통일에 대한 문제는 통일위원회를 구성하고 이 위원회에서 통일정부 수립을 구체적으로 논의하는 것이 최선의 방법임을 주장하면서 1946년 1월 2일 오전 10시까지 대답을 요구하였다. 임시정부측은 송부된 공문이 조선인민공화국 중앙위원회 명의로 되어 있어, 서식상 접수키 곤란하다는 이유로 반송해 버렸다.

이 내용을 보면 1월 2일 오전 10시까지 회답을 요구하는 시한부로 임정에 제의하여 국민의 관심을 좌우합작 통일정부 수립으로 돌리려 하고 있고, 신탁통치 문제는 언급하지 않고 있음을 알 수 있다. 이것은 김구 중심의 임정측이 조선인민공화국의 중앙인민위원회를 동등한 자격으로 상대하지 않겠다는 의사표시였다고 볼 수 있다.[28)]

해방정국의 큰 쟁점이었고 분단고착화의 주요 요인의 하나로 작용했던 신탁통치 문제에 대해 좌익측이 반탁 입장을 최초로 공식적 반응으로 보인 것은 반파쇼공동투쟁위원회가 발표한 다음의 신탁통치안 철폐 요구성명서에서였다.

> 미국 극동부 책임자 빈센트(John Carter Vincent) 같은 사람은 공공연하게 조선을 신탁 관리할 것이라 말하였고, 국내의 소수 매국매족적 반동분자들은 여기에 영합하여, 혹은 당분간 군정기가 필요하다고 하고, 혹은 3년 후가 아니면 독립하지 못한다고 하였다. 이 반동분자들의 신탁통치는 결국 실현되고야 말았다. … 통일은 저해되고 따라서 신탁통치를 받는 결과에까지 빠지게 된 것이다. … 여기서 우리는 신탁통치를 절대 반대한다. 이 신탁의 철폐를 위해서는 이 민족통일전선을 좀더 공고하게 결성하여야 할 것을 또다시 제창한다(《서울신문》, 1945년 1월 1일).

그런데 좌익측이 신탁통치에 대한 찬성 입장을 보인 것은 1946년 1월 2일이다. 다시 말하면 1945년 10월 20일 빈센트 발언 이래 12월 28일 모스크바협정 발표 후 조선공산당이 모스크바협정 지지를 공식으로 표명한 1월 2일

27) 《서울신문》, 1946년 1월 1일.
28) 《서울신문》, 1946년 1월 2일.

까지는 신탁통치 반대라는 점에서 좌·우 양파가 일치되어 있었다는 것이 된다. 반탁 일변도의 정국 흐름에서 1월 2일 조선인민공화국 중앙인민위원회의 다음과 같은 모스크바 3상회의 지지성명서는 또 다른 방향으로 정국을 진전시키게 되는 시발점이었다.

1. 8월 15일을 계기로 한 조선 해방은 우리의 힘이 아니고 세계 민주주의 연합국의 용감한 군대의 힘으로 된 것이며 조선을 자주독립국가로서 발전할 수 있는 길을 열어준 위대한 역사적 단계였다.
2. 3상회담의 결정은 조선민족해방을 확보하는 진보적 결정일 뿐만 아니라 민주주의정권 수립과 조선의 민주주의적 발달을 원조하여 조선의 완전 독립을 전적으로 완성하여 세계 문명국가의 지위에 나아가게 하는 것이며, 8월 15일 해방으로부터의 위대한 일보 진전이다.
3. 이 결정은 現下 국제 정세뿐만 아니라 조선 국내 정세에 비추어 조선민족의 이익을 존중하는 가장 적절한 국제적·국내적 해결이며 세계의 평화 유지와 인류의 민주주의화에 최적한 결정이라고 확신하여 본 위원회는 다음과 같이 결정한다.
   ① 모스크바 3상회담의 진보적 결정을 전면적으로 지지하고 민주주의 연합국과 같이 조선의 민주주의정부 결정의 실행에 적극적으로 참가하고 민주주의 제국의 원조와 협력에 의하여 우리 조국을 민주주의적 문명국가의 수준에 도달시키기 위하여 투쟁을 약속함.
   ② 전 조선 인민 각 민주주의 정당과 사회단체는 모스크바 3상회담의 완전한 실천을 위하여 적극적으로 투쟁하여야 하며…
   ③ 각 인민위원회와 諸 민주주의 정당 및 사회단체는 본 결정을 민족 대중에게 이해 보급시키며 나라를 사랑하는 전 인민은 본 결정을 깊이 인식하고…(《朝鮮日報》, 1946년 1월 4일).

또한 조선공산당 중앙위원회에서도 모스크바 3상회의 결의에 대한 지지를 표명했다.

모스크바 3상회담의 결정을 신중히 검토한 결과, 이번 회담은 세계 민주주의 발전에 있어서 또 한 걸음 진보이다. … 臨時的 조선 민주주의정부를 조직한다는 同 건의문에 있어서 이러한 국제적 결정은 今日 조선을 위하여 가장 정당한 것이라고 우리는 인정한다(《中央日報》, 1946년 1월 3일).

좌익계열의 성명 내용을 보면 당시 반탁 열기를 반영하듯이 국민 감정을 자극시키지 않으려는 듯 신탁이라는 말 대신 모스크바 3상회담 결정이라는 말로써 의사표시를 하고 있다. 이것은 앞에서도 언급한 바처럼 찬탁이라는 말 그 자체가 민중의 감정에 반하는 것이었고, 당시 좌익세력은 기본적으로는 소련 점령군의 노선에 따르고 있었으므로 신탁통치에 대한 공산당으로서의 공식적 태도도 소련 점령군의 견해가 분명해지지 않았기 때문에 그러하다는 것이다. 그래서 1월 2일에서야 그들은 보다 분명한 찬탁 입장으로 돌아서게 된다.

그렇다면 좌익측이 그러한 태도 변화를 가져오게 된 이유는 무엇인가. 해방정국의 두 주역이 미국과 소련임이 분명하고 냉전 논리가 국제 정치의 현실 속에 서서히 자리잡기 시작하는 시기인 것을 고려해 본다면 우선은 소련과의 어떤 관계 혹은 영향에서 비롯되지 않았나 하는 점이다.[29)]

좌익과 우익 어느 한 세력이 해방정국의 장을 좌우할 정도로 여건이 성숙되지 않았음도 좌익세력 중 어느 개인 집단이 설사 한민족의 통일정부 수립을 위해 반탁 의사를 지니고 있었다 하더라도 현실 정치 속에서 구현되기란 어려웠을 것이다. 또 해방정국은 각 정파의 이합집산 주도권 쟁취의 시기였다고 볼 수 있는데 이런 상황 속에서 어느 정치세력이든 당시 반탁의 분위기에 반하는 논리의 성명서나 입장을 표명하기가 쉽지 않았다. 그렇다면 좌익세력의 반탁에서 찬탁으로의 태도 변화는 해방정국 어느 정치세력의 독자적인 결정에 의한 것이라고 보기는 어려운 것이다.

나. 우익세력과 반탁논리

우익세력은 1월 20일 김구 중심의 반탁세력들이 대한민국임시정부의 정통성을 잇고 과도정부의 모체를 위해 민중 지도자·정당·사회단체·해외교포단체 대표로 비상정치회의를 개최하여 비상국무회의를 설치하였다. 이 집회에서 인민당·독립동맹·공산당과 같은 좌익세력과 김원봉·김성수 등 임정

29) 당시 조선공산당 총비서인 박헌영은 평양에 송환되어 소련측으로부터 신탁 지지 지령을 받고 1월 2일 서울에 귀환, 공산당 중앙위원회를 소집하고 중앙위원들의 반대를 꺾고 찬탁노선을 결정한 것으로 전해진다(金南植, 《南勞黨硏究》, 돌베개, 1984, 250~251쪽).

내의 진보세력은 탈퇴하였지만 독립촉성중앙협의회와 합류해 비상국민회의라는 조직체로 새롭게 탄생되었다. 우익진영이 대체로 망라된 비상국민회의는 미·소 공동위원회가 제시하는 과도임시정부의 모체를 사전에 준비하기 위한 미군정의 의도로 미군정의 자문기구 성격인 남조선대한국민대표민주의원[30]으로 명칭을 달리하여 발족되었다. 이 기구는 우선 미·소공동위원회에서 논의의 대상이 될 우익진영의 통합기구로서의 위치, 그리고 일종의 입법기관의 역할을 하게 된다.

미국은 미·소공동위원회에서 제기한 국내세력을 대표하게 될 대표 선출이 여의치 않을 경우 독자적인 남한만의 자문단체 설립을 통한 남한만의 단독정부 수립을 의도하고 있었다. 이것은 국내 반탁세력들의 결집체인 민주의원이 미군정의 영향력하에 들어가는 것을 의미하는 것이며, 정국의 흐름을 미군정이 이끌어 나가게 되는 것이다.

우익세력들의 이러한 움직임에 따라서 남한내 좌익세력들도 그들의 입장과 논리를 대변할 대항 조직체 결성의 필요성이 현실적으로 제기되는 상황에 직면하였다. 그리하여 1946년 1월 19일 조선인민당·조선공산당을 주축으로 하여 29개 정당 및 사회단체 대표자 회담을 개최하였다. 2월 15일 결성한 민주주의민족전선은 그 성격을 일부 소수계급의 이익을 위한 전횡물이 아닌 민족 전체의 이익을 위한 정신적 공동체이며, 정부수립의 공동적 준비기관으로 규정하였다. 또 모스크바 3상회담의 결정 원칙에 의한 미·소공동위원회의 조선임시민주주의의 정부조직에 있어 조선민족의 유일한 정식대표로서 발언권을 가질 것이라고 하여 미군정과 우익세력들에 의한 통일정부 수립에 대해 그들의 강한 입장을 강조하였다.

민주주의민족전선은 적어도 1946년 11월 남조선노동당이 성립될 때까지 남한에서 가장 큰 규모의 좌파단체였고, 좌파세력의 통일전선체였으며 그런 의미에서 조선인민공화국의 계승조직이라고 할 수 있다. 이들의 1차적 과제는 국내의 반탁 우익세력들과의 투쟁에 있었다. 이렇게 하여 국내의 정치상황은 좌우익이 완전히 다른 정치노선을 표출하는 국면을 맞이하게 된다.

---

30) 한태수, 《한국정당사》(신태양사, 1961), 72쪽.

다. 좌·우익세력의 대립과 갈등

해방 후 신탁통치안이 발표되기 이전에는 한민당을 중심으로 하는 우익세력이 건국준비위원회와 조선인민공화국 등 좌익세력의 대두를 반대함으로써 좌우 분열의 기미는 있었으나 직접 분열되지는 않은 상태였다. 우익세력은 안재홍의 국민당, 지주세력을 중심으로 한 송진우 등의 한민당 등이 결성되어 있었고, 미국에서 귀국한 이승만 중심의 독립촉성중앙협의회가 만들어졌으며, 김구 중심의 대한민국임시정부도 중국에서 귀국해 있는 상태였다. 그리고 좌익세력과 연합하여 조선인민공화국을 선도하던 여운형의 조선인민당이 결성되었고 좌익세력은 박헌영의 재건파가 장안파를 누르고 실질적인 조선공산당의 우위를 차지한 상태였다. 신탁통치에 대한 좌우 정치세력의 태도는 신탁통치에 관한 모스크바 3상회의 결정이 전해진 직후에는 강경한 반대라는 동일한 것이었다. 그러나 우익진영은 문자 그대로 결사반대를 주장한 반면 좌익진영은 신중한 반대론을 전개했다. 그 까닭은 모스크바 3상회의에서 신탁통치를 주장한 것이 소련측이라고 당시 서울에 잘못 알려졌기 때문이었다.31)

신탁통치가 소련의 주장에 의해 결정된 것이라고 생각했기 때문에 우익은 더욱 강렬한 반대를 하게 되었고 좌익은 대중의 탁치반대 열기나 민족적 명분 때문에 신탁통치에 대한 반대를 표명하면서도 주저하는 태도를 보였다. 신탁통치의 발표는 한국민들의 즉각적인 반발을 불러왔다. 미·소 군정을 일시적인 점령으로 생각하며 한국의 독립에 열망을 가졌던 한국인들은 우리의 독립보다 미·소 점령국의 이해에 따라 분할하여 통치하려는 그들의 속셈에 대하여 좌우익 및 민족주의세력, 공산주의세력 모두 신탁통치 결사반대와 반탁을 주장하였다.

신탁통치에 대한 이러한 거족적 반대는 민족의 완전한 자주독립이 조속히 실현되기를 바라는 민족의 열망, 당장 자주정부를 운영할 수 있다는 민족적 자존심, 신탁통치를 변형된 식민지배로 간주하는 오해 등이 상승 작용한 때문에 일어난 것이었다. 이러한 거족적인 반탁운동을 앞서서 이끌면서 초기

31) 12월 27일 발표된 주요 정당들의 탁치반대성명에는 모두 "소련이 탁치를 주장하였다하니"라는 구절이 들어 있다(《동아일보》, 1945년 12월 28일).

반탁운동의 핵심이 된 것은 임시정부와 김구였다.

먼저 임정세력이 12월 28일 즉각 국무회의를 열어 반탁결의문을 발표함과 동시에 곧 전체 정계로 확대되면서 '신탁통치반대국민총동원위원회'를 조직하였는데 여기에는 한민당 · 국민당과 함께 조선공산당과 인민당도 참여했다. 민족주의자들은 12월 31일 반탁데모를 열기로 했으며, 공산당은 별도로 1946년 1월 2일에 열기로 계획하였다.[32] 그러나 좌익세력 공산주의자들은 1월 2일 예정되었던 반탁데모를 취소하고 모스크바협정 지지로 선회하였다. 이른바 반탁에서 찬탁으로의 전환이었다.

1월 2일 조선인민공화국의 중앙인민위원회가 신탁통치안을 국제적 · 국내적 해결이라며 지지를 했고, 조선공산당도 즉시 독립보다는 민족통일전선의 완성으로 신탁통치 지지를 표명했다. 이후 좌익진영은 그들이 동원할 수 있는 모든 수단과 기회를 동원하여 모스크바 3상회의의 결정을 지지하는 운동을 전개했다.

우익측이 이 같은 좌익측의 찬탁 선회를 두고 민족반역자로 매도했을 것[33]은 두말할 필요도 없다. 당시 대중은 신탁통치를 반대했기 때문에 좌익은 찬탁으로 해방 직후의 우위를 상실하고, 우익은 반탁으로 대중의 광범위한 지지를 획득했다. 찬탁과 반탁 노선으로 좌우세력의 대립은 본격화되었다. 김구는 독립된 한국통일정부를 목적으로 미 · 소연합국에 의한 신탁통치 철회를 위해 조선인민공화국을 지지하는 좌익과 임정을 지지하는 우익을 망라하여 비상정치회의(뒤에 비상국민회의)를 소집하였다.

그러나 공산주의자들과 여운형은 정치회의에서 좌익세력의 대표권 보장이 어렵고 공산당을 포함시키지 않았기 때문에 너무 우익적이며, 신탁통치에 대한 그들의 지지를 포기할 수 없어서 거부하였다. 결국 공산주의세력과 우익 민주주의세력간의 연립은 성사될 수 없었다.

---

32) 1월 1일까지만 해도 조선인민공화국 중앙인민위원회는 통일정부 수립방안에 관한 성명을 발표했고 조선공산당도 '탁치문제의 해결은 민족통일전선 결성으로'라는 제하에 탁치반대 내용을 담은 성명을 발표했다. 조선인민공화국 및 조선공산당의 1월 1일자 반탁 내용을 포함한 성명은《朝鮮日報》, 1946년 1월 1일자 및 2일자에 게재되어 있다.

33)《동아일보》, 1945년 12월 31일.

우익측은 지금까지 비교적 분산되었던 세력들을 반탁운동으로 결집시켜 나갔다. 먼저 임정이 소집한 '비상정치회의'와 이승만의 '독립촉성중앙협의회'가 중심이 되어 비상국민회의를 열었고, 역시 '독립촉성중앙협의회'와 임정계가 만든 '탁치반대 국민총동원위원회'가 합동하여 '대한독립촉성국민회'를 발족시키는 한편 이승만을 의장, 김구·김규식을 부의장으로 하는 '대한국민대표민주의원'을 결성하였다.

좌익측도 인민당·공산당·조선독립동맹 등이 중심이 되어 '조선노동조합전국평의회', '전국농민조합총연맹', '조선민주청년동맹', '천도교청우당' 등 29개의 정당과 단체가 모여 여운형·박헌영·허헌·김원봉 등을 의장단으로 하는 '민주주의민족전선'을 결성함으로써 세력을 결집시켰다.

이로써 대한정국은 신탁통치 문제를 지지하느냐 반대하느냐로 편가름해서 우익세력은 '민주의원'을 중심으로 한 반탁노선으로, 좌익세력은 '민주주의민족전선'을 중심으로 찬탁노선으로 분열되어 좌우 정치세력의 대립을 가져왔다. 요컨대 한반도에 신탁통치 실시라는 미·소강대국의 자국적 이익에 따라 한민족의 희생이 감수되고 있는 상황에서 남한에서는 찬탁과 반탁을 둘러싸고 좌우익 투쟁이 비화되었다.

(5) 탁치문제에 대한 논쟁

해방 당시의 찬·반탁론이나 그에 대한 최근의 분석에 이르기까지 탁치를 바라보는 관점은 크게 3가지 견해로 나누어진다.

첫째, 신탁통치는 당시 국제 여건상 과도기적으로 진행될 수밖에 없는 객관적 조건이었고 따라서 그 자체 내에 진보적 성격을 포함하고 있다는 탁치지지론적, 긍정론적 입장이다. 이 견해는 당시의 조선공산당을 비롯한 좌익계열의 노선이 대표적이었다.[34] 이는 신탁의 구체적 내용이 조선민족의 임시정부 수립에 있는 만큼 당시의 국제 역학관계상 오히려 이를 수용하는 것이 현실적인 해결책이었으며, 감성적인 즉각적 민족독립론에 입각한 반탁운동은 오히려 친미독재세력 및 분단세력이 등장할 기회를 만들어 주었을 뿐이라는

34) 변형윤 외, 《분단시대와 한국사회》(까치, 1985).

입장이다.

둘째, 탁치는 반민족적이고 반자주적인 것으로서 받아들여서는 안되며, 특히 좌익계열이 반탁에서 찬탁으로 급전환한 것은 소련이 이에 적극 개입했기 때문이라는 탁치반대론적 입장이다. 이 견해는 반탁운동으로 단결하지 않고 사대주의적인 찬탁을 좌익이 채택함으로써 민족적 혼란을 야기시켰다는 것이다. 이는 주로 당시의 반탁론자들의 주장이었으며, 엄밀히 말해서 다시 순수 민족주의론자들과 반탁을 이용한 반공론자들의 주장으로 분류된다.

셋째, 찬·반탁의 대립은 현실적으로 민족해방, 통일운동의 분열을 야기시켜 분단체제를 고착시키는 기틀이 되었으며, 따라서 민족통일에 결정적 타격을 입히고 이른바 단독정부가 수립되는 기반을 마련해 주었다는 찬·반탁운동 해악론의 입장이다. 이 견해는 찬·반탁운동의 대립은 그 자체로서 탁치라는 사안에 함몰되어 당시의 급박한 과제, 가령 토지문제·일제잔재 청산문제 등을 뒤로 미루어 놓음으로써 친일·친미세력의 재등장에 이용되었다는 것이다. 이러한 세 가지 견해는 탁치문제 중에서 이른바 모스크바 3상협정에 관하여 남한의 여러 정치세력들이 어떻게 대응하였는가라는 적극적 대처 방안의 관점에서 견해들을 분류해 놓은 것이다.

탁치문제가 국내에 제기되어 전개된 국내 정치세력의 이른바 반탁·찬탁의 좌우대립은 이후 한국의 민주주의 발전에 악영향을 끼친 치욕스런 논쟁이라고 할 수 있다. 외세에 의하여 강요된 분단구조에서 국내 정치세력이 단결된 모습으로 싸우기는 커녕 오히려 분단구조에 영합하여 분열을 자초하였다. 이렇게 하여 이른바 '내쟁적 측면'을 표출하여 외세의 분단 책임을 면탈시켜 주었으며 미·소대립이 명확하게 드러나지 않을 시점인 1946년 초에 그 대립의 쟁점을 제공하여 대립을 부추기게 되어 분단고정화에 지대한 영향을 미쳤다.

반탁이나 모스크바 결정 지지노선이나 모두 부분적인 타당성을 지닌 논리일 뿐이며 민족해방과 통일이라는 과제의 실현 면에서 볼 때 어느 쪽 길이 옳은 길이었다고 판단하기는 어려운 양쪽 노선 모두 문제가 있는 논리였다. 당시의 이론가가 모스크바 결정에 숨겨져 있는 미국과 소련의 다른 의도를 분리해서 인식하지 못하고 단지 총체적으로 인식하여 지지 아니면 반탁으로

대립하였던 것이 중대한 오류였다.[35]

그렇다면 이렇게 대립하여 일을 그르친 책임은 누구에게 있는지 책임문제를 거론해야 할 필요가 있다. 우선 당시의 좌우대립을 자초한 좌익세력에 주체적 책임이 있으며, 이를 이용한 우익세력은 수혜자인 동시에 책임 있는 당국자이다. 탁치문제에 관해 좌·우 모두는 민족문제 해결의 관점인 민족해방, 민족통일의 시각에서 조망하기보다는 자신들의 입장과 한정된 정보에 입각해서 단기적·자의적으로 조망하였고 그것을 통해 자신의 영향력만을 확대하려는 근시안적인 주장만을 한 셈이다.

(6) 신탁통치 문제 이후의 정국

탁치 이후 정국의 특징은 한마디로 해방 직후의 상황과 비교하여 우익진영의 힘이 놀라울 정도로 강해졌다는 점이다. 해방 직후 좌익에 대해 상대적으로 열세였던 우익이 이제는 좌익진영을 상대로 대등한 위치에서 협상을 벌일 수 있을 정도로, 독자적인 통일전선체를 구축하였던 것이다. 나아가 이러한 힘을 배경으로 이제 독자적인 헤게모니 장악까지도 바라볼 수 있게 되었다.

신탁통치 문제로 인해 촉발된 좌우대립은 '민족적 치욕'이었다. 외세에 의하여 강요된 분단구조에 국내 정치세력이 단결된 모습으로 대응하지 못하고, 오히려 분단구조에 영합하여 분열을 자초하고 만 것이다. 이러한 분열적인 모습은 외세의 분단 책임을 합리화시켰으며 미·소대립이 명확하게 드러나지 않는 시점인 1946년 초에 미·소대립의 쟁점을 제공하고 부추기게 되어 분단 고정화에 지대한 영향을 미쳤다. 또한 좌우대립이 치열해지는 동안 청산되어야 할 대상인 친일파세력들은 반소·반공의 기치를 내걸고 미군정의 은근한 보호를 받으며 애국자로 탈바꿈하였다. 결국 이러한 소용돌이 속에서 식민지 잔재를 청산한다는 민족사의 과제는 유명무실하게 되어버렸다.

35) 일부에서는 모스크바 결정이 유일한 통일 방법이요, 후견제의 실시를 통하여 자본주의 세계체제로부터 독립할 수 있었을 것이라고 가정하여 지지노선의 타당성을 부각시키기도 한다. 그러나 대중의 반탁 열기를 무시한 박헌영식 지지노선 전환의 '오류'를 지적하는 '대중노선적 비판'도 설득력 있게 제기되고 있다.

또한 남한에서의 대결적인 상황에 대한 책임은 좌우의 정치세력보다는 이를 조성한 언론에 돌아갈 수도 있다. 당시의 오보는 단순한 실수였는가. 당시 언론사를 통제하였던 미군정이 이러한 오보를 묵과한 이유는 무엇인가. 오히려 미국의 고위 당국자가 미국 통신사를 이용 사주하여 대중의 반소·반탁감정 형성을 조장한 '음모'가 개재되어 있는 것은 아닌가. 만약 모스크바 3상협정의 내용에 대한 오보가 없었다면 우익세력이 정국의 주도권을 획득하는 것은 거의 불가능했을지도 모른다는 의견이 있다.

〈安鍾澈〉

2. 주요 정치세력의 통일국가 수립운동

1) 우익 정치세력의 노선과 활동

식민지시기 민족운동세력 중 조선공산당이나 좌익 정치세력과의 연합에 반대한 정치세력들을 우익 정치세력으로 분류할 수 있다. 국내에서 1920년대부터 자치운동·문화운동을 전개했던 金性洙·宋鎭禹를 중심으로 하는 東亞日報그룹(한국민주당을 결성), 중국에서 大韓民國臨時政府(이하 임시정부)내 金九를 중심으로 하는 韓國獨立黨세력, 미국에서 임시정부의 駐美代表部 대표로 활동하였던 李承晩 등이 대표적인 우익 정치세력에 속한다고 할 수 있다.

이들 우익 정치세력의 특징은 서구적인 자유민주주의 정치체제를 추구한다는 것과 공산주의에 반대하는 정치노선을 가장 중요한 정치적 목표로 내세우고 있다는 점이다. 8·15 직후에 사회주의적 사회체제를 선호하는 대중들의 열망으로 전자가 본격적으로 추진되지 못했다면, 후자는 이들 우익 정치세력들을 하나로 묶는 가장 중요한 고리로서 작용하였다. 따라서 우익 정치세력들은 1948년 대한민국정부가 수립될 때까지 좌익과의 정치적 합작에 대해서 부정적인 입장을 견지하였으며, 1945년 말 이후 전개된 信託統治 반대운동은 우익 정치세력들이 공동전선을 형성할 수 있는 계기를 마련하였다.

우익 정치세력들은 식민지시기 동안 국내에서 활동했던《동아일보》그룹을 중심으로 한 韓國民主黨이 가장 먼저 활동을 시작한 이래 이승만과 임시정부의 환국으로 세력을 확장하였다. 특히 우익 정치세력들은 미군정의 지원을 통하여 강력한 정치세력으로 성장하였다. 이승만과 임시정부의 환국 직후에는 주도권을 둘러싸고 갈등이 있었지만, 신탁통치 반대운동을 계기로 하여 우익 정치세력은 연합체를 형성하기 시작하였다. 反託鬪爭委員會·非常國民會議·民主議院 등은 우익 정치세력들이 반탁의 입장에서 미·소공동위원회에 대처하기 위한 공동전선을 취하기 위하여 조직되었다.

그러나 우익 정치세력들은 제1차 미·소공동위원회가 휴회된 이후 우익 내부의 주도권을 둘러싸고 분열되기 시작하였다. 우익 내부의 분열은 모스크바 3상회의 결정서 및 미·소공동위원회, 그리고 미군정에 대한 견해의 차이에서 나타나는 것이기도 하였지만, 주도권을 장악하기 위한 파쟁의 과정에서 나타났다. 또한 1946년 6월 이승만의 '단독정부 수립'과 관련된 소위 '井邑발언' 이후 우익 정치세력들 내부에서 정부수립을 둘러싼 갈등도 나타나기 시작하였다. 1946년 말 이후 이승만과 임시정부세력은 각기 주도권 확보를 위한 각각의 연합체를 조직하였으며, 미·소공동위원회가 결렬된 1947년 말 이후에는 서로 다른 길을 걷기 시작하였다.

이승만과 한국민주당은 대한민국정부의 수립에 적극적으로 참여하였다. 그러나 임시정부세력은 분단정부 수립에 반대하면서 38선 이남과 이북의 정치협상을 추진하였다. 이승만과 한국민주당의 경우에도 정부수립의 과정에서 분열되었다. 양 세력은 모두 대한민국정부에 참여하였지만, 서로간의 견해차이 및 주도권을 둘러싼 갈등으로 새 정부하에서 與野로 나뉘게 되었다.

(1) 한국민주당

국내에 있었던 우익 정치세력들 중 8·15 직후 가장 먼저 정치활동을 시작한 것은 일본 패망 당시 국내에 있었던《동아일보》그룹이었다.《동아일보》그룹의 핵심 인사였던 송진우는 8·15 직후 朝鮮建國準備委員會(이하 건준)에 참여하지 않고 정세를 관망하다가, 미군의 진주를 앞두고 1945년 9월 1일 '大韓民國臨時政府 還國歡迎會'를 구성하였다. 이것은 당시 활발한 활동을 전개하고 있었던 朝鮮共産黨 중심의 좌익 정치세력에 대한 대응이면서 동시에 미군의 진주에 대비하기 위한 것이었다.[1)]

미군의 상륙을 앞두고 동년 9월 6일 건준이 朝鮮人民共和國(이하 인공)으로 개편되자, 송진우는 9월 7일 '國民大會準備會'를 결성하였다. 《동아일보》 사옥에서 결성된 국민대회준비회에는 송진우(위원장), 김성수, 徐相日(부위원장), 元世勳(부위원장), 金俊淵(총무부), 張澤相(외교부), 薛義植(정보부), 尹致暎(경호부) 등이 참여하였다. 국민대회준비회는 重慶의 대한민국임시정부에 대한 지지를 선언하였으며, 이 조직이 모체가 되어 미군이 진주한 직후인 9월 16일 韓國民主黨(이하 한민당)을 결성하였다.[2)]

한민당 창당대회는 천도교 기념관에서 1,600여 명의 발기인이 참여한 가운데 개최되었다. 창당대회에서 300명의 중앙집행위원을 선출하고 이승만·徐載弼·김구·李始榮·文昌範·權東鎭·吳世昌 등 7인을 당의 영수로 추대하였다. 송진우가 당의 수석총무로 선출되어 당수 격으로 당을 대표하였으며, 지역 안배에 따라 원세훈·白寬洙·서상일·金度演·許政·趙炳玉·白南薰·金東元이 총무에 선출되었다.

초기 한민당은 '지주·자본가 및 친일파'들의 정당이라는 좌익 정치세력의 비난과는 달리 다양한 정치세력이 참여하였다. 연해주·상해·북경 등에서 항일운동을 하다가 일본 경찰에 체포되어 복역한 이후 국내에서 활동했던 원세훈은 1945년 8월 18일 高麗民主黨을 결성하였으며, 한민당에 참여하였다. 식민지시기 유명한 항일변호사였던 金炳魯와 李仁 등도 초기에는 건준에 참여한 安在鴻과의 합작을 추진하였지만, 건준의 조직개편으로 안재홍이 건준에서 탈퇴하자, 백관수·조병옥·金若水 등과 함께 한민당에 참여하였다. 식민지시기 친일을 하지 않았던 국내의 우익인사들이 8·15 직후 한민당에

---

1) 송남헌, 《해방3년사》 I(까치, 1985), 77쪽.
2) 국민대회준비회는 한민당이 창당된 이후에도 그대로 존속했는데, 이는 "해외망명 동지들이 환국한 다음에 완전독립의 총협의체로 재편성하여 활용할 심산" 때문이었다(고하선생전기편찬위원회, 《고하 송진우선생전》, 동아일보사, 1990, 460쪽). 이 '준비회'는 후일 미군환영대회(1945년 10월 20일), 임시정부요인 환영대회(1945년 12월 19일) 등을 주관하여 한민당의 존재를 내외에 과시하는 역할을 했으나 한민당과 한독당의 합당결렬과 송진우의 피살로 유명무실해지고 말았다.

모두 참여하게 된 데에는 공산주의에 반대한다는 이념적 동질성과 함께 민족통일전선을 표방한 건준이 인공으로 개편되는 과정에서 좌익세력들에 의해 독선적으로 운영되었다는 점이 중요한 이유로 작용하였다.

8·15 직후 한민당에 참여했던 주요 세력과 인물은 다음과 같다.

한국국민당 : 張德秀·허정·백남훈·윤치영·尹潽善
조선민족당 : 원세훈·김병로·백관수·조병옥·咸尙勳·김약수·이인
국민대회준비회 : 송진우·김성수·서상일·김준연·장택상·설의식

9월 22일에는 중앙집행위원회를 개최하여 11개 부서장과 중앙감찰위원 30명을 선출하였다. 11개 부서는 당무부·외무부·조직부·내무부·선전부·정보부·노동부·문교부·후생부·조사부·연락부 등이었으며, 후에 지방부·청년부·훈련부 등 3개 부서가 추가되었다.[3] 지방지부의 조직은 '친일파정당'이라는 오명 때문에 조직 결성이 쉽지 않았지만, 1945년 11월 초 광주를 시작으로 1945년 12월 부산과 서울에서, 그리고 1946년 6월에서 11월 사이 경상남도(6월 16일), 충청북도(7월 31일), 전라북도(10월 15일), 경상북도(11월 2일)에서 지방지부가 조직되었다.[4] 1946년 말까지 53개의 당지부가 결성되었고, 결성 중에 있는 지부가 27개였으며, 창당시 5만 명이라고 신고한 당원수가 23만 명으로 증가되었다.[5]

한민당은 다음과 같은 정치노선하에서 정치활동을 전개하였다. 첫째로 인공에 대한 반대노선이다. 초기 한민당에는 친일경력의 인사에서부터 일제말기까지 독립운동을 했던 다양한 인사들이 참여하였지만, 식민지시기 실력양성운동, 기독교운동, 자치운동을 주도하면서 좌익 정치세력과 대립하였던 우익 정치세력들의 결집체였다. 당 내부에는 친일을 했던 세력과 일본의 압력을 이겨낸 비타협적 민족주의자들이 참여하였지만, 8·15 직후 좌익의 결집

---

3) 박태균, 〈해방직후 한국민주당 구성원의 성격과 조직개편〉(《국사관논총》 58, 국사편찬위원회, 1994), 90~92쪽.
4) 심지연, 《한국민주당연구 II : 한국현대정당론》(창작과 비평사, 1984), 222·229쪽.
5) 《조선연감》(조선통신사, 1947), 57쪽. 그러나 당시의 대체적인 분위기는 "한민당에 가입해 주는 것만 해도 당지도부로서는 고마워했던" 분위기였기 때문에 실제 당원수보다는 훨씬 과장된 것으로 보인다.

체였던 인공에 대한 반대를 가장 중요한 정치노선으로 내세우고 있었다. 창당선언문을 통해서 중경의 대한민국임시정부에 대해 절대적 지지를 선언한 것 역시 인공에 대한 반대를 천명한 것이었다. 임시정부에 대한 지지는 공통된 정치노선에 기초한 것이 아니라 인공에 대항할 수 있는 정치세력과의 결집을 모색한 것이었다. 한민당이 信託統治 反對運動(이하 반탁운동)을 지지한 것 역시 좌파세력에 대한 반대운동의 일환이었다.

둘째로 미군정과의 협조노선이다. '친일파 · 지주 · 자본가'의 정당이라고 비난을 받았던 한민당으로서는 실질적인 힘을 가지고 있었던 미군정과의 협조노선이 존립을 위해 필수적인 것이었다. 정치노선 상에서도 좌파나 소련에 대항하기 위하여 미군정과의 연합은 불가피한 것이었다. 미군정에 대한 적극적인 협조는 한민당에 참여하고 있던 인물들의 사상 및 교육배경과 무관하지 않았다. 한민당에 참여하고 있었던 많은 인물들이 식민지시기 일본이나 미국에서 유학한 경험을 가지고 있었다.[6] 미군정으로서도 통치를 위하여 "연로하고도 보다 교육받은 한국인들 가운데 수백 명의 보수주의자들"[7]의 영어 실력을 필요로 하였고, 둘 사이의 연합은 자연스럽게 이루어졌다. 1945년 10월 초 미군정이 설치했던 고문회의에는 전체 10명 중 7명이 한민당 관계자였으며, 미군정 내의 국장(지금의 장관)과 도지사 역시 한민당 출신이 다수 참여하였다.[8]

---

6) 일본에서 유학한 대표적인 인물은 김병로 · 이인(이상 明治大學), 송진우 · 김성수 · 장덕수 · 장택상(이상 早稻田大學), 김도연(慶應大學), 김준연 · 유억겸 · 남궁영(이상 東京帝國大學) 등이다. 미국에서 유학한 대표적인 인물은 김도연 · 백낙준 · 윤치영 · 이기붕 · 임영신 · 장덕수 · 조병옥 등이다. 이외에 장택상(영국), 이극로, 김준연(이상 독일) 등이 유럽에서 유학하였다.

7) 〈재한국정치고문(베닝호프)이 국무장관에게(1945년 9월 15일)〉(김국태 역, 《해방 3년과 미국》 I, 돌베개, 1984), 56쪽.

8) 미군정 내의 부 · 국장 · 도지사 중 이용설(보건위생국장), 이훈구(농상국장), 조병옥(경무국장), 유억겸(학무국장), 김병로(법무부장), 민희식(운수부장), 구자옥(경기도 지사), 서민호(광주부윤) 등이 한민당 관련 인사들이었다.
박태균, 〈8 · 15 직후 미군정의 관리 충원과 친일파〉(《역사와 현실》 10, 한국역사연구회, 1993), 61~62쪽.
경찰 및 사법조직에서 한민당원들의 참여와 관련해서는 안진, 《미군정기 억압기구 연구》(새길, 1996) 참조.

셋째로 자본가와 지주에 기반한 경제정책노선이다. 당 강령과 정책을 통해 발표된 한민당의 정치노선은 당시 좌익 정치세력이나 중도 정치세력에서 주장하였던 내용과 크게 다르지 않았다. 즉, '근로대중의 복리증진을 기함', '교육 및 보건의 기회 균등', '주요 산업의 국영 또는 통제 관리' 등은 조선공산당을 비롯한 대부분의 정치세력들이 정강, 정책에 공통적으로 담고 있는 내용이었다. 한민당의 함상훈은 경제대책에 대한 토론회에서 "아당의 공업건설 의견은 대체로 공산당의 의견과 근사하다"라고 주장하였다.[9] 단지 토지문제와 관련하여 다른 정치세력들과 차이가 있었다. 한민당을 제외한 다른 정치세력들이 토지국유화, 또는 유·무상몰수, 무상분배를 주장하고 있던 데 반하여 한민당은 '토지제도의 합리적 재편성'이라고 규정하여 구체적인 내용과 방안을 밝히지 않았다.[10]

그러나 실제적 활동에서 나타나는 경제정책은 지주와 자본가 중심의 경제체제를 건설하기 위한 것이었다. 한민당은 토지개혁을 위한 過渡立法議院의 움직임에 대해 적극적으로 반대하는 입장이었으며,[11] 미군정의 적산불하 방침에 대해서는 적극 찬성하였다. 당시 여론은 "많은 자본을 가진 사업가 혹은 간상배 이외에는 도저히 살 수 없을 것"이라고 하면서 현금 일시지불에 의한 적산불하를 반대했음에도 불구하고[12] 한민당은 "악성인플레 방지, 훼손·유실 방지, 다수인의 소유권 향유 등 견지에서 찬성"한다는 입장을 밝혔다.[13]

한민당의 경제정책은 美·蘇共同委員會에 제출한 '임시정부의 정강'에서 잘 나타난다.[14] 한민당이 주도하고 있었던 '臨時政府樹立對策協議會'에서 제출한 방안을 보면 경제기구와 산업, 산업조직 등의 항목에서, 정책과 강령을 통해 발표한 바와 마찬가지로 '계획통제정책의 수립', '경제기획원의 설립',

9) 〈정당통일과 경제대책〉(《춘추》 제5권 1호, 1945 ; 심지연, 《한국민주당연구》 I, 풀빛, 1982, 163~167쪽에 재수록).
10) 중앙선거관리위원회, 《대한민국정당사》(보진재, 1968), 120~122쪽.
11) 《동아일보》, 1946년 10월 9일.
12) 《조선연감》(조선통신사, 1948), 176쪽.
13) 《동아일보》, 1947년 7월 26일.
14) 새한민보사, 〈임협의 답신안〉(《임시정부수립대강》, 1947), 16~40쪽.

'최저 임금제' 등을 내세우고 있지만, 토지문제에 있어서는 '유상매수·유상분배', 재산권에 대해서는 '배타적 소유권의 확립', 산업부문에 있어서 '농토자본의 산업자본으로의 계획적인 전화' 등을 그 내용으로 하고 있다. 대부분의 정치세력들이 무상분배를 골자로 하는 농지개혁과 중요 산업의 국유화를 내세우면서 대중적 지지를 얻고 있었던 8·15 직후의 상황에서 한민당 역시 이것을 수용하지 않을 수 없었지만, 경제정책의 기본 방향은 지주와 자본가를 중심으로 하는 것이었다.

한민당의 활동은 위의 정치노선 위에서 크게 미군정에의 협조, 반탁운동, 38선 이남만의 단독선거 실시운동 등으로 이어졌다. 미군정의 행정기관에 적극적으로 참여했던 한민당은 이승만과 임시정부가 귀국하자 이들을 중심으로 우익 정치세력을 강화하고자 노력하였다. 송진우가 암살당한 직후[15] 조직을 개편한 한민당은 4당회합·5당회합 등 정치세력 통합을 위한 움직임에 참여하였지만, 기본적으로는 임시정부를 중심으로 한 반탁운동에 합류하였다.

미·소공동위원회를 앞두고 한민당은 미군정과 이승만이 주도한 大韓國民代表民主議院(이하 민주의원)에 합류하였다. 한민당의 미군정에 대한 협조노선은 미·소공동위원회와 반탁운동에 대한 입장에서 잘 나타난다. 비록 합당이 이루어지지는 않았지만, 韓國獨立黨(이하 한독당)·國民黨 등과 우익정당의 합당을 위한 움직임에 참여하기도 했던 한민당은 미·소공동위원회에서 〈제5호 성명〉이 발표되자 이에 서명하고 미·소공동위원회에 참여한다는 입장을 표명하였다. 이것은 반탁의 깃발 아래 우익 정치세력의 합작 역시 한민당의 중요한 정치노선이었지만, 그 이전에 미군정과의 협조노선이 보다 중요한 노선이었음을 보여주는 것이었다.[16] 제2차 미·소공동위원회 때에도 한민당은 반탁진영에 합류해 있으면서 임시정부측과는 달리 미·소공동위원회에 참여할 의사를 표명하였다.[17]

---

15) 송진우의 암살과 관련해서는 박태균, 《38선을 베고 쓰러진 거인들》(지성사, 1984) 참조.

16) 도진순, 《한국민족주의와 남북관계 : 이승만·김구시대의 정치사》(서울대 출판부, 1997), 82~84쪽.

17) 《동아일보》, 1946년 6월 10일.
《경향신문》, 1947년 6월 18일.

미·소공동위원회가 휴회된 이후 미군정이 추진한 左右合作委員會, 南朝鮮過渡立法議院(이하 과도입법의원)에 참여한 한민당은 1947년 이후 과도입법의원에서 적극적으로 활동하였다. 과도입법의원은 1947년 친일파 처리문제, 토지개혁 등을 내용으로 하는 법안을 심의하였는데, 한민당은 법안 심의과정에서 보수적인 입장을 표명하였다. 즉, '附日協力者 등에 관한 특별법률안'과 '토지개혁법안'에 대하여 반대하였고, 결국 양 법안은 보류되었다. 普通選擧法의 제정과 관련해서 한민당은 25세 이상의 사람들에게 선거권을 주어야 한다고 주장함으로써 진보적인 입장의 젊은층들이 선거에 참여할 수 없도록 하는 방안을 제기하기도 하였다.[18]

한민당의 이상과 같은 활동과정은 다른 한편으로 당내 인사들의 탈당으로 인한 당 조직의 축소과정이었다고 할 수 있다. 좌우합작위원회에 참여하는 과정에서 한민당의 대표로 참석하였던 원세훈은 좌우합작위원회에 대한 한민당의 부정적 태도에 대해 비판하면서 한민당에서 탈당하였다.[19] 원세훈의 탈당에 뒤이어 고려민주당계의 인사들이었던 韓興周(중앙상무감찰위원)·宋南憲(중앙상무위원)·朴明煥(청년부장) 등 49명이 탈당하였다.[20] 10월 말에도 탈당사태는 계속되었다. 10월 21일 김약수·金炳魯·李順鐸 등 중앙위원 12명과 평당원 40여 명, 11월 22일 중앙위원 강인택 등 20여 명, 11월 28일 중앙위원 박용희 등 17명, 12월 5일 중앙당무집행위원 김상규 외 중앙집행위원 4명과 당원 82명, 12월 17일 중앙집행위원 박원식 외 평당원 56명이 탈당하였다.[21] 이들의 탈당은 좌우합작위원회뿐만 아니라 과도입법의원에 대한 한민당의 입장에 대한 비판과 함께 이루어졌다.

이러한 탈당사태로 인하여 한민당은 당 조직을 변화시켰다. 8명의 총무를

한민당은 과도입법의원 내에서 반탁결의안을 제출하는 데 적극 참여했었다(《동아일보》, 1946년 3월 7일).

18) 김영미, 〈미군정기 남조선과도입법의원의 성립과 활동〉(서울대 석사학위논문, 1993), 52~77쪽.

19) 《동아일보》, 1946년 10월 19일.

20) 《조선일보》, 1946년 10월 11일.

21) 이기하, 《한국정당발달사》(의회정치사, 1961), 129쪽.
탈당한 인사들은 대부분 김약수·원세훈이 주축이 되었던 '民衆同盟'에 참여하였다. 박태균, 앞의 글(1994), 116쪽.

대표로 하던 집단지도체제에서 단일지도제로 당헌을 개정하여 김성수를 당 위원장, 백남훈을 부위원장으로 선출했다. 그리고 이전의 총무제를 위원장제로 하는 동시에 후생·문교·지방 등 3부를 폐지하고 기획·정치부를 신설하여 12부로 개편하였으며, 중앙당무위원과 중앙집행위원을 재선출하였다.[22]

이러한 당 조직의 변화는 한편으로는 당 내의 다양한 목소리를 하나로 통일하는 계기를 가져왔지만, 다른 한편으로는 당의 왜소화를 가져왔다. 한민당은 1946년 말의 조직 개편 이후 김성수와 장덕수를 중심으로 당이 일사불란하게 움직일 수 있었다. 하지만 1947년 말 장덕수의 암살 이후 한민당은 큰 충격을 받지 않을 수 없었다. 장덕수는 한국문제가 유엔에 이관된 직후 총선에 대비한 조직 정비를 책임지고 있었고, 미군정 역시 장덕수를 중심으로 새로 수립될 대한민국의 행정조직을 정비하고자 하였다.

당 조직의 축소와 핵심인사들의 탈퇴·암살 등은 결국 한민당이 총선에서 패배하는 결과를 가져왔다. 한민당은 1948년 5월 10일의 총선거에 정당으로는 유일하게 참여하였지만, 전체 200석 중 15%에도 미치지 못하는 29명만이 당선되었고, 李承晩 정부의 조각과정에서 철저하게 외면당하면서 야당으로 전락하였다. 1949년 2월 한민당을 해체하고 大韓國民會의 申翼熙, 大同青年團의 池青天 등과 연합하여 민주국민당을 결성하였지만, 1955년 민주당으로 확대 개편될 때까지 한민당 계열은 정부조직에 참여하지 못한 채 야당으로서 약세를 면할 수 없었다.

(2) 임시정부세력과 한국독립당

1919년에 수립된 대한민국임시정부는 중국관내에서 활동한 민족해방운동단체로서 1930년대까지 우파 민족주의자들에 의해 유지되었다. 1942년 이후 조선민족혁명당을 비롯한 정당·단체들이 임시정부에 참여하여 1944년에는 연립내각을 구성하였다. 따라서 한독당은 1930년 李東寧·安昌浩·金九·趙琬九 등 28명이 참여한 가운데, 종래의 파벌투쟁을 청산하고 민족주의운동전선을 통일하여 임시정부의 기초적 정당을 조직한다는 목적 아래 결성되었

---

22) 《서울신문》, 1946년 10월 13일.
《조선일보》, 1946년 10월 19일.

다.[23] 한독당은 임시정부에 참여한 인사들이 주도한 정당으로, 민족혁명당이 결성되면서 1935년 11월 한국국민당으로 개편되었고, 1940년 5월 중국국민당의 지원하에 '통합' 한독당으로 개편, 김구와 趙素昂이 주도하는 체제하에서 8·15를 맞이하였다.

해방 후 귀국하는 시점에서 이들의 정치노선을 잘 보여주는 것은 1945년 8월 21일 重慶에서 발표한 黨綱과 黨策이었다.[24] 당강과 당책은 조소앙과 신익희가 기초한 것으로 1940년 10월과 1941년 11월 임시정부에서 발표한 〈大韓民國臨時憲法〉과 〈大韓民國建國綱領草案〉의 내용을 계승하였다.[25] 주요한 내용은 '계획경제제도의 확립', '토지국유의 원칙하에서 인민에게 분급', '보통선거제의 실시', '중요 산업의 국유화', '국비교육시설의 완비', '친일문제 해결' 등이었다.[26] 이러한 내용은 일견 사회주의적인 것으로도 보이지만, 중국 국민당의 노선인 손문주의의 영향을 받은 조소앙의 삼균주의의 원칙 위에서 만들어진 것이었다.

식민지시기 임시정부와 한독당의 활동이 다른 정치세력들의 활동에 비교하여 뚜렷하게 중요한 활동을 한 것은 아니었지만, 국내의 민중들이 느끼는 비중은 다른 독립운동단체에 비하여 월등하게 큰 것이었다. 따라서 일반 민중들뿐만 아니라 정치세력들에게 있어서도 8·15 이후 임시정부와 한독당의 귀국 및 활동은 국내의 정치상황을 뒤바꾸어 놓을 수 있을 정도로 커다란 태풍의 눈이라고 할 수 있었다.[27]

---

23) 노경채, 《한국독립당연구》(고려대 박사학위논문, 1991), 28~29쪽.

24) 〈한국독립당 제5차 임시대표대회선언-부 당의 당강 당책 당면구호〉(송남헌, 앞의 책), 186~190쪽.

25) 한국정신문화연구원 편, 《한국독립운동사 자료집-조소앙편(三)》(1983), 264쪽. 국사편찬위원회, 《한국독립운동사 : 자료 2-임정편 11》(1971), 29~34쪽.

26) 환국 이후 임시정부와 한독당의 활동이 반탁운동에 집중되었기 때문에 이러한 정치노선이 8·15 이후에도 그대로 계승되는 것인지, 아니면 변화하는 것인지 추측하기는 어렵다. 단지 토지문제와 관련하여 한민당과 조선공산당의 반대에도 불구하고 좌우합작위원회의 7원칙에 찬성한 것을 볼 때 '몰수·유조건 몰수·체감매상, 무상분배案'을 긍정적으로 받아들였던 것으로 보인다.

27) 한민당은 임시정부의 환국과 환영을 가장 큰 목표로 세워놓고 있었으며, 조선공산당이 주도한 인공 역시 임시정부의 환국 이전에 임시정부 요인들을 인공의 주요 각료에 임명해 놓은 상태였다. 임시정부가 환국하자마자 인공은 임시

국내에 미군정이 설치되어 있었고 중국 내 한국인들의 문제 때문에 임시정부와 한독당이 쉽게 귀국할 수 없었지만, 이들의 귀국을 적극적으로 추진한 것은 미군정이었다.[28] 미군정은 38선 이남의 정치세력 재편계획의 일환으로 임시정부의 귀국을 추진하였다.[29] 이에 따라 임시정부와 한독당은 8·15 이후 3달이 지난 11월 23일과 12월 2일 2차에 걸쳐 귀국하였다. 이들이 귀국한 시점은 이미 좌파에서 인공을 조직하여 미군정과 대립하고 있었고, 이승만이 미군정의 후원하에 大韓獨立促成中央協議會(이하 독촉중협)를 조직하여 정치활동을 전개하고 있을 때였다.

환국한 임시정부와 한독당의 정치노선과 활동은 臨政法統論과 반탁운동으로 대표된다. 특히 반탁운동은 임시정부와 한독당이 주도한 가장 중요한 정치활동이었으며, 임정법통론 역시 반탁운동을 통해서 표출되었다.[30] 환국한 직후 인공과의 합작, 독촉중협과의 합작 등을 추진하였지만,[31] 임시정부는 '임정법통론'을 고수하였고, 이로 인하여 정치세력간의 단결이 쉽게 이루어지지 않았다. 8·15 이후 많은 정치세력들은 임시정부가 정치세력들을 통합할 수 있는 중심체로서 역할을 할 수 있을 것이라고 기대하였지만, '임정법통론'은 이러한 국내 정치세력들의 희망을 어렵게 하였다.

미군정이 임시정부의 '정부'로서의 역할을 부인하면서 임시정부의 활동은 어려움을 겪게 되었다. 그러나 '조선문제에 관한 모스크바 3상협정 결정서(이

정부와의 합작사업에 주력하였다.

28) 이승억, 〈임시정부의 귀국과 대미군정 관계(1945. 8~1946. 2)〉(《역사와 현실》 24, 한국역사연구회, 1997).
김정인, 〈임정 주화대표단의 조직과 활동〉(《역사와 현실》 24, 한국역사연구회, 1997).

29) 박태균, 〈1945~1946년 미군정의 정치세력 재편계획과 남한 정치구도의 변화〉(《한국사연구》 74, 1992), 127~134쪽.

30) '임정법통론'은 임시정부가 정부로서의 정통성을 가지고 있다는 것으로 임시정부 인사들이 다른 정치세력과 임시정부의 통합을 거부하는 가장 중요한 이유가 되었다. 임정법통론은 식민지시기 이래로 8·15 이후까지 임시정부 계열 인사들이 다른 정치조직과의 연합을 반대하는 가장 중요한 논리적 근거가 되었다. 8·15 이후 임정법통론에 대해서는 이용기, 〈1945~48년 임정세력의 법통정부 수립운동〉(서울대 석사학위논문, 1996) 참조.

31) 《자유신문》, 1945년 12월 21·26일.
《서울신문》, 1945년 12월 21일.

하 3상회의 결정서)'가 발표되자 반탁운동에 적극적으로 나서기 시작하였으며, 임시정부는 반탁운동을 통해 새로운 활로를 개척하였다.[32] 3상회의 결정서에는 '조선임시정부의 구성'이라는 조항과 '최고 5년 기한으로 4국 신탁통치'라는 조항이 함께 들어가 있었다. 비록 3항에서 '조선임시정부와 민주주의단체의 참여하에서 공동위원회가 수행'이라는 항목이 들어가 있었지만,[33] 임시정부는 '信託統治反對國民總動員委員會'를 설치하고 반탁운동을 적극적으로 이끌어 나갔다. 반탁운동을 통하여 일시적이나마 임시정부가 정국의 주도권을 장악하는 데 성공하였다.

임시정부와 한독당에서 즉각적으로 반탁운동을 추진하게 된 것은 ① 민족해방운동시기부터 국제공판론을 반대해 왔고, ② '임시정부'의 과도정부로서의 역할을 기대하였으며, ③ 반탁을 주도하는 가운데 정국의 주도권을 확보하고 이를 통해 국내기반을 확충하는 계기를 마련하고자 한 것이었다.[34] 임시정부는 총파업과 시가행진을 벌였을 뿐만 아니라 〈國字 1호〉와 〈국자 2호〉를 발표하여 정권 접수를 선언하였다.[35] 3상회의 결정서 발표 직후의 반탁운동이 즉각적인 독립을 바라고 있었던 대중들의 지지를 받았던 것은 사실이었지만, 임시정부가 파업을 비롯한 적극적인 투쟁을 전개하였기 때문에 미군정과의 관계는 악화되었다.[36]

초기의 반탁운동이 미군정의 반대로 인하여 실패하였지만, 임시정부는 과도정부를 위한 代議體 조직을 추진하였다. 대의체 건설을 위해 조직된 것이 '非常政治會議'였다. 비상정치회의에는 좌익의 정당들을 제외한 대부분의 우

---

32) 3상회의 결정서의 내용과 이에 대한 국내 정치세력의 대응에 대해서는 서중석, 《해방 후 좌우합작에 의한 민족국가건설운동 연구》(서울대 박사학위논문, 1990), 148~159쪽 참조.

33) 3항에 대한 소련측의 번역문에는 신탁통치 대신에 援助協力 또는 後見이라고 되어 있다(북조선민주주의민족통일전선 중앙위원회 서기국 편, 〈소미공동위원회에 관한 제반자료집〉, 《한국현대사 자료총서》 13, 돌베개, 1986, 11~12쪽).

34) 노경채, 앞의 책, 151~152쪽.

35) 《동아일보》, 1946년 1월 2일.

36) 도진순, 앞의 책, 63~64쪽 및 박태균, 앞의 글(1992), 279쪽.
미군정은 반탁운동이 격렬하게 전개된 직후에 임시정부를 중심으로 정치세력 재편을 추구한 것이 잘못된 전략이었다고 평가하고, 임시정부에 대한 지지를 철회하였다.

익 정치세력들이 참여하였다. 그러나 비상정치회의가 非常國民會議로 개칭되고 여기에 이승만과 독촉중협의 합류가 결정되자 임시정부 내에서 인공과의 합작을 추진했던 民族革命黨 계열의 인사들은 좌익의 불참을 이유로 임시정부에서 탈퇴했다.[37] 1942년 이후 중도파세력이 참여하고 있었던 임시정부는 반탁운동을 계기로 하여 김구와 조소앙을 중심으로 하는 우익세력만이 남게 되었다. 또한 비상국민회의 역시 미군정과 이승만의 계획을 통해 '南朝鮮代表民主議院(이하 민주의원)'으로 개편되자, 임시정부는 우익세력 내부의 주도권을 상실하게 되었다.

임시정부가 주도하는 대의체 조직에 실패하자, 임시정부는 한독당을 강화하면서 반탁운동을 전개하는 방향으로 정책을 전환하였다. 그 결과 1946년 3월 한독당과 국민당이 합당을 선언하였으며,[38] 한민당·新韓民族黨과의 통합을 추진하였다. 한민당과 신한민족당에서 통합에 대한 반대 견해가 도출되자 한독당은 이승만의 참여를 종용하기도 하였다. 결국 1946년 4월에 이르러 한민당이 빠진 채 한독당·국민당·신한민족당의 3당합당이 이루어졌다.[39]

1947년 한독당은 확장된 당세를 바탕으로 제2차 미·소공동위원회를 앞두고 반탁투쟁조직위원회를 주도하였지만, 과도입법의원에의 참여문제를 둘러싸고 당내 갈등이 나타나기 시작했다. 한독당 내의 임정계는 과도입법의원에 불참할 것을 주장하였고, 安在鴻을 중심으로 한 국민당계는 시급한 민생문제 해결을 위해 참여해야 한다고 주장하였다. 결국 한독당은 '일부 참가·일부 불참'이 '我黨의 방침'이라는 고육책을 내놓을 수밖에 없었다.[40]

과도입법의원에의 참여 여부를 둘러싸고 비롯된 당내의 갈등은 제2차 미·소공동위원회를 앞두고 더욱 심화되었다. 3상협정 결정서에 대한 지지를 이유로 權泰錫 등이 제명되었고[41] 미·소공동위원회 참여를 주장하였던 한독당 혁신파(주로 국민당 계열)가 제명되었다.[42] 탈당한 인사들은 新韓國民黨

37) 《조선일보》, 1946년 2월 24일.
38) 《한성일보》, 1946년 3월 23일.
39) 《한성일보》, 1946년 4월 19일.
40) 《조선일보》, 1946년 12월 19일.
41) 《한성일보》, 1947년 5월 14일.
42) 《동아일보》, 1947년 6월 21일.

과 民主韓獨黨을 결성하였으며, 이로 인하여 한독당의 당세는 다시 위축될 수밖에 없었다. 위축된 당세를 재강화하기 위하여 '各政黨協議會'를 조직하였지만, 조소앙이 정계은퇴 성명을 발표하는 등 당내의 내분이 끊이지 않았다.

한편 1946년 우익정당간의 三黨合黨을 추진하는 과정에서 대북 타격정책을 실행하기도 했던[43] 임시정부의 요인들은 1947년 제2차 미·소공동위원회를 앞두고 반탁운동을 재개하였다. 임시정부는 반탁운동을 통해 우익 내부의 주도권을 다시 확보하고자 하였다. 우선 1947년 1월 비상국민회의·獨立促成國民會·民族統一總本部 등의 통합을 위한 연석회의를 개최하고, 김구를 위원장으로 하는 '反託鬪爭委員會'를 조직하였다.[44] 그리고 세 단체를 통합하여 동년 2월 '國民議會'를 조직하였다.[45] 김구를 중심으로 하는 임시정부 계열의 인사들은 국민의회가 임시적인 협의기구가 아니라 '상설적 대의조직'이며 '독립운동의 피묻은 최고기관'으로서 '대한민국의 유일한 역사적 입법기관'이라고 규정하였다.[46] 김구는 국민의회의 성립을 계기로 하여 동년 3월 1일 새로운 과도정부가 수립되었음을 선포하고 우익진영의 주도권을 장악하고자 하였다.

그러나 미군정은 김구의 과도정부에 대해 거부 태도를 명확히 하였고, 이승만과 한국민주당은 김구의 주도권 장악을 우려하여 반탁운동이 정권수립으로 진전되는 것에 협조하지 않았다. 결국 반탁운동을 통해 우익진영의 주도권을 회복하고, 나아가 국민의회를 통해 정부를 수립하려던 임시정부 인사들의 시도는 미군정·경찰의 저지와 이승만·한국민주당 진영의 견제로 '체면만 손상한 채' 또다시 실패하였다.[47] 제2차 미·소공동위원회의 진전을 계기로 임시정부는 다시 한번 반탁운동의 고양을 시도하였고, 이승만이 주도한 '民族代表者大會'와 국민의회의 통합을 시도하였지만, 결국 실패하고 말았다.

임시정부의 반탁운동은 제2차 미·소공동위원회가 실패하는 데 중요한 역할을 하였지만, 다른 한편으로 더 이상 반탁운동이 설 자리가 없도록 만들기

43) 도진순, 앞의 책, 77~80쪽.
44) 《동아일보》, 1947년 1월 23일.
45) 《조선일보》, 1947년 2월 18일.
46) 도진순, 앞의 책, 148~149쪽.
47) 도진순, 위의 책, 150~151쪽.

도 하였다. 제2차 미·소공동위원회의 결렬은 곧 미국의 주도하에 조선문제의 유엔 이관으로 이어졌고, 이것은 더 이상 3상협정 결정서가 유효하지 않음을 의미하는 것이었다. 3상협정 결정서가 유효하지 않은 상황에서는 또한 반탁운동 역시 힘을 잃을 수밖에 없었다.

조선문제가 유엔으로 이관된 이후 이승만과 한민당은 38선 이남에서의 단독정부 수립을 적극 지지하는 입장을 표명하였지만, 임시정부 계열과 한독당은 '단독정부 절대 반대'의 입장을 표명하였다.[48] 여기에 더하여 장덕수 암살사건을 둘러싼 공방은 김구와 이승만, 한민당이 서로 등을 돌리는 결정적인 계기가 되었다. 장덕수 암살사건은 그 배후가 명백하게 밝혀지지 않았음에도 불구하고 비난의 화살은 김구와 임시정부 계열의 인사들에게 날아들었다.[49] 이제 임시정부와 한독당은 반탁운동에서 단독정부수립 반대운동으로 정치노선을 선회하게 되었다.

한민당, 이승만과의 정치적인 결별, 그리고 미군정과의 갈등이라는 상황에서 한독당과 임시정부 인사들이 선택한 것은 단독선거에의 참가가 아니라 남북협상에 참여하는 것이었다. 1948년 초반에 이르러서는 미·소공동위원회의 참여문제를 둘러싸고 일부 인사들이 탈당하여 한독당 내부에 김구와 조소앙 계열만이 남아 있었던 상황이었기 때문에, 한독당의 노선과 활동은 김구의 정치적 선택에 전적으로 의존하는 상황이 되었다. 김구는 김규식과 함께 북한측에 남북협상을 제의하였고, '統一獨立運動者協議會'를 조직하여, 38선 이남에서의 단독선거에 반대하는 중도파세력들과 손을 잡았다.

임시정부와 한독당 계열의 남북협상 제의 및 참여는 1919년 임시정부가 수립된 이후 계속 고수하였던 '임정법통론'의 포기까지 고려해야 하는 중요한 결단이었다. 남북협상은 우익 정치세력 내부에서 주도권을 상실하고, 단독정부 수립에 참여를 거부한 임시정부와 한독당세력이 선택한 최후의 정치적 선언이었다.

그러나 임시정부와 한독당은 38선 이남의 5·10선거와 남북협상 참여를 둘러싸고 또다시 분열되었다. 당내 일부 세력들은 김구가 중심이 된 남북협

48) 《조선일보》, 1947년 12월 23일.
49) 박태균, 앞의 책(1984), 130~138쪽.

상에 반대하면서 총선거와 선거 이후에 수립될 중앙정부에 협력할 것을 주장하였다.[50] 한독당은 총선거에 참여하는 인사들을 당에서 제명하고 단독정부에의 불참을 재천명하였지만, 남북협상이 더 이상 추진되지 못했다.

1948년 8월과 9월 남과 북에서 각기 정부가 들어섬으로써 어느 쪽에도 참여하지 않았던 한독당은 적극적인 활동을 전개할 수 없었다. 여기에 더하여 당의 이념적 지주였던 조소앙이 대한민국정부 내에서 새로운 야당 건설을 주장하면서 한독당에서 탈당하고 사회당을 창당함으로써 한독당의 당세는 더욱 약화되었다. 한독당은 1949년 이후에도 분단 극복을 위한 노력을 계속 기울였지만, 당의 중심이었던 김구가 암살당하자 그 활동에 결정적인 타격을 입게 되었다. 김구 사후 한독당은 조완구를 중앙집행위원장으로 선임하는 등 체제를 정비하였지만,[51] 6·25전쟁 당시 조완구·嚴恒燮 등 한독당 핵심인물들이 납북당함으로써 그 활동이 정지되고 말았다.

(3) 이승만

식민지시기의 대부분을 임시정부의 대표 자격으로 미국에서 활동하였던 이승만은 8·15 직후 국내에서의 활동을 위해 조기 귀국을 추진하였다. 그러나 미국 내에서 한인 독립운동단체간의 갈등으로 인하여[52] 미국무부는 이승만의 귀국비자를 쉽게 내 주지 않았다. 이승만은 8·15 직전부터 관계를 맺고 있었던 미국의 국방부 관계자들을 통하여 입국을 시도하였다. 이승만은 입국과정에서 일본에 있었던 맥아더(Douglas MacArthur) 사령관과의 회합을 추진하였다. 소련과의 타협을 통한 한국문제의 해결보다는 강력한 반공정책을 추진하고 있었던 맥아더 사령관의 지지를 얻기 위한 것이었다.[53]

이승만은 귀국에 앞서 동경에 들려 맥아더 및 주한미군정 사령관이었던 하지(John R. Hodge)와 회합을 가졌다.[54] 이 자리에서는 38선 이남에서 약세

---

50) 《조선일보》, 1948년 5월 29일.

51) 《정당 사회단체 등록철》(서울시 임시인민위원회 문화선전부, 1950), 220쪽.

52) 고정휴, 〈제2차 세계대전기 재미한인사회의 동향과 주미외교위원부의 활동〉(《국사관논총》 49, 국사편찬위원회, 1993) 참조.

53) 정병준, 〈해방직후 이승만의 귀국과 동경회합〉(《한국민족운동사연구》, 우송조동걸선생 정년기념논총 간행위원회, 1997) 참조.

를 보이고 있었던 우익세력들을 강화하는 방안이 논의되었다. 이승만은 맥아더 사령부와 미군정의 지원을 받으면서 정치세력들을 자신을 중심으로 하여 재편하고자 하였다. 맥아더 사령부와 미군정은 한국 내에서의 이승만의 명망을 이용하여 좌익세력에 비하여 상대적으로 약세에 있었던 우익세력들을 강화하고자 하였다.[55] 이것이 1945년 10월 중순에 계획된 '한국인민행정위원회(National Korean Peoples Executive Committee ; 이하 행정위원회)' 계획이었다.[56]

동경회합을 마치고 이승만이 귀국한 것은 1945년 10월 16일이었다. 일본이 패망한 지 두 달만이었지만, 임시정부보다 한 달 이상 먼저 귀국하였다. 이승만의 귀국은 38선 이남의 정계에 커다란 파문을 일으켰다. 이승만은 구한말 독립협회에서 활동한 이후 YMCA·임시정부에서 활동하면서 국내에 상당한 명성을 가지고 있었기 때문에 좌우익의 모든 정치세력들은 이승만을 자신들의 정당이나 단체에 정치적 지도자로 모시고자 하였다. 후에 상당한 비판을 받았지만, 좌익을 대표하고 있었던 인공은 이승만이 귀국하기 이전에 이미 그를 인공의 수반으로 결정해 놓은 상태였다.

그러나 이승만은 어떠한 정당·단체에 가입하는 것도 거부하였다. 이승만은 국내에 뚜렷한 기반이 없었기 때문에 특정 정당이나 사회단체에 가입할 경우 그 안에서 주도권을 장악하기 어려웠다. 물론 식민지시기 국내에 興業俱樂部를 중심으로 하여 이승만을 지지하는 인사들이 없었던 것은 아니지만,[57] 8·15 직후 좌익과 우익이 첨예하고 대립하고 있는 상황에서 이들 인사들만으로 정국의 주도권을 잡는 것은 불가능하였다. 이승만은 귀국 직후 정치활동보다는 신문과의 인터뷰를 통하여 자신이 맥아더 장군과 하지 장군의 지지를 받고 있다는 점을 부각시켰다.[58] 이것은 우익뿐만 아니라 좌익까

---

54) 우남실록편찬위원회, 《우남실록》(1976), 56~58쪽.

55) 도진순, 앞의 책, 42~45쪽.

56) 〈주일 정치고문(앳치슨)이 국무장관에게(1945년 10월 15일)〉(김국태 역, 앞의 책), 104쪽. 행정위원회 계획은 동년 11월 중순 하지의 정치고문이었던 랭던에 의하여 구체화되었는데, 이 시기에 계획의 핵심은 이승만이 아니라 김구의 임시정부였다(〈주한 정치고문(랭던)이 국무장관에게(1945년 11월 20일), 김국태 역, 같은 책, 150~153쪽).

57) 정병준, 《이승만의 독립노선과 정부수립운동》(서울대 박사학위논문, 2001), 133~169쪽.

지도 미군정에 대한 협조노선을 채택하고 있는 당시 상황에서 좌우익을 아우르는 정치적 주도권을 장악하기 위한 이승만의 정치적 전략이었다.

이승만의 이러한 전략은 미군정의 전략과 일치하는 것이었고, 이승만은 곧 자신을 중심으로 하는 정치적 협의체 조직에 착수하였다. 다음과 같은 이승만의 발언은 당시 그가 추진하고 있었던 정치조직의 의미를 잘 보여준다.

> 이 중앙집행위원회의 조직을 군정부에셔는 초조히 고대하고 있음니다. … 군정부에셔 이 회의에 대하야 바라는 것은 대내·대외관계에 있어셔 이 기관을 경유하게 하야 이 기관을 권위있게 하자는데 있음니다. … 정부가 승인될 때까지의 과도기관으로 설립되여 가지고 민의를 대표하도록 되는 것을 군정당국이 갈망하고 있는 것임니다. … 輓近 개최될 모스크바(莫斯科)의 각국 외상회의 관계가 우리의 문제에 심대한 것이 있는데 이 회의의 구성이 지연되여 유감이나 힘써 速進하도록 합시다(〈독립촉성중앙협의회록－1945년 12월 15일〉, 도진순, 《한국민족주의와 남북관계 : 이승만·김구시대의 정치사》, 서울대 출판부, 1997, 49쪽에서 재인용).

이승만은 미군정의 후원을 등에 업고 일개 정당보다는 많은 정당·사회단체들이 소속되어 있는 연합체를 주도하고자 하였다. 이를 위해서 이미 국내에서 진행 중이었던 정계통합의 노력을 이용하였다. 당시 국내에서는 정치세력들의 통합을 위한 조직으로 '各政黨行動統一委員會'가 조직되어 있었다. 여기에는 조선건국동맹·국민당·한민당·조공 등 당시의 대표적인 좌우익정당·사회단체들이 참여하고 있었다. 이승만은 이 단체를 모체로 하여 1945년 10월 23일 각 정당 대표 200여 명이 참여한 가운데 大韓獨立促成中央協議會를 결성하였다.[59]

독촉중협은 명실상부한 좌우익의 정당·사회단체들을 모두 포함하는 조직이었다. 그러나 출발부터 몇 가지 문제를 둘러싸고 독촉중협은 내분에 휩싸이게 되었다. 첫 번째 문제는 親日派의 처리와 관련된 문제였다. 조공과 건국동맹 등 좌익세력들은 독촉중협의 조직에 친일파를 참여시키지 말아야 한다는 점을 중요한 원칙으로 내세웠다. 식민지시기부터 공산주의에 반대하는

---

58) 이승만이 귀국 직후 했던 주요한 발언들에 대해서는 도진순, 앞의 책, 44쪽 참조.
59) 《매일신문》, 1945년 10월 25일.

강한 신념을 가지고 있었던 이승만은 친일파 문제와 관련하여 조공과 갈등이 일어나자 反共에 뿌리를 둔 자신의 정치노선을 공개적으로 피력하기 시작하였다.[60] 조공은 독촉중협에서 탈퇴하였고, 이승만은 '공산당에 대한 나의 관념'이란 방송연설을 통하여 자신의 정치신념을 발표하였다.[61] 11월 말 건국동맹의 후신인 조선인민당이 독촉중협에서 탈퇴하자, 독촉중협은 좌익을 모두 배제한 우익 정치세력만의 단체로 전락하였다.

이 과정에서 나타난 문제는 이승만이 귀국 이후 뚜렷한 정치노선을 가지고 있지 않았다는 점이다. '대동단결론'과 '반공'은 그가 내세운 정치노선이었는데, 이것은 많은 정치세력으로부터 비난받을 소지를 가지고 있었다. "국토분단이라는 국난을 앞에 놓고 38선이 더 굳어지기 전에 민족이 하나가 되어 이것을 해결하기 위한 대외투쟁을 벌이는 일"을 추진해야 한다는 것이 '대동단결론'을 주장하는 이유였지만,[62] 8·15 직후 가장 중요한 문제였던 친일파 문제에 대한 애매한 태도는 이승만을 중심으로 한 정치세력의 결집을 어렵게 하는 것이었다. 8·15 직후 많은 대중들이 좌익의 정치노선을 지지하고 있는 상황에서 '반공'을 축으로 한 그의 신념 역시 정치세력 통합에 부정적인 영향을 미치지 않을 수 없었다.[63]

두 번째 문제는 임시정부와의 관계를 설정하는 것이었다. 좌익세력들이 탈퇴하면서 1차적인 정치적 위기를 맞이한 이승만은 임시정부의 귀국으로 2차적인 위기를 맞게 되었다. 이승만의 명성 못지않게 임시정부는 당시 한국 내에서 상당한 영향력을 가지고 있었다. 우익 정치세력들은 좌익의 인공에 대응하여 '임시정부의 추대'를 공식적인 정치노선으로 제기하고 있는 상황이었다. 우익 정치세력들이 독촉중협에 참여하고 있었지만, 임시정부를 공식적인

60) 귀국 초기에는 이승만은 공산주의에 대해 하등의 감정도 갖고 있지 않다는 성명을 발표하기도 하였다. 이것은 좌익세력까지도 아우르는 정치조직을 만들기 위한 것이었다.

61) 《자유신문》, 1945년 11월 8일.

62) 이인수, 《대한민국의 건국》(촛불, 1988), 58쪽.

63) 구한말 이래로 이승만은 기독교국가 건설, 민주공화제정부의 수립, 반공보루의 구축, 평등사회의 실현 등의 정치사상을 가지고 있었다(유영익, 〈이승만의 건국사상〉, 《한국사 시민강좌》 17, 일조각, 1995). 그러나 8·15 이후의 정치활동 속에서는 반공사상이 가장 적극적으로 표출되었다.

정부로 추대하기 위한 정치노선을 포기한 것은 아니었다. 미군정은 독촉중협이 출발 단계에서부터 전체적으로 정치세력들을 포괄하거나, 좌익세력들을 약화시키는 역할을 못한다는 점을 파악하고 임시정부에 대해 상당한 기대를 걸고 있었던 상황이었다.[64)]

임시정부가 귀국한 11월 말 이후 이승만은 정치적인 위기에 부딪히게 되었다. 임시정부 요인들은 임시정부를 중심으로 정치세력의 통합을 추진하였기 때문에 독촉중협은 정치세력들을 통합하기 위한 구심체로서의 역할을 상실할 수밖에 없었다. 이승만은 독촉중협에 임시정부를 포괄하고자 하였지만, 임시정부는 독촉중협과의 연합보다는 임시정부가 정부로서 인정받는 데에 더 많은 관심을 가지고 있었다. 또한 인공의 제의에 의해 인공과의 합작이 추진되기도 하였다. 임시정부 내의 중도파세력들은 독촉중협의 활동에 대하여 경계하면서 이승만의 반공노선에 대하여 비판적인 견해를 표출하였다.[65)]

임시정부의 귀국으로 정치적 위기를 맞고 있었던 이승만에게 새로운 활로를 개척해 준 것은 아이러니컬하게도 3상회의 결정서의 발표였다. 식민지시기에 '위임통치론'을 발표하여 비난받은 바 있었던[66)] 이승만은 3상회의 결정서가 발표되자 반탁운동 대열에 합류하였다. 이승만은 반탁운동 과정을 통하여 좌익을 배제하고 우익진영 내에서 정치적 주도권을 강화하고자 하였다. 이 과정에서 나타난 것이 민주의원의 성립이었다. 이승만과 독촉중협은 임시정부가 조직한 비상국민회의에 참여하였고, 모종의 정치공작을 통하여 비상국민회의의 최고정무위원회를 민주의원으로 개편하였다. 이승만은 미군정의 정치고문으로 내한하였던 굳펠로우(Preston M. Goodfellow)의 공작을 통해서 임시정부를 중심으로 한 우익세력의 연합을 자신을 중심으로 하는 조직으로 개편하였던 것이다.[67)]

---

64) 〈주한 정치고문(랭던)이 국무장관에게(1945년 11월 20일)〉(김국태 역, 앞의 책, 150~153쪽). 이 전문에서 미군정은 임시정부를 축으로 하는 새로운 정치세력 재편계획을 내놓았다.

65) 이승만의 반공노선을 비난한 것은 임시정부내 成周寔이며, 이 발언은 《서울신문》, 1945년 12월 21일에 실렸다.

66) 방선주, 《재미한인의 독립운동》(한림대학교 출판부, 1989).

67) 도진순, 앞의 책, 68~72쪽 ; 정병준, 〈이승만의 정치고문들〉(《역사비평》 여름호, 역사비평사, 1998), 174~175쪽.

미·소공동위원회에 대비하여 민주의원이 조직되고, 이승만이 민주의원의 의장에 취임하면서 우익 정치세력의 주도권은 이승만을 중심으로 재편되었다. 그러나 미·소공동위원회가 제대로 진행되지 않자 이승만은 지방순회에 들어갔다. 이 시기의 지방순회는 '반공'을 강력히 주장하였던 이승만의 존재가 미·소공동위원회의 진행에 방해되었기 때문에 이루어진 것이기도 하였지만, 이승만의 정치적 기반을 확대하기 위한 적극적 활동이기도 했다.68) 이승만은 국내에 이렇다 할 기반을 갖고 있지 못하였기 때문에, 미·소공동위원회의 실패를 대비하여 국내에 정치적 기반을 만들 필요가 있었다. 이승만은 귀국 직후 '大韓經濟輔國會'의 결성을 통해 정치활동을 위한 정치자금을 지원받을 수 있었지만,69) 적극적인 정치적 조직은 아직 미흡한 상태였다. 이승만은 지방순회를 앞두고 1946년 4월 大韓獨立促成國民會(이하 독촉국민회)의 지부장회의를 열어 자신의 주도권을 확고히 하였고, 이를 중심으로 자신의 정치조직을 확대하고자 하였다.70)

이승만의 지방순회를 계기로 하여 독촉국민회의 지방조직이 급속히 확대되었다. 이승만은 경찰과 우익단체로부터 적극적인 지원을 받고 있었다. 과장된 것이기는 하지만, 독촉국민회의 조직원수는 1946년 2월 51만여 명에서 이승만이 지방순회를 시작한 초기에 100만 명을 넘어섰고, 1946년 6월 이후에는 700만 명 정도로 발표되었다.71)

독촉국민회와 더불어 임시정부의 하부조직으로 결성되었던 政治工作隊 역시 이승만의 중요한 정치기반이 되었다. 임시정부의 내무부장이었던 申翼熙가 중심이 되어 1945년 말에 조직된 정치공작대는 임시정부의 산하에 조직

68) 도진순은 이승만의 지방순회가 '미국의 무기인 민주의원 의장이 소련의 무기인 인민위원회를 격파하기 위한 것'이었다고 보았다(도진순, 위의 책, 81쪽).

69) 정병준, 〈대한경제보국회의 결성과 활동〉(《역사와 현실》 33, 한국역사연구회, 1999), 258~275쪽.

70) 《서울신문》, 1946년 4월 11·12일. 독촉국민회는 1946년 2월 독촉중협과 반탁투쟁위원회의 통합으로 조직되었지만, 미·소공동위원회가 진행되는 과정에서는 실질적인 활동을 하지 못하였다. 독촉국민회가 결성된 초기에는 김구가 주도권을 장악하였다(김보영, 〈대한독립촉성국민회의 조직과 활동〉, 한양대 석사학위논문, 1994, 10쪽).

71) 도진순, 앞의 책, 101쪽 〈표 2〉에서 재인용.

되었음에도 불구하고, 독촉국민회에 합류하였다. 임시정부 내에서 비주류 계열에 속했던 신익회는 임시정부보다는 이승만과의 결합을 추진하였고, 정치공작대의 성원들은 1946년 3월 1일 독촉국민회의 청년조직으로 결성된 大韓獨立促成國民會青年隊(이하 국청)에 적극적으로 참여하였다. 국청은 이승만의 호위대로서 역할을 하였고, 이승만의 지방순회와 독촉국민회의 조직 확대에 중요한 역할을 하였다.[72] 정치공작대는 1946년 6월의 독촉국민회 전국대표대회에서 독촉국민회에 합류하였다.[73]

미·소공동위원회가 휴회된 직후인 1946년 6월 3일 '單獨政府樹立' 발언을 통해 정계를 뒤흔들었던[74] 이승만은 民族統一總本部(이하 민통)를 결성하여 좌우합작위원회에 대응하는 우익세력의 연합체를 조직하였다. 이승만은 독촉국민회와 민통을 중심으로 우익 정치세력을 장악하는 한편, 미군정의 좌우합작위원회 추진에 맞서고자 하였던 것이다.

좌우합작위원회가 계속 추진되는 상황에서 이승만은 미국을 방문하여 로비활동을 전개하였다. 1946년 12월 2일 서울을 출발한 이승만은 동경에서 맥아더와 회담한 후 미국으로 향하였다. 이승만은 미국에서 식민지시기부터 자신을 도왔던 인사들의 도움을 받아 미국 행정부의 인사들을 만나서 자신의 견해를 전했다. 이승만은 귀국하기 직전인 1947년 3월 22일 기자회견을 통해 "30일 내지 60일 이내 남한에 과도적 독립정부가 수립될 것"이라고 주장하였다.[75] 이제 이승만은 1945년의 동경회합 이후 가지고 있었던 자신의 정치노선, 즉 '38선 이남에서 단독정부의 수립'을 본격적으로 추진하기 시작한 것이다.

이승만은 귀국한 이후 우익 정치세력 내부에서 주도권을 강화하면서 남한에서의 단독과도정권의 수립을 위한 움직임을 본격화하였다. 제2차 미·소공동위원회가 재개되면서 그의 활동이 잠시 주춤하였지만, '韓國民族代表者會

72) 이경남, 《분단시대의 청년운동》(삼성문화개발, 1989), 152쪽.
73) 박진희, 〈해방직후 정치공작대의 조직과 활동〉(《역사와 현실》 21, 한국역사연구회, 1996), 199~200쪽.
74) 《서울신문》, 1946년 6월 4일.
75) 《경향신문》, 1947년 3월 23일.
도진순, 앞의 책, 131쪽.

議'를 조직하여 38선 이남에서의 단독정부 수립을 위한 활동을 계속하였다. 이승만의 이러한 활동은 미·소공동위원회의 결렬로 더욱 힘을 얻게 되었고, 그는 '장덕수 암살사건'을 계기로 하여 임시정부 계열과 결별하면서 한국문제의 유엔이관으로 조성된 새로운 정국을 주도하게 되었다. 임시정부를 포함하여 대부분의 정치세력들이 단독정부 수립을 반대하는 가운데, 이승만은 1948년 3월 31일 이내에 조기 총선이 이루어져야 할 것을 주장하였다.76)

단독정부 수립에 참여하는 이승만에게 가장 중요한 정치적 기반은 독촉국민회와 한국민족대표자대회였고, 총선을 앞두고 급조된 '政黨社會團體代表者大會' 역시 중요한 조직적 기반이 되었다.77) 8·15 이후 38선 이남에서 활동했던 유명한 정치지도자들 가운데 거의 유일하게 총선거에 참여한 이승만은 제헌국회의원에 당선되었을 뿐만 아니라 국회에서의 간접선거를 통해 초대 대통령에 당선되었다. 1945년의 '반공' 담화, 1946년 6월의 '단정' 발언, 1947년 3월의 '단독과도정부' 발언 등을 통해 많은 비난을 받은 이승만이었지만, 1947년 이래 조성된 세계적 상황 및 한반도 내에서의 냉전의 심화는 결국 38선 이남에서 이승만의 정치적 집권을 가능하도록 하였다.

2) 좌익 정치세력의 노선과 활동

좌익 정치세력은 8·15 직후 가장 강력한 정치적, 조직적 힘을 가지고 있었다. 식민지시기 이래로 독립운동을 계속했다는 사실뿐만 아니라 대다수의 농민들의 지지를 받고 있었던 무상분배의 토지개혁, 해방정국에서 가장 중요한 과제였던 친일파의 척결을 강력하게 주장하고 있었기 때문이었다. 8·15 직후 적극적인 활동을 전개했던 좌익 정치세력은 크게 조선공산당·조선인민당·조선신민당 등이 있다. 이 세력들은 북한에 있는 좌익 정치세력들과의 연계를 도모하면서 38선 이남에서 좌익의 정치활동을 주도하였다.

좌익 정치세력은 8·15 직후 建國準備委員會와 朝鮮人民共和國의 조직을 통해 공동의 정치노선을 걷는 것처럼 보였다. 이들은 토지개혁이나 친일파

76) 《동아일보》, 1948년 1월 27일.
77) 《조선일보》, 1948년 1월 18일.

문제에 있어서 인식을 함께 하고 있었으며, 미군정에 대해서도 협조노선을 취하고 있었다. 1946년 초에도 '모스크바 3상협정에 대한 지지' 노선을 선언하면서 공동전선을 형성하였다. 이러한 공동전선은 1946년 2월 民主主義民族戰線의 조직으로 표출되었다.

그러나 좌익 정치세력들은 이미 8·15 직후부터 갈등의 소지를 내부에 안고 있었다. 좌익 내부의 주도권을 둘러싸고 건국준비위원회·조선인민공화국·민주주의민족전선(약칭 민전) 내에서 조선공산당과 온건좌파 사이에 갈등이 나타나기 시작한 것이었다. 조선공산당이 주도권 장악에 강한 집착을 보이면서 온건좌파들은 좌익 정치세력의 연합체에서 점차 주도권을 상실하게 되었다. 이러한 갈등은 1946년 중반 미군정의 지원하에 좌우합작위원회가 설치되면서 더욱 심화되었다. 조선공산당은 소위 '新戰術'을 채택하여 미군정에 대한 강경한 투쟁노선을 채택하면서 정국의 주도권을 장악하려고 했던 반면, 온건한 좌파들은 좌우합작위원회의 성공에 모든 힘을 기울였다.

이러한 갈등의 정점은 三黨合黨에 있었다. 삼당합당은 좌파의 대표적인 정당이었던 조선공산당·조선인민당·조선신민당 경성특별위원회가 대중정당으로의 전환을 위하여 추진한 것이었는데, 새로 조직될 대중정당의 주도권을 둘러싸고 각 정당이 분열된 것이었다. 결국 삼당합당을 통해 南朝鮮勞動黨이 창당되었지만, 좌익 정치세력을 모두 포괄하는 대중정당이 될 수 없었다. 해방정국에서 좌파만의 주도권을 강조한 조선공산당과, 우익과의 정치적인 결합을 추진하였던 온건좌파가 갈라선 것이었다.

1947년 이후 좌익 남조선노동당은 당세의 확장을 위해 노력하였지만, 실패하고 말았다. 결국 1948년을 기점으로 남조선노동당의 상층부 인사들은 대부분 38선 이북으로 정치적 무대를 옮겼고, 朝鮮民主主義人民共和國에 참여하였다. 온건좌파세력은 중도파세력과의 연합을 통해 38선 이남에서의 유엔 감시하의 총선을 반대하고 남북협상을 시도하였다. 온건좌파세력 중 일부는 1948년 이후 38선 이북의 정권에 참여하였으며, 38선 이남에 잔류한 세력들은 1950년의 제2대 총선에 개인적으로 참여하였다.

(1) 조선공산당

식민지시기부터 朝鮮共産黨(이하 조공)을 중심으로 한 공산주의자들의 활동은 독립을 위한 투쟁에 가장 중요한 한 축을 차지하였다. 비록 조공이 1928년 해체된 이후 1945년에 이르기까지 당을 재건하지 못했지만, 공산주의자들은 노동조합·농민조합 등 기층 대중으로부터의 조직활동, 당 재건을 위한 활동, 그리고 소규모 그룹활동 등을 통하여 지속적으로 활동했다. 식민지시기 말기 전향한 공산주의자들이 적지 않았지만, 8·15의 시점까지 전향하지 않고 투쟁한 공산주의자들도 많았다. 일반 국민들은 공산당은 끝까지 투항하지 않고 싸운 사람들로 인식하였으며, 지식인들 사이에서 공산주의운동의 영향력은 계속 유지되었다.

그러나 공산주의운동이 식민지시기 이래로 독립운동 선상에서 중요한 위치를 차지하고 있었음에도 불구하고 파벌간의 갈등으로 인해서 단결된 힘을 발휘하지 못했다. 1925년부터 1928년까지 4차례에 걸쳐 조선공산당이 조직되었지만, 각각의 공산당은 전체 공산주의자들을 대표하는 정당으로서의 기능보다는 하나의 파벌을 대표하는 성격을 가지고 있었다.[78] 이 때문에 1928년 코민테른은 공산당의 해체를 지시하였던 것이다. 공산당이 해체된 이후에 전개된 당재건운동 역시 파벌별로 나뉘어 진행되었으며, 이러한 갈등은 8·15에 이르기까지 계속되었다. 즉, 식민지시기 공산주의운동에서 나타난 파벌간의 갈등은 8·15 이후 전개될 공산주의운동의 특징을 뒷받침하는 중요한 배경이 되었다.

8·15 이후 가장 먼저 활동을 시작한 공산주의자들은 서울계와 화요회 계열의 일부였다. 서울계의 이영·정백, 화요회계의 이승엽·趙東祐·曺一明, 상해파[79]의 徐重錫 등은 8월 15일 밤에 서울 종로의 장안빌딩에 모여 공산

78) 1920년대부터 형성된 공산주의자들의 파벌은 크게 화요계(朴憲永·李承燁·金燦·曺奉岩 등), 서울계(李英·鄭栢·李廷允·崔益煥), ML계(權泰錫·河弼源·崔昌益), 콤그룹계(李觀述·李鉉相·金三龍·鄭泰植) 등이 있었다. 이들 파벌은 국내에서뿐만 아니라 해외에서도 서로 나뉘어 활동하면서 공산주의운동 내에서 갈등, 대립하는 관계를 계속 유지하였다.

79) 李東輝가 1919년 상해에서 만들었던 高麗共産黨에 참여했던 인물들은 상해파로 분류할 수 있다.

당을 결성하였다(세칭 '장안파공산당'). 당 결성시 책임비서에는 서울계의 이영, 제2비서에는 화요회계의 이승엽(후에 ML계의 최익한)이 선임되었다.

장안파공산당을 결성한 인물들은 8·15 직후 서울이나 서울 근교에 거주하고 있었다는 특징을 가지고 있다. 따라서 일본이 패망하자 곧바로 공산당을 조직할 수 있었다. 그러나 이들은 대체로 1940년대 초반 일본의 탄압을 피해서 운동을 그만두거나, 전향한 전력을 가지고 있는 인물들이었다. 그러므로 8·15의 순간까지 공산주의운동을 계속했던 인사들에 비하여 약점을 가지고 있었던 인물들이었다.

화요회 계열이면서 8·15 직전 경성콤그룹(이하 콤그룹)에서 활동했던 박헌영은 8월 19일 서울에 올라와 같은 콤그룹 계열의 김삼룡과 함께 세를 규합하였다. 박헌영은 다음 날 당 재건위원회를 발족시키고 이후 조공의 정치노선이 되는 '현정세와 우리의 임무'(이하 8월테제)를 발표하였다. 재건위원회가 발족되자 장안파공산당은 8월 24일 당을 해체하고, 9월 8일 열성자대회를 열어 재건위원회와의 통합문제를 논의하였다. 열성자대회는 장안파공산당이 주도하여 열었지만, 회의 내용의 결과는 박헌영을 중심으로 모든 공산당을 재건해야 한다는 것으로 결론지어졌다.[80]

9월 11일 재건준비위원회는 조공을 재건하였다. 9월 11일에 발표된 조공의 주요 부서와 간부는 다음과 같다.

> 총비서 : 박헌영(화요회계, 콤그룹)
> 정치국 : 박헌영·金日成·李舟河·武亭(독립동맹)·姜進(ML계)·최창익(ML계, 독립동맹)·이승엽(화요회계)·권오설(화요회계)
> 조직국 : 박헌영·이현상(콤그룹계)·김삼룡(콤그룹계)·김형선(화요회계)
> 서기국 : 이주하, 許成澤(콤그룹계)·金台俊(독립동맹, 콤그룹계)·李龜燻(콤그룹계)·李順今(콤그룹계)·姜文錫(콤그룹계)
> (김남식, 《남로당 연구》, 돌베개, 1984, 33쪽에서 재인용).

위의 주요 부서 인선에서 보이는 바와 같이 재건된 공산당은 화요회 계열과 콤그룹 계열이 완전히 장악하였다. 화요회 계열이나 콤그룹 계열에 소속

80) 김남식, 《남로당 연구》(돌베개, 1984), 26~33쪽.

되지 않은 사람들은 당시 귀국하지 않았거나 38선 이남에서 활동하지 않았던 김일성·무정·최창익밖에 없었다. 이러한 당의 구성에 대하여 공산주의자들 내부에서 반발이 없을 수 없었다. 조공은 출발에서부터 재건을 주도한 두 파벌을 제외한 나머지 세력들이 두 파벌의 당 운영 및 조직 장악에 대하여 강하게 반발할 수 있는 불씨를 안게 되었다.

조공이 정치노선으로 발표한 8월테제는 약간의 수정을 거쳐서 9월 20일에 다시 발표되었다. 개략적인 내용은 다음과 같다.

1) 현정세

해방은 우리 민족의 주체적 투쟁적 산물이기보다는 진보적 민주주의 국가들인 소·영·미·중 등 연합국세력에 의해 실현되었다. 2차대전에서 소련의 승리와 그 국제적 지위의 향상은 우리에게 혁명 달성을 위한 유리한 여건을 만들었다.

2) 조선혁명의 현단계

조선은 부르주아 민주주의 혁명 단계에 있다. 주된 과업으로서는 민족의 완전 독립과 토지문제의 혁명적 해결에 있다. "무엇보다도 먼저 일본제국주의자와 민족적 반역자와 대지주의 토지를 보상주지 않고 몰수하여 이것을 토지 없는 또는 적게 가진 농민에게 분배할 것이오 토지혁명의 진행과정에 있어서 조선인 중 소지주와 토지에 대하여서는 자기 경작토지 이외의 것은 몰수하여 이것을 농작자의 노력과 가족의 인구수 비례에 의하여 분배할 것이오 조선의 전 토지는 국유화한다는 것이오 국유화가 실현되기 전에는 농민위원회 인민위원회가 이것(몰수한 토지)을 관리한다.

3) 조선 공산주의의 현상과 결점

이러한 모든 곤란한 환경하에서도 어쨌든 국제노선을 대중 속에서 실천하는 진실한 의미의 콤그룹의 공산주의운동이 비합법적으로 계속하였던 것은 사실이다. 특히 1937년 이래 전쟁시기에 들어가면서부터는 과거 파벌들은 모든 운동(합법적 비합법적)을 청산하고 일본제국주의자 앞에 더욱 온순한 태도를 표시하였던 것이다. 그 결과는 과거의 파벌분자와 그 거두들이 전시하에 있어서 일본제국주의의 군사적 탄압을 두려워서 계급운동을 청산한 변절자 일파(전향파)가 다량적으로 산출된 것이었다.

4) 우리의 당면 임무

① 대중운동을 전개할 것

노동자들의 불평불만을 이용, 그들에게 계급의식을 주입하며 그들을 조직화해야 한다. 농민들에게는 토지분배와 봉건주의적 잔재의 청산을 위해 노동계급과의 동맹을 강화토록 하며, 소작료의 3·7제투쟁을 강력히 전개해야 한다. 청년운동은 종래 소부르주아적 가두층을 중심한 운동으로부터 일반 근로청년운동을 전개할 것과 공산주의 이론의 교양 사업을 자기 과업으로 삼는 한편, 민족 개량주의 청년단체와의 일시적 통일전선을 형성, 그들을 쟁취해야 한다.

② 조직사업

당 조직을 노동자 농민들 위에서 건설하며, 기초조직을 공장에 두어야 한다. 당 도시위원회를 조직하고 지방당 조직의 대표로서 전국 대표회의를 개최하여 중앙집행위원을 선거하고 중앙위원회를 조직한다.

③ 옳은 정치노선을 위한 양면 작전투쟁을 전개할 것.

④ 프롤레타리아의 헤게모니를 위한 투쟁.

⑤ 민족통일전선의 결성으로 수립된 '인민정권'을 위한 투쟁을 전국적으로 전개할 것.

5) 혁명이 높은 계단으로 전환하는 문제

조선혁명은 그 발전에 따라 부르주아 민주주의 혁명을 거쳐서 보다 높은 단계인 프롤레타리아 혁명으로 전환되어야 한다. 현단계는 일부 급진주의자들이 주장하는 사회주의 혁명 단계가 아니다.

(〈현정세와 우리의 과업〉, 김남식 편, 《남로당 연구 자료집(1)》, 고려대 아세아문제연구소, 1974, 8~21쪽).

8월테제의 특징은 먼저 국제정세에 대한 인식에서 2차 세계대전에 연합국으로 참여한 4개국을 모두 진보적인 국가로 규정하였다는 점이다. 특히 38선 이남을 점령하였던 미국을 진보적 국가로 규정하면서 국제정세를 공산주의 운동을 전개함에 있어서 낙관적이라고 평가했다는 부분이 주목된다. 미군정이 인공을 부인하고 우익세력을 중심으로 한 정치세력 재편계획을 계속 추진함에도 불구하고, 조공이 미군정에의 협조노선 및 3상회의 결정서에 대한 총체적 지지노선을 채택한 것은 이러한 국제정세에 근거한 것이었다.[81]

둘째로 토지문제와 관련하여 일본인 및 대지주가 소유한 토지뿐만 아니라 중소지주가 소유한 토지까지도 '자기 경작토지 이외의 모든 토지'를 몰수할 것으로 규정했다는 점이다. 이것은 같은 아시아 국가였던 중국이나 북한의 공산주의자들이 중농과 부농의 일부의 토지소유를 인정하는 정책을 취하고

81) 8월테제 및 조공의 대미관에 대해서는 김남식·심지연 편저, 《박헌영 노선비판》(세계, 1986)의 제3장 '박헌영의 역사인식과 대미관' 참조.

있었다는 점과 다른 점이다. 또한 조공과 같은 좌익계열의 조선인민당이 조선인 지주가 소유한 토지에 대해 특별한 규정을 두지 않았던 점과 커다란 차이라고 할 수 있다. 또한 토지문제와 관련된 애매한 조항도 나타나고 있다. 즉, 토지문제와 관련하여 농민에 대한 토지분배와 토지국유화를 동시에 지적하고 있다.[82] 아울러 대자본가를 타도할 것에 대해서는 언급하면서 중소규모의 자본가와 민족주의적 성향의 자본가에 대해서는 언급하지 않고 있다.[83] 이러한 정치노선은 이후 조공이 우익 정치세력과의 연합에 소극적인 자세로 임했던 부분을 뒷받침해 준다.

셋째로 높은 단계의 혁명으로의 진행을 설정하고 있다는 점이다. 8·15 직후 대부분의 좌익 정치세력들은 부르주아 민주주의 혁명(또는 자산계급성 민주주의 혁명, 연합성 신민주주의)을 주장하였다. 그러나 조선인민당이나 조선신민당에서 더 높은 단계의 혁명, 즉 사회주의 혁명에 대하여 언급하지 않았던 반면, 조공은 부르주아 민주주의 혁명이 사회주의 혁명으로 발전해야 한다는 점을 결론을 대신하여 언급하고 있다. 이 점은 토지개혁 및 사회주의 혁명에 대해서 두려움의 눈길을 보내고 있었던 우익 정치세력으로 하여금 좌익 정치세력과의 연합을 어렵도록 만드는 중요한 명분으로 작용할 가능성이 컸다.

넷째로 〈현정세와 우리의 과업〉이 정치노선을 천명한 글임에도 불구하고 전체 내용 중 상당한 분량을 파벌투쟁 및 조직문제에 할애하고 있다는 점이다. 이것은 콤그룹 계열의 공산주의자들이 8·15 직전까지 일본에 전향하지 않고 독립운동을 전개했다는 점을 부각시킴으로써 당의 주도권을 장악하고자 했기 때문이었다. 그러나 파벌투쟁과 조직문제를 강하게 부각시킨 것은 식민지시기부터 존재하고 있었던 다양한 파벌들을 당의 핵심조직에 포괄하지 못하고 있었기 때문이었다. 정치노선에서 파벌문제를 중요한 내용으로 했

82) 조공의 이론가 중 한 사람인 강성재는 토지국유화론이 당장 농민의 경작권을 부정하여 집단화하자는 것이 아니라 토지분배를 통해 경작권을 부여하자는 것이라고 주장하였다(강성재, 〈현단계의 조선의 토지문제〉, 《과학전선》, 1946년 2월호, 70~71쪽). 조공의 토지정책에 대해서는 김정, 〈해방직후 조선공산당의 경제정책〉(서울대 석사학위논문, 1992), 16~32쪽 참조.

83) 김남식·심지연 편저, 앞의 책(1986), 37쪽.

다는 점은 다른 한편으로 당 지도부의 약점을 보여주는 것이었다.[84]

당을 재건하고 8월테제를 발표한 조공은 1945년 9월 6일 발족한 인공을 중심으로 활동을 시작하였다. 인공과 지방의 인민위원회를 정권기관으로 설정하고, 미군정으로부터 정권기관으로 승인을 받기 위한 활동을 전개하였다. 중앙인민위원회를 중심으로 도·군·면 인민위원회가 전국적으로 조직되자 조공은 당분간 미군정의 정책에 협조하면서 정권을 인민위원회로 이양할 것을 요구하는 정치활동을 전개하였다.[85] 경제적으로는 우선 심각한 소작문제의 해결을 위하여 3·7제 소작료투쟁을 전국적으로 전개하였다.

인민위원회가 지역별 조직으로 운영되었다면 조공은 계급·계층별로 조직된 단체를 조직하거나, 또는 사회단체 내에 침투하여 주도권을 장악하였다. 가장 대표적인 조직은 '勞動組合全國評議會(이하 전평)'였다.[86] 1945년 9월 26일에 조직된 전평은 조공의 외곽단체로서의 성격을 가지고 있었는데, 이 점은 11월 5~6일 동안 열린 결성대회에서 채택된 결의문에서 잘 나타난다. 결의문 4항 중 제1항은 "이 회의를 가져오게 한 조선 무산계급의 수령이요, 애국자인 박헌영 동무에게 감사의 메시지를 보낼 것"이었고, 제3항은 "조선 무산계급운동의 교란자 이영 일파를 단호히 박멸할 것", 제4항은 "조선 민족통일운동전선에 대한 박헌영 동무의 노선을 절대 지지할 것"이었다.[87]

전평 이외에 全國農民組合總聯盟(이하 전농)[88]·全國青年團體總同盟(이하 청총)·全國婦女總同盟·國軍準備隊·學兵同盟 등이 외곽단체 또는 조공이 주도권을 장악한 단체로서 조직되었다. 그런데 청총의 경우에는 조공이 주도권을 장악하고 있었지만, 임시정부 계열과 조선인민당 계열의 청년들이 상당

84) 8월테제가 발표된 이후 박헌영 계열이 아닌 공산주의자들 사이에서 새로운 노선을 담은 글이 발표되기도 하였다. 〈조선혁명의 현단계, 방향 및 전망—프롤레타리아트의 궁극적 승리를 위하여〉(일명 산로테제)라는 글은 일본에서 귀국한 공산주의자인 임해에 의해 발표되었다. 자세한 내용에 대해서는 해방3년사연구회, 《해방정국과 조선혁명론》(대야, 1988), 85~98쪽 참조.

85) 김남식, 앞의 책(1984), 117~118쪽.

86) 전평의 활동에 대해서는 김태승, 〈미군정기 노동운동과 전평의 운동노선〉(《해방전후사의 인식》 3, 한길사, 1987) 참조.

87) 김남식, 앞의 책(1984), 65쪽.

88) 전농의 활동에 대해서는 박혜숙, 〈미군정기 농민운동과 전농의 운동노선〉(《해방전후사의 인식》 3, 한길사, 1987) 참조.

수 참여하고 있었으며, 국군준비대와 학병동맹의 경우에도 초기에는 우익계열 인물들이 참여하였으나, 점차로 조공에서 주도권을 장악하면서 우익계열의 청년단체와 대립하게 되었다.

조공은 인공과 외곽단체를 중심으로 정치활동을 전개하였지만, 인공을 둘러싼 미군정과의 대립으로 중대한 난관에 봉착하게 되었다. 미군정은 미군정 이외의 다른 정부를 인정하지 않았으며, 인공 역시 예외가 아니었다. 1945년 10월 10일 인공에 대한 부인성명을 발표한[89] 이후 미군정은 인공의 이름, 즉 '인민공화국'에서 '國'자를 삭제할 것을 요구하였다. 미군정은 1945년 11월에 열린 全國人民代表者大會에 '국'자를 삭제할 것을 요청하였지만, 이 대회의 최종일 회의에서 '국'자 삭제 요구는 거절되었다.[90] 미군정 사령관 하지는 12월 12일 전격적으로 인공 부인성명을 발표하였다.[91]

조공의 활동은 벽에 부딪히지 않을 수 없었다. 인공의 이름에서 '국'자를 삭제하는 것은 8·15 직후부터 추구해 왔던 인민위원회를 중심으로 한 주도권을 포기하는 것과 같았다. 그러나 다른 한편으로는 미군정과의 협조노선을 추진하고 있는 상황에서 미군정의 요구를 거절할 수도 없었다. 하지가 '인공 부인성명'을 발표한 시점은 인공이 임시정부와의 통합을 시도하고 있는 시점이었는데, 인공이 해체된다면 임시정부와 통합을 추진할 모체와 명분이 사라지는 것이었다.

이러한 상황에서 발표된 3상회의 결정서로 인해서 조공은 더 이상 인공의 문제에 매달릴 수 없었다. 3상회의 결정서가 발표된 이후에도 임시정부와의 통합을 추진하면서 인공문제가 재차 언급되었지만,[92] 3상회의 결정서가 조성한 새로운 상황으로 인하여 인공은 더 이상 논의의 중심이 될 수 없었다. 3상회의 결정서의 발표로 인하여 정치상황이 숨가쁘게 돌아가고 있었기 때문이었다.

이러한 상황에서 두 가지 문제로 인해서 조공은 정치적인 타격을 받게 되

89) 《매일신보》, 1946년 10월 10일.
90) 김남식, 앞의 책(1984), 139~144쪽.
91) 《자유신문》, 1945년 12월 13일.
92) 《조선인민보》, 1945년 12월 30·31일, 1946년 1월 2일.

었다. 하나는 3상회의 결정서에 대한 '총체적 지지' 입장을 발표하는 과정에서 나타났고, 다른 하나는 박헌영의 기자회견과 관련된 것이었다. 조공은 1946년 1월 1일 오후 또는 1월 2일부터 신탁통치에 대한 태도가 변하였다. 1월 1일까지만 하더라도, 우익의 반탁투쟁을 민족분열적 행위로 규탄하고 민족통일전선을 결성할 것을 주장하였지만, 신탁통치는 반대하는 입장이었다. 1월 1일 오후 2시에 있었던 조공의 기자단 회견은 이 점을 잘 보여준다.[93] 그러나 1월 2일 인공 중앙인민위원회에서는 3상회의 결정서는 조선 민족해방을 확보하는 진보적 결정으로서, 이 결정을 전면적으로 지지한다고 표명하였다. 1월 3일 추운 날씨에 10만여 명이 모였다는 서울시민대회에 참석한 시민들은 조공의 3상회의 결정서에 대한 지지 입장에 대하여 당황하지 않을 수 없었다. 이 대회에 참석한 시민들은 반탁대회로 알고 있었는데, 대회는 3상회의 결정서에 대한 절대 지지를 표명했던 것이다.[94]

이에 더하여 1946년 1월 5일에는 박헌영이 내외신 기자단과의 회견에서 "소련의 1국신탁제를 지지하며 향후 10~20년 이내에는 소련연방에 합병되어야 한다"라고 주장했다는 사실이 신문을 통해 보도되었다. 박헌영이 자신의 발언에 대해 부인하는 담화를 발표하고 기자회견에 참석했던 기자들이 박헌영의 주장이 옳다고 해명했음에도 불구하고 박헌영의 발언을 둘러싼 파문은 쉽게 가라앉지 않았다. 박헌영 기자회견 파문은 소련이 신탁통치를 주장했고, 따라서 반탁운동은 반소운동이 되어야 한다는 우익 정치세력의 정치공세를 합리화시켜 주는 역할을 하였다. 소련의 타스통신이 1월 22일 3상회의의 진행과정에 대한 자세한 내용에 대하여 공개하였지만,[95] 우익진영의 반탁공세는 계속되었다. 이 두 가지 사건으로 인해 조공 및 박헌영의 정치적 체면이 상당히 실추되었다.

---

93) 《조선일보》, 1946년 1월 2일.

94) 서중석, 앞의 책, 160~161쪽. 조공의 입장 변화는 소련의 입장을 전달받은 박헌영이 3상회의 결정서에 대한 입장을 전격적으로 바꾸면서 이루어졌다.
김남식, 앞의 책(1984), 211쪽.
이완범, 〈한반도 신탁통치문제 1943~1946〉(《해방전후사의 인식》 3, 한길사, 1987), 251~254쪽.

95) 《동아일보》, 1946년 1월 25일.

조공은 우익 정치세력들이 반탁운동을 계기로 하여 비상국민회의를 조직하면서 세를 확장해 나가자 좌익 정치세력들을 중심으로 새로운 정치조직을 꾸리기 위한 작업에 들어갔다. 표면적으로는 민족주의세력들을 모두 포괄하는 '민족통일전선'의 조직이라고 표명하였지만, 실제로는 반탁운동에 반대하는 좌익 정치세력들의 집결체를 만드는 작업이었다. 1946년 1월 19일에 시작된 조직 작업은 준비위원 발표, 선언문 초안 작성 등을 거쳐 2월 15일 민주주의민족전선(이하 민전)의 결성으로 마무리되었다.[96]

민전의 결성을 통해 조공은 몇 가지 문제를 해결할 수 있었다. 우선 8·15 직후부터 표방해 왔던 '민족통일전선'을 결성한 것이다. 8월테제에서도 나타나는 바와 같이 조공은 민족통일전선의 결성을 가장 중요한 정치적 목표로 내세우고 있었지만, 민족통일전선의 결성은 좌우익의 대립으로 쉽게 이루어질 수 없었다. 그러나 3상회의 결정서가 발표된 이후 민족통일전선을 결성해야 한다는 대중적 요구가 나타났고, 이에 따라 4당회합·5당회합이 이루어졌지만, 결국 실패로 끝나고 말았다. 결국 조공은 민전의 결성을 통해 민족통일전선 결성의 과제를 해결하였던 것이다.

그러나 민전의 결성이 조공에서 주장하고 있었던 진정한 의미의 '민족통일전선'을 의미하지는 않았다. 조공이 처음 민전을 계획하면서 우익정당 및 임시정부의 대표를 포괄하려고 하였고, 이것이 여의치 않을 경우에는 한민당 및 임시정부 내 일부를 포괄하고자 했던 시도가 실패하였다. 즉, 민전이 민족주의세력을 모두 포괄하지 못하였으며, 민전은 3상회의 결정서를 지지하는 좌익 정치세력만의 집결체에 불과한 조직이 되고 말았다. 우익 정치세력 중에서는 임시정부에서 탈퇴한 일부 朝鮮民族革命黨 계열 인사들이 합류했을 따름이었다.

둘째로 민전의 결성으로 인공문제가 해결되었다. 인공문제는 1945년을 통해 조공과 미군정이 대립했던 가장 핵심적인 문제였다. 전술한 바와 같이 '국'자의 삭제를 둘러싼 논쟁은 조공의 대미 협조노선의 고수를 어렵게 하는 것이었다. 조공은 민전을 조직하면서 인공을 흡수함으로써 '국'자의 삭제를

96) 민전의 결성과정에 대해서는 류정임, 〈해방직후 민주주의민족전선의 형성과 그 성격 연구〉(이화여대 석사학위논문), 40~43쪽 참조.

둘러싼 더 이상의 논쟁이 필요 없게 되었다. 조공이 공식적으로 인공을 해체한 적도 없으며, 인공을 부인한 적도 없었지만, 민전이 출범한 이후에는 더 이상 공식적으로 인공을 중심으로 한 정치활동을 전개하지 않았다. 그러나 조공이 인공을 완전히 포기한 것은 아니었다. 조공에게 있어서 인공은 뜨거운 감자였지만, 해방 직후부터 계속되어 온 민중들의 인공에 대한 지지가 쉽게 가라앉지 않았다. 조공이 이러한 유리한 상황을 포기할 수는 없었다. 인공에 대한 조공의 태도를 바라보는 다른 정치세력들의 시선은 곱지 않았다. 조공은 대중투쟁이 전개되거나 좌우합작을 비롯한 정치적인 쟁점이 부각될 때에는 인공과 인민위원회의 문제를 다시 들고 일어났다.

이후 조공은 민전을 중심으로 하여 미·소공동위원회 성공을 위한 정치적 공세를 강화하였다. 민전은 좌익 정치세력의 결집체였지만, 조공은 민전을 완전히 장악하였으며, 민전의 모든 활동은 조공의 통제를 받았다. 이 점이 조공 내부, 그리고 민전 내부에서 조직의 민주적인 운영을 둘러싼 논쟁을 불러일으키게 되었다. 즉, 박헌영을 중심으로 하는 조공 내의 일부 파벌이 당의 조직과 민전을 장악한 데 대한 내부 분열의 조짐이 나타나기 시작한 것이다. 1945년 말부터 제기되기 시작한 지구당의 반발은 민전의 결성을 전후하여 본격적으로 표출되기 시작하였다.

1946년 2월 조공의 중앙당을 지지하는 북조선공산당에 대해 반박하는 메시지가 조공전라북도위원회에 의해 전달되었으며,[97] 민전 결성 직후 개최된 '조선공산당 중앙 및 도당 대표동지연석회의'에서는 중앙당의 독선적 운영에 대한 비판이 제기되었다.[98] 민전의 독단적 운영으로 인하여 조선인민당의 여운형을 비롯한 중도좌파 인사들은 민전에 몸을 담고 있었지만, 적극적으로 활동하지 않았다. 또한 유명한 공산주의자였던 조봉암은 미·소공동위원회가 휴회된 직후 조공 및 민전의 독단적 운영을 비판하는 글을 발표하고 공산주

97) 〈북선분국 동무들의 멧세지와 우리의 주장〉(《북한관계사료집》 X, 국사편찬위원회, 1990), 156~162쪽.
〈북조선분국의 상무위원회동지들에게 보내는 편지〉(《역사비평》 가을호, 역사비평사, 1991), 423~424쪽.

98) 〈조선공산당 중앙 및 도당 대표동지 연석회의 의사록〉(《역사비평》 가을호, 역사비평사, 1991).

의운동으로부터의 이탈을 선언하였다.99) 조공의 활동은 민전을 중심으로 미·소공동위원회의 성공을 위하여 일사불란하게 진행되는 듯 보였지만, 내부적으로는 상당한 분열을 겪고 있었던 것이다.

미·소공동위원회 휴회 직후 미군정의 3개 좌익신문 폐간, 조공 지도부에 대한 체포령 등으로 조공에 대한 탄압을 강화해 나갈 때 조공은 소위 '신전술'을 채택하면서 노선을 전환하였다. 즉, 미군정에의 협조노선에서 미군정에 반대하는 적극적인 투쟁전술로 전환한 것이었다. 조공은 미·소공동위원회의 휴회에 대해서 미군정보다는 우익세력에게 비판의 화살을 돌리다가, '신전술'의 채택을 계기로 하여 미군정에 대한 직접적인 투쟁을 시작하였다. 1946년의 '9월총파업'과 소위 '10월항쟁'은 모두 '신전술'하에서 나온 대중적 투쟁이었다.

조공의 '신전술'은 미군정에 대한 '갑작스러운' 인식변화에 기인하기도 하였지만, 미·소공동위원회 휴회 이후에 진행된 좌우합작위원회 및 3당합당 과정에서 조공의 주도권을 확보하기 위한 수단으로도 이용되었다. 10월에 계획되었던 총파업은 3당합당의 중요한 고비였던 9월 말로 앞당겨졌다. 조공은 대중적인 동원을 통해 자신들의 힘을 과시하고, 이로써 좌익 정치세력의 주도권을 장악하고자 한 것이었다.

조공은 8·15 직후 가장 강력한 정당이었다. 그러나 인공의 결성, 3상회의 결정서 지지, 민전의 결성, 신전술 채택 등의 과정을 거치면서 서서히 세력이 약화되었다. 조공은 삼당합당을 통해 南朝鮮勞動黨을 조직하면서 약화된 세력을 강화하고자 하였지만, 당내의 분열은 심각한 상황이었고, 좌익 정치세력은 하나로 통합되지 못하였다. 좌익 정치세력은 삼당합당을 통해 오히려 社會勞動黨과 남조선노동당으로 분열되고 말았다.

(2) 조선인민당과 근로인민당

朝鮮人民黨은 呂運亨이 중심이 되어 결성한 당이다.100) 여운형은 일제의

99) 박태균, 《조봉암 연구》(창작과 비평사, 1995).

100) 여운형의 명성은 서울뿐만 아니라 지방에서도 상당했던 것으로 추측된다. 경기도 일부 마을의 경우 8·15 직후 실시된 3·7제 소작료 문제를 조공의 박헌

패망과 건국에 대비하기 위해 1944년 8월에 비밀결사인 朝鮮建國同盟(이하 건국동맹)을 결성하였다.[101] 건국동맹은 8·15 직후 건준으로 개편되어 일시적으로나마 해방정국의 주도권을 장악하였다. 강령에서 잘 나타나듯이[102] 건준은 여운형과 안재홍이 중심이 되어 8·15 이후의 치안을 담당하면서 국가 건설을 위한 기초를 마련하기 위해 임시로 조직되었다. 각 지방에는 건준의 지부가 구성되었으며, 임시적인 자치기관으로서의 성격을 가지고 있었다.

그러나 조공의 핵심인사들이 건준에 참여하면서 건준의 주도권은 공산주의자들에게 넘어갔다. 건준은 3차례에 걸친 조직개편을 단행하였는데, 이 과정에서 중요한 직책을 조공의 인사들이 장악하였으며, 안재홍을 비롯한 중도우파 정치세력들은 건준에서 탈퇴하였다. 건준은 미군의 진주를 앞두고 인공으로 다시 개편되었는데, 조공이 인공의 주도권을 장악하고, 인공이 좌우를 망라한 민족적 기관이 아닌 좌파만의 기관으로 전락하자 여운형은 더 이상 인공에 관여하지 않고 새로운 정치활동을 위한 기반을 마련하기 위한 작업에 들어갔다.[103] 건국동맹은 1945년 10월 10일 정당으로서의 재출발을 선언하였고, 동년 11월 조선인민당이 결성되었다.[104]

영이나 미군정이 아닌 여운형의 주장에 의해서 이루어진 것으로 인식하였으며, 이로 인해서 많은 농민들이 여운형을 지지했다고 한다(이용기, 〈마을에서의 전쟁 경험－경기도지역의 마을사례를 중심으로〉, 《한국전쟁은 민중에게 무엇이었나》, 역사문제연구소 심포지엄 발표문, 2000, 9쪽).

101) 조선건국동맹에 대해서는 정병준, 〈조선건국동맹의 조직과 활동〉(《한국사연구》 80, 한국사연구회, 1993) 참조.

102) 건준의 강령은 다음과 같다.
1. 우리는 완전한 독립국가의 건설을 期함.
2. 우리는 전민족의 정치적·사회적 기본요구를 실현할 수 있는 민주주의정권의 수립을 기함.
3. 우리는 일시적 과도기에 있어서 국내질서를 자주적으로 유지하며 대중생활의 확보를 기함(《매일신보》, 1945년 9월 3일).

103) 여운형은 미군정과의 관계를 고려하여 인공의 조직보다는 건준의 존속이 외교적인 면에서 더 유리하다고 주장하면서 건준의 해체를 반대했다(이만규, 《여운형투쟁사》, 민주문화사, 1946, 223쪽).

104) 조선인민당을 결성하기 직전 여운형은 정치세력 통합을 위한 간담회에 참여하였으며, 여기에서 인공에 집착하지 않고 국민들의 의사를 묻기 위한 국민대회의 소집을 주장하기도 하였다. 간담회 이후 조직된 '각정당행동통일위원회'에 여운형은 건국동맹의 대표로 합류하였고, 이 활동이 조선인민당 결성으로 이

조선인민당에는 高麗國民同盟·15회·人民同志會 등 정치단체가 참여하였고[105] 11월 12일 결성대회, 11월 25일 확대위원회를 통해 중앙조직의 구성을 완료하였다. 초기 조선인민당의 조직에는 여운형을 중심으로 건국동맹 계열의 인물들이 주류를 이루었다. 당무부장 李如星, 조직부장 李錫玖, 노동부장 金世鎔, 총무국장 李傑笑(일명 李基錫), 문화부장 黃雲, 당무부 위원 玄又玄, 재정부 위원 李林洙, 노동부 위원 金錤鎔, 감찰위원장 金振宇 등 당의 핵심 인사들이 건국동맹에 적극적으로 참여했던 인물들이었다.[106]

식민지시기 건국동맹이 전국적인 조직을 위하여 각 도의 책임자들을 임명했고, 지방에 조직 확대를 위해 노력했었기 때문에 조선인민당의 지방조직 건설은 어렵지 않게 진행되었다. 1945년 12월 부산지부의 결성을 시작으로 1946년 2월까지 광주·서울·대구 등 전국의 주요 지역에서 조선인민당 지부가 결성되었다. 1946년 7월까지 전국에 60개 지부가 결성되었으며, 결성을 준비 중인 곳은 44개였다. 당원수는 창당시 7만여 명이었던 것이 1945년 12월에는 12~13만 명으로, 1946년 4월에는 18만 명, 1946년 5월에는 30만 명이라고 발표되었다.[107]

조선인민당의 정책은 '계획경제제도의 확립', '민족반역자 처리', '주요 기업의 국영 또는 공영', '중소기업의 국가지도하에 자유경영', '8시간 노동제' 등 당시 대부분의 정치세력들이 주장하던 내용과 크게 다르지 않았다. 그러나 몇 가지 점에서 다른 정치세력, 특히 조선공산당과 차이가 있었다.

첫째로 강령의 제1항에 나오는 바와 같이 '민족의 총역량을 집결'한다는 것을 가장 중요한 목표로 삼았다는 점이다. 〈조선인민당선언〉을 통해 "기본 이념을 등한시하고 현실적 요청에만 얽매여 있는 것이 역사의 진전을 지연시키는 행위라면 기본 이념에만 급급하여 그 현실적 과제를 무시하는 것도 역사의 발전을 지연시키는 동일한 결과를 가져오는 것"이라고 주장했던 것은 조선인민당 정치노선의 성격을 잘 보여준다. 조선인민당의 이론가였던 金

어졌다(정병준, 《몽양여운형평전》, 한울, 1995, 151~152쪽).

105) 《조선인민보》, 1945년 11월 13일.

106) 정병준, 앞의 책(1995), 80~93쪽.
심지연, 《인민당연구》(경남대학교 극동문제연구소, 1991), 10~11쪽.

107) 심지연, 위의 책, 11~15쪽.

午星은 조선인민당의 성격에 대하여 다음과 같이 규정하였다.

> 인민당은 근로대중을 중심으로 한 전 인민의 정치적 결집체이며 근로대중을 중심으로 한 전 인민의 완전해방을 위한 정당인 것이다. 이런 의미에서 인민당은 좌익정당과 아무런 대립관계에도 서 있지 않다. … 오직 상이한 점은 좌익정당이 계급의식으로 무장한 투사만을 구성요소로 하는 데 반하여 인민당은 그 혁명세력을 전 인민층에서 집결하려는 것이다. … 인민당은 그 현실적 과제인 완전독립의 실현을 위해서는 좌익정당과의 제휴뿐 아니라, 우익정당과도 공동전선을 취할 용의를 갖고 있다. 왜 그러냐 하면 완전독립의 실현은 어느 일당 전제하에는 성취할 수 없고 오직 각당 각파를 망라한 민족적 총역량을 집중하는 데서만 가능할 것임으로써이다. 이리하여 조선인민당은 조선의 당면과제인 완전독립을 성취키 위해서는 좌우 양익을 공동전선에 서게 하는 매개적 역할까지 不惜하려는 자이다(김오성, 〈조선인민당의 성격〉, 《한국현대사자료총서》 11권, 돌베개, 1986, 12~18쪽).

따라서 조선인민당에는 건국동맹과 마찬가지로 주로 우파의 진보적 민족주의자와 온건한 노선의 공산주의자 또는 사회주의자들이 주로 참여하였다. 우파의 진보적 민족주의자들 중에는 1946년 2월 비상국민회의 소집을 계기로 하여 임시정부에서 탈퇴한 金元鳳·金星淑·張建相·成周寔 등이 대표적인 인사들이었으며, 이외에도 건국동맹기부터 참여했던 만주군 출신의 朴承煥, 李陸史 시인의 외숙인 許珪, 교육학자이자 조선어학회사건으로 투옥되었던 李萬珪, 柳麟錫 의병장 밑에서 의병으로 활동했으며 동양화가였던 김진우, 유명한 史學者였던 李相佰, 정치가이자 예술평론가였던 이여성 등이 참여하였다.[108] 이걸소·김세용·김오성·李貞求 등은 식민지시기 조공이나 노동단체 또는 소련 유학의 경험을 가지고 있는 온건 성향의 공산주의자들이었다. 조선인민당의 구성원들이 1946년 말의 삼당합당을 계기로 하여 여운형 계열과 조공 합류 계열로 분열되지만, 삼당합당 이전의 조선인민당 구성원들은 당의 통일, 합작노선을 충실하게 추종하였다.

둘째로 경제정책에서 나타나는 토지개혁 관련 조항이다. 즉, 정책에서 조선인민당은 토지개혁과 관련하여 "몰수한 토지는 국영 혹은 농민에게 적의

---

108) 정병준, 앞의 책(1995), 87~91쪽.

분배"라고 규정하고 있다. 토지의 무상분배는 당시 대부분의 정치세력들이 주장하고 있었던 것이었지만, 중요한 점은 분배할 토지를 국가가 직접 소유하는 방식에 대해 특별하게 규정하지 않고 있다는 점이다. 조공이 대토지 소유자의 토지를 몰수할 것을 규정했던 데 비하여 조선인민당은 일본인의 소유였던 토지와 친일파·민족반역자·전범자의 재산을 몰수한다는 규정만을 두고 있다. 조선인민당의 경제정책을 구체적으로 해설한 〈인민당의 노선〉에서도 '정책'에서 제시한 노선과 동일한 내용이 나타나고 있다.[109] 이 점은 조공과의 가장 큰 차이라고 할 수 있다.

국가의 토지집적과 관련해서 대지주의 토지에 대한 무상몰수 규정이 없었던 것은 위에서 언급한 정치노선의 첫 번째 특징인 좌익과 우익을 아우르는 정치활동의 필요성에 대한 조선인민당의 입장을 잘 보여주는 것이었다. 조선인민당은 '좌익과 우익 사이에 경제적 이해관계가 대립'되는 상황을 막아야 한다고 하여, 무상몰수로 인해서 야기될 수 있는 좌우익간의 갈등에 반대하는 입장이었다.[110]

토지문제에 대한 조선인민당과 조공의 입장 차이는 궁극적으로 여운형이 주창했던 '부르주아 민주주의 혁명노선'하에서 이해되어야 한다. 당시 '부르주아 민주주의 혁명노선'은 좌익 정치세력들이 모두 주장하는 것이었지만, 여운형의 노선은 조공의 노선과는 차이가 있는 것이었다. 여운형은 '부르주아 민주주의 혁명'이 "보수주의의 헌옷을 벗어버리고 새옷을 갈아입는 것"이라고 하였으며,[111] 혁명의 수단은 폭력적인 것이 아니라 의회에서의 합법적인 절차에 따라 민주주의를 구현한다는 것이었다.[112]

그러나 '혁명'의 방법보다 더 중요한 차이는 당시의 사회구조 및 개혁과제를 바라보는 입장의 차이에서 나타난다고 할 수 있다. 지주와 자본가계급을 철폐하고 노동자·농민을 위주로 한 '혁명'을 주장했던 조공과는 달리 조선

109) 조선인민당, 〈인민당의 노선〉(신문화연구소, 1946, 《한국현대사자료총서》 11에 수록). 〈인민당의 노선〉에서 농업정책과 관련하여 '정책'보다 더 구체화된 부분은 '농업생산의 과학화와 농촌협동조합을 촉진'에 대해 규정한 것밖에 없다.

110) 《자유신문》, 1946년 6월 12일.

111) 여운형, 〈우리나라의 정치적 진로〉(《학병》 1권 1호, 1946), 5쪽.

112) 심지연, 앞의 책(1991), 29쪽.

인민당은 '부르주아적 산업혁명'을 경제개혁의 핵심적인 내용으로 규정하고 있었다. 즉, 부르주아 민주주의 혁명은 근로계급의 미숙 때문이 아니라 생산과정의 미숙 때문에 요청되는 것이라고 주장했다. 당시 조선은 아직 토착자본이 형성되지 못하고 외래자본에 의한 기형적 반봉건적인 자본주의가 형성되어 있기 때문에 조선의 경제적 조건은 부르주아적 산업혁명, 즉 토지문제의 해결과 산업의 재편성이 시급히 요청된다는 것이다.113) 사회주의적 계획경제를 실시하기 위해서는 산업혁명이 필요하다는, 즉 사회주의적인 혁명 또는 개혁을 전제로 하고 있지만, 현실 파악의 중심을 노동자·농민에 두는 것과 '민족자본의 형성'에 두는 것은 현실 인식 상에서 나타나는 커다란 차이가 아닐 수 없다.

이상과 같은 정치노선하에서 조선인민당의 활동은 좌익과 우익세력의 정치적 합작에 중심이 두어졌다. 조선인민당 결성 직전에 열렸던 정당통일을 위한 모임에 참여했던 여운형은 이승만이 귀국하여 독촉중협을 조직하자 여기에 적극적으로 참여하고자 하였다. 그러나 참가단체와 관련된 이견으로 독촉중협과 결별한114) 여운형과 조선인민당은 임시정부 요인의 귀국을 계기로 하여 임시정부와 인공의 통합을 시도하였다.115)

임시정부의 고압적 자세로 인해서 임시정부와 인공의 통합 시도는 쉽지 않았으며, 3상회의 결정서가 발표되면서 정당통합, 또는 좌우익 정치세력간의 합작을 위한 여운형과 조선인민당의 시도는 일시적인 좌절을 맞게 되었다. 임정을 중심으로 하는 반탁운동과 좌익을 중심으로 하는 총체적 지지 진영간의 대립이 강화되었기 때문이었다. 비록 3상회의 결정서가 발표된 이후 조선인민당이 통일위원회의 조직을 제안하고, 4당회의를 개최하였지만, 3상회의 결정서로 인해 조성된 반탁운동과 총체적 지지 진영간의 갈등과 대립으로 인하여 실패할 수밖에 없었다. 조선인민당은 조공과 임정의 독선적 자세에 맞서서 4당회의에 가장 적극적이었기 때문에 4당회의의 결렬은 조선인

113) 조선인민당, 앞의 글, 26~28쪽.
114) 《자유신문》, 1945년 11월 7일.
《조선인민보》, 1945년 12월 11일.
115) 심지연, 앞의 책(1991), 50~52쪽.

민당의 향후 활동에 큰 타격을 주었다.

한편 3상회의 결정서가 발표되자 반탁의사를 표명했던[116] 조선인민당은 1946년 1월 2일 조공이 3상회의 결정서에 대한 지지를 발표하자 이에 동조하였다. 그러나 조선인민당의 3상회의 결정서에 대한 지지는 조공의 '총체적 지지' 입장과는 다른 것이었다. 조선인민당은 3상회의 결정서의 정신과 의도는 지지하나 신탁통치라는 용어는 반대한다는 입장이었다.[117] 조선인민당은 1월 5일 이여성의 담화를 통해 3상회의 결정은 조선의 정치적·경제적 건전한 발전을 원호하려는 정신에서 나온 것이므로 감사히 생각할 뿐 아니라 이를 적극적으로 요청하는 바이지만, 신탁통치라는 문구를 사용한 것은 유감이라고 지적하고, 이에 구속되어 3상회의 결정의 정신을 이해하지 못하고 맹목적으로 반대하는 것은 민족적 망동이라고 비난했다.[118] 여운형 역시 기자회견을 통해서 3상회의 결정의 내용을 자세히 모르고 덮어놓고 피로써 싸운다는 것은 경솔한 일이며, 또한 세계문제에 관한 결정이므로 그 중에는 지지할 점도 있고 배척할 점도 있으므로 덮어놓고 지지하는 것은 지나치다고 비판했다.[119]

조선인민당이 3상회의 결정서를 지지하고 반탁의 입장을 철회한 기본적인 이유는 국제적 제약성 때문이었다. 연합군의 승리로 해방되었기 때문에 독립을 위해서는 이들과의 타협이 필요하며, 이를 위해서는 연합국들의 결정인 3상회의에 동조해야 한다는 것이었다. 또한 조선인민당은 3상회의 결정서의 기본적인 내용도 신탁통치가 아니라 평화를 보장하려는 진보적 의도에서 나온 것이고, 민족에 부과된 신탁통치라는 내용도 국제평화 원칙에서 어쩔 수 없이 초래된 것이라고 해석하였다.[120]

임시정부를 중심으로 한 반탁운동세력이 주도하였던 비상국민회의에의 참여를 거부한[121] 조선인민당은 민전에 참여하였다. 민전은 조공과 조선인민

116) 《자유신문》, 1945년 12월 30일.
《조선인민보》, 1946년 1월 1일.
117) 심지연, 앞의 책(1991), 62~64쪽.
118) 《조선인민보》, 1946년 1월 3·6일.
119) 심지연, 앞의 책(1991), 53~54쪽.
120) 김오성, 〈정치노선의 접착점〉(심지연, 앞의 책, 1991, 64쪽에서 재인용).

당·남조선신민당 등 좌익정당과 임시정부에서 탈퇴한 일부 좌파 민족주의자들이 참여한 '민주주의자들의 연합체'로 주장되었지만, 실상은 미·소공동위원회에 대처하기 위한 좌익세력의 정치적 집결체였다. 조선인민당은 미·소공동위원회를 통하여 조선인민당의 조직을 확대·강화하며, 민전을 통해 미·소공동위원회 지지 및 임시정부 수립을 촉진하기 위한 운동을 전개하였다.

조선인민당이 미·소공동위원회에 거는 기대는 상당히 큰 것이었다. 따라서 미·소공동위원회의 모든 활동에 적극적으로 대처하였다. 1946년 3월 30일 공위 내에 3개 분과위원회를 설치한다는 내용이 발표되자 조선인민당은 그 내용이 임시정부 수립을 위한 진보적인 결정이라고 판단하면서 미·소공동위원회가 성공할 것으로 예측하였다.[122] 조선인민당은 당 내에 미·소공동위원회 대책위원회를 설치하고 김오성·김세용·이정구 등 조선인민당의 핵심적인 인사들을 대책위원으로 임명하였다.

그러나 조선인민당의 미·소공동위원회에 대한 지지 정책은 순조롭게 진행되지 못했다. 우선 미·소공동위원회가 5호성명을 계기로 무기한 휴회에 들어가자, 조선인민당의 미·소공동위원회 성공을 위한 움직임은 일단 목표를 잃은 상태가 되었다. 또한 미·소공동위원회의 기간 중에 진행된 정치공작으로 인해서 조선인민당은 조직적으로 큰 타격을 입게 되었다. 즉, 미군정은 좌익세력을 약화시키기 위한 공작의 일환으로 조선인민당을 분열시키고자 하였고, 미군정의 관리들이 조선인민당의 인사들을 만나 새로운 정치그룹을 만들 것을 독려하였다.[123] 미군정과의 정치적 접촉에 응한 것은 여운형의 동생이었던 呂運弘이었고, 여운홍은 일부 정치그룹들과 함께 조선인민당을 탈당하였다. 여운홍은 탈당 직후 "조선인민당이 조공의 조종을 받고 있기 때문에 더 이상 조선인민당에 참여할 수 없다"는 내용의 성명서를 발표하였다.[124] 이 성명서는 미군정에서 정치공작을 지휘하고 있었던 버취(Leonard Bertsch) 중위가 작성한 것이었다.[125] 여운홍이 탈당한 직후 건국동맹 출신의

121) 《조선인민보》, 1946년 2월 1일. 여운형은 비상국민회의 최고정무위원회에도 참여를 거부하였다(《조선인민보》, 1946년 2월 15일).
122) 《현대일보》, 1946년 4월 6일(심지연, 앞의 책, 1991, 73쪽에서 재인용).
123) 《주한미군사》 2(돌베개, 1988 영인), 190쪽.
124) 《독립신보》, 1946년 5월 10일.

중앙집행위원 張權·朴漢柱를 비롯한 94명이 담화와 함께 5월 11일 탈퇴하였고, 이들이 중심이 되어 5월 22일 사회민주당이 결성되었다. 사회민주당의 결성식은 1946년 8월 3일 이승만·엄항섭·버취 중위 및 미군정청 공보부장 등이 참석한 가운데 열렸다.[126]

미·소공동위원회가 결렬되고 조선인민당 내의 일부 인사들이 탈당하는 사태가 발생한 가운데, 조선인민당은 좌우합작위원회에 적극적으로 참여하였다. 좌우합작위원회는 미군정이 미·소공동위원회에 대처하기 위한 정치공작의 일환으로 추진되었고,[127] 조선인민당은 좌파의 대표로서 좌우합작위원회에 참여하였다. 조선인인민당의 강령에서 나타나는 바와 같이 좌우합작은 조선인민당의 가장 중요한 정치노선이었다. 미군정이 추진하고 있었던 좌우합작위원회를 통한 입법기관의 설립에 대해서는 반대하는 입장이었지만, 조선인민당은 북한의 정치세력까지 포함한 명실상부한 좌우합작을 추진하였다.

조선인민당에서 추진한 좌우합작은 4단계의 발전 전망을 가지고 있었다. 제1단계는 '남한 각 정당·단체 주요책임자 연석협의체'를 개인 자격으로 구성하는 것이고, 개인 자격의 이 협의체가 정당·단체를 공식으로 대변하는 제2단계 '남한 각 정당·단체 연석협의체'로 발전한다. 2단계의 연석협의체는 남한내 좌우합작이 완성된 형태를 의미한다. 남한내 좌우합작이 완성된 후 북한과 협상하여 제3단계의 '좌우, 남북협의체'로 발전한다. 이제 좌우, 남북합작이 완성되면 소련과 협상을 통해 미·소공동위원회를 재개시킨다. 물론 좌우, 남북을 모두 포함하여 민족통일전선을 형성했기 때문에 이에 기초해서 미·소공동위원회와 협의를 통해 제4단계 '임시정부(좌우연립 과도정권)'를 구성한다는 것이었다.[128]

조선인민당이 좌우합작의 원칙으로 제시한 방안은 다음과 같다.

一. 국제적 마찰을 일으키는 반소반미의 모든 언동을 정지시켜서 일국편향주의에 의한 민족적 분열을 방지할 것.

---

125) 정병준, 앞의 책(1995), 190쪽.
126) 심지연, 앞의 책(1991), 100쪽.
127) 박태균, 앞의 글(1992), 137~142쪽.
128) 정병준, 앞의 책(1995), 260~261쪽.

一. 직접 좌우합작을 방해하는 모든 테러행위를 중지할 것.
一. 친일파·민족반역자·모리배 등으로 하여금 모든 행정·사법·경찰·경제 기관에서 물러서도록 하여 그들의 반민족적, 반통일적 발악을 인민의 위력으로 거세시켜야 될 것.
一. 언론과 집회의 모든 자유를 우리가 서로 존중하여 주어야 할 것.
一. 민족적인 행사는 거족일치로서 합작할 수 있는 조건을 만들 것(《조선인민보》, 1946년 7월 18일).

조선인민당은 이러한 원칙에 기반하여 좌우합작위원회에 임하였지만, 좌우합작위원회의 활동은 원활하게 진행되지 못했다. 좌익과 우익세력의 반대로 인해서 중도우파와 중도좌파의 민족주의적 성향의 인사들만이 참여할 수밖에 없었고, 미군정이 입법기관을 강하게 추진함으로써 좌우합작위원회에 적극적으로 참여한 조선인민당의 인사들은 좌파로부터의 강한 비판에 직면하게 되었다. 아울러 좌우합작위원회가 추진되는 기간 동안에 이루어진 좌파계열의 삼당합동과 남조선노동당(약칭 남로당)·사회노동당의 대립과정은 좌우합작위원회의 실패뿐만 아니라 조선인민당의 해체를 가져오도록 하였다.

남로당이 결성되고 사회노동당이 해체된 이후 남로당에 참여하지 않은 인사들은 조선인민당 재건위원회를 조직하였다. 여기에 참여한 인사들은 주로 조선인민당 내에서 온건파, 또는 우파에 속하는 인물들로 장건상과 이만규에 의하여 주도되었다. 이들은 1947년 1월 29일과 30일 양일간에 인민당재건전국대표자회의를 개최하고 위원장에 장건상, 부위원장에 이만규를 선임하였다.[129] 이어 사회노동당 계열에서 12명, 인민당 재건위원회에서 9명, 남로당에 참여하지 않은 신민당을 포함한 기타 정치단체에서 10명으로 구성된 31명의 준비위원을 선출했다. 남로당은 이러한 정치적 움직임에 대해 비판적인 입장을 보이다가 당 결성 움직임이 구체화되자 통일전선 형성을 통해 공동투쟁을 하겠다는 입장으로 선회하였다.[130]

결국 근로인민당은 조선인민당의 후신으로서 1947년 4월 26일 창당되었다. 근로인민당에는 창당준비위원의 면모에서 보이는 바와 같이 다양한 정치인

129) 《민주일보》, 1947년 2월 1일.
130) 이상 심지연, 앞의 책(1991), 161~162쪽.

들이 참여하였지만, 대체로 여운형을 중심으로 하는 세력이 주류를 이루면서 조선인민당과 유사한 정치노선을 천명하였다.[131] 근로인민당의 가장 중요한 정치적 목표는 미·소공동위원회를 성공으로 이끄는 것이었다. 근로인민당의 창당이 제2차 미·소공동위원회의 재개(1947년 5월 30일)를 눈앞에 둔 시점에서 이루어진 것은 근로인민당이 미·소공동위원회의 성공을 가장 중요한 정치적 목표로 삼았다는 것을 보여준다.

그러나 여운형의 암살(1947년 7월 19일), 미·소공동위원회의 결렬(1947년 10월 21일)로 인하여 근로인민당은 더 이상 활동을 지속하기 어려운 상황이 되었다. 다양한 인사들의 정치노선을 아우르고 있었던 구심점이 사라지고, 정치적 목표가 실패로 끝난 것이었다. 근로인민당은 여운형의 암살 후 체제정비와 당 정치노선의 재검토를 위하여 중앙위원회를 개최하고 수석부위원장 제도를 도입하였으며,[132] 남한만의 단독정부 수립에 반대하여 12정당협의회·民族自主聯盟·南北指導者連席會議에 참여하였지만, 남한에서 단독정부가 수립된 상황에서 더 이상의 정치활동을 지속하기 어려웠다.

결국 근로인민당은 분열, 해체의 길을 걷는다. 남북지도자연석회의에 참여했던 근로인민당의 당원들은 북한에 잔류하여 1948년 10월 17일 비상대표회의를 열고 "조국의 통일과 독립과 부강한 민주국가 건설을 목표로 투쟁하며 인민들의 물질적 문화적 생활수준의 급속한 향상을 도모하는 사업을 성취"한다는 의미에서 17개항의 강령초안을 채택하고 위원장에 이영, 부위원장에 백남운을 선출하는 등 서울과는 별도의 중앙기관을 구성하였다.[133] 서울에서는 정부수립 이후 뚜렷한 활동을 못하다가 1949년 10월 19일 정부에서 법령 제55호 2조에 의거 정당 등록이 취소되었다. 1957년 근로인민당에서 활동했던 장건상·김성숙 등이 '근로인민당'을 재건하려고 했다는 혐의로 체포되었고, 근로인민당은 재건되지 못했다.

---

131) 근로인민당의 선언 및 강령, 그리고 정치노선에 대해서는 심지연, 위의 책(1991), 168~183쪽 참조.

132) 《조선일보》, 1947년 10월 7일.

133) 《조선중앙연감》 1950년판, 248쪽(심지연, 앞의 책, 1991, 215쪽에서 재인용).

(3) 조선신민당

조선신민당의 전신인 華北朝鮮獨立同盟(이하 독립동맹)은 1942년 7월에 華北朝鮮靑年聯合會가 확대·개편된 민족해방운동단체였다. 독립동맹은 중국공산당과 함께 활동했던 武亭·李維民 등 공산주의자들과 楊民山 등의 조선민족혁명당원 출신, 崔昌益·韓斌 등 국내에서 공산주의운동을 하다가 중국으로 망명한 인물들, 金枓奉으로 대표되는 민족주의자로 구성된 단체였다. 이들은 일본이 패망하자 11월 초 중국의 奉天에 집결하여 동포와 일본군으로부터 나온 한인 병사들을 흡수하여 조직을 확대하였다.[134]

이 중 1,500여 명의 조선의용군 선발대가 1945년 11월 말 신의주에 도착했지만, 소련군에게 무장해제를 당하고 다시 중국으로 돌아갈 수밖에 없었다.[135] 독립동맹의 간부들이 소련측과 협상을 벌였지만, 결국 독립동맹의 간부와 조선의용군의 일부만이 무장을 해제한 채 귀국할 수밖에 없었다. '同盟目前의 정치주장'을 발표한[136] 이후 정세를 관망하던 독립동맹은 3상회의 결정서가 발표되자 1946년 1월 초 3상회의 결정을 지지하겠다고 선언하고,[137] 1월 14일 '조선동포에게 고함'이라는 성명을 발표한 후 본격적인 정치활동에 돌입하였다.[138]

무정·金昌滿·朴一禹·許貞淑 등이 북조선공산당에 입당한 반면, 김두

---

134) 심지연, 《조선신민당연구》(동녘, 1988), 47~48쪽. 만주에 있었던 한국인들과 일본군에서 이탈한 한인 병사들의 흡수를 통해 조선의용군 병력은 약 3만여 명까지 늘어났다고 한다. 독립동맹의 활동에 대해서는 한홍구, 〈화북조선독립동맹의 조직과 활동〉(서울대 석사학위논문, 1988) 참조.

135) 조선의용군이 항일독립운동 부대였음에도 불구하고 무장해제된 것은 표면적으로는 "정부 없는 민족에 군대가 있을 수 없다"는 것이었지만, 실제로는 북한내에 정식군대가 없는 상황에서 중국과 가까운 관계를 유지하고 있는 대규모의 부대가 북한내로 들어올 경우 정치적 혼란이 가중될 것을 우려한 소련군대의 조치였던 것으로 보인다.

136) 《중앙신문》, 1945년 12월 21일(방기중, 《백남운의 정치경제사상 연구 : 1930·40년대를 중심으로》, 연세대 박사학위논문, 1991, 250쪽에서 재인용).

137) 《조선인민보》, 1946년 1월 10일.

138) 《조선인민보》, 1946년 1월 26일. 독립동맹세력이 '조선동포에게 고함'이라는 성명을 발표한 정확한 일자에 대해서는 자료에 따라 다르게 나타난다고 한다(심지연, 앞의 책, 1988, 75쪽 주 98 참조).

봉·최창익·한빈 등은 소시민·지식인·중산층 등을 중심으로 조직 확대사업에 들어가는 한편, 서울에도 조직을 확대하고자 하였다. 이에 따라 1946년 1월 25일 한빈을 비롯한 독립동맹의 간부들이 서울에 도착하여 조공을 비롯한 3상회의 지지세력과의 접촉에 나섰다. 독립동맹세력은 식민지시기부터 유명한 사회주의 학자였던 白南雲을 적임자로 선택하고 1946년 2월 5일 독립동맹 京城特別委員會를 조직하였다.

북한의 독립동맹은 1946년 2월 26일 당의 명칭을 朝鮮新民黨으로 바꾸었으며, 독립동맹 경성특별위원회도 신민당 경성특별위원회로 명칭을 바꾸었다. 38선 이북의 조선신민당은 김두봉을 위원장으로 하고 부주석에 최창익과 한빈이 임명되었으며, 경성특별위원회는 위원장에 백남운, 부위원장에 鄭魯湜이 임명되었다. 조선신민당의 인적 구성은 조선인민당과 비슷했다. 우선 38선 이남과 이북의 책임자였던 백남운과 김두봉은 학자 출신으로 정노식과 함께 민족주의적 성향이 강한 인물들이었으며, 최창익·高贊輔·具在洙 등은 식민지시기 연안의 독립동맹에서, 또는 독립동맹의 공작원으로 활동하였던 공산주의자들이었다.

조선신민당의 정치노선 역시 조선인민당과 비슷했다. 정치노선으로 자산계급성 민주주의 혁명, 또는 연합성 신민주주의을 내세웠는데,[139] 조선인민당의 부르주아 민주주의 혁명론과 크게 다르지 않았다. 조선신민당의 노선이 조선인민당의 노선과 비슷했던 점은 제일의 정치적 과제로 '민족적 대동단결'을 내세웠다는 사실에서 잘 나타난다.[140] 조선신민당이 자산계급의 일부를 포함하는 협동전선의 노선을 내세운 데에는 조선공산당에 포섭되지 않은 인사들을 포괄하기 위한 의미도 있었지만, 하층에서뿐만 아니라 상층에서의 통일전선을 강조했던 중국공산당의 '신민주주의' 노선의 영향도 적지 않았다.[141] 조선신민당이 내세운 '신민주주의'라는 용어는 중국의 毛澤東이 1940년대 초반 7전대회를 통해 확립한 노선에 사용된 용어와 같은 것이었다.

---

139) 최창익, 〈민주적 민족통일전선의 역사성에 대하야 3〉(심지연, 위의 책, 87쪽에서 재인용).
백남운, 《조선민족의 진로》(신건사, 1946), 21~22쪽.

140) 백남운, 위의 책, 13쪽.

141) 심지연, 앞의 책(1988), 83~87쪽.

연합성 신민주주의론에서 나타나는 특징은 당시의 사회적 과제를 '민족해방'과 '사회해방'으로 나누어 설정하였다는 점이다. 연합성 신민주주의론에서 일부 자산계급과의 연합을 주장한 것은 '민족해방'의 과제를 해결하기 위한 것이며, 자산계급은 '민족해방 즉 자주 독립이 실현되는 순간'까지 "민족해방을 위한 혁명세력의 일부를 대표"하고 있다고 규정하였다.[142] 민족적 과제와 사회적 과제가 구분되는 것은 아니지만, 일차적으로는 민족적 과제를 보다 강조하는 입장이었다.

좌익 정치세력으로서 조선신민당이 추구한 노선은 넓게 보아 조공·조선인민당과 크게 다르지 않았다. 중요 산업의 국유화, 무상몰수·무상분배의 토지개혁정책, 중소기업을 중심으로 한 개인기업의 보장 등은 좌익계열의 3개 정당에서 공통적으로 주장한 것이었다. 그러나 조선신민당의 노선을 둘러싸고 좌익세력 내부에서는 논쟁이 전개되었다. 특히 백남운의 《조선민족의 진로》는 조공의 이론가들에 의하여 비판되었다.

朝鮮科學者同盟의 李基洙는 좌익을 민주진영으로, 우익을 반민주진영으로 규정하고 양자 사이에는 근본적인 차이와 대립이 있기 때문에 두 개의 노선은 타협으로 해결될 수 없고 오직 힘의 관계에 의해서만 해결된다고 주장하였다. 따라서 이러한 모순관계에 놓여 있는 좌우익의 연합을 주장하는 것은 현실을 제대로 파악하지 못하는 일개 학자의 관찰에 불과하다고 비판하였다. 그는 자산계급의 일부가 그 혁명성으로 말미암아 무산계급과 동맹한다면 그것은 "혁명 수행을 위한 동맹군의 문제이고 혁명의 성질과는 딴 문제"로 그것이 조공의 부르주아 민주주의 혁명론을 부정할 근거는 아니라고 주장했다.[143] 결론적으로 그는 연합성 신민주주의는 기회주의적 성격을 띤 것이라고 비난하였다.

조선문학가동맹의 金南天도 백남운의 연합성 신민주주의론을 비판하였다. 그의 비난은 논리적이라기보다는 감정적인 측면이 있었는데, "망명 정치인의 겸손치 못한 심경이거나 과오와 경솔로 정치적 주변으로 밀려난 불평 정객의 대변에 불과한 것"이라는 평가는 이 점을 잘 보여준다.[144] 김남천의 비판

142) 백남운, 앞의 책, 14쪽.
143) 이기수, 〈백남운씨의 연합성신민주주의를 박함〉(《신천지》 1권 5호, 1946년 6월).

은 연합성 신민주주의론이 지주나 자본가의 편에서 그들의 혁명성을 입증하기에 편리한 대로 자의적 용어를 구사한 것이며, "소위 우익을 구성한 친일재벌 대지주와 그들의 정치적 대변자들에 대한 절충주의적·기계주의적 과신과 지나친 진보성의 기계주의적 인정에서 유래된 것"이라고 비판하였다.[145]

백남운의 '연합성 신민주주의론'을 둘러싼 논쟁은 비판에 대한 '再批判'에서 잘 나타나듯이[146] "그 자신이 가진 이론적 貧因에서 결과지워진 것"으로 다시 비판되었다. 연합성 신민주주의론은 조공 이론가들의 비판에도 불구하고 내용적으로 조선인민당의 정치노선과 크게 다르지 않았으며, 토지개혁과 관련된 정책은 38선 이북의 조선신민당 본부의 정책에서 나타나는 바와 같이 조공의 토지개혁정책과 비슷한 것이었다.

조선신민당의 노선을 둘러싼 논쟁은 이론적이라기보다는 정치적인 주도권을 둘러싼 갈등의 성격이 강했다. 이 점은 이기수의 글과 김남천의 글이 발표된 것이 1946년 5월과 6월이었다는 점에서도 잘 나타난다. 1946년 5월은 제1차 미·소공동위원회가 휴회에 들어가고 좌우합작위원회가 활동에 들어간 시점이었다. 조공은 조선인민당의 여운형과 조선신민당의 백남운이 적극적으로 참여하고 있었던 좌우합작위원회의 성패여부가 자당의 좌익 내 주도권 장악문제와 직결되어 있다고 인식했을 것이며 이것이 조선신민당의 노선에 대한 비판으로 나타났던 것이다.

조선신민당은 3상회의 결정서에 대한 지지, 미·소공동위원회에 대한 지지, 38선 이북에서의 토지개혁에 대한 지지, 민전에의 적극적 참여 등 38선 이남과 이북에서 조선공산당·북조선공산당·조선인민당과 보조를 함께 하면서 활동하였다. 38선 이북의 조선신민당은 2당합동을 통해 북조선공산당과 함께 北朝鮮勞動黨을 결성한 반면, 조선신민당 경성특별위원회는 좌우합작위원회, 3당합당 과정을 거치면서 분열되고 해체되었다. 결국 경성특별위원회의 일부 세력들은 社會勞動黨, 근로인민당과 결합하거나 1947년과 1948년을

144) 김남천, 〈백남운씨 '조선민족진로' 비판 1〉(《조선인민보》, 1946년 5월 9일).
145) 김남천, 〈백남운씨 '조선민족진로' 비판 4〉(《조선인민보》, 1946년 5월 12일).
146) 허윤구, 〈조선민족의 진로에 대한 비판의 재비판 1~5〉(《독립신보》, 1946년 5월 25·26·27·28·29일).

통해 월북, 북조선노동당이나 북한의 사회조직에 합류하였다.

(4) 삼당합동과 남조선노동당

1946년 5월 미·소공동위원회가 휴회에 들어가자 좌익 내의 3당은 새로운 상황에 대응하기 위한 대책을 둘러싸고 대립하기 시작하였다. 좌익 정치세력은 미·소공동위원회를 하루라도 빨리 속개시켜야 한다는 점에서는 동일한 인식을 가지고 있었지만, 미·소공동위원회를 재개시킬 수 있는 방안에 대해서는 서로 다른 견해를 가지고 있었다. 조공은 민전을 중심으로 하여 대중적인 시위를 통해 우익 정치세력들을 무력화시키는 방안을 제시하였던 반면[147] 조선인민당과 조선신민당은 "좌우합작에서만 통일정부가 가능"하다고 주장하면서 미군정 및 우익 정치세력과 활발하게 접촉하기 시작하였다.[148] 조공은 미군정이 좌우합작위원회를 주도하자, 좌우합작에 대해 '전형적 기회주의자'로 비난하던[149] 입장에서 3원칙을 세워 조건부 지지를 선언하였다.

좌우합작과 더불어 좌익 정치세력 내부에서 견해 차이가 나타난 것은 미군정의 탄압에 대해 어떻게 대응할 것인가의 문제였다. 좌익 정치세력들은 미·소공동위원회의 성공을 위하여 미군정에 대해 협조적인 태도를 보이고 있었다. 그러나 미·소공동위원회가 휴회되고 좌익, 특히 조공에 대한 미군정의 탄압이 강화되자 미군정에 대항하여 적극적으로 투쟁하는 방식으로 정책이 변화되어 갔다. 조공의 미군정에 대한 비난이 거세지면서 좌우합작위원회에 참여하고 있었던 여운형·백남운을 비롯한 조선인민당·조선신민당과의 관계 역시 악화될 수밖에 없었다.

좌익 정치세력 내부의 이러한 노선차이는 조공이 미군정으로부터 집중적인 탄압을 받으면서 공개적으로 표출되기 시작하였다. 조공은 '신전술'을 채택하였으며, 1946년 7월 22일에 열린 민전 의장단 회의를 통해 "미군정에 반대해 투쟁"해야 할 것과 "우익진영과 미국에게 이익을 주게 될 합작을 포기"

147) 《조선인민보》, 1946년 5월 21일, 6월 3일. 조공의 시도는 1946년 6월 10일에 시도된 '6·10기념 공위촉진시민대회'로 나타났다.
148) 《독립신보》, 1946년 6월 12일.
149) 《조선인민보》, 1946년 4월 28일.

해야 한다고 주장했다.[150] 박헌영은 이것을 자신의 개인적 견해가 아니라 38선 이북의 북조선공산당 및 소련의 견해라고 하였지만, 여운형과 백남운은 반대 또는 유보의 태도를 취했다.[151]

조공의 '신전술'은 미군정에 대한 적극적인 반대투쟁을 불러 일으켰다. '정당방위의 역공세'로 불리워진 '신전술'의 주요한 목표는 종래 미군정과의 협조, 합작노선에서 반미운동으로의 전환, 토지개혁을 중심으로 북한과 같은 개혁의 즉각적인 실시, 정권을 인민위원회로 이양 등이었다.[152] '신전술'의 채택이 미군정에 대한 직접적인 투쟁을 선언한 것은 아니었지만, 좌우합작위원회에 적극적으로 참여하고 있었던 조선인민당 및 조선신민당과의 차별성이 명백하게 표출된 것이었다. 이러한 상황에서 조공이 좌익 정치세력 내부의 주도권을 장악하기 위하여 추진한 것이 좌익정당들의 三黨合黨이었다.

38선 이북에서 북조선공산당과 북조선신민당이 합당을 결의했다는 것이 알려지면서 1946년 8월 초부터 38선 이남에서도 좌익정당간의 합당문제가 공개적으로 논의되기 시작하였다. 8월 3일 조선인민당에서 중앙집행위원회를 개최하여 "공산·신민 양당에 합당을 제안"하기로 가결하고,[153] 이에 대해 조공과 조선신민당이 합당 제안을 받아들이면서 삼당합당은 본격화되었다.[154] 삼당합당의 추진에는 38선 이북에 위치한 좌익정당들의 상황이 큰 영향을 주었지만, 당시 동유럽의 사회주의국가에서 추진되고 있었던 대중정당을 조직하기 위한 움직임도 큰 영향을 주었다.[155]

좌우합작의 문제로 좌익 정치세력 내부에서 이견이 나타나고 있었기 때문에 삼당합당이 쉽게 추진될 수는 없었지만, 소련과 38선 이북에 위치한 정치세력들의 강한 의지로 인해서 삼당합당은 1946년 초부터 본격적인 논의에

150) Enclosure to Despatch No. 60, August 26, 1947, "Letters Found in Brief Case of Lyuh Woon Hyung," Counter Intelligence Corps., United States Army Forces in Korea Headquarters, File No. 13.
151) 〈주한 정치고문 랭던이 국무장관에게 보낸 전문(1946년 8월 2일)〉(김국태 역, 앞의 책), 392쪽.
152) 박일원, 《남로당의 조직과 전술》(세계, 1984), 30~32쪽.
153) 《조선인민보》, 1946년 8월 5일.
154) 《조선인민보》, 1946년 8월 6·8일.
155) 《조선인민보》, 1946년 8월 6일.

들어가기 시작하였다.[156] 조선인민당은 삼당합당을 통해서 조공이 함께 참여하는 좌우합작운동의 추진이 가능하게 될 것으로 생각하였고, 조선신민당은 38선 이북지역의 조선신민당이 북조선공산당과 합당을 추진하고 있는 상황에서 합당에 반대할 수 있는 명분이 없었다.

좌익 3정당이 삼당합당의 필요성에 대해서는 합의하였지만, 문제는 구체적인 합당 방법이었다.[157] 여운형은 적당한 준비기간을 두고 각 당 내에서 민주적인 견해를 수렴하고자 했던 반면, 박헌영을 지지하고 있었던 조공의 '간부파'는 이미 합당이 결정적이며 정세가 긴박하기 때문에 하부로부터의 토의보다 삼당대표들이 연합회의에서 합당선언을 성명하는 동시에 신당의 강령초안을 채택할 것을 주장하였다.[158] 이제 삼당합당의 방법을 둘러싸고 좌익의 3정당은 모두 두 개의 파벌로 나누어지게 되었다. 한쪽에서는 조공의 간부파가 제기한 합당안을 찬성한 반면, 다른 한쪽에서는 조공 간부파의 제안이 민주주의적이지 못하다는 점에서 반대하는 입장이었다. 특히 조공 내부에서 박헌영에 반대하는 간부 6인이 '합동문제에 대하여 당내 동지제군에게 고함'이라는 성명서를 발표하면서[159] 각각의 좌익정당 내부의 분열이 더욱 가속화되었다.

소위 '대회파'로 분류되는 이들은 8·15 직후부터 계속되어 온 박헌영을 중심으로 한 비민주적인 당 운영에 대하여 불만을 가지고 있었던 인사들이었다.[160] 성명서에서 이들은 박헌영 일파가 당을 자기 위주로 이끌어 당의 발전을 저해하고 당을 분열의 위기로 몰아넣었다고 비판하였다. 이들은 삼당합당을 위한 전제로서 당대회의 개최를 요구하였지만, 간부파는 미군정의 탄

156) 정창현, 〈좌익 정치세력의 '삼당합동' 노선과 추진과정〉(서울대 석사학위논문, 1993), 19~20쪽.
157) 《조선인민보》, 1946년 8월 12일.
158) 《청년해방일보》, 1946년 9월 2일.
159) 《청년해방일보》, 1946년 8월 5일, 〈호외〉.
160) 자세한 내용은 〈북조선분국의 상무위원회 동지들에게 보내는 편지〉(《역사비평》, 역사비평사, 1991 가을호) 및 정창현, 앞의 글, 25~28쪽 참조. 1946년 6월 조공의 유명한 공산주의자였던 曺奉岩의 전향은 미군정의 공작에 의한 것도 있었지만, 기본적으로 박헌영 중심의 당운영에 대한 반발 때문에 일어난 현상이었다(박태균, 앞의 책, 1995, 121~130쪽 참조).

압이 심한 상태에서 당대회를 개최할 수 없기 때문에 중앙위원회에서 처리해야 한다고 반박하였다. 결국 대회파는 당으로부터 제명 및 무기정권의 처분을 당하였다.[161] 그러나 대회파가 전북·경남·부산지구 등의 지방당에서 지지를 받고 있었으며, 수도권지역의 공산당 간부들 역시 대회파를 지지하는 입장이었기 때문에, 당의 처분만으로 당의 내분이 가라앉지 않았다. 북조선노동당이 창립대회에서 박헌영 중심의 간부파의 입장을 지지하였음에도 불구하고 대회파는 '조선공산당대회 준비위원회'를 조직하고 조선인민당·조선신민당의 일부 세력과 합당교섭을 진행하였다.

조공의 내부 갈등이 표출되면서 조선인민당과 조선신민당 내부에서도 분열이 나타나기 시작하였다. 조선인민당의 내분은 좌우합작에 대한 입장차이를 둘러싸고 심화되었다. 장건상·이여성으로 대표되는 친여운형 계열의 인사들은 좌우합작의 촉진을 합당의 원칙으로 제시했던 반면[162] 김오성으로 대표되는 친박헌영파의 경우, 좌우합작을 중지하며 좌익 총역량의 전면적 확대 강화를 위한 무조건 합당을 주장하였다.[163] 당의 분열을 막기 위하여 확대위원회가 개최되었지만, 합당 추진을 위한 표결과정에서 합당을 찬성하는 세력과 반대세력의 비율이 48대 31로 나뉘어 조선인민당은 무조건 합당을 주장하는 48인파와 민주주의적 과정과 좌우합작을 지지하는 친여운형 계열의 31인파로 분열되었다.

조선신민당의 분열은 위원장 백남운과 부위원장 정노식 사이의 분열로 나타났다. 조선신민당의 경우 38선 이북에 있는 당 본부의 지시가 필요했기 때문에 다른 정당에 비하여 분열의 양태가 심하지는 않았지만, 조공 간부파를 지지하는 중앙간부들과 조선인민당의 여운형 계열과 긴밀한 관계를 맺고 있던 백남운 계열은 합당의 방법을 둘러싸고 대립하였다.[164]

이러한 상황에서 1946년 9월 4일 박헌영을 지지하는 조공의 간부파가 3당

161) 대회파의 대표적인 인물은 金綴洙·徐重錫·姜進·金槿·李廷允 등으로 식민지시기 박헌영이 활동했던 화요회 계열과 대립되는 활동을 했던 ML파와 서울파 계열의 인물들이다.
162) 《동아일보》, 1946년 8월 13일.
163) 《동아일보》, 1946년 8월 17일.
164) 심지연, 앞의 책(1988), 151~153쪽.

합동준비위원회 연석회의를 개최하였다. 조선인민당과 조선신민당의 위원장이 참석하지 않은 채 열린 이 회의에서 삼당합당 결정서가 정식으로 가결되고 남로당준비위원회가 결성되었다.[165] 이에 여운형과 백남운은 남로당 결성을 위한 움직임을 비판하면서 남로당준비위원회와 분리하여 따로이 합당을 추진하고자 하였다. 남로당준비위원회는 여운형·백남운·조공의 대회파가 추진하고 있는 합당을 막기 위하여 10월로 예정된 '총파업'을 9월로 앞당겼지만,[166] 10월 16일 남로당준비위원회에 반대하는 세력들은 사회노동당을 결성키로 결정하였다.[167] 이제 사회노동당이 결성되면서 삼당합당은 사회노동당과 남로당이 갈라져 개별적으로 추진하게 되었다.

사회노동당의 여운형과 백남운은 11월 초 남로당과의 무조건 합당을 주장하였지만, 남로당 준비위원회는 좌우합작노선을 비판하면서 사회노동당의 무조건 해체를 주장하였다.[168] 11월 23일과 24일 남로당은 정식 결당대회를 가졌다. 위원장에는 허헌이 선출되었으며, 부위원장에 박헌영·이기석이 선출되었다.

이후 남로당과 사회노동당은 각각 정통성을 주장하면서 합당사업을 추진하였지만, 북로당측에서 남로당의 권위를 인정해 주면서 사회노동당은 점차 약화되었다. 여운형이 삼당합당의 추이를 논의하기 위하여 38선 이북을 다녀온 이후 북로당에서는 남로당을 삼당합당의 대표 정당으로 추인하였으며, 이로 인해 사회노동당의 권위는 땅에 떨어지게 되었다.[169] 아울러 사회노동당에 참여한 좌익 3당의 분파들이 대중조직을 장악하지 못하고 있었다는 사실 역시 사회노동당의 힘이 약화되는 중요한 계기가 되었다. 사회노동당은 1947년 2월 27일 제1회 당대회를 열고 '남조선 민주진영의 세력을 분열'시키는 역할을 하였다는 자기비판과 함께 해체를 결정하였다.

삼당합당은 박헌영을 중심으로 하는 조공 내 간부파의 승리로 끝났지만, 좌익 정치세력들은 삼당합당 과정을 통해 상당한 타격을 입게 되었다. 우선

165) 《조선일보》, 1946년 9월 6일.
166) 정창현, 앞의 글, 53쪽.
167) 《서울신문》, 1946년 10월 17일.
168) 《독립신보》, 1946년 11월 20일.
169) 《독립신보》, 1946년 11월 27일.

세 개의 좌익정당이 합당하였지만, 남로당의 실질적인 힘이 조공에 비하여 세 배로 늘어난 것은 아니었다. 각각의 좌익정당에서 간부파의 견해에 찬성하는 사람들만이 합당에 참여했을 뿐만 아니라 삼당합당 과정에서 무리하게 진행된 '9월총파업'과 소위 '10월항쟁'을 통해 대중조직이 심각하게 파괴되었기 때문이었다. 또한 미군정의 탄압이 점차 강해지는 가운데 박헌영을 비롯한 핵심적인 당 간부들이 38선 이남에서 활동할 수 없었던 상황 역시 남로당의 힘을 약화시킨 결정적인 요인이 되었다.

남로당은 미군정하에서 합법정당으로 발족했음에도 불구하고, 1947년에 들어서 '국립서울대학 건설 반대투쟁', 미·소공동위원회 재개를 위한 시위와 파업을 주도하였다. 1947년 중반에는 당세를 확장하기 위하여 당원 5배가, 10배가 운동을 전개하였다. 그러나 미군정의 정책에 반대하는 투쟁과 당세확장을 위한 운동은 미군정의 탄압, 남로당의 파괴를 위한 역공작 등으로 인하여 오히려 당의 세력을 약화시키는 결과를 가져왔다.[170]

미·소공동위원회가 결렬되고 한국문제가 유엔에 이관된 이후 남로당은 단독정부 수립을 반대하는 투쟁을 주도하였다. 1948년 2월의 소위 '2·7구국투쟁'은 그 대표적인 예였다. '2·7구국투쟁'은 남로당이 지휘한 가장 큰 대중적인 폭력시위로 전국적으로 확산되었다. 그러나 미군정의 진압으로 시위는 곧 가라앉았으며, 동년 5월 38선 이남에서 총선거가 실시되면서 남로당은 더 이상 남한에서 활동할 수 없게 되었다. 대한민국정부 수립 이후에 남로당의 지도부는 38선 이북에 위치하고 38선 이남에서는 비밀조직만이 활동하였다. 1948년 이후 남로당은 남한의 무장유격투쟁에 대한 지원이 가장 중요한 사업으로 남았다. 남한의 남로당세력들은 1948년에서 1950년 사이 대한민국정부의 강력한 좌익 탄압정책에 의해 거의 괴멸되었다.

남로당은 1949년 6월 북로당과 합당하여 朝鮮勞動黨이 결성되면서 해체되었다. 남로당에 참여했던 핵심간부들은 1952년의 소위 '공화국 전복음모사건'과 '미제의 간첩사건'에 연루되어 대부분 숙청되었다.

170) 김남식, 앞의 책(1984), 273~298쪽.

3) 중도세력과 좌우합작운동

중도세력은 좌익에도 속하지 않고 우익에도 속하지 않는 세력들을 지칭한다. '중도'는 어느 쪽의 편향에도 속하지 않는 '가운데 길(middle road)'이라는 뜻으로, '중도파' 정치세력들은 때로 '중간파' 정치세력으로 표현되기도 한다.171) 해방 직후 중도파 정치세력으로는 국민당·新韓民族黨 등이 활동하였다.172)

해방 이후 중도파 정치세력들은 몇 가지 정치적 특징을 가지고 있었다. 첫째로 중도파는 직업적 정치인들이 아닌 양심적 지식인, 학자들로 구성되었다. 따라서 대중조직이나 지방조직의 기반이 없었고, 개개인의 명망성에 기초하여 중앙(서울)에서 주로 활동하였다. 둘째로 계급적인 정치노선을 추진하지 않았고, 민족주의적 입장에서 좌우익의 합작을 통한 정치세력의 통합을 추진했다는 점이다. 따라서 이들은 민족주의의 경향이 강하다는 측면에서 대중적인 명성을 얻을 수 있었지만, 실질적인 대중적·조직적 힘을 가지고 있었던 좌우익 정치세력으로부터 명확한 정치적 색깔이 없다는 비판을 받았다. 셋째로 한반도를 분할점령하고 있었던 외세에 대해 협조적인 노선을 표명하고 있었다는 점이다. 따라서 이들은 3상회의 결정서, 미·소공동위원회를 모두 적극적으로 지지하는 입장이었으며, 미군정이 추진한 좌우합작위원회·남조선과도입법의원·남조선과도정부 등에 대체로 참여하였다. 그러나 미·소공동위원회의 성공 여부가 불투명해지는 1947년 중반까지 이들은 단합된 힘

171) 중도파나 중간파라는 용어가 애매모호하기 때문에 이 용어보다는 민족주의 우파, 민족주의 좌파라는 용어로 표현되기도 한다. 여운형을 중심으로 하는 온건한 좌익 정치세력은 때로 중도파나 중간파, 또는 민족주의 좌파의 범주에 포함된다. 본고에서는 조선인민당이 남로당에 합당하여 좌익세력의 중요한 축을 형성하였기 때문에 여운형을 중심으로 한 정치세력들을 좌익 정치세력을 분석하는 절에 포함시켰다.

172) 신한민족당은 정당통일운동을 추진하였던 李甲成과 金麗植을 중심으로 조직된 정당이다. 1945년 12월 5일 중소정당들을 포함하여 조직되었고, 1946년 초의 4당회합, 5당회합에 참여하였지만, 곧 한독당에 합당하였다(송남헌, 앞의 책, 203~208쪽). 신한민족당은 중도우파의 대표적 정당의 하나였지만, 활동기간이 짧기 때문에 본고에서는 분석의 대상에서 제외하였다.

을 발휘하지 못하고 미국과 소련의 정책에 끌려가는 모습을 보일 수밖에 없었다.

중도파 정치세력들이 본격적으로 활동을 시작하는 것은 1946년 제1차 미·소공동위원회가 휴회된 이후이다. 8·15 직후부터 좌우익 정치세력의 통일적 정치행동을 위한 움직임이 없었던 것은 아니지만, 3상회의 결정서를 둘러싼 좌우익 정치세력의 갈등으로 인해서 중도파의 활동은 주목받지 못하였다. 중도파들의 정치활동은 1946년말 미군정이 추진한 좌우합작위원회로 본격화되었다. 그러나 좌우합작위원회가 南朝鮮過渡立法議院의 성립을 둘러싸고 표류하기 시작하자, 8·15 직후부터 정치적 추이를 지켜보고 있었던 지식인·학자들이 본격적으로 중도파의 대열에 합류하기 시작하였다. 1946년 말 民主主義獨立戰線(이하 독립전선)의 조직, 1947년 초 좌우합작위원회의 확대강화 등은 기존의 중도파세력에 1946년말 이후 정치활동을 본격적으로 시작한 양심적 지식인들의 합류로 이루어진 성과였다.

중도파들의 움직임은 여운형의 암살, 미·소공동위원회의 결렬 등으로 인해 조성된 새로운 정치상황 속에서 民族自主聯盟의 결성으로 결실을 맺었다. 민족자주연맹은 1948년 38선 이남에서의 총선을 반대하고 38선 이북의 좌익정치세력과의 정치적 합작을 모색하였지만, 남과 북에서 서로 다른 체제의 정권이 수립된 이후 분열되었다. 중도파 내부에서 우익적 입장을 가지고 있었던 세력들은 남한에 잔류한 반면, 좌익적 입장을 가지고 있었던 세력들은 북한에 잔류하였다. 북한에 잔류한 세력들은 북한의 정권수립에 적극적으로 참여한 반면, 남한에 잔류한 세력들은 1950년의 2대 총선에 참가한 이후 1950년대를 통해 혁신운동세력의 중추를 형성하였다.

(1) 국민당

1942년 朝鮮語學會사건으로 수감되었던 안재홍은 1943년 7월 석방 이후 일본의 패망에 대비하기 위하여 정치지도자들과 접촉하던 중 8·15를 맞이하였다.[173] 안재홍은 여운형과 접촉하여 건국준비위원회에 부위원장으로 참

173) 오영섭, 〈해방후 민세 안재홍의 민공협동운동 연구〉(《태동고전연구》 5, 1998), 191~195쪽.

여하였다. 안재홍은 건준에 김병로·백관수·이인 등 우익계열의 민족주의 인사들을 참여시켜 건준을 명실상부한 민족운동세력의 조직으로 확대하고자 하였다. 그러나 조공이 건준의 주도권을 장악하면서 안재홍과 같은 중도우파 세력들은 건준 내에서 별다른 활동을 할 수 없었다.

이에 안재홍은 건준에서 이탈하여 1945년 9월 1일 朝鮮國民黨을 조직하였다. 조선국민당은 기독교에 기반을 둔 朴容義 중심의 社會民主黨, 항일운동을 했던 明濟世를 중심으로 조직된 民衆共和黨, 自由黨, 協贊同志會, 槿友同盟 등 6개 정당·사회단체가 합동하여 1945년 9월 24일 國民黨으로 확대, 발족하였다. 국민당의 중앙집행위원장에는 안재홍, 부집행위원장에는 명제세와 박용희가 선임되었다.

국민당은 '선언'을 통해 '다사리'의 정치를 선언하였다. '다사리'의 정치는 "전 인민 각 계층의 너와 나와를 다사리(다-살리)게 하여 遺漏와 차등이 없이" 하는 정치로 '新民族主義'의 깃발 아래 전 민족이 함께 해야 한다는 것이었다.[174] 이러한 정치노선은 온건한 좌익세력이었던 조선인민당·조선신민당이 주장한 좌우합작, 또는 협동전선노선에 대비되는 것으로 좌우익 정치노선에 상관없이 모든 세력들이 연합해야 한다는 중도우파 입장에서의 좌우합작 노선이었다.

국민당의 좌우합작 노선에서 나타나는 특징은 중도좌파와는 달리 특별한 원칙이 없었다는 점이다. 이 점은 친일파에 대해 특별한 규정이 없었다는 점에서 잘 나타난다. 즉, 선언에서는 "모든 진보적 反響 침략제국주의적인 지주·자본가 및 농민·노동자 등 皆勞層의 인민을 통합"한다고 하였지만, 강령과 정책에서는 일본인 소유의 토지분배에 대한 규정만이 있을 뿐 친일파 문제에 대해 특별한 정책을 언급하지 않았다.

이러한 특징은 토지제도에 대한 규정에서도 잘 나타난다. 국민당은 토지개혁의 궁극 목표로서 현재의 지주와 자작농은 현상을 유지하면서 새로이 일

---

174) 송남헌, 앞의 책, 132~134쪽.
안재홍의 이념이었던 신민족주의와 신민주주의에 대해서는 다음을 참조할 것.
한영우, 〈안재홍의 신민족주의 사학〉(《한국독립운동사연구》 1, 1987).
유병용, 〈신민족주의론 연구〉(《강원사학》 10, 1994).
김인식, 《안재홍의 신민족주의 사상과 운동》(중앙대 박사학위논문, 1997).

본의 토지를 분배하여 새로이 자작농을 만들어 내는 데 두었다. 국민당의 중앙집행위원장이었던 안재홍은 당시 한국사회에는 대지주가 거의 존재하지 않았으며, 이들의 세력도 선진 외국자본주의국가와 비교할 수 없을 만큼 미약하다고 파악하였다. 이것은 곧 대지주와 농민 사이의 대립이 존재하지 않았다고 파악한 것으로 토지문제에 대한 혁명적인 과정이 필요하지 않음을 의미하는 것이었다. 토지분배의 방식에 있어서도 유상분배의 방식을 주장하였다. 무상분배가 농민들에게 잠시나마 좋을 수 있지만, 농업생산력이 저하될 가능성이 있다고 보았다.[175]

이상과 같은 국민당과 안재홍의 정치노선은 온건한 좌파세력과는 일정한 차이를 보이는 것이었다. 조선인민당을 중심으로 한 온건 좌파세력들은 친일파 문제를 명확하게 해결해야 하며, 농민에게 토지를 무상분배해야 한다고 주장하였지만, 국민당은 이와는 다른 입장이었다.

그러나 다른 한편으로는 양자 사이에는 공통점이 존재하였다. 계급이나 이데올로기를 넘어서 정치적 통합의 필요성에 대해 강조한 점이나, 사회경제적인 현실에 대한 분석에서 공통적인 인식이 나타난다. 특히 후자의 경우 조선인민당의 경제정책에서 나타나는 바와 같이 산업자본의 확충을 통한 민족경제의 건설을 우선적 과제의 하나로 제시했다는 점은 공통적으로 나타나는 특징이라고 할 수 있다. 이 점은 토지개혁을 주장하면서도 유상몰수를 통해 민족자본의 형성을 공통적으로 주장했다는 사실에서 잘 나타난다.

국민당은 안재홍의 신민족주의와 신민주주의의 이념하에서 정치세력의 통합을 목표로 한 정치활동을 추진하였다. 국민당이 건준에서 탈퇴하면서 내세운 정치적 목표는 대한민국임시정부를 추대하는 것이었지만,[176] 우익 정치세력이 추진하고 있었던 정치세력 통합을 위한 모든 움직임에 참여하였다. 이승만이 정치세력 통합을 위해 추진한 독촉중협에 적극적으로 참여하였으며, 대한민국임시정부가 귀국하자 한민당과 보조를 같이하면서 임시정부 추대운

175) 김인식, 〈안재홍의 신민족주의 국가건설론〉(《중앙사론》 9, 1997), 146~158쪽. 토지개혁은 실제로 농업생산성을 약화시킬 수 있는 가능성을 가지고 있었다.

176) 김인식, 〈해방후 안재홍의 重慶臨政迎立補强 운동〉(《한국독립운동사연구》 12, 1998), 281~304쪽.

동을 추진하였다. 3상회의 결정서가 발표되었을 때 안재홍은 임시정부와 조공의 수뇌부를 방문하여 반탁운동을 위한 공동전선의 가능성을 타진하기도 하였다.

3상회의 결정서 발표 이후 반탁운동이 본격적으로 전개되자 안재홍은 임시정부에서 주도하였던 반탁투쟁위원회에 부위원장으로 참여하여, 임시정부와 보조를 같이하였다. 그러나 국민당의 반탁노선은 임시정부의 노선과는 다른 것이었다. 국민당은 반탁운동이 진행 중인 시점에서도 정치세력 합작을 위해 진행되었던 4당회합·5당회합에 참여하여 정치세력 통합을 지속적으로 추진하였다. 비록 정치세력 통합을 위한 움직임이 성공하지 못했고, 반탁진영에 계속 잔류하였지만, 국민당의 반탁운동에 대한 입장은 임시정부와는 다른 것이었다.

안재홍은 미·소공동위원회를 앞두고 "탁치안이 아직 실시가 아니된 대신 철폐도 아니 되었으니, 장래를 위하여 무용한 반탁시위는 필요할 때까지 금지하는 것이 좋겠다"는 입장이었으며,[177] 미·소공동위원회에서 5호성명을 발표한 직후에는 民共協同으로 좌우합작을 성사시킨 다음 미·소공동위원회에 참여해야 한다고 주장하였다.[178] 이러한 차이는 국민당의 정치노선이 한민당에 비해서는 덜하지만, 한독당에 비해서는 미군정에 보다 협조적인 노선을 취하고 있었기 때문에 나타난 것이었다. 한독당과 합당한 이후 당의 반대에도 불구하고 국민당 계열의 인사들이 과도입법의원이나 南朝鮮過渡政府에 적극적으로 참여한 것은 이러한 입장을 잘 보여준다. 안재홍은 1947년 남조선과도정부의 민정장관에 취임하였다.

국민당의 노선이 중도좌파와의 합작을 가능하게 하는 것이었지만, 반탁운동으로 인해 조성된 좌우익간의 대립 속에서 국민당은 합작보다는 우익 정치세력과 보조를 같이 하였다. 국민당은 3상회의 결정서가 발표된 이후 임시정부가 조직한 비상국민회의, 미군정과 이승만이 주도한 민주의원에 적극적으로 참여하였다.

---

177) 오영섭, 앞의 글, 21쪽.
178) 안재홍, 〈자력건설과 자주건국〉(《민세안재홍 선집》 2, 지식산업사, 1983), 436~437쪽.

국민당은 결국 한독당·신한민족당과 함께 삼당합당을 추진하여 한독당에 통합되었다. 안재홍은 한독당의 중앙상무위원 겸 훈련부장에 임명되었다. 그러나 국민당의 노선은 한독당의 노선과 동일하지 않았다. 좌우합작 및 과도입법의원에 대하여 안재홍 및 국민당 계열은 임시정부세력에 비하여 적극적이었으며, 38선 이남에서의 총선거가 결정된 다음에도 임시정부 계열이 남북협상 참여를 결정한 데 반하여 국민당 계열은 총선거 참여 입장을 가지고 있었다.[179] 한독당 내의 국민당 계열이 38선 이남에서의 총선거에 참여하지는 않았지만, 그렇다고 임시정부 계열의 입장을 그대로 받아들이지는 않았다.

안재홍은 1948년 말 이후 국민당을 모체로 하여 새로운 정치적 조직을 만들기 위해 노력하였다. 1950년의 제2대 총선거에 입후보(경기도 평택)하여 당선되었지만, 6·25 전쟁시 안재홍은 납북되었고, 국민당은 더 이상 한국 정치무대에 나타나지 않았다.

(2) 미·소공동위원회 이전의 좌우합작 노력

좌우합작을 통해 민족의 독립을 성취하겠다는 움직임은 식민지시기부터 시작되었다. 독립운동의 과정에서 나타난 좌익과 우익의 대립은 때로는 일본에 대한 적대감보다는 서로에 대한 적대감이 더 크게 표출되는 경우도 있었다. 따라서 좌우의 대립을 극복하고 독립을 위한 투쟁을 강화해야 한다는 것은 당연한 민족적 요구였다. 신간회운동, 민족유일당운동, 1940년을 전후한 임시정부의 확대 개편 등은 이러한 민족적 요구를 수용한 결과물이었다.

그러나 8·15 이후 좌우익간의 대립은 또다시 심화되었다. 민족국가의 수립이 지상목표였음에도 불구하고 미국과 소련에 의해 이남과 이북으로 나뉘어지자, 정치세력들은 외세와의 결탁을 통해 자신들의 정치노선을 새로이 건설되는 국가에 관철하고자 하였다. 건국준비위원회는 새로운 민족국가의 건설을 위하여 우익과 좌익이 모두 참여한 조직이었지만, 소련군과 미군이 한반도에 진주하면서 더 이상 조직을 유지하기 어려워졌다.

8·15 직후 정당간의 통합을 위한 노력은 건준이 해체되고 인공이 수립되

179) 《동아일보》, 1948년 2월 8일.

면서 시작되었다. 중도좌파를 대표하였던 여운형 계열의 입장에서는 인공 역시 정치세력을 통합하는 작업의 일환이었지만, 조공이 인공의 주도권을 장악하고 인공에 대한 우익세력의 비난이 거세지면서 인공의 조직은 좌우익 정치세력의 분열을 조장하는 결과를 낳고 말았다.

1945년 10월 5일 梁槿煥의 중재로 열린 各政黨首腦懇談會는 좌우익 정치세력의 통합을 모색한 첫 번째 시도였다. 이 간담회에는 한민당(송진우·백관수·김병로), 국민당(안재홍), 건국동맹(崔謹愚), 인공(여운형·崔容達·許憲), 재건파공산당(李鉉相·金炯善) 등 4대 정당 대표들이 참가하여 대동단결의 문제와 초당적 자주독립을 추진하는 조직의 설립문제를 논의하였다.[180] 이 회의에서의 쟁점은 인공과 임시정부의 위치와 관계 설정의 문제였는데, 당시 상황에서 이 문제는 쉽게 해결될 수 없는 문제였다.

10월 10일 국민당 등 32개 단체대표 50여 명은 각 정당 '緊急問題共同討論會'를 개최, 38선 문제와 일본인재산 처리문제 등을 토론하고 상설기관으로 '各政黨行動統一委員會'를 조직하였다. 여기에는 한민당·조공·고려동지회·건국동맹 등 많은 정치단체가 참여하였다.[181] 그러나 10월 16일 이승만이 귀국하자 각정당행동통일위원회의 활동은 이승만을 중심으로 한 민족통일전선 결성으로 중심이 옮겨지게 되었다. 결국 각정당행동통일위원회는 이승만을 중심으로 10월 23일 각 정당 대표 200명이 참석한 가운데 독촉중협이 결성되자 조직을 해체하였다.[182]

독촉중협은 이승만의 명망과 미군정의 지원으로 초기에 많은 정치단체들을 참여시키는 데 성공하였지만, 이승만의 반공적인 발언과 참여단체의 문제, 그리고 친일파 문제 등으로 인하여 좌익세력들이 참여를 거부하면서 정치단체 통합을 위한 구심체로서의 힘을 잃게 되었다. 독촉중협이 좌우익세력의 합작을 위한 구심점으로서 힘을 잃은 또 다른 원인은 1945년 11월 말 임시정부의 귀국 때문이었다. 좌익 정치세력들은 반공을 주장하는 이승만보다는 중도좌파세력들이 참여하고 있는 임시정부가 좌우익 정치세력들의 합작

180) 《조선인민보》, 1945년 10월 6일.
181) 《매일신보》, 1945년 10월 12일.
182) 《조선인민보》, 1945년 11월 16일.

을 위해 보다 유리할 것으로 판단했던 것이다. 그리고 좌익 정치세력들은 인공과 임시정부의 합작이 정치세력 합작의 가장 좋은 방법으로 판단했다.

임시정부의 고압적인 자세가 계속되는 가운데에서도 인공과 임시정부의 합작을 위한 작업은 12월과 1월에 계속되었다. 인민당은 인공과 임시정부가 정부 부서에 절반씩 참여하는 형태의 합작을 제의하였고,[183] 임시정부측에서도 김성숙·장건상 등이 '特別政治委員會'를 구성하여 합작에 나서기도 하였다.[184] 3상회의 결정서가 발표된 이후에는 임정과 인공이 解消合作하여 통일위원회를 구성하여 과도정권을 수립해야 한다는 요구가 제기되기도 하였다.[185] 그러나 이러한 노력은 임시정부의 고압적인 자세와 3상회의 결정서가 발표된 이후 본격화된 좌우익 정치세력간의 대립으로 인하여 실패하였다.

1946년에 들어서는 임시정부를 중심으로 하는 반탁운동과 조공을 중심으로 하는 '총체적 지지' 진영간의 대립이 한층 심화되었지만, 정당간의 합작을 위한 노력은 계속되었다. 특히 1946년 1월에 있었던 4당회합은 미·소공동위원회를 앞두고 당시 정계에서 큰 비중을 차지하고 있었던 정당들이 통합을 모색한 모임이었다. 1946년 1월 6일 조공·국민당·한민당·조선인민당 등 4개 정당이 시국대책을 협의하기 위하여 모이게 되었다. 이날 모임에서는 신탁통치 문제의 대두를 계기로 발생한 국내 정계의 분열과 대립을 해소하고 3상결정의 진의를 파악함으로써 정계의 통일을 조성하기 위한 노력을 진행하기로 합의하였다.[186]

1월 7일에는 4대 정당 간담회가 열려 한민당에서 원세훈·김병로, 국민당에서 안재홍·白弘均, 조선인민당에서 이여성·김세용·김오성, 조공에서 李舟河·洪南杓 등이 참여했다. 이날 회의를 마친 후 4당의 대표들은 다음과 같은 내용의 공동성명을 발표하였다.

---

183) 인공과 대등하게 합작하자는 제안에 대해 임시정부는 '임정의 법통 승인, 임정의 부서와 요직 승인, 추가로 부서를 늘려 좌익이 차지할 것'을 요구하면서 거부하였다(《자유신문》, 1945년 12월 23일).

184) 박태균, 앞의 글(1992), 122~123쪽.

185) 《조선인민보》, 1945년 12월 30·31일.

186) 《조선인민보》, 1946년 1월 8일.

1. 막부(幕府 ; 모스크바, 필자주) 3상회의의 조선에 관한 결정에 대하야
   막부3상회의의 조선에 관한 결정에 대하야 조선의 자주독립을 보장하고 민주주의적 발전을 원조한다는 정신과 의도는 전면적으로 지지한다. 신탁(국제헌장에 의하야 의구되는 신탁제도)은 새로 수립되는 정부가 자주독립정신에 期하야 해결케 함.
2. 테로행위에 대하야
   정쟁의 수단으로 암살과 테로 행동을 감행함은 민족단결을 파괴하며 국가독립을 방해하는 자멸행동이다. 건국의 통일을 위하야 싸우는 憂國之士는 모든 이러한 반민족적 테로행동을 절대 반대하는 동시에 모든 비밀적 테로단체와 결사의 반성을 바라며 그들을 자발적으로 해산하고 각자 진정한 우국운동에 성심으로 참가하기를 바란다(《조선일보》, 1946년 1월 9일).

4당회담에서 나온 공동성명은 외세의 의지와는 상관없이 좌우익 정치세력들 사이에서 나온 처음이자 마지막 합의였다. 특히 3상회의 결정서가 발표됨으로써 야기된 분열과 갈등의 상황을 막고자 하는 노력이었다. 1항에서 언급한 내용은 3상회의 결정서의 내용, 특히 결정서 3항의 내용에 대한 정확한 이해 위에서 나온 것이었으며, 2항의 내용은 한민당 수석총무였던 송진우의 암살에 따른 정치세력들의 위기의식을 반영한 것이었다.

그러나 4당간의 공동성명과 공동보조는 한민당의 이의제기로 인하여 효력을 잃게 되었다. 공동성명을 발표한 다음 날 한민당은 긴급간부회의를 열고 공동성명 중 탁치문제에 관한 조항은 한민당이 견지해 오던 반탁정신을 몰각하였기 때문에 이를 승인하지 않는다고 결의하였다.[187] 한민당의 성명에 이어 국민당도 독자적 입장을 밝히겠다고 선언함으로써 정치세력간의 합작논의는 무효로 돌아가고 말았다. 1946년 1월 9일 신한민족당이 새로 참가하여 5당회의가 개최되었으나 더 이상 이 회합은 합의를 이끌어 내지 못했다. 1월 16일의 회의에는 한민당의 불참과 국민당의 반대로 어떠한 결론도 내리지 못했다.

4당회의의 결렬에는 조공과 임시정부의 독단적인 입장이 큰 역할을 하였다. 조공은 4당 공동성명의 내용이 3상회의 결정서에 대한 '총체적 지지'라고 주장하면서 한민당과 국민당의 분할적 인식-자주독립 보장 지지, 신탁반대-

187) 《동아일보》, 1946년 1월 9일.

을 비난하였고, 임시정부는 이 회의를 자신들이 추진하고 있던 비상정치회의의 예비회담으로 전환하고자 하였다.[188] 임시정부는 정식 참여자가 아니고 옵저버(observer)였음에도 불구하고 우익 정치세력 내부에서 미치는 영향력이 컸기 때문에 임시정부의 입장은 한민당과 국민당의 불참 및 반대에 큰 영향을 미쳤다.

이상과 같이 8·15 직후부터 미·소공동위원회를 앞둔 1946년 1월까지 계속된 정당간의 통합을 위한 움직임은 결국 실패로 돌아가고 말았다. 많은 정치세력들이 해방된 공간에서 정치세력간의 통합의 필요성을 느끼고 있음에도 불구하고 밖으로부터 주어진 여건, 즉 미국과 소련의 분할 점령과, 안으로부터 조성된 여건, 즉 임시정부의 법통 고수 및 반탁운동의 고양으로 인하여 정당간의 통일적 움직임은 더 이상 조성되지 못하였다. 그럼에도 불구하고 미군정의 정책과 지원하에서 이루어진 좌우합작위원회에 비하여 1946년 1월까지 진행된 정당간의 통합 움직임은 민족적 위기 앞에서 내부의 정서를 반영한 주체적인 움직임이었다는 점에서 의의를 가진다고 할 수 있다.

(3) 좌우합작위원회

좌우합작을 위한 움직임은 8·15 직후부터 시작되었지만, 미·소공동위원회가 휴회되면서 본격적으로 추진되었다. 미·소공동위원회의 휴회를 둘러싸고 각각의 정치세력들의 진단과 처방은 제각각이었지만, 우익과 좌익의 분열이 미·소공동위원회가 성공하지 못하고 휴회될 수밖에 없는 중요한 원인을 제공했다는 점에 대해서는 공통된 견해를 가지고 있었다.

조선인민당의 여운형은 8·15 직후부터 좌우합작을 통하여 민족국가를 수립해야 한다는 생각을 가지고 있었다. 여운형이 주도한 조선인민당의 정치노선에서도 잘 나타나듯이 그는 좌우익의 정치세력을 연합하는 것이 조선인민당의 가장 중요한 임무라고 생각했다. 그는 건국준비위원회를 주도하였으며, 좌우익의 합작을 위한 모든 움직임의 중심에 서 있었다. 미·소공동위원회를 앞둔 1946년 2월 38선 이북을 방문하여 김일성을 만나 민족통일전선에 대하

188) 정병준, 〈1946~1947년 좌우합작운동의 전개과정과 성격변화〉(서울대 석사학위논문, 1992), 11~13쪽.

여 의논했던 것도 좌우익간의 연합을 이루기 위한 논의의 일환이었다.[189]

좌우합작을 우익의 입장에서 추진했던 김규식은 좌우합작위원회가 본격적으로 추진되었던 1946년 5월 이전에 좌우합작을 위한 움직임에 참여하지는 않았다. 그러나 식민지시기부터 민족유일당운동에 적극적으로 참여했으며, 미군정과 긴밀한 관계를 유지하고 있었다. 또한 반탁운동을 적극적으로 추진하면서 좌우익간의 대립에 선봉대로서의 역할을 했던 임시정부에서 탈퇴하여 민주의원에만 참여함으로써 좌우익간의 대립에서 비켜 서 있었다.

이러한 상황에서 좌우합작을 추진하고 나선 것은 미군정이었다. 미군정은 민주의원을 통하여 극좌세력을 제외한 좌우익 정치세력의 통합을 추진하였지만, 여운형세력의 거부에 의하여 실패로 돌아갔다.[190] 미군정은 민주의원이 시작되는 시점에서 이미 민주의원의 효용성이 다했으며, 중도좌파 인사들까지 포함한 정치연합의 필요성을 느끼기 시작하였다. 미·소공동위원회가 1946년 3월 시작되었기 때문에 민주의원을 곧바로 재편할 수는 없었지만, 새로운 연합을 구성하기 위한 계획은 미·소공동위원회가 진행되는 중에 계속되었다. 미군정은 중도파를 중심으로 한 정치연합의 조직과 함께 임시입법기구의 조직을 계획하였다.[191]

미군정의 요청에 대하여 미국무부는 '광범한 선거방법'으로 '현재의 남조선대한국민대표민주의원을 능가'하는 입법자문기구를 설치할 것을 지시하였다. 특히 이 기구는 "좌익세력이 전혀 포함되지 않은 현재의 남조선대한국민대표민주의원보다 모든 한국의 정치여론을 더욱 진정으로 대표할 수 있는" 조직이어야 한다는 것이 국무부 지시의 핵심적인 내용이었다. 그리고 이러한 계획을 통해 "소련측에서도 보다 받아들일 수 있는" 조직을 만들고 "소련과의 협정체결 가능성을 약화시키기보다는 오히려 강화시키는" 역할을 해야 한다고 하였다.[192]

---

189) 《대한민국사연표(상)》(국사편찬위원회, 1984), 20쪽.

190) 박태균, 앞의 글(1992), 136쪽.

191) 《주한미군사》 2, 94~95쪽. 표면적으로 좌우합작의 시도가 외부에 알려진 것은 1946년 5월 말이었지만, 미군정은 이미 1946년 4월부터 좌우합작-입법기관으로 이어지는 정국구도를 구상하고 있었다.

192) 〈국무부 점령지구 담당 차관보 힐드링이 육군성 작전처에 보내는 비망록(1946

미군정은 곧바로 중도파를 중심으로 한 입법기구 구성을 위한 작업에 들어갔다. 미군정이 선택한 정치인은 좌우합작에 관심을 가지고 있는 중도파 인물들로 소련도 받아들일 수 있고, 미군정과도 친분관계를 유지하고 있는 여운형과 김규식이었다. 특히 미군정은 여운형의 역할에 주목하였다. 미군정은 여운형을 통해 대중적 지지를 획득할 수 있고, 좌우합작을 통해 조공과의 연결을 끊음으로써 좌익세력을 분열·약화시킬 수 있다고 생각했다. 좌우합작위원회가 운영되는 동안 여운형과 박헌영 사이에서 끊임없이 잡음과 갈등이 생겨났던 것은 미군정이 의도한 바였다.

미군정은 여운형이 당수로 있는 조선인민당이 좌익 내부에서뿐만 아니라 대중 사이에서도 큰 영향력을 가지고 있다는 사실과 다수의 자유주의자들과 민족주의 좌파세력들이 참여하고 있다는 사실에 주목하였다. 또한 여운형이 민전 2차대회에 불참하면서 중도세력을 통합하려고 시도하고 있다고 파악하였다.[193] 또한 1946년 초부터 나타나고 있었던 여운형과 박헌영 사이의 불화를 통해 조선인민당을 민전으로부터 분리하는 것이 가능하다고 생각했다. 이 시점에서 진행된 정치공작의 하나가 조선인민당으로부터 여운홍을 비롯한 세력들을 분리하는 것이었으며, 조선인민당의 약화가 좌우합작위원회 참여를 가능하게 할 것으로 판단했던 것으로 보인다.[194]

김규식의 경우 미군정의 정책에 호의적이면서도 그 자신의 정치적인 이해를 위한 당파를 구성하지 않았다는 점 때문에 미군정은 그에 대해 상당히 긍정적으로 평가하였다. 또한 그가 민주의원 내에서 유일하게 반탁운동을 지지하지 않는 지도자였다는 사실 역시 소련과의 협의를 유리하게 할 수 있는 조건이 되었다. 미·소공동위원회 미국측 수석대표를 역임한 아놀드(Archibald V. Arnold) 소장은 "한국에 대한 마음으로부터 우러나오는 헌신적인 지도자는 단지 극소수일 뿐"이며 "그 명단의 제일 꼭대기"에 있는 것이 김규식이라고 극찬하였다.[195]

년 6월 6일)〉(김국태 역, 앞의 책), 296~299쪽.

193) 〈주한미군 정치고문 랭던이 국무장관에게 보내는 보고(1946년 5월 14일)〉(김국태 역, 앞의 책), 274쪽.

194) 정병준, 앞의 글(1992), 18~19쪽.

195) 〈아놀드 소장과의 대담 비망록(1946년 10월 9일)〉(김국태 역, 앞의 책), 353~356쪽.

이상과 같이 1946년의 좌우합작운동은 중도파 정치인이었던 여운형·김규식의 의도와 미군정의 정치적 의도가 일치한 시점에서 시작되었다. 비록 좌우합작위원회의 주체였던 3자의 정치적 의도가 同床異夢의 관계였지만, 좌우합작위원회의 필요성에 대해 모두 동의하고 있었다는 사실이 위원회의 활동이 시작될 수 있었던 기본적 배경이 되었다.

좌우합작운동은 1946년 5월 말에 본격적으로 시작되었다. 1946년 5월 25일 민주의원의 김규식·원세훈과 민전의 여운형·황진남, 그리고 미군정의 요원들이 자리를 함께 하면서 좌우합작을 위한 논의가 본격적으로 시작되었다.[196] 6월 14일에 열린 회동에는 황진남 대신 허헌이 참여하였다.[197] 6월 22일과 26일에 다시 회합이 있었는데, 이러한 모임을 통해 좌우합작운동을 추진하는 세력들은 3상회의 결정서에 대한 입장이 좌우합작운동을 추진하는데 있어서 가장 중요한 논점이 될 것이라는 점을 확인할 수 있었다.

이러한 상황에서 발표된 미군정 사령관 하지의 좌우합작에 대한 지지성명은 좌우합작을 위한 시도가 활성화될 수 있도록 큰 역할을 하였다.[198] 단독정부 수립과 관련된 발언으로 관심의 초점이 되고 있었던 이승만이 합작에 대한 지지를 선언하고, 아놀드 군정장관의 지지, 한독당의 지지가 이어지면서, 민전에서도 좌우합작이 미·소공동위원회 재개를 위한 노력의 일환이라는 전제 위에서 좌우합작을 지지하는 성명을 발표하였다. 실질적인 본심에 상관없이 좌우익의 핵심세력들이 좌우합작에 대해서 지지성명을 발표하면서 좌우합작에 대한 대중적인 관심이 점차 높아갔다.

좌우합작운동이 본격적으로 시작되었지만, 좌우합작에 가장 먼저 걸림돌이 된 것은 '입법기구'의 문제였다. 입법기구 설치는 미군정이 좌우합작을 추진하면서 기본적인 전제로 설정했던 핵심적인 사안이었다. 6월 말 러치(Archer L. Lerch) 군정장관이 입법기관 설치안을 제출하고 미군정 사령관이 이를 찬성함으로써 미군정이 좌우합작을 추진하는 목적이 명백하게 드러나게 되었던 것이다.[199] 그러나 한민당만이 지지의 입장을 표명하였을 뿐, 민전과 여

196) 《동아일보》, 1946년 5월 29일.
197) 《조선일보》, 1946년 6월 16일.
198) 《서울신문》, 1946년 7월 2일.

운형은 입법기관의 설치에 대하여 반대의 의사를 표시하였다.

입법기관을 둘러싼 논쟁이 진행됨에도 불구하고 좌우합작위원회를 구성하기 위한 움직임은 계속되었다. 1946년 7월 초 민주의원과 민전에서 합작위원의 확대가 필요하다는 합의가 이루어지면서 각기 5명씩으로 구성된 합작위원이 결정되었다. 우익은 7월 7일 비상국민회의와 민주의원의 연석회의를 통해 김규식 · 원세훈 · 김붕준 · 안재홍 · 최동오 등 5명의 대표를 선발했다. 민전은 7월 12일 여운형 · 허헌 · 김원봉 · 정노식 · 이강국 등 5명의 대표를 선발했다. 이들은 7월 중순부터 7월 말까지 5차례의 회담을 거쳐 좌우합작위원회를 조직하였다. 좌우합작위원회의 정식회담은 1946년 7월 25일에 시작되었으며, 좌우익정당의 실질적인 대표들이 참여하여 '미 · 소공동위원회의 재개'를 목표로 하는 정치적 연합이라는 틀로 비추어졌다.

그러나 박헌영이 38선 이북을 다녀온 직후 조공의 좌우합작에 대한 태도가 변하기 시작하였다. 조공은 좌우합작에 참여하는 전제 조건으로서 5원칙을 내세웠다. 여운형과 김원봉이 반대했음에도 불구하고 좌우합작을 위해 박헌영이 내세운 조건은 다음과 같다.

첫째, 조선의 민주독립을 보장하는 3상회의 결정을 전면적으로 지지함으로써 미 · 소공동위원회 속개 촉진운동을 전개하여 남북통일의 민주주의 임시정부 수립을 매진하되 북조선민주주의민족전선과 직접 회담하여 전국적 행동통일을 기할 것.

둘째, 토지개혁(무상몰수 무상분여), 중요 산업 국유화, 민주주의적 노동법령 급 정치적 자유를 위시한 민주주의 諸 기본과업 완수에 매진할 것.

셋째, 친일파 민족반역자, 친팟쇼 반동거두들을 완전히 배제하고 테로를 철저히 박멸하며 검거, 투옥된 민주주의 애국지사의 즉시 석방을 실현하여 민주주의적 정치운동을 활발히 전개할 것.

넷째, 남조선에 있어서도 정권을 군정으로부터 인민의 자치기관인 인민위원회로 즉시 이양토록 기도할 것.

다섯째, 군정자문기관 혹은 입법기관 창설에 반대할 것(《조선인민보》, 1946년 7월 27일).

---

199) 《동아일보》, 1946년 7월 10일.

이러한 박헌영의 요구는 38선 이북에서 진행되고 있었던 소위 '민주개혁'을 전면적으로 수용하라는 것으로서 미군정에서 절대로 받아들일 수 없었던 조건이었다. 입법기구에 대한 반대 역시 미군정이 좌우합작위원회를 계획하고 지원하고 있었던 기본적인 의도를 부인하는 것이었다. 또한 3상회의 결정서에 대한 전면적인 지지는 반탁운동을 주도하였던 우익 정치세력들이 절대로 받아들일 수 없는 조건이었다. 이러한 요구는 곧 좌우합작을 더 이상 지지할 의사가 없다는 것을 보여주는 것이었다.

박헌영과 조공의 태도변화는 표면적으로는 38선 이북의 공산주의자들과 소련의 지시에 의한 것처럼 보였지만, 실제로는 좌우합작을 통해 좌익 내부의 주도권을 잃을 수 있다는 염려 때문이었다. 5원칙을 내세운 시기와 거의 동시에 이루어졌던 신전술의 채택 역시 대중 동원을 통한 미·소공동위원회의 재개가 겉으로 나타난 이유였다면, 좌익 내부의 주도권을 확립한다는 것이 실질적인 이유였다.

좌익의 5원칙에 대해 우익은 합작운동을 실패로 이끌기 위하여 이러한 요구가 나왔으며 38선 이남에서 공산혁명을 하려는 의도라고 비판하면서 다음과 같은 합작 8원칙을 제시하였다.

1. 남북을 통한 좌우합작으로 민주주의 임시정부 수립에 노력할 것.
2. 미·소공동위원회 재개를 요청하는 공동성명을 발표할 것.
3. 소위 신탁문제는 임정수립 후 동 정부가 미·소공동위원회와 자주독립 정신에 기하여 해결할 것.
4. 임정수립 후 6개월 이내에 보선에 의한 전국국민대표회의를 소집할 것.
5. 국민대표회의 성립 후 3개월 이내에 정식정부를 수립할 것.
6. 보선을 완전히 실시하기 위하여 전국적으로 언론·집회·결사·출판·교통·투표 등 자유를 절대 보장할 것.
7. 정치·경제·교육의 모든 제도법령은 균등사회 건설을 목표로 하여 국민대표회의에서 의정할 것.
8. 친일파·민족반역자를 징치하되 임시정부 수립 후 즉시 특별법정으로 구성하여 처리케 할 것(《독립신보》, 1946년 7월 28일).

우익의 8원칙은 좌익의 5원칙에 비하여 상당히 유화된 표현과 내용을 가지고 있었다. 신탁문제, 친일파 처리문제, 토지개혁 등과 관련하여 애매한 태도를 취하긴 하였지만, 좌우합작을 처음 시작할 때 좌익의 입장으로 돌아가 본다면 위의 원칙 중에서 받아들이지 못할 부분은 없었다. 그러나 좌익의 5원칙이 발표된 상황에서 위의 8원칙은 좌익의 5원칙에 대하여 비판하는 의도로 받아들여질 수밖에 없었으며, 결국 좌우합작위원회에 반대하는 우익의 입장을 보여주는 우익의 입장 표명이 되었다.

좌익과 우익의 좌우합작 원칙을 둘러싼 대립으로 인하여 1946년 8월 말까지 좌우합작위원회는 1개월 가량 활동을 중지할 수밖에 없었고, 이후의 좌우합작위원회는 좌우익의 실세들이 불참한 채 중도좌파와 중도우파를 중심으로 진행되었다. 진정한 의미의 좌우합작이라기 보다는 미군정이 처음에 구상했던 방식의 좌우합작위원회가 꾸려지기 시작한 것이다. 하지는 8월 26일 좌우합작을 격려하는 친서를 김규식과 여운형에게 전달하였고, 9월 17일에는 합작을 지지하는 성명을 발표하였다.[200]

좌익과 우익의 5원칙과 8원칙 발표로 한 달간 휴회되었던 좌우합작위원회는 8월 22일 재개되었다. 그러나 좌익은 민전의 대표가 아닌 개인의 자격으로 좌우합작위원회에 참여할 수밖에 없었다. 여운형은 어떻게 해서든지 조공을 좌우합작위원회의 자리에 끌어들이려 하였지만, 삼당합당을 둘러싼 대립으로 좌익 내부의 갈등은 더욱 심화되었다. 여운형은 박헌영 체포령의 취소, 좌익신문에 대한 정간의 취소, 자유언론의 보장 등을 요구하면서 미군정 사령관을 만났지만 거절당했으며,[201] 조공은 9월총파업, '10월항쟁'을 강행하였다.

이 시점에서 미군정은 좌우합작위원회에 과도입법기구의 조직을 위한 계획을 제안하였다. 김규식과 여운형은 이 제안에 동의하였고, 미군정은 1946년 10월 1일까지 어떠한 결정이 내려져야 함을 요구했다.[202] 여운형은 북한방문을 비롯한 정치적 일정으로 입법기구 수립과 관련된 결정서에 대한 승인을 연장하였고, 여운형의 사인이 이루어지지 않은 채 좌우합작의 7원칙이 공표되었다.

---

200) 《동아일보》, 1946년 8월 28일, 9월 18일.
201) 《주한미군사》 제2권 제2장, 122쪽.
202) 정병준, 앞의 글(1992), 60~61쪽.

1. 조선의 민주독립을 보장한 3상회의 결정에 의하여 남북을 통한 좌우합작으로 민주주의 임시정부를 수립할 것.
2. 미·소공동위원회 속개를 요청하는 공동성명을 발할 것.
3. 토지개혁에 있어 몰수, 유조건 몰수, 遞減 매상 등으로 토지를 농민에게 무상으로 분여하며 시가지의 기지 및 대건물을 적정 처리하며 중요 산업을 국유화하여 사회, 노동법령 급 정치적 자유를 기본으로 지방자치제의 확립을 속히 실시하며 통화 급 민생문제 등등을 급속히 처리하여 민주주의 건국과업 완수에 매진할 것.
4. 친일파 민족반역자를 처리할 조례를 본 합작위원회에서 입법기구에 제안하여 입법기구로 하여금 심리, 결정케 하여 실시케 할 것.
5. 남북을 통하여 현 정권하에 검거된 정치운동자의 석방에 노력하고 아울러 남북, 좌우의 테로적 행동을 일체 즉시로 제지토록 노력할 것.
6. 입법기구에 있어서는 일체 그 권능과 구성 방법, 운영 등에 관한 대안을 본 합작위원회에서 작성하여 적극적으로 실행을 기도할 것.
7. 전국적으로 언론·집회·결사·출판·교통·투표 등 자유를 절대 보장되도록 노력할 것(《독립신보》, 1946년 10월 7일).

합작 7원칙은 좌익과 우익에서 양보와 타협을 통해 만들어낸 중요한 성과였다. 특히 토지문제와 관련된 3항은 우익뿐만 아니라 미군정도 반대한 방식이었음에도 불구하고 8·15 직후의 사회개혁의 과제를 실현하기 위한 중요한 내용을 담고 있었다.

그러나 문제는 여운형의 사전 동의문제와 함께 우익과 좌익에서 받아들일 수 없는 조항들이 포함되어 있었다는 점이다. 3상회의 결정서 및 미·소공동위원회와 관련된 1항과 2항은 반탁운동을 계속하고 있었던 임시정부와 이승만이 받아들일 수 없는 조항이었으며, 6항의 입법기구는 조공뿐만 아니라 임시정부에서도 반대하고 있는 부분이었다. 한민당은 토지개혁과 관련된 3항에 대해 적극적으로 반대하는 입장이었다. 한민당은 무상분배가 국가재정의 파탄을 가져올 것이라고 비판하였다.[203]

합작 7원칙이 발표되자 미군정 사령관은 이에 대한 지지성명을 발표하고 1946년 10월 12일 법령 제118호로 조선과도입법의원의 창설을 공포하였다.[204] 그러나 소위 '10월항쟁'의 여파가 전국을 휩쓸고 있는 상황에서 미군

203) 서중석, 《한국현대민족운동연구》(역사비평사, 1991), 456~476쪽.

정의 입법기구 창설을 위한 계획은 난항에 부딪칠 수밖에 없었다. 이에 좌우합작위원회에 참여했던 인사들은 '朝·美共同騷擾對策委員會'를 구성하고 당시의 소요사태에 대한 논의에 들어갔다.[205] 그러나 조·미공동소요대책위원회의 활동은 미군정 및 군정 내 한국인 관료들의 비협조로 인하여 별다른 성과를 거두지 못했고, 소요사태가 계속되는 상태에서 입법기구의 설치를 위한 선거가 강행되었다.

1946년 12월 12일 과도입법의원이 개원하면서 입법기구 설치를 추진한 미군정의 의도는 관철되었지만, 좌우합작위원회는 더 이상 진행될 수 없었다. 여운형 등 중도좌파 인사들은 더 이상 좌우합작위원회의 실효성이 없다고 판단했기 때문이었다. 김규식은 입법의원에 참여하였지만, 입법의원이 자신의 뜻과는 달리 우익세력들에 의해 움직여졌기 때문에 개혁적인 입법을 전혀 추진할 수 없었다. 미군정은 입법기구가 설치된 이상 좌우합작위원회의 효용성이 상실되었다고 판단하였고 곧 좌우합작위원회에 대해 더 이상 지원하지 않았다.

그럼에도 불구하고 좌우합작운동은 1947년에도 계속되었다. 민주주의독립전선을 비롯한 중도파 정치세력들은 미·소공동위원회의 재개를 위하여 좌우합작운동이 지속적으로 필요하다고 보았다. 좌우합작위원회는 세력확대를 위하여 제3전선인 민주주의독립전선과의 연합을 추진하기도 하였다.[206] 그러나 1947년 7월 여운형의 암살은 좌우합작운동을 위축시키는 결정적인 계기가 되었다. 여운형은 좌익의 대표 중 1인에 불과하였지만, 그는 중도좌파세력을 대표하는 상징적 의미를 가지고 있었다. 미·소공동위원회가 결렬되고 한국문제가 유엔에 이관되면서 좌우합작위원회는 민족자주연맹의 결성과 더불어 1947년 12월 6일 해체되었다.

---

204) 《동아일보》, 1946년 10월 9일.

205) 《동아일보》, 1946년 10월 24일.

206) 1947년 6월 미·소공동위원회의 재개와 더불어 좌우합작위원회는 확대·강화를 모색하였다. 여운형의 근로인민당, 한독당 내 공위 참여파, 이극로 등 독립전선의 일부 세력이 좌우합작위원회에 참여하였다.

(4) 민주주의독립전선과 민족자주연맹

가. 민주주의독립전선

민주주의독립전선(이하 독립전선)은 좌우합작위원회가 합작원칙의 문제와 과도입법의원 문제로 미군정과의 협상 및 자체활동에 난항을 겪고 있을 때 발족되었다. 독립전선에는 좌우합작위원회에 참여한 인사들을 제외한 민족주의 좌우파 인사들이 참여하였다. 1946년을 통해 좌우합작운동을 지지하였지만, 직접 참여하지 않았던 민족주의 계열의 군소정당인 靑友黨·新進黨·勤勞大衆黨·民衆同盟·解放同盟 등이 1947년 회합을 갖고 중도파의 전선체를 만들자는 원칙에 합의하면서 독립전선 결성을 위한 움직임이 시작되었다.

이들은 자신들의 활동을 민족주의진영의 독자적인 세력화를 위한 '제3전선' 결성운동으로 규정하였다. 2월 1일 李克魯의 健民會[207], 조봉암의 統一建國會 등이 중심이 되어 독립전선결성준비위원회를 구성하였다. 그리하여 독립전선에는 건민회·통일건국회·근로대중당·社會大衆黨·新化黨·統一政權促成會·自由合作促成會·조선연무관·韓國農民總聯盟·朝鮮語學會·民族解放同盟 등 29개 단체가 참여하였다.[208]

독립동맹에 참여한 단체들은 중소 규모의 단체들로서 미군정이 파악한 바에 따르면 근로대중당(2,000명, 대표 : 강순), 좌우합작촉성회(125명, 대표 : 배성룡), 건민회(300명, 대표 : 이극로), 구국당(6,072명, 대표 : 한건), 해운대책위원회(1,200명, 대표 : 황한철), 조선농민총연맹(36만 8,743명, 대표 : 박문희) 등이 단체의 성원수를 신고했을 뿐 규모가 작거나 파악되지 않은 단체도 상당수였다.[209]

독립전선에 참여한 단체들은 소규모였지만, 여기에 참여한 인사들은 사회적으로 명망이 있는 정치인과 학자들이었다. 조봉암·金燦·林元根·元友觀 등 독립전선 상무위원들은 식민지시기 유명한 공산주의자들이었으며, 裵成龍·이극로 등은 유명한 학자였다. 독립전선은 다양한 인적 구성과 참여단체들이 소규모였기 때문에 주도적으로 이끌어 갈 만한 인물이나 단체가 없었다.

207) 건민회는 1946년 6월 민중운동단체로 출발하였다(동아일보》, 1946년 6월 18일).
208) 《조선일보》, 1947년 2월 2일, 3월 8일.
209) "Democratic Independence Front," RG 322(신복룡 편, 《한국분단사 자료집》 6권, 제2장 정당사회단체 현황), 447~457쪽 참조.

독립전선의 정치적 목표는 미·소공동위원회의 성공을 위하여 침체에 빠진 좌우합작운동을 강화하는 것이었다. 독립전선이 결성된 1947년 1월은 미·소공동위원회의 재개가 불투명한 상황이었으며, 삼당합당·과도입법의원·이승만의 도미외교 등을 통해서 야기되고 있었던 정치적인 문제로 인하여 좌우합작운동이 침체를 거듭하고 있을 때였다. 독립전선은 김규식과의 접촉을 통하여 좌우합작위원회와의 통합을 추구하였다.

그러나 좌우합작위원회와의 통합은 순조롭게 추진되지 않았다. 좌우합작위원회의 金朋濬·朴健雄·원세훈·여운홍 등은 '石造殿 9당회합'을 통해 중도파의 독자적인 제3전선은 혼란을 가중시키는 것이라 비판하고, 대신 좌우합작위원회를 '민족반역자를 제외한 각 정당 사회단체 대표와 개인을 망라한 민족통일전선'으로 재편성할 것을 주장하였다. 이들은 좌우합작위원회를 민족통일전선으로 전환시키기 위해 자신들이 관여하고 있던 사회민주당·신진당·근로대중당·민중동맹·해방동맹 등 정당·사회단체를 중요한 기반으로 고려하였다.[210] 좌우합작위원회는 독립전선과의 통합보다는 독립전선내에 있는 일부 정당·사회단체를 좌우합작위원회에 포함시켜 좌우합작위원회를 강화하고자 한 것이다.

1947년 5월 미·소공동위원회의 재개가 임박하자 독립전선의 활동은 더욱 활발해졌다. 독립전선은 우선 낮은 수준의 '협의체 조직'이라도 조직하여 연대를 강화해야 할 필요성을 느꼈고, 그 결과 독립전선의 주도로 5월 28일 '美·蘇共委對策各政黨社會團體協議會'(이하 공위대책협의회)가 결성되었다. 공위대책협의회는 미·소공동위원회에 대한 민족자주적 입장을 강조하는 결의문을 채택하였다.

> 우리는 문제를 공위에만 일임하려는 일종의 방관적 또는 위임적 의존주의를 포기하고 是是非非主義를 견지하며 미·소공동위원회와 병존하여 자주적 입장에서 충분한 정치협상을 촉진할 것(《조선일보》, 1947년 5월 29일).

공위대책협의회는 주석에 김규식, 부주석에 이극로·이용직이 취임하고 좌

210) 배성룡, 〈오계열분야의 정치동향〉(《자주조선의 지향》, 1947), 113쪽.
《조선일보》, 1947년 2월 6·11일.

익의 민전과 우익의 민족통일총본부에 소속되지 않은 67개 단체를 규합하였다. 이로써 공위대책협의회는 좌우합작위원회와 독립전선의 연대를 강화하였다. 그러나 좌우합작위원회는 김규식의 공위대책협의회 주석 취임을 반대하고, 독자적으로 20개 단체를 동원하여 좌우합작위원회의 확대·강화를 모색하였다.[211] 그 결과 이극로를 중심으로 한 일부 정당·사회단체가 독립전선에서 이탈하여 좌우합작위원회에 참여하였다. 독립전선은 전국적인 기반을 가진 조직이 아니라 중앙조직 중심의 중도파 연합이었기 때문에, 일부 정치세력의 이탈은 독립전선의 활동에 큰 타격을 주었다.

이러한 상황에서 여운형의 암살은 새로운 상황을 조성하였다. 1947년 8월 6일 공위대책협의회·좌우합작위원회·독립전선·시국대책협의회 등 4개 단체 대표들이 모여 '민족통일진영재편성주비촉진회'를 구성하였다. 미·소공동위원회가 결렬되고 중도파들의 결집체인 민족자주연맹이 결성되면서 독립전선은 해체되었다. 독립전선의 일부 세력들은 민족자주연맹에 참여하였으며, 조봉암을 비롯한 일부 세력들은 독자적인 활동을 모색하면서 1948년의 5·10 총선에 참여하였다.

나. 민족자주연맹

1947년 중반 제2차 미·소공동위원회가 결렬되자 중도파들은 독자적인 세력결집을 위해 정치적으로 새로운 모색을 시도하였다. 첫째로 중도파세력들의 결집력과 세력강화를 위하여 정당을 조직하기 위한 움직임이 나타나기 시작하였으며, 둘째로 정당 통합의 수준에 이르지 못한 경우 공동협의체를 조직하고자 하였다. 마지막으로 강령의 원칙적인 합의를 바탕으로 민족주의 진영을 포괄하는 '연맹' 형태의 조직을 구성하고자 하였다.

첫 번째 시도는 民主獨立黨의 결성으로 나타났다. 민주독립당 결성을 위한 시도는 洪命憙를 중심으로 진행되었다. 홍명희는 식민지시기부터 유명한 소설가이자 지식인으로서 8·15 직후부터 수많은 정당·사회단체로부터 참여요구를 받았지만, 이에 참여하지 않았던 인물이었다. 그는 과도입법의원의 관선의원에 선임되었으나, 이를 사퇴하고 1946년 12월 신간회 서울지부 인사

---

211) 《동아일보》, 1947년 5월 22일.

와 학계·언론계·실업계 인사 20여 명으로 民主統一黨을 결성하였다.[212]

민주통일당 창당 이후 홍명희는 여운형·안재홍과 함께 중간정당의 통합을 논의하다가, 여운형이 암살되고 중도좌파 정당들이 독자적인 길을 모색하자 중도우파의 5개 정당을 통합하기 위한 움직임을 구체화하였다. 이에 민주통일당의 홍명희, 신진당의 김호·김원용, 민중동맹의 김병로, 신한국민당의 안재홍·박용희·건민회의 이극로 등 5정당 7인은 합당에 관한 공동성명서를 발표하였다.[213] 1947년 9월 11일 홍명희를 위원장으로 하는 신당발기위원회가 조직되었고, 10월 19일~20일 民主獨立黨이 결성되었다. 합당을 둘러싸고 각 정당 내부의 의견차이로 인하여 5개 정당의 모든 세력이 참여한 것은 아니었지만, 당시 명망있는 중도적 인사들이 대부분 참여함으로써 민주독립당은 중도파를 이끌 수 있는 강력한 정당으로 부상하였다.

한편 근로인민당·민주한독당·민중동맹·사회민주당·천도교청우당 등 중도좌파의 5개 정당은 민주독립당에 참여하지 않고 공동으로 정치활동을 전개하였다(소위 '5당캄파(campaign)'). 이들은 1947년 9월 5일 한국문제의 유엔이관 반대, 미·소공동위원회의 속개 등을 내용으로 하는 공동성명서를 발표하였다.[214]

이러한 중도우파와 중도좌파의 독자적인 움직임은 민족자주연맹의 결성으로 통합되었다. 1947년 10월 1일 김규식·원세훈·안재홍·崔東旿·김병로·김붕준·홍명희·이극로 등은 중도파의 조직을 만들기로 합의하고 민족자주연맹 준비위원 30명을 선출하였다.[215] 민족자주연맹의 조직은 11월 중순 이후 본격적으로 추진되어 12월 20일 전국 대의원 800여 명이 참여한 가운데 조직되었다.[216]

민족자주연맹에는 4개의 연합단체, 14개의 정당, 25개의 사회단체 및 개인

---

212) 도진순, 앞의 책, 178쪽.

213) 《조선일보》, 1947년 9월 9일.

214) 《새한민보》, 1947년 9월 중순호(도진순, 앞의 책, 180쪽에서 재인용).

215) 송남헌, 《해방3년사》 II(까치사, 1984), 444쪽. 초기에는 민주한독당의 권태석을 제외한 중도좌파세력을 적극적으로 받아들이지 않으려고 했지만, 5당 캄파의 반발로 근로인민당·민주한독당·민중동맹·사회민주당의 주요 인사들이 준비위원에 추가로 선정되었다(도진순, 앞의 책, 187쪽).

216) 《동아일보》, 1947년 12월 23일.

으로 조직되었다. 4개 연합단체는 김규식계의 좌우합작위원회, 시국대책협의회와 제3전선 계열의 민주주의독립전선, 미·소공동위원회대책위원회였다. 정당으로서는 天道敎輔國黨(대표 : 신숙)·朝鮮共和黨(대표 : 김약수)·朝鮮農民黨(대표 : 원세훈)·민주독립당·天道敎青友黨(대표 : 이응진) 등 중도우파 정당, 사회민주당·민중동맹·민주한독당·근로인민당·근로대중당 등 중도좌파 정당들이 참여하였다. 사회단체는 朝鮮建國青年會·愛國婦女同盟 등이 참여하였다. 민족자주연맹에는 다양한 정당·사회단체가 참여하였지만, 주로 김규식의 좌우합작위원회 계열 인사들과 홍명희의 민주독립당 계열 인사들이 주도하였다.

민족자주연맹은 감찰위원회·중앙집행위원회·정치위원회·상무위원회·상임위원회로 구성되었다. 중앙조직의 구성원을 보면 홍명희·이극로·안재홍·배성룡·이상백 등 지도부 내에 학자들이 많으며, 김규식·윤기섭·최동오·홍명희·안재홍 등 식민지시기부터 민족유일당운동·신간회 등 좌우합작의 성격을 가지는 정치운동 또는 단체에 참여한 인사들이 많았다. 이 외에 민족자주연맹에 참여한 중도좌파 정당들의 성원 중에는 좌익적 색채를 띠는 인사들도 있었다. 이렇게 다양한 성원들이 참여했기 때문에 확실한 정치노선을 가지지 못하였고, 선언문과 강령·정책에 나타나는 바와 같이 광의의 민족주의적 색채를 띠었다.[217]

민족자주연맹의 주된 활동은 단독정부 수립에 대한 반대와 남북회담의 추진이었다. 유엔의 활동에 적극적으로 반대하지는 않았지만, 남북회담을 통해 분단정부의 수립을 막는다는 것이었다. 민족자주연맹의 김규식은 한독당의 김구와 함께 소위 '2월 서신'을 통해 38선 이북의 정치세력들에게 남북정치회담을 개최할 것을 제의하였다.[218] 김규식과 김구가 제안한 남북정치회담은 북한의 김일성과 김두봉이 함께 하는 4김회담이었으며, 유엔의 활동을 통해 남북한에 공히 총선거를 실시하고자 하는 것이었다.[219]

---

217) 도진순, 앞의 책, 191~195쪽.
218) 《조선일보》, 1948년 4월 1일.
《경향신문》, 1948년 4월 1일.
219) 도진순, 앞의 책, 209~210쪽.

민족자주연맹은 김규식의 소극적 태도로 南北連席會議의 참여문제에 대한 결정이 지체되기도 하였지만, 남북연석회의에 참여하는 5개항의 조건을 결정하였다. 이 조건들은 다음과 같다.

1. 어떠한 형태의 독재정치도 배격하고 민주주의국가를 건립할 것
2. 독점자본주의 경제제도를 배격하고 사유재산제도를 승인할 것.
3. 전국적 총선거에 의해 통일된 중앙정부를 수립할 것.
4. 외국에 어떠한 군사기지를 제공하지 말 것.
5. 미·소 양군의 조속한 철퇴에 관해서 미·소 양국이 협상하여 공포할 것.
(《새한민보》, 1948년 5월 중순호 ; 도진순, 《한국민족주의와 남북관계 : 이승만·김구시대의 정치사》, 서울대 출판부, 1997, 246쪽에서 재인용).

민족자주연맹의 5개 원칙은 민족자주와 민주주의적 체제를 지향하는 중도파 인사들의 특징을 잘 보여준다. 1948년 4월 15일 김규식·원세훈·최동오·배성룡·여운홍·박건웅 등 19인의 대표를 선출한 민족자주연맹은 북한측이 5개 원칙을 수락하자 4월 19일부터 21일에 걸쳐 북행하였다. 4김회담과 남북연석회의에 참여한 민족자주연맹의 대표들은 두 부류로 나뉘었다. 한쪽은 김규식을 중심으로 38선 이남으로 되돌아오며, 다른 한쪽은 홍명희를 중심으로 38선 이북에 잔류하였다.

38선 이남으로 돌아온 민족자주연맹은 5월 19일 정당협의회, 한독당 등 민족주의 정당·단체들과 총선 불참과 통일독립노선의 추진을 재천명하였다.[220] 또한 민족자주연맹은 한독당과 함께 통일운동을 더욱 적극적으로 추진하기 위한 새로운 기관 설치를 모색하였다. 민족자주연맹과 한독당은 좌익 민전 이외의 정당·사회단체를 규합하여 기존의 統一獨立運動者協議會를 확대, 강화하는 방식으로 새로운 통일기구를 창설하고자 하였다. 獨立勞農黨 柳林의 반발로 조직의 확대가 어렵게 되자 민족자주연맹은 새로운 기구인 '統一獨立促進會'를 조직하였다.

민족자주연맹은 1948년 6월 29일 제2차 남북연석회의가 개최되면서 분열

220) 《동아일보》, 1948년 5월 20일.
《경향신문》, 1948년 5월 20일.

되기 시작하였다. 통일독립촉진회를 통해 표명한 공식적 입장은 제2차 남북연석회의에 불참하는 것이었음에도 불구하고 근로인민당·신진당·사회민주당·민주독립당·근로대중당·근로대중당 등의 일부 성원들이 제2차 남북연석회의에 참석한 것이었다. 김규식은 민족자주연맹상무위원회를 소집하여 북한의 제2차 남북연석회의와 북한에서의 선거에 참여한 12인에 대하여 정권처분하기로 결정하였다.

이후 민족자주연맹은 뚜렷한 활동을 전개하지 못하였다. 내부의 분열로 세력이 약화된 데다가 남북연석회의 이후 공동보조를 취하고 있었던 김구의 암살, 대한민국정부의 중도파세력에 대한 공세의 강화, 그리고 한국전쟁 시 김규식의 납북 등은 결국 민족자주연맹의 통일운동을 위한 노력이 물거품으로 돌아가게 만들었다. 민족자주연맹의 일부 세력들이 북한의 정권에 참여하였지만, 더 이상 민족자주연맹의 깃발 아래에서 활동하지 않았다.

〈朴泰均〉

4) 남북지도자회의－연석회의와 남북협상

(1) 김구·김규식의 남북요인회담 제의

1947년 7월 제2차 미·소공동위원회가 공전되고 좌우합작에 의한 통일정부 수립을 위하여 헌신해 온 呂運亨이 백주에 암살당한 것은 미국과 소련의 합의에 의하여 임시정부를 수립하는 것이 사실상 불가능해졌고, 한국은 강대국의 이해관계에 의하여 남과 북에 분단정부가 들어서게 될 것임을 시사하였다. 이 시기에 미국은 마샬플랜(Marshall Plan)을 위시한 대소포위정책을 전개하여 냉전이 점차 강화되고 있었다. 그해 8월 29일 미국 국무장관 대리 러베트(Robert A. Lovett)가 소련 외무장관 몰로토프(V. M. Molotov)에게 미·소·영·중이 한국문제 해결방안을 찾기 위한 회담을 열 것을 제안하였다고 발표한 것은 그러한 분단정부 수립을 위한 수순밟기였다. 예상대로 소련은 러베트 제안을 거부하였고, 그러자 국제연합(UN) 총회가 열린 다음 날인 9월 17일 미국 국무장관 마샬(George C. Marshall)은 한국문제를 유엔에서 다루어

줄 것을 제안하였다. 소련측의 반대에도 불구하고 유엔총회는 한국문제 유엔총회상정안을 41 대 6으로 가결하였다. 이에 대항하여 미·소공동위원회 소련측 대표 쉬티코프(Штыков Т. Ф.)는 미·소 양군이 한반도에서 철퇴할 것을 제안하였다. 이와 함께 소련은 유엔에서 한국인 대표가 유엔총회에 참석하여 자신의 운명에 대하여 발언하여야 한다고 역습하였다. 1947년 11월 14일 유엔총회는 유엔감시하의 남북총선거안을 43 대 0(기권 6)으로 가결하였다. 불과 며칠 안 된 11월 18·19일 북에서는 북조선인민회의가 열려 조선임시헌법제정위원회를 조직할 것을 결의하였다.

한국문제가 미국에 의해 유엔에서 논의되자 남과 북의 정치세력은 상이한 반응을 보였다. 李承晩과 韓民黨은 단독정부 수립운동을 더욱 다그쳐 벌이면서 중도파 민족주의자들을 공격하였다. 金九는 이승만과 단결·협력하여 대한민국임시정부 추대 명분을 살려가고자 하였으나, 韓獨黨에서는 통일정부를 수립해야 한다는 목소리가 만만치 않았다. 남과 북의 南勞黨·北勞黨은 한국문제가 유엔에 의해서 처리되는 것을 반대하였고, 미·소 양군 철퇴에 의한 한국문제 해결방안을 지지하였다.

좌우·남북합작과 미·소공동위원회 활동에 협력하여 통일임시정부를 수립하기 위하여 노력해 온 좌우합작운동세력은 한국문제가 유엔에서 다루어짐에 따라 통일정부를 수립하기 위한 방안을 새로이 모색하였다. 중도우파를 중심으로 한 중도파 민족주의자들은 무엇보다도 먼저 자신의 진영을 정비할 필요성을 절감하였다. 그리하여 10월 1일, 14개 정당과 5개 단체대표 및 개인이 참여하여 民族自主聯盟(이하 민련) 결성 준비위원회를 발족시켰다(준비위원회위원장 金奎植). 그리고 민련을 이끌어갈 핵심정당으로 10월 19·20일에 民主獨立黨(이하 민독당)이 결성되었다(위원장 洪命憙).

중도파 민족주의자들과 김구·한독당에서는 10월에 남북지도자회의가 소집되어야 한다고 주장하였다. 김규식은 자신은 미·소공동위원회가 처음 열릴 때부터 남북요인회담을 주장하였다고 말하고, 남·북에 있는 책임자들이 공사간 아무 형식을 취해서라도 곧 회담문제를 논의하는 것은 반드시 당연하다고 주장하였다. 김구·李始榮·呂運弘 등도 남북요인회담에 찬동하였다.[1] 남북지도자회의는 이전부터 여운형 등이 주장하였던 것으로, 민족문제 해결이 곤경에 처하게 되면, 최후의 방안으로 제기되게끔 되어 있었다.

10월 15·16일간에 열린 한독당 임시중앙집행위원회에서는 남북대표회의를 조직하여 남북통일선거문제 등을 논의할 것을 결의하였다. 18일에는 勤勞人民黨·社會民主黨·民主韓獨黨·民衆同盟·新進黨 등 5당에서 남북대표의 왕래를 주장하였다. 미·소공동위원회 소련측 대표단이 서울을 떠난 21일 민련 선전국장 李克魯는 남북요인회의 개최를 주장하였다. 11월 2일부터는 한독당 초청으로 민독당·근민당 등이 모여 각 정당협의회를 구성하여 남북정당대표회의 구성 등을 논의하였다. 그러나 각 정당협의회는 11월 19일 김구의 요청에 의해 한독당에서 이 모임의 활동 보류를 결정함으로써 좌초되고 말았다. 김구가 이승만과 타협을 하려고 했기 때문이었다. 12월 1일 김구는 이승만의 단정노선을 지지하는 담화를 발표하였다.

12월 15일 좌우합작위원회는 해체를 선언하였다. 5일 후인 20·21일에 15개 정당, 25개 사회단체, 개인 등이 참여하여 민련을 결성하였다. 주석에는 김규식이 추대되었다. 민련은 특정 계급이나 종파의 영도성을 떠난 진정한 민족통일기구를 조직할 것을 다짐하고, 남북통일 중앙정부의 조속한 수립을 촉진시키기 위한 남북정치단체대표자회의를 개최할 것을 주장하였다.[2] 이로써 남북지도자회의 추진체가 조직되었다.

1948년 1월 8일 오스트레일리아·캐나다·중국·엘살바도르·프랑스·인도·필리핀·시리아(우크라이나소비에트사회주의공화국은 불참) 등 8개국 대표로 구성된 유엔조선임시위원단 일행이 한국에 옴으로써 남북지도자회의 문제는 구체적으로 제기되었다. 오스트레일리아의 잭슨(S. H. Jackson)을 대표로 한 임시위원단 제2분과에서는 1월 26일에 이승만과 김구를, 27일에 김규식 등을 만났다. 김규식은 임시위원단이 남북통일정부 수립을 위한 임무를 맡았고 단정수립의 임무를 맡지 않았음을 특별히 강조하였다.

1월 26일 위원단을 만난 뒤 김구는 폭탄선언을 하였다. 그는 이날 기자들에게 미·소 양군 철군—남북요인회담—총선에 의한 통일정부 수립 방안을

1) 《새한민보》, 1947년 10월 하순호, 9쪽.
2) 《정당 사회단체 등록철》, 1950년 9월, 서울시 임시인민위원회문화선전부(1989년 吳制道 영인), 772~773쪽.

제시하였다. 28일 김구는 유엔에 보내는 의견서에서 ① 신속한 총선거에 의한 한국의 통일된 완전 자주적 정부만의 수립을 요구하고, 그와 함께 ② 총선거는 인민의 절대 자유의사에 의하여 실시되어야 하며, ③ 북에서 소련이 入境을 거절하였다는 구실로 유엔이 그 임무를 태만히 해서는 안되고, ④ 曺晩植을 포함하여 남북의 일체 정치범을 석방하여야 한다고 주장하였다. 그리고 ⑤ 미·소 양군은 즉시 철퇴하되, 치안은 유엔이 맡을 것, ⑥ 남북한인지도자회의를 소집할 것 등을 요구하였다.

김구의 주장은 김규식·민련의 통일방안과 비슷한 것이었다. 김구가 이와 같이 방향전환을 한 것은 張德秀 암살사건으로 이승만·한민당과 더 이상 협력관계를 유지할 수 없게 된 것, 그리고 유엔임시위원단이 입국하였기 때문에도 대한민국임시정부 추대 문제를 더 이상 주장할 수 없게 된 것이 중요한 요인이었다. 그와 함께 임시위원단의 통일국가 수립에 대한 호의도 영향을 미쳤다. 임시위원단 임시의장 메논(K. P. S. Menon)은 1월 21일 서울중앙방송국을 통하여 한국은 결코 분단이 되어서는 안된다고 역설한 바 있었다. 김구가 통일정부 수립에 적극 나선 것은 평생을 독립운동에 매진해 온 민족주의자로서 조국이 분단되는 것을 좌시해서는 안 된다는 마음이 기본적으로 작용하였을 것이다. 한독당 상무위원회는 1947년 9월에 남북통일국가를 수립할 것을 결의한 바 있었다.

김구가 남북요인회담을 주장하자 한민당 등으로 구성된 韓國獨立政府對策協議會(이하 한협)에서는 "소련은 조선의 김구에게서 그 충실한 대변인을 발견하였다고 생각할 것이다"라 하면서, "금후에는 김구를 조선민족의 지도자로는 보지 못할 것이고, 크레믈린궁의 한 신자"라고 매도하였다.[3] 자신들이 領袖로 모셔왔는데, 입장이 달라졌다고 소련의 앞잡이로 몰아세운 것이다.

1948년 2월 4일 民族自主聯盟(이하 민련) 정치위원 상무위원 연석회의에서는 남북요인회담 개최를 요망하는 서한을 북의 金日成·金枓奉에게 보낼 것을 결의하였다. 이 서한은 김규식 한 사람보다 김구와 공동명의로 발송하는 것이 효과가 클 것이라고 판단하였던 바, 김구는 이에 호응하였다. 그리하여

3) 《동아일보》, 1948년 1월 30일(국사편찬위원회 편, 《자료 대한민국사》 6, 1973, 184~185쪽).

김일성에게 보내는 서한은 민련의 申基彦이, 김두봉에게 보내는 서한은 한독당의 嚴恒燮이 기초하여 2월 16일부로 발송하였다. 이의 발송에는 유엔임시위원단도 협력하였다.[4)]

김규식과 김구는 유엔소총회에서 한국문제를 결의하기 이전에 북과 소련이 요인회담 제의에 반응해 줄 것을 바랐다. 이 시기에 요인회담 문제가 크게 쟁점이 되면 유엔소총회에서는 일방적으로 한국문제를 다룰 수 없을 것이라고 판단하였던 것이다. 이때에 북과 소련이 요인회담에 적극적으로 나왔더라면, 유엔소총회에서 남한만의 총선거를 결의하는 데는 어려움이 따를 수 있었다. 북과 소련의 호응은 분단정부 수립을 막거나 연기할 수 있는 마지막 기회였다. 북과 소련이 김구·김규식의 서한을 늦게 받았을 수도 있지만, 그러나 남북요인회담을 김구 등이 제안하였다는 것은 이미 1월 말경에 잘 알고 있었음에 틀림없다. 끝내 북과 소련은 아무런 반응을 보이지 않았다.

2월 19일 유엔소총회가 열렸다. 이날 메논은 한국문제 해결방안 4가지 중 1안 남한총선거안과 3안 남북지도자회담에 관해서 비중을 두고 연설을 하였다. 그는 김규식이 두 개의 단독정부가 한국분단을 영구화하였다는 책임을 유엔임시위원단에서도 지게될 것임을 지적하였다고 말하고, 남북지도자회의를 중심으로 한 통일정부 수립방안은 성공을 단정할 수는 없으나 한번 해볼 가치가 있다고 피력하였다. 이 회의에서 오스트레일리아대표 잭슨은 남한선거는 불법적이라고 주장하였고, 캐나다 대표 패터슨(George S. Patterson)은 총회 결의는 분명히 한국전역의 총선거 실시를 명시하였으며, 그와 다른 과정을 택하는 것은 소총회의 권한이 아니라고 역설하였다. 26일 소총회에서는 미국의 남한총선거안을 찬성 31, 반대 2, 기권 11로 채택하였다. 3월 1일 주한미국육군사령관 하지(J. R. Hodge)는 5월 9일 선거를 치르겠다고 발표하였다. 이 선거는 기독교도들이 5월 9일은 일요일이라고 반대하여 5월 10일로 바뀌었다. 3월 1일 이승만 등 단정운동세력은 3·1기념행사에 뒤이어 정부수립결정안 축하국민대회를 열었다.

유엔소총회의 결정에 대하여 김구와 김규식은 크게 실망하였다. 김구는 남

---

4) 宋南憲, 〈김구·김규식은 왜 38선을 넘었나〉(《新東亞》, 1983년 9월호), 205~206쪽.

한의 단독선거 실시는 것은 민주주의의 파산을 세계에 선고함이나 다름없다고 토로하고, 자신은 남의 단선도, 북의 '인민공화국'도 반대한다고 천명하였다. 그는 3·1독립선언기념 별개 행사에서 남의 선거에 응할 수 없다고 말하였다. 김규식은 침통한 표정으로 남의 선거에는 불참하겠지만, 반대는 하지 않겠다고 하여 '불참가 불반대'를 표명하였다. 현실은 인정하지 않을 수 없다는 판단으로, 중도파 민족주의자들의 선거 참여의 길을 터놓은 것이었다.

김규식은 '불참가 불반대'를 표명하였지만, 통일운동은 계속 벌일 각오임을 밝혔다. 선거 참여와 통일운동을 대립적으로만 보지 않은 것에서 유연성을 읽을 수 있다. 그는 선거 참여의 중요성을 파악하고 있었고, 국회의원으로 통일운동을 전개하는 것이 갖는 이점을 알고 있었다. 비록 단결의 필요성과 명분론에 눌려 5·10선거에 민련 관계자들이 참여하지는 않았지만 중도파 민족주의자들은 1950년의 5·30선거에서 바람을 일으켰으며, 국민에게 희망을 주었다.

김규식의 '불참가 불반대' 표명이 있은 다음 날 언론은 그가 새로운 단계의 국민운동을 고려 중이라고 보도하였다.[5] 김규식은 3·1운동기념사에서도 완전한 자유와 독립을 달성할 것을 역설하였다. 3월 2일 김구·김규식·홍명희는 회동하여 행동통일문제를 숙의하였다. 3월 11일 남북협상으로 가는 또 하나의 다리가 놓여졌다. 김구·김규식·金昌淑·趙素昻·曺成煥·趙琬九·홍명희 등의 '7거두성명'이 나온 것이다. 7인의 원로는 이 성명에서 남의 총선과 북의 인민공화국 헌법 제정을 강경히 반대하였다. 특히 이 성명에서는 두 정부로의 분립은 반드시 동족상잔의 민족적 참화를 불러일으킬 것이라는 점을 누누이 지적하였다.

7거두성명은 통일운동에 활기를 불어넣었다. 김구·김규식·홍명희의 걸음이 바빠졌다. 민련과 한독당은 통일운동전선체의 결성을 위한 작업을 벌여나갔다. 3월 23일 민련에서 단선단정과 외국군 주둔을 반대하면서 애국세력의 총집결운동을 강력히 추진하고, 남북정치협상공작의 추진에 노력하겠다는 요지의 결의문을 채택한 것은 통일운동전선체 구성이 구체화되고 있음을 시사

5) 《서울신문》, 1948년 2월 29일.
《조선일보》, 1948년 2월 29일(국사편찬위원회 편, 앞의 책, 422쪽).

하였다. 그런데 이틀 후 새로운 사태가 발생하였다.

(2) 북의 연석회의 제안

평양방송은 3월 25일 밤, 이날 북조선민주주의민족통일전선중앙위원회가 유엔소총회 결의와 남조선 단선단정을 반대하고 통일적 자주독립을 위한 전조선정당사회단체대표자연석회의를 4월 14일부터 평양에서 열 것을 결의하였다고 보도하였다. 북민전은 북로당 등 9개 정당·사회단체 명의로 연석회의에 참가할 남의 정당·사회단체 17개를 거명하고, "기타 모든 단체를 초청한다"라고 덧붙였다. 17개 정당·사회단체에는 한독당 등 우익계나 근민당 등 중도파 정당 5개도 들어가 있지만, 11개가 좌파로 분류될 수 있었다. 또한 3월 27일 겉봉에 '김구·김규식 兩位先生 共鑑'이라고 쓰여 있는 서한이 김규식에게 도착하였다.[6] 김일성·김두봉이 연서한 이 서한은 25일로 되어 있는데, "당신들은 조선에 관한 모스크바 3상결정과 미·소공동위원회를 적극적으로 반대하여 거듭 파열시키었습니다"라고 김구·김규식을 질책하는 등 여러 군데서 두 사람을 비난한 것이 눈에 띈다. 이 서한에서는 4월 초에 남북조선 소범위의 지도자연석회의를 평양에서 소집할 것을 제안하고, 그 회의에 참여할 명단과 토의할 내용을 기술하였다. 명단에는 남쪽 인사 15명, 북쪽 인사 5명이 들어있는데, 김구·김규식·조소앙·홍명희·金朋濬·이극로를 제외하면 모두 좌익계인 것이 특색이다. 이 서한은 자신들의 제안에 동의할 때에는 3월 말일까지 통지하기를 희망한다는 말로 끝을 맺었다.[7]

북은 왜 3월 25일에야 반응을 보인 것일까. 최근에 나온 북의 한 저서에는 김일성이 1947년 10월 3일 북조선민주주의민족통일전선중앙위원회 의장단회의에서 남북조선의 애국세력의 단결로 미제국주의의 민족분열책동을 파탄시키고 통일적인 민주정부를 수립하기 위하여, 남북조선정당·대중단체 대표가 한 자리에 모일 것을 제안하였고, 1948년 초부터 남북연석회의의 구상을 실현하기 위하여 정력적으로 활동하였다고 쓰여 있다.[8]

---

6) 송남헌, 앞의 글, 209쪽.
7) 김일성·김두봉 서한 전문은 도진순, 《한국민족주의와 남북관계》(서울대 출판부, 1997), 367~369쪽에 수록되어 있다.

그러나 이러한 주장이 설득력을 가지려면 새로운 자료가 나와야 할 것이다. 김구 등의 초청문제를 1948년 1월이나 또는 그 이전에 논의하였을 가능성은 있으나, 그것은 '진지한' 수준이라고 보기가 어렵다. 왜냐하면 3월 중순에도 김일성은 김구 초청에 적극적이지 않았던 것이다. 북에서 소련의 정책을 수행하는데, 쉬티코프 밑에서 중요한 역할을 한 레베데프(Лебедев Н. Г.)소장은 3월 10일자 비망록에서 김구·김규식의 서한과 관련하여 김일성한테 "김구에게 답할 필요가 있을까"라고 묻자 김일성이 "만날 수는 있다. 그러나 이러한 만남은 아무런 수확이 없을 것이다"라고 답변한 것으로 기술하였다.[9] 3월 12일자 〈레베데프비망록〉에는 이날 김두봉이 김일성에게 전화하여 김구에게 확답할 필요가 있다고 말하자 김일성은 "국가적 사업은 한시간에 이루어지지 않는다. 왜 서두르는가"라고 답변한 것으로 쓰여 있다. 남북지도자회의에 성의를 가진 것은 김두봉이었다. 그는 이날 김일성에게 무엇 때문에 항상 김구를 욕하느냐고 말하고, 김구가 단독선거에 찬성한다는 것은 거짓말이며, 빨리 만나야 된다고 강조하였다.[10] 김두봉은 김구·김규식이 평양에 왔을 때도 남북요인회담 등에 적극적이어서 소련당국의 의혹의 눈초리를 받았다. 〈레베데프비망록〉에는 남북연석회의에 대한 구체적 계획이 3월 17일부터 검토된 것으로 쓰여 있다. 그리고 이 비망록 3월 24일자에는 연석회의 대회 일정이 구체적으로 명기되어 있다.[11]

북이 연석회의 소집을 결정한 것은 유엔소총회의 결의에 의해 남한선거가 정해지고, 미군정에 의해 선거일정이 구체적으로 잡혀졌기 때문이었다. 북에서는 1947년 12월 작성된 임시헌법초안이 1948년 2월 6·7일에 열린 인민회의에 제출되어, 2월 11일부터 4월 25일까지 전인민토의에 부쳐졌다. 또한 2월 8일에는 조선인민군을 창설하였다. 북과 소련은 〈레베데프비망록〉 1월 14일자 기록에 쓰여 있는대로, 당분간 헌법시행을 보류하고 미국측의 분단계획을 폭로하며, 신헌법에 의한 선거는 남보다 늦게 실시한다는 방침을 세워놓

---

8) 金昌鎬·姜根照, 《朝鮮通史》 하(평양 : 外國文出版社, 1996), 46~47쪽.
9) 〈레베데프비망록〉 17(《매일신문》, 1995년 2월 11일).
10) 〈레베데프비망록〉 17(《매일신문》, 1995년 2월 11일).
11) 〈레베데프비망록〉 17·18(《매일신문》, 1995년 2월 11일·14일).

고 있었다.12) 그런데 3월 17일 미군정이 국회의원선거법을 공포하여 선거가 구체적으로 진행되자 이것에 적극 대응하기 위하여 연석회의가 3월 25일 제안된 것이다. 북은 처음에는 연석회의를 남의 단선단정 반대에만 연결시켜 열려고 하였으나, 점차로 그것이 북의 정부수립에 정통성을 부여할 수 있다는 점을 중시하게 되었다.

남쪽의 김구·김규식 등 남북협상세력은 북의 제의에 대하여 크게 고민하였다. 김구·김규식한테 보낸 서한은 상궤를 벗어난 것이었다. 그러나 그것보다도 북이 일방적으로 장소와 일시를 잡았고, 참가단체나 인물도 좌익이 많아서 통일 방안을 민족주의자들이 생각하고 있는 방향으로 합의를 볼 수 있을지 의문이 들지 않을 수 없었다. 또한 북의 연석회의 제안의 의도가 어디에 있는지 짐작할 수 있었기 때문에도 이용만 당하는 것이 아니냐는 우려를 갖게 하였다.

북이 통지해줄 것을 요구한 날짜인 3월 31일 김구와 김규식은 〈感想〉이라고 하여 제목이 대단히 시니컬한 글을 발표하였다. 이 글에서 두 김은 북의 제의가 미리 다 준비된 잔치에 참례만 하라는 것이 아닌가 하는 의구심이 들지만, 자신들이 남북회담을 요구한 이상 여하간 가는 것이 옳다고 생각한다고 밝혔다. 그리고 회의에 참가할 범위를 넓힐 것을 요구하고, 이러한 문제들을 상의하기 위하여 연락원을 보내겠다고 통고하였다.

한편 북의 제의 이전에 통일운동을 발전시키기 위하여 모종의 조직을 추진하였던 민련·한독당·독립노동당 간부들은 3월 26일 통일독립운동자협의회 발기회를 갖고 취지서를 발표하였다. 4월 3일 한독당·민독당 등 백여 정당 사회단체가 참여하여 통일독립운동자협의회 결성대회를 열고, 강령으로 ① 통일독립운동자의 총역량 집결을 기함, ② 민족문제의 자주적 해결을 圖함, ③ 민족 강토의 일체 분열공작을 방지함 등 세 가지를 제시하였다. 이 대회에서 김규식은 전례없는 열변으로 조국의 위기를 통탄하며 비장한 소신을 피력하여 주목을 받았다.13)

12) 尹慶燮, 〈1948년 북한헌법의 제정 배경과 그 성립〉(성균관대 석사학위논문, 1996), 84쪽.

13) 《조선일보》·《경향신문》, 1948년 4월 6일(국사편찬위원회 편, 앞의 책, 713~

김구·김규식은 安重根의 4촌인 安敬根과 민련 비서인 權泰陽을 북에 보냈다. 두 사람은 4월 7일 서울을 떠나 다음 날 밤 김일성·김두봉을 만나 ① 4·14회담을 연기할 것, ② 참가인원을 광범위하게 할 것, ③ 이번 회담에서는 북의 제안을 백지로 환원하여 남북통일문제에 한해서만 협의할 것 등을 제안하였던 바, 북의 두 김은 이 제안을 전적으로 수락한 것으로 보도되었다.

4월 13일 京橋莊회의에서 김구는 북행을 결정하였다. 그런데 김규식은 행동을 보류하고 추후로 떠나겠다고 표명한 것으로 보도되었다. 김규식은 무조건 북행하는 것은 문제가 있다고 판단하였다. 북에 이용당해서도 안되지만, 남북지도자회의는 구체적인 통일의 원칙이나 방안을 마련하기 위하여 열려야 하는 것이기 때문이다.

김규식은 남북회의 참여조건으로 평양회담을 예비회담으로 하고 본회담은 서울에서 열 것, 북에서 100명의 대표를 선출하여 남의 200명의 대표와 회합할 것 등 6개항을 마련하였다.[14] 4월 14일 민련은 정치·상무위원 연석회의를 열고 6개항을 ① 독재정치 배격, ② 독점자본주의를 배격하되 사유재산제도 인정, ③ 전국적 총선거로 통일중앙정부 수립, ④ 외국에 군사기지 제공하지 말 것, ⑤ 외군 조속 철퇴에 관하여 철퇴 조건·방법·기일을 협정하여 공포할 것 등의 5개항으로 수정하였다. 김규식의 6개항은 북에서 받아들이기가 어려운 조건이었지만, 5개항은 해석이 문제도 되지만 수용할 수 있는 것들이었다. 이날 문화인 108명이 〈남북협상을 성원함〉이란 글을 발표하여 남북협상의 분위기를 고조시켰다.

그런데 김규식은 북에 보낼 '특사'를 5개항에 합의한 14일이나, 민련에서 북에 보낼 대표로 김규식 등 18명을 선출한 15일에 보내지 않고 18일이 되어서야 파견하였다. 그것은 명백히 19일부터 열릴 남북조선제정당사회단체대표자연석회의를 무시하려는 조치였다. 김구는 이미 4월 15일 기자들과 함께 만찬회를 갖고 북행을 앞둔 심경을 토로한 바가 있었고, 이날 신문은 김구·홍명희 일행의 출발 준비가 완료되어 늦어도 연석회의 개최 전날인 18일까

715쪽).

14) 도진순, 《1945~48년 우익의 동향과 민족통일정부수립운동》(서울대 박사논문, 1993), 213~214쪽.

지는 북행할 것으로 보인다고 보도하였는데, 김구가 19일에야 떠난 것은 김규식의 의중과 관계가 있다고 생각된다.

김구와 일부 한독당 인사들은 경교장을 에워싼 극우청년·학생들의 반대를 뿌리치고 경교장 뒷문을 통해 북으로 갔다. 홍명희도 이날 북행하였다. 다음 날 조소앙 등 한독당 인사와 일부 민련 인사가 북으로 떠났다. 김규식은 4월 19일 밤 10시 평양방송으로 김일성이 5개항을 수락하였다는 의미의 메시지를 받았으나, 21일에 남북정치지도자회의에 5개 원칙을 제시하겠다고 천명하고 그것을 공개하였다. 그는 이날에야 민련의 주력부대와 함께 평양으로 향했다. 이날 정오를 기해 남북지도자회의 참가자들의 북위 38도선 월경이 금지되었다.15)

(3) 연석회의와 남북협상

가. 남북조선제정당사회단체대표자연석회의

4월 19일 평양 모란봉극장에서는 김두봉의 사회로 연석회의예비회의가 남과 북의 좌익 및 중도좌파 대표들이 참석한 가운데 열렸다. 이 회의에 김일성은 ① 미제의 앞잡이인 유엔조선위원단을 몰아내고 유엔총회 및 소총회의 결의를 무효로 돌릴 것, ② 단선단정을 반대할 것, ③ 미·소 양군의 즉시 동시 철퇴를 실현시킬 것, ④ 양군 철수 후 선거에 의해 통일정부를 수립할 것 등 4개항을 회의 원칙으로 제시하였다. 이날 본회의는 오후 6시에 46개 단체 대표 545명이 참석한 가운데 열려 주석단 등을 선출하고, 정치정세 및 남의 단선단정 반대투쟁 대책을 회의 안건으로 채택하였다. 이 회의에서는 김구 일행의 북행 소식을 듣고 김일성의 제의로 20일은 휴회하기로 결의하였다.

김구는 4월 20일 김두봉의 내방을 받고 그의 안내로 인민위원회 사무실에 있는 김일성을 예방하였다. 이 회동에서 김일성은 김구의 연석회의 참여를 요구하였다. 그러나 김구는 연석회의 주석단에 들어가지 않겠다고 밝히고, 계획대로 회의를 하되 자신은 김일성과 단독회담을 하고 싶다고 역설하였다. 김구는 북의 헌법이 단독정부 수립을 의미하는 것이 아니냐고 지적하였다.

15) 《동아일보》, 1948년 4월 24일.

김일성은 다음 날에도 김구가 연석회의에 참여해야 한다고 주장하였다.[16]

4월 21일 朱寧河가 연석회의 대표자 자격심사위원회 보고를 한 뒤, 김일성이 〈북조선 정치정세〉를, 근로인민당 부위원장 白南雲이 〈남조선의 현정치정세〉를, 남조선노동당의 박헌영이 〈남조선 정치정세〉를 보고하였다. 모두다 단선단정을 철저히 파탄시키고 외군을 즉시 동시 철수시키기 위하여 공동으로 투쟁의 결의를 세워야 한다고 강조하였다.

김구는 4월 21일 연석회의에 참석하지 않았다. 그리고 이날 평양 신문기자단 회견에서 "조국을 양단하는 외국군대들의 경계선으로서의 38선은 일각이라도 존속시킬 수 없는 것"이라고 피력하고, 우리의 갈 길은 민족자결정신에 의하여 독립문제를 완성하자는 것뿐이며, 전 민족의 운명을 걸고 평양모임을 성사시켜야 한다고 강조하였다.[17]

4월 22일 연석회의는 백남운의 사회로 토론에 들어갔다. 상오 12시 45분에 회의가 재개되었을 때 김구·조소앙·조완구 등이 참석하였다. 김일성의 제의로 김구·조소앙·조완구·홍명희 등 4명이 주석단에 보선되었고, 김구와 조소앙·홍명희가 축사를 하였다. 김구는 약 5분간 "남·북의 열렬한 애국자들이 일당에 회집하여 민주·자주의 통일독립을 전취할 大計를 商討하게 된 것은 실로 우리 독립운동사의 위대한 발전이며, 이와 같은 성대한 회합에 본인이 참석하게 된 것을 큰 영광으로 생각합니다"라고 말하고, 단선단정 분쇄를 최대의 임무로 삼자고 호소하였다.[18] 김구가 말한 단선단정 반대는 북의 그것까지를 포함한다는 것으로, 崔成福특파원이 연석회의가 협동적·평등적으로 되지 않은 점을 묻자 "나도 그 점이 우려되오. 아무튼 나는 남조선 단정단선도 반대려니와, 북조선의 그것도 반대이고, 한 번에 안 되면 몇 번이고 이야기해 볼 작정이오"라고 말한 것에서[19] 확인할 수 있다. 김구 등의 축사·토론과 혁명유가족학생들의 축하가 있은 후 홍명희·嚴恒燮을 결정서 기초위원으로 보선하였고, 이어서 또 토론이 있었다. 토론에서는 내

16) 〈레베데프비망록〉 21(《매일신문》, 1995년 2월 21일).
17) 《조선일보》, 1948년 4월 22일(국사편찬위원회 편, 앞의 책, 821~822쪽).
18) 白凡思想硏究所編, 《白凡語錄》(思想社, 1973), 263~264쪽.
19) 최성복, 〈평양 남북협상의 인상〉(《新天地》, 1948년 4월호), 67쪽.

정된 대표들이 대개 단선단정을 반대하는 발언을 하였다.

김규식은 22일 오전 11시경 김일성·김두봉의 예방을 받았다. 김두봉은 연희전문학교에서 김규식한테서 배웠다. 김규식은 미제국주의라고 부르는 것에 항의하고 소회의(요인회담 등을 가리킴－필자)를 시작하자고 제의하였다.[20] 김규식은 칭병을 하고 연석회의에 끝까지 참석하지 않았다.

4월 23일은 金元鳳의 사회로 회의가 시작되었다. 여성대표들의 축하가 있은 뒤, 결정서 기초위원을 대표하여 민주독립당 대표 홍명희가 〈조선 정치정세에 대한 결정서〉를 낭독하여 만장일치로 채택되었다. 민련의 이극로는 〈전 조선동포들에게 격함〉을 읽었고, 그와 함께 〈사회주의 쏘베트연방공화국정부와 북미합중국정부에 보내는 남북조선제정당사회단체대표자연석회의의 요청서〉도 채택되었다.

북조선노동당·남조선노동당·한국독립당·민족자주연맹 등 56개 정당·사회단체가 서명한 〈전 조선동포들에게 격함〉에서는 미국을 또다시 식민지 노예로 얽어매려는 국가로 규정하면서, '미제국주의자'와 '친일파 민족반역자'를 격렬히 비난하고, "남북을 정치적·경제적으로 분열하는 어떠한 단독정부의 수립도 단연 용서치 않을 것"이라고 천명하였다.[21] 미·소 두 나라 정부에 보낸 〈요청서〉에서는 "유엔조선위원단의 非法的이며 강압적인 부당한 선거술책을 즉시 정지시키고 급히 물러가게 할 것을 요구"하고, "조선 내에서 외국군대를 철거하고 조선인민에게 자기 손으로 자기 국내 문제를 해결할 권리를 주자는 소련정부의 제의를 실천"하는 길만이 통일정부를 수립할 수 있는 방안이라고 주장하였다. 그런데 이 〈요청서〉에 서명한 정당 관계자가 당대표와 다른 경우를 볼 수 있어 관심을 끈다. 곧 북조선노동당(대표 김두봉)은 주영하가, 남조선노동당(대표 허헌)은 박헌영이, 한국독립당(대표 김구)은 엄항섭이, 민족자주연맹(대표 김규식)은 송남헌이 서명을 한 것이다.[22]

연석회의의 결산으로 나온 문서가 '남북조선제정당사회단체대표자연석회의'

20) 〈레베데프비망록〉 22(《매일신문》, 1995년 2월 13일).

21) 《全朝鮮政黨社會團體代表者連席會議報告文及決定書》, 41～46쪽(金南植·李庭植·韓洪九 편, 《한국현대사자료총서》 13, 돌베개, 1986, 299～301쪽).

22) 도진순, 앞의 책, 270쪽. 〈요청서〉에 서명한 정당·사회단체 이름은 이 책의 388～389쪽 참조.

명의로 나온 〈조선 정치정세에 대한 결정서〉이다. 이 문서의 뒷부분은 다음과 같이 쓰여 있다.

> 우리는 미제국주의자들의 식민지예속화정책과 그들과 야합한 민족반역자 친일파들의 음흉한 背族亡國的 시도를 반대하며 소위 '유엔조선위원단'의 기만적 단선 희극을 반대하여 궐기한 남북조선 인민들의 反抗을 조국의 완전자주독립을 위한 가장 정당한 애국적 구국투쟁이라고 인정한다. 우리 조국을 분열하여 남조선 인민들을 米제국주의자들에게 예속시키는 것을 容許하지 않기 위하여 우리 남북조선제정당사회단체들은 자기의 전 역량을 총집결하여 단독선거배격운동을 전국적으로 전개함으로써 남조선단독선거를 파탄시켜야 할 것이며 조선에서 외국군대를 즉시 철거하고 조선인민이 자기 손으로 통일적 민주주의자주독립국가를 수립할 권리를 부여하자는 소련의 제안을 반드시 실현시키기 위하여 강력히 투쟁하여야 할 것이라고 인정한다(《全朝鮮政黨社會團體代表者連席會議報告文及決定書》, 38~39쪽 ; 金南植·李庭植·韓洪九 편, 《한국현대사자료총서》 13, 돌베개, 1986, 297~298쪽).

23일로 연석회의를 마치고, 25일에는 평양 김일성광장에서 경축 군중대회를 가졌다. 오후에는 북조선인민회의회의실에서 남북 정당·사회단체 지도자들을 위한 김일성 인민위원회위원장의 초대연이 있었다. 26일에는 〈전 조선 동포들에게 격함〉에 쓰여 있는 대로 남조선단독선거반대투쟁전국위원회(위원장 허헌)가 결성되었다.

나. 남북요인회담 및 남북조선정당사회단체지도자협의회

김규식과 김구는 평양에 와 남북요인회담을 가질 것을 강력히 요청하였다. 김구는 연석회의에 잠깐 나가 인사말을 했을 뿐이고 김규식은 아예 참석을 하지 않았기 때문에도 북측과 소련측은 김규식과 김구의 요구를 거부할 수 없었다. 김구와 김규식이 남북요인회담을 열 것을 요구한 것은 자신들은 통일국가 수립의 방안을 협상하기 위해 북행한 것인데, 연석회의는 협상을 하자는 회의가 아니었기 때문이었다.

남쪽에서 남북협상으로 더 많이 알려진 요인회담은 4월 26일에서 30일 사이에 열렸다. 4월 24일 저녁 김두봉의 초청으로 김구·김규식·조소앙·조완구·홍명희와 김일성 등이 만났을 때 '정치문제'에 대한 의견교환이 있었다.

26일 오후 7시부터 약 4시간에 걸쳐 김구·김규식·김일성·김두봉 간에 통일민족국가 수립문제가 논의되었다. 이 회담에서 김규식이 4월 21일 북행 직전에 공표한 5개 원칙을 북의 지도자들이 찬의한 것으로 보도되었다. 김일성은 4김회담도 연석회의에서처럼 주로 단선단정 반대에 주력하려고 하였지만, 김규식 등 두 김은 ① 남북통일에 대한 남북지도자의 공동성명, ② 남북통일을 위한 공동대책기관의 수립, ③ 남북통일운동을 위한 조직문제의 토의를 제기하였다.[23] 북은 남에 이어 정부를 수립할 계획을 세워놓고 있었으므로 2항과 3항, 특히 2항은 받아들이기 어려운 문제였다. 다음 날인 27일에는 김구·김규식·조소앙·조완구·홍명희·김붕준·이극로·엄항섭(이상 민족주의자)·허헌·박헌영·백남운·김일성·김두봉·崔庸健·주영하(이상 좌익) 등 15인이 회동하여 남북지도자협의회가 열렸다.

4월 28일에는 김규식과 김일성의 개별회담이 열렸다. 김규식은 단선반대뿐만 아니라, "통일 조선을 창조하는 미래의 초석이 될 남북연합기구 창설"을 주장하였다.[24] 26일에 제의한 2항을 가다듬어 다시 제의한 것이었다. 4김회담·2김회담 등에서 논의되고 합의된 것은 김규식의 5원칙을 기준으로 하여 남측에서 김규식의 비서 권태양이, 북측에서 연석회의준비위원장 주영하가 대변인으로서 공동성명서 초안을 다듬어갔다.

4김회담 등 요인회담의 공동성명서를 어떠한 형식으로 발표할 것인가도 논의되었다. 그리하여 4월 30일 먼저 4김회담에서 공동성명서를 승인한 뒤 곧바로 열린 15인 남북지도자협의회에서 다시 통과시킨 다음 북조선노동당·남조선노동당·한국독립당·민족자주연맹 등 42개 정당·사회단체가 서명하였다. 대외발표용으로 명의를 빌린 셈이었다. 이 공동성명서는 전조선정당사회단체지도자협의회 명의로 되었다.[25] 공동성명서 4개항의 요지는 다음과 같다.

---

23) 《서울신문》, 1948년 5월 3일.
《경향신문》, 1948년 5월 3일(국사편찬위원회 편, 《자료 대한민국사》 7, 14~15쪽).
24) 〈레베데프비망록〉 20, 《부산일보》, 1995년 3월 24일(도진순, 앞의 책, 274쪽에서 재인용).
25) 《전조선정당사회단체대표자연석회의보고문 及 결정서》, 54~55쪽(김남식 등 편, 앞의 자료총서 13, 305~306쪽).
도진순, 앞의 책, 390쪽.

1. 소련이 제의한 바와 같이 외국군대는 우리 강토로부터 즉시 동시에 철거하는 것이 조선문제를 해결하는 가장 정당하고 유일한 방법이다.
2. 남북 조선 정당·사회단체 지도자들은 외군이 철거한 이후 내전이 발생할 수 없다는 것을 확인한다. 이들 大 정당·사회단체들 간에 성취된 약속은 우리 조국의 완전한 질서를 수립하는 튼튼한 담보이다.
3. 외국군대가 철거한 이후에 下記 제 정당들의 공동명의로 전조선정치회의를 소집하여 조선 인민의 각계 각층을 대표하는 민주주의임시정부가 즉시 수립될 것이며 국가의 일체 정권과 정치·경제·문화생활의 일체 책임을 가지게 될 것이다. 이 정부는 그 첫 과업으로서 일반적·직접적·평등적 비밀투표에 의하여 통일적 조선입법기관 선거를 실시할 것이며 선거된 입법기관은 조선헌법을 제정하며 통일적 민주정부를 수립할 것이다(全文임).
4. 남조선 단독선거는 절대로 우리 민족의 의사를 표현하지 못할 것이며, 이 성명서에 서명한 정당·사회단체들은 남조선 단독선거의 결과를 결코 승인하지 않을 것이며 지지하지 않을 것이다(《全朝鮮政黨社會團體代表者連席會議報告文及決定書》, 54~55쪽 ; 金南植·李庭植·韓洪九 편, 《한국현대사자료총서》 13, 돌베개, 1986, 905~906쪽).

공동성명 1항은 김구나 중도파 민족주의자들도 주장하였지만 표현상 북측 입장이 더 반영되었다. 그런데 이 1항은 김규식이 1947년 9월 쉬티코프가 미·소 양군 철수를 주장할 때부터 역설한 것, 곧 남한의 안보가 보장되어야 한다는 것과 연계되어 있다. 2항이 바로 이 부분과 관련되어 있는 것으로, 북이 전쟁을 일으키지 않겠다는 것을 완곡하게 표현하였다. 이 부분은 북이 하고 싶지 않은 양보였다. 이 성명서에는 외군철수 후 유엔 등에 의한 전쟁이나 혼란을 막기 위한 적극적 방책이 마련되어 있지 않다. 김규식은 특별히 이 부분을 관철시키려고 노력하였지만 2항과 같은 소극적 방식으로밖에 처리되지 못하였다.

남북통일국가 수립의 방안이 제시되어 있는 것이 3항이다. 김구와 김규식 등 민족주의자들이 북에 온 것은 주로 이 3항을 마련하기 위해서였다. 그러나 북은 곧 정부를 수립하려고 했기 때문에 특히 이 3항은 받아들이기가 어려웠다. 그때까지 북은 외군철수 후 막연히 선거에 의해 통일정부를 수립하자고만 했을 뿐이었다. 북이 3항을 받아들이지 않으려 했다는 것은 4월 29일 김일성이 가진 기자단회견에서 다른 부분은 다 이야기했는데, 이 3항과 관련된 부분에 대해서는 한마디도 언급하지 않았다는 점에서도[26] 추측할 수 있다. 마지막까지 김일성은 단선단정 반대, 외군철수에 주력하였고, 구체적인 통일방안 채택은 피하려고 하였던 것이다. 3항과 관련된 또 하나 중요한 사항은 남북총선거에 의해 수립될 입법기관에서 조선헌법을 제정하게 되어 있다는 점이다. 그것은 4월 28·29일—이 날짜에 주목할 필요가 있다—열린 북조선인민회의특별회의에서 자신들이 마련한 헌법원안을 찬동한다는 형태로 사실상 승인한 헌법초안을[27] 부정하는 행위였다.

공동성명 제4항은 김구·김규식 등도 주장하였지만, 강한 어조으로 표현되었다. 이 4항은 김구·김규식 등 남의 민족주의자들에게는 북의 단선단정도 거부하는 뜻으로 해석될 수 있었다. 무엇보다도 그것은 제3항이 이루어진다는 것을 전제로 하고 있다는 점도 유의해야 할 것이다.

4김회담에서는 38선 이남에 주로 위치한 연백평야에 수리조합물을 다시 내려보내는 문제, 남에 전기를 계속 송전하는 문제, 曺晩植의 월남 허용 문제, 만주의 여순에 있는 안중근의 유골 이장문제 등이 논의되었다. 김일성은 앞의 두 가지는 들어주겠다고 했으나,[28] 송전 등은 얼마 후 중단되었다.

평양에서는 메이데이행사에 이어 5월 2일 대동강가 쑥섬에서 4월 평양회의를 경축하는 연회가 열렸다. 김구·김규식·김일성 등 지도자협의회에 참석한 15인과 김구·김규식을 안내한 강양욱 등이 참석하였다.[29] 5월 4일 김구·김규식 일행은 평양을 출발하여 5월 5일 개성을 거쳐 서울에 돌아왔다.

(4) 평가와 의의

주한미군사령관 하지는 5·10선거를 主務하는 책임자였기 때문에 그랬겠지만, 평양남북지도자회의에 대하여 여러 차례 민감한 반응을 보였다. 그는 5월 3일 남북협상에 대하여 장문의 특별성명을 발표하였다. 그는 이 성명에서 "이 회합에 유일한 예외는 김구씨와 김규식 박사가 참가한 것인 바, 현재

---

26) 최성복, 앞의 글, 68쪽 참조.
27) 윤경섭, 앞의 글, 91~94쪽.
28) 송남헌, 앞의 글, 220쪽.
29) 중앙일보 특별취재반, 《조선민주주의인민공화국》 하(중앙일보사, 1993), 361쪽.

까지 양 김씨를 존경하여 오던 남조선 내 동지들은 자기의 지도자가 애국적이긴 하나 無見識한 비공산주의자들을 끌어넣기 위하여 만들어 놓은 공산당의 모략에 빠졌다는 사실을 통탄하고 있다"라고 지적하여, 두 김이 공산당의 모략에 빠졌다고 비난하였다. 그리고 "남조선 내의 유권자들의 90% 이상이 (선거인 명부-필자) 등록을 하였다"는 점을 강조하여 5·10선거만이 정통성이 있다고 역설하였다.

이승만은 4월 30일 발표된 공동성명서가 국내에 알려지자 5월 3일 담화를 발표하여, "남북요인회담에 대하여서는 내가 기왕에 설명한 바 있으므로 우리의 旣定 계획에 조금도 변동이 있을 리 없다"고 말하여, 공동성명서가 단정수립에 어떠한 영향도 미칠 수 없음을 피력하였다. 그는 이 담화에서 "그러므로 소위 공동성명이라는 것을 나는 중요시하지 않는다"라고 천명하였다.

서울에 돌아온 김구·김규식은 5월 6일 두 사람 이름으로 공동성명을 발표하였다. 이들은 이 공동성명에서 남북지도자간에 남조선 단선단정 반대와 외군철퇴에 의견이 일치하였으며, 북조선당국자도 단정은 절대 수립하지 않겠다고 확언하였음을 밝히고, 통일민족국가 수립의 구체적 방안을 마련하였음을 摘示하였다. 그리고 공동성명서에 표시된 바와 같이(제2항-필자) 남북이 동족상잔에 빠지지 아니할 것을 확언한다고 하여, 4·30공동성명서가 남과 북의 단정 수립문제, 통일민족국가 수립의 구체적 방안의 마련, 전쟁과 그로 인한 동족상잔 방지 등에 초점이 맞추어져 있음을 밝혔다. 또한 회의에서 국제협조문제 등 수개 문제에 자신들의 종래 주장이 관철되지 못했음을 인정하고, 남북지도자들이 자주 접촉하여 그러한 문제들을 풀어나가야 한다고 지적하였다.

남북지도자회의가 유엔소총회 이전에 열렸더라면, 미국이 세워놓은 단정수립 스케줄에 어떠한 형태로건 영향을 미쳤을 수도 있었지만, 5·10선거가 결정이 된 이후에는 영향을 미칠 수 없다는 것이 명백하였다. 김규식 등 북행한 민족주의자들의 상당수는 이 점을 인정하고 있었다.

1948년 4월 평양에서 열린 연석회의와 남북요인회담은 남에서의 단선단정 반대운동을 고무시켰고, 남의 친일파가 포함된 친미극우세력에 의한 단정운동·도덕성에 타격을 가하였다. 또한 그것은 북의 정부수립에 상당히 정통성이나 도덕성을 부여하였다. 김구와 김규식 등은 북의 단정수립도 분명히 반대하였지만, 좌익이 아니더라도 당시 적지 않은 사람들 사이에 남의 정부수립에는 비판적이었어도 북의 정부수립은 인정하려는 분위기가 있었으며, 심지어 북의 정권은 단독정부가 아니라는 사고도 없지 않았다.

4월 평양에서 열린 연석회의와 남북협상 곧 남북요인회담은 명확히 성격이 다른 것이었다. 연석회의는 남의 단선단정 반대에 초점이 맞추어져 있었고, 북측과 소련측의 스케줄에 따라 진행되었다. 그렇지만 4김회담이 중심이었던 남북요인회담은 북이 마지못해 응했던 것이고, 통일정부를 수립하기 위한 방안을 마련하는 데 초점이 맞추어져 있었다. 연석회의는 단선단정에 반대하는 남과 북의 정당·사회단체 대표들의 연대집회 같은 것으로, 단선단정에 반대하는 정치세력들의 연대를 최대한 시위할 수 있는 방식이었고, 그래서 북측은 자신들의 주장의 정당성을 최대한 부각시켰다.30)

남북요인회담은 독립운동과 마찬가지로 당장에는 실현될 수 없더라도, 또 북측의 입장과 국제관계 등으로 여러 사항을 충분히 담아내지는 못하였지만, '통일독립'의 방안을 구체적으로 마련하였다는 점, 동족상잔의 전쟁을 명시적으로 막아보려고 했다는 점에서 의의가 있다. 그리고 두 김 등 민족주의자들의 북행과 남북·좌우합작을 지지해 온 좌파 인사들의 노력은 남과 북이 자주적으로 머리를 맞대고 남과 북의 화해와 통일방안을 마련하려 할 때 여러 면에서 격려와 참조가 될 수 있다.

북측은 연석회의와 남북협상이 혼동되고 있는 속에서 당장에는 남의 단선단정 반대와 자신들의 정권수립에 두 회의를 크게 활용하였지만, 공동성명서 2항·3항을 얼마 지나지 않아 무시하였다는 점에서 도덕성과 자신들의 주장의 정당성이 훼손될 수밖에 없었다. 그것은 협상에 의해서 곧 평화적인 방법에 의해 통일민족국가를 건설해야 한다는 대다수 민족구성원의 간절한 소망을 저버리는 행위였다.

남북협상은 민중들의 간절한 소망을 반영한 만남이었다. 단정운동세력은 북과의 대결 위주로 나아가고 있었고, 북측 또한 비슷한 사고를 하였는데,

30) 丁海龜, 《남북한 분단정권 수립과정 연구 1947. 5.~1948. 9》(고려대 박사학위논문, 1995), 201~203쪽.

남북협상은 통일민족국가를 건설하는 기본과업과 함께 남과 북의 긴장과 갈등, 전쟁－동족상잔을 막기 위한 결단으로 이루어졌다.

4·30공동성명서는 해방 3년 동안에 남과 북의 주요 지도자가 통일정부 수립문제에 합의를 본 유일한 문서다. 이것마저 없었더라면, 한국인은 분단을 막기 위하여 무엇을 했느냐는 물음에 무슨 답변을 할 수 있을까.

〈徐仲錫〉

Ⅲ. 미군정기의 사회 · 경제 · 문화

1. 미군정기의 사회
2. 미군정기의 경제
3. 미군정기의 문화

III. 미군정기의 사회·경제·문화

1. 미군정기의 사회

1945년 8월 15일 해방으로부터 1948년 8월 15일 정부수립에 이르기까지 3년에 걸친 미군정 기간은 일제의 식민통치가 갑작스럽게 단절된 가운데 격렬한 좌우 갈등이 전개되면서 전후의 새로운 체제가 구축되던 과정이었다. 즉 미군정기의 사회는 기존의 체제는 갑작스럽게 단절되었지만 새로운 체제는 아직 자리를 잡지 못한 격렬한 갈등, 극심한 혼란의 모습이었다. 이러한 상황의 초래는 다음 두 차원의 영향 때문이라 하겠다.

그 하나의 차원은 일제의 패망으로 인해 야기되었던 사회경제적인 혼란상이다. 일제는 식민통치 말기에 중일전쟁 및 대동아전쟁을 위한 전시체제를 운영해왔다. 그러나 일제의 패망으로 이러한 전시체제는 한꺼번에 붕괴되지 않을 수 없었는데, 이러한 단절적 사태에 의한 당시의 사회경제적 혼란상은 대단히 심각하였다.

이와 관련하여 우선 주목해야 할 것은 경제적 혼란이다. 당시 이러한 경제적 혼란이 야기될 수밖에 없었던 이유는 만주－조선－일본으로 이어진 일제의 식민지 경제권이 붕괴했을 뿐만 아니라, 미·소군의 남북 분할 점령으로 인해 남북의 경제적 연결도 단절된 가운데, 일본인 기술자마저 철수하자 일제의 전시경제가 하루아침에 붕괴되지 않을 수 없었기 때문이다.

다음으로 사회적 혼란 또한 극심했는데, 귀환동포문제 및 식량부족사태 등 해방과 더불어 새롭게 제기되었던 제반 문제들이 당시의 상황을 더욱 어렵게 만들었기 때문이다. 즉 해방과 더불어 귀환동포들이 국내에 쏟아져 들어왔으나 이들에 대한 어떠한 대책도 준비되지 못한 가운데 그들은 당시의 혼란에 휩쓸려 들어가지 않을 수 없었고, 배급제 중심의 일제의 전시식량정책

대신 실시된 미군정의 식량정책의 실패는 식량부족사태를 극도로 악화시켰던 것이다.

한편 미군정기 사회에 영향을 미쳤던 또 다른 차원은 냉전적 · 정치적 갈등이었다. 해방은 일제 때부터 심화되어 왔던, 그러나 일제의 식민통치에 의해 그동안 억제되어 왔던 사회내부의 계급적 · 민족적 갈등을 일시에 분출하게끔 만들었다. 나아가, 이같이 분출된 계급적 · 민족적 갈등은 정부수립을 둘러싼 주도권과 그 주도권의 향방에 따라 좌우될 체제 선택 문제를 놓고 격렬하게 전개되었던 미 · 소 및 좌우의 냉전적 · 정치적 갈등과 결합되었다. 이 같은 갈등 속에서 민중의 제반 이해와 요구를 대변함으로써 그들과 결합할 수 있었던 좌파세력은 민중을 조직화하여 이를 자신의 지지 · 동원세력으로 활용코자 했다. 반면 미군정과 우파세력은 좌파세력의 이 같은 시도를 저지하고 분쇄함으로써 자신들이 주도하는 정부수립과 체제의 구축을 도모하고자 했다. 이렇듯 민중과 결합된 좌파세력을 한 축으로 하고 이에 맞선 우파세력 및 미군정을 다른 한 축으로 했던 당시의 냉전적 · 정치적 갈등은 미군정기 사회에 큰 영향을 미치지 않을 수 없었던 것이다.

1) 미군정기의 사회경제적 상황

(1) 경제적 혼란

1930년대 이후 일제는 한반도의 식민지공업화에 본격 착수하였다. 그것은 일본자본의 해외진출의 필요성과 더불어, 조선에 이어 만주로까지 확대되었던 일제의 식민지 경제권이 구축되면서 일본과 만주를 이어 주었던 조선에서 공업화를 추진할 필요성1)이 제기되었기 때문이다. 그리하여 전력 개발을 위시한 각종의 공업화가 조선에서, 특히 북한지역을 중심으로 이루어졌다. 나아가, 이 같은 식민지공업화 정책은 1930년대 후반 일제의 중국 침략 이후

1) 1931년 조선총독 우가키(宇垣一成)는 조선공업화정책을 본격적으로 추진했는데, 그것은 외부적으로는 "일본을 精工業지대로, 만주를 농업지대로 하되 조선은 양축의 연결고리인 組工業지대로 설정하여 엔블록 경제권을 완성"하기 위한 것이었다(강만길, 《한국자본주의의 역사》, 역사비평사, 2000, 162~179쪽).

전쟁수행을 뒷받침하기 위한 군수공업화 정책으로 발전하기에 이르렀다.[2] 그러나 이 같은 공업화에도 불구하고 1945년 일제가 패망하게 되었을 때 일제식민지 경제권의 생산·유통체계는 하루아침에 붕괴하지 않을 수 없었고, 이에 따라 남한의 경제는 일대 혼란에 직면하지 않을 수 없었다.

그렇다면 식민지 경제권의 붕괴로 인해 남한에서 야기되었던 일대 혼란의 구체적인 모습은 어떠했는가. 우선 그것이 공장 조업에 미친 영향을 살펴보자.

〈표 1〉 해방 전후 공장수와 종업원수(종업원 5인 이상 기준)

시 기	공장수(개)	종업원수(명)	비고
1939	6,952	270,439	전국
1943	14,856	549,751	전국
1944. 6	9,323	300,520	남한
1946. 11	5,249	122,159	남한
1948. 1	4,385	157,047	남한

* 통계청, 《통계로 본 광복전후의 경제·사회상》(1993), 39~40쪽의 표를 참고하여 작성함.

일제는 1930년대 말 이후 전쟁 지원을 위한 군수공업화를 적극 추진했다. 그 결과 위의 〈표 1〉에서 보는 바와 같이, 해방 전 해인 1944년 6월 현재 남한만 하더라도 5인 이상의 공장수는 9,323개소, 그 종업원수는 30만 520명에 달했다.[3] 그러나 해방 이후 1년이 더 지난 1946년 말 남한의 공장수는 5,249개소, 그 종업원수는 12만 2,159명으로 대폭 줄어들었는데, 그것은 공장수의 경우 43.7%, 종업원수의 경우 59.4%나 축소된 것이었다. 물론 이와 같은 현

2) 일제의 식민지공업화 및 이에 뒤이은 군수공업화 정책의 추진에 대해서는, 강만길, 위의 책, 162~179쪽 참조.

3) 이는 5인 이상의 공장과 그 종업원수에 한정된 것이다. 종업원 5인 이하의 공장과 그 종업원까지 포함할 경우 일제하의 고용 노동자수(광업 및 운수업 노동자수 제외)는 1932년 384,951명(100%), 1936년 594,739명(154%), 1940년 702,868명(183%), 1942년 1,171,094명(304%), 1943년 1,321,713명(342%) 등이었다(브루스 커밍스, 《한국전쟁의 기원》, 일월서각, 1986, 59쪽).
한편 1942년의 시점에서 광산 및 토목건축 그리고 교통운수업의 노동자와 자유노동자까지 포함한 전체 노동자수는 약 175만 명에 달했다(강만길, 위의 책, 175쪽).

상은 해방과 더불어 야기되었던 일본으로부터의 설비보수품의 공급 단절, 원료의 부족, 일본인 기술자의 철수에 따른 한국인 기술자의 부족, 심각한 전력난 등의 원인들에 의해 다수의 공장들이 부득이 조업을 단축하거나 공장을 폐쇄하지 않을 수 없었기[4] 때문이다.

해방과 더불어 거의 절반으로 줄어들었던 이와 같은 공장 조업의 단축이 곧 생산위축으로 이어졌음은 물론이다. 〈표 2〉는 그것을 보여주고 있는데, 1939년을 기준으로 해방 이듬해인 1946년의 생산 위축의 정도를 살펴본다면 식료품 공업의 82.9%를 선두로 거의 대부분의 공업에서 60% 이상에 달했다(제재 및 목제품 공업은 제외).[5]

〈표 2〉 해방 전후 주요 공업의 생산 위축 상황

(단위 : 1,000원)

구 분	1939년 생산액[1]	1946년 생산액[2]	감소액	감소율(%)
방직공업	170,985	67,855	103,130	60.3
기계 기구 공업	38,045	15,154	23,251	60.5
화학공업	91,171	21,714	69,457	76.2
제재 및 목제품 공업	13,746	11,012	2,737	19.9
식료품공업	213,628	36,457	177,171	82.9

* 통계청, 《통계로 본 광복전후의 경제・사회상》(1993), 43쪽.
1. 1939년 생산액은 당시 남한 9개 道의 생산액임.
2. 1946년 생산액은 1939년 평균물가지수를 기준으로 한 수정금액임.

한편 해방 직후에 공장의 조업단축과 해외동포의 귀환 등으로 다수의 실업자가 발생했는데, 그 규모는 1946년 말에 105만 명, 1947년 말에는 79만여 명에 달했다(〈표 3〉 참조). 그러나 당시 구체적인 경제활동의 내용이 파악되지 않고 있는 직업 미상의 인구가 상당수 존재하고 있다는 점을 감안했을 때 실제 실업자의 수는 약 150만여 명에 이를 것으로 추산된다.[6]

---

4) 통계청, 《통계로 본 광복전후의 경제・사회상》(1993), 40쪽.
5) 이와 같은 생산 위축은 극심한 물자 부족을 야기했는데, 이를테면 1946년 7월부터 1947년 12월까지의 18개월 동안 제공된 일부 공산품 공급량은 면포가 1인당 1마(碼), 양말이 8인당 1켤레, 고무신이 8인당 1켤레, 운동화가 25인당 1켤레, 비누가 3인당 1개에 불과했다(통계청, 위의 책, 43~44쪽).
6) 통계청, 위의 책, 18쪽.

〈표 3〉 해방 후 15세 이상 인구 및 실업자수

(단위 : 명)

구 분	계	남 자	여 자	비 고
실업자수	1,050,937	–	–	1946년 11월 30일
15세 이상 인구	10,800,888	5,493,358	5,307,530	1947년 말
실업자수	798,233(7.4%)	305,787(5.6%)	492,446(9.3%)	
직업 미상	892,250(8.3%)	439,285(8.0%)	452,965(8.5%)	

* 통계청, 《통계로 본 광복전후의 경제 · 사회상》(1993), 19쪽을 이용하여 작성.

이상에서 살펴 본 것처럼 공장 조업의 거의 절반이 중단되었던 동시에 이에 따른 생산위축 역시 戰前의 거의 60%에 달했다. 이 같은 상황은 극심한 물자 부족으로 이어져 물가 상승을 야기시켰다. 그러나 급속한 물가 상승의 원인이 물자부족 때문이었던 것만은 아니다. 일제 패망 이후 조선은행권의 남발[7]로 인한 통화팽창 또한 인플레를 가속화시켰기 때문이다. 즉 1945년 8월 15일 현재 조선은행권의 발행고는 49억 7천 5백만 원이었으나 그것은 같은 해 연말에 거의 두 배인 87억 6천 3백만 원으로 증대했고, 뒤이은 1946년과 1947년에도 매년마다 거의 두 배의 증가를 기록했던 것이다. 극심한 물자 부족에 겹쳐진 이 같은 통화팽창이 급속한 인플레로 이어졌음은 물론이다.

다음 〈표 4〉는 물자 부족과 겹쳐진 통화팽창의 정도, 이로 인해 야기된 소매물가의 급등 추이, 그리고 이에 훨씬 미치지 못했던 당시의 임금 상승 추이의 전반적인 양상을 보여주고 있다. 이에 따르면 1936년을 기준으로 1945년 후반의 소매물가 상승률은 57배, 1946년에는 무려 223배에 이르고 있다. 이에 비해 노임 상승률은 각각 27배와 71배에 그쳤을 뿐이다.

요컨대, 일제 패망과 더불어 남한의 경제는 일제의 식민지 경제권에 예속된 재생산 기반이 무너지고 자금과 물자 그리고 기술진이 절대 부족한 상태에서 거의 붕괴에 가까운 일대 혼란을 면치 못했다고 할 수 있다.[8] 물론 일제 식민통치의 뒤를 이었던 미군정은 이에 대처하고자 했다.

---

7) 1945년 패망을 전후하여 일제는 금융기관의 예금 인출, 일본군대 · 관리의 임금, 퇴직금, 위로금, 귀국비 등을 지급하기 위해 조선은행권을 대량으로 남발했으며, 이후 미군정기에서도 미군정의 재정 적자를 메우기 위해 조선은행권은 대거 남발되었다(강만길, 앞의 책, 224~227쪽).

8) 강만길, 위의 책, 191쪽.

〈표 4〉 화폐 발행고 · 물가 · 임금 상승률 추이

구 분	1943	1944	1945		1946	1947	1948	비고
			1~6월	8~12월				
화폐발행고 (전년말증감율)	1,466,777 (61.4)	3,135,692 (179.5)	8,763,341 (179.5)		17,710,623 (102.2)	33,388,164 (88.5)	43,444,111 (30.1)	단위 : 천원(%)
소매물가지수		225.95	247.19	5,746	22,300	40,900	62,900	1936년 : 100
노임지수			263.82	2,725	7,119	14,843	20,334	1936년 : 100

* 통계청, 《통계로 본 광복전후의 경제 · 사회상》(1993), 21쪽과 61쪽을 이용하여 작성.

그러나 미군정의 대처는 성공적이지 못했다. 적산기업에 대한 부실한 관리, 경제정책의 부재, 그리고 재정정책 등의 실패로 미군정은 당시의 혼란 상황을 제대로 수습할 수 없었기 때문이었다. 그 결과 주민들은 조업 단축과 생산 위축, 이로 인한 대량의 실업 발생, 그리고 물자 부족 및 통화 팽창으로 인한 극심한 인플레 등 남한에서 야기된 경제적 혼란의 결과로 발생한 그 모든 고통을 감내하지 않으면 안 되었다.

(2) 사회적 혼란

경제적 혼란과 더불어 해방 직후 미군정기 사회에 커다란 영향을 미쳤던 또 하나의 요소는 일제의 패망과 더불어 야기되었던 사회적 혼란이다. 당시의 사회적 혼란에는 귀환동포문제와 식량문제의 두 문제가 커다란 영향을 미쳤다. 전자는 해방과 더불어 만주와 일본 등 해외로부터 그리고 북한으로부터 대거 몰려들었던 귀환동포들의 문제였으며, 후자는 일제 전시경제가 붕괴된 속에서 야기된 식량부족사태와 이에 대한 미군정의 적절치 못한 대책으로부터 비롯된 문제였다.

우선 귀환동포문제와 관련하여 해방후 폭발적으로 이루어졌던 남한 인구 증가의 추이를 살펴보면 다음 〈표 5〉와 같다. 이에서 보는 바와 같이, 해방 약 1년 전부터 해방 후 약 4년에 걸친 총 5년 동안 남한인구는 약 430만 명 이상[9] 증가했다. 그것은 1949년 당시 남한인구가 약 2천만 명 정도였다는

9) 1944년 시점에서 남북한에 거주했던 약 70여만 명의 일본인이 해방 직후 철수

점에 비추어 본다면 그야말로 폭발적인 증가였다. 이러한 폭발적인 인구증가는 인구의 자연 증가보다는 해방과 더불어 국내에 쏟아져 들어왔던 해외동포 입국자 및 북한으로부터의 월남자 때문에 일어난 현상이었다. 특히 1945년 8월의 해방 직후로부터 1946년 8월에 이르기까지의 약 1년 동안에 남한 인구는 폭발적으로 증가하고 있는데, 이는 이 기간에 귀환동포의 유입이 집중적으로 이루어졌기 때문이다.

〈표 5〉 해방 전후의 남한인구

(단위 : 명, %)

구 분	총인구	남자	여자	증가
1944년 5월 1일	15,879,110[1]	7,484,242	8,031,868	
1945년 말	46,873,277			994,167[2]
1946년 8월 25일	19,369,270			2,495,993
1947년 말	19,886,234			516,964
1948년 말	20,027,393			141,159
1949년 5월 1일	20,188,641	10,200,877	9,987,764	161,248
5년간 증가인구	4,309,531	2,716,635	1,955,896	
5년간 증가율	27.1	36.3	24.4	
연평균증가율	4.92	6.39	4.46	

* 통계청, 《통계로 본 광복전후의 경제·사회상》(1993), 1~4쪽을 이용하여 작성.

1. 1944년 5월 1일 현재 남북한 전체 총인구는 25,917,881명(일본인 712,583명과 기타 외국인 71,946명 포함).
2. 이 시점에서 일본인 대부분이 철수했다는 점을 감안한다면 그 실제 증가는 1백수십만 명으로 추정됨.

그렇다면 해방 후 이루어졌던 이상과 같은 인구 증가 중에서 귀환동포의 규모는 어느 정도인가. 〈표 6〉에 따르면, 해방후 3년 동안 해외동포 입국자는 무려 122만 명을 넘었고 월남자 역시 97만 명에 이르러,10) 모두 220만 명 정도에 달했다.11)

했다는 점을 감안한다면, 당시의 실제 인구 증가는 이보다 더 많았을 것이다.

10) 해외동포에 북한경유 중국·만주 입국자를 포함한다면 해외동포 입국자는 약 154만 명이며 순수 북한 월남자는 약 64만 명이다.

11) 그러나 다른 자료는 다음과 같은 통계수치(1945.10~1947.12)를 제시하고 있다.

〈표 6〉 해방 후 3년간(1945. 8. 15~1948. 12. 31) 유입된 귀환동포 규모

(단위 : 명)

해외동포 입국자	일본 입국자	중국 등 기타 입국자	계
	1,117,819	102,208	1,220,627
월남자	북한 월남자	북한경유 중국 · 만주월남자	계
	648,784	320,231	969,015

* 통계청, 《통계로 본 광복전후의 경제 · 사회상》(1993), 1~4 및 9~11쪽을 이용하여 작성.

해방과 더불어 국내로 대거 돌아왔던 이들이 당시 사회에 영향을 미쳤음은 물론이다. 이와 관련, 커밍스는 해방 직후 귀환동포의 유입으로 인해 인구가 급증했던 지역과 그 지역의 급진성 사이에는 상관관계가 있음을 밝히고 있는데, 이는 귀환동포의 유입이 그 지역의 인민위원회 활동이나 좌파활동과 관련이 있었음을 말해준다. 물론 귀환동포 가운데는 공산주의자들이 권력을 장악한 북한체제로부터, 그리고 그들이 행했던 토지개혁으로 인해 남한으로 내려왔던 사람들도 있었다. 위의 통계로 미루어 볼 때, 그 성향상 우파지향적인 이들의 규모는 몇 십만 명 수준이었을 것이다. 이들을 제외한 대부분의 귀환동포들은 급진적인 성향을 띠었으며, 그들은 지방인민위원회 활동이나 좌파 활동에 적절한 토양을 제공했던 것이다.[12)]

그렇다면 해방과 더불어 고향과 조국으로 대거 몰려들었던 그들은 누구이

귀환전 거주지	귀환자의 수	남한 전체 인구[1] 중 귀환자의 비율
북한	859,930[2]	5.4%
만주	304,391	1.9%
일본	1,110,972	7.0%
중국	71,611	0.5%
기타	33,917	0.2%
계	2,380,820	15.1%

* 조선은행 조사부, 《조선경제연보》(1948년)Ⅲ－19쪽.

1. 1945년 5월 현재 남한 전체 인구 1,580만 명 기준.
2. 표시된 숫자 중 388,694명은 북으로부터의 피난민이고 나머지 60%는 남한이 고향임.

12) 해방 후 인구유입과 그 지역의 급진성과의 상관관계에 대한 커밍스의 분석에 대해서는 브루스 커밍스, 앞의 책, 355~359쪽 참조.

며, 왜 급진적인 성향을 보여주었는가.

해방 후 대거 유입된 귀환동포들의 대부분은 일제의 식민통치 기간 동안 자신의 고향과 조국을 등지지 않을 수 없었던 사람들이었다. 그들의 첫 해외 이주는 1920년대와 1930년대 초 일제하의 토지집중화 과정에서 이루어졌는데, 그 과정에서 토지를 상실했던 빈농들은 자신의 고향을 등지지 않을 수 없었던 것이다. 그후 일제의 전시공업화가 추진되었던 1930년대 이후, 그리고 전시체제가 본격적으로 구축되었던 1940년대의 일제 말에 들어와 다시 대대적인 주민이동이 이루어지게 되는데, 이때는 주로 북한지역에서 추진되었던 군수공업화에 필요한 노동력을 충당하기 위한 것이었거나 징병·징발 등 일제의 전시정책의 필요에 따른 것이었다.[13] 이렇게 일제식민통치 기간에 자신의 고향과 조국을 떠났던 그들이 1945년 8월 일제가 패망하자 고향과 조국으로 돌아가고자 했음은 당연한 일이었다. 그러나 "그들은 이제 더 이상 예전과 같은 사람들이 아니었다. 그들은 고국에 안전하게 남아있던 사람들에게 불만을 가졌으며, 물질과 지위의 상실을 겪었고, 종종 새로운 이데올로기와 접촉했고, 살던 시골마을을 넘어선 더 큰 세계를 보았던"[14] 사람들이었다. 또한 그들은 "공업에 투입되었다가 한국의 농촌으로 다시 뱉어진"[15] 사람들이었다. 따라서 해방과 더불어 새로운 희망과 기대를 가지고 자신의 고향과 조국에 다시 돌아왔던 그들에게 고향과 조국이 그 어떤 대책도 제공하지 못했을 때, 불만에 찬 그들은 급진적 운동에 휩쓸리게 되었던 것이다.

한편 귀환동포문제와 더불어 미군정기 사회의 혼란에 커다란 영향을 미쳤던 또 하나의 문제는 식량문제였다.

1930년대의 일제시기 쌀·보리·밀·콩 등 조선의 순식량용 곡물생산량(1930년~1937년의 8년 평균)은 2,971만 8천 석으로, 이는 당시 인구 2,430여만 명을 기준으로 했을 때 1인당 1.22석에 해당하는 규모였다.[16] 물론 당시의

13) 브루스 커밍스, 위의 책, 58~65·105쪽.
14) 브루스 커밍스, 김동노 외 역, 《브루스 커밍스의 한국현대사》(창작과 비평사, 2001), 257쪽.
15) 브루스 커밍스, 앞의 책, 104쪽.
16) 김종범, 《조선 식량문제와 그 대책》(돌베개, 1984, 복간본. 같은 제목의 원본은 1946년에 발간됨), 19~20쪽.

쌀 생산량 약 2천만 석 가운데 약 800~1,000만 석과 콩 생산량 중 150만 석 정도가 일본으로 유출되었던 반면 이를 보충하기 위해 만주 조(粟)가 약 100만 석 그리고 안남미가 약 100만 석 정도 유입되었다는[17] 점을 감안할 때, 1인당 분배 가능량 1.22석의 절반 이상은 잡곡으로 채워졌다고 할 수 있다. 1937년 중일전쟁 이후 이 같은 일제 치하의 식량사정은 더욱 악화되었다. 전쟁 수행을 위해 강제적인 식량 공출이 실시되었기 때문이다. 그런데 이처럼 일제 치하에서 조선의 식량사정이 열악했음에도 그것이 대량 기근사태로 이어지지 않았던 것은 식량의 유통과 분배에 대한 일제의 강력한 전시 통제정책이 실시되었기 때문이었다. 부족한 양이었지만 일제의 전시 통제정책은 최소한의 배분을 보장해 줄 수 있었던 것이다.

해방 후 남한의 식량사정은 어떠했는가. 다음의 〈표 7〉은 해방 후 남한의 식량생산 규모를 보여주고 있는데, 그 규모 역시 일제시기에 비해 충분치 않음을 보여주고 있다. 일본으로의 쌀 유출이 없어졌다는 점을 감안한다고 하더라도, 그 생산이 북한지역에 치우쳤던 잡곡의 부족 그리고 급속히 증대했던 남한인구 등의 요인에 의해 남한의 식량사정은 압박받지 않을 수 없었기 때문이다.

〈표 7〉 **해방 후 남한의 식량 생산량**

(단위 : 1,000석)

구분	쌀	잡곡[1]	계	인구수[2] (명)	1인당 생산량(쌀+잡곡) (석)
1945	12,836	6,931	19,767	16,873,277	1.17(0.76+0.41)
1946	12,050	7,421	19,471	19,369,270	1.01(0.62+0.38)
1947	13,850	6,503	20,353	19,886,234	1.02(0.69+0.33)

* 통계청, 《통계로 본 광복전후의 경제 · 사회상》(1993), 27~28쪽을 이용하여 작성.
1. 잡곡은 보리 · 밀 · 조 · 옥수수 · 콩 포함한 것임.
2. 인구수는 〈표 5〉를 참조할 것.

해방 후 미군정기 동안 식량문제는 사회적 혼란을 가중시켰던 가장 중요한 이슈로 부상했다. 그것은 기본적으로 식량이 부족했던 당시의 현실 때문

17) 김종범, 위의 책, 21 · 33쪽 및 통계청, 앞의 책, 28쪽 참조.

이었다. 그러나 식량문제로 인한 사회적 혼란의 보다 큰 원인은 미군정의 식량정책 실패에 있었다. 부족한 식량에 대한 일제의 강력한 통제정책은 최소한 대량의 기근사태를 면할 수 있게 해주었던 반면, 아무런 준비없이 임시처방적으로 실시했던 미군정의 식량정책은 심각한 식량부족사태로 이어지지 않을 수 없었기 때문이다.

우선 미군정은 군정 초기 미곡 등 식량에 대한 자유매매·자유곡가제를 실시했다. 그러나 기본적으로 식량이 부족했을 뿐만 아니라 경제상황이 극도로 불안정한 현실에서 식량에 대한 통제정책의 전면 해제는 식량수급에 대한 일대 혼란을 야기시켰다. 식량에 대한 자유시장정책의 실시에 따라 미곡에 대한 매점매석이 횡행하게 되었고 이에 따라 쌀값이 폭등하여 시장에서 쌀이 자취를 감추는 사태가 야기되었던 것이다. 즉 심각한 물자부족의 현실에서 미군정에 의해 도입되었던 자유시장정책은 균등한 분배가 아니라 특정인의 매점매석에 의한 심각한 식량부족사태로 이어졌던 것이다.

그러나 문제는 이에 그치지 않았다. 식량부족사태에 직면한 미군정이 1946년 2월 〈미곡수집령〉을 발동, 미곡의 강제수집에 나섰기 때문이다. 나아가 미곡 강제수집정책은 같은 해 여름 하곡에 대해서도 이어졌다. 그러나 시가에도 훨씬 미치지 못하는 가격으로 강제 할당되고 그 수집이 강요되었던 미군정의 이 같은 정책은 농민들의 불만과 원성에 직면하지 않을 수 없었다. 그것은 당시 농민들에게 일제 말의 식량 공출을 연상시켰을 뿐만 아니라, 일제로부터 '해방'되었다고 생각했던 농민들의 분노를 극도로 자극했기 때문이었다. 다른 한편 식량수집의 저조한 실적으로 인해 제대로 시행될 수 없었던 식량배급정책은 도시주민들의 불만을 드높였다. 1946년에 발생했던 9월총파업과 10월항쟁의 한 배경에는 농촌과 도시 곳곳에서 지속적으로 악화되었던 바로 이 같은 식량문제가 작용하고 있었다.[18]

---

18) 미군정기 식량문제에 대해서는 강만길, 앞의 책, 214~217쪽 및 정해구, 《10월 인민항쟁 연구》(열음사, 1988), 89~99쪽 참조.

2) 미군정기의 사회갈등

미군정기의 사회경제적 혼란상은 기본적으로 일제 식민통치체제가 붕괴됨으로써, 그리고 이를 대체할 새로운 체제와 질서는 아직 제대로 구축되지 못했던 상황에 의해 야기된 혼란이었다. 그러나 미군정기 사회의 혼란은 이 같은 사회경제적 혼란에 그치지 않았다. 그것은 미군정기 사회가 일제 식민통치가 남겨놓았던 계급적 · 민족적 갈등에 의한 또 다른 혼란에 직면하지 않을 수 없었기 때문이다. 더구나 미군정기의 사회갈등은 당시의 정치적 갈등과도 밀접히 연결되어 있었다. 그것은 미군정기 사회갈등이 정부 수립을 둘러싼 좌파세력과 미군정－우파세력 간의 정치적 갈등에 의해서도 강력한 영향을 받고 있었기 때문이다. 따라서 여러 차원의 혼란과 갈등이 상호 영향을 미치며 전개되었던 당시의 상황에서 사회갈등만을 분리하여 살펴본다는 것은 쉽지 않은 일이다. 여기에서는 사회경제적인 혼란으로 야기되었던 아래로부터의 영향과 정치적 갈등의 위로부터의 영향을 고려하는 가운데, 주로 노동문제와 농민문제를 중심으로 미군정기 사회갈등을 살펴보고자 한다.

(1) 노동문제

1946년 11월 5~6일, 경성(서울)의 중앙극장에 17개의 전국적 산업별 단일노조를 대표하는 515명의 대의원이 모여 朝鮮勞動組合全國評議會(이하 전평)를 결성하였다. 결성대회 〈선언〉은 "8 · 15 이후 전국 각 산업 중요도시를 중심으로 전개된 노동운동은 자연발생적 · 지역적 · 수공업적 혼합형의 조직체를 벗어나지 못하였으므로 이것을 목적의식적 지도에 의해 전국적으로 정연한 산업별적 조직으로 체계화 · 강력화시켜 … 이 여러 개의 산업별 단일노동조합이 총집결함"으로써 전평이 결성되었음을 밝혔다. 또한 이 대회는 최저임금제의 확립, 8시간 노동제, 동일노동에 대한 동일임금 지급 등 20개조에 달하는 '일반 행동강령'을 제시했다.[19] 이로써 해방 직후 아래로는 노동대

19) 민주주의민족전선 편, 《해방조선》Ⅰ(과학과 사상, 1988, 이 책Ⅰ · Ⅱ는 민주주의민족전선 편, 《조선해방 일년사》, 문우인서관, 1946의 복간본임), 194~196쪽.

중의 분출하는 요구를 대변했던 한편 위로는 좌파진영의 가장 강력한 대중조직으로서 미군정 정책과 대치해 나갔던 전평 주도의 노동운동은 본격적으로 그 막을 올렸다.

이 같은 전평의 등장과 관련하여 무엇보다도 먼저 우리가 주목하지 않을 수 없는 것은 전평 노동운동의 급속한 발전이다. 결성 당시 전평은 그 산하에 215개의 지부(광산 제외)와 1,194개의 분회에 21만 7,073명의 조합원을 포괄하고 있었다. 그러나 이는 3개월 뒤인 1946년 2월 15일 시점에서는 235개의 지부 및 1,676개의 분회에 57만 4,479명의 조합원을 포괄하는 규모로 확대되었다.[20] 해방 후 6개월 만에, 그리고 결성 후 3개월 만에 이 정도까지 확대된 전평의 성장은 그 유례를 쉽게 찾아보기 힘든 것이었다. 물론 이 규모는 남북한을 합한 것이다. 그렇지만 당시의 시점에서 남한만의 조합원수 역시 31만 5,100명에 이르고 있었다[21]는 점은 남한 노동운동의 성장이 매우 빠른 것임을 보여주는 것이다. 이후 북한의 조직이 독립해 나감으로써[22] 전평은 남한만을 대상으로 하게 되었는데, 같은 해 5월 10일의 시점에서 남한 전평의 조합원수는 46만 7천 명(합동노조 포함시 60만 명)까지 확대되었던 것으로 보인다.[23]

해방 직후 남한에서 노동운동이 이렇게 빠른 속도로 조직화되고 성장할 수 있었던 것은 우선 일제의 패망으로 야기되었던 사회경제적인 혼란에 기인한다. 일제의 패망과 더불어 공장 폐쇄, 조업 단축, 실업 및 전재민의 증가, 물가 앙등과 이로 인한 실질 임금의 감소 등 제반 혼란은 아래로부터 자연발생적으로 노동운동이 분출될 수밖에 없었던 배경을 제공했던 것이다. 특히 공장 및 직장 폐쇄, 조업 단축 등은 노동자자주관리운동과 해고반대투쟁 그리고 퇴직금 요구 투쟁 등 자연발생적 노동운동을 야기하였다.

다음으로 당시 노동운동이 급속히 성장할 수 있었던 또 다른 원인은 일제

20) 민주주의민족전선 편, 위의 책, 193쪽 ; 《전국노동자신문》, 1945년 11월 16일.
21) 안태정, 《조선노동조합전국평의회 연구》(성균관대 박사학위논문, 2001), 91 · 93쪽.
22) 1945년 11월 30일에 전평 북조선총국이 결성되었고, 이는 1946년 5월 24일 북조선직업총동맹으로 발전됨으로써 북한의 조직은 남한의 전평으로부터 독립해 나갔다.
23) HQ. HUSAFIK, G-2 Weekly Summary, No. 43, 1946년 7월 10일.

하 노동운동의 영향에서도 찾을 수 있다. 일제하 노동운동의 전통 속에서 지하조직을 통하여 해방 당시까지 이어졌던 노동운동의 영향과 해방과 더불어 이루어졌던 다수 노동운동가들의 출옥은 해방 직후 자연발생적으로 분출했던 노동운동을 목적의식적으로 지도할 수 있는 다수의 인적 자원을 제공해 주었기 때문이다.

> … 해방 후 파죽지세로 발전하던 노동조합운동은 이 지하조직과 해방 후 출옥한 직업적 운동가가 기본부대가 되어 공장·기업소·광산 등 각 사업장으로 총진격하여 각지에 산재한 자연발생적으로 형성된 분산적·종파적·기형적·직업별적인 노동조합운동을 산업원칙에 입각하여 목적의식을 가지고 지도하여 조직을 정비하였다. 또한 미조직지대의 조직사업에도 심혈을 기울여 … 조선노동조합전국평의회를 조직하였던 것이다(민주주의민족전선 편, 《해방 조선》 I, 과학과 사상, 1988, 192쪽).

그러나 전국적인 산업별 노동조합의 결집체로서 전평의 결성을 가져왔던 가장 직접적인 원인은 당의 외곽 대중조직으로서 전국적인 노동운동조직을 만들어내고자 했던 좌파세력, 특히 박헌영 중심의 조선공산당 재건파 계열의 의도적 노력 때문이라 할 수 있었다. 그들은 조선공산당 결성과 더불어 각종 대중운동을 전개하고자 했는데[24] 노동운동의 조직화는 노동자 대중투쟁을 전개하기 위한 최우선적인 과제가 아닐 수 없었다. 해방 직후 각 공장에서 조직된 조합이 자연스럽게 산별노조로 확대 발전되어 가는 가운데, 이 같은 각 산별노조를 연결 통일하는 중앙집권적 조직을 결성하기로 결정했던 1945년 9월 26일 전평 준비위원회[25]는 박헌영 계열의 바로 이러한 의도에 따른 결과였다. 이를 반영하듯, 전평 결성대회 당시 대회는 "조선 무산계급의 수령이요 애국자인 박헌영 동무에게 감사의 메시지를 보낼 것"과 "조선 무산계급 운동의 교란자 이영 일파를 단호히 박멸할 것"을 긴급동의로 채택하기

---

24) 노동운동을 비롯한 각종 대중운동을 전개하고자 했던 조선공산당 박헌영 계열의 의도는 '8월테제', 즉 조공 중앙위원회가 1945년 9월 20일 채택했던 '현정세와 우리의 임무'에서 확인할 수 있다(〈현정세와 우리의 임무〉, 김남식 편, 《남로당연구 자료집》1, 고려대 아세아문제연구소, 1974, 8~21쪽 참조).

25) 中尾美知子, 《해방 후 전평 노동운동》(춘추사, 1984), 42쪽.

도 했다.[26]

그렇다면 결성 이후 전평의 노동운동은 어떻게 전개되었는가. 그것은 당시의 정치적 상황을 감안할 때 그 노선에 따라 다음과 같이 구분해 볼 수 있다(〈표 8〉 참조).

〈표 8〉 미군정기 정치상황의 전개와 전평의 운동노선

시 기	초기(45. 8~46초)	중기(46초~47중)		후기(47중~48. 8)
정치적 상황의 전개	인공 수립↔미군정 실시	제1차 공위	'신전술'	단정수립↔단정반대
전평의 운동노선	노동자공장관리운동	산업건설운동	9월총파업→전평의 불법화	

* 정해구, 〈미군정과 좌파의 노동운동〉(한국산업사회연구회 편, 《계간 경제와 사회》, 까치, 1989), 121쪽.

위의 〈표 8〉은 정치적 상황이 바뀔 때마다 전평의 운동노선이 변화되었음을 보여주고 있다. 이를테면, 제1차 미·소공위가 진행되자 전평은 기존의 노동자공장관리운동보다 산업건설운동을 전면에 내걸었으며, 제1차 미·소공위 결렬 이후 미군정의 탄압에 대항하여 박헌영 중심의 조선공산당이 '신전술'을 채택하자 전평은 총파업 전술로 이에 호응하였다. 이는 전평의 운동이 비록 아래로부터의 노동대중의 요구에 부응했을지라도, 그 노선 변화는 당시의 정치적 상황에 더 많은 영향을 받았음을 시사하는 것이라 할 수 있다.

각 정치적 상황에 따른 전평 노동운동의 전개를 구체적으로 살펴본다면,[27] 우선 해방 직후부터 1946년 1월 중순 전평 지령 6호의 '산업건설운동을 중심으로 한 당면투쟁에 관한 지령'이 나오기까지 전평이 추구했던 중심적인 노선은 '노동자공장관리운동'이었다.[28] 이 노선은 인민정권이 수립되어

26) 김남식, 《남로당 연구》(돌베개, 1984), 65쪽.

27) 이하 전평 노동운동의 구체적 전개과정에서 대해서는 정해구, 〈미군정과 좌파의 노동운동〉(한국산업사회연구회 편, 《계간 경제와 사회》, 까치, 1989년 봄호) 참조.

28) 노동자공장관리운동에 대해서는, 현훈이 《전국노동자신문》에 4회에 걸쳐 썼던 〈노동자 공장관리에 대해서〉를 참조할 것(《전국노동자신문》, 1945년 11월

국유화시키기 이전까지 일인 및 민족반역자의 공장을 접수하여 이를 노동자 스스로가 맡아 관리한다는 것으로서, 좌파진영이 추구했던 인민정권의 물적 기반 구축과 밀접한 관련을 지니고 있었다. 물론 이 노선이 처음부터 일사불란하게 추진되었던 것은 아니다. 전평 결성 이전에는 노동자자주관리운동, 해고반대투쟁, 퇴직금 요구 투쟁 등 자연발생적 노동운동이 전개되었으나, 전평의 결성과 더불어 이들 운동은 전평의 지도하에 노동자공장관리운동으로 집약되었던 것이다.

그러나 노동자가 주축이 되어 공장을 관리하고자 했던 이 같은 시도는 이를 통한 좌파 영향력 강화에 대한 미군정의 우려를 증대시켰다. 그리하여 그 초기에 일인의 사유재산에 대해 유동적인 입장을 보여주었던 미군정은 전평 주도의 노동자공장관리운동에 직면하자 그 태도를 변화시켰다. 즉 미군정은 이제까지의 그들의 입장을 변경, 일제의 국공유 재산뿐만 아니라 일인 사유재산까지 전면 접수하는 한편 이들의 관리를 자신들이 선정하는 관리인들에게 맡기는 정책을 취했던 것이다.[29] 이 같은 상황에서 전평의 노동자공장관리운동과 미군정의 정책은 정면 충돌하지 않을 수 없었다. 그러나 당시 좌파진영은 가능한 한 미군정과 갈등을 야기시키려 하지 않았다. 미군정에 정면으로 대항하기보다는 아직 사태의 추이를 지켜볼 필요가 있었기 때문이다. 따라서 그들은 미군정에 도전하기보다는 어느 정도 양보하는 입장을 취했다. 1945년 11월 30일 전평이 지시한 '산업건설협력 방침'[30]은 바로 이 같은 양보의 결과였다.

나아가, 이 같은 '산업건설협력 방침'은 1946년 1월 중순의 산업건설운동노선, 즉 '산업건설운동을 중심으로 한 당면투쟁에 관한 지령'으로 이어졌는데, 그것은 당장 물자가 부족한 현실에서 일단 생산성 향상을 위해 노동자가 산

16일, 12월 1일, 1946년 1월 1 · 16일).

29) 일인 사유재산에 대한 미군정의 이러한 정책 변화에 대해서는 中尾美知子, 앞의 책, 29~34쪽 및 63~67쪽 참조.

30) '산업건설협력방침'에 천명된 전평의 태도는 다음과 같았다. ① 파업은 수단이지 목적이 아니다. ② 한국 자주독립을 원조하는 미소 양군에 협력한다. ③ 양심적 민족자본가와 협력하여 공황을 타개한다. ④ 비양심적 악덕모리배를 배격한다(中尾美知子, 위의 책, 61~63쪽).

업건설운동에 나서야 한다는 것이었다.[31] 그러나 전평이 이 같은 태도를 취한 보다 근본적인 이유는 정치적인 데에 있었다. 즉 한반도 정부수립 문제에 대한 모스크바 3상회의의 결과가 공표됨에 따라 앞으로 개최될 미·소공동위원회를 앞두고 좌파 진영은 민족통일전선을 강화할 필요를 느꼈고, 이를 위해 일반 대중의 지지뿐만 아니라 양심적 민족자본가와의 협력 또한 필요했던 것이다. 그렇다고 전평이 노동운동을 방기했던 것은 아니다. 그들은 이제 그들의 노력을 '對악덕관리인 투쟁'에 집중시켰던 한편, 당시에 문제가 되고 있던 식량문제와 관련하여 '쌀 획득투쟁'도 동시에 전개해 나갔다.[32]

이상과 같은 해방 직후 전평의 노동운동의 전개과정을 통해 보면, 노동자공장관리운동이 산업건설협력방침을 거쳐 산업건설운동으로 완화되고 있음을 알 수 있다. 그러나 그것이 노동대중의 상황이 호전되었음을 의미했던 것은 아니다. 그것은 정부수립을 둘러싼 당시의 정치적 상황의 변화에 따른 좌파 내부의 전술 변화에 따른 결과라 할 수 있다. 모스크바 3상회의 결과에 따라 곧 미·소공동위원회 개최가 예상되는 상황에서 초기의 인민정권 수립운동은 미·소공위를 통한 정부수립 운동으로 전환되었고, 이러한 정치적 상황의 변화는 전평의 노동운동노선을 보다 온건하고 협조적인 방향으로 변화시켰던 것이다.

이렇듯 전평은 온건노선을 추구했다. 그러나 이후 전개되었던 사태는 그들의 기대와는 정반대로 나아갔다. 1946년 5월초 제1차 미·소공동위원회가 결렬됨과 동시에 좌파 진영에 대한 미군정의 탄압은 강화되고 우파의 테러반격 또한 본격화되었기 때문이다. 따라서 1946년 중반에 들어 좌파 진영은 심각한 선택의 딜레마에 봉착하지 않을 수 없었다. 즉 그들은 미군정에 대해 정면으로 도전하든지, 아니면 기존의 온건노선을 유지하든지 하는 선택의 기로에 놓이게 되었다. 이러한 상황은 전평 내부에도 반영되었는데, 그들은 강온 전술의 선택 여부를 둘러싸고 격심한 내부 논쟁에 휘말렸다. 한쪽에서는 총파업의 강경 전술이 주장되었고 다른 한쪽에서는 산업건설운동의 유효성이 주장되었다.

31) '산업건설운동'에 대해서는 中尾美知子, 위의 책, 79~82쪽 참조.
32) 이에 대해서는 中尾美知子, 위의 책, 82~97쪽 참조.

뿐만 아니라, 이럴 즈음 노동쟁의 현장에서 분출했던 아래로부터의 압력 또한 점차 가중되고 있었다. 공장 및 직장에서의 갈등이 심화되고 노동자들의 생활여건이 급속히 악화되고 있었기 때문이다. 그 결과 사태는 아래로부터의 압력을 오히려 전평 지도부가 억제하고 있는 형국으로 변해갔다. 결국 이러한 상황 속에서 7월 말 조선공산당 내부에서 박헌영 중심의 강경세력은 '신전술', 즉 '정당방위의 역공세 전술'[33]을 채택하게 되었고, 그것은 이제까지 온건정책을 유지해왔던 전평으로 하여금 적극적인 파업 투쟁에 돌입하지 않을 수 없도록 만들었다.

(2) 농업문제

미군정기 상황에서 노동문제와 더불어 미군정의 정책과 좌파 주도의 사회운동이 충돌하지 않을 수 없었던 또 하나의 사안은 농업문제였다. 일제 치하에서 이미 그 모순이 심화될 대로 심화되었던 농업문제는 해방과 더불어 긴급히 그 해결책이 모색되지 않으면 안 되었던 문제였다. 그러나 농업문제를 둘러싼 미군정 정책과 좌파 주도의 사회운동은 서로 다른 해결책을 추구했고, 이것은 양측의 충돌을 불가피하게 만들었다. 우선 양측 대립의 기본적 원인을 제공했던 토지문제의 현황부터 살펴볼 필요가 있는데, 다음 〈표 9〉는 1945년 말 현재의 남한지역의 자작·소작별 농가호수의 비율이다.

이 표에 따르면, 해방 직후 1945년 말의 시점에서 전체 농가는 약 206만 호인데, 그중 순수 소작농은 약 101만 호로서 전체 농가의 48.9%를 차지하고 있었다. 그러나 자작농겸 소작농의 상당수가 소작을 겸하고 있어 이 비율까지 감안한다면 전체 소작농의 비율은 전체 농가의 62.7%에 달했다. 또한

---

33) '정당방위의 역공세', 즉 '신전술'에 대한 자세한 내용은 박일원, 《남로당의 조직과 전술》(세계, 1984), 30~32쪽 참조. '신전술'은 다음과 같은 내용들을 포함하고 있었다(김남식, 앞의 책, 235~236쪽).
① 지금까지 협조, 합작노선을 진보적으로 전환.
② 극동에서 중공당과 일본공산당들과의 연계하에 반미운동 적극화.
③ 북조선과 같은 개혁을 요구.
④ 미군정의 정책을 비판적으로 폭로하고 투쟁을 적극적 공세로 전환.
⑤ 정권을 미군정에서 인민위원회로 넘기는 투쟁 전개.
⑥ 희생을 각오하고 투쟁할 것.

순수한 자작농이라 할지라도 1정보(3,000평) 이하의 농지밖에 소유하지 못한 영세농가가 상당수에 이르렀는데, 이를테면 1947년의 시점에서 1정보 미만 농가호수의 비율은 전체 농가의 71.5%나 차지하고 있었다.[34] 이와 같은 통계수치가 보여주고 있는 것은 당시에 지주를 포함한 일부 부유 농민을 제외한 거의 대부분의 농민들이 최소한의 경작지도 가지지 못한 채 영세한 자작농 또는 자·소작농 또는 소작농으로 그 생활을 영위하고 있었다는 점이다. 해방 직후 농민들의 이 같은 열악한 처지는 일제하에서 강화되었던 지주-소작제의 직접적인 결과였음은 물론이다.

〈표 9〉 남한의 자작·소작별 농가호수

(단위 : 호, %)

구 분	농가호수	비 율
지주겸 자작농	284,509	13.8
자작농겸 소작농	716,080	34.6
소작농	1,009,604	48.9
피용자	55,284	2.7
합 계	2,065,477	100.0

* 통계청, 《통계로 본 광복전후의 경제·사회상》(1993), 26쪽을 이용하여 작성.

이와 같은 열악한 처지에 놓여있는 농민들의 처지를 개선코자 했던 급진적인 운동이 해방 직후의 유동적인 상황에서 등장했는데, 그것은 대체적으로 다음과 같은 두 가지 형태로 나타났다. 그 하나는 해방과 더불어 전국적으로 조직된 인민위원회를 통한 것이다. 해방 직후 전국의 각 지역에서는 좌파세력 주도의 인민위원회체제가 구축되었는데, 농민들은 바로 이 같은 지방인민위원회 구축의 대중적 기반을 제공했다.[35] 다음의 〈표 10〉은 당시 남한 각 지역에서의 인민위원회 결성 비율과 그들의 실질적인 통치 여부를 나타낸 것이다.

34) 통계청, 앞의 책, 26~27쪽.

35) 해방 직후 등장한 지방인민위원회에 대해서는 브루스 커밍스, 앞의 책, 제8장 〈지방인민위원회 개관〉과 제9장 〈지방인민위원회의 운명〉을 참조할 것.

〈표 10〉 해방 직후 지방인민위원회의 구성 비율과 그 영향력 정도

도	總郡數(A)	組織郡(B)	B/A(%)	지배적인 郡(C)	C/A(%)
경기	21	19	90	6	29
강원	12	10	83	4	33
충남	14	13	93	9	64
충북	10	7	70	3	30
전남	21	21	100	14	66
전북	14	14	100	7	50
경남	19	19	100	16	84
경북	22	22	100	8	36
제주	1	1	100	1	100
총계	134	126	94	68	51

* 서울대학교 인문대학 현대사연구회, 《해방정국과 민족통일전선》(세계, 1987), 89쪽.

위의 표에서 보는 바와 같이, 해방과 더불어 남한의 거의 전역(94%)에서 인민위원회가 결성되었고 그중 약 절반에 해당되는 지역(51%)에서는 인민위원회의 실질적인 통치가 이루어졌다. 그러나 미군정이 등장하자 좌파 주도의 통치기능은 곧 부인 당하지 않을 수 없었다. 미군정이 자신을 유일한 정부로 내세우면서 인민위원회의 통치기능을 부인했기 때문이다. 그 결과 미군정 점령통치기구의 영향력이 지방 수준에까지 미치게 되었던 1946년 초 무렵 지방인민위원회의 실질적인 통치는 더 이상 가능하지 않게 되었다. 물론 지방인민위원회의 잔존 영향이 상당 정도 남아 이후 각 지역의 항쟁시 다시 분출되기도 했지만,[36] 일단 1946년 초의 시점에서 그 영향력은 대부분 미군정의 통제 아래 약화되거나 잠복하지 않을 수 없었다.

한편 열악한 농민들의 처지를 개선코자 했던 노력은 농민운동 자체를 통해서도 나타났다. 우선 일제의 패망과 더불어 농민조직이 자연발생적으로 등장했는데, 그것은 농민위원회·농민조합·농민연맹·노농동맹 등 다양한 모습으로 나타났다. 그들은 동양척식주식회사 토지를 접수한다거나 일본인 토

36) 지방인민위원회의 이러한 잔존 영향력은 1946년의 10월항쟁, 1948년의 제주 4·3항쟁과 여순반란사건 등 미군정기 및 그 직후에 분출했던 크고 작은 제반 항쟁을 통해서 확인할 수 있다.

지의 무단 매매를 감시한다거나 소작료 불납 또는 인하 투쟁을 시도했다. 나아가 주재소·면소 등 일제의 말단 식민기구를 습격하거나 생계위기에 직면하여 공출창고를 습격하여 쌀을 분배하기도 했다. 이러한 아래로부터 자연발생적으로 분출했던 모습들은 점차 좌파 주도의 농민조합운동으로 결집되었는데, 그것은 농민 대중의 요구를 목적의식적으로 조직화하고자 했던 좌파진영의 노력 때문이었다. 그 결과 마침내 전국적인 농민조직이 결성되었다. 1945년 12월 8일부터 3일간에 걸쳐 남북한의 332만여 명의 조합원과 239개 조합을 대표하는 545명의 대의원이 참석한 가운데 그 결성대회가 개최되었던 全國農民組合總聯盟(이하 전농)이 바로 그것이었다.[37]

전농은 결성대회를 통해 일본 제국주의자와 민족반역자의 토지 몰수와 조선인 지주에 대한 금납원칙의 소작료 3·7제를 결정하였다. 그러나 그것은 조선공산당이 초기에 주장했던 급진적인 주장에서 상당히 완화된 것이었다. 미군정 초기 박헌영 계열의 조선공산당은 '8월테제'를 통해 조선혁명의 현단계인 부르주아민주주의혁명을 달성키 위해 '토지문제의 혁명적 해결'이 가장 중심적인 과제라고 주장했으며, 그러한 맥락에서 일제 및 민족반역자의 토지뿐만 아니라 대지주의 토지 그리고 자신의 직접 경작하지 않는 조선인 소지주의 토지 몰수까지 주장한 바 있었다.[38] 미군정의 실제적 영향력이 커지고 미군정이 지원하는 우파와 대항하기 위해 민족통일전선의 확대가 요구되었던 당시의 상황에서 그러한 급진적인 주장은 완화될 필요가 있었다. 토지개혁 대상을 일본 제국주의자와 민족반역자로 한정하고 3·7제 소작료 투쟁에 그 힘을 집중시키고자 했던 전농의 결정은 바로 그러한 상황의 산물이었다.

한편 미군정은 좌파세력 주도의 이러한 농민운동에 대해 대응했다. 우선 토지 소유권 문제와 관련하여 일인 사유재산에 대해 일정하게 거래 허용의 의사를 보였던 미군정은, 좌파진영의 이 같은 도전에 직면하여 일제 소유의 모든 재산에 대한 접수정책으로 방침을 변화시켰다. 그 결과 동척에 속해 있던 모든 토지와 기타 일인 회사 및 개인의 모든 토지는 미군정에 귀속되었고, 이를 관리하기 위해 1946년 2월 신한공사가 설치되었다. 이로써 미군정

37) 전농의 결성에 대해서는 민주주의민족전선 편, 앞의 책, 200~208쪽 참조.
38) 이러한 언급에 대해서는 〈현정세와 우리의 임무〉(김남식 편, 앞의 책, 10쪽) 참조.

의 신한공사는 남한 농업인구의 24.1%를 지배하는 남한 최대의 지주로 등장하게 되었다. 다음으로 미군정은 10월 5일 법령 제9호를 통해 소작료 3·1제를 발표하였다. 미군정의 3·1제 조치는 현물납문제 등 일부 문제가 없었던 것은 아니나 좌파진영의 3·7제 주장에 상당히 근접한 것이었다.[39)]

이렇듯 좌파 주도의 농민운동의 조직화와 이에 대한 미군정의 대응책이 추진되었음에도 불구하고 1945년의 초기부터 양자의 갈등이 마냥 첨예화되었던 것은 아니다. 그러나 1946년에 들어 양자의 대립은 점차 격화되기 시작했다. 우선 1946년에 들면서 그 강도가 더욱 강화된 미군정의 인민위원회 탄압은 점차 지역 농민들의 반발을 증대시켰다. 뿐만 아니라 북한에서 1946년 3월에 전격 시행되었던 토지개혁의 여파는 남한에도 그 영향을 미쳤다. 그 결과 남한 좌파진영의 토지정책은 급진화되었는데, '토지문제의 평민적 해결'을 주장했던 그들은 남한에서도 북한과 같은 토지개혁을 주장하기에 이르렀다. 무상몰수·무상분배의 원칙하에 일본 제국주의자 및 민족반역자의 토지몰수, 5정보 이상의 토지 및 자경하지 않는 토지의 몰수 등의 주장이 그것이었다.[40)]

그러나 1946년에 들어 정작 농민들의 저항을 결정적으로 야기시켰던 것은 미군정에 의해 추진되었던 식량의 강제수집정책이었다. 해방 후 미군정은 별다른 대책도 없이 식량의 자유매매·자유곡가제를 채택했는데, 이는 식량 매점매석과 식량가격 폭등 등 식량부족으로 인한 일대 혼란을 야기시켰던 것이다. 그러나 사태는 이에 그치지 않았다. 1946년 2월에 들어 〈미곡수집령〉을 발동하여 '구국미'의 강제 매입에 나섰던 미군정의 조치가 사태를 더욱 악화시켰기 때문이다. 일제의 공출을 연상시켰던 그 조치는 시가보다도 훨씬 낮은 가격으로, 또한 경찰 등 미군정의 물리력에 의해 강행되었다. 한편 도시민들에게도 배급이 제때 이루어지지 않았다. 이 모든 상황은 도시와 농촌 모든 지역에서 대중들의 불만을 누적시켰는데, 그 불만은 9월총파업과 10월항쟁 분출의 잠재적 기반을 제공했다.

---

39) 박혜숙, 〈미군정기 농민운동과 전농의 운동노선〉(박현채 외, 《해방전후사의 인식》 3, 한길사, 1987), 371~374쪽.

40) 북한 토지개혁의 여파로 인한 남한 좌파진영의 토지정책 변화에 대해서는 박혜숙, 위의 글, 389~390쪽 참조.

3) 9월총파업과 10월항쟁

1946년 후반의 시점은 앞에서 살펴보았던 사회경제적 혼란이 급속히 누적되고 좌파 주도의 사회운동과 미군정 정책 사이의 갈등 또한 급속히 증대되던 시기였다. 사회경제적 혼란과 사회갈등이 상호 중첩적으로 작용했던 이 같은 상황에서 미군정의 탄압에 대한 강경 좌파세력의 정면 도전은 그동안 억눌려왔던 대중의 불만과 항의에 불을 지피는 것이 아닐 수 없었다. 9월총파업과 10월항쟁은 바로 그 폭발이었다.

(1) 9월총파업

9월 23일 0시를 기해 7천여 명의 부산 철도노동자들이 파업에 돌입했다. 24일에는 경성을 비롯한 전국의 철도노동자 4만 명이 이에 합세하였다. 뒤이어 며칠 사이에 출판·체신·섬유·전기 등 각 분야 노조들도 이에 동참하였다. 이처럼 9월총파업은 부산의 철도파업에서 시작되어 전국의 전 산업분야에 걸쳐 확산되는 형태로 전개되었다. 이와 같은 파업의 확대 속에서 24일 남조선총파업투쟁위원회가 결성되었는데, 이 위원회는 26일에 '총파업선언'을 통해 다음과 같은 요구조건을 밝혔다.41)

一. 쌀을 달라. 노동자와 사무원 모든 시민에게 3홉 이상 배급하라.
一. 물가등귀에 따라 임금을 인상하라.
一. 전재민·실업자에게 일과 집과 쌀을 달라.
一. 공장 폐쇄, 해고 절대 반대.
一. 노동운동의 절대 자유.
一. 일체 반동테러 배격.
一. 북조선과 같은 민주주의적 노동법령을 즉시 실시하라.
一. 민주주의운동의 지도자에 대한 지명수배와 체포를 즉시 철회하라.
一. 검거 투옥 중인 민주주의 운동자를 즉시 석방하라.
一. 언론·출판·집회·결사·시위·파업의 자유를 보장하라.
一. 학문의 자유를 무시하는 국립대학안을 즉시 철회하라.

---

41) 〈자료 총파업선언서〉(《전국노동자신문》, 1946년 11월 22일).

一. 해방일보·인민보·현대일보 기타 정간 중인 신문을 즉시 복간시키고, 그 사원을 석방하라.

위의 요구조건들은 사회경제적인 사안뿐만 아니라 제반 정치적인 요구에 이르기까지 당시에 문제가 되었던 사안들을 거의 망라하고 있는데, 이는 총파업 발발의 복합적인 원인을 보여주고 있다.

우선 노동자들의 총파업 투쟁을 가능하게 했던 가장 일차적인 원인은 당시 극도의 혼란을 면치 못하고 있었던 사회경제적 상황이었다. 해방 직후부터 야기되었던 식량부족·물가등귀·귀환동포로 인한 전재민문제·실업문제 등은 당시의 시점에서 극도로 악화되고 있었으며, 그러한 상황 속에서 노동자들은 공장 폐쇄·해고·각종 임금상의 불이익 등에 항의하여 총파업 투쟁을 감행하기에 이르렀던 것이다. 이와 관련하여 9월총파업 발발의 직접적인 도화선은 운수부 종업원 25%의 감원과 월급제에서 일급제로의 변경 등의 조치를 취했던 미군정청 운수부 정책에 대한 항의에서 비롯되었다. 이 같은 미군정청 운수부의 조치에 대항하여 철도국 경성공장의 노동자들은 9월 13일 가족수당 및 물가수당 지급, 일급제 반대, 식량 배급, 해고 반대 등을 내세우며 태업에 들어갔는데, 그들은 이러한 요구가 받아들여지지 않을 경우 총파업에 돌입할 것임을 경고하고 나섰던 것이다.[42] 요컨대, 파업의 직접적인 원인은 미군정청 운수부 정책에 대한 철도노동자들의 항의에서 비롯되었지만, 당시의 악화된 사회경제적인 상황을 배경으로 전 산업 분야로 급속히 확산되었던 것이다.

그러나 노동자들의 9월총파업 투쟁을 가능하게 했던 것은 당시의 악화된 사회경제적인 조건뿐만이 아니었다. 그것은 총파업이 미군정과 강경 좌파진영의 충돌이라는 정치적인 원인에 의해서도 영향을 받았기 때문이다.

1946년 5월 말 제1차 미·소공동위원회가 결렬된 이후 미군정은 강경 좌파세력에 대한 본격적인 탄압을 가하기 시작했는데, 이에 따라 범좌파진영은 미군정과의 타협을 주장했던 여운형 중심의 온건세력과, 정면 대결을 주장했던 박헌영 중심의 강경세력으로 분열하였다. 뿐만 아니라 당시 추진되었던

---

42) 이에 대해서는 中尾美知子, 앞의 책, 114~115쪽 참조.

조선공산당·인민당·신민당 등 좌파 3당의 통합문제는 주도권 문제를 둘러싸고 좌파진영의 내부 분열을 더욱 격화시키고 있었다. 따라서 강경 좌파세력은 미군정의 탄압정책에 대항하기 위해, 또 내부 투쟁에서의 주도권 확보를 위해 보다 강력한 투쟁에 호소할 필요가 있었다. 1946년 7월 26일 취해졌던 조선공산당의 '정당방위의 역공세', 즉 '신전술'은 바로 이러한 상황에서 비롯된 것이었다. 즉, 그것은 한편으로 좌파세력이 "수세에서 공세로, 퇴거에서 전진으로 돌진"하기 위해 미군정의 탄압에 맞서 적극적인 공세를 펼치고자 했던 시도였으며, 다른 한편으로는 좌파 내부의 주도권 장악을 위한 강경 좌파세력의 시도였던 것이다. 총파업 전술은 바로 박헌영 중심의 강경 좌파세력이 이 같은 '신전술'의 맥락 속에서 모색했던 대중투쟁의 일환이었다.

총파업과 관련하여 원래 그 시기는 농민들의 추수투쟁과 연결시키기 위해 10월경으로 고려되었던 것으로 보인다. 그러나 좌파계열의 신문인《인민보》·《현대일보》·《중앙신문》에 대한 미군정의 정간조치에 이어 박헌영에 대한 체포령이 내려지자 위로부터 지시에 의해 9월 말로 앞당겨졌다.[43]

아무튼 9월 23일 시작된 9월총파업은 10월 초에 이르기까지 대대적으로 전개되었다. 24일 경성의 철도노조가 파업에 전면 동참한 가운데 25일에는 출판노조가 이에 합세했고, 같은 날 대구종업원 4백여 명 역시 파업에 돌입했다. 27일에는 경춘철도 종업원 2천여 명이 파업에 들어간 것을 필두로 경성의 각 전화국과 우편국, 부산의 남전, 그리고 3천여 명의 대구 섬유노동자들이 파업에 동참했다. 28일에는 해원노조 1만여 명이 태업에 들어갔고 이 태업은 10월 3일 파업으로 이어졌다. 각 분야에 걸쳐 전개되었던 이 같은 파업을 통해 전국적으로 약 25만 1천여 명의 노동자들이 파업투쟁에 참여했으며, 경성에서만도 철도노동자를 비롯하여 295개의 공장 및 직장에서 노동자 3만여 명과 사무원 6천여 명이 참여하였다.[44]

그러나 전평 주도의 이 같은 대대적인 총파업 투쟁에 대한 미군정의 대응은 단호했다. 그들은 이와 같은 총파업 투쟁이 순수한 노동운동의 결과라기보다는 노동운동을 앞세운 좌파세력의 정치적 도전이라 판단했다. 그리하여

---

43) 이에 대한 자세한 내용은 김남식, 앞의 책, 236~237쪽 참조.

44) 조선통신사, 《조선연감》(1948년), 257~258쪽.

미군정은 총파업에 대한 물리적 분쇄에 나섰는데, 9월 30일 3천여 명의 경찰 및 우익청년들을 동원하여 용산 철도파업단에 대한 공격을 성공시켰고, 이는 총파업 분쇄의 결정적인 계기가 되었다. 미군정청 운수부장은 당시의 상황을 다음과 같이 묘사했다.

> 상황은 마치 우리가 전투에 돌입한 것과 같았다. 우리는 파업을 분쇄해야 했고 그 과정에서 혹시 몇몇 죄 없는 사람이 다칠지도 모른다는 생각을 할 겨를이 없었다. 우리는 시 외곽에 정치범 수용소를 세워 감옥이 모자랄 때에는 그곳에 파업 노동자들을 수용했다. 그것은 전쟁이었다. 우리는 적어도 전쟁으로 생각했었다. 우리는 상황에 대해 그런 식으로 대응했다(Stewart Meacham, 〈미군정하 노동정책－한국 노동사정 보고서〉, 《한국 노동문제의 상황과 인식》, 풀빛, 1986, 264쪽).

9월총파업이 노동자들의 경제적 요구라기보다는 좌파진영의 정치적 공세로 판단했던 미군정의 이 같은 강력한 탄압에 의해 파업은 10월 초에 들어 점차 수그러들기 시작했다. 또한 대구에서의 총파업은 지역주민의 항쟁으로 이어졌는데, 대구로부터 전국적으로 확산되기 시작했던 이 같은 항쟁은 사태의 초점을 또 다른 차원, 즉 민중항쟁의 차원으로 전환시켰다. 그 결과 폭발적으로 분출했던 9월총파업은 이내 그 막을 내리게 되었다.

이후에도 1947년 3 · 24 24시간총파업, 1948년의 2 · 7총파업 및 5 · 8총파업 등 좌파진영에 의한 여러 차례의 총파업이 전개되기는 했다. 그러나 그 파업들은 좌파 노동운동의 상승기에 분출했던 운동이 아니라 하강기에 등장했던 운동이었고, 그런 만큼 대중적 노동운동이라기보다는 정치투쟁에 가까웠다. 더구나 전평의 노동운동은 "정치색을 띤 노동조합은 정당한 단체로 인정하지 않겠다"는 1947년 6월 7일 미군정의 정책에 의해 조기에 불법화되었다. 따라서 9월총파업 이후 전평 중심의 좌파 노동운동은 미군정의 집중적인 탄압 속에서 급속히 약화되지 않을 수 없었으며, 미군정과 경찰의 후원에 의해 점차 그 영향력을 강화시켰던 우파진영의 대한노총이 대신 그 자리를 차지해갔다.

요컨대, 전평을 중심으로 이루어졌던 좌파진영의 노동운동은 해방 직후 짧은 기간 동안에 유례없는 급성장을 이룩했던 한편, 9월총파업 이후에는 급속도로 약화되지 않을 수 없었다. 해방 직후 전평 중심 노동운동의 급성장을 가능하게 했던 것은 그들의 불만을 누적시킬 수밖에 없었던 당시의 사회경제적인 혼란과, 그리고 이러한 혼란 속에서 그들을 동원하고 조직화시킬 수 있었던 좌파 노동운동의 리더십이었다. 그러나 그들이 정치적으로 좌파진영, 특히 강경 좌파세력과 긴밀히 연결되어 있었다는 사실은 미군정의 강력한 탄압을 야기시켜 그들의 조기 몰락을 가져오게 하는 원인이기도 했다. 즉 전평의 노동운동은 미군정에 대한 강경 좌파세력의 전술에서 벗어날 수 없었으며, 그 전술이 미군정에 정면으로 대결하는 정책을 취했을 때, 대중투쟁의 최전선에 위치할 수밖에 없었다. 그 결과 이에 대한 미군정의 탄압과 분쇄가 성공적으로 이루어졌을 때, 전평 중심의 노동운동은 급속한 약화를 수반하지 않을 수 없었던 것이다.

(2) 10월항쟁

9월 23일의 부산 철도파업을 시작으로 총파업이 전국적으로 그리고 각 분야로 확산되었을 때, 대구에서도 철도파업을 필두로 우편국·섬유산업·출판노조 등이 이에 합세하였다. 그리하여 30일 현재 대구를 중심으로 한 경북의 총파업에는 30여 개 업체 총 4,000여 명이 참여하기에 이르렀다. 이러한 대구의 총파업은 전평의 대구 지역조직이라 할 수 있었던 조선노동조합대구평의회가 주도했는데, 그들은 27일 남조선총파업대구시투쟁위원회를 결성하여 이를 통해 일사불란하게 대구지역의 총파업을 이끌었다. 그런데 이 대구지역의 총파업은 다른 지역의 총파업이 경찰에 의해 분쇄되거나 자연적으로 약화된 데 비해, 이들과는 다른 방향으로 발전했다. 즉 10월 1일 경찰의 발포로 군중 1명이 사망하는 사건을 계기로 대구시민의 대규모 항의시위가 발생, 사태는 파업 차원을 넘어 민중항쟁의 차원으로 확대되었던 것이다.[45] 나아가, 대구에서 전개되었던 항쟁은 며칠 사이에 경북의 전역으로 확산되었다.

45) 대구에서의 총파업과 항쟁에 대해서는 정해구, 앞의 책, 102~113쪽 참조. 이후 10월항쟁 설명과 관련하여 특별한 언급이 없는 한 그 설명은 이 책의 내용에 따른 것이다.

그렇다면 대구파업이 대구와 경북지역의 민중항쟁으로 발전했던 원인은 무엇인가. 우선 9월총파업 발생의 동일한 원인에서 그 한 원인을 찾을 수 있다. 즉 제1차 미·소공위가 결렬된 이후 미군정은 강경 좌파세력에 대한 탄압을 강화시켰고 이에 대응하여 강경 좌파세력은 미군정에 정면으로 도전하는 '신전술'의 새로운 방침을 채택했다. 총파업은 좌파진영의 이러한 전술 변화 속에서 모색되었고, 따라서 항쟁 역시 그 연장선상에서 설명될 수 있다는 것이 그것이다. 그러나 이러한 포괄적인 정치적 설명만으로 항쟁으로의 발전 전체를 설명하기에는 충분치 않다.

항쟁의로의 발전을 설명할 수 있는 또 다른 원인은 당시 대구와 경북지역이 직면했던 사회경제적인 상황, 특히 귀환동포문제와 식량문제에서 찾을 수 있다. 우선 다음 〈표 11〉은 당시 귀환동포의 국내 분포를 보여주고 있다. 여기에서 보는 바와 같이 경북의 귀환동포 규모는 경남과 충남에 이어 3번째로 높았다. "고향이라고 찾아와도 굶어 죽겠으니 가다가 죽으나 여기에서 죽으나 마찬가지"라며 대구역을 떠나는 이재민이 1일 100여 명이나 되었다는 보도[46]는 당시 대구 귀환동포의 처지가 얼마나 어려웠는가를 보여주고 있는데, 이 같은 귀환동포의 열악한 처지가 항쟁의 한 원인이 되었다고 할 수 있다.

〈표 11〉 귀환이재민의 국내 분포

(단위 : 1,000명)

도명	경기	충북	충남	경북	경남	전북	전남	강원	서울	제주	계
인원수	142	126	360	312	393	236	293	87.3	255	22	2,226.3

* 《동아일보》, 1947년 1월 11일.

다음으로 대구·경북에서의 민중항쟁은 식량문제와 긴밀한 관련이 있었다. 이와 관련하여 미군정은 1946년 2월 미곡의 강제매입을 시행했고, 이에 3월 대구 미군정청은 미곡의 불법운반과 자유매매를 금지시켰다. 뿐만 아니라 그 해 여름에 발생했던 콜레라는 그 방역대책을 위해 대구 주변의 교통을 차단시켰는데, 이는 대구 주변의 농촌에서 개별적으로 소량의 식량을 반입하여

46) 《대구시보》, 1946년 4월 13일.

근근히 생계를 연명해왔던 대다수 대구 주민들에게 타격을 주었다. 당시 대구에서 빈발했던 식량배급 요구의 항의사태는 당시 대구지역의 바로 이러한 상황을 반영하고 있었다.47)

이상의 사태가 주로 대구지역에 해당되었던 문제라 한다면, 대구 주변의 농촌지역에서는 식량의 강제매입이 문제가 되었다. 다음의 〈표 12〉는 1945년산 미곡수집과 1946년산 하곡수집에 대한 전국적인 실적을 보여주고 있다.

〈표 12〉 1945년산 미곡수집 및 1946년산 하곡수집 계획대비 실적

(단위 : %)

구 분	경기	충북	충남	전북	전남	경북	경남	강원	계
1945년산 미곡수집	8.2	7.3	9.1	20.2	16.9	7.3	5.9	57.5	12.4
1946년산 하곡수집	62.5	70.4	42.6	69.6	11.0	74.4	41.4	142.8	48.0

* 조선은행 조사부, 《조선경제연보》(1948년) I-243쪽과 조선은행 조사부, 《경제연감》(1949년)Ⅳ-35쪽을 이용하여 작성.

〈표 12〉에 따르면, 경북지역의 1945년산 미곡수집 실적은 계획대비 7.3%에 그치는 것으로서 좋지 않은 편이었다. 그러나 경북지역의 1946년산 하곡수집 실적은 계획대비 74.4%로서 강원을 제외하고는 전국적으로 최고였다. 이것이 시사하고 있는 바는 경북 미군정청이 1945년산 미곡수집의 저조한 실적을 감안, 1946년산 하곡수집에 있어서는 계획량 달성을 위해 강력한 입장을 취했다는 점이다. 실제로 경북 미군정청은 하곡수집시 목표 달성을 위해 경찰을 총동원할 정도로 농민들을 강압했고, 때로는 하곡수집에 응하지 않는 농민들을 투옥하기조차 했다. 하곡수집과 관련된 경북 미군정청의 이 같은 강압적 태도가 10월항쟁 확산의 한 원인을 제공했던 것이다.48)

다른 한편, 대구에서의 파업이 대구와 경북지역의 민중항쟁으로 발전했던 또 다른 원인은 이 지역 좌파세력의 유연하고도 강력한 영향력에서도 확인

47) 정해구, 앞의 책, 90~92쪽.

48) 경북지역에서 미군정청에 의한 강압적인 식량수집정책에 대해서는 정해구, 위의 책, 90~99쪽 참조.

할 수 있다. 해방 직후 대구의 좌파진영은 보다 유연하게 행동함으로써 오히려 강력해질 수 있었다. 구체적으로 그들은 우파들과 더불어 건국준비치안유지회·탁치반대공동투쟁위원회·대구공동위원회 등을 결성함으로써 9월총파업 및 10월항쟁 이전까지 3차례에 걸친 좌우합작적 연대를 성사시켰다. 그들이 보여주었던 이 같은 유연성은 역으로 미군정의 탄압을 피할 수 있는 여지를 제공했고, 그 결과 미군정의 탄압으로 약화되었던 다른 지역의 좌파세력과는 달리 강력한 영향력을 유지시킬 수 있었던 것이다. 물론 대구파업의 민중항쟁으로의 발전이 좌파진영에 의해 의도되었던 것은 아니다. 그러나 그럼에도 불구하고 그러한 발전의 배경에는 이 같이 강력한 영향력을 지녔던 대구·경북 좌파진영의 존재가 있었다.[49]

아무튼 10월 2일 저녁 이후 대구항쟁은 경북의 여타 지역으로 확산되었는데, 항쟁은 경북지역 전체 22개 군 가운데 19개 군에서 발생하였다. 태백산맥 以東의 몇 개 군을 제외한 경북 전역에서 발생했던 이 항쟁에는 약 32만 명의 민중들이 참여했다. 항쟁을 통해 농민은 무엇을 요구했는가. 그들이 가장 많이 요구했던 것은 경찰을 비롯한 친일파의 제거였다. 또한 그들은 식량 및 생활난, 미군정 정책 비판, 좌익인사 구속에 대한 항의, 그리고 민주주의 등을 요구했다.[50] 즉 그들은 해방의 도래에도 불구하고 여전히 바뀌지 않는, 경찰로 상징되었던 체제의 현실에 분노했고, 귀환동포 및 식량문제 등 시간이 흐름에 따라 더욱 악화되어 갔던 사회경제적 혼란상은 그러한 그들의 분노에 기름을 부었던 것이다.

그러나 항쟁에 참여한 민중들에게 되돌아온 보복은 잔인하고 폭력적인 유혈진압이었다. 대구항쟁 진압에 이어, 경북항쟁을 진압하기 위해 약 3천 명의 경북 경찰력 이외에 충남경찰대 400명, 충북경찰대 300명, 경기경찰대 400명이 투입되었고, 충남의 국방경비대 2연대와 3·4관구의 미군도 투입되었다. 나아가 서울에서 내려온 우익청년단도 진압에 합세하였다. 따라서 항쟁에 참여했던 사람들은 사살, 체포되거나 도피하였고 아니면 적어도 항쟁에

49) 해방 직후 대구지방 정치의 전개에 대해서는 정해구, 〈해방직후 대구지방 정치의 전개〉(《역사비평》1, 역사문제연구소, 1987) 참조.

50) 정해구, 앞의 책, 148쪽.

참여했던 사실 자체를 숨겨야 했다. 또한 이후에 많은 사람들은 경찰의 추적을 피하여 낮에는 산에 올라가고 밤에는 마을로 내려오는 '산사람'이 되었다. 항쟁이 진압되었을 때 경북지역에서 군중 수백 명이 사망했고 7천여 명이 검거되었다. 한편 경찰측에서도 수십 명의 사망자가 발생했다.

경북항쟁이 마무리될 무렵 항쟁은 경남지역으로 비화되었다. 경남에서는 10월 7일에서 14일까지 각지에서 다수의 항쟁이 발생했으나, 경북항쟁과는 달리 그것은 분산적이고 고립적인 모습을 띠었다. 이어 10월 17일에서 19일 사이에는 충남의 서북부지역에서 항쟁이 발생하였다. 10월 20일에서 22일 사이에는 경기 서북부의 38선 부근에서 항쟁이 발생하였다. 이곳에서의 항쟁은 소규모의 인원이 경찰서나 지서를 "치고(hit)" 북으로 "빠지는(run)" 모습을 보였다. 10월 29일에서 11월 첫 주 사이에는 강원도 동해안 지역에서 항쟁이 발생하였다. 11월 29일에서 11월 4일까지는 나주와 화순을 중심으로 한 전남 중북부지역에서 대규모의 항쟁이 발생하였다. 11월 7일 이후에는 해남을 중심으로 한 전남 남쪽지역에서 항쟁이 발생하였다. 10월 1일 대구로부터 시작되어 이때까지 전국에 걸쳐 발생했던 10월항쟁은 12월 8일 전북 전주에서의 항쟁을 마지막으로 종료되었다.[51)]

일제의 패망과 더불어 야기되었던 미군정기의 사회경제적 혼란과, 노동문제 및 농업문제 등을 둘러싸고 전개되었던 좌파 주도의 사회운동과 이에 대한 미군정 정책의 충돌은 결국 이렇게 9월총파업의 형태로, 10월항쟁의 형태로 폭발하지 않을 수 없었다. 물론 이와 같은 폭발에는 정부수립을 둘러싼 미군정과 좌파세력 간의 정치적 갈등이 커다란 영향을 미쳤음은 물론이다. 그러나 파업과 항쟁의 이러한 폭발은 문제의 해결을 가져왔던 것은 아니었다. 경찰을 앞세운 미군정의 억압에 의해 그 폭발이 진압되고 분쇄되었기 때문이다. 이후 남겨진 문제는 반공을 앞세운 국가권력에 의해 사회에 남겨져 있는 좌파적 잔존 요소들을 척결하는 일이었다. 이후 미군정기 동안 행해졌던 것은 바로 그러한 작업들이었다.

〈丁海龜〉

---

51) 타 지역의 항쟁에 대해서는 정해구, 〈경북지역 이외의 10월인민항쟁〉(정해구, 위의 책, 제5장) 참조.

2. 미군정기의 경제

1) 해방의 경제적 의미

1945년 8·15해방은 일제치하 조선의 낡은 경제질서가 붕괴되고 대내외적으로 새로운 경제질서가 수립되는 결정적인 계기였다. 해방에 연이은 미군정기 동안에 생산이 위축되고 물가가 폭등하고 실업자가 대량으로 발생하는 등 사회·경제적 혼란이 지속되었지만, 그와 동시에 이해관계를 달리하는 여러 경제 주체들이 외압의 압도적 규정성 속에서 경제질서의 재정립 방향을 둘러싸고 치열한 각축전을 전개했던 것이다.

이러한 각축과정을 통한 해방 이후 한국경제의 변화는 대체로 다음과 같이 정리할 수 있다.

첫째로, 미군정기를 거쳐 대외경제관계가 재편되었다. 일제하에서 조선은 식량을 비롯한 물적·인적 자원의 공급기지, 일본상품의 판매시장, 일본자본의 초과이윤 수탈대상이었으나, 해방을 계기로 조선경제는 일제의 독점적 지배로부터 벗어나고 일본·조선·만주를 포괄하는 재생산 경제권으로부터도 떨어져 나왔다. 그 대신 남한은 미군의 점령하에 놓이고 미국이 지배하는 세계 자본주의권 속에 종속적으로 편입되어 새로운 국제분업구조의 일익을 담당해 나갔다.

둘째로, 일제의 패전으로 식민지 지배가 무너지고 한국의 국민국가가 성립될 수 있게 되었다. 물론 해방에 곧이어 미군이 남한을 점령·통치하였으며 그 결과 한국경제가 일제 대신 미국의 종속하에 놓인 것은 사실이다. 그렇지만 미국의 직접적인 통치는 1948년 8월 한국정부가 수립될 때까지의 과도적인 것이었다.

또한 해방 이후 오늘에 이르기까지 한국경제가 미국의 영향권에 있는 것은 분명하지만, 식민지적인 지배와는 달리 기본적으로 한국 국민의 이익을 대변하는 국민국가가 수립되었다는 사실의 의의를 무시해서는 안 된다.

셋째로, 조선민중의 주체적인 힘에 의해서라기보다는 일본이 패전한 결과물로서 주어졌기 때문에 8·15해방은 동시에 남북 분단을 초래하였다. 미·소 양군의 한반도 분할점령은 남북 경제관계를 단절시키고 남북이 각각 상이한 체제를 만들도록 하였던 것이다. 그리하여 식민지시기에 형성된 경제구조의 파행성은 더욱 심화되고, 남북간의 정치·군사적 대립으로 인한 비생산적 지출은 남북한 모두에게 경제발전의 커다란 장애물로 작용하였다.

넷째로, 미군정기는 남한경제가 내부적으로 급격하게 변모한 시기였다. 산업구조가 바뀌고 지주세력이 쇠퇴하고 일본인 자본가가 철수했으며, 그 대신 한국인 자본가층이 부상하면서 점차 신흥 지배계급으로 부상해 갔다. 이러한 내부적 재편과정에서 결정적 의의를 가졌던 것이 토지문제와 귀속재산[1] 처리문제였다.

일제하에서 유지되어 온 반봉건적 토지소유와 그에 따른 지주들의 가혹한 소작료 수취는 해방 후 곧바로 토지개혁 문제를 제기하였다. 여기에다 북한이 적어도 명목상으로는 '무상몰수·무상분배'의 토지개혁을 실시함에 따라, 지주세력의 이해를 침해함에도 불구하고 '유상매수·유상분배'의 농지개혁에 착수하지 않을 수 없었던 것이다. 한편 일본인 소유재산 특히 사업체의 처리를 둘러싸고는 노동자자주관리운동도 전개되는 등 복잡한 양상을 띠었지만, 결국 일단 국가 소유로 전환된 다음에 민간에게 불하됨으로써 자본주의 질서가 재정립되었다.

2) 농지개혁과 식량공출

(1) 농지개혁

가. 농지문제와 농지개혁 요구

해방 당시 남한 인구의 70% 이상이 농업에 종사하고 있었으므로 농지문제

1) 歸屬財産(vested property)은 흔히 敵産이라고도 불렸는데, 일본인 재산이 정식으로 귀속재산이 된 것은 1945년 12월 6일의 미군정 법령 제33호에 의해서였다. 귀속이란 말은 일본인 재산의 소유권 이전을 의미하는데 미군정 당시에는 미군정에, 한국정부 수립 이후엔 한국정부에 귀속되었다.

의 합리적 해결은 시급한 당면 과제였다. 그리고 〈표 1〉과 〈표 2〉에서 보듯이 남한 총경지의 63%는 소작지였으며, 총농가 가운데 자작농은 14%에도 미치지 못하고 순소작농이 절반 가까운 상황이었다. 즉 일부의 자작농을 제외한 대부분의 농민들이 지주와 직접적으로 대립하고 있었던 것이다. 게다가 일제말의 소작료율은 5~6할의 고율이었다.[2] 따라서 이러한 반봉건적 토지소유관계의 개혁은 농민생활의 향상을 위해 절실하게 제기될 수밖에 없었던 것이다.

〈표 1〉 남한의 토지소유 상황(1945년 말)

(단위 : 만 정보)

토지 종류	논	밭	합 계
총경지	128(100%)	104(100%)	232(100%)
총소작지	89(70%)	58(56%)	147(63.4%)
일본인 지주 소유지	18(14.5%)	5(5%)	23(9.9%)
조선인 지주 소유지	71(55.5%)	53(51%)	124(53.5%)
자작지	39(30%)	46(44%)	85(36.6%)

* 조선은행 조사부, 《조선경제연보》(1948), I부－29쪽.

이리하여 해방이 되자 곧 일본인 지주의 농지를 소작농들이 접수·분배한다거나 소작료 납부를 거부하는 운동이 각지에서 활발하게 전개되어 갔다. 특히 인민위원회와 농민조합의 힘이 강력했던 지역에서는 이런 경향이 두드러졌다. 그리고 전국적 정치운동단체들이 조직됨에 따라 농지문제에 대한 접근은 보다 체계적으로 이루어지게 되었다.

1945년 9월 조선공산당 중앙위원회는 이른바 朴憲永의 '8월테제'를 통과시켰는데 여기에서는 당시의 조선을 부르주아민주주의혁명의 단계로 파악하고 그 중심 과업으로 토지문제의 혁명적 해결을 제기하였다. 그리하여 "일본제국주의자와 민족적 반역자와 대지주의 토지를 보상을 주지 않고 몰수하여 이것을 토지 없는 또는 적게 가진 농민에게 분배할 것이요, 토지혁명의 전개과정에 있어서 조선인 중 소지주의 토지에 대하여는 자기 경작토지 이외의 것은 몰수하여 이것을 農作者의 노력과 가족의 인구수 비례에 의하여 분배할

2) 조선총독부 농림국, 《朝鮮の農業》(1942), 215쪽.

것이요, 조선의 전토지는 국유화한다는 것이요, 국유화가 실현되기 전에는 농민위원회 · 인민위원회가 이것(몰수한 토지)을 관리한다"[3]고 하였던 것이다.

〈표 2〉 농민의 토지보유 상황(남한 1945년 말)

(단위 : 천 호)

남한 농가	호수(비율)
총호수	2,065(100%)
자작농	287(13.9%)
자작겸소작농	717(34.7%)
자작50% 이상	340(16.5%)
소작50% 이상	377(18.2%)
소작농	1,005(48.7%)
토지불경작 농가	56(2.7%)

* 조선은행 조사부, 《조선경제연감》(1949), 5쪽.

다만 당면 과제로서는 "소작료를 3할 대 7할제로 인하하고 이것을 화폐지대로 정할 것이요 소작관계에 있어서 봉건적 잔재를 일소하자"[4]는 방침을 제기하였다. 1945년 12월 8일에 결성된 전국농민조합총연맹의 강령도 처음에는 조선인 지주 소유토지에 대해서는 조선공산당의 당면 과제와 같은 수준의 요구를 제기하였다.

그러나 북한에서 명목적으로는 '무상몰수 · 무상분배'라는 혁명적인 방식의 농지개혁이 실시됨에 따라 그러한 영향 속에서 민주주의민족전선 · 남로당 · 전국농민조합총연맹은 일제 · 친일파 · 민족반역자뿐만 아니라 5정보 이상 소유하면서 자경하지 않는 지주들의 모든 소작지를 무상몰수하여 雇農 또는 토지가 없거나 토지가 적은 농민들에게 무상분배할 것을 주장하게 되었다.[5]

반면 이러한 좌파의 요구에 대해 우파를 대표하는 한민당측에선 창당 초기엔 '농지제도의 합리적 재편성'이라는 다소 모호한 입장을 취했다.[6] 그후

3) 김남식 · 심지연 편저, 《박헌영노선 비판》(세계, 1986), 182~183쪽.
4) 김남식 · 심지연 편저, 위의 책, 188쪽.
5) 김성호 외, 《농지개혁사연구》(한국농촌경제연구원, 1989), 331~345쪽.
김남식 편, 《남로당연구자료집》 1(고려대 아세아문제연구소, 1974), 349~362쪽.
6) 최봉대, 《미군정의 농민정책에 관한 연구》(서울대 박사학위논문, 1994), 162~

1945년 11월에는 “토지는 대소유를 금하여 자작농 정도에 한하고 대지주는 그 토지를 국가에 매각하여 기업가로서 진출할 기회를 주고 국유지는 소작인 · 고용농부들에게 경작권을 부여하여 소작료를 1/3 정도로 납입하여 생활의 안정을 기치 않으면 안된다”[7]고 하였다.

이러한 ‘유상매입 국유소작농’ 원칙은 1946년에 들어서부터는 ‘유상매입 · 유상분배론’으로 정리되고 이는 미 · 소공동위원회에도 제출되는 기본방침으로 정립되는 것이다. 한민당의 이러한 방침은 지주층을 대변하는 한민당으로서도 시대의 대세인 농지개혁을 전면적으로 거부할 수는 없었음을 드러낸다.

한편 1946년 좌우합작위원회를 통해 표명된 중간파의 입장은 우익측의 유상매수안과 좌익측의 무상몰수안을 절충한 ‘유상매수 · 무상분배’였다. 적산토지는 물론 몰수하지만 조선인 토지는 소지주에 대해선 자경면적 이외는 시가 전액으로 매상하고, 중 · 대지주에 대해선 자경면적 이외는 체감매상하는 등의 방안이 제시되었다. 다만 이 안은 재정부담 문제로 인해 좌우익 양측으로부터 모두 공격받으면서 그다지 힘을 얻지는 못하고 말았다.

나. 미군정의 농지개혁

가) 소작료 3 · 1제의 실시와 신한공사 관리

미군정은 진주한 지 얼마 되지 않은 1945년 10월 5일 ‘소작인의 반노예화’를 해소한다는 명목으로 최고소작료율을 1/3로 제한하는 조치를 취했다. 또한 현존 소작권의 유효기간 중에 지주가 일방적으로 소작권을 해제할 수 없다는 규정도 마련하는 등 소작인의 지위를 보호하는 일련의 조치를 취하였다.

이러한 미군정의 조치는 당시 농촌의 혁명적 분위기를 완화시키기 위해 취해진 것이고 지역에 따라 제대로 실시되지 않기도 했지만, 어쨌든 지주들의 일정한 양보를 강제함으로써 장차 단행될 농지개혁의 전주곡 역할을 한 셈이었다. 즉 일단 지주제를 인정한 틀 내에서나마 농민들의 급진화를 막기 위해선 지주세력의 약화를 용인할 수밖에 없었던 것이다.

한편 미군정은 1945년 10월 6일 일제하의 동양척식회사를 신한공사(The

163쪽.

7) 심지연,《한국민주당 연구》Ⅰ(풀빛, 1982), 194쪽.

New Korea Company)로 개명하여 미군정 관할하에 두고, 이후 일본인 소유농지 모두의 관리권을 신한공사에 넘겼다. 이리하여 〈표 3〉에서 보듯이 신한공사는 남한 전체 경지면적의 12.3%(논의 경우는 16.7%, 밭의 경우는 6.5%)를 소유하고 그 소작농은 전체 농가호수의 27.1%에 이르게 되었다. 곡창지대인 전라도의 비중이 크다는 점이 눈에 띄는 부분이다.

미군정이 이처럼 신한공사를 창설하고 일본인 소유농지를 직접 관할한 것은 해방 후 밑으로부터 전개된 일본인 농지 접수와 일본인 지주에 대한 소작료 불납운동을 부정하는 것이었다. 그리고 이를 통해 미군정은 좌익운동을 억압했음은 물론이고 남한농민에 대한 지배력을 확보할 수 있었다.

〈표 3〉 신한공사 소유경지의 규모와 비중(1948년 2월 10일 현재)

(단위 : 정보)

경지 / 도별	전		답		전 + 답	
	신한공사	전체	신한공사	전체	신한공사	전체
경기・황해	23,634	230,442	9,658	162,575	33,292	393,017
강원	819	42,048	1,055	100,161	1,874	142,209
충북	4,927	65,320	3,971	77,983	8,898	143,303
충남	24,035	152,568	7,053	76,116	31,088	228,684
경북	13,499	196,973	6,503	164,714	20,002	361,687
경남	26,084	172,301	7,327	88,433	33,411	260,734
전북	57,905	167,929	8,496	73,169	66,401	241,098
전남	55,068	205,890	17,663	125,115	72,731	331,005
제주	17	789	905	89,020	922	89,809
합계	205,988	1,234,260	62,631	957,286	268,619	2,191,546

* C. Mitchell, *Final Report and History of the New Korea Company*, USAMGIK National Land Administration, 1948, pp.4・8.

즉 3,000명 가까운 정식직원뿐만 아니라 그보다 많은 촌락유지로 구성된 農監이 신한공사를 위해 각 지역에서 활동하였던 것이다. 또 신한공사 소속 농가의 비중은 경지의 두 배 이상이고, 이들이 경작하는 면적은 신한공사 소유지 이외의 다른 지주소유지나 자작지도 포함하여 남한 전체의 27.7%였기 때문에, 이들에 대한 장악은 전체 농촌 · 농민 장악의 핵심고리였던 셈이다. 이러한 사실은 후술하는 식량공출에서도 잘 드러나고 있다.

나) 귀속농지 매각

미군정은 귀속농지의 처리문제에 대해서는 일찍부터 관심을 갖고 있었다.[8] 다만 이를 전반적인 토지개혁과 관련시킨 체계적인 실행계획을 수립하고 있지는 못하였다. 그러나 1946년 1월에 미국무부의 번스사절단도 구일본인 토지의 분배를 권고하였으며, 1946년 3월 5일 북한에서 〈토지개혁법〉이 공포되자 이에 대응하여 미군정 장관은 동 3월 15일 〈구일본인토지의 불하방안〉을 발표하였다.

하지만 이는 다분히 즉흥적이었고 미군정은 동 6월에 이 매각안을 보류하고 미 · 소공동위원회의 추이를 보고 결정하기로 보류하였다. 미군정은 미 · 소공동위원회에서 좌우익의 대립을 돌파하고 좌익을 분열시키기 위하여 온건좌우파를 중심으로 좌우합작 정책을 추진하였으나 이 역시 별 성과를 거두지 못하였다. 그 대신 1946년 12월에 과도입법의원을 구성시켜 여기서 농지개혁 문제를 처리하려 한 것이다.

그런데 입법의원에는 지주 출신을 비롯한 우익진영이 많았기 때문에 〈토지개혁법안〉의 작성에 대단히 소극적이었다. 토지개혁이 대세이긴 했으나 될 수 있는 대로 지연시켜 보려고 한 것이다. 이에 미군정은 번스 등이 포함된 한 · 미농지개혁연락위원회가 성안한 법안을 1947년 12월에 본회의에 상정시키기에 이르렀다. 이 법안의 골자는 다음과 같았다.

첫째, 봉건적 토지소유의 타파와 민주경제적 토지제도의 수립이 목적이다.

둘째, 토지개혁 사무를 관장하기 위해 중앙토지개혁행정처를 설치하고 지방에는 지방행정처와 함께 토지개혁위원회를 조직하되 이 위원회는 반수 이상을 소작농 내지 소자작농으로 구성한다.

셋째, 매수대상 농지는 자경하지 않는 농지, 3정보 초과농지, 학교 · 교회 · 병원 등의 자경 초과농지로 하되 귀농 희망자에게는 3정보 이내의 농지 소유를

8) 최봉대, 앞의 책, 130~132쪽.

허용한다.

넷째, 매수지가는 연평균 소출의 3배로 하고 면적증가에 따른 법정체감률을 적용한다. 그리고 지주는 연평균 소출의 2할씩을 15년 동안 지급받는다.

다섯째, 농지분배 순위는 ① 농지를 경작하는 현재의 소작농, ② 농지가 적은 자작농 또는 소작농, ③ 고용농가(머슴), ④ 귀환동포(농가)의 순으로 하였다.

여섯째, 농지를 분배받은 농가는 연평균 소출의 2할씩을 15년 동안 현물로 분납한다(김성호 외, 《농지개혁사연구》, 한국농촌경제연구원, 1989, 351~353쪽).

이 법안은 입법의원들의 사보타지로 제대로 심의되지 못하고 폐기되고 말았지만 한국정부 수립 이후 농지개혁의 원형을 제시했다는 점에서 의의가 있다. 다만 정부수립 이후의 농지개혁에서는 매수·매각 가격이 연평균 소출의 1.5배로 낮추어지고, 상환기간이 5년으로 줄어들고, 토지개혁위원회가 농지위원회로 바뀌면서 농지개혁의 주체라기보다는 보조적인 조직으로 위상이 저하되는 등의 차이는 존재하였다.

한편 미군정은 이렇게 〈농지개혁법안〉이 폐기되자 다가올 5·10총선에서 농민들의 지지를 획득하기 위해 1948년 3월 22일 〈귀속농지매각령〉을 발표하고 신한공사가 보유하고 있던 구일본인 소유토지만을 분배하기에 이르렀다. 신한공사 보유토지 중 임야 등은 제외되었으며 매각조건은 소유한도를 2정보로 설정하는 것을 제외하고는 입법의원에 상정했던 법안의 내용과 대체로 일치하였다. 다만 정부수립 이후 1951년의 〈귀속농지특별조치법〉에 의해 귀속농지의 매각가격도 한국정부의 〈농지개혁법〉에서와 마찬가지로 연평균 소출의 1.5배로 조정되었다.

(2) 식량공출

가. 해방 직후의 식량 사정과 미곡 자유시장정책

해방 직후 남한의 식량 사정은 해외동포의 귀환과 월남동포의 증대 및 일제하에서 억제되었던 소비수요의 폭발이라는 수요측 요인과 생산부진과 같은 공급측 요인으로 인해 크게 악화되었다. 이런 상황에서 미군정은 초기에 미곡의 자유거래를 용인하였으나, 그 부작용 때문에 다시 식량공출제로 복귀할 수밖에 없었다.

〈표 4〉에서 보듯이 남한 인구는 해방 전에 비해 대략 230만 명 즉 13% 이상이 증대하였다. 또한 0.77석까지 증대되었던 1인당 미곡소비량이 2차대전 말기에는 0.558석으로 하락하였는데,[9] 이렇게 강제로 위축되었던 미곡소비가 해방을 맞이하여 다시 회복됨으로써 수급 사정을 악화시킨 것이다.

〈표 4〉 남한 인구의 추이

국 적	1942년 12월	1944년 5월	1946년 8월
조선인	16,876,745명	16,565,317명	19,369,270명
일본인	490,204명	462,507명	미상
기타 외국인	14,274명	12,648명	미상

* 조선은행 조사부, 《조선경제연보》(1948), I부-3쪽.

그런데 미곡생산은 1942~1944년 평균이 1,372만 석이었는데 반해 1945년엔 1,284만 석, 1946년엔 1,205만 석으로 크게 부진하였다. 하곡생산도 해방 전 3년간의 절반 수준에도 미치지 못하였다. 이러한 부진 실태는 해방 후의 통계 미비로 인한 착오 탓도 있을 수 있으나, 비료 부족 등이 영향을 미친 것으로 지적되고 있다. 그리고 이와 같은 식량 부족을 메우기 위해 미군정은 1946년 5월부터 밀가루 등의 구호양곡을 도입하였다.

한편 미군정은 진주 초기에 한국의 식량수급구조에 대한 인식이 미흡하여 커다란 혼선을 빚었다. 즉 미군정은 일제하의 식량공출에 시달려 온 농민을 배려하고 시장메커니즘을 통해 식량문제를 해결한다는 차원에서 1945년 10월 5일 소작료 3·1제를 공포함과 더불어 미곡의 자유거래를 제한하던 일체의 법령을 폐지하였다. 다만 갑작스런 米價 폭락을 방지하기 위해 최저가격을 설정하였던 것이다.

그러나 미군정의 예상과는 정반대로 미가는 계속 폭등하고 시장질서는 혼란에 빠졌다. 그리하여 최저가격제는 무용지물이 되고 미군정은 식량자유화 이후 2주 만에 식량통제의 실시를 거론하였고, 12월에 들어서 미곡의 최고가격을 지정하였다. 하지만 최고가격의 비현실성으로 인해 오히려 미곡의 시장

9) 조선은행 조사부, 《조선경제연보》(1948), I부-238쪽.

출하가 부진해지고 매점매석이 성행하는 결과가 초래되었다. 이에 따라 노동자와 도시 소시민 등은 극심한 식량난을 겪게 되었던 것이다.

물자부족 상황과 지주－소작인의 전근대적 관계가 시장원리의 작동을 저해하고 있음을 깨닫지 못하여 이와 같은 미군정의 정책오류가 초래되었던 것이다. 그리하여 미군정은 마침내 1946년 1월 〈미곡수집령〉을 공포하여 미곡자유시장을 폐지하고, 1945년산 식량에 대한 수집과 배급정책을 실시하기 시작하였다. 또 이를 뒷받침하는 물리력 발동을 위해 1946년 5월에 〈경제통제령〉을 제정하였다. 이 식량공출제는 그 내용상의 부분적 변경은 있었으나 1950년 5월의 〈양곡관리법〉 제정까지는 어쨌든 지속된 제도였다.

나. 식량공출제의 시행

가) 실시과정

일제 말기의 식량관리제도를 다시 계승한 미군정기의 식량공출제는 그 첫 시행년도인 1946년 미곡년도(1945년 11월~1946년 10월 말)에는 그다지 성과를 거두지 못하였다. 즉 군정당국은 총 예상생산량을 1,285만 석으로 잡고 이 중 551만 석을 공출한다는 목표를 세웠으나 실제로는 68만 석 정도밖에 수집하지 못했다. 이는 전체 생산량의 5.3%, 목표량의 12%에 지나지 않았던 것이다.

이처럼 미곡공출 실적이 저조했던 데에는 여러 가지 이유가 있다. 우선 한국의 식량수급 사정에 어두웠던 군정당국이 뒤늦게 식량공출에 착수했던 점을 지적할 수 있을 것이다. 그리고 일제의 공출기구 활용에 따른 농민들의 거부감, 시장가격에 훨씬 못미치는 공정가격에 의한 매입과 보상물자의 결핍, 미곡 운송수단의 부족, 지주와 모리배에 의한 미곡의 암거래도 공출 실패의 주요 요인들이었다.

아울러 미곡공출을 체계적으로 통괄할 중앙행정기구의 부재도 큰 영향을 미쳤다. 미군정의 판단에 따르면 지방 말단에서 해방 직후 활발하게 성장한 여러 민중적 조직들로 인해 미군정의 권력 행사가 일정한 제약을 받았고, 이것 역시 식량공출에 부정적 영향을 미쳤다고 한다.

한편 이러한 1945년산 미곡수집 실패를 만회하기 위해 미군정은 식량관리기구를 정비하여 1946년 5월 중앙식량행정처를 신설하고, 〈경제통제령〉을 제정하여 경제 전반에 걸쳐 종합적인 통제체제를 구축하였다. 그리하여 미군정은 미곡수집의 부진으로 인한 식량수급 악화를 타개하기 위해 1946년산 하곡을 수집하였다.

원래 하곡공출은 일제하에서도 실시되지 않았던 것으로 하곡은 소작인의 몫이 되는 것이 관례였다. 따라서 하곡공출은 농민의 강력한 저항에 봉착하지 않을 수 없었다. 이런 상황에서 1946년의 하곡 예상수확량 496만 석의 약 25%인 129만 석을 수집 목표로 설정하였으나, 실제 수집량은 62만 석 미만으로 목표의 절반 정도에 지나지 않았던 것이다.

그런데 1946년 미곡수집부터는 사정이 크게 달라졌다. 당국은 1946년 8~9월에 〈중앙식량규칙〉 제2호와 제3호를 제정하여 공출농가를 자작농과 소작농으로 분리하고 소작농의 소작료를 전량 공출할 수 있도록 노력하였다. 이리하여 지주도 비농가와 동일하게 배급을 받아 생활하도록 하였다. 즉 지주도 소작료를 직접 소작농으로부터 현물로 수취하는 것이 아니라 공출대금을 공정미가를 기준으로 지불받았던 것이다.

이 결과 1946년 미곡에 대해선 예상수확고 약 1,200만 석의 1/3인 429.5만 석을 목표량으로 설정하고 수집에 착수하여 목표량의 82.9%인 356.2만 석이 수집되었다. 또 1947년 하곡의 경우엔 목표량의 97.9%를 수집하였고, 1947년 미곡수집에서는 목표량의 97.1%가 달성되었다.

나) 식량공출과 농촌지배구조의 변화

식량공출은 기본적으로는 식량수급구조의 문제점을 해결하기 위한 긴급조치였다. 하지만 식량공출제도의 확립과정은 그와 동시에 농촌에 대한 미군정의 지배력을 정착시키는 과정이었고, 아울러 종래의 지주-소작관계를 변모시키는 힘으로도 작용하였다. 즉 농촌의 지배구조는 농지개혁뿐만 아니라 식량공출에 의해서도 영향을 받았던 것이다.

미군정은 식량공출 과정에서 농민들의 강력한 저항에 직면하였던 바, 1946년 추수봉기도 그 한 표현이었다. 농민층은 낮은 공출대금에 불만을 갖고 있었고, 또 해방 후 성장한 전국농민조합총연맹과 같이 미군정에 저항하던 세력도 여기에 가세하였다. 그리하여 군정당국은 경찰력은 물론이고 군대까지 동원하여 공출을 강행하였던 것이다. 1946년산 미곡에서부터 공출실적이 크게 향상되고 특히 1947년산 하곡부터는 목표치를 거의 완전히 달성함으로써 미군정의 농촌 장악은 성공을 거두어 가는 것이다.

사실 해방 직후 일제시대의 식량관리제도를 폐지하고 새로운 민주적 식량관리제도를 수립하려는 노력이 전국농민조합총연맹 등과 같은 밑으로부터의 움직임에서 나타난 바 있었다. 그런데 이것을 미군정이 대체하고 식량공출을 성공적으로 수행해 간 것은 결과적으로 농촌을 장악하는 세력의 교체를 의미하였다. 즉 일제와 마찬가지로 농민은 식량관리기구에서 배제되고 농민단체는 급속히 와해되어 갔던 것이고, 여기서 식량공출의 반농민적 성격이 드러내는 셈이다.

한편 군정당국의 식량공출은 억압적인 물리력의 동원을 통해서만 이루어진 것은 아니었다. 신한공사라는 남한 최대의 국가지주를 활용함으로써 식량공출정책이 성공을 거둘 수 있었던 것이다. 우선 〈표 5〉에서 보듯이 신한공사 소작농들에 의한 공출실적은 대체로 일반 농민의 공출실적보다 우수하였던 것이다.

〈표 5〉 신한공사와 일반 농가 공출실적 비교

공출 시기 \ 공출량	신한공사 공출량	일반 농가 공출량
1946년 하곡	81.3%	43.8%
1946년 미곡	87.5%	82.9%
1947년 하곡	101.0%	98.2%
1947년 미곡	101.0%	93.6%

* 최봉대, 《미군정의 농민정책에 관한 연구》(서울대 박사학위논문, 1994), 125쪽.

뿐만 아니라 신한공사 소작농가의 공출실적이 우수했던 점을 살려서 1947년 하곡공출 때부터는 신한공사 소작농이 경작하는 공사 소작지와 일반 지주 소작지 모두에 대해 신한공사 소작농을 공출책임자로 지정하였다. 그리하여 신한공사 소작농은 공출기간 동안 다른 농민들을 이끌어 왔다.[10] 신한공사가 식량공출의 전략적 거점으로 활용되었던 셈이다.

이렇게 신한공사의 공출실적이 양호했던 것은 신한공사가 소작농들을 통제하기 위하여 농장사무소를 설치·운영하였던 점 외에도 다음과 같은 요인들이 작용하였다. 즉 신한공사와 소작농의 소작계약은 1년 단위로 체결되었기 때문에 공출실적이 부진하면 소작권이 박탈될 위험이 있었다. 또한 1947년 하곡공출 때부터는 신한공사 소작료분에 대해서는 현금 납부를 허용하였으며, 식량공출에 협조하는 소작농에게는 군정당국이 토지개혁시 소작지 매입의 최우선권을 부여하겠다고 약속했던 것이다.

그런데 식량공출 과정에서 농민들이 배제되었다고 해서 그것이 곧바로 일제하에서와 같은 지주세력의 복권을 의미하는 것은 아니었다. 식량공출을 비롯한 농촌행정에서 정치적 지배구조를 차지하고 있었던 것은 청년단체·경찰·지방행정관리였던 것이다. 즉 농민층은 지주세력이 아니라 미군정의 직접적 통치조직하에 놓여지게 된 것이다.

그리고 미군정의 식량공출정책은 지주가 소작료를 현물로 직접 수취하는 것을 배제하였고, 공출대금을 3·1제 소작료를 기준으로 한 공정미가로 지불했기 때문에 지주계급의 물질적 기반을 침식하고 지주제를 해체하는 압력으로 작용하였다. 이미 일제 말기의 공출제를 통해 타격을 입었던 지주계급은 일제하에서보다 더 불리한 공출정책으로 인해 심대한 타격을 받았던 것이다.

물론 지주계급은 과도입법의원의 법령개정 등을 통해 식량공출정책을 무력화한다든가, 식량을 빼돌린다든가 하는 노력을 하기도 했지만 그다지 효과를 거두지는 못하였다. 즉 군정당국은 공출을 회피하는 지주들을 체포하기까지 하면서 식량공출을 강력히 추진했던 것이다. 여기다 토지개혁에 대한 불안감도 작용하였으므로 지주들은 아예 토지를 방매하는 일도 있었고, 결국 이런 제 요인들로 인해 지주세력의 힘이 약화되고 농지개혁이 이루어질 수 있게 된 셈이었다.

요컨대 농지개혁이든 식량공출이든 농민들의 밑으로부터의 요구를 그대로 수용한 것은 아니지만 그렇다고 친지주적인 정책도 아니었던 것이다.[11] 즉

10) 최봉대, 《미군정의 농민정책에 관한 연구》(서울대 박사학위논문, 1994), 128쪽.

11) 이것이 바로 한편으로 지주세력과 연합하면서 다른 한편으로 지주세력과 대

정치권력인 미군정의 휘하로 통치조직과 물적기반을 끌어들이면서 종래의 지주제를 해체시키고 농촌으로부터 끌어낸 잉여를 공업화 쪽으로 돌리게 되는 것이다.

3) 공업생산의 소장과 귀속사업체 처리

(1) 공업생산의 소장

가. 위축실태와 그 원인

미군정기 경제 혼란의 두드러진 양상으로 누구나 지적하는 것이 공업생산의 消長이다. 〈표 6〉에서 보듯이 8·15 이후의 공업생산 위축률은 대략 40~75%로 추정된다.[12] 이러한 위축은 한국전쟁에 의한 막심한 피해로 더욱 가중되어 1950년대 말에 이르러서야 1930년대 후반의 광공업 생산수준을 회복한 것으로 평가된다.[13]

그리하여 미군정기의 공업 위축은 귀환·월남동포의 대거유입과 더불어 실업자 홍수사태를 발생시키고 물자부족과 저임금을 초래하여 민중생활을 압박하였으며 정치사회적 혼란을 야기하였다.

그렇다면 이처럼 공업생산이 급격하게 위축된 원인은 무엇인가. 이는 단적으로 말해서 한편으로는 식민지 공업화의 모순 즉 일제하의 공업화가 자본·기술·시장면에서 일제에 종속되어 있었다는 점이며, 다른 한편으로는 8·15 이후 우리 민족이 독립된 민족국가를 건설하지 못하고 외세에 분단·점령당했다는 점이다.

립하였던 미군정의 양면성을 드러내는 것이다.
김기원, 〈미군정의 경제정책에 관한 연구〉(《한국방송통신대학 논문집》 5, 1986), 347쪽.

12) 미군정의 생산통계가 전체 공장을 포괄하지는 못하였고, 2차대전 말기에 이미 생산애로가 나타났으므로 미군정기 공업위축으로 표현되는 것은 실제보다는 과장되어 있을 수는 있다. 다만 그렇다고 해도 8·15 이후 공업생산이 크게 위축되었다는 점 자체가 부인될 수는 없다.

13) 溝口敏行, 《台灣·朝鮮の經濟成長》(岩波書店, 1975), 100쪽.

〈표 6〉 미군정기 공업의 생산액 · 사업체 · 노무자 감소

	일제 말	미군정기	감소율
생산액[1] (천圓)	533,194	136,984	75%
사업체[2] (개)	10,695	4,500	56%
노무자[2] (명)	225,393	133,970	41%

* 조선은행 조사부, 《조선경제연보》(1948), I부－102쪽 ; 조선통신사, 《조선경제통계요람》(1949), 75쪽.
  1. 생산액의 경우 일제 말은 1939년, 미군정기는 1946년의 수치로서 1939년 가격으로 환산한 것임.
  2. 사업체와 노무자의 경우 일제 말은 1943년 6월의 수치이며, 미군정기는 1947년 3월의 수치임.

물론 2차대전 이후 생산 위축은 일본 · 이탈리아 등 많은 나라에서 공통적으로 나타났던 현상이기는 하다. 그렇지만 한국에서의 공업 위축에는 구체적으로는 〈표 7〉에서 보듯이 우선 원자재 부족이 가장 중요한 원인이었고, 1948년 5월 북한으로부터의 송전이 중단된 이후엔 전력문제도 커다란 애로사항으로 등장하였다. 이런 요인들은 다음 세 가지 범주로 다시 정리해 볼 수 있다.

〈표 7〉 사업장 휴업 원인(1946년 11월)

	원료부족	기계부족	자본부족	노무부족	기타	합계
휴업체수	272	36	20	1	61	390
비율(%)	70	9	5	－	16	100

* 남조선과도정부 중앙경제위원회, 《남조선산업노무력及임금조사》(1948), 94쪽. 총공장 5,249개를 대상으로 한 조사임.

첫째로, 8 · 15 이후 원자재의 결핍, 기계설비의 대체 곤란, 자금의 부족은 일제하의 공업화가 내포하던 문제점을 그대로 드러낸 것이었다. 조선의 공업화가 자생적으로 전개된 것이 아니라 일제 자본운동의 일환으로 진행된 상황에서 조선과 일본의 경제관계가 단절되자 조선의 공업시설들은 당연히 제대로 가동될 수 없었다.

일제하 기계제품 자급률은 〈표 8〉에서 보듯이 현저하게 낮았으며, 조선경

제의 수입의존도는 30%에 달할 만큼 높았다. 기술면에서도 전체 기술자 중 일본인 기술자가 약 80%나 되었으며 얼마 안 되는 조선인 기술자는 하급직이었다. 또한 식민지 공업화의 주요 부분은 군수공업이였는데 전쟁이 끝나고 군수품 수요가 사라지자 이 공장들이 새로이 평화용으로 전환할 때까지는 공장가동이 곤란하였다.

〈표 8〉 주요 기계기구의 국내 자급률(1940년)

품목	자급률(%)
汽罐 및 기관부속품	3.7
원동기	7.1
공작기계	0
제조가공용 기계	19.6
철도 기관차	0
시계·학술품·전신기	6.2
차량·선박·자동차 및 부속품	29.5

* 조선은행 조사부, 《조선경제연보》(1948), I부-101쪽.

둘째로, 남북한의 분단은 조선의 생산력을 둘로 쪼개었을 뿐 아니라 그 둘이 갖고 있던 다소간의 상호보완성마저 박탈함으로써 각각의 생산력을 크게 감퇴시켰다. 주로 북쪽에 주요 광물자원과 전력이 편중되어 있었으므로 분단은 남쪽의 공업화에 상당한 타격을 가했던 것이다.

셋째로, 미군정의 정책상 문제점도 미군정기의 공업 위축을 초래한 하나의 요인이었다. 2차대전 이후 미국의 세계정책은 '세계 자본주의의 유지와 재편성'을 지향하는 것이었다. 세계 자본주의의 유지란 방어적인 차원의 정책으로서 소련을 중심으로 하는 세력의 팽창과 제3세계 민족혁명의 발발을 저지하는 것이고, 세계 자본주의의 재편성이란 적극적으로 2차대전 이전에 존재했던 제국주의세력들의 블록경제를 타파하고 초강국 미국이 자국산업의 우월한 경쟁력으로써 세계를 지배하려는 것이었다.[14]

14) 이에 대해선 J. Kolko & G. Kolko, 〈The Limits of Power〉(《분단전후의 현대사》, 일월서각, 1983), 11쪽 참조.

미군정은 미국의 이러한 세계 재편전략에 부응하여 한국에 자본주의질서를 재정비하고 급진적 세력을 억압하며 나아가 한국에 대한 미국의 지배력을 확보하는 데에는 관심을 기울였지만 한국경제의 재건이나 성장에는 별반 관심을 갖지 않았다. 다만 혁명이 발발하지 않도록 하기 위한 최소한의 경제안정 유지나 약간의 경제개혁 실시에 머물렀을 따름이었다.

그리하여 군정당국은 일본인이 기계시설이나 원료 재고를 멋대로 방매하는 것을 제대로 저지하지 못했으며, 일본인 기술자를 잔류시켜 공장을 계속 가동할 수 있도록 하는 조치도 취하지 않았다. 귀속공장의 운영에서도 미군정은 노동자들의 자주관리운동을 부정하고 관리인을 임명하였는데 관리인의 부정을 제대로 막지도 못하였고 공장재건보다는 그저 노동자 통제를 물리친 데만 만족할 따름이었다. 그리고 미군정은 상당량의 소비재 원조를 제공하기는 했으나 정작 공업 재건에 필요한 원자재나 기계류의 제공에서는 인색하였다.

나. 공업생산의 회복 추세

그런데 미군정 초기에는 공업생산이 크게 위축되었으나 시간이 지남에 따라 점차 회복 경향이 나타나기 시작하였다. 월간 생산보고가 미군정에 제출된 것들 중 대표적인 품목의 통계인 〈표 9〉에 의하면 대체로 1946년 중반부터 점진적인 회복 추세를 보이고 있다.[15] 더구나 생산 실태가 제대로 파악되지 않은 중소공장의 생산분까지 감안하면 생산 회복은 통계 이상으로 두드러졌으리라 짐작된다. 또한 미군정기를 포함하여 6·25전까지의 생산 추세를 고찰해보면 이러한 회복 경향은 더 분명하였다.

이렇게 생산의 회복이 이루어진 데는 크게 두 가지 요인이 작용하였다. 하나는 중소공장이 비교적 활발하게 가동되었다는 것이고 다른 하나는 원조나 무역을 통해 부분적으로 원자재가 보충되었다는 점이다. 식민지적 종속이 상대적으로 덜했던 일제하의 중소공장뿐만 아니라 해방 이후 대거 등장한 중소공장들이 공업의 피폐를 메워주는 역할을 수행했던 셈이다. 또 다른 한

---

15) 이러한 경향은 실물통계를 부분적으로 밝히고 있는 다음 기술들에서도 확인된다.
조선은행 조사부, 《조선경제연보》(1948), I부－103～114쪽 및 《조선경제연보》(1949), I부－43～47쪽 참조.

편에서는 무역관계를 재개함으로써 생산의 회복이 진전되었다.

그러면 이상과 같이 전개된 공업생산의 위축과 점진적 회복이라는 두 측면을 어떻게 종합적으로 파악할 수 있을 것인가. 식민지가 제국주의의 지배로부터 벗어나 새로운 경제를 건설하는 데에는 많은 고통이 따르기 마련이다. 해방 이후의 공업위축도 이러한 고통의 불가피한 측면이라는 성격을 갖고 있다.

그러나 이러한 위축의 측면만을 일방적으로 강조하는 것은 자칫하면 제국주의에 대한 종속을 체념적으로 수용하게 만들 수 있다. 그리고 실제 해방 이후 공업의 위축이 곧바로 공업의 전면적인 붕괴를 의미하지 않았다는 점에 주목할 필요가 있다. 일본제국주의가 이식한 생산력은 일제와 동시에 파멸한 것이 아니라 8·15 이후 여러 가지 애로를 겪으면서도 한국민의 주체적 노력에 의해 점차 한국민 자신의 생산력으로 전환되어 갔던 것이다.[16]

〈표 9〉 미군정기 주요품목의 생산통계

	밀가루(톤)			면사(톤)		
월 \ 년	1946	1947	1948	1946	1947	1948
1	275	2,171	1,039	70	498	367
2	427	1,925	2,315	87	459	405
3	577	2,598	2,386	156	492	522
4	346	2,424	2,633	235	541	604
5	786	871	1,023	279	636	569
6	2,683	2,571	1,653	295	605	411
7	3,018	1,409	707	344	502	502
8	3,458	269	1,782	403	433	564
9	2,576	452	2,797	476	359	495
10	2,648	3,592	1,993	551	427	539
11	3,160	2,637	-	632	370	-
12	2,082	1,344	-	437	266	-

16) 다만 일제 생산력의 계승 측면만을 지나치게 강조하여 해방 이후 한국 공업 발전의 주요 요인을 일제지배에서 찾는 일련의 시각이나 연구에 대해서는 정반대의 주의를 기울일 필요가 있다.

	종이(톤)			못(톤)		
월 \ 년	1946	1947	1948	1946	1947	1948
1	118.5	196.2	225.7	-	77.9	150.4
2	159.5	128.8	391.9	-	77.8	124.8
3	228.0	199.0	533.4	-	66.7	148.9
4	250.8	230.5	435.5	-	126.2	127.2
5	378.5	245.2	166.9	-	141.1	143.2
6	369.4	321.4	186.7	-	161.1	133.4
7	383.4	362.3	205.6	-	173.8	195.1
8	403.8	312.9	185.5	-	140.9	154.9
9	486.2	375.1	208.9	-	189.2	179.1
10	481.1	320.6	184.6	71.3	200.0	178.3
11	380.0	249.2	-	122.6	188.9	-
12	245.3	171.8	-	91.3	161.2	-

* USAFIK, Republic of Korea Economic Summation, No.35, 1948. 9~10, pp.30~32.

(2) 귀속재산의 처리와 자본의 재편

가. 귀속재산의 규모와 접수과정

통상적으로 귀속재산이라 함은 1945년 8월 15일 일제가 2차대전에서 패하고 한반도에서 쫓겨남에 따라 일본인들이 남기고 간 재산을 말한다. 즉 1876년 개항 이후 1945년 패망에 이르기까지 일본인들이 조선에 진출하여 축적해 놓은 재산으로서 조선에 대한 일제침략의 유산인 것이다. 이는 물적 성격면에서 사업체·부동산·동산으로 나누어지고, 좀더 세분하면 기업체·주식·농지·임야·대지·잡종지·주택·점포·창고·선박·동산으로 구성되어 있다.

이 중 귀속농지는 앞 절에서 살펴보았고 귀속사업체는 공장·상업회사·광산·은행과 같은 자본주의적 기업체와 상점·음식점·여관과 같은 자영업체로 나누어지는데, 여기서는 중요한 경제적 의미를 갖는 기업체만을 검토해 보기로 한다.

귀속공장의 경우 조사방법과 시점에 따라 다르지만 대략 1,500~2,500개에 달했으며, 미군정기에 이 귀속공장은 공업 노동자수나 생산액의 1/3~1/2을 차지하였다. 해방 이후 귀속공장의 운영이 민영공장에 비해 더 부진한 가운데서도 여전히 경제운영상 큰 몫을 담당하고 있었음을 알 수 있다.

귀속기업체 중 공장 이외의 상업·해운업·광업 기업체는 공장수의 1/4 정도였다. 조선의 은행에는 중앙은행인 조선은행과 특수은행인 식산은행·조선저축은행 외에 일반은행으로서 조선상업은행·조흥은행이 있었고 帝國銀行지점·安田銀行지점 등이 있었다. 그런데 이들 은행에 대해 일본인들이 갖고 있던 주식 즉 귀속재산의 비율을 보면 조흥은행에서만 조선인 소유주식의 비율이 50%를 상회하였고 나머지 은행들은 귀속주식이 압도적인 귀속은행이었다.

이처럼 남한경제에서 막대한 비중을 차지하는 귀속재산의 처리에 대해 미군은 진주 전인 1945년 8월말에 다음과 같은 정책지침을 시달하였다. "일본왕이나 일본정부가 전부 또는 일부를 소유하는 재산을 포함하여, 일본의 대외재산과 항복조건에 따라 일본에서 분리된 지역에 소재하는 일본의 재산은 점령당국에 의해 발굴·보관되었다가 연합군의 결정에 의해 처리될 것이다."[17]

이에 따라 1945년 9월 8일 남한에 들어온 미군은 9월 10일부터 총독부로부터 사무를 인계받기 시작하고 주요 공공기관에 대해 즉각적으로 조사와 접수에 착수하였다. 조선은행을 필두로 경성전기·조선식량영단 등 남한 경제의 명맥이라 할 수 있는 기관들이 9월 말까지 착착 접수되었던 것이다.

그리고 미군정은 9월 25일 법령 2호 〈패전국 소속 재산의 동결 및 이전제한의 건〉을 공포하여 남한내 일본의 국공유재산에 대해 동결조치를 내리고 사유재산에 대해서는 거래상의 제한을 가하였다. 이처럼 공공기관 등에 대해서는 진주 직후 미군정의 접수가 시작되었지만, 이것이 그 재산의 소유권을 미군정에 이전시키는 조치는 아니었다. 더욱이 여타 일본인 사유재산에 대해선 일단 일본인의 사유권을 인정하려고 하였다.

하지만 8·15 이후 식민지 통치권력이 붕괴하고 미군정의 권력도 채 정비되지 않은 상태에서 그러한 사유권은 물리적 강제력의 보호를 받기 힘들었고, 따라서 일본인들은 그저 본국으로 철수하기에 급급하였다. 해방이 되자 한국인들은 노동자자주관리운동을 통해 일본인의 기업체와 주택 등을 스스

17) Hojo Holborn, *American Military Government : Its Organization and Policies*, Infantry Journal Press, 1947, p.214.

로 접수·관리해 나갔던 것이다.

그런데 여기서 기업체의 관리와 처분이 어떤 식으로 이루어지느냐 하는 것은 남한의 사회체제를 규정하는 결정적인 문제였다. 그 때문에 미국은 마침내 일본인재산의 처리를 한국인, 특히 밑으로부터 일본인재산의 접수를 주도한 한국인세력에게 맡기지 않고 자국의 의도대로 하기 위해 1945년 10월 중순에 모든 일본인 재산을 미군정이 장악한다는 방침을 세웠고 이를 12월 6일 법령 제33호 제정을 통해 구체화했던 것이다.

법령 33호 〈조선내 일본인재산의 권리귀속에 관한 건〉은 모든 일본인재산의 소유권을 미군정이 장악하는 것을 표명하였다. 이는 사유재산의 존중이라는 기존의 국제법적 관례를 깨뜨리면서 단행된 조치였다. 미군정이 이러한 초법적 조치를 취하게 된 것은 물론 조선에서의 일본지배를 청산하고 기업경영을 정상화한다는 명분을 갖고 있었지만, 그와 더불어 노동자자주관리운동과 같은 급진적 운동을 억압하고 미국이 바라는 질서를 수립한다는 의도도 깔려 있었다.

나. 귀속사업체의 관리와 불하

미군정은 재산관리처를 설치하여 귀속재산을 관할케 했는데 직접적인 지휘·감독은 재산의 종류에 따라 달라서 귀속사업체는 상무부 소속이었다. 그리고 미군정은 앞에서 본 법령과 같은 과정을 거쳐 접수한 귀속사업체에 대해 관리인을 임명하여 제일선에서 사업체를 관리하도록 하였다. 따라서 어떤 부류의 인물이 관리인으로 임명되었으며 그들이 어떻게 활동했는가가 바로 한국인 자본가 형성과정에서 중요한 의미를 갖게 된다.

군정당국의 관리인 선정과정을 보면 시기에 따라 다소 다르기는 하지만 주로 해당지역 자산가의 영향력이 컸음을 확인할 수 있다. 즉 그들은 일본인공장대책위원회나 재산관리이사회 따위의 명칭을 갖는 단체를 결성하여 미군정의 관리인 선정에 크게 개입했던 것이다. 적산기업체를 둘러싸고 관리권을 획득하려는 자산가들과 노동자자치관리위원회의 충돌이 잦았던 해방 직후 상황에서 미군정이 노동자 자주관리를 배제하고 관리인제도를 채택한 것은, 사실상 이 조선인 자산가계층이 기업체를 장악하는 데 필요한 법적·물리적 뒷받침을 제공해 준 셈이었다.

한편 미군정하 관리인들의 출신을 조사해보면[18] 직원·주주·해당기업체 관련 상인·미군정 관리·상공업자·기술자·일제하 관리 등 다양한 분포를 보이고 있다. 이 중 직원에서 관리인이 된 것은 종업원자치위원회의 위원장을 맡았다가 군정당국에 의해 관리인으로 임명받은 경우나 조선인 사원으로서 관리인으로 임명받은 경우가 있지만 일반노무자 출신이 관리인이 될 수는 없었고 조선인 상급직원이라야 관리인이 될 수 있었다.

주주출신 관리인들은 소액주주도 있었고 대주주도 있었는데 이들은 자신의 기득권을 토대로 쉽사리 관리인으로 임명받을 수 있었다. 귀속기업체 중 조선인 출자회사의 비중이 약 1/4 정도였음을 감안할 때 주주출신 관리인들이 큰 비중을 점하였을 것으로 판단된다. 그리고 전체적으로 보면 어떤 출신이 지배적이었는가를 정확히 알 수는 없지만 대체로 중소기업의 경우엔 직원과 같이 연고있는 인물들이 많았고 대기업의 경우엔 외부로부터 들어온 관리인들이 많았을 것으로 추측된다.

그런데 이들 중에 귀속기업체와 직접적인 연고가 있었던 부류는 직원·주주뿐이고 관련 상인들이 그나마 간접적인 연고가 있었을 뿐, 나머지 미군정 관리 등은 아무런 연고도 없었지만 자금력이나 정실 등에 의해 관리인 자리를 차지한 것이다. 식민지 수탈의 산물로서 조선민중 전체의 것이 되어야 할 적산기업체에 대해 이런 식으로 관리인이 임명되고 그들이 기업체를 장악해 간 것은 해방 이후 경제질서의 난맥상을 드러내는 것이었다. 이렇게 해서 친일세력 중 일부는 청산되는 것이 아니라 오히려 성장하게 되고 이와 더불어 새롭게 친미세력이 형성되어 갔다.

한편 관리인은 법적·형식적으로는 미군정에 귀속된 기업체의 운영을 위임받은 고용인에 지나지 않았다. 군정당국은 마음대로 관리인을 교체할 수 있었고, 이 때문에 이권이 큰 대기업체에선 관리인 교체가 자주 이루어졌다. 그렇지만 관리인들은 이러한 신분의 불안정성에도 불구하고 생산수단을 실질적으로 장악하고 자신의 의사대로 기업을 경영하는 자본가와 같은 성격을

18) 이에 대해선 김기원, 《미군정기의 경제구조》(푸른산, 1990), 126~133쪽 참조.

지니고 있었다. 특히 불하시에는 관리인에게 우선권을 부여하였으므로 시간이 흐를수록 관리인은 소유자본가로서의 성격을 뚜렷이 해 갔던 셈이다. 1946년말 이래 기업체 임대차제도가 부분적으로 시행됨에 따라 관리인의 후신으로 나타나기 시작한 임차인은 법률적으로도 기업경영권을 강력하게 장악한 존재로서 바로 관리인의 발전된 모습이었다.

미군정에 의해 접수되고 관리인 · 임차인에 의해 운영되던 귀속사업체는 점차 불하되어 가기 시작하였다. 미국은 1946년 2월 미 · 소공동위원회에 즈음하여 일본인재산 중 농지 · 도시주택 · 소규모 사업체를 민간에 매각할 수 있도록 하는 방침을 시달하였는데,19) 실제로 귀속재산 불하가 시작된 것은 1947년 7월경부터였다.20) 이렇게 하여 미군정기에 불하된 귀속재산의 규모는 〈표 10〉과 같다. 이를 정부수립 이후의 전체 귀속재산 불하와 비교하면21) 그 비중은 극히 미미하다.

〈표 10〉 미군정기의 귀속재산 불하

종 류	1945년 8월 15일～1948년 10월 12일까지의 누계			
	사정 건수		불하 완료	
	진행중	완료	건수	금액(백만 원)
동 산	1,173	961	416	66
기업체	1,434	660	239	1,109
주 택	5,249	2,877	412	347
선 박	291	230	92	67
물 영[1]	187	86	59	1,021
기 타	241	65	61	1
합 계	8,575	4,879	1,279	2,611

* USAFIK, Republic of Korea Economic Summation, No.35, 1948. 9～10, p.7.
1. 물영은 물자영단이 매각한 일본군 재산을 의미함.

---

19) State-War-Navy Coordinating Committee, "*Disposal of Japanese Property in Korea,*" 1946년 2월 20일.

20) 단 쉽게 가치가 손상될 수 있는 동산은 이미 일찍부터 매각 처분되어 1947년에 가면 이미 그런 재산은 다 처분되고 남아 있지 않았다.

21) 정부수립 이후의 귀속재산 불하 통계는 김기원, 앞의 책, 156～159쪽 및 300～305쪽 참조.

더구나 미군정기의 기업체 불하는 미군정이 끝나갈 무렵에 집중되었다. 이는 미군정이 국제법적으로 귀속재산을 어떻게 처리해야 하는지 확고한 방침을 결정하지 못했기 때문이며, 또한 미군정이 자신의 통치기간 동안 귀속기업체를 통해 한국경제에 대한 자신의 지배력을 계속해서 행사하려 했기 때문이었다.

미군정기의 귀속기업체 중 규모가 크고 중요한 업체는 중앙에서 관할하였고 그렇지 않은 것은 지방에서 관할하였는데, 미군정기의 불하기업체 중 중앙직할 기업체는 극장·토건회사·백화점 등 공장이 아닌 사업체가 대부분이었고 지방관할 기업체로서 불하된 공장도 대개 소규모였다. 이렇게 볼 때 미군정기의 귀속사업체 불하는 그 양적인 비중에서보다도 한국정부 수립 이후 귀속기업체 불하의 원형을 마련했다는 데에 그 일차적인 의의가 있다고 하겠다. 결국 미군정기 귀속사업체의 접수-관리-불하라는 일련의 과정은 남한의 경제체제를 자본주의로 재편성하는 8·15 이후 경제재편의 결정적인 기능을 수행한 것이었고, 이는 정부수립 이후의 불하로 최종적인 마무리가 지어졌던 셈이다.

다. 미군정기 자본의 재편

일제 말 조선에서는 공업화=자본주의화가 빠른 속도로 진전되었고 그와 동시에 독점자본의 지배력도 강화되었다. 그러므로 한국의 자본주의는 8·15 이후에 백지상태에서 시작된 것이 아니라 일제의 유산인 식민지적 자본주의화의 진전을 계승한 것이었다. 여기서 일제하의 자본주의와 해방 이후 자본주의를 매개·연결시킨 것이 전술한 귀속사업체였던 셈이니 이의 처리 방식이 미군정기 자본재편과정의 핵심이었다고 할 수 있다.

미군정에 의해 접수·관리된 귀속사업체는 미군정이라는 국가기구가 그것을 소유하고 있었으므로 일단 국가자본의 범주에 속한다고 볼 수 있는데 그 성격을 좀더 자세히 검토해 보자. 미군이 국가권력을 장악하고 있었으므로 이 국가자본의 성격이 부르주아적인 것임은 두말 할 필요가 없고 그 때문에 미군정은 '노동자자주관리운동'을 강력하게 부정했던 것이다.

그런데 일본제국주의 자본의 국유화라는 방식을 통해 국가자본이 성립하기는 했지만 그것은 한국인 스스로의 힘에 의해서가 아니라 미국이라는 새로운 외세에 의해 이루어진 것이었다. 따라서 이는 외국자본의 국유화라고 할지라도 혁명적 성격을 갖는 것은 아니었다. 그리고 이는 국가성립 초기에 민족부르주아지가 경제적으로 취약했기 때문에 위로부터 부르주아계급을 창출하여 자본주의 질서를 공고히 하기 위한 것이기도 했다.

미군정이 취한 국유화조치의 이런 성격 때문에 좌익세력의 정치적 거세와 민간자본의 성장으로 어느 정도 자본주의 질서가 정비되자 미군정 및 그 뒤를 이은 한국정부는 이 국가자본들을 신속하게 민간에 불하하였다. 다시 말해 8 · 15 이후 한국인 민간부르주아지가 취약하고 좌익세력이 상대적으로 강력하게 발호하여 민간부르주아지 스스로 일제자본을 처리하거나 자본주의 질서를 유지하기 곤란했던 일정 기간 동안 과도적으로 미군정이 위로부터 일제자본을 국가자본으로서 관리했던 것이다.

그러면 미군정기의 귀속기업체는 어떤 자본운동 양태를 나타내었는가. 귀속기업체 중 지방관할업체는 대개 소규모로서 미군정기 후반기에 가면 그 중 상당수가 사실상의 사적 자본상태인 임대차방식으로 운영되고 있었고 그렇지 않고 관리인체제하에 있었다 하더라도 미군정의 지휘 · 감독이 제대로 미치지는 않았다. 따라서 미군정이 적어도 중앙직할로 분류하여 꽤 관심을 기울이고 있던 업체들만이 그런대로 국가자본이라고 칭할 만한 상태였던 것이다.

〈표 11〉 운영 형태별 적산공장[1]

운영형태	공장수	종업원수	1공장당 평균 종업원수
운영관리 중	1,312[2]	36,532	27.8
임대차	322	5,470	17.0
불하	26	364	14.0
중앙직할	82	46,194	563.3
계	1,742	88,560	50.8

* 조선통신사, 《조선경제통계요람》(1949), 79쪽.

1. 1947년 12월 말 현재 상무부 생산위원회 조사임.
2. '운영관리중' 공장은 지방관할로서 임대되거나 불하되지 않은 공장임.

중앙직할 기업체들은 원래 식민지시대 때 조선에 진출한 일본독점자본이었다. 이 기업들은 〈표 11〉에서 보듯이 귀속공장 전체에 대한 공장 숫자에서는 4.7%이지만 종업원 수에서는 52%를 차지하고 있고 공장 평균 종업원수도 다른 공장들을 압도하고 있다. 반면에 노동생산성을 비교해 보면 일제하에선 독점대기업의 노동생산성이 다른 기업을 훨씬 능가했지만 해방 후에는 〈표 12〉에서 보듯이 이런 공장들의 생산성이 크게 감퇴하여 사영공장에 못 미치고 있다.

미군정기의 공업 위축에서 식민지적 종속의 정도 즉 일본인자본이나 일본인기술자의 비중이 큰 공장일수록, 또 미군정의 잘못된 정책의 영향을 크게 받을수록 생산 위축이 더 심하게 나타났으므로 귀속 대공장의 생산성이 상대적으로 더 부진한 것은 당연한 노릇이었다. 원래 독점자본이라고 하면 일차적으로 생산성의 우위를 바탕으로 독점이윤을 취득하는 것인데 미군정기의 귀속 대공장은 이와 같은 운영 부진으로 인해 독점이윤을 확보하지 못하고 독점자본으로서의 지배력을 제대로 행사하지 못했던 것이다.

〈표 12〉 운영 형태별 공산액

(단위 : 천 圓)

운영형태	공산액	1공장당 공산액	1노동자당 공산액
중앙직할	11,636,925	63,590	308
지방관리	6,790,732	10,627	266
私　營	34,219,483	11,460	505
계	52,647,140	13,825	402

* 조선은행 조사부, 《경제연감》(1949), I부－42～43쪽.

요컨대 미군정기 일본인자본의 재편은 중소 일본인자본의 경우엔 형식적으로는 국가자본이지만 실질적으로는 한국인 사적자본으로 전환되어 갔으며, 일제하에서 강화되어 가던 대규모 독점자본은 미군정기에 와선 운영이 부진해지고 독점자본으로서의 지위를 지키지 못하였다. 다만 이 대규모 공장들에게는 비교적 우수한 기계설비와 집중된 노동자가 있었으므로 장차 독점자본으로 복원될 잠재력은 존재하였다. 그리하여 이후 미국의 원조를 제공받는 등 종속구조를 재정립하고 정부수립 후 불하를 통해 사적자본으로 전환하면서 그 독점력을 조금씩 회복해 가는 것이다.

한편, 귀속공장이 아닌 사영공장의 활동은 어떠했던가. 2차대전 말기 일제에 의해 강제로 통폐합되었던 중소 조선인공장들이 8·15 이후 다시 부활하였으며 일제의 억압이 사라진 속에서 상대적으로 활발한 운동을 전개하였다. 특히 고무공업과 같이 일제하에서 조선인의 기술이 축적되어 있고 소자본으로 용이하게 시작할 수 있는 분야에서는 중소공장들이 우후죽순처럼 설립되었다.

이러한 중소공장 활성화는 8·15 이후 공업생산의 전반적 위축을 타개하고 생산을 회복시켜 간 주요 동력이었다. 이 중소공장들은 자체의 경쟁논리에 의해 다수가 몰락하기도 했지만 성장하여 새로운 독점자본으로 등장하는 경우도 적지 않았다.

이상과 같은 해방 이후 자본재편 과정에서 자본가의 내부 구성도 크게 변화하였다. 일본인 철수에 의해 자본가의 공백이 생김에 따라 많은 한국인들이 자본가로서 새롭게 부상하였다. 귀속기업체의 관리·불하과정에서 많은 한국인 상업자본가가 산업자본가로 전환하였으며 일제하에서 소규모 개인기업체를 경영하고 있던 기업주들이 자신의 기업보다 더 큰 일본인 기업체를 떠맡음으로써 자본의 확대를 도모할 수 있었다.

과거 일제의 지배질서하에서 중간계층 또는 매판적 동맹자의 지위에 있던 조선인들이 8·15 이후 신흥지배계급으로 부상해 간 것이다. 반면에 일제 말에서 해방으로 이어지는 자본주의화 물결 속에서 그 흐름을 타지 못한 순수지주들은 몰락했으며, 일제 말 소규모 상업이나 금융업에라도 진출했던 지주들은 8·15 이후 보다 용이하게 본격적인 자본가로 발전하여 갔다. 또 오늘날 재벌들의 자본축적 역사를 보더라도 상당수의 재벌들이 미군정기에 주력기업을 창설하였으며 귀속재산 처리와 무역을 통해 축적기반을 확대해 갔음을 알 수 있다.

4) 노동자의 존재 양태와 노동운동

(1) 노동자의 존재 양태와 미군정의 노동정책

가. 노동자의 존재 양태

일제하의 자본주의 발전에 따라 팽창하던 노동자계급은 해방 이후 전술한 생산위축에 따라 급격한 변화를 겪게 되었다. 우선 수적으로 보면 공업부문의 경우 1943년 6월 현재 공장 8,998개에 노동자가 19만 8,849명이었으나 1946년 11월에는 4,996개 공장에 노동자 숫자는 11만 3,850명으로 급격히 줄어들었다. 그리고 이러한 공장 노동자수의 감소는 생산이 상대적으로 더 부진했던 대규모 공장에서 현저하였다.

이리하여 많은 노동자들이 직장을 잃고 거리로 쏟아져 나와 귀환동포와 더불어 엄청난 실업자군을 형성하였다. 정확한 실업자 규모는 파악하기 힘들고 전체 노동력의 10~30% 정도로 적어도 100만 명 이상의 실업자가 존재하였던 것으로 추정된다.[22] 실업자들은 물론 갖가지 고통을 겪어야 했지만 취업자들에게도 실직의 위험, 실질임금 수준의 폭락, 식량 부족, 열악한 작업 환경에 따른 고통이 수반되었다.

물론 〈표 13〉에서 보듯이 해방 직후 한국사회는 노동력의 80% 가까이가 농업부문에 포진하고 있는 농업중심 사회였고, 근대부문의 비중은 얼마 되지 않았다. 하지만 근대부문의 조직된 노동력은 해방 이후 사회경제질서가 불확정적인 상태에서 상당한 영향력을 행사하였다.

노동자들의 생활은 공식적으로 파악된 임금수준에서는 1939년을 100으로 잡을 때 1946년이 43, 1947년이 37로 현저히 열악해진 상태였다. 공장규모별 노동자 구성을 보면 1946년 11월 현재 5,249개 공장 중 91%가 종업원 50명 미만의 소규모였으며 공장 당 평균 노동자수는 20명 정도에 불과하였다.[23]

22) 金三洙, 〈朝鮮における米軍政期の勞働政策と勞働運動(一)〉(東京大社會科學研究所, 《社會科學研究》, 1991년 1월), 94~96쪽.

23) 조선은행 조사부, 《조선경제연보》(1948), I부-215쪽 및 III부-154쪽.

〈표 13〉 산업별 실업자 및 취업자

산업·직종	1946년 실업자[1]	1949년 취업자
공업	187,955	265,753
광업	122,598	33,815
상업	111,347	370,477
농업	210,287	6,270,510
운수업	39,965	74,162
토목	141,784	통계 無
어업	통계 無	89,069
공무원·기타	287,787	856,749
합계	1,101,723	7,960,535

* 조선은행 조사부, 《조선경제연보》(1948), I부－203·204쪽 및 《경제연감》(1949), I부－157쪽.
  1. 실업자의 소속 산업은 실업 전 소속 산업을 말함.

그리고 소학교 이하의 학력 수준인 노동자가 전체의 84%이며 학교교육을 전혀 받지 않은 노동자도 28%였다. 미숙련노동자가 전체의 93%에 달하였으며 전체 노동자의 4% 정도가 14세 미만의 아동인 것으로 보고되고 있다.

나. 미군정의 노동정책

미군정의 노동정책은 제1기(1945년 9월~1946년 6월)의 '사실상의 단결 금지'→제2기(1946년 6월~1947년 4월)의 '노동조합 法認과 파업금지'→제3기(1947년 4월~1948년 8월)의 '사실상의 조선노동조합전국평의회(약칭 전평) 금지와 대한노동조합총연맹(약칭 대한노총) 육성'으로 변천해 온 것으로 평가된다.[24] 그리고 이는 해방 이후 민중이 압도적으로 강력해진 데 반해 지배계급은 극도로 취약한 상황에서 미군정이 취한 정책의 일환으로서 농지개혁, 귀속재산 처리와 더불어 해방 후 자본주의 질서 정립에 결정적 역할을 수행하였다.[25]

---

24) 金三洙, 〈朝鮮における米軍政期の勞働政策と勞働運動(二)〉(東京大社會科學硏究所, 《社會科學硏究》, 1991년 3월), 201쪽.
한편 中尾美知子·中西洋, 〈米軍政·全評·大韓勞總〉(東京大經濟學會, 《經濟學論集》, 1984년 1월)은 제1기의 특징을 '노동조합 용인+노동쟁의 억압' 체제로 규정하고 있다.

25) 전후 미군점령하의 일본에서 단행된 농지개혁·재벌해체·노동개혁과 한국의

점령초기 미군정의 노동정책은 1945년 10월 9일의 법령 11호, 10월 30일의 법령 19호, 1945년 12월 8일의 법령 34호에 의해 정비되었다. 이에 의해 일단 일제하에서와 같은 집회·결사의 자유 제한이 완화되었다. 하지만 그것은 어디까지나 노동조합의 설립 자체를 불법화하지 않는 데 지나지 않았을 뿐이고, 실질적으로 노동자들의 단결에 의한 파업을 금지하고 강제 중재제도를 실시하였다. 노동조합의 정치활동도 당연히 제한받을 수밖에 없었다(법령 55호). 이런 조치들은 결국 노동자자주관리운동을 금지하고 생산현장에서의 좌익세력 조직화를 배제하려는 것이었다.

한편 미·소공동위원회가 결렬되자 1946년 5월 법령 72호 〈군정위반에 관한 범죄〉에 의해 집회·결사의 자유를 완전히 금지하고 좌익을 대대적으로 탄압하였다. 그러나 1946년 6월 일본의 GHQ(미군 점령사령부)로부터 勞動諮問委員會 朝鮮小委가 파견되어 오면서 이들은 노동조합의 활동을 보장하고 노동조합의 등록제를 실시할 것을 권고하였다. 또 이들은 조선노동조합전국평의회를 체제내로 끌어들이려는 의도를 갖고 있었다.

그리하여 미군정은 한때 일부 노동쟁의에서 조선노동조합전국평의회의 대표권을 인정하기도 했으며, 적어도 노동자의 단결권과 단체교섭권은 법적으로 인정하는 정책으로 전환하였다. 하지만 미군정은 노동자문위원회 조선소위의 권고를 그대로 수용하지는 않았고 파업을 금지하는 정책을 지속시켰다.

그리고 미군정이 조선노동조합전국평의회를 통합대상이 아니라 배제대상임을 명확히 하면서 조선노동조합전국평의회는 1946년 9월총파업과 1947년 3월 총파업에 나서고 미군정은 조선노동조합전국평의회세력을 대대적으로 탄압하였다. 이러한 탄압과정에서 미군정은 우익 반공세력이 주축이 된 대한노동조합총연맹을 육성하는 데 노력하여 1948년에 이르면 대한노동조합총연맹이 유일한 합법노조세력으로 자리잡는다.

다. 노동자자주관리운동

이상과 같은 영악한 경제적 조건과 미군정의 노조억압정책하에서 노동자

이런 정책들을 비교해 보면 흥미로울 것이다. 특히 일본에서의 노동정책에 비해서도 현저하게 보수적인 한국에서의 노동정책이 갖는 특징에 주목할 만하다.

들은 생존권을 확보하고 나아가 독립국가 건설의 주도권을 쟁취하기 위해 격렬한 투쟁을 전개하였다. 최대 규모의 노동운동은 1946년 9월과 1947년 3월의 총파업이었지만 〈표 14〉와 같이 그밖에도 노동쟁의는 자주 발생하였다.

〈표 14〉 미군정기 노동쟁의 실태

연도		1945년 12월	1946년[1]	1947년	1948년
건수		1	170	134	37
참가인원		308	57,434	35,210	21,389
원인건수	임금인상	1	107	16	5
	공장폐쇄 반대	-	1	-	-
	해고반대	-	28	35	14
	노동시간 단축	-	1	1	-
	감독자의 배척	-	16	4	2
	조합승인	-	4	1	-
	휴일임금 지불	-	4	2	-
	기타	-	9	75	16
파업인원 (건수)		308 (1)	36,400 (80)	24,422 (77)	54 (3)

* 조선은행 조사부, 《조선경제연감》(1949), Ⅳ부－185쪽.
1. 1946년 11·12월의 노동쟁의 건수는 미상이므로 통계에 포함되어 있지 않음.

귀속재산의 처리에서 미군정의 접수·운영과 정면으로 대립되는 반대 축을 형성한 것이 노동자자주관리운동이었으며 이는 해방 이후 자본－노동관계에 커다란 격동을 초래하였다.

한국인 노동자들이 일본인 사업체를 접수하려는 움직임은 8·15 직후 곧바로 시작되었다. 일본이 조선에서 소유하고 있는 재산은 따지고 보면 일본인의 재산이라기보다는 조선인들을 착취한 소산이라는 관념이 널리 퍼져 있었고, 따라서 일본인 사업체의 조선인 종업원들은 8·15 이후 즉각적으로 일본인 소유주를 축출하고 스스로 그 사업체를 장악하려 했던 것이다.

그리고 노동자들의 사업체 접수는 일제축출이라는 성격 외에도 다른 한편에서는 사업체 재산을 보호할 필요에서 자연발생적으로 일어난 움직임이기도 하였다. 패전에 따라 일본인들이 자신의 사업체 재산을 처분하여 일본으로 귀환하려고 하였는데, 이로 인해 사업체가 해체되는 것을 막기 위한 자구책으로서 노동자들의 일본인 사업체 접수가 일어났던 것이다. 다만 노동자들의 의식과 조직이 미약했던 곳에서는 이러한 적극적인 자주관리로 나아가지 못하고 해산수당을 요구하거나 공장의 기계와 원료를 팔아서 생계비를 확보하려는 소극적인 움직임도 나타났다.

노동자자주관리운동은 주로 공장에서 전개되었지만 상업회사·운수회사·극장에까지 파급되었으며 농민들의 일본인농지 접수도 같은 맥락이었다고 할 수 있다. 이러한 자주관리운동은 8·15 직후의 발흥기→미군진주 이후 법령 33호 공포시점(1945년 12월)까지 미군정과의 공존대립기→법령 33호 공포 이후 1946년 상반기까지의 몰락 및 저항기라는 변화 추이를 보였다.

그리고 자주관리운동이 전개된 기업은 물론 일본인 기업이 대부분이었지만 친일대자본가의 사업체에서도 치열한 자주관리운동이 전개되었다. 식민지 통치하에서 일본인에게 협력하여 재산을 축적한 친일파 자본가들은 일본인과 마찬가지로 한국민중의 공격대상이었던 것이니, 이는 해방 후의 민족적 지상과제였던 친일파 청산운동의 일환이기도 하였다.

한편 노동자자주관리운동은 사업장별로 유형의 차이를 나타내고 있었다. 첫째로, 사업체를 접수·관리한 주체면에서 대부분의 사업체에서는 그 사업체의 노동자가 단독으로 접수·관리를 담당하였으나 일부 사업체에선 그 지역의 인민위원회가 접수·관리하거나 사업체관리를 지시·감독하기도 하였으며 노동자와 자본가가 공동으로 운영하기도 하였다.

둘째로, 자주관리의 추진 주체 면에서 상급직원이 중심이 된 '위로부터의 자주관리운동'과 생산직노무자 또는 노동조합이 중심이 된 '밑으로부터의 자주관리운동'이 있었다. 위로부터의 자주관리운동은 관리위원과 일반노무자 사이의 관계가 맹아적인 자본가-노동자관계였던 것으로, 이는 엄밀한 의미의 노동자자주관리에 포함시키기는 힘들고 해방 후라는 변화된 상황에서 이전의 자본-노동관계를 재구성하려는 체제 내적 자주관리였다고 할 수 있다.

반면에 밑으로부터의 자주관리는 단지 기업시설을 보호한다는 차원의 자연발생적 운동과 조선노동조합전국평의회나 인민위원회 등 좌익세력과의 연계하에서 목적의식을 갖고 있던 운동으로 나누어졌다. 전자의 발전방향은 기업 내외의 상황에 따라 달라졌고 후자의 경우는 바로 자본—노동관계를 위협하는 혁명적 자주관리운동이었다. 이런 자주관리 유형 중 일부 거대기업체에서는 혁명적 자주관리운동이 나타났고, 따라서 자주관리운동의 귀추는 경제체제 재편의 향방을 규정하는 중요한 의미를 가질 수밖에 없었다.

한국에 진주한 미군은 시간이 지남에 따라 자주관리운동의 위험성을 감지하고 전술했듯이 관리인제도를 채택하면서 혁명적 자주관리운동은 전면적으로 부정하고 체제 내적 자주관리운동은 미군정의 통제하로 포섭하려고 하였다. 물리력이 취약한 노동자들은 이런 미군정의 조치를 끝까지 물리칠 수는 없었지만 일단은 미군정의 기업체 접수를 거부한다든가 또는 일단 받아들인 미군정의 관리인에 대해 축출운동을 전개하기도 하였다. 혁명적 성격이 강했던 자주관리일수록, 그리고 부임한 관리인이 친일파일수록 그런 분규가 치열하게 전개되었다.

그러나 1946년 중반에 이르면 미군정의 물리력과 자주관리운동 자체의 한계로 인해 이러한 운동방식은 더 이상 지속될 수 없게 된다. 하지만 자주관리운동의 에너지가 완전히 소멸된 것은 아니고 1946년 총파업을 비롯한 전국적 규모의 정치투쟁으로 전개되었다. 게다가 그런 투쟁들이 모두 진압된 후에도 자주관리운동의 분위기는 여전히 남아 있어서 헌법제정이나 〈귀속재산처리법〉 제정과정에서 노동자의 경영참여 요구가 강력하게 제기되었다. 이런 흐름은 사회운동에 대한 미군정과 한국정부의 탄압과 한국전쟁을 거치면서 반공이데올로기가 장착·강화되고 노동자의 발언권이 사라지면서 비로소 자취를 감추게 되었다. 그리하여 마침내 기업체내에 자본—노동관계가 확고하게 재정립된 것이다.

5) 금융·재정과 무역·원조

(1) 미군정기의 금융·재정

해방이 되고 얼마 동안은 일제하의 온갖 통제물자가 일시에 시장에 범람함에 따라 물가가 하락한 일도 있었지만, 곧 물가가 폭등하기 시작하여 다음

〈표 15〉에서와 같은 초인플레이션(hyper-inflation)의 양상을 나타내었다. 이렇게 물가가 폭등한 것은 통화팽창, 생산·무역의 감소, 인구증가 때문이었다고 할 수 있다.

〈표 15〉 서울시 도매물가지수

연 도	1936년을 100으로 기준
1944년	241
1945년(8~12월)	2,817
1946년	13,478
1947년	40,203
1948년	72,516

* 조선은행 조사부, 《조선경제연감》(1949), Ⅳ부-159쪽.

식민지하 전시경제의 1930년대 후반부터 통화량은 급격히 팽창하여 1944년에는 1936년의 15배를 넘어섰다. 그런데도 이 시기의 물가상승률은 겨우 200% 정도에 지나지 않았는데, 이는 일제의 강력한 물가통제에 의해 물가상승이 잠복되었음을 의미하고 이것이 해방 이후 폭발된 셈이다. 게다가 8·15 직후 일본인들의 철수와 관련하여 일제가 대량의 자금을 창출하였으며, 미군정기 동안에도 재정적자 등에 따라 약 4배에 가까운 통화량 팽창이 이루어졌다. 여기에다 앞에서도 살펴본 바 있는 모든 산업분야의 생산감소, 급격한 인구증가, 일제하 억압되었던 잠재수요의 폭발, 경제적 혼란을 틈탄 매점매석 등의 요인들이 결합되어 급격한 인플레이션을 초래한 것이다.

한편 이러한 물가폭등으로 인해 민간의 저축성향이 하락하고 금융활동은 크게 위축되었다. 대부분의 금융기관은 일단 미군정에 귀속되었고 은행들은 단기금융에 치중하고 중장기 산업금융은 미미한 상태였다. 중앙은행인 조선은행은 통화신용에 관한 자주적인 통제권을 부여받지 못하고, 政府貸上金을 준비금으로 하는 사실상의 무제한 발행제도를 채택하였다. 미군정은 은행대출에 대해서는 자유여신한도제를 실시하여 일정액 이상을 초과하는 대출에 대해서는 재무부장관의 허가를 받도록 하였다.

요컨대 미군정의 금융정책은 금융통화체제를 체계적으로 정비하지 않았고, 막대한 재정수요를 통화남발에 의해 조달하는 한편 인플레이션을 다소 진정시키기 위해 자유여신한도제나 여신금리 인상과 같은 조치를 취하는 데 머물고 산업부흥을 위한 금융정책에는 관심을 기울이지 않았던 것이다.

한편 1945년 10월부터 총독부의 재정회계를 봉쇄하고 출발한 미군정의 재정은 항상 세출이 세입을 능가하는 적자재정이었고, 그것은 전적으로 조선은행으로부터의 차입금에 의해 보전되었다. 그리고 세출에서는 官業費 · 치안비 · 지방행정비가 주된 항목이었던 반면에 산업진흥을 위한 상무부와 농무부의 지출은 미미하였다. 이는 미군정이 정치 · 사회적 안정에 주력하면서 경제 재건에는 소홀했음을 잘 드러내 주고 있다.

세입에서는 조세수입의 비중이 얼마 안 되는 반면에 관업수입이 큰 비중을 점하였다. 특히 연초 · 식염 및 인삼에 대한 전매사업으로부터의 수입이 정부세입의 절반을 점하였다. 낮은 조세수입 비중은 생산의 위축과 세정의 미비에 따른 것이었다. 조세 중 稅收寄與 비중이 가장 큰 것은 소득세였고 그 다음이 주세인 실정이었다.

미군정하의 세법개정은 매우 빈번하였는데 지방세와 관세는 6차에 걸쳐 개정되고 소득세는 2차에 걸쳐 개정되었다. 그러나 이러한 빈번한 개정에도 불구하고 일제 말기에 무질서하게 확대되었던 조세체계가 제대로 정비되었다고 보기 어려우며 미군정의 세수증대 노력도 그다지 성공적이지 못하였다.

(2) 미군정기의 무역 · 원조 · 남북교역

식민지시대 일본 · 조선 · 만주의 재생산경제권으로부터 떨어져 나온 한국은 새로운 대외경제관계를 수립해야 할 처지에 놓이게 되었다. 그리하여 미군정기의 무역은 해방 전에 비해 전체적으로 물량이 대폭 줄어든 가운데 긴급물자를 수입하는 미군정청의 관영무역과 민간무역의 두 부분으로 구성되어 있었다. 그리고 〈표 16〉에서 보듯이 이 중 미국의 원조에 근거한 관영무역이 압도적이었다.

〈표 16〉 미군정기의 무역 추이(1946년 1월~1947년 12월)

무역형태	수입(달러)	수출(달러)
군정무역	198,850,240	-
過政무역	21,500,000	5,399,909
민간무역	4,513,062	2,316,466
총계	224,863,302	7,716,375

* 조선은행 조사부, 《조선경제연보》(1948), I 부-127쪽.

미군정이 민간무역에 대해 적극적인 자세를 취하기 시작한 것은 1946년 1월 법령 39호 〈대외무역규칙〉을 제정하고서부터였다. 그리고 1947년 과도정부 입법의원의 성립에 따라 법령 149호를 공포하면서부터 무역에 관한 법령과 규칙이 그런대로 정비되었다. 한편 미군정은 무역을 면허제나 허가제로 하고 물물교환을 법제화함으로써 무역통제를 실행하였다.

그리고 일제하에선 일본과의 무역이 거의 대부분을 차지했던 반면에 8·15 이후엔 일본의 비중이 현저하게 줄어들었고, 그 대신 홍콩·중국·미국과의 무역이 큰 비중을 차지하였다. 또한 정치·경제적 혼란을 틈타 밀무역도 꽤 성행하였다. 그런데 전반적인 물자부족 상황에다가 1할을 넘지 않는 낮은 관세율은 무역업자에게 폭리 취득의 기회를 제공하였던 것이니, 오늘날 재벌의 상당수가 그 당시 무역업에 종사하였음을 확인할 수 있다.

한편 해방 이후 한국에 처음으로 도입된 미국원조는 점령지의 긴급구호를 위하여 제공되는 GARIOA원조였다. 이 GARIOA원조는 미군정이 끝날 때까지 3년간 계속되었는데 그 도입 물자는 식료품·의류·의약품·농업용품 등 주로 해방 이후 경제적인 파탄을 완화하고 사회혼란을 수습하려는 것이었다.

이 원조의 총액은 3년 동안 4억 1,000만 달러에 달하였고, 그 중 식료품이 40%, 농업용품이 17%, 의류가 10%를 점하였다. 그리고 GARIOA 이외에 1947년 2월 해외청산위원회(OFLC)에서 차관형식으로 한국에 할당한 잉여물자가 2,500만 달러였고, 1945년 9월에서 1946년 6월 사이에 미군이 보유했다가 한국에 이양한 잉여물자가 1억 4,100만 달러였다.[26]

26) 홍성유, 《한국경제와 미국원조》(박영사, 1962), 48~50쪽.

물론 미국의 원조는 2차대전 이후 세계 자본주의를 유지하고 재편한다는 커다란 전략속에 제공된 것이었다. 따라서 한국의 산업을 부흥하는 데 필요한 생산재 원조가 부족했다든가 하는 비판을 받고 있다. 하지만 이러한 원조가 적어도 민생의 안정을 도모하는 데 상당히 기여했음을 부정할 수는 없다.

그리고 8·15 직후 원조에 의한 수입을 제외하고는 무역이 급격히 위축된 상황에서 남북지역간 교역이 중요한 의미를 갖게 되었다. 그리하여 이는 남북한의 복잡한 정치상황에도 불구하고 5·14 단전이 단행된 1948년 중반기까지 지속적으로 유지되었고 1949년 4월 남한정부가 〈남북교역 정지에 관한 건〉을 공포함으로써 공식적으로 금지되었다.

미군정은 해방 이후 자연발생적으로 전개된 남북교역을 방치하다가 1946년 12월에 와서 비로소 〈조선연안교역의 감독〉이라는 법령을 공포하여 남북교역을 공식적으로 인정하였다. 이에 따르면 주문진·용호도·여수 등 3개소에 화물검사소를 설치하여 남북을 왕래하는 선박을 검사하되 허가품목은 반출입이 허용되었다. 또 1947년 8월의 법령 149호 〈대외무역규칙〉에 의해 대외무역과 남북 지역간무역을 개념적으로 구분하였다.

〈표 17〉 남한의 전력공급 상황

(단위 : KW)

연 도	이북 受電	원조 발전	국내 발전	합계
1946	51,495	-	25,684	77,179
1947	62,993	-	31,614	94,607
1948	23.447	9,520	46,258	79,225
1949		15,156	59,629	74,785

* 조선은행 조사부, 《산업종람》(1954), 68쪽.

남북지역간 교역은 정식교역과 밀교역으로 나누어졌는데 밀교역은 법적으로 교역을 금지하거나 거래의 양적 제한이 설정된 품목들의 교역이었다. 1948년도 남북간의 교역물자를 보면 대북 반출품에선 생고무·광목·양철·면사·작업화 및 전구가 대종품목이었고 대북 반입품목에서는 전력 이외에 비료·카바이트·시멘트·마른 명태·가성소다 등이 주된 품목이었다.

대북 반출품목 중에는 생고무처럼 남한이 해외에서 수입하여 다시 북한으로 반출하는 중계무역 상품도 있었지만 대개는 남한의 경공업제품이나 소형기계기구제품이었고 이들과 북한의 화학공업제품이나 해산물이 서로 거래되었으니 이는 바로 남북간 산업분포를 반영한 것이었다. 북한으로부터의 전력공급이 남한 경제에서 차지하는 비중은 〈표 17〉과 같았다.

〈金基元〉

3. 미군정기의 문화

1) 문학

(1) 해방공간의 소설

1945년 8월 15일 정오, 일본 천황의 항복 선언과 함께 새로운 역사가 시작되었다. 자주적인 통일 민족국가 수립, 토지개혁, 친일잔재 청산 등의 깃발이 내걸리고 한국 사회는 대변화의 물결에 휩쓸렸다. 사회 전 영역에 걸쳐 파괴와 복구 또는 창조의 힘찬 맥동이 꿈틀대는 가운데 구성원들은 누구나 자신의 사고와 삶을 재조정해야만 하였다. 그 같은 재조정에는 현실의 변화에 어쩔 수 없이 따르는 소극적인 측면도 물론 있었지만, 그것보다는 일제 파시즘의 강압에서 벗어나 역사 주체로서 복권되었기 때문에 생겨난, 역사를 열어 나가는 주체로서의 적극적이고 실천적인 성격이 더 강하였다. 이 같은 적극적이고 실천적인 재조정의 활기가 넘치는 해방공간은, 혼란스러웠지만 충만한 가능성으로 미래를 향해 밝게 열려 있었다.

이러한 현실은 소설에도 그대로 반영되어 이 시기를 대표하는 소설 대부분의 한복판에는 저마다의 지향을 담아 싣고 흐르는 '길'이 가로놓여 있다. 그 길들의 의미를 살피면 이 시기 소설의 특성을 파악할 수 있을 것이다.

먼저 蔡萬植의 〈歷路〉(1946), 〈民族의 罪人〉(1948), 〈落照〉(1948), 〈妻子〉(1946) 등의 작품에 등장하는 민족적 자기비판론과 현실비판, 허무주의의 길이다.

채만식은 일제 말기 〈여인전기〉(1941), 〈홍대하옵신 성은〉(1942) 등의 친일적 작품 몇 편을 발표하고 몇 번 시국강연회에 나가 강연함으로써 친일의 욕된 명부에 이름을 올렸다. 해방이 되자마자 친일잔재 청산이 민족적 과제의 하나로 제기되고 일제하 친일행위자의 법적 처벌문제가 중요한 현안으로 부각되었다. 이에 따라 문학계에서는 자기비판이 중점적으로 거론되었는데 대부분 문인들은 혼란스러운 혁명적 상황에 휩쓸려 또는 이에 편승하여, 자기비판의 과제를 회피하거나 추상적 일반화를 통해 구체적 친일행위를 無化시키고자 하였다. 자기반성의 결핍을 지적하며 문학자의 비성실성을 질타하는 내용의 글들을 쉽게 찾아볼 수 있는 것은 이 같은 사정의 반영이다.[1)]

채만식만이 거의 유일하게 자기비판에 충실하고자 했던 문인이라 할 수 있는데 위에서 든 작품들에서 우리는 친일의 죄의식에 짓눌려 고뇌하는 한 지식인 작가의 내면을 속속들이 확인할 수 있다. 그러나 채만식 또한 철저하지는 못하였으니 결국은 "민족 모두가 죄인이므로 죄인은 아무도 없다"라는 민족적 자기비판론으로 가 닿고 말았다. 이처럼 자기비판의 과제와 씨름하는 주인공의 고뇌에 무게중심이 놓여 있지만 다른 한쪽에는 현실의 深部를 탐사하는 리얼리스트의 눈이 날카롭게 빛나고 있다. 민중의 이념적 분열과 정치의 혼란, 경제 혼란, 외세의 침탈 등 당대 현실의 핵심 요소들을 전형적으로 반영하며 비판하고 있는 것인데 채만식의 소설을 통해 비로소 해방공간의 현실이 그 실체를 얻었다고 해도 지나친 말이 아닐 정도로 폭넓고 깊이 있는 현실 재현이며 핵심을 찌르는 날카로운 비판이었다.

그러나 채만식은 끝끝내 친일의 죄의식, 그 강박관념에서 벗어나지 못하였고 타락한 현실을 타개해 나갈 주체와 방법을 현실 속에서 발견하지 못함으로써 다시금 허무주의에 빠져들고 만다. 과거와 현재를 송두리채 무화시키고 자라나는 소년들의 세계, 미래만을 가치있는 것이라 주장하는 〈소년은 자란다〉(1949)의 희망 아래에는 미래 실현의 현실적 가능성을 상실한 자의 허무의식이 바닥을 알 수 없는 깊이로 출렁대고 있는 것이다.

친일의 죄의식으로 고뇌한 채만식의 자기비판을 뒷전으로 밀어내며 이 시

1) 정호웅, 〈해방공간의 자기비판소설 연구〉(《한국현대소설사론》, 새미, 1996).

기 소설을 지배한 것은 世界觀上의 자기비판이다. 지금은 건설기라는 것, 그러므로 과거의 呪縛에 더 이상 묶여 있지 말고 역사 창조의 과업에 적극적으로 동참해야 한다는 것, 이를 위해서는 과거의 소극적이고 퇴영적인 세계관을 자기비판하고 적극적이고 진취적인 세계관으로 무장해 거듭 태어나야 한다는 것으로 요약할 수 있는 이 같은 자기비판을 다룬 작품들이 가장 많이 씌어졌다. 李泰俊의 〈解放前後〉(1946), 池河連의 〈道程〉(1946), 尹世重의 〈十五日後〉(1946), 安懷南의 〈暴風의 歷史〉(1947), 李根榮의 〈濁流 속을 가는 朴敎授〉(1948) 등이 여기에 해당하는 작품들이다. 이들 작품을 지배하는 것은 빛나는 미래의 도래에 대한 확고한 믿음이며 그 같은 미래 실현을 향한 적극적 자기 투신이다. 당연히 낙관적·낭만적 열정이 작품을 뒤덮고 있는데 이로 인해 객관 현실의 구체적 탐구가 크게 제약당하였다. 이들 작품의 기본틀로 자리잡고 있는 숱한 이분법들이 이러한 사정을 증거한다. 예를 들어 보면 과거 배제/미래 先取, 봉건/반봉건, 순수문학/민주주의 민족문학, 선/악, 순결/불순, 청/탁, 노동자·농민/지식인, 新/舊 등등인데 이로 인해 객관 현실의 단순화·추상화가 필연적으로 초래되었다. 이들 작품의 주인공들은 이 같은 이분법에 실려, 그것의 힘에 이끌려 조금의 망설임도 회의도 없이 미래를 향해 뚫린 신작로를 거침없이 나아간다. 소설성의 질식인 것이다.

許俊의 〈殘燈〉(1946)이 또 하나의 길을 보여준다. 해방을 맞아 만주에서 돌아오는 한 지식인의 귀국길 여로가 그것인데, 그 여로를 따라 일본 난민들의 비참한 현실, 사회주의체제가 자리잡아 가고 있는 북조선의 실정 등 해방공간의 현실상들이 파노라마처럼 펼쳐진다. 그러나 핵심은 이것이 아니라 '잔등' 이미지가 담고 있는 무한 포용의 인도주의와 겸허함이다. 그 인도주의는 단 하나의 피붙이인 아들을 옥에 가두고 마침내 죽게 한 원수의 비참한 모습까지도 안쓰러운 눈물로 바라보게 만드는 무한 포용의 보살심이며 그 겸허함은 아들의 죽음에 대한 어떤 보상도 거절하는 철저한 성격의 것이다. 노인의 지극한 겸손과 넉넉한 보살심처럼 잔등 불빛이 "황량한 폐허 위 오직 제 힘만을 빌어 퍼덕이는 한 점"으로 더없이 따스하고 넉넉하게 명멸하고 있는데 그것은 격동의 해방공간을 혼란스레 채웠던 온갖 술수와 음모·모략을, 그것들을 낳은 무한팽창의 욕망과 조급함과 경솔함을 근본에서 비판하는 위력을 지니고 있다.

해방공간의 과제 가운데 하나는 귀환동포문제였다. 무려 200만 명을 넘는 해외동포를 감당할 수 있는 주거공간과 식량 그리고 일자리를 확보할 수 없었기에, 해방의 흥분이 가시면서 당장 해결하지 않으면 안 될 중대한 문제로 떠올랐다. 당연하게 이 문제를 다룬 작품이 쏟아져 나왔다. 탄광징용에서 귀국한 安懷南의 〈불〉(1946)을 비롯, 만주에서 귀환하는 과정을 그린 廉想涉의 〈三八線〉 연작(1948), 金萬善의 〈鴨綠江〉(1946), 허준의 〈잔등〉(1946), 金東里의 〈穴居部族〉(1947), 桂鎔默의 〈별을 헨다〉(1946) 등을 들 수 있다. 이 가운데 가장 대표적인 것은 염상섭의 〈삼팔선〉 연작이다. 이 연작은 중국 안동에서 살다 해방을 맞아 귀국한 염상섭 자신의 체험을 소설화한 것이다. 해방직후 중국·북한·남한의 동요하는 현실이 치밀하게 그려져 있는데, 이들 작품을 꿰뚫는 길은 그 같은 현실을 엮는 끈이면서 식민질서의 구속에서 풀려나 조선인으로 다시 태어나는 재생의 고행길이고 어떤 시대 어떤 곳에서든 사람살이의 근본은 변하지 않는다는 염상섭 특유의 시각을 확인시키는 원형적 공간이기도 하다.

김동리의 〈驛馬〉에서 또 하나의 길을 확인한다. 무대는 화개장터이다. 화개장터는 경상·전라 양도를 가르는 섬진강의 경상도 쪽, 쌍계사로 들어가는 초입에 자리잡고 있다. 세 갈래 길이 여기서 만나고 헤어지는데, 그곳은 많은 사람들이 사방에서 몰려 와 만나는 곳이지만, 또한 동시에 헤어져 떠나가는 곳이다. 그러나 주막이나 놀이판 장터에서의 만남은 떠나감을 전제한 것이기에 일시적인 것, 길을 따라 걷는 끝없는 떠나감의 한 점에 불과하다. 그러므로 이곳에서는 스쳐 지나가는 관계만이 맺어진다. 일시적인, 스쳐 지나가는 만남만을 허용할 뿐인 이 끝없는 떠나감의 길을 작품 구성의 중심에 놓은 이 작품의 세계는 두 가지 점에서 무시간적이다. 하나는, 길을 따라가는 끝없는 떠나감의 흐름만 있을 뿐 전후의 변화가 없다는 점, 사람들은 물론 늙어가지만 그것은 표면적인 현상에 불과한 것, 끝없는 떠나감이란 본질은 아무런 변화 없이 계속해서 흐른다는 것이다. 다른 하나는 그 같은 끝없는 떠나감이 운명적이라는 것이다. 소설 속 인물들은 하나같이 자신의 운명을 어쩔 수 없는 것으로 받아들인다. "운명의 극복이 아니라 운명애"[2]인 것인데, 살을 풀기 위해 마련된 문화적 장치인 승적에 이름을 올리기나 책장사하기도 제어하지 못한 초월적인 힘의 존재를 인식하고 거기에 순종하는 이 같은 감각 속에서 개개인의 고유한 삶의 개별성은 의미를 잃는다. 운명에 순종하는 삶이란 회색의 본질만이 도드라질 뿐이다. 당연하게도 이 같은 운명애의 세계에서 경험적 시간은 무화되어 무시간성으로 응결되고 만다. 이처럼 경험적 시간이 무화되는 김동리 문학에서는 해방공간의 격동하는 현실상조차 한갓 스쳐 지나가는 풍문 이상의 의미를 지니지 못한다. 홀로 된 두 남녀가 만나 결합한다는 것은 지극히 자연스러운 일이란 주제를 담고 있는 〈혈거부족〉의 경우가 이를 증거한다. 김동리 문학의 특성은 해방공간의 역사성 너머, 한민족의 원형적 삶을 문제삼는 것이라는 점에서 이 시기의 역사성에 근거하며 거기에 구속되어 있는 여타 작품들과는 전혀 다른 세계에 속하는 것이다.

黃順元의 〈목넘이 마을의 개〉는 한민족의 생명력을 실어나르는 길을 보여준다. 어느 날 갑자기 나타난 개에 대한 마을 사람들의 광기 서린 구박에도 불구하고 끈질기게 살아남아 새끼를 낳아 퍼뜨리는 한 마리 개가 주인공이다. 분단이 확정되어 서로 다른 두 체제의 국가로 양분되고 대립 갈등의 소용돌이에 빠져 민족상잔의 가능성조차 드러내던 때, 이 같은 한민족의 생명력 강조는 시련을 뚫고 끝내 나아갈 것이란 희망의 확인이란 점에서 중요한 의미를 지닌다. 이 점은 해방된 서울의 세종로 네거리 비각 앞에 등장한, 생명에 대한 경외감을 지닌 갓난이할아버지의 넉넉한 인간스러움을 해방공간의 현실에 대비시킴으로써 분열과 대립의 시대를 근본으로 비판하는 것과 이어져 있다.

한편 특이한 경력의 작가 金學鐵의 〈龜裂〉에서도 우리는 또 하나의 길을 만난다. 김학철은 중국의 홍군과 연대해 항일전의 제일선에서 싸웠던 조선의용군 지대장 출신이다. 전투에서 다리 하나를 잃은 몸으로 해방 후 귀국, 서울 문단에 자신의 항일투쟁을 소재로 한 몇 편의 단편을 발표, 큰 주목을 받았다. 〈균열〉은 그 중 대표작이다. 이 작품의 큰 특성 가운데 하나는 낙천성

2) 김윤식, 《한국현대문학사》(일지사, 1979), 161쪽.

이다. 긴박한 전장의 한복판이지만 그들은 두려워하지 않으며 팔다리를 잃고 불구가 되어도 슬퍼하거나 낙심하지 않는다. 일제 말기의 소극적 삶 또는 친일의 과오 때문에 주눅들고 해방 후의 격동 속에서 혼란스러웠던 문인들은 이 생소한 낙천성을 감당하기 어려웠을 것임에 틀림없다. 해방 후에 있었던 어느 작품합평회에서 이 작품을 단순한 르뽀로 폄하하는 의견이 지배적이었던 것은 이와 무관하지 않다.

해방공간은 적극적인 자기 개진의 열기로 뜨겁게 달아올랐던 열린 가능성의 시기였지만, 그 안쪽에는 무수한 변절의 행적을 품고 있었다. 앞을 내다보기 어려운 혼란의 시기였기 때문인데, 그러한 변절의 행적들에 대비되어 金廷漢의 비판과 지조의 문학이 빛난다. 〈秋山堂과 곁 사람들〉(1940)을 마지막으로 붓을 꺾었던 김정한은 해방공간에서 〈獄中回甲〉(1946)과 〈설날〉(1947)을 썼다. 외세의 침탈 아래 통일민족국가 수립의 열망이 억압당하는 현실을 증언하고 있는 작품들인데, 그 안쪽에 깃들인 것은 타락한 현실에 대한 날카로운 비판정신이며 상황을 뒤따르지 않고 초지일관하는 지조의 정신이다.

증언·비판·지조의 문학인 김정한 문학의 의미가 해방공간에 국한되는 것이 아님은 물론이다. 근현대사의 파행적인 역사 전개는 그 갈피갈피에 무수한 변절의 욕된 기록들을 새기며 이어져 왔다. 문학사의 경우도 사정은 마찬가지이니, 예컨대 15년 전쟁[3)]기간 동안 황도사상의 마권에 휩쓸리지 않은 문인의 수는 손가락으로 꼽을 정도에 불과하다. 민족주의문학진영, 프로문학진영을 막론하고 온통 무너져 내려 친일의 욕된 명부에 이름을 올렸던 것이다. 해방 직후 통일된 민족국가 건설, 토지개혁과 함께 친일잔재 청산이 3대 과제의 하나로 제기되고, 이를 따라 친일 문인의 자기비판 문제가 무엇보다 앞서 해결해야 할 급선 과제로 떠오르고 모두가 이에 동의했음에도 불구하고 흐지부지되고 만 가장 큰 요인은 감당하기 어려운 자기비판의 짐을 지지 않아도 좋은 문인이 거의 없었다는 점이다. 이로 인해 공범자들이 갖게 마련인 사실 자체의 무화 또는 망각의 심리가 압도적으로 개입해 들어왔던 것이다. 이와 함께 지식인의 자의식이 만들어낸 자기합리화의 욕망도 크게 작용

3) 만주사변(1931)에서 1937년의 중일전쟁을 거쳐 태평양전쟁의 종전(1945)에 이르기까지의 15년간을 전쟁상황의 연속으로 보아 15년전쟁이라 지칭한다.

했을 것이다. 이처럼 일제 말기에 작품활동을 한 대부분의 문인들이 관련되었지만 그럼에도 진지한 비판과정 없이 묻혀버리고 만 친일의 역사에서 김정한 문학은 벗어나 있다. 이 사실만으로도 김정한 문학의 의미는 대단히 크다 할 것인데, 해방 이후의 문학 또한 이에서 벗어나지 않았으니 김정한 문학은 문학사의 한 측면을 선명하게 드러내는 역광의 의미를 지닌다.

해방공간이 끝나면서 이 시기 소설의 가장 두드러진 내적 형식이었던 미래지향적이고 낙관적인 길은 소멸한다. 그 빈자리를 우울한 체념적 비판의 언어가 채운다. 이를 대표하는 작품은 염상섭의 〈曉風〉(1948)이다. 염상섭은 일본의 식민지배에서는 벗어났지만 완전한 독립을 기대하기는 어려운 현실, 갈수록 굳어져 가는 남북 분단의 현실, 한국 사회의 구성원 대부분이 나아갈 방향성을 잃고 깊게 흔들리고 있는 동요와 불안정의 현실을 바라보며 마음 깊은 곳에서 피어오르는 절망감을 애써 억누른 채 올린 안타까운 비원을 담고 있는 작품이다.

(2) 해방공간의 시

해방공간은 해방의 벅찬 환희와 민족의 앞날에 대한 낙관적 전망을 노래하는 시인들의 밝은 목소리가 열었다. 그러나 그것도 잠시, 곧이어 해방과 함께 부여된 세 과제, 곧 자주적인 통일민족국가의 수립, 친일잔재의 청산, 토지개혁을 둘러싼 정치투쟁에 휩쓸려 그 같은 목소리는 뒷전으로 밀려나고 만다.

태양을 의논하는 거룩한 이야기는 항상 태양을 등진 곳에서만 비롯하였다.

달빛이 흡사 비오듯 쏟아지는 밤에도
우리는 헐어진 성터를 헤매이면서
언제 참으로 그 언제 우리 하늘에
오롯한 태양을 모시겠느냐고
가슴을 쥐어뜯으며 이야기하며 이야기하며
가슴을 쥐어뜯지 않았느냐?

그러는 동안에 영영 잃어버린 벗도 있다.

그러는 동안에 멀리 떠나버린 벗도 있다.
그러는 동안에 몸을 팔아버린 벗도 있다.
그러는 동안에 맘을 팔아버린 벗도 있다.

그러는 동안에 드디어 서른여섯해가 지나갔다.

다시 우러러보는 이 하늘에
겨울밤 달이 아직도 차거니

오는 봄엔 분수처럼 쏟아지는 태양을 안고
그 어디 언덕 꽃덤풀에 아늑히 안겨보리라.
(신석정, 〈꽃덤풀〉, 《신문학》, 1946년 3월, 128~129쪽).

목가적 공간 속에 유토피아를 향하는 간절한 소망을 담아내던, 그 점에서 근본주의자였던 辛夕汀의 〈꽃덤풀〉이다. 이 작품은 '조선문학자전국대회'(1946. 2. 8~9)에서 낭송되었다. 아직 완전한 해방은 오지 않았다는 현실 인식 위에 서서 투쟁을 선동하는 이 강력한 정치성의 시 한 편에 해방공간 시문학의 본질이 고스란히 담겨 있다고 할 수 있다. 이 땅에 유토피아를 건설하겠다는 꿈과 의지의 문학정신은 죽음조차 아름다운 것으로 미화하며 어기차게 앞길을 열어나가는 동력을 내부에 지니고 있으니, 당대인들은 그것을 혁명적 로맨티시즘이라 불러 기렸다. 李庸岳 · 兪鎭午 · 배인철 · 吳章煥 · 林和 등이 여기에 속하는 시인들이다.

해방공간의 급박한 역사 전개와 함께 혁명적 정치성의 시가 늠실대며 흐르는 이 정치의 시절에도 자연의 순환과 호흡을 함께 하는 서정이 꽃피어 거센 세파에 시달린 사람들을 따뜻하게 위무하였다. 《文章》지를 통해 해방 전에 등단한 趙芝薰 · 朴斗鎭 · 朴木月 세 사람의 합동시집 《青鹿集》(1946)이 대표적이다.

머언 산 青雲寺
낡은 기와집

산은 紫霞山

봄눈 녹으면

느릅나무
속잎 피어가는 열두 굽이를

靑노루
맑은 눈에
도는 구름
(박목월, 〈靑노루〉, 《청록집》, 1946년 6월).

'느릅나무 속잎 피는'이라는 시구 속에 담긴 신생의 기운은 이제 곧, 조용히 그러나 빠른 속도로 퍼져 나가 천지를 가득 채울 것이다. 무릇 생명 가진 모든 존재의 피 속으로 맥박 속으로도 스며들어 그것들을 새로운 존재로 서게 할 것이다. 이 시구에는 그런 기운의 움직임도 이미 들어 있다. 겉보기에는 아무런 움직임도 없는 듯하지만 안으로 생동하는 생명의 약동을 감지하고 드러내었다. '靜中動의 미학'이라 부를 수 있을 터인데, 갈등과 대립의 핏빛 하늘 아래 청청하게 빛났다.

해방은 신석정이 〈꽃덤풀〉에서 노래했던 '영영 잃어버린 벗'들을 되살려내기도 하였다. 〈洛東江〉(1927)을 마지막으로 소련 망명의 길에 올라 소련의 사회주의체제 건설을 위해 복무했으나, 스탈린의 소수 민족 이주정책에 맞섰다가 처형당한 趙明熙의 작품집 《낙동강》(1946)이 출간되었으며, 후쿠오카 감옥에서 원통하게 죽은 尹東柱의 순결한 고뇌를 담은 《하늘과 바람과 별과 시》(1948)가 간행되었다. 철저한 자기반성의 정신, 주체적 삶에 대한 다짐의 태도, 식민본국에서 공부하는 식민지 청년의 고뇌, 사랑하는 존재들을 향하는 안타까운 그리움 등을 담고 있는 윤동주의 유고시집은 식민 압제의 어둠 속에서 솟아오른 新生의 때묻지 않은 아름다움으로 혼탁한 해방공간을 맑게 정화시키는 힘을 지닌 것이었다.

윤동주와 마찬가지로 감옥에서 순사한 李陸史의 《陸史 詩集》(1946)도 간행되었고, 요절한 李相和의 《相和 詩集》(1946)도 빛을 보게 되었다. 의열단원으로서 무장투쟁의 길을 걸었던 육사의 웅장하고 단호한 실천적 목소리와, 《白

潮》 시절의 감상적 낭만주의의 늪을 지나 날카로운 현실 인식의 세계로 나아갔던 이상화의 열정적 목소리는 새로운 출발선에 선 우리 시의 지표로서 큰 영향을 미쳤다.

같은 시기에 徐廷柱의 《歸蜀道》(1948)가 발간되었다. 〈自畵像〉·〈逆旅〉 등에서 자신만의 길을 자신의 힘으로 열어 나가겠다는 의지를 내보였던 서정주의 젊은 패기와 열정이 이후 어떻게 굽이치며 스스로를 열어 갔던가를 보여주는 시집이다. 근대적 합리주의가 지배하는 단계로 나온 당대 한국사회에서 서정주의 전근대주의적 정신은 자못 이채로웠는데, 그가 마찬가지로 전근대주의자인 김동리와 나란히 한동안 문단을 이끌게 되는 것은 이 점에서 아이러니라 할 것이다.

일제 말기의 암울한 분위기를 견디지 못해 멀리 북만주로 떠났던(1940) 柳致環도 돌아와 절망과 자학의 만주 시절을 담은 작품들과 해방 후의 현실을 직설적으로 비판한 작품들을 묶은 《生命의 書》(1947)를 펴냈다. 장년 유치환의 깊은 자기 응시의 세계는 청년 윤동주의 치열한 자기 응시의 세계와 나란히, 오로지 외부를 향한 정신의 움직임으로 가득 차 있던 해방공간의 시단을 반성하는 의미를 지니는 것이었다.

〈鄭豪雄〉

(3) 문학운동

가. 냉전적 분단구조의 해체의 관점에서 본 해방 직후 문학운동

냉전적 분단구조의 해체를 가속화시켜 한반도의 평화를 정착시켜야 하는 과제를 고려할 때 미군정기의 문화운동에서 다음 두 가지 사항은 매우 중요한 의미를 갖게 된다. 하나는 통일독립국가의 건설에 대한 현실주의적 방도의 문제이다. 해방직후 한반도의 주민에게 가장 중요한 문제 중의 하나는 국민국가간의 체계 속에서 형성되고 있던 세계적 질서 속에서 통일독립국가라는 공동체를 건설하는 일이었다. 당시 좌우의 문화인들은 이러한 문제의 중요성을 어느 정도 알고 있었지만 자신들에게 익숙했던 이념적 지향을 추구하는 것에 매몰되어 그 구체적이고 현실적인 방도에 대한 고려가 결여되어

있었고 이는 본인들의 의사와는 무관하게 분단을 초래하는 것에 알게 모르게 기여하는 결과를 초래하였다. 오히려 좌우 어느 쪽에 깊이 관여하지 않았던 문학가들 가운데 일부 작가들이 그 현실주의적 성찰 위에서 그러한 과제를 이룩하려고 노력한 흔적을 읽을 수 있다. 그런 점에서 현재의 시점에서 해방 직후의 문학운동을 살필 때 이러한 점에 유의하여야 할 것이다. 좌우의 문학가들이 이 문제에 대해 어떤 태도와 입장을 가지고 있었는가를 구체적으로 묘사하는 것과 더불어 이들과 달리 현실주의적 정신 위에서 실사구시적으로 접근했던 문학가들의 내부 목소리를 드러내 보여주는 일이 중요한 것이다. 다른 하나는 남북문학계 사이의 교섭을 고려하면서 남한의 문학운동을 살피는 일이다. 해방직후 남한의 문학운동은 일차적으로는 북한의 그것과는 관계 없이 독자적으로 이루어진 것이지만 그것은 항상 북한의 그것과 직접·간접의 관계 속에서 움직였던 것이다. 그렇기 때문에 이를 고려하지 않고 남한만의 문학운동을 고립적으로 볼 경우 그것을 제대로 읽어내지 못하게 될 공산이 크다. 그렇기 때문에 남한의 문학운동을 서술해 나갈 때 항상 북한의 그것과의 관계를 살피면서 그 전체적 의미를 파악하는 일이 필수적이다. 특히 분단구조를 청산하고 남북의 통합을 꾀해야 하는 오늘날의 시점에서 볼 때 더욱 그러하다.

미군정기 남한의 문학운동은 크게 다음 네 시기로 나누어 볼 수 있다. 첫째는 좌우의 대립이 일어나기 이전의 시기로 해방 직후부터 1945년 12월까지이다. 아직 좌우의 대립이 나타나지는 않은 상태로 좌파 내부에서 노선을 둘러싸고 일정한 대립이 존재했던 시기이다. 남북 문학계 사이에 상호 소통이 일정하게 이루어졌다. 두 번째는 찬탁·반탁을 둘러싸고 논쟁이 벌어지는 시점부터 10월 항쟁이 일어나기까지의 시기이다. 좌우의 대립이 본격화되고 이와 더불어 남북 사이의 문학계가 확연하게 나누어 졌다. 세 번째는 10월사건 이후부터 미·소공동위원회의 결렬 이후 남북이 각각 다른 길을 걷게 되어 분단이 가시화되는 시점까지이다. 좌쪽이 현저하게 약화된 상태에서 좌우의 본격적인 논쟁이 시작되었다. 네 번째는 1947년 말부터 1948년까지의 시기이다. 분단이 예견되는 상황에서 이를 막기 위해 중도파 문학가들이 마지막으로 노력을 경주하였다.

나. 자기 비판과 새로운 이념의 창출(1945년 8월~1945년 12월)

해방 직후의 문학예술운동은 크게 두 갈래로 나누어 진행되었다. 하나는 1945년 8월 17일 결성된 조선문학건설본부를 위시하여 각 부분의 단체들이 참여하여 만든 조선문화건설중앙협의회(8월 18일 결성)이다. 이 조직에는 조선문학건설본부 이외에 조선미술건설본부·조선음악건설본부·조선연극건설본부·조선영화건설본부 등이 망라되었다. 조선문화건설중앙협의회의 의장과 서기장을 임화와 김남천이 각각 맡았다. 각 부문에서도 중앙위원장과 서기장을 선임하였는데 문학 분야에는 위원장으로 이태준, 서기장으로 이원조가, 미술 분야에서는 위원장으로 고의동, 서기장으로 정현웅이, 음악 분야에서는 위원장으로 박경호, 서기장으로 채동선이, 연극분야에서는 위원장으로 송영, 서기장으로 안영일이, 영화 분야에서는 위원장으로 이재명이 각각 뽑혔다. 이 단체에 참여한 문학인들의 면면에서 잘 드러나는 것처럼 일제하 문학인들이 전체적으로 참여하여 과거를 비판적으로 검토하는 과정에서 자연스럽게 이루어지기보다는 1930년대 후반의 《인문평론》과 《문장》에 직·간접적으로 관계를 맺었던 사람들을 중심으로 형성된 것이었다. 일제 말의 친일 문학단체를 대체한다는 의욕이 컸기 때문에 앞으로 지향해야 할 문학의 이념이라든가 건설할 문학의 성격 등에 대해서 명확한 방침을 내놓는 데까지는 이르지 못하고 말았다. 그렇기 때문에 이후 과거 카프에 가담하였던 인물들이 중심이 되어 새로운 대항적 문학단체가 발족하게 된다.

조선문학건설본부와 조선문화건설중앙협의회의 방식에 대해 불만이었던 문학가들이 주축이 되어 1945년 9월 17일 조선프롤레타리아문학동맹이 결성되었고 이후 다른 분야에도 이러한 조직이 만들어져 9월 30일 조선프롤레타리아예술연맹이 결성되었다. 의장에는 한설야가 서기장에는 윤기정이 선임되었다. 물론 한설야는 당시 함흥에 있었기 때문에 이에 직접 참여하지는 않았고 다른 문화인들에 의해 추천되었을 뿐이다. 이들은 일제하에서 가장 저항적이었던 카프가 해산된 후 한번도 그 진로에 대한 토론이 없었던 상태에서 일부 문학가들이 전체 문학가들의 총의에 관계 없이 일방적으로 조선문화건설중앙협의회를 만든 것이 파당적이라고 간주하였기에 그 대안적 성격으로 이러한 단체를 결성하였다.

조선문화건설중앙협의회는 초기에 자신의 노선을 명시적으로 주장하지 않다가 조선프롤레타리아예술연맹이 건설되자 대타의식의 차원에서 스스로의 정체성을 찾기 시작하였고 이 과정에서 인민문학 혹은 인민예술에 대한 초보적 인식이 제기되었다. 그리하여 조선문화건설중앙협의회의 인민문학 및 인민예술과 조선프롤레타리아예술연맹의 프로문학 및 프로예술이 대립되어 전개되는 양상을 띠었다. 여기서 주의해야 할 것은 이것이 당시 남한내의 사회주의자들 사이에 존재하였던 혁명단계론의 차이에 대응하지 않는다는 점이다. 박헌영을 중심으로 재건파들은 부르주아 민주주의 혁명을 이야기하였고, 장안파는 프롤레타리아 혁명단계론을 주장하였는 데 반해 당시 문화계 내부에선 그 조직의 상이에도 불구하고 모두 부르주아 민주주의혁명론을 공통된 기반으로 삼고 있었다. 문제는 혁명단계론의 차이가 아니라 건설할 문학의 이념을 어떻게 보느냐 하는 것이었다.

문화전선의 통일이란 과제가 정치권에서 제기되자 이 두 단체는 통합을 촉진하였는데 이를 이해하기 위해서는 당시의 정치정세에 대한 파악이 필요하다. 조선공산당을 중심으로 한 좌파세력은 인민공화국을 주장하면서 통일독립국가의 구상을 하였으나 이는 해외에서 이승만과 김구 등이 들어오면서 난관에 봉착한다. 이들은 인민공화국을 인정하지 않고 새로운 통합체를 요구하였는데 인민공화국을 주장하던 좌파로서는 이를 거부하면서 종전의 인공노선을 관철하려고 노력하였다. 정치적 상황이 이러한 판국이었기 때문에 좌파 내부에서의 단결이 절실하게 요구되었음에도 불구하고 문학예술계의 경우 조선중앙건설협의회와 조선프롤레타리아예술연맹으로 나누어져 있어 한 목소리를 내지 못하였다. 이들이 분열되어 성립할 때만 해도 임정인사를 비롯한 해외 독립운동세력이 아직 들어오지 않은 때이고 인민공화국의 성립에 대한 낙관이 지배적이었다. 그런데 11월 3일 김구를 위시한 중경 임시정부의 요인들이 일차적으로 들어오면서 상황은 현저하게 바뀌기 시작하였다. 힘의 열세를 느낀 좌파 정치권 쪽에서는 통합을 요구하였고 문학계도 이것의 필요성을 강하게 느꼈던 것이다.

둘의 통합이 구체적으로 이야기되기 시작한 것은 1945년 12월 3일부터이다. 12월 6일 조선문화건설중앙협의회가 들어섰던 한청빌딩 건물 사무실에서 조선문화건설중앙협의회 산하의 조선문학건설본부와 조선프롤레타리아예술연맹 산하의 조선프롤레타리아문학동맹의 합동위원 11명이 출석하여 양 단체를 해소하고 '조선문학동맹'을 결성하기로 합의하고 성명을 발표하였다. 당시 여기에 참석한 사람으로는 조선문학건설본부측에서는 이태준 · 이원조 · 임화 · 김기림 · 김남천 · 안회남이었고, 조선프롤레타리아문학동맹측에서는 윤기정 · 권환 · 한효 · 박세영 · 송완순이었다. 이 합동회의에서는 향후 양 단체 산하의 부문별 단체통합을 촉진할 통합촉성위원회가 조직되었고, 조선문학가동맹의 새로운 기관과 부서들을 전형하기 위하여 전형위원이 선출되었다. 합동회의가 있고 난 다음 조선문학동맹결성대회가 열렸다.

조선문학동맹으로 합동하기로 한 직후에 낸 성명서를 보면 ① 일본제국주의 잔재의 소탕, ② 봉건주의 잔재의 청산, ③ 국수주의의 배격이었는데 특히 ③번 항목은 당시 이승만과 김구 등이 인민공화국에 가담하지 않고 독자적으로 임시정부를 추대하려고 하는 움직임에 반대하기 위한 것임을 알 수 있다. 앞서 말한 바와 같이 조선문화건설중앙협의회와 조선프롤레타리아예술연맹이 합동하기로 한 것이 바로 이승만과 김구의 이러한 움직임에 대해 진보진영 전체의 결속을 다지기 위한 것으로 이는 바로 성명서의 강령으로 이어졌다.

조선문학동맹의 결성대회는 12월 13일에 열렸다. 그동안 이 시기 문학운동에 대한 연구자들이 이 결성대회에 대해서 별로 큰 관심을 가지지 않았으나 이는 재고되어야 한다. 남북의 문학계를 통합적으로 볼 때 이 조선문학동맹의 결성대회는 연구자들에게 널리 주목을 받고 있는 1946년 2월의 조선문학자대회보다 훨씬 중요하다 할 것이다. 종로에 있는 조선문화건설중앙협의회의 사무실에서 오후 12시 반부터 열린 결성대회에는 소설가 · 시인 · 평론가 등 70명이 참석하여[1] 그날 오후 5시경 폐회하였다. 이원조의 사회로, 이태준의 개회사, 한효의 경과보고가 있었으며, 한설야가 의장으로 추대되었다. 이 결성대회에서는 조직의 선언과 강령이 발표되었는데 과제로서 제기된 것은 ① 일본제국주의의 소탕, ② 국수주의의 배격, ③ 봉건입헌잔재의 소탕, ④ 진

1) 《자유신문》, 1945년 12월 14일.

보적 민족문학의 건설, ⑤조선문학의 국제문학과의 제휴였다. 12월 6일의 것과 비교하면 대체적으로 동일하고 ④번과 ⑤번 항목만 추가되는 정도였다. 이상의 강령을 채택하였고 다음으로는 긴급동의로 하지중장의 성명서에 대한 문학동맹의 반박성명서를 발표하기로 하고 그 기초를 특별위원에게 일임하였다. 이어 중앙집행위원 19명을 선정하였다. 중앙집행위원으로는 홍명희(위원장)·이기영(부위원장)·이태준(부위원장)·한효(서기장)·이원조·한설야·임화·안회남·권환·윤기정·박세영·조벽암·안함광·김남천·김기림·김오성·이병기·김광섭·정지용이 선출되었다. 이후 중앙집행위원회는 회의를 열어 각 부의 위원들을 결정하였다.2)

여기서 우리가 주목해야 할 것은 삼팔선 이북의 문학가들의 움직임이었다. 당시 서울에 있었던 문학가들은 삼팔선 이남과 이북의 차이에 대해서 그렇게 심각하게 생각하지 않았다. 인민공화국만 성립되면 자연스럽게 한반도내에 통일독립국가가 건설될 것이고 그렇게 되면 남북의 문학가들이 자연스럽게 서울의 조직으로 모일 것이라고 보았던 것이다. 그렇지만 삼팔선 이북의 문학가들은 그렇게 보지 않았다. 삼팔선이란 것이 결코 그렇게 간단한 것이 아니기에 결코 가볍게 볼 일이 아니라는 것이다. 그렇기 때문에 그동안 극히 간헐적으로 참여하였던 방식을 지양하고 적극적으로 참여하기로 결정하였고 그 속에서 새로운 진로를 모색하고자 하였던 것이다. 그렇기 때문에 이들은 1945년 12월 6일에 열린 두 단체의 통합의 소식을 듣고 조선문학동맹 결성대회에 참석하여 이를 의논하려고 서울로 출발하였다. 이기영·한설야·김사량 등 여러 명이 철원을 거쳐 1945년 12월 10일 서울에 도착, 잡지들이 주최하는 몇몇 좌담회에 참석한 후 13일에 열렸던 결성대회에 등장하였다.

이북에서 내려온 문학가들은 남북이 삼팔선을 경계로 나누어져 있는 상태에 대해 우려를 하였는데 그것은 남쪽과 북쪽을 미국과 소련이 점하고 있는

---

2) 小說部 위원장 : 안회남, 위원 : 이기영·한설야·이태준·최명익·박노갑· 김남천.
詩 部 위원장 : 김기림, 위원 : 변영로·정지용·김상호·권환·박세영·오장환·김광균·조벽암·김광섭.
評論部 위원장 : 김태준, 위원 : 이원조·한효·안함광·김남천·박치우·윤규섭·김오성·서인식·윤기정·임화.
농민문학 위원장, 아동문학 위원장, 고전문학 위원장, 외국문학 위원장.

당시의 현실이 심각함을 깨달을 수 있었기 때문이다. 또한 그들은 이 무렵까지만 해도 특별히 평양중심주의와 같은 사고를 할 필요가 없었기 때문에 한반도 전체의 현실이 상대적으로 명료하게 보였던 것이다.[3] 이에 반해 서울의 문학가들은 서울중심주의에 사로잡히기 쉬운 구조였다. 우선 과거와 마찬가지로 서울에서 줄곧 활동했기 때문에 서울중심으로 사고하게 되고 그러다 보니 삼팔선으로 갈라져 있고 미 · 소가 주둔하고 있는 한반도 전체의 현실이 쉽게 시야에 들어오지 않게 되었던 것이다.

다음으로 이 대회에서 우리가 주목해야 할 것은 하지성명서에 대한 반박성명서이다. 조선주둔 미군 최고사령관인 하지가 12월 12일 조선인민공화국에 대한 성명서를 발표하였다. 그 주된 내용은 조선인민공화국을 정당으로서는 인정할 수 있지만 정부로 행세하는 것은 인정할 수 없다는 것이다. 유일한 정부는 군정밖에 없다는 것이다. 이것은 결국 향후 임시정부 수립의 주체로서의 인민공화국을 부정하는 것으로 당시 이를 지지하고 이에 매달려 있던 조선공산당과 일부 좌파들에게는 놀라운 소식이었다. 조선문학동맹 결성대회 하루 전에 나온 이 성명서에 대해 조선문학가동맹은 반박하는 성명서를 내기로 합의하였다. 이 성명서에는 "인민의 총의로서 국가적 이념의 표현형태인 인민공화국을 육성시켜 주어야 한다"고 주장하였다. 국가적 이념의 표현 형태라는 말은 미군정이 문제삼는 '정부'라는 어휘를 피해가면서도 자신의 그러한 뜻을 표현하는 것이라 할 수 있을 것이다. 이것은 당시 조선문학동맹의 구성원들 특히 서울에 있었던 문학인들이 인민공화국에 대한 기대가 얼마나 컸던가 하는 것을 잘 보여주는 사례라 할 수 있을 것이다.

이는 조선문학동맹의 위원장을 맡았던 홍명희의 불만 표시로 일시적으로 긴장되기도 했는데 당시 조선문학동맹의 인식의 한 단면을 읽을 수 있는 대목이다. 홍명희는 1946년 1월 5일 《서울신문》에 〈성명〉을 발표하는데 여기

3) 한설야는 당시의 우려를 다음과 같이 표현하고 있다. "삼십팔도선이란 마치 국경 이상의 장벽이 되어 있어 자칫하면 모든 운동이 분열 · 불통일을 가져오기 쉬운 현 단계에 있어서 이 분열과 불통일에 대한 극복 즉 통일전선에의 움직임과 그 전개가 조선민족통일전선에 있어서 가장 크고 긴급한 당면 과업으로 되어 있는 것은 진실히 민족재건의 뜻을 두고 있는 누구나가 다 같이 느끼고 있는 문제이다"(《중앙신문》, 1945년 12월 5일).

에 조선문학가동맹이 자신과는 상의 없이 하지의 성명서에 대한 반박성명을 낸 것에 대해 "바지 저고리 입힌 허수아비가 되고 말았다"라고 간접적으로 불만을 표시한다.[4] 이러한 불만은 자기와 상의하지 않은 것에 대한 것도 있지만 동시에 인민공화국을 일방적으로 지지하는 조선문학동맹의 노선에 대해서도 불만을 가졌던 것으로 보인다. 이 성명서를 둘러싼 일시적 긴장은 조선문학동맹의 노선을 간접적으로 알려 준다.

다. 문학계의 좌우대립과 민족문학논쟁(1945년 12월~1946년 10월)

가) 민주주의민족전선과 좌파문학계의 대응

1945년 12월 말에 발생한 찬·반탁 파동은 문학계에도 강한 영향을 끼쳤다. 반탁 쪽은 일부의 반대에도 불구하고 2월 1일 비상국민회의를 만들었다. 이승만은 이와는 다른 대한독립촉성국민회를 발족시켜 우익에서는 양 단체가 각각 병행하는 사세를 보여 주었다가 좌파에 맞서 싸워야 하는 요청으로 단일화되기 시작하였다. 이러한 움직임에 대해 찬탁을 주장하던 좌익 쪽에서는 민주주의민족전선의 결성으로 맞섰다. 당시 모스크바 3상회의에서 결정된 미·소공동위원회에 협력할 수 있는 단체와 개인들을 규합하여 이 조직을 만들었던 것이다. 비상국민회의가 만들어 졌던 2월 1일 민주주의민족전선의 위원회가 결성된 것이 이를 잘 말해 준다.

비상국민회의와 민주주의민족전선으로 나누어져 있던 당시의 형국에서 조선문학동맹은 민주주의민족전선의 한 단체로 가입하면서 그 노선을 따랐다. 민주주의민족전선은 통일전선체라고 표방하였지만 당시 중도파를 비롯한 우익을 포괄하지 못하였기 때문에 조선공산당의 외곽단체라는 성격을 뛰어넘지 못하였다. 좌우의 대립 속에서 좌익의 세력권을 넓히기 위하여 각 분야는 노력하였는데 그 과정에서 나온 것이 바로 1946년 2월 8일과 9일 이틀에 걸쳐 거행된 조선문학자대회이다. 민주주의민족전선의 준비과정과 문학자대회와의 관계에 대해서는 문학자대회에 보낸 민주주의민족전선 준비위원회의 메시지에서도 읽을 수 있다.[5]

---

4) 이에 대해서는 강영주, 《벽초 홍명희 연구》(창작과 비평사, 1999)의 3부 1장 참고.

조선문학자대회를 거치면서 1945년 12월 13일에 결성된 조선문학동맹은 새롭게 조선문학가동맹으로 바뀌었다. 조선문학자대회는 두 가지 점에서 문제성을 갖는다. 하나는 조선문학가동맹이 취하는 노선의 문제이다. 조선문학가동맹은 기본적으로 민주주의민족전선의 외곽단체가 되었다. 잘 알려져 있는 것처럼 민주주의민족전선은 결성 직후 외곽단체를 확충하기 위하여 백방으로 노력하였는데 그 중의 하나가 조선문화단체총연합이다. 1946년 2월 24일 조선문화단체총연합이 결성되었고 여기에 조선문학가동맹을 비롯하여 여러 문학예술단체들이 가입하였는데 그 중에서 조선문학가동맹이 가장 큰 비중을 차지하고 있었다. 조선문학가동맹은 그리하여 민주주의민족전선이 가는 길을 따라가는 형국으로 진행되었는바 그것은 국제노선에 의한 조선임시정부 수립이었으며 또한 그것은 임정 출신들을 비롯한 우익인사를 배제한 채 이루어지는 협애한 통일전선의 길이었다.

두 번째로는 조선문학가동맹과 조선문학동맹의 관계였다. 조선문학자대회에서 구 조선프롤레타리아문학동맹 출신과 조선문학건설본부 사이에 일대 논쟁이 벌어졌는데 이것은 표면상으로 단체의 이름을 조선문학동맹으로 할 것인가 아니면 조선문학가동맹으로 할 것인가의 문제였지만 실제로는 다른 두 가지의 쟁점을 내포하고 있었다. 하나는 대중적 문예활동과 전문작가 사이의 관계이며, 다른 하나는 조선문학동맹 조직의 성격문제였다. 특히 후자의 문제는 심각한 대립을 야기시켰다. 조선문학동맹이냐 조선문학가동맹이냐 하는 것은 1945년 12월 13일에 열렸던 조선문학동맹결성대회를 어떻게 평가하느냐 하는 문제이다. 구 조선프롤레타리아문학동맹측에서는 이 결성대회를 가장 중요한 대회로 보고 있기에 그 때의 결정을 따라야 한다고 보는 반면, 구 조선문학건설본부측에서는 그 결성대회는 과도기적인 것이고 이번의 전국대회를 통하여 모든 것이 확정되어야 한다는 입장이었다. 이러한 상반된 입장을 갖고 있기 때문에 토론 가운데서 조선문학동맹을 어떻게 보는가 하는 입장을 두고 양쪽이 서로 다른 주장을 하게 된 것이다.[6] 조선문학동맹을

5) 《건설기의 조선문학》(백양당, 1946), 144쪽.

6) 당시 회의에서 구 문건 출신들과 구 예맹 출신들은 각각 다른 주장을 펼쳤는데 발언자들의 구 소속을 병기하여 회의록의 일부를 보이면 다음과 같다.

하나의 과도기적인 것으로 보는 것은 삼팔선 이북에 있는 문학가들을 무시하는 견해일 수밖에 없는 것이었다. 당시 대회에서 삼팔선 이북의 문학인들까지 참여한 70명의 문학가들이 결정을 했고, 따라서 이를 바탕으로 하여야 함에도 불구하고 그것을 단순히 과도기적인 것으로 규정하고 朴贊謨와 같은 젊은 문학가들이 수를 내세워 결정하는 것은 서울중심주의의 발현으로 당시 삼팔선 이남과 이북으로 갈라진 상황에 대한 심각성을 고려하지 않은 다분

오장환(문건) : "낭독자로부터 명칭자구 중 '家'字를 인쇄・오식인 것으로 하여 지금까지 문학동맹이라 불러 왔지만 문학동맹이라 하면 너무 막연하니 인쇄된대로 문학가동맹이라고 했으면 좋겠습니다."하고 동의.

홍효민(예맹) : "문학동맹은 이미 작년 12월 13일 문학동맹결성대회에서 결정되었으므로 문학자대회에서는 논의될 것이 아닙니다."라고 이의.

김오성(문건) : "문학동맹이란 것은 잠정적 명칭이었습니다. 전국문학자가 모인 본 대회에서 결정하여야 될 것입니다. 문학가동맹이라고 하자는 오장환씨 동의에 재청합니다."

박찬모(문건) : "어느 나라에 있어서나 문학자의 단체가 '작가동맹'이니 '문학가동맹'이니 하지 그냥 문학동맹이라고 하는 데는 없습니다."

홍효민(예맹) : "김오성씨의 말은 법규적으로 보아서 잘못이라고 생각합니다. 문학자대회에서 동맹의 명칭은 운위될 바 아닌 줄 압니다."

박아지(예맹) : "명칭에 대하여 논의되는 것보다도 문학자대회의 소집을 문학동맹에서 소집하는 것이냐 문학자대회준비위원회에서 소집한 것이냐가 명백해져야 할 줄 압니다."(중략-인용자).

박승극(예맹) : "문학동맹이나 문학가동맹이나 다 좋다고 봅시다. 과거 프로레타리아문학동맹에서는 문학동맹을, 문학건설본부에서는 문학가동맹을 서로 고집하는 듯하나 이런 고집은 서로 말기로 합시다. 왜냐하면 농민조합이니 노동조합이니 했지 노동자조합이라고 한 곳은 한 군데도 없습니다. 문학가의 모듬이라고 해서 반드시 문학가동맹이라 해야만 할 것도 아닙니다. 이러한 문제를 나오게 하여 회의가 불통일하게 된 것은 유감스럽게 생각합니다."

홍효민(예맹) : "문학가동맹이란 문제가 왜 나왔는지 그것을 반성하는 동시에 그것을 고집말기로 합시다."

한효(예맹) : "준비위원회로서 '家'자를 붙인 것은 잘못으로 사과합니다. 그러나 그곳에는 아무런 타의가 있는 것이 아닙니다. 이것을 가지고 과거 프로문학동맹이니 문학건설본부니 하는 감정을 갖지 맙시다. 우리는 민족문학건설이라는 중요한 시기에서 적은 점에서 감정적으로 나가지 말고 다른 중요한 것을 토의하기로 합시다."

이원조(문건) : "여하간 여러 의견이 많으니 민주주의적으로 가부 중 다수결을 취함이 옳다고 생각합니다."

의장 : "가부로 채결하는 데 거수하는 것이 어떠합니까?"

일동 : "좋습니다."(거수결과 문학동맹이 28명 문학가동맹이 43명).

(《건설기의 조선문학》, 백양당, 1946, 227~230쪽).

히 반국적 시각의 노정이라 할 수 있을 것이다.

실제로 이러한 태도로 하여 많은 문제들이 제기되었다. 첫째로는 조선문학가동맹내에서 조선프롤레타리아문학동맹 출신들이 조선문학건설본부의 자의석인 해석과 이에 근거한 독주에 불만을 품고 삼팔선 이북으로 올라갔다. 박세영 · 박아지 · 한효 등을 비롯한 문학가들이 1946년 중반에 월북하게 된 것은 바로 이러한 내부적 불만에서 싹튼 것이라 할 수 있다. 다음으로는 삼팔선 이북에서 독자적인 문학단체의 출현을 낳게 했다는 점이다. 삼팔선 이북의 문학가들은 당시 정치권으로부터 북조선의 독자적인 문학단체의 결성을 지속적으로 요구받았지만 문학계의 남북 분단의 가능성 때문에 이를 물리쳐왔다. 1945년 12월 10일에 여러 명의 문학가들이 서울로 내려와 조선문학동맹결성대회에 참가하였던 것도 바로 이러한 이유 때문이었다. 서울의 조직과는 다른 혹은 그와 연관성은 있지만 독자성을 갖고 있는 조직을 삼팔선 이북에 만드는 것이 편리하겠지만, 남북의 분열을 야기시킬지도 모른다는 우려때문에 서울의 문학가조직에 합류하여 새로운 길을 모색하려고 하였던 것이다. 그런데 1945년 12월 13일의 조선문학동맹결성대회 이후 열린 서울에서의 조선문학자대회에서 조선문학동맹을 과도기적인 것으로 취급하면서 이전의 합의를 제대로 지키지 않으면서 다분히 서울중심주의적으로 일을 처리하는 것에 대해 불만을 가졌던 것으로 보인다. 자신들이 참여한 그야말로 전국적인 문학대회는 과도기적인 것으로 간주하고 자신들이 참여하지 않은 채 서울에서 열렸던 대회를 마치 전국적인 대회라고 하면서 이 결정을 우선하는 것을 보면서 삼팔선 이북의 독자적인 문학조직을 결성할 필요성을 느꼈을 것이다. 그리하여 이들은 남북의 문학계를 분열시킬 수 있다는 부담감에서 벗어나 독자적인 문학가조직을 만들기에 이르고 이는 정치권에 이어 문학계에서도 남북의 분단이 이루어지는 결과를 초래하였다. 이것이 바로 1946년 3월 25일에 결성된 북조선문학예술총연맹이다. 이로써 남북에는 각각 다른 두 개의 문학가조직이 탄생하게 되었다.[7)]

---

7) 당시 삼팔선 이북의 이러한 사정에 대해서 김재용, 〈민주기지론과 북한문학의 기원〉(《분단구조와 북한문학》, 소명출판사, 2000)을 참고할 수 있다.

나) 반탁과 우익 문학가들의 대응

모스크바 3상회의의 결정에 대해 우익은 찬탁은 사대주의적인 것이고 반탁은 민족적인 것이라는 구도로 몰고 갔다. 이승만과 김구는 각각 다른 전망을 가지고 있었지만 이 점에 있어서는 공통된 생각을 하였다. 그리하여 그동안 조선문학동맹의 강한 영향력 속에서 숨을 죽이고 있던 조선문학가동맹에 참여하지 않은 문학가들이 독자적인 조직을 건설하기 시작하였다. 그런데 이 우익 문학가들 사이에는 문학관과 현실관에 있어 차이를 보여 두 개의 조직으로 나누어졌다. 찬탁을 반대하고 좌파적 경향을 반대한다는 점에서는 공통되나 그 구체적 지향에 있어서는 나누어졌다.

하나는 민족주의 경향의 것으로 일제 때부터 민족주의적 자향을 추구했던 사람들이 만든 전조선문필가협회이다. 1946년 3월 13일에 발족된 이 단체는 문학가들뿐만 아니라 언론인 등 광범위한 문필가를 망라하였다. 정인보를 회장으로 하여 박종화 등이 부회장으로 일하였다. 그 외에도 이헌구 등이 여기에 가담하였는데 이 단체의 구성원은 그 차이에도 불구하고 기본으로 민족주의적 사고를 기본 축으로 하였다. 이러한 점은 이후 박종화가 쓴 〈민족문학의 원리〉에 한층 분명하게 드러나고 있다. 그가 "우리의 2세에게 충무공의 소설을 지어 읽혀주자, 우리들의 딸에게 논개로 희곡을 써서 읽혀 주자"라고 하는 대목에서 분명해지는 것처럼 당시의 민족의 현실과는 유리된 다분히 복고주의적 색채를 강하게 띠고 있는 것이다. 물론 전조선문필가협회의 구성원들이 모두 이러한 공통된 지향을 갖고 있는 것은 아니었지만 그 주류가 이러한 성향을 강하게 띠고 있었던 것은 분명하다.

이와는 다른 경향의 단체도 생겨났다. 1946년 4월 4일 김동리의 주도로 순수문학을 주장하는 조선청년문학가협회가 기독교청년회관에서 결성되었다. 최명익을 명예회장으로 삼고 회장에는 김동리가 앉았다. 여기에 참석한 인물들은 최태응·임서하·조연현·조지훈·곽종원·유치환·김달진 등이었는데 이들은 모두 1930년대 중반을 전후하여 등장하여 문학활동을 하였던 사람들이다. 주지하다시피 1930년대 후반 순수문학론 논쟁과 세대 논쟁을 통하여 이들은 자신들의 독특한 감성을 이론적으로 설파하였는데 그 핵심은 민족주의나 사회주의와 같은 계몽적이고 이념적인 문학은 하지 않으면서 또 다른 세계를 지향하겠다고 했던 이들이다. 그렇기 때문에 이들은 조선문학가동맹에 대해서도 반대하였지만 같은 우파에 속한다고 할 수 있는 전조선문필가협회측의 민족주의적 경사에 대해서도 동의할 수 없었던 것이다. 그런 점에서 그들은 순수문학론을 내세우게 되었다. 카프문학과 민족주의 경향 모두로부터 벗어나 있었던 문학가들 중에서 가장 선배 작가로 최명익을 발견하고 그를 명예회장으로 끌어들인 데서 이를 확연하게 읽을 수 있다. 당시 조연현이 최명익론을 썼던 것도 그런 점에서 우연이 아닌 것이다. 그들은 자신 나름대로 문학사적 계보를 세우고 그 속에서 자신의 문학적 정당성을 찾으려 하였고 나아가 미학을 수립하려고 하였던 것이다. 그러한 과정을 통하여 자신들의 정체성을 확보하려고 하였고 이는 필연적으로 조선문학가동맹 측과의 논쟁으로 이어질 수밖에 없었다.

전조선문필가협회가 이후 영향력을 가지지 못하였던 반면, 조선청년문학가협회는 시간이 갈수록 힘을 얻었다. 여기에는 전자의 조직에 속했던 이들이 민족주의적 정서를 강하게 가지고 있었기 때문에 민족의 분열을 바라지 않는 마음에서 가능한 한 자기의 주장을 강하게 내세우지 않으려 했던 반면, 후자의 조직에 속했던 이들은 자신의 정체성 확보의 욕망이 훨씬 강했기 때문에 비타협적으로 논쟁하였고 이 과정에서 영향력을 얻을 수 있었던 것으로 보인다. 때로는 이를 위해서 논쟁을 야기시키는 측면도 존재하였다. 이러한 과정을 통하여 문학계는 좌우의 대립을 경험하게 되어 내부적으로 격심한 분열이 초래되었다.

다) 민족문학논쟁

민족문학에 대한 자각적 이해는 해방 직후부터 바로 시작되었던 것은 아니었다. 1945년에 이루어진 문학계의 논의에서 민족문학에 대한 뚜렷한 자의식을 보여주는 논자를 발견하기는 매우 어렵다. 민족문학이 제기된 것은 1946년 초 조선문학자대회를 전후한 무렵부터이다. 특히 이 대회에서 임화가 발표한 〈조선민족문학 건설의 기본 과제에 대한 일반 보고〉는 그 기초를 마련하는 역할을 하였다. 문학사에 대한 부정확한 이해에도 불구하고 이 논문은 당시 문학계 특히 좌파에게 있어 민족문학의 논의를 불러 일으키는 계기를 마련하였다. 수립해야 할 문학의 이념이 민족문학이라고 하면서 계급문학이냐 민족문학이냐 하는 이전의 대립은 넘어서야 한다고 주장하였다.

삼팔선 이남에서 이러한 논의가 있을 무렵에 삼팔선 이북에서도 민족문학 논의가 일어났다. 앞서 지적한 바 있는 것처럼 1946년 2월 서울에서 조선문학자대회가 열리게 되면서 1945년 12월에 있었던 조선문학동맹이 서울중심으로 변하여 가자 1946년 3월에 평양에서는 북조선예술총연맹이라는 별개의 단체를 발족하였다. 그 단체의 발족 직후 이루어진 문학자대회에서 안함광은 〈민족문화론〉을 발표하였다. 이 글은 임화의 것과는 달리 민족문화의 성격에 대해 자세하게 논의를 하고 있다. 노동자계급의 이념과 민족문학이 결코 모순될 수 없음을 논증하고 있다. 노동자계급의 이념을 따른다고 해서 노동자계급의 이해만을 고수해서는 안되고 당시 우리 사회가 해결해야 할 친일파 숙청이나 토지문제의 해결이란 과제를 충실하게 수행하는 것이야말로 진정 노동자계급의 이념이라는 것이다. 그렇기 때문에 노동자계급의 이념과 민족문학이 결코 모순될 수 없다고 강조하였다. 그런 점에서 임화의 논의와는 다르게 훨씬 구체적 성격을 갖고 있을 뿐만 아니라 민족문학 자체에 대한 한층 정확한 이해에 도달하고 있음을 알 수 있다.

이렇게 삼팔선 이남과 이북에서 민족문학에 대한 성격을 놓고 다소 다른 의견을 내놓고 있었는데 흥미로운 것은 이 둘은 모두 좌파계열에서 나온 것이고 우파쪽에서는 이에 대한 별다른 의견을 내놓지 않고 있다는 점이다. 그리하여 이 시기의 민족문학 논쟁은 좌파계열 안에서만 이루어지고 있었다. 처음에는 삼팔선 이남과 이북이 각각 다른 의견을 내놓는 데 그쳤지만 시간이 흐르면서 양쪽 사이에는 상대방의 규정에 대한 불만으로 하여 논쟁적 성격으로 발전하게 되었다. 물론 각각의 안에서도 이견이 존재하였고 이를 둘러싸고 논의가 없었던 것은 아니지만 뚜렷하게 드러나는 것은 남북 사이 즉 조선문학가동맹과 북조선예술총연맹 사이의 대립이었다.

안함광은 〈민족문학재론〉에서 자신의 민족문학관을 다시 한번 펼치게 되는데 이 글에서 주목을 해야 하는 것은 당시 이남의 조선문학가동맹의 민족문학론에 대한 비판과 또한 북조선예술총연맹 내부에서 제기된 다른 논자들의 민족문학관에 대한 명시적 비판이다. 그는 현재 한반도의 현실에서 민족의식과 계급의식은 결코 모순되는 것이 아니라고 하면서 민족문학이냐 계급문학이냐 라는 식의 접근이라든가 혹은 우리가 세워야 할 문화는 '근대적 의미의 민족문학'이라고 하는 등의 임화를 비롯한 조선문학가동맹이 제시한 주장은 매우 잘못된 것이라고 비판한다. 이와 더불어 그는 무산계급문학과 민족문학을 같은 것으로 보는 북조선예술총연맹 내부의 논의에 대해서도 비판하고 있다. 민족이 당면한 과제를 해결하는 것이야말로 현재의 시점에서 노동자계급의 관점이기 때문에 무산계급문학이 곧 민족문학이라고 보는 것은 사태를 제대로 보지 못하는 것이라고 비판하고 있다.

삼팔선 이북에서 안함광의 민족문학론이 진행되고 있을 때 이남에서 가장 의식적으로 민족문학 논의를 펼쳤던 임화도 이전의 논의에서 나아가는 주장을 펼쳤다. 1947년 초에 발표한 〈민족문학의 이념과 문학운동의 사상적 통일을 위하여〉에서는 이전에 자신이 펼쳤던 견해를 바꾸어 나갔다. 이전의 〈조선 민족문학 건설의 기본 과제에 대한 일반 보고〉에서는 '근대적의 의미의 민족문학'을 주장하였는데 이 글에서는 '식민지의 현대적인 민족문학'이라고 규정하였다. 이전의 글에서는 서구의 근대와 비서구의 근대 사이에 벌어진 중요한 차이를 간과하였던 반면 이 글에서는 비서구의 근대가 갖고 있는 특수성에 주목하였다. 이에 기초하여 민족의식과 계급의식이 결코 모순될 수 없음을 인정하고 이의 통일적 이해로 다가갔다. 이 무렵의 논의는 안함광의 그것과 크게 다르지 않게 되어 수렴되는 양상을 드러내 보였다.

라. 문학계의 재편 노력과 좌우문학논쟁(1946년 10월~1947년 12월)

가) 조선문학가동맹의 조직 개편과 서울 중심주의의 변화

1946년 말에 이르면 좌우의 균형은 이전과는 다른 양상을 띠게 되었다. 좌파들이 큰 기대를 걸고 행했던 일련의 대중적 파업과 투쟁은 오히려 좌파의 입지를 약화시키고 역량을 손실시키는 쪽으로 나아갔고, 우파는 이를 기회로 자신들의 주장을 한층 강력하게 밀고 나갔다. 물론 우파는 아직 대중을 획득하면서 세력을 확산하는 정도에는 미치지 못하였지만 분명 이전과는 다르게 자신의 입지를 강화시켰다.

이러한 전반적 상황은 문학계에도 영향을 미쳐 판도가 재편되는 움직임을 보였다. 조선문학가동맹의 경우 상실된 역량을 회복하면서 미군정에 자신들의 뜻을 관철시키기 위하여 조선문학가동맹에 가담하지 않았던 중도파를 끌어들일 필요성을 강하게 느꼈을 것이고 더불어 우파에 대한 그동안의 소극적인 대응이 아닌 본격적인 비판을 감행하였다. 우파에 대한 강한 비판과 중도파의 견인이 동시에 이루어지는 양상을 보였다.

청년문학가협회를 비롯한 우파의 경우 조선문학가동맹에 대한 집요한 비판을 통하여 자신의 입지를 넓히려던 소극적 태도에서 벗어나 더욱 적극적으로 대응하였다. 정세가 좌파들에게 불리하게 돌아가는 것도 그러하지만 무엇보다도 조선문학가동맹측이 그동안에 보였던 무시를 벗고 본격적으로 논쟁의 장으로 들어오는 것을 기화로 중심 무대에서 자신들의 역량을 보여 줄 수 있었기 때문이다. 그리하여 이 시기에 좌우 문학계 사이의 논쟁이 격화될 수밖에 없었다. 물론 그 논쟁은 조선문학가동맹측에서는 주도적인 이론가보다 젊은 외국문학 전공자 중심으로 이루어진 대단히 한정적인 것이었다.

우선 조선문학가동맹에서 벌인 문학계의 재편 노력부터 살펴보자. 조선문학가동맹은 1946년 11월 8일 중앙집행위원회를 열고 조직의 개편을 단행하였다. 북조선예술총연맹의 발족으로 이미 노선을 달리하던 삼팔선 이북의 문학가들을 빼고 그 자리에 중도파 작가들을 끌어 넣었다. 부위원장이었던 이기영과 한설야를 빼고 그 자리에 이병기를 선임하였다. 그리고 중앙집행위원이었던 윤기정·한효·이동규·박세영·안함광 대신에 양주동·염상섭·조운·채만식·박아지·박태원·박노갑을 선임하였다.[8] 서기장으로 권환 대신에 김남천을 뽑는 등 전반적으로 조직을 개편하였다. 이러한 조직 개편에서 유심히 보아야 할 것은 중도파 문학인들에 대한 적극적인 관심이다. 양주동·염상섭·조운·채만식 등을 끌어들여야 한다고 생각한 것은 이전에는 생각하기 어려운 일이었다. 물론 이들이 당시 조선문학가동맹의 이러한 제안에 호응하였는지 아닌지에 대해서는 개개인에 따라 다를 수 있어 일률적으로 말할 수는 없다. 대부분이 그렇게 적극적으로 참여한 것은 아닌 것으로 보인다. 문제는 조선문학가동맹이 예전과는 다르게 이렇게 중도파들을 비중

---

8) 《예술통신》, 1946년 11월 11일.

있게 넣었다는 것과 이것이 갖는 의미이다. 필자가 보기에 당시 조선문학가동맹은 문학가들을 광범위하게 포진시켜 조선문학가동맹의 외양을 넓히는 것이 미군정에 대해 운신의 폭을 넓힐 수 있는 근거가 되고 나아가 간접적이나마 민주주의민족전선 진영을 강화하는 것이라고 생각하였던 것 같다.[9) 조선문학가동맹은 조선문화단체총연합의 일원으로 민주주의민족전선에 속해 있었다. 그리하여 미·소공위의 결정대로 임시정부를 수립하는 것을 통일독립국가 건설의 길로 생각하고 이에 최선을 다하려고 하였다. 그런데 우익의 반대가 만만치 않기 때문에 이를 차단하고 일을 성사시키기 위해서는 민중의 역량을 강화하고 끌어들이는 것이 첩경이라고 보았다. 그러나 이러한 방식으로는 일정한 한계가 있다는 것을 깨닫게 되었기에 더 넓은 통일전선이 필요함으로 절감하였을 것이다.

이와 더불어 고려할 것은 우파 문학인 즉 청년문학가협회의 구성원들에 대한 직접적 비판의 강화이다. 중도파 작가들을 끌어 넣는 것이 자기 진영을 강화하는 것이라면 이는 필수적으로 우파진영의 약화를 기도하는 일에 맞닿을 수밖에 없었던 것이다. 그렇기 때문에 우파에 대한 비판이 따를 수밖에 없었고 이는 그동안 무시했던 논자들인 김동리 등에 대한 적극적 대응으로 이어졌다. 김동리가 1946년 4월 청년문학가협회를 만들고 난 다음부터 지속적으로 조선문학가동맹을 비판하여도 이에 대해 별다른 반응을 보이지 않았던 것을 생각하면 이는 분명 변화라 할 수 있을 것이다. 그만큼 정세가 좌파에게는 불리하게 돌아가고 우파에게는 우호적으로 진행되었던 것이다. 중도파 문학인에 대한 적극적인 견인은 우파 문학인에 대한 비판과 떼어놓고 생각할 수 없었다. 김병규가 김동리의 순수문학을 직접적으로 비판한 것은 바로 이러한 맥락에서 나온 것이다. 우파진영에 대한 비판은 김동리의 주장인 순수문학론에 대해서만 존재했던 것이 아니다. 민족주의 자체에 대한 비판도 있었다. 민족주의에 대한 비판은 특히 박종화 등이 중심으로 결성된 전조선

9) 당시 삼팔선 이북에 있던 이태준마저도 이 일에 적극적인 관심을 갖고 실명을 들어가면서 역설하고 있다. 《문학》 3(1947년 4월호)에 실린 편지글 〈영웅적 활동을 승리로 극복한다〉(1947년 1월 30일에 쓴 것으로 되어 있다)의 일절인 "특히 가람선생과 무애선생에게 동맹일을 위해 적극적 지도를 청하시오며"는 당시 조선문학가동맹의 중도파 문학인에 대한 관심을 잘 말해준다.

문필가협회에 대한 것이었다. 박종화는 〈민족문학의 원리〉[10]에서 충무공과 논개의 불굴의 기개를 그린 문학이 민족문학이고 이러한 문학을 내놓는 것이 시급하다는 주장을 펼친 바 있다. 이것에 대해서도 조선문학가동맹측은 비판을 하였는데 이명선의 〈민족문학과 민족주의 문학〉[11]이 바로 여기에 해당한다. 청년문학가협회측의 김동리가 내놓은 순수문학론과 전조선문필가협회측의 박종화가 내놓은 민족주의 문학론에 대해 김병규와 이명선과 같은 조선문학가동맹의 젊은 논객들이 각각 비판을 하기 시작했다는 점은 이 시기 조선문학가동맹의 위기의식을 역설적으로 보여준다고 할 수 있다.[12]

이 시기 조선문학가동맹의 문학계 재편 노력에 대해서 간과해서는 안될 것은 서울중심주의의 포기이다. 앞서 말한 바와 같이 1946년 2월 8일~9일의 조선문학자대회를 계기로 하여 문학가 내부에서는 새로운 대립이 생겨났다. 과거 조선프롤레타리아문학동맹 출신의 문학가와 조선문학건설본부 출신의 문학가 사이에 문학자대회의 성격과 또한 1945년 12월 13일날 결성된 조선문학동맹의 성격을 둘러싸고 의견이 대립하였는데 조선문학건설본부 출신들의 주도에 반발하여 일부 문학가들이 월북하였다. 또한 재북 문학가들도 서울에서 벌어진 이러한 사태에 대하여 불만을 갖고 독자적인 조직을 만들었다. 이들은 서울에서 올라온 문학가들을 끌어들여 문학가 조직을 확대하였으며 이로 인하여 남북 사이에는 두 개의 문학단체가 독자적으로 존재하였다. 조선문학자대회에서는 삼팔선 이북에 '총국'을 둘 수 있다고 하면서 이 문제를 풀어보려고 했지만 남북에는 전혀 다른 조직이 생겼던 것이다.

삼팔선 이남에서는 10월 항쟁의 여파로 입지가 갈수록 어렵게 된 반면, 삼팔선 이북에서는 좌파의 세력이 강화되는 양상이 벌어지자 과거처럼 서울중

---

10) 《경향신문》, 1946년 12월 5일.

11) 《신조선》, 1947년 2월.

12) 흥미로운 것은 김동리를 비판하는 김병규의 〈순수문학과 정치〉와 박종화를 비판하는 이명선의 〈민족문학과 민족주의문학〉이 《신조선》 잡지 같은 호에 나란히 실려 있다는 점이다. 또한 김동리의 순수문학론에 대해서는 이것과 관련이 깊은 불란서 문학전공자로, 박종화의 민족주의문학론에 대해서는 전근대 시기 문학을 전공한 이명선을 등장시키고 있다. 이런 것을 비추어 볼 때 조선문학가동맹은 이들 젊은 논객들로 하여 이 두 문제에 대해 동시적으로 비판을 조직했음을 짐작할 수 있다.

심을 고집하는 것이 여의치 않았다. 이러한 점으로 서울중심주의에 대한 강력한 반성이 제기되었다. 이러한 인식의 전환을 잘 말해주는 것으로 당시 조선문학가동맹의 중심적 이론가였던 임화의 글 〈북조선의 민주 건설과 문화예술의 위대한 발전〉을 들 수 있다. 조선문학가동맹은 심한 위기에 봉착하여 제대로 활동을 할 수 없는 상태인 반면 북한에서는 북조선예술총연맹 주도하에 커다란 발전이 이루어졌음을 확인하는 임화의 인식에서 해방 직후나 혹은 1946년 초의 그것과는 현저한 차이를 읽을 수 있다. 서울이 한반도의 중심이라고 생각하고 이를 기초로 모든 것을 고려하였던 그가 이제 평양을 또 하나의 중심으로 인정하게 되는 것이다.

나) 좌우익 문학논쟁

청년문학가협회의 우파는 처음부터 조선문학가동맹을 비판하여 왔다. 특히 그 맹장이라 할 수 있는 김동리 1인이 주도하는 것인 만큼 조선문학가동맹측에서는 별다르게 관심을 두지 않았던 것으로 보이고 특히 이에 대해 반론을 펼 만큼 중대하게 생각하지 않았다. 또한 이러한 경향을 일제 말에 존재하였던 순수문학의 연장이기 때문에 새로운 사회적 환경 속에서 시간이 흐르면 수그러들 것이라고 생각하였던 것으로 보인다. 그렇기 때문에 1946년 4월 청년문학가협회의 발족 이후 발표된 김동리와 조연현이 쓴 일련의 글은 물론이고 김동리가 〈순수문학의 정의〉[13]를 발표한 것에 대해서도 이렇다 할 반응을 보이지 않았다. 조선문학가동맹의 무시에도 불구하고 계속하여 글을 썼던 김동리가 〈순수문학의 진의〉[14]와 〈창조와 추수〉[15]를 발표하자 조선문학가동맹의 일원이었던 것으로 보이는 김병규가 본격적인 반론인 〈순수문제와 휴머니즘〉[16]과 〈순수문학과 정치〉[17]를 발표하게 된다.

그동안 별다른 반응을 보이지 않던 조선문학가동맹측에서 왜 이시기에 정면 대응을 했는가 하는 점을 이해하기 위해서는 이 시기 문학계의 상황, 특

13) 《민주일보》, 1946월 7월 11・12일.
14) 《서울신문》, 1946년 9월 15일.
15) 《민주일보》, 1946년 9월 15일.
16) 《신천지》, 1947년 1월.
17) 《신조선》, 1947년 2월.

히 조선문학가동맹의 현실 인식을 감안해야 한다. 조선문학가동맹은 1946년 10월 사건을 거치면서 자신의 입지가 현저하게 축소되고 있음을 인정하지 않을 수 없었다. 미·소공동위원회의 결렬 이후 이제 민중들의 투쟁을 통하여 이를 성사시키도록 압박하고 나아가 인민공화국을 세우는 길을 선택하였지만 민중들의 항쟁에 대한 미군정의 대응은 생각보다 훨씬 강도가 강하였고 그 과정에서 많은 역량 손실이 따랐던 것이다. 특히 박헌영을 비롯한 몇몇 지도부의 활동가들이 체포 위기에 놓여 삼팔선 이북으로 올라가는 상황은 이러한 위기감을 한층 강화시켰다. 그렇기 때문에 그동안 행하였던 방침을 전반적으로 반성해야 할 필요성을 강하게 느꼈던 것이다. 그 중의 하나가 앞서 보았던 것처럼 중도파 작가에 대한 새로운 인식과 그들의 견인이었다. 우파진영에 대한 강한 비판을 통한 자기진영의 단결을 촉진하는 일도 더불어 진행하였다. 이 둘은 결코 뗄 수 없는 동전의 양면이었다. 그런 점에서 그동안 흘려보냈던 청년문학가협회진영의 순수문학론적 민족문학론에 대해 정면으로 반박할 필요성을 느꼈을 것이며 이 책임을 맡은 사람이 바로 김병규였던 것으로 보인다.

김동리는 〈순수문학의 진의〉에서 두 가지 점을 강조하는데 그 첫째는 순수문학이 결코 '상아탑의 문학'이 아니라는 점이다. 청년문학가협회 바깥에서 순수문학을 보는 입장은 크게 두 가지로 나누어졌다. 조선문학가동맹쪽에서는 순수문학은 일제 말의 파시즘이 강화된 상황 속에서 불가피하게 이루어진 것으로 당시에는 일정한 의의를 가지지만 해방 후에는 아무런 현실적 의미를 갖기 어려운 것으로 그런 점에서 이 새로운 변화된 현실에서 순수문학을 주장하는 것은 대단히 잘못된 것이라는 것이다. 다른 하나는 조선문학가동맹 외부에 있던 김동석이 주장한 것으로 순순문학은 정치적 현실과 무관하게 그야말로 상아탑에 머물러야 한다고 하면서 그렇지 못한 김동리식의 순수문학을 비판하였다. 이 둘은 순수문학에 대한 상반된 평가—한쪽은 순수문학을 부정하고, 다른 한쪽은 순수문학을 긍정하고—에도 불구하고 순수문학을 현실과 떨어진 상아탑의 문학이라는 현상 인식은 공유하였다. 그렇기 때문에 김동리는 순수문학은 결코 상아탑의 문학은 아니며 어디까지나 휴머니즘의 문학이라고 하면서 이 양쪽의 비판을 재비판하였다.

김동리 주장 중 다른 하나는 순수문학이 주장하는 휴머니즘은 세계사적 차원에서 볼 때 희랍시대의 제1휴머니즘과 르네상스시대의 제2휴머니즘의 정신을 이어받은 제3의 휴머니즘이라는 것이고 이는 그런 점에서 민족문학과 상통한다는 점이다. 르네상스 이후 진전된 산업혁명을 비롯한 제반 물질적 생활의 진전과 이에 대해 반발한 맑시즘의 유물사관은 모두 근대 과학이란 공통된 틀 속에서 이루어진 것이기 때문에 이를 넘어서는 것이 바로 제3 휴머니즘이고 이러한 지향은 민주주의의 결과물의 하나인 조선해방의 노력과 이어지기 때문에 민족문학일 수밖에 없다는 것이다.

김병규는 우선 〈순수문제와 휴머니즘〉에서 정면으로 반박한다. 첫째는 순수문학이 상아탑의 문학이 아니라고 한 김동리의 주장에 대해 서구문학 특히 19세기 중반 이후 불란서 문학의 근거로 순수문학은 현실로부터 유리되어 진행된 것이기 때문에, 이것에 대한 파악과 나아가 조선의 현실에 대한 이해가 없이 이를 마구잡이로 사용하는 것은 잘못되었다는 것이다. 또한 이런 의미의 순수문학론은 결국 인간을 추상적으로 파악할 수밖에 없기 때문에 한계를 가질 수밖에 없다는 것이다. 둘째는 휴머니즘을 세 단계로 구분하는 것도 사실과 맞지 않지만 더구나 자본주의의 물질적 변혁과 맑시즘의 유물론을 근대 과학의 공통 틀 속에서 파악하고 이를 넘어서는 것이 휴머니즘이라고 하는 것은 일제의 파시즘이 제고하였던 논리를 답습하는 것으로 매우 잘못된 파악이라는 것이다. 그의 다른 글 〈순수문학과 정치〉에서도 앞의 글과 마찬가지로 두 가지의 문제를 중점적으로 부각시키면서 비판하고 있는데 특히 전자의 문제에 대해서는 각도를 달리하여 구체적으로 비판하고 있어 주목된다. 김동리의 순수문학은 "순수문학에 정치를 도입하기 보다 순수문학을 정치의 도구로 삼으려고 하는 것"이라고 비판하면서 김동리가 당시의 현실에서 구체적으로 서 있는 자리를 비판한다. 김동리의 순수문학은 현실 정치에 있어 반탁이라든가 단독정부 수립 등과 같은 이승만 계열의 우익정치에 밀접하게 닿아 있기 때문에 서구의 순수문학과 김동리의 순수문학과는 다르다는 것을 강조하였다. 앞의 글에서는 원칙적으로 언명되던 것이 이 글에서는 아주 구체적으로 거론되고 있어 훨씬 분명해진다.

김동리는 〈순수문학과 제3세계관〉[18]에서 본격적인 반론을 하게 된다. 그

동안 자신이 조선문학가동맹에 대해 여러 차례 비판을 했음에도 불구하고 반향이 없다가 김병규의 반론을 접하자 이를 넘겨버릴 리가 만무하였던 것이다. 김병규의 비판 논리에 일 대 일로 대응하는 방식을 택하고 있다. 우선 순수문학은 현실과 무관한 채 존재해 왔다는 김병규의 견해에 대해 김동리는 자기가 말하는 순수문학은 그러한 것, 즉 발레리나 말라르메가 말하는 그러한 순수문학이 아니고 오히려 세익스피어와 괴테가 추구했던 그러한 문학이라고 하였다. 단지 자기가 그냥 문학이라 하지 않고 순수문학이라고 하는 것은 발레리나 말라르메식의 '탐미주의'적 문학관이나 프로문학 같은 공리주의 문학관과 구별짓기 위해 순수문학이라고 사용하고 있는 것이라고 반론하였다. 그런 의미에서 자신의 순수문학은 본격문학이라고 말하고 있다. 그렇기 때문에 서구의 순수문학에 조응하지 않는다고 해서 자신의 순수문학이 잘못된 것이라고 하는 것은 맞지 않는다는 것이다. 이러한 반론을 보면 김동리의 순수문학은 김병규나 김동석 등이 말하는 순수문학의 정의와는 출발부터 맞지 않기 때문에 비생산적이었던 것으로 보인다.

다음은 제3의 휴머니즘이란 것은 결국 자의적이고 더구나 유물사관을 근대주의로 보면서 인간이 소외되어 있다고 보는 것은 타당치 않다는 김병규의 반론에 대해서이다. 김동리는 자신이 주장하고 있는 제3휴머니즘은 부르주아 사회가 만들어 낸 일련의 부패에 대해서뿐만 아니라 이 자본주의를 극복하겠다고 나온 맑시즘의 유물사관도 결국 근대주의의 변형태에 지나지 않는다고 주장한다. "그(자본주의를 말함-인용자) 정치제도와 경제기구와 생활자료 산출방법에 있어서의 갖은 모순과 죄악과 불합리 불공평들을 과학적으로 구체적으로 통렬히 해부 비판한 맑시즘체계의 세계관은 그 체계구성의 조직과 방법에 있어, 또 그 유물론적 인식 태도에 있어 완전히 과학주의, 물질주의, 기계주의를 취하게 되었던 것이므로 그 사회관에 있어서는 근대주의(자본주의 사회)에 강경히 항거하였음에도 불구하고 그 유물론적 인식론적 본질에 있어서는 당연히 양기되어야 할 근대주의의 연장과 그 여식의 응결에 불과하게 되었던 것"이라고 하는 비판의 대목은 그의 생각을 가장 집약적으로

18) 《대조》, 1947년 8월.

보여주는 것이며 또한 김동리와 김병규 사이의 차이가 가장 뚜렷하게 드러나는 것이라 할 수 있다.

김동리의 반론에 대한 재반론으로 김병규는 〈독선과 무지〉[19]를 발표하는데 이는 새로운 각도의 반박보다는 기존의 입장을 한층 더 세밀하게 논증하는 방식을 택하고 있다. 논쟁에서 항상 두 가지가 문제가 되었는데 하나는 순수문학의 성격문제이고 다른 하나는 제3휴머니즘의 현실성 문제였다. 이 글에서도 전자의 문제에 대해서는 김동리의 '독선'을 후자의 문제에 대해서는 '무지'를 각각 비판하였다. 순수문학의 성격에 대해서 김병규는 서구문학사를 구체적으로 예시하면서 순수문학이란 본격문학과 같은 것이 될 수 없기 때문에 이러한 정의를 무시하고 독단적으로 개념정의를 하는 김동리의 '독단'을 비판하였다. 후자에 대해서는 김동리가 맑시즘의 유물사관을 근대주의의 연장이라고 비판하면서 특히 그것이 갖고 있는 주체 부재를 비판하였는데 이는 오해라고 비판하였다. "유물사관은 절대로 주체적 조건을 무시하지는 않는다. 그렇다고 물론 씨와 같이 주체가 모든 것인 것처럼 독선적 태도도 취하지 않는다. '르네상스 휴머니즘'은 이하 보아온 바와 같은 객체적 조건에서 시발하였고 또 그 자체의 주체적 조건은 객체적 조건에 반작용하여 시민계급의 발전을 추진시켰다고 보는 것이 유물사관의 입장인 것이다. 즉 객체와 주체와의 상호작용에서 역사의 발전운동을 보는 것이다"라고 하면서 유물사관이야말로 휴머니즘의 정신을 이어받는 것이라고 반론하였다.

김병규와 김동리의 이러한 논쟁에서 중요한 것은 전자 즉 순수문학의 정의가 아니고 후자 즉 맑시즘의 유물사관의 평가 문제였다. 전자가 크게 쟁점이 될 수 없는 것은 이 두 사람이 대상으로 하는 순수문학의 정의가 원천적으로 다른 만큼 서로 과녁이 빗나가게 되기 때문이다. 그런데 후자는 같은 대상에 대해서 다르게 평가하는 것이기 때문에 쟁점이 되는 것이다. 김동리의 주장 즉 제3세계관이 설득력을 얻기 위해서는 그가 말한 것처럼 자신이 이론적으로나 실천적으로나 자본주의의 폐해에 대해서 올바르게 비판하고 나아가 당시의 역사적 맑스주의가 범하는 문제를 제대로 짚어줄 때 가능한

19) 《문학》, 1948년 4월.

것이나 당시와 이후 그의 활동을 종합적으로 검토해 볼 때 이에 미친다고 생각하기 어렵다. 만약 이러한 논지를 계속 철저하게 수행했다면 그는 자신의 말처럼 근대주의와 근대주의의 연장으로서의 변형태를 근본적으로 극복하여 근대 이후를 준비할 수 있고 그렇게 되었다면 그는 마땅히 20세기 한국근대문학사에서 한 정점을 차지하면서 진경을 보여주었을 것이지만 그렇지 못했던 것이다. 김병규의 경우 역사적 맑스주의와 맑스의 견해를 구분해 가면서 설득할 수만 있었다면 참으로 근대문학의 이론적 수준을 높일 수 있었겠지만 그것은 당시의 시대적 한계 속에서 쉽지 않았을 것이다. 그렇지만 서구의 문학사를 개괄하면서 프리체 類의 것을 그대로 대입시키는 것은 그 자신의 한계라고 할 수 있을 것이다.

좌우문학논쟁에는 위에서 다룬 것 이외에 김동석과 김동리 사이의 논쟁을 들 수 있다. 김동석이 〈순수의 정체〉[20]에서 김동리의 문학관을 비판하였고, 이에 대해 김동리가 〈생활과 문학의 핵심〉[21]으로 반박을 하였다. 이후 이들의 논쟁은 단독정부 수립 이후에 대담의 형식으로까지 번져 논쟁을 하기도 하는데[22] 의외로 그 내용은 간단하였다. 많은 이야기를 나누고 있음에도 불구하고, 또한 그렇기 때문에 핵심적인 쟁점이 제대로 부각되지 않고 있었는데, 그 중에서도 이 논쟁에서 앞의 것과 다른 것은 좋은 문학작품의 평가 기준을 둘러싼 시론적 모색이었다. 김동석과 김동리는 세익스피어가 좋은 문학가라는 데는 일치하지만 그 평가 기준은 다르다. 김동석은 세익스피어가 당대 현실에 충실하면서 인민들의 지향을 그 역사적 전망 속에서 제대로 보여주는 리얼리즘에 충실했기 때문에 위대한 좋은 작품이라는 것이고, 김동리는 세익스피어가 생명의 呂律과 이에 입각한 인간됨을 추구했기 때문에 그렇다는 것이다. 그런 점에서 김동석과 김동리의 논쟁은 훨씬 근본적인 것을 다루는 것처럼 보이기도 하지만 다른 한편으로는 다소 추상적으로 흐른 느낌을 준다. 특히 김동리가 '동양의 전통' 운운할 때 더욱 그렇다.

---

20) 《신천지》, 1947년 11월.
21) 《신천지》, 1948년 1월.
22) 이 대담의 내용과 의미에 대해서는 이현식의 〈해방직후 순수문학논쟁 연구〉(《민족문학사연구》 7, 1995)를 참고할 수 있다.

마. 남북의 분단과 통합의 열망(1947년 12월~1948년 8월)

1947년 말 이후의 문학계는 정치 정세의 변화와 아울러 심각한 위기를 경험하게 되고 그 과정에서 다양한 경향의 공존이 불가능해지는 양상을 보여주었다. 해방 직후부터 줄곧 문학계의 중심을 차지하였던 조선문학가동맹은 이 시기에 들어 커다란 타격을 입고 입지가 결정적으로 약화되었다. 1947년 8월에 들면서 미군정당국은 조선문학가동맹을 비롯한 조선문화단체총연합의 구성원들에 대한 대대적인 탄압을 시작하였는데 처음에는 이것을 앞으로 다가올 8·15기념 집회를 사전에 봉쇄하기 위해 의례적으로 하는 것으로 인식하고 있다가 그 구금 대상의 폭이라든가 8·15 이후에도 지속적으로 검거가 이루어지는 것 등을 목격하면서 이전과는 다른 새로운 것임을 알아 차리게 되었다. 이러한 대대적인 검거에 맞선다는 것이 결코 쉽지 않은 것임을 깨달은 이들은 자신들의 활동 무대를 옮겨야 할 필요성을 강하게 느꼈다. 게다가 그나마 마지막으로 희망을 걸었던 제2차 미·소공동위원회의 결렬을 보면서 더 이상 남쪽에서 활동하는 것이 결코 쉽지 않음을 깨달았고 이후 주도적인 문학가들이 월북을 하게 된다. 임화를 비롯하여 김남천·오장환 등 조선문학가동맹의 핵심적인 멤버들이 이 무렵에 월북하게 되는 것은 바로 이러한 이유 때문이었다.

조선문학가동맹은 이 시기에 세 갈래로 나누어 활동이 이루어진다. 첫째는 평양계이다. 김남천은 월북하자마자 평양에 머무면서 조선문화단체총연합의 대변인 역할을 하게 된다. 여기에는 같이 월북하였던 오장환을 위시하여 1946년에 월북하여 평양에서 이미 활동을 하고 있던 이태준 등도 포함시킬 수 있을 것이다. 둘째는 해주계이다. 임화는 월북하여 평양에 거주하지 않고 해주에서 활동하였다. 그곳에서 남로당계 잡지인《전진》·《노력자》그리고《별》등을 출판하여 남쪽으로 내려 보내는 작업을 하였다. 거기에는 1946년 말에 월북하여 자리를 잡고 있었던 이원조 등이 포함된다. 셋째는 서울계이다. 조선문학가동맹과 조선문화단체총연합의 핵심 구성원들이 월북한 후 그 자리를 지킨 사람은 이용악·현덕을 비롯한 젊은 문학가들이었다. 해방 직후에 등장하여 문학활동을 했던 많은 젊은 문학가들, 예를 들어 이병철·박찬모·박산운·강형구 등의 문학가들은 간접적으로 연락을 취하면서 자체적으로 문학을 해 나갔다. 조선문학가동맹이 발간하던 기관지 《문학》의 발행인이 이태준에서 현덕으로 바뀌어 나온 것을 보면 서기장을 맡고 있던 김남천이 월북한 후 조선문학가동맹이 얼마나 힘들게 견뎌내고 있었는가 하는 것을 짐작할 수 있다. 조선문학가동맹쪽은 이러한 상태였기 때문에 기존의 관행을 거의 그대로 유지하는 정도밖에 되지 못하였다. 이러한 점은 단독정부 수립을 전후한 시기에까지 계속 이어졌다.

청년문학가협회 조직에 관여하였던 문학가들은 남북의 분단고착화가 가시화되는 현실 즉 1947년 10월 미·소공동위원회가 결렬되고 한반도 문제가 유엔으로 넘어가는 것을 보면서 남북의 분단이 가져올 수 있는 위험에 대해 깊이 천착하지 못하였다. 항상 현실로부터 일정하게 떨어져 문학을 했던 이들로서는 이러한 문제의 심각성을 느끼기가 쉽지 않았을 것이다. 오히려 이러한 상태에서 자신의 입지를 확충하는 일에 더욱 매진하게 되는 것이다. 분단이 되더라도 자신이 지향하는 가치가 구현될 수 있다면 문제가 되지 않았던 것이다. 그렇기 때문에 이 시기에 와서 특별하게 위기를 느낀다거나 혹은 적극적으로 대응해야 할 필요성 같은 것을 느끼지 못하였던 것으로 보인다.

조선문학가동맹과 청년문학가협회가 이러한 양상으로 나누어져 있는 상황에서 가장 위기를 느끼면서 이에 적극적으로 대처해야 한다고 생각한 이들은 중도파 작가라고 부를 수 있는 염상섭·채만식 등의 문학가들이었다. 이들은 어떤 특별한 조직에 가담하지도 않았고 또한 새로운 조직을 만든 것도 아니다. 그렇지만 이들은 정치적으로 당시 좌우 모두에 대해 일정한 거리를 두고 민족문제와 계급문제를 통합적으로 보려고 하였으며 또한 현실주의적 사고 속에서 한반도 주민들의 바람직한 삶을 모색하였다. 특히 미·소 모두로부터 우리가 독립하는 것이 남북의 분단을 막으며 동족상잔을 막는 길이라고 생각하였기에 이에 주력하였다. 당시 좌파들이 소련에 기대어, 우파들이 미국에 기대어 자신이 생각하는 체제를 만들려고 노력한 것에 반해, 이들은 미·소 모두에 대해 공히 비판적 거리를 두고 이로부터 벗어나 독립하는 것이 가장 급선무라고 생각하였던 것이다. 그런 점에서 민족문제의 시급한 해결을 주장한 이들을 중도파라고 부를 수 있을 것이다.

이들 작가들은 주로 작품활동을 통하여 자신들의 지향을 드러낸 셈이기 때문에 이 시기에 이들이 발표한 작품들을 중심으로 살펴 볼 필요가 있다. 염상섭은 이 시기에 단편 〈삼팔선〉과 〈이합〉 그리고 장편 《효풍》을 발표하였다. 〈삼팔선〉은 이북에서 이남으로 내려오는 사람들이 겪는 고난을 통하여 분단이란 문제의 중요성을 일깨웠다. 당시의 많은 사람들이 분단이 가져올 수 있는 치명적 상처를 아직 예감하지 못하는 상황에서 작가는 현실의 심각함을 깨우쳐 주려고 하였던 것이다. 〈이합〉 역시 마찬가지이다. 삼팔선으로 말미암아 흩어졌던 사람들이 다시 만나게 되는 과정을 통하여 분단이 초래할 수 있는 억압적 상황의 심각성을 보여주었던 것이다. 이처럼 이 시기에 발표한 두 단편이 보통 사람들이 분단의 가능성을 심각하게 생각하지 않는 것과는 달리 이것이 가져다 줄 수 있는 위험성을 예각화시켜 보여줌으로써 이를 막아야 하는 것의 중요성을 역설하고 있는 것이다. 특히 미 · 소의 외세가 한반도에서 행사하는 억압과 우리 내부의 차이를 딛고 통합해야 할 필요성 등이 절절하게 흐르고 있다. 장편 《효풍》은 미국과 소련을 각각 자신의 이상국으로 삼고 이들에 기대어 미래를 건설하는 사람들에 대한 강한 비판을 보여주고 있다. 또한 이러한 사람들과는 달리 미 · 소 모두로부터 독립하여 우리 스스로 통일독립국가를 세우려고 노력하는 사람들의 투쟁도 보여준다. 이 작품에서는 미국과 소련에 기대어 자신의 이익과 이상을 세우려고 하는 사람들이 갖는 단견을 아주 통렬하게 비판하고 있어, 작가가 이러한 분단을 조장하는 사람들에 대해 얼마나 강한 분노를 느끼고 있었으며, 또한 그들과는 다른 길을 걸으려고 했던가 하는 것을 어렵지 않게 짐작할 수 있다.

채만식은 염상섭과는 또 다른 의미에서 이 시기 중도파의 면모를 잘 보여주는 작가이다. 해방 직후에 〈역로〉를 비롯하여 여러 편의 작품을 발표하였던 채만식은 1946년 말 이후 침묵을 지키다가 1948년 들어서면서 또다시 문제적인 단편인 〈도야지〉와 〈낙조〉를 세상에 내놓는다. 그 역시 미 · 소공동위원회가 결렬되고 한반도의 문제가 소련의 반대에도 불구하고 미국의 뜻대로 유엔으로 넘어가면서 남북이 분단될지 모른다는 강한 위기감을 가졌던 것으로 보인다. 〈도야지〉는 남북분단의 구실을 제공하였던 1948년의 5 · 10선거를 다루고 있다. 그가 눈여겨 본 것은 이 선거에서 후보로 나오는 사람이 민중과 민족의 삶과는 무관하게 오로지 자신의 부와 명예만을 위하여 행동한다는 사실이다. 분단이 코 앞에 닥쳐오고 있는 현실에서 이러한 문제에 대해서는 아무런 소신도 주장도 없고 오로지 자신의 치부만을 위해 선거에 입후보하는 이런 인물들이야말로 모리배와 정상배에 지나지 않는다는 것과 이들이 판을 치는 이 선거라는 것이 결국 단독정부의 수립과 나아가 분단을 촉진하는 것에 지나지 않는 일임을 아주 강하게 보여주고 있다. 이러한 그의 문제의식이 가장 빛나는 것은 역시 〈낙조〉이다. 이 작품은 세 사람의 입장이 팽배하게 맞서면서 전개되는 방식을 취함으로써 당시의 시대적 현실의 한 복판에서 존재하는 분단과 그 해결에 대한 상이한 입장을 아주 분명하게 보여주고 나아가 이에 대한 작가의 전망을 명료하게 보여주고 있다. 황주 아주머니는 북의 공산주의를 무력으로 붕괴시켜 통일을 해야 한다는 입장을 가지고 있다. 반면에 영춘은 남이 북을 통일하든 북이 남을 통일하든 통일만 하면 된다는 입장으로서 오로지 남에 의한 북의 통일이란 입장을 지니고 있는 황주아주머니와는 분명 다른 것이다. 그런 점에서 영춘은 가히 통일지상주의자라고 부를만 한 인물로 통일을 물신화시킨 것이다. 이 작품의 화자는 통일이란 것이 무조건 되면 좋은 것이 아니라 어떤 통일이냐 하는 것이 더욱 중요하다고 하면서 남북이 서로 무력으로 통일하게 되면 동족상쟁은 물론이고 그 뒤에 자리잡고 있는 미·소에 의한 새로운 간섭으로 심각한 재앙을 남길 뿐이기 때문에 미·소에 의하지 않고 남북이 평화적으로 통합하는 것이 바람직하다는 뜻을 비치는 것이다. 작가는 당시 현실에서 존재하는 분단과 통일에 대한 이러한 상이한 입장 사이의 대화를 통하여 바람직한 길을 모색한다.

이상에서 보았던 것처럼 이 시기에 이르러 문학계에서 자기 나름의 전망을 갖고 활동하는 것은 바로 이 중도파에 속한 작가들뿐이었다. 좌파의 작가들은 현실적 지반을 상실하여 자신의 보위 자체가 최대의 과제가 되는 상황이었기에 새로운 대응방식을 제출하지 못하고 관행적으로 움직일 뿐이었다. 당시 구국문학 등의 구호를 내걸기도 하였지만 이것이 이전의 것과 다른 새로운 대응으로 보기에는 현실성이 약하였다. 우파에 속한 작가들은 이러한 현실문제로부터 멀리 떨어져 있거나 혹은 단독정부 수립에 밀접하게 닿아 있기 때문에 분단을 막고 통일독립국가를 수립할 수 있는 그 어떤 전망도 제출하지 못하였다. 그런 점에서 바로 이 중도파 작가들이 그 위기 속에서도 활발하게 자신의 전망을 찾고자 분투하였던 것은 냉전적 분단구조의 해체를 더욱 가속화시켜 한반도에 평화정착을 모색하고 있는 오늘날의 현실에서 볼 때 한층 의미있는 작업이라 평가할 수 있을 것이다.

〈金在湧〉

2) 미술

(1) 해방공간과 미술단체

1945년 8월 15일 조국이 광복되면서 발빠르게 전체 문화예술인의 집결체인 조선문화건설중앙협의회가 발족되었다. 그 산하에 조선미술건설본부가 조직되고 중앙위원장에 高羲東이 추대되었다. 조선미술건설본부가 미술인 조직으로 재정비하여 출발한 것이 조선미술협회였다. 조선미술협회의 출범에 불만을 품고 탈퇴한 좌익계 미술인들이 조선프롤레타리아미술동맹을 조직하였으니 해방 직후 난립한 정치 · 사회단체의 일면을 보는 느낌이다. 조국 해방의 감격과 새 시대 미술의 건설이라는 벅찬 과제를 앞에 두고도 정치색과 이해관계가 얽힌 단체의 이합집산 양상은 극심해져만 갔다. 1945년 10월 전체 미술인이 참여한 해방기념문화축전 미술전이 그나마 해방 이후 구체적인 미술인 활동으로 꼽힐 뿐 그 외는 단체의 조직과 해체, 재구성 등 이데올로기의 영향을 반영하는 현상들로 이어지고 있다. 해방기념 미술전에 출품된 작품은 한결같이 새로운 시대에 부응하는 내용이나 형식을 갖춘 것이 아니라 대부분 이미 제작되었던 것의 출품에 지나지 않았다.

해방 이듬해인 1946년 1월 모스크바에서 열린 3상회의 결정이 알려지자 신탁통치를 지지하는 공산계열과 반대하는 민족진영의 대결이 더욱 첨예화되었다. 잇달아 미 · 소공동위원회의 개최가 결렬되면서 남한사회는 좌익과 미군정의 대립으로 사회적 불안이 일층 증대되었다. 조선정판사 위조지폐사건과 연이은 각종 파업은 전국적인 규모로 확대되어 나갔다. 이와 같은 사회적 갈등은 미술계의 이합집산 현상에서도 그대로 반영되었다. 조선미술건설본부가 모체가 되어 출범한 조선미술가협회의 일부 회원이 일부 간부들의 정치적 노선에 불만을 품고 탈퇴하는 사태가 일어났다. 여기서 이탈한 40여 명의 미술가들이 프롤레타리아미술동맹의 일부 미술가들과 결탁하여 조직한 것이 조선미술가동맹이었다. 그런가하면 조선미술가협회 결성에서 탈락한 일부 미술가들이 무소속의 미술가들과 회동하여 출범시킨 것이 조선조형예술동맹이었으며, 또 다른 조선미술가협회 제외 미술가들이 만든 것이 독립미술가협회였다. 이로써 미술단체의 출범은 조형이념에 의한 결속체이기보다 정치색이 짙은 것이거나 이해관계에 따른 것이었다.

1946년 12월에는 조선미술가동맹과 조선조형예술동맹이 합동전을 가지면서 통합을 이루었는데 이것이 조선조형미술동맹이었다. 이로써 좌우를 대표하는 조선미술협회와 조선조형미술동맹의 대립구도로 이어지게 되었다. 당시 한 미술가가 털어놓은 다음과 같은 비탄 어린 언급은 당시 미술계 사정을 가장 간명하게 표현하고 있다.

> 정치성과 사상을 통하여 예술창작의 의욕이 어떤 제약을 받고 자유를 생명으로 삼을 예술가들이 협회·연맹·동맹 등의 파당을 형성하고 중상·분열·모략을 일삼으며 자파의 입장과 공격을 예술행동보다도 중요시하고 있는 것은 조선 예술가의 타락과 몰락을 가져올지언정 진보는 될 수 없을 것이다. … 우리는 상아탑적 예술지상주의를 찬미하는 자도 아니며 그와 동시에 창작의욕을 정치성이나 사상성·당파성으로 짓밟아 버려 앞날에 올 새로운 예술의 싹을 무찔러 버리는 예술의 정치적 선전 도구성에도 만족하는 자가 아니다. 천언만구의 이론보다 한 장의 스케치로써 그 화가의 예술의욕은 가장 뚜렷이 증명될 것이다 (송정훈, 〈예술창작의 의욕—앙데팡당미전을 열면서〉, 《경향신문》, 1947년 8월 17일).

미술계의 분파에 환멸을 느낀 일부 미술가들이 순수한 창작정신으로 되돌아갈 것을 외치면서 발족시킨 것이 미술문화협회와 제작양화협회였다. 미술문화협회는 당시 대표적인 중견작가들의 모임이라는 데서 그 활동이 주목을 받았으나 1회전을 갖고는 해체되었다. 여기에는 조선미술전람회를 통해 각광을 받았던 작가들이 다수 포함되었다. 金仁承·李仁星·孫應星·南寬·李揆祥·李鳳商·趙炳悳·朴泳善 등이 그들이다.

이외에도 순수한 창작활동을 표방하고 나온 그룹으로 동양화의 檀丘美術

院과 서양화의 新寫實派를 들 수 있다. 단구미술원은 일제 강점기를 통해 가장 오염이 심한 영역인 동양화에서의 왜색을 탈피하고 새로운 동양화를 정립하자는 취지를 내걸고 의욕적으로 출발하여 1946년과 47년 두 차례에 걸친 전시를 가졌다. 왕성한 창작욕을 보이고 있었던 중견작가들의 모임이었다는 점에서 주목을 끌었을 뿐 아니라 전통적인 회화의 재정비와 정체성 추구라는 측면에서 관심을 모았다. 참가 작가는 金永基 · 張遇聖 · 裵濂 · 李應魯 · 李惟台 · 趙重顯 · 張德이었다.

1947년에 출범한 신사실파는 金煥基 · 劉永國 · 李揆祥의 세 사람으로 구성된 동인체였으나 이들이 해방 전 30년대 후반부터 40년대 초에 걸쳐 일본의 自由展에 출품한 모더니즘 제1세대라는 점에서 특기되고 있다. 여타의 그룹이 정치색이 짙지 않으면 복잡한 이해관계에 얽혀 있었던 점에 비추어 가장 순수한 조형이념의 결속체였다는 점에서 더욱 그렇다. 해방 전에는 순수한 추상을 지향했던 이들은 해방과 더불어 다소의 개인적 경향차이를 드러내놓고 있는데, 김환기 · 유영국이 자연적 이미지를 추상의 패턴에 굴절시키고 있음이 그것이다. 시간이 지남에 따라 김환기는 자연과 조선조 백자를 중심으로 한 한국적 정서가 강한 모티브의 탐닉으로 기울었으며, 유영국은 산 · 바다와 같은 구체적인 자연의 명제를 빌리면서도 더욱 견고한 기하학적 형태로 진전되어 나갔다. 1948년 2회전에는 張旭鎭이 새로 가담하였으며 50년 6 · 25전쟁으로 일시 중단되었다가 53년 피난지 부산에서 3회전을 열고는 해체되었다.

순수 창작정신으로 되돌아가자는 결의로 모인 미술문화협회나 제작양화협회도 한 두 차례 전시를 가졌을 뿐 지속되지 못했다. 여기에 참여하였던 대부분의 미술가들이 다시 결속한 것이 1950년의 미술협회였으나 이 역시 동란으로 인해 자동해체되고 말았다.

특정 장르의 미술인 단체로는 1945년 조선산업미술협회(李完錫 · 李奉先 · 劉允相 · 嚴道晩 · 趙炳悳 · 趙龍植 · 韓弘澤 등)와 46년의 조선공예가협회(金在奭 · 姜菖園 · 白泰元 등), 그리고 46년의 조선상업미술가협회가 있다.

해방공간에 기록되는 개인전으로는 南寬展 · 金世湧展(1947년) · 金斗煥展 · 李用雨展 · 白榮洙展(1948년) · 김영기展 · 이응로展 · 千鏡子展(1949년) 등이 있다.

(2) 왜색과 민족미술

해방과 더불어 미술계에서 제기된 가장 뜨거운 논의는 왜색의 탈피와 민족미술의 건설이었다. 회화상에서 왜색은 전통회화뿐만 아니라 서양화에서도 극복되어야 할 대상으로 지적되었다. 왜색의 침투는 특히 조선미술전람회를 통해 현저하게 이루어졌다고 해도 과언이 아니다. 1922년에 창설된 조선총독부 주관의 조선미술전람회는 1944년 막을 내릴 때까지 이 땅에서 유일한 신인 등용문이자 미술가들의 활동무대로서 기능했다. 조선미술전람회는 당시 조선인 미술가들만을 대상으로 한 것이 아니라 조선에 거주하고 있었던 일본인 미술가들도 참여하고 있어서 왜색의 침투는 더욱 심할 수밖에 없었다. 특히 전 장르에 걸쳐 출품자가 수적으로 대등하였기 때문에 왜색의 침투는 극히 무감각하게 이루어졌다고 보아도 과언이 아니다. 전통회화인 동양화 분야에서는 전통적인 화법과 일본화법의 구분이 비교적 쉽게 파악될 수 있으나 서양화를 비롯한 다른 영역에서는 대부분의 근대적 조형수업이 일본을 통해 이루어졌기 때문에 이의 구분은 그만큼 어려울 수밖에 없다. 동양화 역시 일본에 유학한 미술지망생들이 일본화과를 다니지 않으면 안 되었기 때문에(당시 일본의 미술학교는 일본화과와 서양화과로 분류되어 있었으며 동양화과는 없었다) 이들은 의식적으로나 무의식적으로 일본화법을 익힐 수밖에 없었던 한계가 있었다. 동양화에서의 왜색은 먼저 채색기법과 윤곽선 없이 흐리게 처리하는 朦朧體에서 두드러졌다.

尹喜淳은 《조선미술연구》 속에서 왜색에 대한 구체적인 사례를 다음과 같이 지적한 바 있다.

> … 양화에 있어서 일본 여자의 의상을 연상케 하는 색감이라든지 동양화의 일본화 도안풍의 화법과 도국적 필치라든지 이조자기에 대한 다도식 미학이라든지 … (윤희순, 《조선미술연구》, 서울신문사, 1946).

이상의 지적에 보이는 왜색의 실체파악이 색채와 기법에 있음을 확인할 수 있다. 일본화의 성립이 저들의 장식적인 장벽화의 전통을 근대적 리얼리즘과 접목시킨 것으로 짙은 채색기법은 왜색의 대표적 항목이라 할 수 있다.

거기다 沒線彩畵의 수법이라고 할 수 있는 선묘의 배제와 도안풍이 왜색의 특징적인 요소로 꼽힌다.

동양화에 비해 서양화에 있어 왜색의 특징을 가늠하기는 더욱 어려운 일이다. 서양화를 일본을 통해 배울 수밖에 없었던 상황을 감안하면, 서양화 속의 왜색 요소를 점검한다는 것은 단순한 기법의 문제가 아니라 심미적 태도, 감성의 문제로 확대되어 질 수밖에 없다. 윤희순이 지적한 바 '일본 여자의 의상을 연상케 하는 색감'이라는 것은 다분히 감성적인 측면에서의 지적이며 그럼으로써 때로 추상적 미궁으로 빠질 수밖에 없게 된다. 어쩌면 이 문제는 해방 직후 해결해야 할 당면과제라기보다 이후 오랫동안 우리가 점검하고 풀어나가야 할 과제였는지도 모른다. 왜색이 완전히 극복되었는지, 우리 미술 속에 일본적 잔재가 없는 것인지는 아직도 우리 미술의 주요한 논의로서의 실효성을 지니고 있다고 본다.

왜색을 탈피한 빈자리에 채워 넣어야 할 대안은 다름 아닌 민족미술이다. 민족미술의 건설은 새 나라 건설이라는 지상과제와 맞물려 미술계의 뜨거운 과제의 하나였다. 이에 대한 많은 제안이 있었다. 많은 논의가 우리 문화(전통)와 관계된 것이었다. 우리 문화에 대한 언급 중 대표적인 것을 간추려 보면 다음과 같다.

> … 우리의 고유문화의 전통을 진실로 해방시키고 다시 그 장단을 검토함으로써 그 장처를 계발 육성시켜 가는 일면에 과거 조선이 가졌던 봉건적 문호를 개방하야 세계의 선진문화사상의 장처도 동시에 이를 수입함으로써 신세계가 요구하는 가장 진실한 문화, 가장 항구적 생명을 가진 문화를 이 땅에 확립시킬 수 … (김주경, 〈문화건설의 기본방향〉, 《춘추》, 1946년 2월).

> … 조선의 자연과 민족성의 특성을 먼저 검토하여야 … (김주경, 〈조선미술의 세계적 지위〉, 《신문학》, 1946년 4월).

> … 나는 조선민족의 문화가 타민족의 문화에 비교하여 월등히 우위를 점령한다고는 말하고 싶지 않습니다. 다만 이 민족의 문화가 뿜는 향기가 타민족의 그것과 판이한 특색이 있기 때문에 우리 민족문화로의 가치가 결정되는 것이요 또 세계문화의 대열에 병립할 수 있는 소이를 말할 따름입니다 … (김용준, 〈민

족문화문제〉, 《신천지》, 1947년 1월).

… 깊은 애정과 이해와 체득과 그리고 진보적인 의식획득 없이 오직 형식상으로 조선 의상을 묘사하였다고 민족미술이 될 수 없으며 농민 노동자를 그렸다고 프롤레타리아 미술이 될 수 없는 것 … (윤희순, 〈고전미술의 현실적 의의〉, 《경향신문》, 1946년 12월 6일).

민족미술 건설은 우리 민족문화에 대한 전반적인 성찰이 이루어지지 않으면 안 될 것이란 점이 위의 인용들에서 발견된다. 그러나 새로운 민족미술은 어떠한 형식과 내용을 갖추어야 하느냐는 구체적인 방법론은 찾을 수 없다. 해방 3년을 지나면서 한 吳之湖의 다음 언급도 이를 의식한 것이다.

미술운동의 근본적 지표인 신민족미술의 수립은 상념적으로 그 문턱에 발을 디뎌놓았을 뿐이오 오직 명확한 방법론을 발견하지 못하고 이와 병행되어야 하는 그 실천활동의 하나로서의 미술의 대중화 문제도 관념적으로 초조할 뿐이오 실천적 추진을 갖지 못하고 8·15변혁의 제3년을 맞이하였다(오지호, 〈해방이후 미술계 총관〉, 《신문학》, 1946년 10월).

그나마 구체적인 방법과 실천을 제안한 경우는 다음 두 예에서 찾을 수 있다.

30여 년간 몰각되다시피 한 고전의 새로운 탐구와 검토가 제의되는 것이다. 단순한 복고주의로서 고전을 우상화하여 향수의 회상거리를 만들어 버리면 거기서는 감상적인 탄식과 이미테이션 밖에는 나올 것이 없다. 이것은 골동취미에 불과하는 것이다. 우리는 겸재와 혜원의 작품에서 이조 봉건사회의 모순과 특질과 또 그들의 혁명적인 정신과 묘사의 기법에서 많은 영양소를 얻을 수 있고, 그것은 현대작가의 현실적인 창작에 큰 시사와 교훈이 될 수 있음을 확언할 수 있는 것이다. 그 탐구의 수법이 기계적인 모방에서 탈출하여 현실의 역사성에 입각한 비판적인 것이고 또 시대감각에 예민한 작가라면 사수도와 석굴암·청자·도암초상·투견도 등에서 가지가지의 영양소를 얻을 수 있고 또 이것을 발전시킬 수 있을 것이다(윤희순, 〈고전미술의 현실적 의의〉, 《경향신문》, 1946년 12월 6일).

첫째는 한민족미술이 될 수 있는 제일 요건은 그 민족 전체에 공통되는 감성에 쾌적한 것이라야 한다. 조선사람은 예로부터 명랑하고 선명한 색채를 좋아하고 요구한다. … 그러므로 새로운 미술은 이와 같은 조선인의 생리적 감각과 감정적 요구에 적응할 것을 제일 요건으로 해야할 것이다.

둘째, 민족이 어떤 소수인을 지칭함이 아니라면 민족미술이란 본질상 국민예술인 것이다. 국민의 생활 감정을 반영하고 그들의 생활 의욕을 앙양하는 예술, 즉 국민의 벗이라야 할 것이다(오지호, 〈해방이후 미술 총평〉, 《경향신문》, 1946년 12월 5일).

앞선 윤희순의 제안은 새로운 민족미술의 탐구가 고전에서 이루어져야 한다는 점을 주장하고 있다. 단순히 과거 작품을 재현해 놓자는 복고적 취향은 안되고 과거 작품 속에서 영양소를 채취해야 한다고 말하고 있다. 그러기 위해서는 "현실의 역사성에 입각한 비판적인 것"이 되지 않으면 안 된다는 것이다. 말하자면 당대 현실에 입각해서 고전을 새롭게 해석하는 것이 민족미술의 실체를 가능하게 하는 일임을 완곡하게 표명해주고 있다.

뒤의 오지호의 제안은 한국인의 감성, 보편적 감각의 토대에서 새로운 민족미술을 세워야 할 것임을 천명하고 있다. 특히 그는 우리 민족을 천성적으로 건강하고 고급한 감각인 명랑하고 선명한 색채를 좋아함을 강조하면서 신민족미술이 전체 국민이 호응하는 감각에서 이루어지지 않으면 안 된다는 것을 강조하고 있다.

(3) 미술의 대중화와 생활화

왜색 탈피와 민족미술 건설에 이어 미술계의 현안으로 자주 거론된 것은 계몽적인 차원의 미술 대중화와 생활화였다. 이는 미술이 전문가의 영역에 머물러 있는 상아탑의식을 벗어나 미술을 적극적으로 생활 속에 침투시키려는 일종의 문화앙양의 절실성에서 기인된 것이다. 조선미술가동맹과 조형예술동맹이 발표하고 있는 강령 가운데 민족미술 건설과 함께 이 점이 천명되고 있다. "미술의 인민적 계몽과 후진의 적극적 육성", "미술의 계몽운동과 아울러 일반대중 생활에 미술을 침투시킴에 노력함" 등이 이들 단체가 내놓은 강령의 하나이다. 오지호 역시 해방 이듬해 발표한 미술계 동향에 대한 총평 가운데 신민족미술의 수립과 더불어 실천되어야 할 활동의 하나로서

이 점을 지적하고 있다. "미술의 대중화 문제도 관념적으로 초조할 뿐이오 실천적 추진을 갖지 못하고"라는 대목은 미술이 전문가 전용물이라는 인식을 벗어나 미술의 대중화 실천이 얼마나 중요한가를 시사하고 있다.

金基昶 역시 미술의 대중화에 대한 구체적인 실천방안을 피력하고 있다. 그가 발표한 〈미술운동과 대중화 문제〉[1]를 간추려보면 다음과 같다. 첫째는 우리 미술의 전통과 유산인 고서화 및 고도기 등을 특정계급의 소유물에서 해방시켜 일반대중에게 열람시켜야 하며 미술학도들이 연구할 수 있도록 해야 한다는 것, 둘째는 대중의 미적 생활 향상운동을 전개하는 데는 미술교재의 편찬과 미술잡지의 간행 및 대중 속에 침투할 수 있는 시대에 걸맞은 전람회를 개최해야 한다는 것, 셋째는 미술이 대중에게 쉽게 접근될 수 있도록 미술작품의 생활화의 방법을 모색해야 한다는 것이다. 朴崍賢은 미술의 대중화를 우리의 생활미를 회복하는 데서 찾아져야 할 것이라고 피력하고 있다.

> 우리는 오랫동안 중절되었던 국가사회를 재건하는 동시에 특수한 우리의 생활미를 다시 찾아 옛날부터 흘러오던 생활형식과 풍속 중에 새로운 반성을 지니도록 노력하지 않으면 안 될 것이다.

이렇듯 해방공간에서 미술의 대중화, 미술의 생활화가 심도있게 논의된 것은 새나라 건설, 신민족미술 건설이라는 과제와 맞물려 일반 대중의 미술에의 계몽이 전제되지 않고는 안 되겠다는 절실성의 반영이라고 본다. 미술을 상아탑 속에 가두어 두어서는 미술의 민주화라고 할 수 있는 대중화·생활화는 그만큼 멀어져갈 수밖에 없게 될 것이기 때문이다.

미술의 생활화와 동시에 절실하게 구현되었던 것은 현실의 역사성에 입각한 비판적 감각으로서의 새로운 리얼리즘의 주창이었다. 리얼리즘은 단순한 이념으로서 사회주의 리얼리즘을 지칭하는 것이 아니라 미술가들의 현실에 대한 비판적 정신의 수용으로서 현실주의 일반을 가리키는 것이다.

李快大가 독도사건(미군에 의해 무차별적으로 어선이 공격당한 사건)을 테마로 그린 조난을 두고 한 朴古石의 비평은 당시 현실주의에 대한 미술가 일반의

---

1) 김기창, 〈미술운동과 대중화 문제〉(《경향신문》, 1946년 12월 5일).

인식을 대변해주고 있어 흥미를 끈다.

> 독도사건의 약소민족의 비애를 민족적인 충동에서 관심한 조난은 이 작가의 시대적인 감수성을 이야기하지만 관념적인 감동에 그치어 버리어 안일한 과거의 수법을 답습하였을 뿐 새로운 아무런 추궁도 없는 것은 평범하다. 바꾸어 말하면 의욕적인 구성과 인물의 아름다운 포즈는 크게 살 수 있으나 애매한 인물이라든가 바위에나 피부의 물질감의 등한한 취급은 치명상이다(박고석, 〈미술문화전을 보고〉, 《경향신문》, 1948년 11월 24일).

리얼리즘에 투철한 작가의 작품에서도 현실에의 감동보다 관념적인 감동이 앞선다고 지적한 대목은 당시 전반적으로 비판적 현실감각의 빈곤을 지적한 것이다.

(4) 미술대학의 출현

해방공간에 또 하나 특기할 사항은 미술 교육기관의 출현이라고 할 수 있다. 1946년 서울대학교에 예술대학 미술학부가 창설되었고 이듬해 이화여대에 역시 미술과가 문을 열었다. 2년 뒤인 48년에는 홍익대학에 미술학부가 생겨 세 개의 미술대학이 문을 열게 된 것이다. 해방 이전에는 이 땅에 정식 미술대학이 존재하지 않았다. 따라서 대부분의 미술지망생들이 일본으로 유학하지 않으면 안 되었다. 서울과 지방에 일부 동양화가들에 의한 도제 교육 시스템인 화숙이 존재했지만 정식 커리큘럼을 완비한 교육제도는 불행히도 없었다.

해방 후 미술대학의 출현은 두 가지 의미를 지닌다. 우리들에 의해 우리의 미술가가 길러질 수 있는 길이 열렸다는 것이 그 하나요, 새나라가 되면서 걸맞은, '새 술은 새 부대에' 라는 명분의 실현이 두 번째다. 그럼에도 불구하고 미술교육 커리큘럼은 일본의 제도적인 것을 그대로 추종하는 한계를 벗어나지 못하고 있는 실정이다. 대부분의 교수진이 일본에 유학했던 작가들이었기 때문에 이들에 의한 교육내용이 자연 그들 자신들의 수업 내용에 준할 수밖에 없었다는 모순이 지적된다. 그런 상황 속에서도 신민족미술이라는 관념이 전반적으로 지배했던 인상이 강하다. 왜색의 탈피는 구체적인 제작의 방법을 통해 구현되지 않으면 안 되었다.

서울대 미술학부의 회화과는 특히 채색풍의 일본화적인 잔재를 극복하기 위해 선묘 위주의 문인화풍이 적극 진작될 뿐 아니라 현실의식을 고취시키기 위한 현실모티브의 취재가 적극 장려되고 있음을 발견할 수 있다. 당시 서울대학에는 장발을 중심으로 회화에 金瑢俊, 장우성(동양화)·김환기(서양화), 조각에 尹承旭이 교수로서 영입되었다. 이화여대는 김인승·심형구·김영기·金景承 등이 교수로, 홍익대는 尹孝重(조각)·裵雲成(서양화)·陳瓛(서양화)·이상범(동양화)·이응로(동양화) 등이 교수로 초빙되었다.

〈吳光洙〉

3) 음악

(1) 시기구분과 음악사적 특징

한국 음악사상 해방공간(1945. 8. 15~1948. 8. 15) 3년은 남에 미군정과 북에 소군정이 통치하는 3년의 시기이지만, 이전의 일제강점기나 이후의 시기(1948. 8. 15~1950. 6. 25)보다 희망과 좌절이 격동적으로 전개된 시기였다. 일제잔재를 청산하고 민족문화를 수립하는 과제, 그리고 분단을 막고 자주적인 통일문화를 수립하려는 이른바 민족음악 건설 과제는 모든 사람들이 실현할 수 있었던 희망이었다. 그러나 이 시기는 우리의 독립의지와 민족음악 건설에 관계없이 미국과 소련에 의해 38선 군사분계선이 그어지고 남북에 미군과 소련군에 의한 통치가 실시되었다.

미군정기 음악사는 크게 세 시기로 구분한다.[1)]

---

1) 노동은, 〈해방과 분리공간의 음악사 연구 I〉(《낭만음악》 겨울호·창간호, 낭만음악사, 1988), 37~109쪽.
———, 〈해방과 분리공간의 음악사 연구II〉(《낭만음악》 봄호·제1권 제2호, 낭만음악사, 1989), 4~140쪽.
———, 〈해방과 분리공간의 음악사연구III〉(《낭만음악》 여름호·제1권 제3호, 낭만음악사, 1989), 4~183쪽.
———, 〈해방과 분리공간의 음악사 연구 IV〉(《낭만음악》 가을호·제1권 제4호, 낭만음악사, 1989), 92~246쪽.

제1기는 1945년 8월 15일부터 동년 12월 31일까지의 시기로 악단을 정비하고 새로운 조직체들이 창립되는 기간이다. 8월 16일에 결성된 朝鮮音樂家建設本部, 여기에 분화·발전하는 두 개의 조직 결성, 즉 9월 15일의 조선프롤레타리아음악동맹과 高麗交響樂協會(고려교향악단), 그리고 10월 22일의 좌·우 합작을 꾀한 새로운 조직체 朝鮮音樂家協會, 끝으로 조선프롤레타리아음악동맹을 흡수하여 12월 13일에 朝鮮音樂家同盟이 결성되는 시기이다. 한편 전통음악에서는 李王職雅樂部(구왕궁아악부)와 달리 조선음악가건설본부의 '國樂委員會'가 10월 10일에 민중 국악운동을 강령으로 내세우면서 국악원으로 개편·결성되었다.

제2기는 1946년 1월 1일부터 1947년 8월 15일까지의 기간으로 민족현실과 음악문화에 대한 해석이나 그 입장에 따라 크게 양분되는 시기로 민족좌파와 민족우익중도파 그리고 극우의 해외파가 형성되어 활동하는 시기이다. 민족좌파로 조선음악가동맹과 국악원이, 민족우익중도파는 蔡東鮮의 고려음악협회, 극우의 해외파는 玄濟明을 중심으로 한 계열이다. 제2기의 구분은 민족좌파의 음악운동이 1946년 8월 15일를 기점으로 미군정과 관계당국에 의하여 금압이 강화되자 새로운 문화전략으로 대응해 나간 前期와 1947년 8월 15일 직후 채동선을 중심으로 한 새로운 집단이 좌와 극우를 비판하면서 음악계 전면에 부각되는 後期로 구분된다. 제2기 전 기간 조선음악가동맹의 역량은 해방공간을 주도하였다.

제3기는 1947년 8월 15일부터 1948년 8월 15일까지이다. 미군정과 관계당국이 조선음악가동맹을 불법화시킴에 따라 우파진영의 입지가 전면에 부각되고 새로운 질서가 유도되는 시기이다.

해방공간의 남북 음악활동은 다음 〈표〉와 같이 주요 악단에 의해 진행되었다.

〈표〉 해방공간기의 남북 음악사 전개 도표(···· 소멸, → 흡수, □→영향)

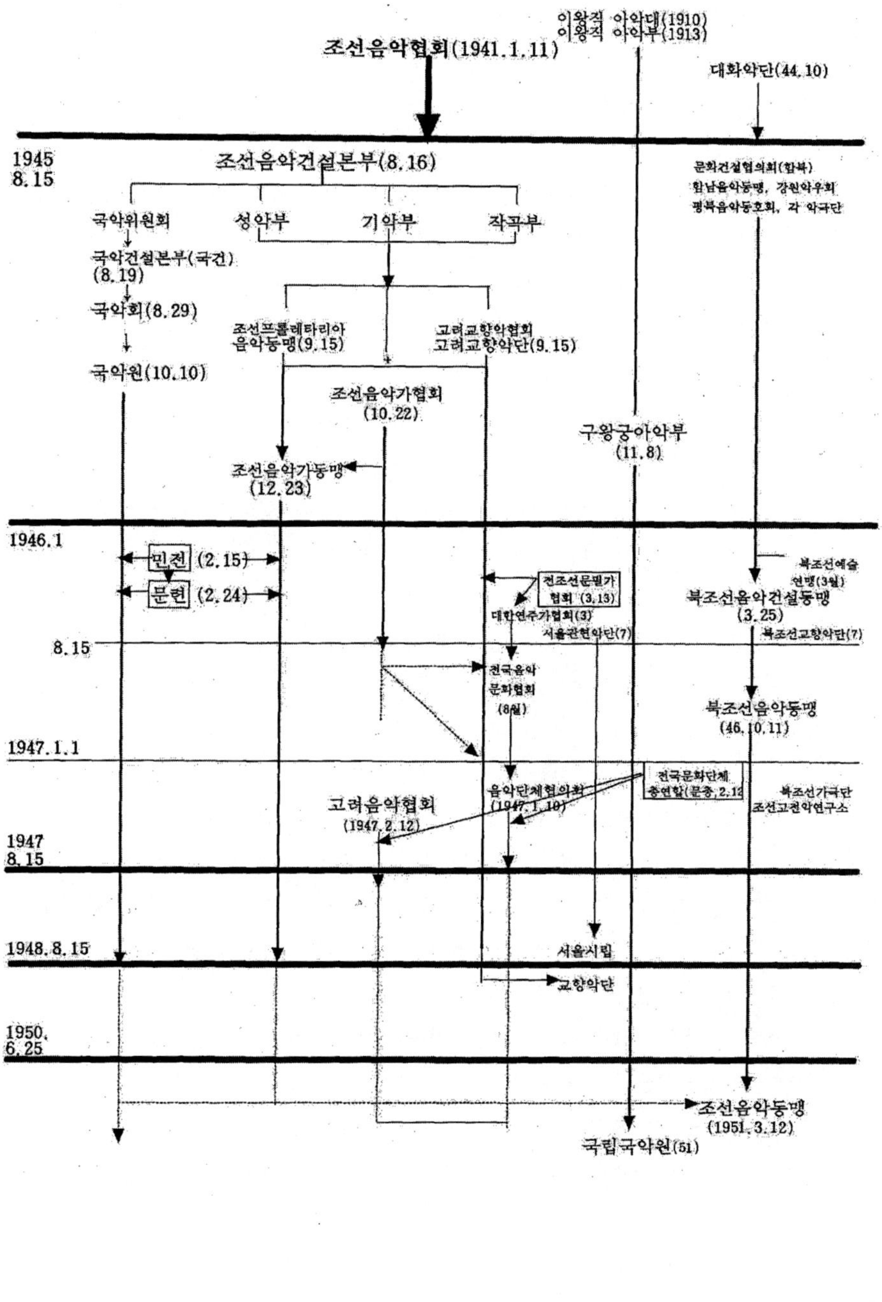

(2) 제1기 음악

일본이 떨리는 목소리로 연합군에게 항복하였다는 소식이 들리자 조국 산하의 어느 곳이든 눈부신 아침으로 빛났다. 훼손된 민족정서와 친일음악 행위를 청산하여 민족음악을 정립하고 새롭게 창출하는 길이 음악계의 역사적 과제였다.

해방 당시 40대의 安基永(성악)·朴泰俊(작곡)·채동선(바이올린)·현제명(테너)·李鍾泰(음악교육)·金載勳(바이올린)·朴慶浩(피아노)·金世炯(피아노)·桂貞植(바이올린), 30대의 任東爀(작곡)·李愛內(피아노)·金元福(피아노)·李興烈(피아노)·朴泰鉉(첼로)·金聖泰(작곡)·崔昌殷(바리톤)·朴榮根(평론)·鄭鍾吉(바리톤)·李範俊(평론)·愼幕(베이스) 등이 악단의 중진으로 활동하고 있었다. 또, 일본에서 학습한 제2세대의 朴容九(평론)·金順男(작곡)·李建雨(작곡)·朴殷用 등이 20대 후반을 형성하고 있었다. 일본에서 학습한 30대 전후 세대는 이미 1940년 전후로 귀국하여 해방을 맞이하였다. 그러나 해방 당시 악단 구성원의 역사인식이나 음악에 대한 해석·경험은 일제강점하의 국내외 상황에 따라 다르게 형성되어 있었다. 20세기 초반에 음악활동을 한 김인식·이상준 등은 일제강점하에 원로음악인들이 되었고, 1930년대 이후에 활동한 현제명 등은 일제와 손을 잡고 악단을 주도하였으며, 1940년대 벽두에 악단에 합류한 김순남·박은용·박용구 등은 신진들이었다.

한편, 해방 당시 전통음악계는 60대로 丁元燮(북·장고)·咸和鎭(이론), 50대로 安基玉(가야금)·鄭應珉(판소리)·吳太石(판소리), 40대로 朴東實(판소리)·韓周煥(대금)·林芳蔚(판소리)·崔玉山(가야금)·朴綠珠(판소리), 30대로 朴憲鳳(교육)·金先得(피리·고수)·徐相云(대금)·姜章沅(판소리)·金千興(춤)·成慶麟·李炳星(가곡)·李珠煥(가곡)·趙相鮮(판소리)·申快童(거문고)·金炳昊(가야금)·金永胤(가야금)·金寶南(춤)·金允德(가야금)·李珠煥(가곡), 20대로 張師勛(이론)·孔基男(판소리)·金素姬(판소리)·林素香(판소리)·韓甲得(거문고)·朴貴姬(가야금 병창)·成錦鳶(가야금) 등이 포진하고 있었다.

이들은 모두 새로운 민족음악을 수립하기 위하여 1945년 8월 15일부터 동연말의 제1기 기간 동안에 6개의 대표적인 음악단체를 결성하면서 흡수되거나 정비되어 갔다. 즉, 최초의 조직체인 조선음악건설본부(1945. 8. 18), 조선프롤레타리아음악동맹(1945. 9. 15)과 고려교향악협회(1945. 9. 15. 산하에 고려교향악단), 국악원(1945. 10. 10), 10월 22일의 조선음악가협회, 그리고 조선음악가동맹(1945. 12. 13) 등이 결성되었다.

1945년 8월 16일에 합의된 최초의 음악조직체 조선음악건설본부는 조선문학건설본부·조선미술건설본부·조선영화건설본부 등과 함께 '문화전선의 통일'이란 슬로건을 내세운 조선문화건설중앙협의회가 8월 18일에 협의체로 결성될 때 공식적으로 출범하였다.

가. 조선음악건설본부

해방 직전부터 20대 후반~30대 초반인 김순남·姜長一·신막·이범준 등이 음악써클을 조직하여 활동해 오다 해방이 되자 8월 16일에 악단 조직을 발의하였다. 이들과 함께 조선문화건설중앙협의회로부터 악단 조직 종용을 받은 음악인들이 함께 조직한 단체가 조선음악건설본부이다.[2] 조선문학건설본부처럼 조선음악건설본부도 일제강점하의 친일행위 음악인들을 모두 망라하여 조직되었다.

조선음악건설본부는 중앙서기장에 박경호, 서기장에 채동선 외에 작곡부·기악부·성악부·국악위원회 등 양악분야 세 부서와 전통음악 한 부서를 포괄한 중앙위원회를 선정하고, 활동을 전개하였다.

이들 중 김성태·박경호·안기영·安炳昭·채동선·함화진 등 4개 부서 위원장과 김재훈·김순남이 조선문화건설중앙협의회의 5개 부서 중 '음악건설부' 위원으로 피선되었다. 이외에도 李想春·金慈璟·鄭榮在와 이홍렬 그리고 강장일·신막·이범준 등이 여기에서 활동하였다.[3] 그러나 이 조직은 해방정국의 현실 앞에서 합의와 원칙 없이 조직한 데다 친일경력, 정당이나

---

2) 박영근, 〈악단회고와 전망〉(《문화통신》 2-1, 통권 7호, 문화통신사, 1946), 10쪽.

3) 이상춘·김자경·정영재는 1945년 10월 18일 조선음악건설본부 주최 '미군환영음악회' 출연자로서, 그리고 이홍렬·강장일·신막·이범준은 조선음악건설본부 조직 발의자로 이 기간에 활동하였다.
이홍렬, 〈나의 인생, 나의 예술〉(《예술 원보》 20, 예술원, 1976), 28쪽.
박영근, 〈음악개관〉(《1947년판 예술연감》, 예술문화사, 1947).

각종 사회정치단체에서 활동, 경제적 기반의 약세 등의 이유로 처음부터 문제점이 노출되면서, 조선음악건설본부의 '문화전선의 통일' 슬로건은 막연해질 수밖에 없었다.

조선음악건설본부의 '국악위원회'는 해방 전 조선음악협회의 조선악부(산하의 조선음악단과 조선가무단)를 비롯하여 조선창극단 · 이왕직아악부 · 조선정악전습소 등의 대표들과 조선문화건설중앙협의회, 그리고 朴憲鳳의 노력으로 '국악건설본부'로 발전하였다. 8월 29일 국악회는 10월 10일 '국악원'으로 전환하였지만, '아악부(구왕궁)'와는 일부 통합한 것이었고 또한 중심인물들과 합의된 것도 아니었다.[4] 더욱이 조선음악건설본부는 조선문화건설중앙협의회가 요청한 '문화활동의 기본적 일반정책' 즉, ① 일본 제국주의의 잔재를 소탕하고 이에 침윤된 문화반동에 대하여 투쟁 전개, ② 봉건적 문화의 요소와 잔재, 특권 계급적 문화의 요소와 잔재, 반민주적 지방주의적 문화의 요소와 잔재를 청산하고 인민적 기초를 완성하기 위한 투쟁 전개, ③ 민족문화의 계발과 앙양, ④ 문화의 통일전선 형성, ⑤ 각 부서의 구체적 활동을 위한 논의 전개 등에 관하여 인식할 수 있는 이론이나 그 실천방안에 있어 한계를 노출시키면서,[5] 치열한 해방정국 속에서 해체되어 갔다.[6]

상대적으로 일군의 비판신진들, 김순남 · 강장일 · 신막 · 이범준 등은 프롤레타리아 음악운동으로 기울어졌다. 이와 달리 박경호 · 함화진 등은 현제명과 함께 우익 중심의 '임시정부 및 연합군 환영 준비회'(1945. 9. 4, 위원장 권동진)를 조직하면서 실행위원(설비부)으로 활동하였고, 채동선은 우익의 '국민대회 준비위원회' 결성시(1945. 9. 7) 발기인으로 활동하였다. 특히 현제명은 반공세력이면서 친일세력이 집결한 한국민주당 발기인에 음악인으로는 유일

---

4) 장사훈, 〈국악15년의 발자취〉(《국악개요》, 정연사, 1961), 345쪽 참고.

5) 조선문화건설중앙협의회 서기국은 1945년 8월 31일에 조선음악건설본부 등에게 문화활동에 관한 일반정책을 정하고 구체적인 활동을 요청하였다(조선문화건설중앙협의회, 《문화전선》, 1945. 11. 15 참고).

6) '8월테제'는 해방공간의 음악흐름 전체를 조망할 수 있는 자료이다. 조선혁명의 단계를 부르주아 민주주의의 혁명으로 규정하고 그 과업과 반동적 정치노선을 비판한 이 '8월테제'는 음악인을 포함하여 모든 문화단체가 결성되어 당의 지도 아래 활동함과 동시에 보조단체로서 어떻게 활동해야 할 지를 명확히 규정하고 있다.

하게 선정되어 인민공화국 타도·임정 절대지지·미군정에의 협조활동에 참가하였으며, 한민당 창당대회(1945. 9. 16) 직후 한민당 문교부위원의 한 사람으로 정당활동을 하였다.[7] 이러한 환경에서 경제적 기반이 없었던 음악인이나 일군의 신진비판세대들, 그리고 교향악단의 조직을 원하는 집단들이 조선음악건설본부에서 속속 이탈하였다.[8] 1945년 9월 15일에 두 개의 단체, 조선프롤레타리아음악동맹과 고려교향악협회(고려교향악단)이 조직되면서 조선음악건설본부는 해산의 운명을 맞는다.

음악활동도 노래운동을 제외하고는 부민관(1945. 10. 18)에서 안병소·이상춘·김자경·정영재 등이 출연한 미군환영음악회 개최가 조선음악건설본부의 유일한 음악회이었다. 이때에는 조선음악건설본부·조선프롤레타리아음악동맹·고려교향악협회 등 세 조직체가 각자의 성격을 드러내면서 전개해 갔다. 해산상태에 있던 조선음악건설본부는 더 이상 머뭇거릴 수가 없었다. 조선음악건설본부는 1945년 10월 22일 "연합군 환영준비를 위한 잠정적 기관이듯 음악건설본부는 그 취지를 달성하였음으로 해소한다"라는 성명을 발표하고 해체되어 갔다.[9] 민족현실 앞에서 대동단결해야 한다는 명분으로 조선음악건설본부는 해소성명을 발표하였고 동시에 조선음악건설본부·조선프롤레타리아음악동맹·고려교향악협회가 함께 '음악가단체대회'(1945. 10. 22)를 열고, 조선음악가협회를 결성함으로써 조선음악건설본부는 완전히 해체되었다.

한편, 조선음악건설본부가 유일하게 할 수 있었던 일은 민족에게 일본 군가풍의 노래가 아닌 '해방의 노래'를 새로이 지어주는 일이었다. 이미 해방 전에 김순남은 〈자유의 노래〉를 창작하여 준비하였다가 해방이 되자 해방가요운동을 전개하였다. 새로운 노래의 창작과 보급이라는 조선음악건설본부의

7) 玄濟明은 1945년 9월 8일 한국민주당 발기인, 獨孤璇은 한국민주당 경성지부 발기인으로 가입하여 활동하였다. 그리고 현제명은 9월 16일 한민당 창당대회에 고려교향악단을 첫 출연시켰으며, 9월 21~22일의 한민당 중앙부서를 조직할 때 문교부 위원으로 선임되었다. 독고선은 1947년 1월 현제명의 미국 방문으로 고려교향악협회 이사장으로 취임하였다(〈韓國民主黨發起人 名簿〉와 〈韓國民主黨京城支部發起人 名簿〉 참고).

8) 《1947년도 조선연감》(조선통신사, 1946), 300쪽.

9) 주보 《건설》 1(건설출판사, 1945. 11), 14쪽.

노래운동 전개는 바로 일제잔재 청산과 민족음악 건설 과제의 실천이었다.

조선음악건설본부 작곡부 위원장인 김성태의 〈아침해 고을시고〉(林學洙 작사)와 〈독립행진곡〉(朴泰遠), 그리고 성악부 위원장 안기영의 〈해방전사의 노래〉(林和), 작곡부 위원 김순남의 〈건국행진곡〉(金泰午), 역시 같은 위원인 이건우의 〈여명의 노래〉(華岩 작사), 박은용의 〈충성가〉(정몽주), 羅運榮의 〈건국의 노래〉(金泰午), 이홍렬의 〈농군의 노래〉(궁상현 작사) 등이 잇달아 창작되고, 방송이나 거리에서 노래가 보급되었으며, 이 노래들이 실린《임시 중등음악교본》등의 음악교과서가 각급 학교현장을 통하여 호응을 받았다.

미군정의 기본학제는 6-3-3-4제이었고, 국민학교는 음악과 체육을 한 교과목으로 주당 2시간, 중학교는 음악교과를 필수로서 주당 2시간, 고등학교는 선택교과로 3시간을 편제시키고 있었다. 음악교사들이 사범학교 본과와 부설교원양성과, 교원양성기관 등에서 배출되고 있었으나 신학제 편제에 태부족이었으며, 음악교재도 부족한 실정이었다.[10] 해방 이전의 전국 10개(서울·개성·청주·공주·대전·광주·대구·진주·춘천) 사범학교에 초등교사를 양성할 수 있도록 개편하였고, 1946년에는 충주·군산·목포·순천·강릉·부산 등 6개 지역에 사범학교를 증설하여 교사양성을 확충하였지만, 충원이 늦어지고 있었다. 교재도 초등은 미군정 문교부의 14종이었으나 보급이 늦어지고 있었고, 중등인 경우는 15종 이상의 음악교과서가 검인정으로 있었으나 상당 학교에서는 프린트본을 사용하고 있었다. 한편, 음악전문교육기관으로 이화여자대학 음악과·국립 서울대학교 예술대학 음악부·숙명여자대학 음악과·조선예술원 음악과·경주예술학교 음악과·부산음악전문학교 등을 있었으며, 그 밖의 전공별로 개인연구소들이 있었다.[11]

---

10) 〈배우려도 책없는 설움〉(《한성일보》, 1946년 3월 4일).
〈임시미봉의 교재〉(《한성일보》, 1946년 9월 1일).

11) 이화여자대학은 1945년 4월 일제의 의하여 경성여자전문학교로 개명되었다가 해방 직후인 10월 개학예정으로 종합대학이 되어 전공학과로 음악과를 두었다. 전문부와 대학부에 각 3년 과정이었다. 서울대학교 예술대학 음악부는 현제명이 1943년 4월에 창립한 경성 대화숙 내 경성음악연구원을 1946년 2월 9일에 경성음악학교(교장 현제명, 교무주임 김성태)로 발전시키다가 국립대학 설립안에 따라 1946년 8월 22일 서울대학교 예술대학 음악부로 발전시켰다. 초대 학부장은 현제명이었다. 숙명여자대학 음악과는 1948년에 대학체제로서

나. 조선프롤레타리아음악동맹

분명한 해방의 민족이론 없이 성급히 악단을 망라하여 조직한 조선음악건설본부가 민족음악의 방향을 제시하지 못하기도 하였지만, 이에 앞서 처음부터 현 단계에 관해 뚜렷한 역사인식을 하고 있는 일군의 신진비판세력이 조선음악건설본부와 결별하였다. 그리고 조선프롤레타리아음악동맹을 1945년 9월 15일에 결성할 것에 합의함으로써, 한국음악사에서는 처음으로 음악인에 의한 진보적 집단이 출현하였다. 이미 조선프롤레타리아음악동맹의 출현은 해방 직전부터 신막·이범준·김순남·강장일 등이 중심이 되어 지하 음악써클인 '聲硏會'를 조직한 데서 예고되고 있었다. 해방 직후 성연회는 조선음악건설본부를 "공중 누각적이요 특권적인 경지에서 이탈하지 못한 단체"로 규정하고, 전면에 조선프롤레타리아음악동맹을 결성하였다.

1945년 9월 28일 서울 관훈동 임시회관에서 결성식을 가진 조선프롤레타리아음악동맹은 9월 30일에 문학·연극·미술동맹측과 함께 조선프롤레타리아예술연맹을 결성할 때 합류하여 집단 역량화를 꾀하였다. 이들 조선프롤레타리아음악동맹의 구성은 위원장에 신막, 서기장 이범준, 작곡부장 김순남, 기악부장 윤기선, 성악부장 정종길을 선임하고, 중앙집행위원으로 신막·이범준·김순남·윤기선·정종길·강장일·朴賢福·李瑚燮·김혜란·金賢淑·이건우·李康烈·鄭熙錫 등을 선임하였다. 그리고 강령은 "우리는 프롤레타리아 음악 건설을 기함과 우리는 반동적 음악에 대한 적극적 투쟁을 기함"이었다.12)

조선프롤레타리아음악동맹은 성숙한 기량의 음악가를 확보하기 위하여 동맹에 가입하지 않았더라도 유기적 관계를 맺으며, 전 조선 음악가를 민족통

신설되고 1955년에 음악대학으로 발전하였다. 인가된 남산의 '조선예술원'은 1947년 4월 입학예정으로 국악과 양악전공의 음악과를 영화과·연극과·미술과·무용과와 함께 본과 3년과 연구과 2년과정으로 신설되었다. '경주예술학원'은 1946년 5월 5일에 경주의 바이올리니스트 李義星이 설립한 전문과정으로 성악·기악·작곡전공을 두었고, 1948년 3년제의 경주예술학교로 발전시켰지만, 1952년 정부의 폐쇄조치로 폐교되었다. 1948년 5월 사립으로 부산음악전문학교가 신설되고 김학성 교장이 주도하였다.

12) 조선프롤레타리아음악동맹 위원 중 신막·이범준·김순남·정종길·강장일은 조선프롤레타리아예술연맹의 중앙위원이자 중앙상임위원이었다.

일전선적인 성격으로 구성하고자 하였다. 또한 고전음악연구회·향토음악연구회 등의 연구단체와 지방별·학교별·직장별 음악단체를 적극적으로 육성·지도하여 음악 대중의 확충을 꾀하고자 했다. 연극동맹과도 긴밀한 관계를 가져 각 가극단·악극단 등을 동맹의 영향하에 두고 곡과 가사들을 제공하여 비속화를 방지하고 질적 향상을 위하여 부단히 노력하고, 음악학교·음악강습소를 개설하여 음악인을 양성하고, 공장·사업장 등에 음악써클을 두어 지도하는 문제 등을 기본방침으로 하였다.[13] 그리고 조선프롤레타리아음악동맹은 최초의 지부를 인천에 두었다.[14]

조선프롤레타리아음악동맹은 첫째로 프롤레타리아 음악이론을 확립하기 위해 신막과 정종길을 중심으로 비평활동을 전개하였고,[15] 둘째로 프롤레타리아의 광범위한 지지와 중간층 획득을 위해 김순남·이건우 등의 민요적인 요소를 숙고한 노래운동과 예술제·순회공연을 개최하였으며,[16] 셋째로 비동맹 음악가와 통일전선적인 관계를 설정하였고, 동맹원들이 조선프롤레타리아예술연맹의 중앙위원으로 활동하거나 고려교향악단 단원 또는 각종 심사위원으로 활동하는 등의 방향으로 나아갔다.

그러나 조선프롤레타리아음악동맹의 일부 음악인들이 프롤레타리아 음악운동을 대중화운동으로 펼치는 과정에서 정치성에 기울어 음악의 독자성과

---

13) 한효, 〈예술운동의 전망, 당면문제와 기본방침〉(《예술운동》 창간 12월호, 조선예술연맹, 1945), 9쪽.

14) 인천지부는 원래 인천 신문화협회의 산하 음악단체로서 조선프롤레타리아음악동맹 인천지부이었다. 1945년 8월 말에 李弼商·崔星鎭·申鉉讚 등이 중심이 되어 '인천음악협회'로 독립하고, 활동을 전개하였다. 1945년 9월 30일의 (罹災동포구제음악회 개최, 11월 4일 중앙의 愼幕·尹琦善·鄭熙錫 등을 심사위원으로 초청하여 전인천남녀현상음악대회를 개최하였으며, 같은 해 11월 10일 조선프롤레타리아음악동맹 인천지부로 승인을 받은 단체이다(《문화통신》, 문화통신사, 1946년 1월 20일).

15) 신 막, 〈조선프롤레타리아음악의 역사적 맹아〉(《예술운동》 창간 12월호, 조선예술연맹, 1945), 21쪽.
정종길, 〈근로대중의 음악〉(《인민예술》 창간 12월호, 연문사, 1945), 17~20쪽.

16) 김순남의 〈해방의 노래〉·〈우리의 노래〉 등이 창작되어 1945년 11월 5일~12월 24일 기간의 노동조합전국평의회·전국청년단체총연맹·전국농민조합총연맹·전국부녀총연맹 등 각종 집회에서 독창·제창·합창단 운영으로 보급시키면서 프롤레타리아음악운동을 펼쳤다.

전문적 입장을 망각하였다고 비판하기도 하였다.[17]

조선프롤레타리아예술연맹의 해소에 따라 조선프롤레타리아음악동맹도 해소되어 1945년 12월 23일에 결성되는 조선음악가동맹으로 흡수되었다.

다. 고려교향악협회(고려교향악단)

해방된 지 한 달만에 현제명은 음악인을 규합하여 9월 15일 고려교향악협회를 결성하고 이사장에 취임함으로써 해방공간 악단에 여전히 영향력을 미치고 있었다. 현제명은 해방 직전 일본제국주의 침탈시대에 경성후생실내악단의 이사장이자 조선음악협회의 이사, 그리고 경성음악연구원 원장을 지냈고, 해방 후 미군이 '남한에서 유일한 합법정부'로 등장하자 미국에 유학한 바 있는 데다 한민당(한국민주당) 당원이었으므로 유리한 상황을 맞이하고 있었다. 해방 후 생산 감축, 높은 인플레이션, 식량 부족 등 경제적 난관에 당면하고 있는 현실이었으므로 조선음악건설본부에서 탈퇴한 음악인들은 새로운 관현악단의 출현을 원하여 현제명 중심의 고려교향악협회와 그 산하의 고려교향악단이 조직되었다.[18]

고려교향악협회는 "조선 음악 예술의 질적 향상과 이에 관한 사업의 발전을 추진함"이 목적이자 강령이었다. 명예회장은 러치(Archer L. Lerch) 미군정청 제2대 장관(1945년 12월 취임), 이사장 현제명, 사무국장 金寬洙, 총무 金生麗, 지휘 계정식·포크너(Faukner, 미육군중위)·김성태·林元植 등이었으며 회원은 김성태·김원복·金學相·金炯魯·김혜란·南宮堯卨·李仁範·李仁亨 등이었다. 고려교향악단의 첫 무대 출연은 한민당 결성식(1945. 9. 16)의 축하공연이었다. 고려교향악단는 1946년 초 63명이 되어 2관 편성의 관현악단을 운영할 수 있었다.[19] 1945년 10월 수도극장에서 계정식 지휘의 창단연주회를

---

17) 김순남, 〈악단 회고기〉(《백제》 2-2, 백제사, 1947), 16쪽.

18) 현제명은 이미 건국준비위원회에 불참하고 한국민주당(한민당)에서 정당활동을 하고 있었다.

19) 고려교향악단(Korean Symphony)의 단원수는 해마다 유동적이었다. 1945년 9월 창립 이후 30명, 1946년에 50명, 1947년에 60명, 1948년에 65명이었다. 1947년부터 독고선 체제가 될 때까지 현재명에 의하여 주도된 고려교향악단은 1946년 초까지 김성태와 계정식 그리고 포크너(제3회공연, 3. 16)의 지휘, 1946년부터 1948년 6월까지 임원식이 지휘하였다. 포크너는 미 육군중위로서 미군

필두로 '미군장병 위문연주회'(11. 4), '조선독립축하 대음악회'(12. 10) 등을 연주하여 악단 중심으로 부각되었다. 고려교향악단이 특수한 경우를 제외하고는 정기연주회를 통하여 모차르트 · 베토벤 · 슈베르트 · 스트라우스 · 차이코프스키 등 양악을 중심으로 연주하였다.

고려교향악협회－고려교향악단은 제1기 동안 의욕적인 활동을 펼치다가 제2기에는 악단 중심체가 되었다. 1948년 4월에 한국방속국(HLKA)과 한달에 두 번 방송하기로 계약하였다.[20] 그러나 제3기는 고려교향악단의 적자운영으로 여기에서 탈퇴하여 조직한 서울관현악단과 유명한 '땅뺏기' 갈등을 거치면서 점차 해체의 길로 들어섰다.[21]

라. 구왕궁아악부(이왕직아악부)

우리 국악은 일본 제국주의에 의하여 장악원 장악과에서 이왕직아악대(1910)로, 다시 이왕직아악부(1913)로 변천하면서 끊임없이 약체화되는 시련을 겪었지만 굳세게 전통의 음악을 지켜왔다. 해방과 함께 이왕직아악부는 1945년 11월 8일 미군정 법령 제26호에 의거, 이씨 왕직의 명칭 변경 공포에 따라 舊王宮으로 변경되자 자연히 구왕궁아악부로 직제가 바뀌었다.

구왕국아악부는 강령을 내세우지 않았으나 서울 종로구 운니동 98번지에 사무소를 두고 새롭게 조직을 정비하였다. 아악사장 대리에 張寅湜, 총무부에 성경린 · 奉海龍 · 徐相云 · 李德煥 · 洪元基, 장악부에 李載天 · 김보남 · 金

정 문교부 음악과 협동과장이었다. 고려는 1946년 6월까지 22회의 공연을 하였으며, 1947년 4월부터 같은 해 12월까지 미국관리들을 위한 8번의 연주회를 가졌다(네 번은 미군정청극장, 네 번은 시청건물). USAFIK/G-2(*Records of U.S Theaters of War WWⅡ. United State Army Forces in Korea 24 Corps G-2 Historical Section*), 24 June 1948, 25 June 1948.

20) *Ibid.*

21) 고려교향악단은 고려교향악협회의 세가지 수입원에 의존하여 운영되었다. 회원제와 외부 기증 그리고 매표 수입이 주 수입원이었다. 그러나 1948년 6월 1일부터 재무부 법령 제193호에 의거하여 극장입장세가 10할 과세됨에 따라 객석 입장이 반이나 줄어들자 고려교향악단 역시 큰 재정적 타격을 받았다. 매달 단원 봉급 40만 원, 이틀간의 공연비용 10만 원(극장 사용료, 피아노 사용비 등), 1회의 지휘비 5만 원 등의 비용에다 극장 수입의 50% 납세로 이후 6만 5천 원 정도의 적자로 운영되었다(*Ibid.* ; 《새한민보》, 1948년 6월 중 · 하순호, 4쪽 ; 채동선, 〈문화정책의 확립〉, 《평화일보》, 1948년, 9월 3일).

星振, 교양부에 이주환·이재천·이덕환을 비롯하여 아악사로 金光得·김보남 등 약 30여 명으로 구성하였다. 조직의 정비에서 가장 큰 변화는 아악사장이었고 조선음악협회 조선음악부 부장으로 전통음악과 무용계를 관장하였던 함화진이 구왕궁아악부에 있지 않고 민악 중심의 국악원 위원장으로 활동한 점이었다.

구왕궁아악부는 부민관에서 몇 차례의 미군 위문연주, 방송을 통한 아악해설, 춘천·개성 등의 초청 순회연주 활동을 활발히 하였지만, 성경린이 지적하듯 "아악이 여러 사람의 아악일 수 있는가에 조금 생각이 부족했음을 아악인은 뉘우쳐야 할 것"을 촉구하기도 하였다.[22] 아악부의 부단한 노력으로 정부수립 이후인 1948년 11월 국회에서 〈아악부 국영안〉이 통과되었다. 1949년부터는 정부예산이 부분적으로 지원되어 오다가 1951년에 드디어 '국립국악원'이 탄생하였다.

마. 국악원

해방 이전의 조선음악협회 '조선 음악부' 부장인 함화진, 상무이사 박헌봉, 이사 金錫九·崔景植이 해방과 함께 조선음악건설본부의 '국악위원회'로 범국악인을 망라하여 출발하였다. 조선음악건설본부의 국악위원회는 기존의 구왕궁아악부와 일부 통합을 시도하였다. 조선문화건설중앙협의회와 박헌봉의 노력으로 국악위원회가 '국악건설본부'(8. 19)로, 다시 국악건설본부가 8월 29일에 국악회로 발전, 조선음악건설본부에서 독립하였다가 국악원으로 확대 결성(1945. 10. 10)되었다. 강령은 "조선국악의 체계화, 조선민중에게 개방, 신조선음악건설"이었다.[23] 국악원의 조직은 위원장 함화진, 부위원장 박헌봉, 총무국장 柳起龍, 문화부 함화진(겸 부장)·김윤덕·김천홍·丁南希·崔景植·이병성, 사업국장 任曙昉 등이었다.[24] 국악원은 또한 창극단인 國劇社를 결성

---

22) 성경린, 〈아악담의〉(《신천지》 4-8, 서울신문사, 1949), 220쪽.

23) 강령의 전문은 "一. 세계 음악사상에 독특한 조선 국악의 원리를 파악하여 조선 국악의 체계적 이론을 수립하고 진지한 연구와 완전한 발전을 기함, 一. 조선 전통의 예술을 확보하고 과거 특권계급에게 독점되었던 음악예술을 조선민중에게 절대 개방을 기함, 一. 본악이나 외래악은 물론하고 저열경부한 음악은 철저히 배격하고 전통적 유아명랑하고 순수한 신조선음악 건설을 기함"이었다.

24) 《1947年度 朝鮮年鑑》(조선통신사, 1946), 349쪽.

(1945. 11. 5)시켜 직속 창극단으로 두었다.

국악원은 창극·민요·풍물·농악을 삶의 예술로 역사화시키고 풍물채보를 체계화하였으며, 조선음악가동맹측 작곡가들과 국악에 관해 쌍방간의 대화를 전개하고, 조선문화단체총연맹에 가입하여 문화전선을 공동으로 펼쳤다.

그리고 국극사 산하 직속창극단을 비롯하여 130여 명의 모든 창악인들이 동참하여 '대춘향전'을 창립공연(1946. 1. 11~18, 국제극장)으로 공연하였다. 이 공연을 계기로 국극사 이외에 국극협회·조선창극단·金演洙창극단·임방울 일행 등 5개 단체가 국악원산하 단체로 제2기 전기에 조직되어, 해방공간 제1·2기를 국악원이 주도하게 되었다. 국악원은 해방공간의 민중에게 '창극문화'를 민족문화 계승으로 꽃피우게 하였다.

그러나 1947년 8월 직전부터 미군정과 수도경찰청 등 관계 당국은 국악원을 좌파단체로 불법화하고 위원장 함화진을 검거하였다. 이로 인해 부위원장인 박헌봉이 위원장으로, 사퇴한 간부들을 대신하여 양악인 채동선이 연구부장으로 바뀌는 등 변화를 겪으면서 그 활동이 위축되었다. 더욱이 〈아악부 국영안〉이 국회에서 통과되어 1948년부터 정부의 지원이 있는 데다가, 함화진이 세상을 뜨자 국악원 조직은 극도로 위축되었다. 이후 6·25전쟁이 일어나자 공기남·안기옥·박동실·임소향·丁南希·조상선·최옥산 등 주로 판소리(창악)와 가야금 연주자가 월북하였다.

바. 조선음악가협회

조선프롤레타리아음악동맹과 고려교향악협회-고려교향악단 결성으로 타격을 입은 조선음악건설본부는 1945년 10월 22일 "연합국 환영 준비를 위한 잠정적 기관이던 조선음악건설본부는 그 취지를 달성하였으므로 해소한다"라는 성명 발표와 함께 해소한다. 이에 앞서 악단이 분열되어서는 안 된다고 인식한 고려교향악협회측의 현제명·김성태, 조선프롤레타리아음악동맹측의 신막·이준범·박영근, 조선음악건설본부측의 채동선·박태준·崔熙南·韓甲洙 등은 새로운 조직체 결성을 위한 소집 위원이 되어 기독교청년회관 강당에서 10월 22일 조선음악건설본부 해소와 함께 '전국음악가단체대회'를 열어 조선음악가협회를 결성시켰다. 서울시 종로구 종로 2가 19번지에 사무실을 둔 조선음악가협회는 조선음악건설본부 · 고려교향악단 그리고 조선프롤레타리아음악동맹 등이 중심이 된 조직체였다.

조선음악가협회의 강령은 "친선도모와 자주독립 촉성, 음악예술의 향상과 발전, 음악가의 생활향상 도모"였다. 중앙위원으로 위원장 李永世, 부위원장 신막, 상무 박영근, 위원으로 이홍렬 · 안병소 · 박태현 · 김성태 · 한갑수 · 최희남, 고문으로 계정식 · 박경호 · 채동선 · 김재훈 · 박태준 · 안기영 등이 선임되었다.[25)]

조선음악가협회의 결성은 음악인에 관한 실제적 관심과 자주독립에 관한 역할 등 조선음악건설본부보다 강령이 구체화되어 통일적 조직체로 보여졌다. 그러나 조선프롤레타리아음악동맹이 조선음악가동맹으로 재결성하여 해방공간 제2기부터 흔들릴 수 없는 민족음악이론과 치열한 사회 인식으로 활동하고, 고려교향악협회-고려교향악단 역시 활발한 연주활동을 독자적으로 이루자 조선음악가협회의 대동단결은 무색해 질 수밖에 없었다.

'전재동포 세말 구제음악회'(1945. 12. 28)와 '신춘음악 대연주회'(1946. 1. 14), '3 · 1절 기념 야외음악회'(1946. 3. 1) 그리고 조선음악가동맹이 불참한 가운데 개최한 '우리 작품 발표 음악회'(1946. 6. 29~30)를 끝으로 조선음악가협회의 존폐문제가 부각되었다.[26)] 이런 와중에 1946년 8월 결성된 전국음악문화협회

---

25) 회원은 계정식 · 김성태 · 김세형 · 김순애 · 김원복 · 김영애 · 김인수 · 김재훈 · 김형로 · 나운영 · 문학준 · 박경호 · 박영근 · 박은용 · 박태준 · 박태현 · 송진혁 · 신막 · 신재덕 · 안기영 · 안성교 · 안병소 · 유경손 · 이강렬 · 이관옥 · 이상춘 · 이순희 · 이영옥 · 이은순 · 이인범 · 이인수 · 이홍렬 · 윤락순 · 장보원 · 정정식 · 정희석 · 채동선 · 최희남 · 한갑수 · 한평숙 · 현제명 등 악단을 망라하여 조직되었다.

26) 신춘음악 대연주회는 조선음악가협회 창립기념 연주회(2. 14~15, 국제극장)로서 조선인민원호회와 중앙신문사 후원으로 개최되었다. 이 음악회의 출연진과 작품은 해방공간의 음악인들과 음악회 성격을 확인할 수 있는 주요 음악회였다. 1일과 2일이 약간 달랐다. 金永羲 지휘와 尹寶姬 반주의 梨花女大合唱團 출연, 李銀順 소프라노독창과 張寶媛 반주의 李建雨 작곡 〈黎明의 노래〉와 마스카니 아리아, 李康烈 첼로독주와 金元福 반주, 李想春 테너독창과 金元福 반주의 洪蘭坡의 〈봉선화〉와 오페라 아리아, 李仁範 · 崔熙南 · 宋鎭赫 · 金炯魯 등 서울男性四重唱團과 金永愛 반주로 〈멍텅구리 장가가네〉 등, 李順熙 알토 독창의 외국가곡과 아리아, 鄭熙錫 바이올린독주와 金元福 반주로 金載勳 작곡 〈비가〉 외, 소프라노 韓平淑과 申載德 반주의 金順男곡의 〈人民의 나라〉와 〈獨立의 아침〉 외 오페라 아리아, 바이올린 文學俊 · 비올라 安聖敎 · 첼로 李

에 일부가 흡수되자, 모든 악단 구성원들은 조선음악가협회 존속을 희망하여 1946년 12월 2일 국악원·구왕궁아악부·고려교향악단·조선교육음악협회·음악문화협회·조선음악가동맹·서울합창단·종교음악협회·서울관현악단·올포이스4중주단·연악원·벨가토회 등이 발기인회가 되어 1947년 1월 10일에 조선음악협의회로 재조직되었다.[27)]

사. 조선음악가동맹

조선음악가동맹은 1945년 12월 13일 조선프롤레타리아음악동맹의 해소와 조선문학가동맹이 결성될 때 함께 결성되었다. 조선음악가동맹은 조선프롤레타리아음악동맹 이외에도 조선음악가협회의 일부를 흡수, 7대 강령을 발표하고 결성하였다. 조선음악가동맹은 해방공간 제2기 기간을 주도하고, 제3기부터는 비합법 단체로, 그 이후 시기는 해체되었다. 강령은 “일본 제국주의 잔재 음악의 소탕을 기함, 봉건주의적 유물 음악의 청소를 기함, 음악의 국수주의적 경향을 배격함, 악단의 반민주주의적 세력의 구축을 기함, 음악의 민족적 유산을 정당히 계승하고 외래 음악의 비판적 섭취를 함, 진보적 민주주의 민족주의 문화의 건설을 기함, 국제음악과의 교류협조를 기함”이었다. 임원은 위원장 김재훈, 부위원장 안기영, 서기장 신막, 총무부장 이범준, 조직부장 박영근, 사업부장 최창은, 작곡부장 김순남, 연주부장 정종길 등이었다.[28)] 그리고 중앙집행위원은 김재훈·안기영·신막·정종길·이범준·박영근·최창은·김순남·이건우·鄭榮模·金薰·吳昌鎭·신용팔·강장일·

康烈의 서울絃樂三重奏團의 베토벤 3중주곡(작품 8), 朴殷用 테너독창과 李英玉 반주의 羅運榮 곡 〈건국의 노래〉와 金聖泰 곡 〈말〉 외, 첼로 金仁洙와 金元福 반주의 쇼팡 작품, 알토 柳慶孫과 羅運榮 반주의 외국 작품, 소프라노 李觀玉과 鄭貞植 반주의 이태리 작품, 바이올린 朴敏鍾과 金元福 반주의 비니아프스키 작품, 愼幕 베이스독창과 張寶媛 반주의 金順男곡 〈勞動者의 노래〉와 〈獨立의 아침〉 외 러시아민요, 바이올린 李永世와 李仁秀·비올라 尹樂淳·첼로 羅運榮의 올페우스四重奏團의 모차르트 현악4중주 제4번 등이 공연되었다(〈朝鮮音樂家協會創立記念 新春音樂大演奏會〉, 1946년 2월 14일·15일, 國際劇場 팸플릿 참고).

27) 《예술통신》, 1947년 1월 10일 및 13일.

28) 1947년 2월 19일 음악동맹 제2회 중앙확대위원회에서 중앙서기장이 朴榮根으로 바뀌었다(《예술통신》, 1947년 2월 21일).

河吉漢・金昌燮・朴南洙・盧光郁・李根樂・신현영・尹泰燮・韓平淑・張寶媛・崔星鎭 등이었다. 또, 조선음악가동맹은 강철수 등의 서울지부,[29] 신형찬 등의 인천지부, 그 밖에 춘천지부・대구지부・부산지부・광주지부・대전지부 등 전국적으로 조직화되었으며, '음악동맹 합창단'과 윤기선・정희석・趙念・이강렬 등의 '음악동맹 현악4중주단'를 구성하고 활동을 전개하였다.

아. 기타

이 밖에 지방음악단체로 8월 하순경의 인천음악협회, 9월에 목포예술문화동맹, 광주음악연구회, 尹伊桑이 간사로 선임된 통영문화협회, 10월에 광양예술연구소, 광주성악연구회, 경주문화협회, 11월에 부산할렐루야음악연구소, 12월에 봉선화 동요회(서울) 등이 창립되었다. 그리고 북한에서는 해방 직후에 창설된 평양중앙교향악단과 평안지구 프롤레타리아 예술동맹이 결성되는 등 각각 활동하기 시작하였다.

(3) 제2기의 음악 전개

제2기(1946. 1. 1~1947. 8. 15)는 모스크바 3상회의(1945. 12. 27)에서 한국문제를 다룬 신탁통치안이 알려진 뒤 1946년 벽두부터 정치적 입장에 따라 좌・우의 대립이 본격화되는 기간이다. 제1기 동안 조직을 정비한 악단은 제2기 벽두부터 이러한 현실을 외면할 수 없었다. 이러한 민족현실은 제2기뿐 아니라 해방공간 전 기간 동안 이루어진다. 제2기 후기는 1947년 8월 15일 직전부터 미군정에 의하여 조선문화단체총연맹 뿐 아니라 민주주의민족전선 산하의 모든 정당・사회단체・음악단체가 비합법화되어 새로운 국면을 맞이한 시기이다. 국악원・조선가극동맹・대중음악가협회는 자체 조직개편으로 난국에 대응하는 데 비하여, 조선음악가동맹은 분명한 자기 세계관 때문에 움직일 입지가 좁아지고 있었다. 제2기의 전기는 1946년 벽두부터 1946년 8월 15

29) 서울시지부는 1947년 1월 11일 국립도서관회의실에서 결성되었다. 의장에는 최창은・박영근・김재훈・최희남・이영세 등이 선출되었고, 1월 20일 35명의 집행위원회에서 위원장 최창은・부위원장 정종길과 윤태섭・서기장 이범준을 결정하였다. 서기장은 1947년 2월 19일에 이건우로 교체되었다(《예술통신》, 1947년 1월 14일, 1월 23일, 2월 21일).

일까지, 제2기의 후기는 1946년 8월 15일부터 1947년 8월 15일까지로 각각 구분할 수 있다. 제2기의 전기에 비하여 후기는 군정과 관계 당국의 금압이 강화되는 가운데 새로운 단계의 문화운동이 전개되었다. '전재민을 위한 종합예술제' · '3 · 1절 기념 종합예술제' 그리고 문화대중화운동을 정점화시킨 '문화공작대' 등을 통해 조선음악가동맹의 강령이 실천되었다.[30)]

우익은 존재론적 순수 미학관으로 서양음악을 해석하는 것에 비하여, 좌익은 사적 유물론과 그 미학관을 전통과 관련지어 해석하여 해방공간의 상황에 적용 · 대응하고 있었다. 동시에 후자가 도식화된 계급 미학론을 나름대로 자기 비판하면서, 민중 · 민족주의에 바탕을 둔 음악작품을 생산할 수 있었던 것은 바로 '전통'을 재해석한 결과였다. 이들의 '누구를 위하여 어떻게 음악할 것인가'라는 의문에서 실천적 덕목인 인식과 윤리 그리고 미적 표현성을 강하게 찾아볼 수 있는데, 이것은 박용구의 비평에서 방향이 잡혀진다. 이 비평이 가능했던 것은 김순남 · 이건우에 의한 작품이 앞서 갔기 때문이었다.

다른 한편, 조선음악가동맹의 출현으로 분명한 성격의 통일적 활동이 펼쳐지자, 우익적 성격의 연주가들이 대한연주가협회를 결성한(1946. 3) 데 이어, 8월에는 전 악단을 망라하는 전국음악문화협회가 결성되었다. 그러나 전국음악문화협회가 여전히 현제명 중심으로 나타났기 때문에 또 다른 음악 협의체가 1947년 1월 10일 전국음악단체협의체로 발전 · 결성되었다. 그동안 조선음악가협회는 1947년의 '우리 작품 발표회'(6. 29~30) 이후 전국음악문화협회나 전국음악단체협의체에 흡수 · 해체되었다.

이 기간은 동시에 제1기와 달리 각종 음악단체가 장르별로 백화 난만하게 창립, 음악활동을 펼친 것도 한 특징이다. 제2기 전기 기간 동안 서울음악단 · 조선가극동맹 · 경성음악학교(교장에 현제명, 교무과장에 김성태, 이후 서울대학교 예술대학 음악부로 편입됨) · 한국오라토리오협회(박태준) · 민족음악문화연구회(나운영) · 서울관현악단 · 조선가극협의회 · 서울교향악협회 등과 국악분야도 국악원 산하의 국극협회(이후 국극협단으로 발전) · 조선창극단 · 김연수창극단 · 시조연구회(李秉岐) 그리고 지방에서 경남음악협회 · 하동문화협회 · 경북예술

30) 《예술통신》, 1946년 12월 17 · 19 · 20 · 24 · 26 · 27일.

가협회 등이 창립되었다.

이 기간 주요 음악회는 1946년 2월의 조용자 무용발표회(11일)와 정인방 무용발표회(11일)·조선음악가협회 신춘문화대연주회(14일)·3월의 3·1절여학교연합음악회(1일)·3·1절기념야외음악회(조선음악가협회, 1일)·봉선화동요회 3·1기념의 밤(1일)·고려교향악단 제3회 정기공연(16일)·서북동포위안음악의 밤(18~19일)·기미운동기념음악회(23일)·진수방무용발표회(23일)·고려교향악단 제4회 정기공연(30~31일), 4월에 국악원의 국극사 창립피로대공연(춘향전, 1~7일)·김창섭독창회(7일)·이화여자대학음악회(7일)·조선음악가협회 춘계음악회(8일)·한중친선음악회(9일)·고려교향악단 제5회공연(13~14일)·전국농악대회 지방예선대회(20일)·춘계음악회(21일), 5월의 해방가요의 밤(4일)·전국농악대회(10일)·박은용독창회(11일)·경복중학교 음악연극회(11일)·오창진 독창회(19일)·서울여상 음악무용회(23일)·오페라협회 제1회 발표회(25일), 6월의 대학교향악연주회(2일)·해방가요의 밤(10일)·미군정청 문교부 기획과의 제1회 경성시내 남녀중등학교 음악회의 저녁(18~19일)·이화고녀 합창회(24일)·경성음악학교 제1회 발표회(24일)·여자중학교전문학교 졸업기념음악회(27일)·하계음악강습회(24일), 음협의 우리작품발표음악회(29~30일), 8월의 해방기념국악전(15일)·야외음악대회(17일) 등이 개최되었다.[31]

제2기 후기에는 시립취주악단·음악가의 집·전국취주악연맹·전국음악교육자협회·대중음악협회(김해송)·시온성합창단(李東日)·성종합창단(郭尙洙) 등과 지방의 金永泰성악연구회(대전) 등이 창립되었다. 이외에도 경성3중주단·올포이스4중주단·서울합창단·연악원 및 각 학교 음악부 등이 활동하였다. 주요 음악회는 9월의 가톨릭음악회(21일), 10월의 전국민속무용대회(4일)·국민학교연합음악회(7일)·옥인찬독창회(10일)·전국교육음악회(12일)·김혜경독창회(19일)·남조선음악콩쿨대회(20일)·어린이음악회(27일), 11월의 홍지유제금독주회(9일)·정인방무용발표회(10일)·전국취주악콩쿨대회(23일), 12월의 이경팔독창회(13일)·조선교회음악협회 제3회정기공연회(14일)·이두범독창회(15일)·음악동맹과 문학동맹의 음악과 시의 밤(16일)·미군정청 문교부 주최 전국제1

31) 《예술통신》, 1947년 1월 1일.

회음악경연대회(20일)·자유신문사의 제1회 음악제(고려교향악단과 서울교향악단 출연, 21~23일)·악극단 라미라의 〈공주와 산적〉·〈금강산이야기〉 공연(22일)·고려교향악단 제10회 연주회(29~30일)·고려교향악단 미군위안연주회(29일) 등이 개최되었다.

또한 1947년 1월에는 연악원과 경향신문사의 연악원 제1회 연구원발표(6~7일)·조선문화단체총연맹(문련)의 제1회 종합예술제(8~9일, 15~19일)·이건우 작품발표회(12일)·박용구 가창지도회(21일)·고려교향악단 제11회 정기연주회(28~29일)·명창대연주회(전주, 30~31일), 2월의 서울관현악단 민중음악의 밤(1~3일)·전국음악문화협회 국제친선음악회(14~15일)·국악원 제1회 창극제전(춘향전 10~12일, 홍부전 13~17일), 3월에 음악동맹과 국악원의 3·1기념 합동연주회(1일)·음악동맹 외 3.1기념음악무용대회(4~9일)·고려교향악단 제13회 정기공연(25일), 4월에 테너 윤두선 도미송별음악회(5일)·홍지유바이올린독주회(22일)·고려교향악단 제14회 공연(26~27일), 5월에 김상두 독창회(3일)·경주예술학원 창립1주년기념음악회(경주, 5일)·정훈모 제7회 독창회(7일)·전국중등학교 음악제(10일)·고려교향악단 제15회 정기공연(17~18일)·국악원과 미군정청 문교부 예술과 공동주최 제2회 전국농악경연대회(23~27일), 6월에 국악원 제2회 창악대전(대심청전, 7일)·전국취주악연맹 제2회 전국취주악대회(7~8일)·신용대 독창회(20일)·계정식 바이올린독주회(25일)·정화영피아노독주회(28일), 고려교향악단 제16회 정기공연(29~30일), 7월에 문화공작대 부산·대구·대전·경남·강원·충남·충북·경북 지방공연(5일~8월 1일)·음악동맹 서울시지부의 근로자음악경연대회(예선 25~28일, 본선 8월 5일) 등의 음악회가 개최되었다.[32)]

한편 제2기 후기 기간에 채동선을 중심으로 고려음악협회(1947. 2)가 결성된다. 고려음악협회 회원 전체의 통일된 해석이 아니라 할지라도, 채동선은 좌파의 비조선적 내용을 비판하고 또한 극우 경향을 띤 순수음악 지상주의자들의 비순수성도 파헤치면서 '민족자결정신'에 입각한 민족적 양심과 강렬한 조국애를 표방하고 나섬으로써 새로운 해석 집단을 형성시켰다.

---

32) 《예술통신》, 1947년 1월 1일.

가. 제2기의 조선음악가동맹

조선음악가동맹은 '8월 테제'를 발전시킨 '조선 민족문화 건설의 노선'에 입각하여 활동을 전개해 나갔다. 그리고 당의 전위조직인 민주주의민족전선과 그 외곽단체로서 25개 단체가 모인 조선문화단체총연맹에 참여하여 집단역량화를 꾀하기 시작했다. 조선음악가동맹은 현 단계에 건설되어야 할 과제가 프롤레타리아 문화가 아닌 민족음악문화의 건설로 간주하여 제국주의 잔재와 봉건적 유물의 청산을 기하는 음악운동, 인민 속에서 그리고 인민을 통한 민족음악 건설의 목표, 혁명적 로맨티시즘과 진보적 리얼리즘이 바탕이 된 민족음악, 전통음악의 장점을 계승하고 외국의 진보적 문화를 비판적으로 섭취하여 민족음악 문화를 창출시키고자 했으며 이를 위해 조선문화단체총연맹과 공동 문화전선을 펼쳤다. 특히 이의 실천을 위하여 국악원과의 제휴는 물론 아악부에서 전통 국악기를 연구했다.[33] 나아가 민족 음악문화를 건설하기 위한 방향으로 조직을 정비·확대하고, 민중·민족을 위한 민족주의 음악 창출과 소통 및 비평작업을 구도화시켜 실천했다.[34] 제2기 후기 기간에는 음악의 사회로의 환원을 시도한 각종 음악 예술제 개최, 순수 실내악 운동, 문화 공작대를 통한 음악의 대중화 운동 등을 펼쳤다.

조선음악가동맹의 전 기간에 걸친 민족주의 음악 건설은 먼저 '노래운동'의 확대로 전개되었다. 노래가 민족의 동질성뿐 아니라 민족다움을 공동체적으로 확인할 수 있기 때문이다. 김순남의 〈해방의 노래〉는 애국가 혁신운동의 하나였다.[35] 또, 〈예맹의 노래〉(임화), 〈서반아혁명 국제의용군의 노래〉(임화 역), 〈남조선 형제여 잊지 말아라〉, 〈인민 항쟁가〉, 〈반전가〉(이건우), 〈민전 행진곡〉(임화·김관균·吳章煥·金起林 합작)과 조선프롤레타리아음악동맹 기간 동안 만들어진 〈해방의 노래〉·〈건국 행진곡〉·〈농민가〉 등을 각종 대

---

33) 박영근, 〈음악개관〉(민주주의민족전선, 《조선해방연보》, 문우인서관, 1946), 376쪽.
34) 이 분야의 구체적 내용은 노동은, 앞의 글(1989a), 59쪽 이후를 참고할 것.
35) 박영근, 〈음악계〉(《1947년판 예술연감》, 예술문화사, 1947), 33~34쪽.
———, 〈음악개관〉(같은 책), 375쪽.
박용구, 〈해방후의 음악계 3년〉(《민성》 4-7·8호, 고려 문화사, 1948), 48쪽.
———, 〈애국가 혁신론〉(《중앙신문》, 1946년 2월).
박은용, 〈애국가고〉(《동아일보》, 1948년 10월 6일~8일).

회나 집회(전국문학자대회, 전국인민위원회대표대회 등) 그리고 여러 공장 · 농촌 · 거리 등지에서 소통시켰다. 이 노래들은 1946년 5월 4일~5일에 '해방가요 신작 발표회'를 통하여 소개되기도 하였는데, 해방 이후 1946년 10월까지 창작된 김순남의 50곡과 이건우의 25곡과 함께 많은 노래가 불려졌다.[36] 특히, 김순남의 〈남조선 형제여 잊지 말아라〉와 〈인민항쟁가〉가 제2기 후기 동안 전국적으로 불려졌다. 조선음악가동맹은 앞서 언급한 바와 같이 전통음악의 장점을 계승하고 창작의 미학적 범주를 확대하기 위하여 국악원과 제휴하는 한편 아악부에서 고전악기를 연구하기도 하였다.[37]

제2기 후기(1946. 8. 15~1947. 8. 15)에 이르러 조선음악가동맹은 이론과 실천 역량을 가장 집중적으로 드러내면서 다음 세 가지 측면을 실천했다. 첫째는 예술의 밤이나 종합예술제를 개최하고 전재 동포를 구제하기 위한 음악회와 근로자를 위한 예술제라는 점에서 '누구를 위하여 음악을 할 것인가'라는 물음을 구체화시켰다. 두 번째는 조선음악가동맹의 일부 음악인이 '음악가의 집'에 참가하여 순수 실내악 음악활동을 펼쳤다. '음악가의 집'은 김순남 · 김원복 · 문학준 · 朴敏鍾 등 13명의 일본 학습 세대로 조직되어 있었다. 제1회 실내악 연주회(1946. 9. 26 배재중학교 강당), 11월의 제2회 공연을 끝으로 활동이 정지되어 있었는데 이러한 순수 실내악 운동은 1947년 1월의 〈연악회〉의 발표회와 정부수립 이후 조직된 '문화의 집'에서 부활하여 실내악 운동으로 발전하였다.[38] 세 번째로 조선음악가동맹은 조선문화단체총연맹과

---

36) 《1947 조선연감》(조선통신사, 1946. 12), 302쪽.

37) 박영근, 〈음악개관〉(앞의 책), 376쪽. 한편 조선음악가동맹은 국악원 주최의 전국농악경연대회 제1회(1946. 5. 10)~제3회까지의 농악채보에 관한 좌담회(1946. 5. 20) 등을 '민족음악 수립에의 결정적인 행사'로 주목하여 평가하였다(박영근, 〈음악계〉, 앞의 책, 35쪽).

38) 1948년의 경우 '문화의 집'은 음악애호구락부가 운영하고 있었다. 문화의 집은 서대문과 청정로의 자연장, 그리고 종로 2가 파고다공원 앞 백조음악감상실 등에 있었다. 제1회는 실내악의 밤(10월 24일부터 3일간 서대문 문화의 집)을 개최하고 바이올린의 文學俊 · 崔泳祐, 비올라의 李在玉, 첼로의 金俊德 등이 출연 연주하였다. 문화의 집 제4회의 주명곡의 밤(12월 11~12일)에서는 바이올린 全熙奉과 피아노 李慶熙가 출연하였으며, 제7회는 신정실내악의 밤을 1949년 1월 2일부터 2일간 모차르트의 클라리넷 5중주(클라리넷 洪光銀과 文學俊 4중주단)와 베토벤의 현악4중주 작품 18번의 1을 文學俊 4중주단이 공연

함께 '문화공작대'를 조직해 활동하였다. 1947년 7월 한 달간 강장일·한평숙 등 조선음악가동맹 소속원들이 문화공작대로서 경남·강원도·충남북·경북·부산 등으로 파견되어 대부분 테러 속에서 활동하였다.

한편, 이 기간 동안 조선음악가동맹은 뚜렷한 역사관과 미학관에 의한 비평활동을 전개하였다. 김순남과 박은용이 이를 대표한다. 30대 초반의 정종길·신막·박영근도 이 분야에 큰 몫을 했다. 또한 전천후 평론가 박용구가 해방공간 전 시기에 비평활동을 하였다. 1930년대 후반부터 본격적 비평활동을 한 金管은 해방공간에서 붓을 꺾었다가 1948년에 삶을 마감하였다. 이들과 달리 우파중도를 주도한 40대 채동선은 1947년 이후의 해방 공간 제3기와 분리 공간에서 중요한 역할을 수행하여 민족음악 창출에 공헌을 한 비평가였다.[39]

나. 대한연주가협회·전국음악문화협회·서울관현악단·고려음악협회

우익측 인사들은 민주주의적 민족국가 이념 위에 통일민족국가 수립이라는 취지를 세우고, 단체를 결성할 준비위원을 정하였다. 그리고 전 문화예술인들을 규합하여 1946년 3월 13일에 종로 기독교 청년회관에서 전조선문필가협회를 결성하였다. 준비위원 43명 중 음악인은 채동선과 박경호였고, 추천 음악인들은 계정식·김성태·김세형·김원복·金永羲·김재훈·박경호·박영근·박용구·박태준·안기영·안병소·李升學·이영세·李惠求·임동혁·

하였으며, 베토벤 122주기 기념연주회를 서대문 문화의 집에서 공연하였다(《경향신문》, 1948년 10월 22일, 11월 18일, 12월 7일, 12월 10일, 12월 31일, 1949년 3월 25일, 4월 19일).

39) 김순남은 조선프롤레타리아음악동맹이 근로대중 음악만을 계급이론화하고 정치에 가담함으로써 '음악의 독자성과 전문성'을 무시하였기 때문에 입지가 '국한'되었다고 비판하고, 동시에 '반성을 과제'로 삼아야 한다고 지적한다. 또한 이를 역선전하는 우익의 음악인 역시 '매우 깊이 반성'하여야 함을 촉구하기도 한다. 박영근은 제2기 기간 동안 대표적인 10여 편의 글에서 해방 전후의 악단상황과 조선프롤레타리아음악동맹과 조선음악가동맹의 연원, 애국가 혁신운동, 음악에서 일제 잔재와 봉건적 잔재 청산의 문제, 음악의 대중화 운동, 민족음악 수립, 연주와 교향악단, 그리고 창작 분야의 문제점 등 전 분야의 음악운동을 민중·민족주의 시각에서 역사적·미적으로 접근하여 체계화시키는 공헌 하였다(박영근, 〈악단의 제문제=민족음악 건설을 중심으로〉, 앞의 신문, 같은 일자). 그리고 신막의 〈인민과 음악예술〉(《인민평론》, 1946년 7월호)과 정종길의 〈교향악의 존재의의〉(《예술신문》, 1946년 9월) 등을 제외하면 이 기간동안 이들의 비평활동은 뜸했다. 박은용은 제3기에 가서 두드러진 활동을 한다.

김형철·채동선·함화진·현제명 등으로 해방 직전에 활동한 중진들이었다.

전조선문필가협회 결성 후 1946년 4월 4일 전위대격으로 金東里 등 청년 문인들이 중심이 되어 조선청년문학가협회가 조직되었다. 조선청년문학가협회는 7개 부서 중 평론부에 임동혁이 선임되었다. 전조선문필가협회와 조선청년문학가협회는 '순수'를 표방하고 조선문화단체총연맹에 대응하였다.

전조선문필가협회와 조선청년문학가협회 결성 사이에 계정식(위원장)·高宗益·權元漢·김생려 등 연주가들 중심의 대한연주가협회가 1946년 3월에 조직되었다.

대한연주가협회는 결성 두 달 후 수도극장에서 '가극명곡과 실내악'(46. 5. 31~6. 1)을 개최하고 전 회원이 출연하여 성황을 이루었다. 그러나 이후 대한연주가협회는 조선음악가협회가 약체화를 면치 못하자 8월에 가서 전국음악문화협회로 흡수되었다.

한편, 조선음악가협회는 1946년 6월 조선음악협의회로 발돋움을 꾀하려 하였지만, 조선음악가동맹측의 '우리 작품 발표회'(1946. 6. 29~30) 이후 가을부터 존폐문제가 대두되었다.[40] 전 음악단체의 협의기관의 필요성에 공감한 악단 모두는 같은 해 12월에 조선음악협의회 준비위원회를 조직하고, 1947년 1월 10일에 '조선음악협의회'를 결성시켰다.[41] 전국음악문화협회·전국교육자음악협회·전국취주악협회·국악원·음악가의 집·조선교회음악협회·서울음악단·조선음악동맹·성연회·서울합창단·올포이스 현악4중주단·우리콸텔 등의 대표자들이 참가한 가운데 결성된 이 협의회는 한국 최대의 악단조직으로 태어났다. 의장에 이영세, 상임협의원에 고려교향악단·전국음악문화협회·조선음악동맹 등이 선출되어 새로운 출발을 하였다.

대한연주가협회는 1946년 8월에 기성음악 단체를 총망라하고 조직을 개편·확대하여 전국음악문화협회로 재출발하였다. 전국음악문화협회는 이승만의 도미(1946. 11. 26)를 지원하려고 조직한 '민족대표 외교사절 후원회'에 박태준·박태현·채동선·이종태 등이 참가, 우익진영을 대신하고 있었다.

---

40) 우리 작품 발표회에 김성태·김순애·나운영·박태준·현제명·김세형·이흥렬·홍난파 등의 작품을 이강렬·김원복 등이 공연했다.

41) 《예술통신》, 1947년 1월 10·13일.

그러나 이후 현제명 지지세력과 채동선 지지세력, 그리고 조선음악가맹을 지지하는 세력 등 크게 세 지류를 이루게 되어 갈등이 깊어갔다.42)

전국음악문화협회는 1946년 9월총파업과 이어 10월항쟁 이후 노동자·농민운동이 전국으로 확산하는 등 급변하는 해방정국 앞에 대응할 수 없었는데다, 현제명이 미군정 정책에 편승하여 이탈하자 조직이 와해되어, 1947년 1월에 결성된 조선음악협의회에 흡수되었다. 여기에서 채동선의 고려음악협회가 탄생한다.

그러나 현제명 중심의 고려교향악단은 이미 이곳을 탈퇴하여 조직된 서울관현악단의 도전을 받고 있었고, 8개월간의 미국생활 끝에 귀국(1947. 9. 3)한 직후에는 이 두 악단의 '땅뺏기' 결과에 따른 대립이 치열해졌다. 1948년 1월에 서울관현악단은 롤프 쟈코비(Rolph Jacobi)·김생려(대표)·金俊德·林元植 등의 지휘체제로 서울교향악단으로 발전하였다. 서울관현악단이 1947년 전조선문필가협회의 '국제 친선 대음악회'(1947. 2. 14) 등 산발적인 연주활동을 통하여 원무곡과 세레나데 등 대중성 있는 작품을 발표(계정식과 김준덕 지휘)해온 것에 비한다면, 1948년 2월 28일부터 제1회 정기연주회를 갖는 서울교향악단에 이르러 비로소 본격적인 체제로 발표회를 개최하였다고 하겠다. 정기연주회 제3회(1948. 3)에서 14회(1949. 6)까지 롤프 쟈코비 지휘로 하이든·베토벤·베버·슈베르트·비제·차이코프스키 등 주로 고전주의 시대와 낭만주의 시대의 음악을 연주하는 등 교향악운동의 발판을 다졌다. 서울교향악단이 1948년 8월 15일 정부수립 때 경축공연에 출연하고, 고려교향악단의 제24회 연주(1948. 10. 23, 金仁洙 지휘)가 있은 지 한 달 후(1948. 11. 27) 시공관에서 '서울교향악단 제8회 정기연주회'를 서울대학교 예대 합창단과 金天愛·김혜란·이인범·김형로 등 300명의 출연으로 베토벤의 〈합창교향곡〉을 쟈코비 지휘로 열자 고려교향악단은 약체화를 면할 수 없어 제26회 공연 이후 해체되었다.

한편, 고려음악협회가 채동선이 중심이 되어 1947년 2월 12일에 결성되었다. 결성되던 같은 날에 고려음악협회 등 20여 문화단체와 규합한 전국문화

---

42) 채동선의 미발표 글, 〈조선 악단의 운명은 어디로 가려는고〉(1947년 5월 1일).

단체총연합도 결성되었다. 전국문화단체총연합에 가입한 음악단체는 전국음악문화협회·전국취주악연맹(1946. 1. 결성)·정악회 그리고 고려음악협회였다. 고려음악협회는 우파 중도의 성격으로 이후 독자노선을 걸어갔다. 전국문화단체총연합의 회장에는 高羲東, 부회장에 고려음악협회 회장인 채동선 그리고 朴鍾和가 선임되었다. 채동선은 전국문화단체총연합의 부회장과 '음악 대책위원', 또 고려음악협회 회장으로 1947년 이후 그 역할이 커졌다. 고려음악협회는 채동선 외에도 尹龍河·박태준·박태현·이홍렬·안병소 등이 중심이 되었다.[43]

이로써 1947년 봄에는 민족좌파의 조선음악가동맹과 국악원, 민족우파에는 현제명 중심의 전국음악문화협회와 구왕궁아악부, 그리고 고려교향악단와 서울교향악단의 양대 관현악단, 우파 중도의 고려음악협회 등이 형성되어 활발한 음악활동이 전개되었다.

(4) 제3기의 음악전개

제3기는 미군정과 관계 당국이 좌익계열의 모든 단체들을 비합법적 단체로 규정한 1947년 8월 15일부터 남한에서 단독정부가 수립되는 1948년 8월 15일까지 일 년간의 기간이다. 이미 제1차 미·소공동위원회(1946. 3. 20~5. 8)가 실패하자 미군정은 남한 단독정부 수립에 대한 구상을 천명하고 이승만과 한민당 계열은 이 안을 지지한다. 더욱이 미·소공위가 완전 결렬(1947. 10. 21)되어 미국이 제안한 유엔감시하의 남북총선거안 등이 가결되고, 미군정 당국이 〈남조선 총선거법〉을 공포(1948. 3. 18)하여, 분단의 고착화가 점차 현실화되었다. 반탁이 무의미하다고 판단한 김구 역시 김규식과 제휴하여, 남조선 단선·단정을 반대한 북조선과 대화하기 위해 문화인 105인의 남북대화촉구성명에 힘입어 북행을 감행하였다. 이 성명(1948. 4. 14)에는 박용

43) 고려음악협회는 조선음악가동맹의 '비조선적 유물론'이나 '악계의 대표적 無節操 사대주의자인 현제명세력'을 비판하고, '민족자결정신하에 정통음악 예술의 연구창작 및 연주활동을 목적함'을 강령으로 출발함으로써 중도적 입장을 견지하고 있었다. 또, 고려음악협회는 반탁을 표방함으로써 우익의 조직체와 맥을 같이하나, 제3기 기간 동안에는 미군정과 당국의 문화정책과 사대주의적 극우파를 신랄히 비판한다는 점에서 이들과 달랐다.

구 · 신막 · 안기영 · 박은용 · 이건우 등 5인이 참가하였다.

한편, 조선공산당은 1946년 5월 7일 미 · 소공위가 무기휴회로 들어가고 소련측 대표단의 철수, 정판사 사건(1946. 5)에 의한 좌익계 인사의 피검, 《해방일보》의 정간, 반탁진영의 정치공세 강화, 군정에 의한 좌우합작 추진 등으로 자신들에게 더욱 불리한 상황이 전개되자 1946년 7월부터 미군정에 대한 전면적 반대운동을 전개하였다. 1946년의 9월총파업, 10월인민항쟁 이후 결성된 남로당은 민주주의민족전선과 함께 단정 반대투쟁을 전국적 규모로 전개하였다. 미군정과 관계 당국은 제3기부터 좌익운동을 완전 비합법화로 규정하여 조선문화단체총연맹 등의 인사를 검거 · 투옥하였다.[44] 이에 따라 좌 · 우익으로 분열된 음악단체들도 단독정부가 수립되는 과정에서 조선음악가동맹의 민족주의 음악운동이 점차 사라지고, 대신 우익계의 음악단체들이 전면에 나서게 되었다. 전면으로 부각된 음악단체로는 고려음악협회 · 서울관현악단(서울교향악단으로 발전) · 고려교향악단 · 전국문화단체총연합 · 아악부 · 전국취주악연맹 · 조선오페라협회 등이었다. 이들이 주최하는 각종 행사 이외에 한국오라토리오협회 합창단의 〈메시아〉 공연(박태준 지휘, 서울관현악단, 1948. 1. 1)을 비롯한 각종 연주, 서울시 시공관 개관기념 연주회(1947. 12. 30), 조선오페라협회의 〈라 트라비아타〉 공연(이인선 · 김자경 · 馬金喜, 고려교향악단 출연, 1948. 1. 16~20), 1948년 1월에 서울관현악단을 발전시켜 창립한 서울교향악단의 각종 연주회, 김순남가곡발표회(4. 23), 국악원 직속 국극사의 창립2주년 기념 〈선화공주〉 공연(4. 26), 국악연구회(사단법인 한국국악학회 전신) 발족 겸 제1회 정례발표회(5. 3), 서울시 취주악단의 시민위안연주회(5. 8), 조선창극단의 〈왕자호동과 낙랑공주〉(5. 11~15), 서울시 주관의 음악제(5. 15~17), 5인 음악회(소프라노 정훈모 · 테너 김창락 · 바이올린 박민종 · 피아노 김순열 · 이영희 등, 5. 27), 고려교향악단 제23회 정기공연(6. 12~13), 서울교향악단 제4회 정기연주회(6. 23~25), 조미합동 연주회(7. 9), 마금희 도미 고별독창회(7. 17),

44) 1947년 8월 7일에 미군정청이 남로당 비합법화를 선언하고 그 관계자들을 대량으로 검거투옥한 데 이어, 같은 해 8월 11일에 민전 · 문련 인사를 대량 검거하자 국악원의 함화진 등이 피검되었다. 검거투옥된 수는 13,769명이었다. 수도경찰청장 장택상은 8월 18일 '남조선 적화계획과 군정파괴음모'를 전국에 걸쳐 분쇄하겠다는 성명을 발표하였다.

서울대학교 예술대학 음악학부 제1회 졸업생연주회(7. 24), 서울교향악단 제5회 정기연주회(7. 25~26), 대한민국정부수립축하음악회(8. 19) 등이 개최되었다.

한편, 점차 입지가 좁아지던 민족좌파의 조선음악가동맹이나 국악원에는 큰 변화가 일어났다. 수도경찰청장 장택상의 체포령으로 김순남은 1947년부터 은둔생활에 들어가는 한편, 그해 9월 과도정부의 문교부가 개최한 '전국음악경연대회'에서 우익 음악인들이 김순남을 비롯한 조선음악가동맹측 인사의 심사위원 선정을 거부하였다. 국악원은 함화진 위원장이 1947년 8월 피검됨에 따라 박헌봉이 위원장으로, 채동선이 연구부장 등으로 개편되었다.

이 시기에도 일련의 해방가요와 가곡이 압도적으로 유행했는데, 이는 일본제국주의의 정서를 떨치고 민족 정서를 새롭게 정립하려는 절박한 요청의 결과였다. 특히 '해방공간 제3기'에 음악사적 중요한 사건은 가곡창작과 가곡집 출판에 의한 가곡의 확산이었다. 김순남의 《산유화》(1947, 5곡)와 《자장가》(1948, 8곡), 이건우의 《금잔디》(1948, 5곡)와 《산길》(1948, 6곡)이 대표적인 가곡집이다. 이미 1946년에 임동혁의 가곡집 《시조 6수》(6곡), 李齊九의 가곡집 《근화사》(1948, 12곡) 등을 비롯하여 김성태의 가곡 〈오륙도〉(1946), 김세형의 가곡 〈옥저〉(1948), 尹伊桑의 가곡 〈나그네〉와 〈달무리〉 등이 출판되었는데, 모두 민족전통을 회복한 새로운 한국가곡으로서의 특징을 잘 드러내고 있었다.

이렇듯 이 시기의 가곡들은 민족음악 건설이라는 과제수행의 결과로서 새로운 민족음악적 특징들이 성숙해져 갔다. 동시에 이러한 특징은 가곡뿐만 아니라 기악작품에서도 확립되어 갔다. 김순남의 〈피아노 협주곡〉(1946, 미완성) · 〈관현악과 성악을 위한 바라아데〉 수곡(1946), 〈제1교향곡 다장조〉(1946) · 교향시 〈태양없는 땅〉(1947) · 소관현악과 바리톤을 위한 연가곡 〈망명〉(1947) 등과 이건우의 〈피아노 소품〉 수곡(1946) · 〈관현악을 위한 스케치〉(1947) 등이 그 작품들이다. 작곡가 임동혁도 '민족음악의 수립'이라는 글을 게재한 《음악과 문화》 평론집을 1948년(동방문화사) 1월에 발행하였다.

특히 성악작품에서 조성적 어법을 극복하고 현대적 기법과 민요를 비롯한 전통의 음악언어를 동시에 음악양식과 내용으로 체계화하거나, 사실주의적 기법을 사용해 前시대는 물론 동시대의 다른 작곡가의 작품과도 확연하게 구분되는 작품들이 나타났다. 김순남의 〈산유화〉와 〈진달래 꽃〉, 이건우의 〈금잔디〉와 〈산길〉들이 그것으로 그들의 음악은 전통 음악체계를 보다 더 공유하였기 때문에 민족음악을 지향하는 전문음악인들뿐 아니라 당대의 청중에게 널리 불려질 수 있었다.

김순남의 〈산유화〉에 대하여 박용구는 "국제적 수준에서 겨누어 볼 수 있는 가곡"이라고 평가하였다.[45] 이건우의 경우, 〈금잔디〉에서 민요적 음계와 리듬에서 얻은 색채감을 풍부하게 드러내고 있으며, 〈산길〉에서는 '하늘가에 가는 님의 목소리 혼자 귀에만 들려오네'와 같은 시 내용들을 전통음악의 4도 진행 선율이나 '떠어'나 '떠이어'와 같은 꾸밈음으로 적용시켜 그 詩情을 잘 드러내고 있었다. 이미 김순남의 〈산유화〉, 정종길의 〈농부가〉, 이건우의 〈금잔디〉 3편은 무대에 올려지기 전에 눈뜬 민중들의 가슴에 파고들어, 다른 해방가요처럼 민족의 가요로 이 땅에서 널리 불려졌음을 주목할 필요가 있다.[46] 이들의 작품들은 1946년 3월의 '이건우 가곡발표회'와 1948년 4월 23일의 '김순남 가곡발표회' 등 공식무대를 통하여 전문음악인뿐 아니라 일반에게도 확산되고 있었다. 이후 성악가들의 독창회에서 이들 노래가 불려지는데, 1948년 7월 17일의 '마금희 도미 고별독창회'에서는 이건우의 〈금잔디〉와 김순남의 〈진달래 꽃〉이, 그리고 박은용의 '우리 가곡의 밤'(1948. 11. 12~13)과 '李璟八 독창회'(1948. 12. 15)에서도 이들 작품이 열광적인 호응을 받았다.

그러기에 채동선이 이들을 일방적으로 '비조선적 유물론' 계열로 비판한 것은 기실, 조선음악가동맹이 치열하게 민족 현실에 대응하는 태도의 형식을 이룬 이론을 비판한 것이지 삶 자체를 비판한 것은 아닌 것이 되며, 음악도 그 표현된 언어의 전투성 때문이지 작품 자체에 대한 것도 아닌 것이 된다. 채동선의 정치적 입장이 민족정신에 바탕을 둔 음악이었음은 옳게 지적되어야 한다. 그러나 그 민족음악이론에 있어 내용, 즉 우리가 조선인인 이상 우리 민족의 고유한 가사 및 애국시를 사용하는 성악곡은 물론이려니와 기악곡도 민족음악이 된다고 믿어, 안기영과 같은 3화음 체계로 추구한 것은 그

---

45) 박용구, 〈조선 가곡의 위치, 김순남 가곡집 《자장가》를 중심으로〉(《신천지》 3-8, 서울신문사, 1948), 181~185쪽.

46) 박용구, 〈해방가요와 시〉(《음악과 현실》, 민교사, 1949), 57~61쪽.

민족이론이 사고에 충실한 반영일 뿐이며 결코 음악 언어에 대한 반성된 성숙이 아니다. 3화음에 따른 기능화성 체계는 바로 서양민족의 언어이며, 바로 그 언어가 지난 1세기 동안 제3세계를 종속화시킨 합리화라는 힘의 언어이었기 때문에, 한국의 민족음악이론으로는 대응하여야 할 체계인 것이다.

채동선의 가치는 민족자결 정신에 있었다. 그는 말한다.

> 요컨대 민족 자결이냐 다시 노예화냐, 민족적 양심과 강렬한 조국애가 있느냐 없느냐가 우리의 최대 관심사이다. 이 결정적 기본이념 없이는 단 음악뿐 아니라 모든 문화 건설을 논의할 아무 가치도 없다(채동선, 〈음악문화 건설에 대하여〉, 《예술조선》, 선문사, 1947, 21~24쪽).

채동선의 이러한 민족혼은 오히려 한민당과 미군정에 뿌리깊게 관계한 현제명 주도의 음악권을 비판한 것으로, 자주적 민족음악의 좌표를 설정하려고 열정적으로 불태운 혼의 드러냄이었다. 그래서 그는 "신시대는 확실히 봉건과 독재를 떠나기" 위해서도 악단의 민주화를 이룩해야 한다고 역설하였다. 그가 국립교향악단, 국립음악학교, 국립대합창단, 국립육군 취주악단, 국립음악출판사 등을 구체적으로 제시하는 것도 이러한 이유에서였다. 따라서, "민족음악 운운은 우선 예술로의 음악이 있는 뒷일일 것이다"라고 해방 직후부터 일관성 있게 주장한 김성태 계열과도 채동선은 분명 달랐다.[47]

제3기는 1948년 8월 15일의 대한민국 정부수립과 9월 9일의 조선민주주의인민공화국 수립으로 민족음악을 건설하려 했던 희망이 반쪽으로 갈라져 깊은 좌절감에 빠지고 6. 25전쟁으로 지울 수 없는 남북분단의 비극으로 이어졌다. 일본 제국주의의 식민지체계를 종식한 해방의 그날들은 훼손된 민족의 자주성을 회복하고 새로운 민족음악을 수립할 수 있는 계기가 되어 모두에게 생명의 불꽃이 될 수 있었다. 그러나, 미 · 소에 의해 냉전체제가 고착되고 남북에 각각의 정부가 수립됨으로 민족음악 건설 과제는 미확립의 과제로 남게 되었다.

〈魯棟銀〉

---

47) 김성태, 〈민족 음악의 기초〉(《경향신문》, 1948년 1월 1일).

4) 연극·영화

1945년 8월 15일 일제의 패망과 함께 이 땅에는 광복의 새날이 밝았다. 온 나라가 환희로 넘쳐 났지만 사회 전체는 혼돈 속에 빠져들 수밖에 없었다. 각종 정치·사회단체들이 우후죽순처럼 솟아나는 속에 가장 빨리 간판을 내걸고 활동을 개시한 단체는 역시 문예단체였다. 즉 시인 林和가 주동이 된 조선문학건설본부가 해방 이튿날(8월 16일) 서울 한청빌딩에서 결성되었고, 뒤이어 연극건설본부·음악건설본부·미술건설본부·영화건설본부 등이 속속 간판을 내건 것이다. 그런데 이들 각 단체는 곧 조선문화건설중앙협의회(약칭 文建)라는 연합체를 만들었고, 임화를 초대 서기장으로 삼아 조직 체계를 정비해갔다.

일제시기에 활동했던 모든 연극단체들이 자동 와해된 후 처음 조직된 연극건설본부는 극작가 宋影을 중앙위원장으로 내세우고 실제적인 일은 金泰鎭·李曙鄕·咸世德·朴英鎬·金承久·羅雄·安英一 등 진보적 연극인들이 했으며 柳致眞·徐恒錫·金一影·金海松·尹富吉·朴九 등 연극계의 대표적 인물들을 본인의 허락 없이 포함시킨 것이 특징이다. 바로 그 점 때문에 연극건설본부가 식민지시기에 존재했던 조선연극문화협의회의 재판[1]이었다는 비판도 받은 것이다. 그러나 여기서 분명한 것은 이 단체의 주동인물이 대부분 식민지시기에 프로극을 했던 연극인들이었다는 사실이다.

사실 극작가 유치진 같은 경우는 일제 말엽에 어용극운동을 벌인 관계로 자숙하며 관망하고 있었다. 물론 해방 직후에는 좌우가 즉각 갈라진 것은 아니었으므로 프롤레타리아극의 정체가 드러나지는 않았다. 그렇지만 연극건설부의 조직으로 인해서 연극계가 조금씩 재편되어가기 시작했다. 가령 연극건설본부가 일제시기의 유산 청산을 내걸고 조직된 좌익성향의 인민극장·자유극장·청포도·一五劇場·둥지·혁명극장·서울예술극장·白花·조선예술극장 등 9개 극단을 산하에 두고 소위 진보적인 연극운동을 펴 나간 것은

---

1) 李海浪, 〈분열과 위축의 연극계〉(《民聲》, 1949년 2월호).

그 단적인 예라 볼 수 있다.

당초 이들이 지향했던 바는 종래의 저급한 대중극을 청산하고 민주주의 건설에 진력하는 것으로 국립극장 · 연극영화학교 · 연극연구소 · 잡지발간 등도 기획했었다.[2] 그리고 부원들은 연합군 입성 환영공연 준비와 전재민 의연금 모금을 위하여 가두에 나서기도 했으며 새로운 연극건설에 장애가 되는 저질 상업극 견제를 위하여 각본 심의실 설치와 함께 연극 용어의 제정, 연극신문의 발간 등도 서두른 바 있다. 그러나 연극건설본부는 해방의 혼돈 속에서 급조되었기 때문에 구체적인 연극운동과 실천을 통해서 조직되지 못한 근본적 결함과 좌우익 연극인의 혼성으로 인한 동상이몽의 이질성 등으로 크게 동요하기 시작했다.

결국 연극건설본부는 분열되어 유치진 · 徐恒錫 등은 칩거에 들어갔고 좌파 연극인들만 프로연극동맹 조직으로 발전적 해체를 하기에 이르렀다. 물론 좌파 연극인들도 프로연극동맹 조직론자와 조직무용론자, 그리고 인민연극론자 등으로 갈렸다. 조직론자들을 좌파라 했고 그 반대자들을 우파로 칭하면서 대립하기도 했다. 그런데 좌파의 주장은 하루빨리 조직체를 갖고 노동자 · 농민의 생활권 내에 침투하여 예술운동이 장차 남로당의 외곽단체가 되어야 한다는 것이었다. 반면에 우파는 오늘의 정세가 프로연극동맹을 조직하기에는 위험한 때인 만큼 속출하고 있는 극단들을 총망라해서 협의기관만 갖고 그 안에서 지도해야 한다고 주장했다. 세 번째 주장은 연극인들을 포섭하려면 중간단계로서 인민연극동맹으로 했다가 적당한 시기에 프로연극동맹으로 가자는 것이었다. 결국 좌파가 승리하여 9월 27일에 프로연극동맹이 결성되기에 이르렀다. 연출가 羅雄을 위원장으로 한 프로연극동맹의 강령은 다음과 같다. 첫째, 프로연극의 건설과 그 완성을 기한다. 둘째, 일제의 반연극과 싸운다. 셋째, 연극활동이 노동자 · 농민의 생활력과 투쟁력의 원천이 되기를 기한다는 것이었다.[3] 이들은 혁명극장 등 여러 극단을 산하로 끌어들여서 세를 확장하는 한편 남로당의 하수기관인 문화단체연맹의 산하로 들어갔다. 이들의 행동강령은 ① 일본제국주의 잔재 소탕, ② 봉건주의 잔재 소탕,

2) 《매일신보》, 1948년 9월 19일.

3) 1기자, 〈프로예술진영의 재건〉(《건설》 제1권 제1호, 1947).

③ 국수주의 배격 등 정치색이 짙은 것이었다. 그만큼 정치선전극운동을 펴나간다는 것이었다.

그 첫 번째 주요 행동이 다름 아닌 찬탁운동이었다. 당초 연극인들은 1946년 1월 2일에 전국연극인대회(위원장 宋錫夏)를 열어서 신탁통치 철폐운동을 벌였었는데 이튿날 돌연 남로당이 찬탁으로 돌아서면서 프로연극동맹도 찬탁으로 돌변, 우익 민족진영 연극인들을 공격하기 시작한 것이다. 즉 혁명극장 등 좌파단체들은 마르크스·레닌의 정치혁명극을 공연하면서 극장 내에서 구호를 외치는가 하면 공연 후에는 관객을 이끌고 가두시위까지 벌였다. 이러한 좌파연극이 해방 직후 연극계를 주도함으로써 우익 민족진영 연극을 압도해갔다.

물론 우익진영의 연극인이나 단체가 없었던 것은 아니었다. 다만 이들이 정치세력에 부화뇌동하지 않았을 뿐이었다.

실제로 이들이 연극공연을 하려고 해도 극장노동자들이 거의 다 좌익이었기 때문에 조직적 방해로 인해서 막을 올리기가 쉽지 않았다. 따라서 좌익극단들은 더욱 열성적으로 공연활동을 펴나갔다. 이들은 첫 번째 행사로서 1946년 3월에 제1회 3·1기념 연극공연대회를 개최했던 바 혁명극장 등 5개 단체가 朴英鎬 작 〈님〉, 趙靈出 작 〈독립군〉, 李雲芳 작 〈나라와 백성〉, 金南天 작 〈3·1운동〉, 朴露兒 작 〈3·1운동〉 등을 무대에 올렸다. 그런데 제목에서 짐작할 수 있는 것처럼 모두가 일제의 식민정책에 대한 저항, 즉 독립투쟁을 題材로 한 것이었다. 이들 좌익연극운동도 대체로 3단계를 거쳤다고 보는 견해(李載玄)가 있는데, 1945년 8월 15일부터 이듬해 3월까지의 7개월간이 제1기로서 민족극운동의 태동 발아기였다고 한다면, 1947년 8월까지의 1년 반 동안은 제2기로서 성장기였고, 1948년 8월까지의 1년 동안이 제3기로서 침체기였다는 것이다.

실제로 이들은 1947년 말부터는 공연활동을 거의 하지 못했다. 왜냐하면 1947년 정월에 張澤相 경찰총감이 "예술을 빙자한 정치선전금지 조처"[4]라는 것을 포고하여 정치선전에 열을 올리는 좌익연극인들에 제재를 가했기 때문

4) 《경향신문》, 1947년 2월 3일.

이었다. 이에 좌파연극인들이 크게 반발하여 조직적으로 저항하고 나섰다. 그러자 당국은 3월 들어서 극렬 좌파연극인들을 체포하기 시작했는데, 그런 속에서도 그들은 함세덕 작 〈태백산맥〉, 조영출 작 〈위대한 사랑〉 등을 갖고 예술극장 등 6개 단체가 합동공연을 가져서 10여만 명의 관객을 동원하기도 했다. 남로당 계열의 사주를 받아서 조직적으로 동원한 것이었다. 그럼에도 불구하고 좌파작품들은 점차 대중을 잃어갔다. 대부분의 작품이 독립투쟁에서 벗어나 점차 유물변증법적 창작방식을 따른 때문이었다. 그리고 이 시기를 전후해서 좌파 연극인들이 두 세 번에 걸쳐 월북한 바 있었고, 그로부터 좌익연극이 급속히 퇴락해 갈 수밖에 없었다. 다만 프로연극동맹 산하에 있으면서도 좌파색채가 옅었던 자유극장만이 꾸준히 공연활동을 벌였을 뿐 대부분의 좌익극단들은 1947년 하반기에는 거의 소멸한 상태였다. 물론 자유극장 역시 1948년 8월 정부수립 직전에 해체되었다.

이상과 같이 1945년 9월 27일에 결성된 좌익연극인들의 모임체인 프로연극동맹은 1947년 8월까지 만 2년여 동안 혁명극장·해방극장 등 10여 개의 좌파극단들을 앞세우고 때때로 남로당의 사주도 받아가며 공산주의 이데올로기 선전에 열을 올리기도 했다. 그러한 정치 목적극은 대중의 외면을 받았고, 군정당국의 탄압까지 자초함으로써 결국 몰락의 길을 밟을 수밖에 없었던 것이다.

한편 좌파연극에 반대하는 우익진영 연극인들은 소극적으로 기회를 보고 있다가 1947년부터 본격적인 연극운동을 펴 나갔다. 물론 그 이전에도 극단 청춘극장이라든가 소극장운동을 모색한 극단전선 등이 있었지만 활동은 미미했다. 다만 당시 양대 상업극단이라 할 청춘극장(金春光 주도)과 황금좌(成光顯 주도)가 활발한 공연활동을 벌였을 뿐이다.

따라서 본격적인 우익 민족진영 연극운동은 역시 1947년 초부터 전개되었다고 볼 수 있다. 즉 1947년 1월 말에 李海浪·金東園·李化三 등이 조선연극문화사라는 조직체를 출범시킨 데서 비롯되었다고 하겠다. 이들은 유치진과 咸大勳을 고문으로, 자금을 댄 申鳳均을 회장, 李永健을 사장으로 해서 한국연예문화사로 이름을 바꿔 산하에 무용단과 극단 예술원을 두고 연극운동에 나선 것이다.

그 첫 번째 활동은 프로연극동맹 주최의 제2회 3·1연극제에 유치진 작 〈조국〉을 갖고 참가한 것이었다. 이 작품이 바로 극예술협회(약칭 劇協)창립 공연으로 기록된다. "극예술연구회의 신극정신을 계승하고 좌익연극과 대항하여 민족극 수립을 표방, 동인제로 조직"된 극예술협회의 창립멤버는 이해랑·김동원·이화삼·朴商翊·金鮮英 등 5명이었고, 본격 리얼리즘극 창조가 기본 목표였다.

극협은 연기진으로 金瀅植·趙百嶺·金英雲·趙美領·金福子·姜貞愛·韓聖女 등을 확보하고 제2회 공연으로 유치진 작 〈自鳴鼓〉를 무대에 올려서 많은 관객을 동원할 수가 있었다. 극협은 1947년 한 해에만 앞의 두 작품 외에 〈痲衣太子〉와 〈銀河水〉 등 4작품을 공연했는데 이들 역시 역사를 통해서 현실을 풍자하는 목적성의 주제를 골격으로 삼은 것이 특징이었다.

그런데 주목할 만한 사실은 우익 민족진영 연극인들도 좌파 연극인들처럼 단합을 꾀해서 1947년 10월 29일에 전국연극예술협회라는 것을 조직하고 나선 점이다. 민족진영 연극인들이 조직한 전국연극예술협회는 ① 민주주의 원칙과 창조적 자유를 확보한다, ② 일체의 사대사상을 배격한다, ③ 순수 연극문화를 수립한다, ④ 상업주의연극을 지양한다 등을 지향 목표로 내걸었다. 중견 극작가 유치진을 이사장으로 한 전국연극예술협회는 프로연극동맹에 대항하는 민족진영 연극인들의 결집체였으며 곧 한국무대예술원으로 개칭되어 극협을 비롯한 12개 극단을 산하에 두게 되었다. 그리하여 이들은 연극발전에 장애가 되는 모든 것에 도전하고 저항해갔다.

그 단적인 예가 정부의 세법 개정에 대한 반대투쟁이었다. 그뿐만 아니라 1948년 4월에는 산하 극단들로 총선거선전문화계몽대라는 것을 조직하고 전국에 파견하여, 5·10총선을 위한 연극 브나로드운동에 나서기도 했다. 이들은 선거유세반을 따라다니면서 "민주주의는 무엇이고, 선거란 무엇이며 또 어떻게 하는 것인가"를 계몽한 것이다. 그리고 정부가 수립된 이듬해에는 외국의 한국정부 승인을 계기로 하여 전국무대예술인 궐기대회를 열고 민족정신 앙양과 침체된 무대예술 진흥을 꾀하기도 했다.

이때 정부에 건의한 내용을 보면, 첫째 입장세 철폐, 둘째 외국영화의 무분별한 수입 문제, 셋째 문화행정과 공연수속 일원화, 넷째 무대예술의 질적

향상책, 다섯째 공연 資材획득에 관한 건, 여섯째 국립극장 조기 개설에 관한 건 등이었다.5)

이러한 연극인들의 요구사항이 정부로부터 쉽게 받아들여지지는 않았다. 물론 국립극장 문제 등은 점진적으로 해결되는 방향으로 나아가긴 했다. 따라서 정치·경제·사회적으로 불안정하고 열악한 상황에서 극단활동은 어려울 수밖에 없었다. 그런대로 활기를 찾은 것은 저급한 상업극 단체들이라 할 수 있는 청춘극장과 황금좌, 그리고 KPK 등 십수 개의 악극단들뿐이었다.

정통 리얼리즘을 목표로 하는 극협 등 신극단체들의 침체는 그들 자체에도 문제가 있었다. 가령 극협만 하더라도 유치진의 시대극 일변도가 아니면 일제시기에 극예술연구회가 공연했던 번역극과 대중성 짙은 작품을 주로 무대에 올렸던 것이다. 그런데 이들이 특히 진지한 리얼리즘극을 회피한 것이 관중의 빈축을 산 주요 원인이 되기도 했다. 신극 단체들이 본격 리얼리즘을 고의적으로 회피한 데는 프롤레타리아극 단체들의 어설픈 사회주의 리얼리즘 흉내에 대한 반발에 있었다. 이러한 리얼리즘 회피 행위는 우리나라 근대극의 기반을 취약하게 만드는 한 원인이 되었고 더 나아가 한국현대극의 발전을 더디게 하기도 했다.

정통 신극단체들이 방황하는 동안 상업극단들은 저급한 작품들로 대중을 현혹했다. 동양극장의 레퍼토리나 劇術만도 못한 저질 작품들이 판을 쳤고 십수 개의 악극단들은 저질 공연을 더욱 부채질했다. 극단에 악단을 두고 가무로써 대중의 눈속임을 한 것이다. 바로 그 점에서 상업극단들은 대중의 정서 순화와는 정반대로 나아갔고 혼란한 사회를 외면케 하는 저질 오락물로써 대중의 호주머니만을 노렸던 것이다.

한편 동양극장시기에 어느 정도 정립된 唱劇분야는 1940년대 초에 여러 단체들이 전국을 다니며 공연활동을 벌이다가 일제 말엽에는 거의 기능을 하지 못했다. 상당수 단원들이 징용과 정신대 등으로 끌려가기도 했고, 총독부의 통제가 역시 결정적 원인이었다.

그러다가 해방을 맞자마자 국악인들도 1945년 8월 19일 서울에 모두 모여

---

5) 《조선일보》, 1949년 1월 29일.

국악건설본부를 발족시킨 것이다. 국악건설본부는 10월 들어서 대한국악원을 창립시켰는데 초대원장은 咸和鎭이었다. 대한국악원에는 정악·속악 구별 없이 국악인 전체가 모였으므로 창극인만 따로 떼어 생각할 수는 없다. 그러나 국악인들 상당수가 창극인이었음은 두말할 나위 없었다.

서울에서 국악원이 창립되었다는 소식이 광주에 전해지면서 이들도 光州聲樂研究會를 출범시켜서 1945년 10월 15일에 창극 〈대흥보전〉(朴晃 각색)을 무대에 올리기도 했다. 그러나 이들은 대부분 서울로 올라와서 창극이 조금씩 활기를 찾게 되는 1946년에는 국악원 직속단체인 國劇社를 비롯하여 국극협회, 조선창극단, 金演洙창극단 등이 새로 조직되는 밑바탕이 되었다. 이들 4개 창극단은 6월 초에 합동으로 국도극장에서 〈대춘향전〉을 공연함으로써 해방 이후 창극활동의 방향성을 잡아가기 시작했다. 이러한 창극단들의 활동도 의욕대로 이루어진 것은 아니었다. 단체를 운영해 본 경험이 없는 명창들은 우왕좌왕했고 국극협회같은 경우는 곧바로 해산됨으로써 젊은 단원이었던 朴厚星이 명창들을 이끌고 다시 광주로 내려가 國劇協團이라는 것을 새로 만들어 활동하기도 했다.

서울에 있던 조선창극단은 일제시기 때 활동하던 멤버들이 이탈하고 새 멤버들이 가담하여 창작 창극 〈논개〉·〈왕자호동〉 등을 공연했고 김연수창극단은 〈장화홍련전〉 등을 무대에 올려서 인기를 모으기도 했다. 그러나 해방 직후의 환희만큼 공연활동은 추진력이 없었다.

그 결과 열성적인 여성 명창들이 각 창극단으로부터 이탈하여 1948년에 별도의 창극단체를 출범시켰는데, 그것이 다름 아닌 여성국악동호회였다. 명창 朴綠珠를 이사장으로 하여 金素姬·朴貴姬·林春鶯·鄭柳色·林柳鶯·金敬愛 등 중견 명창들과 신진 명창 등 30여 명이 모인 것이다. 이들은 곧바로 창립공연에 들어가서 10월에 시공관에서 〈옥중화〉를 4일 동안 공연했으나 크게 실패했다. 그럴 수밖에 없는 것이 이들이 제작 경험이 없었던 데다가 재정 역시 부족했기 때문이다. 그러나 여류명창들의 여성국극의 탄생은 일본의 타라카즈카(寶塚)와 중국의 越劇과 함께 동아시아 3국의 독특한 여성극이 존재케 된 것이다.

창립공연에서 낭패를 본 여성국악동호회는 재기를 위해서 이듬해(1949년)

2월 구정을 기해서 두 번째 공연으로 〈햇님달님〉(金亞夫 각색)을 무대에 올림으로써 크게 성공을 거두기에 이르렀다. 왕자와 공주의 사랑이야기를 화려한 무대장치와 의상을 배경으로 애련한 아장의 가락에 맞춰진 무대는 관객을 사로잡기에 충분했던 것이다. 따라서 극장은 연일 대만원이었고 온 장안이 여성국극으로 화제가 될 정도였다. 실제로 〈햇님달님〉은 창극사상 최고의 히트작이 될 정도로 특히 부녀층 관객을 동원했다. 이 작품이 크게 히트하자 지방도시에서 흥행사들이 몰려들어 너도나도 초청해갔다. 여성국악동호회의 충천하는 인기는 창극계의 기존 판도를 바꾸어 놓을 만큼 대단했다. 특히 여성국악동호회원들의 세련된 무용 솜씨까지 무대에 나타남으로써 일반 창극은 경쟁이 되지 못했다. 그리하여 여성국극은 단 1년여 만에 전국을 뒤흔들어놓을 정도였다. 그러나 갑작스런 인기부상은 여성국악동호회를 분열시키는 요인이 되기도 했다. 즉 2년여 만에 분열되어 몇 개 여성국극단으로 다시 탄생된 것이다. 가령 여성국악동호회 햇님국극단이라든가, 몇몇 단체가 생길 즈음에 6·25전쟁이 일어나게 된 것이다.

6·25전쟁이 일어나기 직전인 1950년 4월에 한국연극사상 처음으로 국립극장이 문을 연 것은 역사적인 사건이었다. 극작가 유치진을 초대 극장장으로 삼아 개관된 국립극장은 총독부가 지은 부민관을 모체로 삼았고 극협을 중심으로 新協이라는 전속극단을 두기에 이르렀다. 극작가 이광래를 간사장으로 한 신협의 핵심멤버는 역시 이해랑·김동원·박상익·이화삼·김선영 등이었고 거기에 신인급 몇 명을 더 가담시켰던 것이다.

그런데 국립극장이 개관 프로그램으로 유치진 작 〈元述郞〉을 무대에 올리자 연일 관객이 초만원을 이루었고 제2회 공연 〈雷雨〉 역시 마찬가지였다. 국립극장의 개관기념공연 두 작품은 근대연극의 전기를 마련할 만큼 공전의 히트를 했고 일제의 탄압과 해방 직후의 혼란을 말끔히 씻어내고 당당하게 전진하는 모습을 보여준 경우였다. 그러나 1950년 6·25전쟁은 모든 것을 날려버리고 말았다.

해방과 함께 영화계도 소생하기는 마찬가지였다. 영화인들의 움직임은 역시 1945년 8월 18일 결성된 조선문화건설중앙협의회(이하 文建)에 한 발을 디디는 것으로부터 시작되었다. 이 문건을 시발점으로 해서 예술 각 장르의 건설본부가 생겨났는데 영화부문은 문건창립 하루 뒤에 李載明을 책임자로 해서 어설프나마 발족이 되었다. 그러나 영화건설본부는 특별한 활동 없이 한 달여를 지내다가 9월 24일 조선영화인총궐기대회를 치르면서 중진 문화인 尹白南을 위원장으로 추대하고 본격 활동에 나서게 되었다.[6)]

이때의 주요 참여자들을 보면 대체로 영화감독·시나리오작가·촬영기사·녹음기사·제작자 등 상당수가 자의반 타의반으로 참여했다. 그러나 곧 영화분야 역시 다른 분야처럼 좌우익으로 조금씩 갈리는 조짐을 보여주었다. 즉 그해 11월 초에 저명한 소설가 李箕永·韓雪野 등이 나서서 무산자의 계급적 해방을 목표로 하여 조선프롤레타리아영화동맹(이하 프로영맹)을 조직하고 나선 것이다.

그런데 이 프로영맹은 영화인들의 지지를 받지 못했는데, 주동자들이 영화인이 아닌 소설가들이었다는 것이 가장 큰 원인이였다. 따라서 프로영맹은 곧바로 조선영화동맹(12월 16일)이 결성되면서 자동적으로 유야무야 되었다.

조선영화동맹에는 전 영화인들이 참여함으로써 명실상부하게 한국영화계의 결집체였던 것이다. 그렇기 때문에 *安鍾和*(위원장)·*安夕影*(부위원장) 등 영화계 인사들 대부분이 참여, 지방 조직까지 갖춘 바 있었다. 이들은 곧바로 행동에 들어가서 영화대중화를 부르짖으면서 농어촌 순회상영의 영화반을 운영하는 한편 영화강좌도 개설했다. 그러나 그 활동은 미미했다. 다시 말해 영화제작 상영 등은 활발치 못했다는 이야기이다. 다만 영화분야도 해방 직후 정치분위기에 휘말려서 다른 예술분야처럼 정치적 구호를 외치는 수준이었다. 당시 문화예술계에서 공통적으로 내건 구호는 ① 일제잔재 청산, ② 봉건주의 잔재 청산, ③ 국수주의 배격, ④ 진보적 민족영화의 건설, ⑤ 조선영화의 국제적 영화와의 제휴 등이었다.

해방 직후의 영화계는 적어도 미군정청의 〈활동사진취제령〉이 공포(1946년 4월 12일)되기 전까지 실제적 활동은 미약했다. 왜냐하면 그 이전까지는 일제때 만든 법령이 유령처럼 살아있었기 때문이었다. 그러니까 미군정청이 1946년 10월 8일에 영화상영 허가를 골자로 하는 군정청 법령 제115호를 공포함

6) 김종원·정중헌, 《우리 영화 100년》(현암사, 2001), 220쪽.

으로써 전 시대의 법적 잔재가 완전히 소멸되었다는 이야기가 된다. 金華가 그의 저서《이야기 한국영화사》에서 8·15해방의 영화사적 의미가 "전쟁 수행을 위한 일제 군국주의적 선전매체로서의 역할에서 벗어나 다양한 오락을 표현하는 대중문화로서의 원래 기능을 되찾은 것"[7]이라고 한 것은 정곡을 찌른 것이다.

사실 식민지시기의 영화 현실은 참담했었다. 영화는 다중을 상대로 하는 예술로서 대중성이 강하기 때문에 독재정치하에서는 통제를 많이 받게 되고 예술과는 정반대로 선전매체로써 악용되기 일쑤이다. 일제시기야말로 우리영화가 가장 굴절당한 경우였다. 따라서 영화인 일부는 체제에 영합했고 다른 일부는 영화계를 떠나 은둔했었다. 그러다가 해방이 되면서 모두 나와서 한국영화 발전을 도모케 된 것이다. 그러나 영화기자재 부족이라든가 일인 소유였던 영화관 문제 같은 것이 앞에 가로 놓여 있었다. 그런 속에서도 영화가 만들어져 상영되고 미국영화가 여러 편 들어와 상영되기 시작했다. 그런데 흥미로운 사실은 극영화가 해방 직후에는 마치 연극이나 문학 등과 마찬가지로 〈安重根史記〉(李龜永 감독) 등에서 알 수 있는 것처럼 항일독립투쟁을 묘사한 것이 주류였고 민주주의를 계몽하는 내용 그리고 밀수근절 등도 다뤘으며 애정물도 적지 않았다.

그렇기 때문에 8·15해방이란 것이 식민지시기에 대중선동과 교화의 수단으로 이용되었던 영화를 제 자리로 돌려놓고 그 기능과 위상을 회복하는 전환점도 된다.[8] 따라서 해방 직후의 영화가 저항적인 주제를 담는 것은 극히 자연스런 것이었다고 말할 수 있다. 그런 대표적인 영화가 다름 아닌 崔寅奎 감독의 〈자유만세〉(全昌根 주연)라 말할 수 있다. 최인규 감독이 〈자유만세〉로써 목적 영화도 성공할 수 있다는 것을 보여준 이래 〈죄없는 죄인〉·〈독립전야〉라는 연속 3부작으로 해방 직후의 영화판도를 크게 그려놓기도 했다. 물론 최인규 감독 외에도 주목을 끌만한 독립투쟁기는 여러 편이 나왔다. 가령 尹逢春 감독의 〈윤봉길의사〉 및 〈3·1혁명기〉라든가 全昌根 감독의 〈해방된 내 고향〉 등도 그런 계열 영화들이었다.

7) 김화,《이야기 한국영화사》(하서출판사, 2001), 163쪽.
8) 김종원·정중헌, 앞의 책, 223쪽.

시간이 흐르면서 멜로물도 적잖게 나왔는데 신파극본 〈검사와 여선생〉(尹大龍 감독)을 비롯해서 〈그 얼굴〉·〈여인〉 등을 만든 전창근도 멜로물의 대가였다. 해방 직후에는 배우를 비롯한 신진 영화인들도 대거 등장했다. 趙美領·崔銀姬·黃貞順·朱曾女·崔芝愛 등 여류 신인들과 尹一逢·朱善泰·黃海·金雄 등 남성 배우들도 적지 않게 데뷔했다.

그러나 역시 해방 직후는 시간이 흐를수록 미국영화가 범람할 정도로 서양영화 일변도였다. 미군정 치하였기 때문에 미국영화를 주로 한 외국영화가 90%를 차지할 정도로 우리 영화계를 석권하다시피 한 것이다. 한국 영화계가 미국영화 중심의 외국영화판이 된 데는 미군정의 문화정책에도 그 원인이 있었지만 우리 영화계의 기반 취약점도 중요한 원인이 되었다. 즉 고도의 기술을 요하는 기자재의 부실은 말할 것도 없고 취약한 자본과 함께 인재 부재가 더 큰 원인이었다. 일제시기에 羅雲奎와 같은 인재가 있었지만 그마저 요절했고 변변한 영화학교 하나 없었던 처지에서 인재가 양성될 리 만무했다. 더욱이 이 땅에서 영화가 시작되어 성장하기도 전에 모든 영화관은 일본인 자본가들이 장악해서 착취했고 총독부는 탄압법을 만들어서 검열 등으로 우리 영화인들을 옥죄기만 하지 않았는가. 그런 최악의 조건에서도 영화에 재능있는 인재들이 나와서 우리 영화의 명맥을 이어온 것이었다. 따라서 1945년 해방은 우리 영화인들에게 여러 가지 가능성을 제시했고, 영화인들은 의욕과 희망으로 부풀어 있었던 것이 사실이었다. 그런 때에 또 미군정이 실시됨으로써 또다시 미국영화가 우리 영화 발전을 가로막은 요인의 하나로 다가온 것이다. 따라서 한국영화는 6·25전쟁을 겪고 나서야 서서히 기지개를 펴기 시작한 것이다.

〈柳敏榮〉

Ⅳ. 남북한 단독정부의 수립

1. 대한민국의 수립
2. 조선민주주의인민공화국의 수립

Ⅳ. 남북한 단독정부의 수립

1. 대한민국의 수립

1) 단정노선의 확정과 유엔한국임시위원단의 입국

(1) 미·소공동위원회의 최종적 결렬과 한국문제의 유엔 이관

전후의 한반도 문제에 대해 미·소가 합의한 바는 두 가지였다. 그 첫째는 〈일반명령 제1호〉(1945년 8월 15일)에 담겨 있는 '북위 38도선을 경계로 한 분할점령' 방침이다.[1] 미·소는 이에 따라 38도선을 경계로 한반도의 남북을 배타적으로 점령하였을 뿐 아니라, 점령지역 내에서 배타적 통치권을 행사하면서 자신의 영향력을 강화시켜 나갔다. 그 결과 1945년 말에 이르면 남북에는 이미 상이한 두 체제가 그 기초를 내리기 시작하고 있었다.

이러한 상황에서 한반도 문제의 궁극적 해결방안, 즉 단일의 독립된 자치정부를 수립하는 방안으로 미·소가 합의한 것이 1945년 12월의 모스크바협정이었다. 그 내용은 '先 임시정부 수립, 後 신탁통치'를 거쳐 한국을 단일의 국민국가로 독립시킨다는 것이었다. 모스크바협정에 따라 임시정부 수립문제를 논의하기 위한 제1·2차 미·소공동위원회가 1946년 3월과 1947년 5월 각각 개최되었지만, '협의대상 선정문제'를 둘러싼 미·소의 이견으로 인해 결국 결렬되었다. 협의대상 선정문제란, 표면상으로는 임시정부 수립방안을 미·소공동위원회와 같이 협의할 한국의 정당 및 사회단체 대표를 선정하는 문제였지만, 그 본질은 장차 수립될 임시정부의 주도권을 둘러싼 것이었다.

---

1) 〈일반명령 1호〉는 그 형식에 있어서는 연합국간에 일본군 항복 접수지역의 분담을 규정한 것이지만, 사실상 전후 동아시아에서 미·소의 세력권 분할선을 그은 것이었다.

미국은 친미 우파주도하의 임시정부를 수립하고자 했고, 소련은 친소 좌파세력이 주도하는 임시정부를 의도하였기에 양측의 합의는 처음부터 쉬운 것이 아니었다고 할 수 있다. 합의를 더욱 어렵게 한 것은 우파측의 격렬한 反託運動이었다. 반탁을 근거로 소련은 협의대상에서 우파세력을 배제할 것을 요구했고, 미국은 자신의 지지세력을 배제하려는 요구를 수용할 수 없었다.

1947년 8월 제2차 미·소공동위원회의 최종적 결렬은, 분할점령으로 야기된 한반도의 분단상황을 극복하고 단일의 독립자치정부를 수립할, 한반도 문제 해결의 유일한 미·소합의안인 모스크바협정의 최종적 파기를 의미하였다. 보다 중요하게 그것은 1947년부터 시작된 미·소냉전의 본격화와 미국의 대소정책의 전환 속에서, 한반도 문제 역시 전혀 새로운 국면으로 접어들게 됨을 의미하였다.

1947년 초에 들어 미국의 對蘇戰略은, 트루만 독트린(Truman Doctrine)과 마샬플랜(Marshall Plan)으로 상징되듯이, 미·소협력에 기반한 루즈벨트(Roosevelt)式 국제주의 노선에서 미·소냉전에 기초한 봉쇄전략으로 그 성격이 근본적으로 전환되었다. 동아시아 차원에서도 미국은 중국을 포기하는 대신 일본을 중심으로 하는 對蘇 봉쇄노선을 수립하게 된다.[2] 전후 미국 외교노선의 이러한 전환 속에서 미국의 對韓政策 역시 모스크바 협정안을 지키려는 상호주의 또는 대소 협조노선이 폐기되고 대신 소련과의 합의 여부에 상관없이 미국의 노선을 밀어 부치려는 일방주의로 나아가게 된다. 한국문제의 유엔 이관 방침은 이러한 배경 위에서 한반도 문제의 새로운 해결책으로 채택된 것이었다.

1947년 2월 새로운 상황에 맞추어 대한정책을 전면적으로 재검토하기 위한 특별위원회가 구성되었고, 그 결과 육군성과 국무성은 4월 초 새로운 대한정책에 합의하게 된다. 그 내용의 핵심은, 장차 개최될 미·소공동위원회에서 진전이 없고 소련의 방해가 최종적으로 증명되면 한국문제를 유엔에

---

2) Cumings, Bruce G., *The Origins of the Korean War(II)*(Princeton : Princeton University Press, 1981).
M. Schaller, *The American Occupation of Japan : The Origins of the Cold War in Asia*(New York : Oxford University Press), p.72.

회부한다는 것이었다.[3] 미국의 예상대로 제2차 미·소공동위원회가 7월에 이르러 다시 교착상태에 빠지게 되자, 트루만 행정부는 8월 초 한국문제의 유엔 이관에 대한 구체적 방안을 마련하였다. 이에 따르면, 먼저 소련에 대해 한국문제를 다룰 4대국 특별회담 개최를 요구하고, 이 회담에서 남북한 각각의 점령지역에서 입법부 구성을 위한 유엔 감시하 선거(인구비례에 따라 선출)를 치를 것을 제안하며, 소련이 이러한 미국의 제안을 거부할 경우 한국문제를 유엔에 이양하여 남한지역만이라도 선거를 실시한다는 것이었다.[4]

한국문제의 유엔 이관 방침은, 소련의 반대가 명백히 예상되었기에 사실상 單政수립을 향한 방침이었으며, 또한 군부가 요구하는 조기 철군을 실현하기 위한 방안이기도 하였다. 이런 점에서 유엔 이관 방침은 많은 논란의 대상이 되어 왔다. 가장 전통적 견해에 의하면, 그것은 "미·소공동위원회에서 나타난 소련의 비타협적 태도에 맞서 한국의 독립과 통일 그리고 연합국들이 지지한 다국적 해결방안을 원했던 미국의 열망의 불가피한 결과"로 해석된다. 이와 반대의 견해는 유엔 이관을 미국의 책임회피 즉, 한반도로부터 명예롭게 퇴진하기 위한 수단이었다고 해석한다. 유엔의 개입은 한국에 대한 미국의 공약을 포기하지 않는 것처럼 보이면서도 한반도로부터 실질적으로 손을 떼는 길을 열어 주었다는 것이다.[5]

그러나 유엔 이관 방침은, 한반도에 대한 미국의 숭고한 사명감의 발로도 아니고 그렇다고 완전한 포기도 아닌, 현실주의적인 타협논리에 입각한 것이었다. 군부는 이미 1946년부터 한반도가 동아시아에서 차지하는 전략적 중요성이 크지 않다는 이유를 들어 한국에서의 조속한 철군을 요구하고 있었다.

---

3) *Foreign Relations of the United States*(이하 *FRUS*), *1947, Vol. VI, The Far East*(Washington D.C. : U.S.GPO, 1972~73), pp.610~618.
신복룡 편, 《한국분단사 자료집》 Ⅳ(원주문화사, 1991), 424~451쪽.

4) *FRUS, 1947, Vol. VI,* pp.738~741.
차상철, 《해방전후 미국의 한반도정책》(지식산업사, 1991), 155~156쪽.

5) 조순승, 《한국분단사》(형성사, 1982), 142~146쪽.
Goodrich, Leland M., *Korea : A Study of U.S. Policy in the United Nations*(New York : Council of Foreign Relations), pp.37~41.
그레고리 헨더슨 저(박행웅·이종삼 역), 《소용돌이의 한국정치》(한울, 2000), 233~236쪽.

이에 반해 국무성은 '이데올로기의 전쟁터'로서 한반도가 가지는 정치적 중요성을 강조하면서 조기 철군에 반대해 왔다. 한국문제의 유엔 이관 방침은 이처럼 교착상태에 빠진 군부와 국무성간의 의견대립을 해소하는 방편이었다. 국무성은 군부가 요구하는 철군을 받아들였지만, 군부가 요구한 '남한 단정수립과 철군'이라는 일방적 조치를 거부하면서, 대신 유엔이라는 국제적 개입을 통해 한국에 '봉쇄'를 적용하고자 하였다. 미국은 소련의 협력 거부를 예상했지만 유엔이 미군 점령지역만의 선거를 후원하리라고 생각했고, 이를 통해 38선 이남에 수립될 단독정부는 유엔이라는 국제공동체로부터 도덕적·물리적 지원을 향유하게 될 것이며, 그 결과 형성된 정부에 대해 소련이 적극적인 적대행동을 취하지는 않을 것으로 판단한 것이다. 이 점에서 유엔은 미국 군사력의 한계에 대한 대체물이었으며, 집단안보의 형태를 통해 값싸게 봉쇄를 추구하는 방법이었다. 달리 표현하면, 봉쇄를 포기한 국제주의가 아니라, 국제주의의 옷으로 치장한 봉쇄였다.[6)]

이러한 프로그램에 따라 미국은 8월 말부터 구체적인 작업을 추진시켰다. 먼저 1947년 8월 26일 국무차관 러베트(Robert A. Lovett)는 몰로토프(V. M. Molotov) 소련 외상에게 보낸 서신에서, 9월 8일 워싱턴에서 4개국 회의를 개최하여 새로운 한국문제 해결방안으로 "남북 각 점령지역에서 유엔 감시하 선거를 통한 남북인구비례에 따른 임시의회 구성 및 임시정부 수립"에 대해 논의할 것을 제시했다. 소련이 9월 4일 몰로토프 서한을 통해 미국의 제안을 거부하자, 미국은 9월 16일 모스크바 주재 미국대사관을 통해 소련 외상에게 미국정부는 한국문제를 차기 유엔총회에 회부하기로 결정했다고 통고하였다. 다음 날 유엔주재 미국대표 오스틴(Warren R. Austin)은 한국의 독립문제를 총회의 의제로 상정해 줄 것을 공식 요청했고, 마샬(George C. Marshall) 국무장관 역시 총회석상에서 미·소공동위원회에서는 어떠한 합의도 가능하지 않기 때문에 한국문제를 유엔에 상정하지 않을 수 없음을 천명했다.[7)]

---

6) Cumings, Bruce G., *op. cit,* pp.65~68.
제임스 I. 매트레이 저(구대열 역), 《한반도의 분단과 미국》(을유문화사, 1989), 154~155쪽.

7) *FRUS, 1947, Vol. VI,* pp.773·774·790.
차상철, 앞의 책, 166~167쪽.

이와 같이 미국이 한국문제를 유엔에 상정함으로써 한국문제를 둘러싼 미·소대립의 무대는 유엔으로 옮겨지게 되었다. 유엔에서 미·소가 가장 먼저 부딪친 문제는, 유엔이 한국문제를 다룰 권한을 가지고 있는가라는 문제였다. 논란 끝에[8] 결국 "한국의 독립문제를 유엔총회 안건으로 상정하자"는 미국의 제안이 9월 21일 운영위원회에서 가결되었고, 23일 유엔총회는 동 제안을 찬성 46표, 반대 6표(기권 7표)로 가결하여 한국문제를 제1분과위원회인 정치위원회에 회부하였다.

한국문제가 유엔의 정식안건으로 채택되자, 미국측은 10월 17일 유엔에 제출한 한국문제에 관한 결의안을 통해 한국문제 해결의 구체적 방안을 제시했다. 그 내용은, 미·소 점령당국이 늦어도 1948년 3월 31일까지 각각의 점령지역에서 유엔 감시하에 선거를 실시하여 인구비례에 따른 국회의원을 선출하고 전국적인 국회 및 정부를 수립하며, 새로 수립된 한국정부와의 합의에 따라 미·소점령군은 조속하고도 완전한 철수를 이룬다는 것이었다. 미국측 제안에 대해 소련은, 10월 28일 유엔에서의 한국문제 토의에 남북한의 대표를 초청할 것과 1948년 초까지 미국과 소련이 남북한에서 각기 그 군대를 동시 철수하여 한국인 자신에게 정부수립을 일임할 것을 제안했다.[9]

---

8) 소련은, 총회가 국제평화와 안전보장 유지에 관한 모든 문제를 토의할 권한을 가지고 있지만, 한국문제는 이에 대한 국제조약(모스크바협정)이 이미 존재하고 또한 전쟁의 직접적 결과물이므로 유엔의 권한 밖에 존재한다고 주장하면서, 그 근거로서 2차대전의 패전국에 대해 전승국이 취한 조치에 대해서는 헌장의 어떠한 규정도 이를 무효로 하거나 저지하지 못하도록 규정한 유엔헌장 제107조를 제시했다. 소련의 비판에 대해 미국은, 헌장 1조 2항의 유엔의 기본목적을 내세우면서 이러한 기본조항에 맞추어 문제를 해결할 것을 주장했다. 그리고 한국은 적국이 아니기 때문에 유엔이 한국문제를 다루는 것은 헌장 107조 위반이 아니라는 입장을 제시했다. 사실상 한국문제는 일본군의 패전으로 대두된 것이므로 전승국들이 결정할 문제였으나, 헌장 제107조는 전승국들의 의견이 일치하지 않을 경우 유엔의 정당한 기관이 조치를 취하는 것까지 금지하고 있지는 않았으며, 따라서 총회가 헌장의 취지에 의거하여 한국독립문제를 토의하는 것의 합법성 여부는 문제가 될 수 없었다고 해석된다.
   조순승, 앞의 책, 143~144쪽.
   Goodrich, Leland M., *op.cit.,* pp.36~37.

9) *FRUS, 1947, Vol. VI,* pp. 832~835, 849~850.
   국제신문사 출판부 역, 《유엔조선위원단보고서》(1949), 9~11쪽.

소련의 제안 중 한국민의 대표를 유엔의 토의에 참가시켜야 한다는 주장은 그 논리상 누구도 반박할 수 없는 것이었다. 이에 대해 미국측은, 문제는 누가 한국민을 대표하느냐는 것이라고 주장하면서, 한국민의 대표 참가를 촉진하기 위해 유엔한국임시위원단을 설치할 것을 요구하는 수정안을 제출했다. 유엔총회 제1분과위원회(정치위원회)는 10월 28일부터 한반도 문제를 토의한 결과, 10월 30일 소련측 결의안은 부결시키고, 미국측의 수정안을 찬성 41표, 반대 0표(기권 7표)로 채택했다. 이에 대해 소련대표 그로미코(A. Gromyko)는 만약 총회가 한국민의 대표를 토의에 참석시키지 않고 유엔한국임시위원단을 설치한다면 소련은 위원단의 활동에 참가할 수 없을 것이라고 선언하였다.[10]

한국대표 초청문제가 해결되자, 소련측이 주장하는 '미·소양군 철수 및 조선인 스스로의 정부수립' 방안[11]을 둘러싸고 논란이 있었다. 소련의 제안에 대해 미국측은 정부수립에 대한 아무런 대책 없이 미·소 양군이 철수할 경우 그로 인한 혼란을 면할 수 없음을 주장했다. 이러한 논전 속에 11월 4일 미국측은, 한국대표 초청문제에 관한 정치위원회의 결의 내용과 선거가 점령지구별로 각각 시행되는 것이 아니라 유엔 감시하에 전국적으로 시행되어야 한다는 중국 및 인도의 동의 등을 반영한 새로운 수정안을 제출했다. 11월 5일 유엔정치위원회는 소련안을 부결시키고, 미국측 수정안을 찬성 46표, 반대 0표, 기권 7표로 통과시켰다. 그리고 1947년 11월 14일 유엔총회는 정치위원회가 상정한 결의안을 수정 없이 찬성 43표, 반대 0표, 기권 6표로 채택함으로써 미국의 안을 통과시키고, 소련의 제안은 최종적으로 부결시켰다.[12] 이렇게 하여 한반도 문제는 모스크바협정과 미·소공동위원회라는 기

---

10) 구드리치, 〈유엔에서의 한반도 문제 처리과정〉(브루스 커밍스 외, 《분단전후의 현대사》, 일월서각, 1983), 380쪽.
조순승, 앞의 책, 153~155쪽.

11) 이러한 내용의 대안은 이미 1947년 9월 26일 미·소공동위원회 소련측 대표단이 제안한 바 있다.

12) 정해구, 《남북한 분단정권 수립과정연구－1947. 5~1948. 6》(고려대 박사학위논문, 1995), 97·117·118쪽.
구드리치, 앞의 글, 380쪽.
FRUS, 1947, Vol. VI, pp.853~854.

존의 해결구도에서 벗어나 유엔으로 그 무대를 옮기게 되었다. 새로운 한국문제 해결방안으로 채택된 11월 14일자 유엔총회 결의안의 주요 내용은 다음과 같다.

> ① 유엔에서의 한국문제 토의에 선거에 의한 한국국민의 대표가 참여하도록 초청한다. 이러한 참여를 용이하게 하고 이 대표들이 군정당국에 의해 지명된 자가 아니라 한국국민에 의하여 정당하게 선거된 자라는 것을 감시하기 위하여 조속히 유엔한국임시위원단(United Nations Temporary Commission on Korea)을 설치하여 한국에 부임케 하고, 이 위원단에게 전 한국을 통하여 여행·감시·협의할 수 있는 권한을 부여한다.
>
> ② 유엔한국임시위원단은 호주·캐나다·중국·엘살바도르·프랑스·인도·필리핀·시리아·우크라이나 소비에트사회주의공화국의 9개국 대표로 구성되며, 늦어도 1948년 3월 31일까지 보통·비밀선거원칙에 따라 유엔한국임시위원단 감시하에 선거를 실시하여 남북인구비례에 따른 대표자들로 국회를 구성하고 중앙정부를 수립하며, 이 정부는 위원단과 협의하여 국방군을 조직하고, 남북의 점령당국으로부터 정부기능을 이양받으며, 가능하다면 90일 이내에 양 점령군이 철퇴하도록 점령당국과 협정을 맺는다.
>
> (*FRUS, 1947, Vol. VI,* pp.857~859 ; 정일형 편, 《한국문제 유엔 결의문집》, 국제연합한국협회 출판부, 1954, 2~8쪽 ; 국제신문사 출판부 역, 《유엔조선위원단 보고서》, 1949, 18~22쪽).

(2) 유엔한국임시위원단의 입국과 남한단선 결정

1947년 11월 14일자 유엔총회 결의안에 따라 유엔한국임시위원단이 창단되고, 회원 각국 대표들이 1948년 1월 8일 호주·인도·시리아대표를 필두로 1월 말까지 서울에 입경하게 된다. 유엔한국임시위원단은 당초의 9개국 중에서, 소련의 입장에 동조하여 위원단 참여를 거부한 우크라이나를 제외한 8개국 대표로 구성되었다. 유엔한국임시위원단은 입경한 직후 3개의 분과위를 구성하고 활동을 시작하였다. 제1분과위원회는 선거를 위한 자유분위기 확보, 제2분과위원회는 선거에 대한 한국인들의 견해 청취, 제3분과위원회는 선거법 검토가 각각 그 임무였다.

유엔한국임시위원단 초기 활동의 최대 관심사는 위원단의 활동이 전 한반도에 미치도록 하는 일이었다. 이를 위해 위원단은 북한 주둔 소련군 사령관과의 접촉을 시도했지만, 소련은 1월 22일 유엔 소련대표 그로미코를 통해 협조 거부의사를 공식적으로 밝혔다. 유엔한국임시위원단으로서는 1월 말에 이르러 남북한에 걸친 전국적 총선의 감시라는 당초의 임무 수행이 불가능해졌음을 최종 확인한 것이다.

사실상 소련의 거부는 유엔결의안 통과시점부터 예견된 것이었다. 소련은 한국문제의 유엔 이관 자체를 반대했었고, 미국이 유엔에 제안한 한국문제 해결방안은 소련이 항상 받아들이기를 거부해 왔던 '남북한 인구비례에 따른 총선'이었다. 따라서 소련은 유엔총회 결의안에 대해서 그것이 가결된다 하더라도 따르지 않을 것임을 미리 밝힌 바 있었다. 이에 반해 유엔총회의 결의안이란 구속력이 없는 권고안에 불과하였다. 미국은 소련의 거부권 행사를 막기 위해 한국문제를 안전보장이사회가 아니라 총회에 상정하였지만, 총회의 기능은 조사·토의 및 권고 등에 한정되어 있었다. 따라서 이해관계가 걸린 주요 강대국의 협력을 받지 못할 때 총회 결의안의 실질적인 수행이 불가능하리라는 것은 누구나 예상할 수 있는 것이었다. 또한 워싱턴의 정책결정자들이 소련의 반대를 무릅쓰고 북한지역에서 총회의 권고를 무력으로써 실행하려고 생각하지 않았음도 분명했다.13)

따라서 유엔 감시하의 전국총선거란 사실상 남한 單選案이었다. 실제로 미국은 유엔총회가 미국의 결의안을 채택하기도 전에 이미 소련이 유엔의 결정을 거부할 경우 남한에서만 선거를 통해 단독정부를 수립한다는 계획을 마련해 놓고 있었으며, 유엔결의안이 통과된 이후에는 소련이 유엔한국임시위원단의 북한지역 방문을 불허할 것이라는 가정 아래 38도선 이남의 지역에서만이라도 총선거를 실시하기로 이미 결정해 놓고 있었다.14)

그러나 유엔한국임시위원단이 남한만의 단선을 참관하기로 최종적으로 결정하기까지는 국내 정치세력은 물론 유엔과 유엔한국임시위원단내에서도 상당한 반발이 야기되었다. 1948년 1월 말에 이르러 소련의 비협조로 북한 입

---

13) 구드리치, 위의 글, 384~385쪽.
차상철, 앞의 책, 157쪽.

14) *FRUS, 1947, Vol. VI,* p.853 ; *FRUS, 1948, Vol. VI,* pp.1082 · 1083 · 1087, 1099.
차상철, 위의 책, 177 · 181쪽.

국이 불가능하게 되자, 유엔한국임시위원단은 총회의 계획을 남한지역에서만 시행할 것인지의 여부를 둘러싸고 ① 위원단이 접근가능한 지역에서 선거를 실시하여 남한단독의 독립국가를 건설하자는 입장과, ② 그러한 조치는 한국의 분단을 영구화시킬 것이므로 유엔한국임시위원단은 그 위임받은 임무를 수행할 수 없음을 소총회에 알리고 앞으로의 지시를 구해야 한다는 입장으로 양분되었다. 전자는 미국의 對韓政策에 우호적인 중국·프랑스·필리핀·엘살바도르대표들의 입장이었고, 후자는 시리아대표를 비롯하여 소위 영국블럭에 속한 호주·캐나다·인도대표들의 입장이었다. 이 문제를 둘러싸고는 남한내의 정치지도자들 역시 심각하게 분열되었다. 李承晩과 韓民黨세력은 적극적으로 남한단선을 주장하였지만, 金奎植 등의 중도파는 물론 金九 역시 유엔의 협조 아래 南北要人會談을 통해 전국총선거를 성사시킬 것을 주장하였다. 김구·김규식의 남북요인회담 방안은 유엔한국임시위원단 내에서 상당한 관심을 불러 일으켰으며, 당시 국민들로부터 가장 높은 지지를 받고 있었다.[15] 이러한 분위기에서 유엔한국임시위원단은 결국 2월 6일, 찬성 4표, 반대 3표, 기권 1표로 한국문제를 소총회에 회부하기로 결정하였다.[16]

한국문제는 2월 19일부터 유엔소총회에서 다루어지게 되었다. 유엔한국임시위원단 의장 메논(K. P. S. Menon)은 한국내의 여론을 반영하여, 한국문제 해결의 방안으로서 ① 남한지역 선거와 정부수립, ② 위원단이 협의할 대표 선출을 위한 제한된 목적의 선거 실시, ③ 통일정부 수립을 위한 남북 조선의 지도자회담 등 3가지를 제시하였다. 캐나다와 호주대표가 계속 남한단선을 반대하자 미국은 모든 외교적 수단을 통해 다른 회원국의 입장을 미국안을 지지하도록 돌렸다. 미국의 외교적 노력의 결과, 유엔소총회는 2월 26일 "위원단이 접근 가능한 한국의 지역에서 11월 14일 총회결의안에서 설정된

---

15) 2월 16일 유엔한국임시위원단의 메논 의장은 유엔소총회에 문의할 내용으로 ① 남한지역 선거와 정부수립, ② 남한지역 선거와 협의 대상이 될 대표 선출, ③ 남북 조선의 지도자회담, ④ 유엔임시위원단의 철수 등을 제시했는데, 당시 한 신문 여론조사에 의하면 4가지 방안에 대한 국민의 지지도는 단선·단정 11.5%, 단선 5%, 남북회담 71%, 위원단 철수 12.5% 등이었다.
도진순, 《한국민족주의와 남북관계》(서울대학교 출판부, 1997), 211쪽.

16) 송선희, 〈유엔한국임시위원단 : 그 활동의 개요와 관계문서에 대한 해설〉(국사편찬위원회, 《대한민국사자료집 2 : 유엔한국임시위원단관계문서 II》, 1988), 5쪽.

계획을 이행하는 것은 유엔한국임시위원단에 부과된 의무"라는 결의안을 찬성 31표, 반대 2표, 기권 11표로 통과시켰다. 이는 남북총선을 통한 단일정부 수립이라는 총회결의안의 내용을 남한단선을 통한 단독정부 수립으로 변화시킨, 결정적 의미를 지닌 것이었다. 소련과 그 지지국가들은 소총회에 참석하지 않았으며, 유엔한국임시위원단 위원국인 호주와 캐나다는 끝까지 반대하였고, 중남미 3개국, 중동 5개국, 스칸디나비아 3개국은 기권하였다. 한편 유엔소총회는, 남한이 경찰국가라는 비판 등을 고려하여 "유엔한국임시위원단이 참관할 선거는 언론·출판, 그리고 집회의 자유라는 민주적 권리가 인정되고 존중되는 자유분위기에서 행해져야 한다"는 조건을 부과하였다.17)

유엔소총회의 결정에 따라 유엔한국임시위원단은 2월 28일 비공식 회의에서 1948년 5월 10일 이전에 위원단이 접근 가능한 한국의 지역내에서 선거를 참관하기로 결정하였고, 3월 1일 주한미군사령관 하지(John R. Hodge)는 5월 9일을 선거일로 발표하였다. 캐나다·호주 대표가 28일 회의의 합법성과 하지의 선거일 결정의 위법성을 지적하면서 반발하자, 유엔한국임시위원단은 다시 3월 12일 전체회의를 개최하여, "선거가 언론·출판 및 집회의 자유라는 민주적 권리가 인정되고 존중되는 자유분위기에서 행해질 것이라는 조건에서, 주한미군사령관이 1948년 5월 9일에 실시될 것으로 발표한 선거를 참관한다"는 결의안을 찬성 4표(중국·엘살바도르·인도·필리핀), 반대 2표(호주·캐나다), 기권 2표(프랑스·시리아)로 최종적으로 통과시켰다.18)

한편 3월 17일 유엔한국임시위원단은, 선거 참관의 전제 조건이었던 선거의 자유분위기 확보방안을 주한미군사령관에게 제출하였고, 이것이 충족되었다는 판단하에 4월 28일 "남한 현지 관찰의 결과 합당한 정도의 민주주의적 권리가 인정되고 있는 것에 만족하므로 선거를 참관할 것을 결의한다"라고 결정하여 선거 참관을 최종적으로 확정 짓게 된다.19)

---

17) 구드리치, 앞의 글, 389~392쪽.
송선희, 위의 글, 6쪽.
18) 송선희, 위의 글, 6쪽.
19) 송선희, 위의 글, 7쪽.

2) 5·10선거와 대한민국의 수립

(1) 단선을 앞둔 미군정·과도정부의 준비

5·10선거는, 기존 정치체제내에서 정권을 둘러싸고 정치세력들이 경쟁하는 통상적 의미의 선거와는 그 성격을 달리 한다. 5·10선거는 남한에서 합법적인 정치권력 즉 정부를 최초로 수립하기 위한 선거로서, 이후 한국의 국가와 정치체제의 기본성격과 방향을 결정짓는 定礎的 의미를 지닌 선거였기 때문이다. 그러나 5·10선거에 임하는 우리 국민들에게 국가와 정치체제의 기본성격과 방향을 결정할 결정권이 주어졌던 것은 아니었다. 미·소의 대립하에서 남한단선이 치러진 당시의 정치상황은, 그 결과 등장할 정치체제가 분단하의 단독정부이며 또한 자본주의·자유민주주의체제를 택하게 될 것임을 이미 구조적으로 결정짓고 있었기 때문이다. 이런 의미에서 5·10선거는 신생국가의 수립과정에서 가장 중요한 의제였다고 할 수 있는 단일국가 대 분단국가의 문제와 자본주의 대 사회주의간의 체제 선택의 문제 등 국가수립을 둘러싼 그랜드 이슈가 이미 의제에서 배제된 제한적 의미에서의 정초적 선거였다.[20] 뿐만 아니라, 이념적인 스펙트럼 상에서 굉장히 협애한 한계가 주어진 제약내에서 정치적 경쟁이 일어나고, 그 한계내에서 정치적 대표가 허용되는 특징을 보여 주었다.

따라서 5·10선거를 통해 남한정부가 수립되는 과정과 그 결과를 제대로 살펴보기 위해서는, 5·10선거의 결과를 이미 결정짓고 있었던 당시의 정치지형, 즉 정치적 경쟁이 전개된 정치적 환경과 그 제도적 기반 등을 먼저 살펴 보아야 한다. 물론 5·10선거의 정치지형은 해방 이후 1948년에 이르는 전 기간을 거치면서 형성되었다고 할 수 있겠지만, 보다 직접적으로는 單選單政노선이 확정된 1947년 중반 이후에 구조화되었다고 할 수 있는데, 크게 다음과 같은 3가지로 정리될 수 있다. 첫째는, 반공체제의 형성이다. 선거 이전에 이미 좌파 또는 공산주의세력이 합법적인 정치공간에서 배제되었던 것

20) 동아일보사 편, 《현대사를 어떻게 볼 것인가》(동아일보사, 1988), 229쪽.

이다. 둘째는, 자유민주주의 제도와 이념의 이식이다. 5·10선거는 우파만의 경쟁으로 치러졌지만, 다른 한편 복수정당간의 경쟁과 자유선거 등 절차적 민주주의의 제도와 틀이 부과되고 그것에 따라 선거경쟁이 이루어진 점이다. 마지막 세 번째 측면은 5·10선거에 대한 정치세력의 주체적 대응의 측면이다. 즉 5·10선거를 앞두고 남한 정치세력은 체제와 이념의 선택문제 뿐 아니라 분단의 수용 여부를 둘러싸고 대대적 재편을 거쳤으며, 그 결과 좌파세력뿐 아니라 중도파 및 우파세력의 상당부분도 참여를 거부한 가운데 5·10선거는 치러지게 된다.

가. 반공체제와 반공국가의 물리력 확충

분단이란 국토의 분단뿐 아니라 정치세력과 이념의 분단을 의미하였다. 그것은 남에는 자본주의·자유민주주의 이념이, 북에는 공산주의 이념만이 유일하고 배타적인 정치이념으로 허용됨을 의미하였다. 따라서 미·소공동위원회를 통한 단일정부 수립노선이 폐기되고 단선·단정노선이 실질적으로 결정되는 1947년 8월부터 좌파세력에 대한 대대적인 검거 및 숙정작업이 시작된 것은 결코 우연이 아니었다. 단일정부 수립노선의 폐기는 38도선 이남에서 사회주의·공산주의세력과 이념이 합법적 정치의 영역에서 배제되는 결정적 전환점이 된 것이다.

좌파세력이 합법적 정치의 공간에서 배제되기 시작한 시점은, 1946년 가을 朴憲永의 朝鮮共産黨이 합법·비합법의 투쟁전술을 병행하는 소위 '新戰術'을 택하면서부터라고 할 수 있다. '9월총파업'과 '10월항쟁' 과정에서 대중시위·파업·민중투쟁 등의 물리적·폭력적 투쟁방법이 동원되었고, 여기에 맞서 미군정은 1947년 9월 7일 박헌영·李康國·李舟河 등 조선공산당 간부에 대한 체포령을 발함으로써 사실상 조선공산당을 불법화시켰다. 그러나 이는 좌익진영 전반에 대한 것은 아니었다.

한편 박헌영의 극좌노선이 불러온 탄압과 이에 대한 좌익진영 내부의 반발 등으로 인해 분열과 침체에 빠져 있던 좌파세력은 1947년 봄 미·소공동위원회의 재개로 인해 합법적 정치활동의 공간을 얻게 된다. 2차 공동위원회의 성사를 기대했던 좌파세력은, 7월 들어 다시 공동위원회가 교착상태에 빠지게 되자 '공동위원회 진전을 촉구하기 위한 압력행사용'으로 대규모 군중을 동원한 공동위원회 촉진대회를 개최하였다. 좌파는 소위 7·27투쟁으로 알려진 '미·소공동위원회 재개 경축 및 임시정부 수립 촉진 인민대회'를 전국적으로 개최한 데 이어, 8·15해방기념대회라는 명목으로 다시 미·소공동위원회 촉진을 위한 대규모의 군중투쟁을 계획하였다.

좌파세력에 대한 당국의 전면 검거는 이를 계기로 하여 시작되었다. 군정당국은 정당 및 사회단체의 기념대회를 불허하는 〈행정명령 5호〉를 발포하여 8·15행사를 금지한 데 이어, 8월 11일부터 민주주의민족전선(약칭 민전) 산하 각 정당·사회단체 인사에 대한 대대적 검거를 시작한 것이다. 소위 '남조선 적화 및 군정파괴 음모사건'으로 알려진 좌익세력에 대한 총검거로 23일경까지 전국에서 약 2,000명이 체포되었다. 그 중에는 南勞黨 부위원장 李基錫, 근로인민당 위원장 白南雲, 張建相·李如星을 비롯하여 민주주의민족전선·조선노동조합전국평의회(약칭 전평)·전국농민조합총연맹(약칭 전농)·女性同盟·人民共和黨·青友黨 간부 등 좌익 주요 인사만도 150명에 이르렀으며, 남로당 위원장 許憲에 대한 체포령도 내려졌다. 이는 남로당을 비롯한 좌파정당·사회단체에 대한 사실상의 불법화 조치라고 할 수 있다.[21]

좌파세력에 대한 총검거령과 함께 또 하나 주목되는 것은, 국가기구 및 공공부문으로부터 좌파세력을 전면적으로 색출·검거하는 작업이 1947년 8월부터 시작되었다는 점이다. 1947년 8월과 9월에 걸쳐 서울방송국·체신부·경찰·형무소·소방서·운수부 등 중앙행정기관의 각 부서 및 서울 시내의 각급 학교 교원, 각 지방 경찰서 등에서 '남로당 세포사건', '적화사건' 등으로 불린 검거선풍으로 약 670여 명이 검거되었다. 이러한 색출작업은 중앙과 지방에서 5·10선거 시점까지 지속적으로 이어졌다. 숙청 대상은 경찰·형무소·사법부 및 재무·농무·운수·체신 등 중앙행정부서, 방송국 및 각급 학교, 각 지방 행정경찰조직 등 중앙과 지방의 거의 전 국가부서를 망라하였으며, 검거규모는 1947년 8월부터 1948년 5월까지 신문지상에서 확인되는 인원

---

21) 《서울신문》, 1947년 8월 13·14일.
《조선일보》, 1947년 8월 13일.
《동아일보》, 1947년 8월 13·15일.

만도 총 1,300여 명에 달하였다.[22)]

좌익진영에 대한 이러한 조치의 의미는, 11월 5일 군정청이 발표한 〈時局對策要綱〉에서 분명히 드러난다. 이 요강에서 군정청은, 남한의 정치사회는 '군정에 협력하는 애국적·친미적·건설적 진영과 반민족적·반군정적·반미적·파괴적 진영'으로 양분되어 있는데, 정치적 숙청을 통해 후자를 배제한 뒤에야 좌우중간의 노선이 정당하게 구획될 것이라고 천명하고, 특히 공산계열 당적을 가진 자는 관공리가 되지 못한다고 밝혔다.[23)] 즉, 기존의 남한 좌익계열은 국가의 영역뿐 아니라 합법적 정치경쟁의 공간에서 전면 배제될 것이며, 정치적 경쟁은 그 나머지 세력간에 가능하다는 것이다.

다른 한편 좌파세력 역시 남한 정치체제내의 합법적 정치세력으로 남기를 거부하였다. 남로당은 유엔한국임시위원단이 입국하여 활동을 개시하자 물리적으로 선거를 저지하기 위해 파업·맹휴·집회·시위·경찰지서 공격 등을 감행하였으며, 중간좌파세력들은 남북협상에 참여하여 북한정권 수립에 참여하는 방향으로 나아갔다. 결국 이러한 과정을 통해 5·10선거 이전에 이미 남한의 정치체제는, 좌파세력이 국가의 영역뿐 아니라 합법적인 정치적 경쟁의 공간, 즉 정치사회에서 전면적으로 배제되고 불법화된 체제 즉, 우리가 '반공체제'라고 부르는 것으로 확립되어 갔다. 이러한 남한의 반공체제는 정부수립 후인 1948년 12월 1일 〈국가보안법〉을 통해 법제화된다.

한편 반공체제의 확립과 함께 북한 및 좌파의 위협에 맞서기 위한 군 및 경찰력의 강화가 추진되었다. 단선노선과 함께 1947년 9월 말 미군의 조기철군방침이 결정되자 미국은 가장 먼저 한국군 창설문제를 검토하였다. 그러나 한국군 창설문제는 "한국문제가 유엔에서 검토되고 있는 한 미국에 의한 일방적 조치는 바람직하지 않다"는 정치적 판단에 따라 계속 유보되어 오다, 결국 1948년 2월 말 유엔에서 남한만의 단선실시가 결정됨에 따라 합동참모부(JCS)에서 3월 10일 국방경비대 증강안이 승인된다. 하지만 그동안 미군정은 내부적으로 조선경비대 증강을 지속적으로 추진하였고, 그 결과 조선경비대는 1947년말 1만 7천 명 수준에서 1948년 3월에 이르러 5만 명 수준으로

22) 박찬표, 《한국의 국가형성과 민주주의》(고려대학교 출판부, 1997), 245~246쪽.
23) 《서울신문》, 1947년 11월 6·7일.

확충되었다.

경찰력 역시 1947년 7~8월의 2만 8천 명 수준에서 1948년 초 3만 명, 1948년 6월 3만 5천 명 수준으로 증강되었다. 1945년 말의 1만 5천 명에 비해 2배 이상 팽창한 것이다. 당시 미군정은, 지나치게 팽창된 정부조직이 장차 수립될 남한정부의 재정위기를 초래하고 또한 미국의 대한원조가 팽창된 관료조직의 유지비용으로 낭비될 것이라는 판단하에, 1947년 7월부터 행정관료조직의 축소를 추진하여 1948년 초까지 중앙부처 전체 인원의 19.5%를 감원하고 있었다.24) 이와 같은 대대적인 인원감축 속에서도 경찰 및 경비대의 대폭적 증강이 이루어진 것은, 미군정과 과도정부가 반공체제 유지를 위한 물리력 강화에 어느 정도 비중을 두었는지를 잘 보여준다.

나. 정치·사회적 개혁과 자유민주주의제도 이식

單選單政을 앞두고 반공체제를 강화하는 한편, 미군정은 반공체제의 틀 내에서 자유민주주의제도와 이념의 이식작업을 폭넓게 진행하였다. 이러한 작업은 남한 단선단정의 정통성을 어떻게 확보하느냐는 문제와 직결된 것이었다. 단일정부 수립이라는 민족의 열망을 폐기하면서 이루어지는 단선을 정당화하고 이를 일반 국민들이 수용하도록 하는 것은 단선 추진세력에 있어서는 결정적으로 중요한 과제였다. 이를 위해 미군정을 비롯한 단선 추진세력이 동원한 것은 유엔과 선거였다. 전자가 단정의 외적 정통성 확보를 위한 것이라면, 후자는 내적 정통성을 확보하는 장치였다. 특히 선거에 광범한 국민의 참여를 확보하는 것은 북한과 정부수립의 정통성을 다투는 상황에서 결정적으로 중요한 과제였고, 이를 위해 강압적 조치가 동원되기도 했지만 자발적 참여를 유도하기 위한 상당한 사회·정치적 개혁이 추진되었던 것이다.

다른 한편 단선을 앞두고 정치·사회적 개혁이 추진된 것은 미국의 점령목표에 따른 것이었다고 할 수 있다. 미국은 남한에서 궁극적으로는 '대소반공블럭의 일원으로 기능할 반공국가'를 수립하고자 했지만, 이와 동시에 "수립될 남한국가는 자유민주주의제도와 이념을 기반으로 한 자유민주주의

24) 박찬표, 앞의 책, 255쪽.

체제여야 한다"라는 전자와 쉽게 조화되지 않는 이중적 목표를 추구했었다.[25] 미국은 전자의 목표가 이미 달성된 상황에서, 점령의 최종 국면에 반공체제를 훼손하지 않는 범위내에서 후자의 목표를 추진하고자 한 것이다.

하지만 이러한 자유주의적 개혁 조치들이, 우파세력의 반발 및 이들과 연결된 미군정의 미온적 태도를 극복하고 추진되게 된 데에는 유엔과 유엔한국임시위원단의 역할이 컸다고 할 수 있다. 유엔은 궁극적으로 보면 단선·단정의 정통성을 확보하기 위한 장치였다고 할 수 있다. 그러나 유엔한국임시위원단은, 유엔 감시하 선거가 결국 분단을 초래한다는 점 외에도 남한체제의 반민주적 성격에 대해 적지 않은 반발을 보였었다. 따라서 유엔과 유엔한국임시위원단은 남한선거를 참관하는 조건으로 민주적 권리의 인정 및 자유분위기 보장을 요구하였고, 이것이 일정 부분 관철되면서 자유주의적 개혁을 가져온 것이다.

시기를 조금 거슬러 올라가 보면, 1947년 후반기에 우파세력은 '유엔 참관 없는 남한단선'을 일방적으로 추진할 것을 강력히 요구하였고, 점령당국도 여기에 호응하는 듯 했었다. 예컨대, 1947년 6월 27일 〈보통선거법〉이 남조선과도입법의원에서 통과되자 이승만과 한민당은 7월부터 시작하여 1947년 말까지 조속한 남한단선 실시를 군정당국에 끈질기게 요구하였고, 군정당국 역시 유엔감시 이전이라도 남한 단선을 실시하겠다는 의사를 분명히 밝혔었다. 그러나 이러한 시도는 국무성에 의해 강력히 저지되었다.[26] 이러한 당시의 정황을 볼 때, 만일 1947년 말 우파세력의 요구대로 유엔한국임시위원단의 관여 없이 남한단선이 실시되었더라면, 1948년 초 5·10선거를 앞두고 이루어진 일련의 자유주의적 개혁 조치는 없었거나 아니면 그 정도가 극히 약했을 것이라고 추정할 수 있다.

---

25) 최장집, 《한국민주주의의 조건과 전망》(나남, 1996), 22쪽.

26) "Incoming Message from Seoul to Secretary of State"(1947. 8. 17.), 895.00/8~1747, United States, State Department, RG 59, Decimal File, 895.00 : Record Relating to the Internal Affairs of Korea, 1945~1949, Scholarly Resources Inc., roll 1.
《조선일보》, 1947년 9월 5일.
박찬표, 앞의 책, 279~280쪽.

단선을 앞두고 이루어진 자유주의적 개혁 중 가장 중요한 것은 선거제도 개혁이었다. 민주주의 발전사에서 볼 때 남녀보통·평등선거의 제도화시점은 민주주의의 제도적 완성시점으로 평가된다. 이런 점에서 한국은 의회구성을 위한 최초의 선거에서, 재산·성·교육 등을 기준으로 선거권을 제약하는 일체의 선거권 자격제한 없이 바로 전면적 보통·평등선거제도를 채택했다는 점에 주목해야 한다.

한국에서 최초로 제정된 〈보통선거법〉은 과도입법의원에서 1947년 6월 제정되어 미군정에 의해 9월 3일 법률 제5호로 공포한 〈남조선입법의원선거법〉이었다. 이 선거법은 민주적인 보통·평등선거의 기준에 상당히 미달하는 것이었다.[27] 그러나 5·10선거를 앞둔 선거법 확정과정에서 입법의원선거법은 유엔한국임시위원단의 요구에 의해 대폭 개정되었다. 유엔한국임시위원단에서 선거법 검토 및 확정을 담당한 것은 제3분과위원회였다. 제3분과위원회는 과도입법의원이 제정한 선거법을 검토하고 수정하는 방식으로 작업을 진행하였는데, 그 결과 소선거구 단순다수대표제라는 입법의원선거법의 기본골격은 그대로 유지되었지만, 제반 독소조항은 전부 제거되었다. 예컨대, 선거권 연령이 23세에서 21세로 인하되고, 유권자 등록 방법은 자필서명 방식에서 날인제로, 투표방법은 自書制에서 기표제로 수정됨으로써 청년층 및 문맹자 즉 사회하층민에까지 선거권이 대폭 확대되었다. 월남인을 위한 특별선거구제 역시 이를 통해 선출된 의원들이 북한의 대표임을 주장할 것이라는 비판에 따라 폐지되었다. 선거관리위원회도 행정부가 완전 장악했던 것에서 사법부가 관여할 수 있도록 개정되었다.[28]

---

27) 입법의원선거법은 당초 2차공동위원회가 재개될 경우 미·소공동위원회의 남한측 협의대상이 될 대표를 선출하기 위한 목적으로 제정되었다. 따라서 과도입법의원에서 주도권을 장악하고 있던 우파세력은, 남한 정치집단을 대표할 새로운 대표기구에서 좌파세력을 약화시키고 자신들의 지배적 위치를 보장하기 위해 여러 가지 제한선거적 장치를 삽입시켰다. 선거권 연령을 23세로 높게 하여 청년층을 투표에서 배제한 점, 유권자 등록시 직접 서명을 요구하고 투표방식 역시 직접 후보자 이름을 쓰도록 하는 自書방식을 택함으로써 사회하층이 대부분인 문맹자(당시 성인의 6할)를 투표에서 배제한 점, 특별선거구제를 통해 월남인에게 총의석의 13.5%를 배정한 것 등이 그 대표적 예이다(박찬표, 위의 책, 266~278쪽).

28) 〈유엔한국임시위원단(UNTCOK)에 관한 미국 연락장교의 보고서〉(국사편찬위

선거법 외에도 법과 제도면에서 상당한 개혁이 이루어졌는데, 이는 주로 유엔한국임시위원단 제1분과위원회의 건의에 따른 것이었다. '선거의 자유분위기 확보 방안'을 다룬 제1분과위원회는 2개월간의 작업 끝에 최종건의안을 3월 17일 하지에 전달하였다. 법률문제 · 경찰문제 · 언론자유 · 정치범 석방 등의 문제를 다룬 이 건의안은 특히 평화적 · 합법적 수단에 의한 투표 또는 기권의 권리 보유, 경찰과 청년단체에 대한 조치, 정치범 석방 등을 강조하였다. 유엔한국임시위원단은 무엇보다도 경찰개혁을 요구하였다. 물론 "주민동원 및 악선전 저지 등 선거승리를 위해 경찰의 도움이 절대적으로 필요" 했기 때문에[29] 경찰에 대한 근본적 개혁은 불가능하였지만, 제도적 · 법적 수준에서는 중요한 조치가 이루어졌다. 예컨대 1947년 11월 중앙경찰위원회 설치, 1948년 1월 경찰 권한의 축소(사회 · 경제활동 전반에 대한 인허가권이 일반행정조직으로 이양되거나 폐지) 등이 이루어졌다. 특히 3월 20일에는 경찰 · 군정경찰고문 · 우파세력들의 강한 반발 속에서 〈형사소송법〉 개정을 통해 영장제도가 도입되었다. 4월 1일에는 재판 3심제가 부활되었으며, 5월 4일에는 〈법원조직법〉에 의해 법원행정이 사법부에서 대법원으로 이관됨으로써 3권분립의 제도적 기초가 마련되었다. 4월 5일에는 한국판 인권장전이라 할 수 있는 〈조선인민의 권리에 관한 포고〉가 발포되었다. 이는 선거와 관련한 한국민의 권리를 규정하고 장차 법의 근거가 될 기본권을 규정한 것으로서, 법앞의 평등, 신체 · 거주이전의 자유, 언론 · 출판 · 집회 · 결사의 자유, 종교의 자유, 소유권 보장 등 제반 시민권적 자유를 규정한 것이었다.

법적 · 제도적 수준의 자유민주주의 이식과 함께, 미군정은 5 · 10선거를 앞두고 선거 및 자유민주주의 이념에 대한 대대적인 선전작업을 전개하였다. 주한미군은 1947년 6월 군정청 공보부와는 별도로 주한미군본부 직속의 공보원(OCI)을 설치하고, OCI를 통해 1947년 7월부터 12월까지 각 도를 순회하면서 여론조사 및 선전활동을 전개하였다. 이는 단선단정에 앞서 각 지방 정치상황을 점검하고 홍보 · 선전전략을 수립하기 위한 것이었다. 준비작업을 마친 미군정은 1947년 말부터 공보원, 군정청 공보부, 24군단 공보처의 3각

원회, 《대한민국사자료집 1 : 유엔한국임시위원단관계문서 Ⅰ》, 1987), 55~63쪽.

29) *G-2, W/S,* no.96(1947년 7월 6일~13일).

협력체제를 통해 단선에 대한 선전·홍보작업을 본격화하였다.

홍보의 내용을 보면, 유엔의 한국문제 결정 및 유엔한국임시위원단 결정에 대한 선전, 유엔한국임시위원단에 대한 소련의 비협조적 태도 및 북한에서 행하는 약탈행위, 소련의 한국분단 음모, 미국의 대한원조, 농지개혁 프로그램, 북한의 〈토지개혁법〉과 남한 토지분배의 비교, 북한헌법 비판, 선거등록 및 투표절차에 대한 홍보 및 참여의 중요성, 남북지도자연석회의 비난 등등 남북의 체제 경쟁 속에서 남한단선 및 단정을 정당화하는 내용이 주조를 이루었다. 또한 미국식 민주주의의 내용, 선거의 의미 등 자유민주주의의 내용에 대한 적극적 홍보도 이루어졌다. 이러한 선전·홍보작업은 단선을 정당화하여 국민을 선거에 동원하기 위한 조치였던 동시에, "한국민들은 민주적인 정부과정과 민주주의 자체에 대한 쉽게 지워지지 않을 영감을 받게 될 것"이라는 군정당국의 지적처럼 자유민주주의 이념의 세례작업이기도 했다.

선거를 앞두고 군정이 전력을 쏟은 사회경제적 측면의 개혁은 토지개혁이었다. 토지개혁이 갖는 체제안정화 효과에 주목한 군정은 일찍이 1946년부터 과도입법의원에서 〈토지개혁법〉을 통과시키고자 했지만, 자신의 기득권을 고수하려는 우파의 방해로 인해 성사시키지 못한 바 있었다. 이런 상황에서 단선을 맞게 되자 미군정은 선거 이전에 군정이 보유한 토지에 대해서만이라도 농지개혁을 추진하게 된다. 미국무성 역시 적산토지에 대한 토지개혁이 선거 이전에 공포·실시되어야 함을 특히 강조하고 있었다. 미군정은 선거를 불과 두 달도 남겨 두지 않은 3월 22일 〈남조선과도정부 법령 173호〉의 공포를 통해 新韓公社 소유 토지매각에 나섰다.[30] 그것은 한 농가당 2정보가 넘지 않는 수준에서 해당 토지를 경작하는 소작인 등에 토지를 매각하는 것으로서, 농지가격은 연간 생산량의 30할로 매년 20%씩 15년 분할 상환하도록 되어 있었다. 당시 신한공사 소유 토지는 남한 전체 경지면적의 13.4%를 차지하고 있었으며, 이 토지를 소작하고 있는 농가호수는 전체 농가호수의 27%를 차지하는 55만 4천여 호, 그에 딸린 가족인원만도 300여만 명에 달하

30) 4월 8일 제1차로 일인토지 불하가 개시되었다.
《조선일보》, 1948년 4월 27일.
《경향신문》, 1948년 4월 27일.

였다. 농지개혁은 5·10 총선을 눈앞에 둔 당시의 시점에서 농민들의 선거 참여를 유도하기 위한 정치적 고려에서 취해진 개혁조치였다고 할 수 있다.

(2) 단선에 대한 국내 정치세력의 대응

5·10선거의 한 특징은, 국내 정치세력 중 상당수가 선거를 거부 또는 불참한 가운데 시행되었다는 점이다. 해방 후 3년 동안 남한의 정치사회에는 극좌·중도좌·중도·우파민족주의·극우에 이르기까지 다양한 정치세력이 존재하였다. 이들은 이념적·계급적 이슈뿐 아니라, 친일파 처리나 분단의 수용 등 민족적 이슈를 둘러싸고 다양하게 분립하고 있었다. 이들은 당시의 중요한 정치·경제적 균열과 이를 둘러싼 여러 사회계층의 이해나 입장을 각각 대표하고 있었다고 할 수 있으며, 그 점에서 이들 중 어느 한 세력이 배타적인 정통성을 주장할 수는 없는 상황이었다. 따라서 가능한 한 많은 정치집단의 참여와 타협 속에서 신생국가의 수립이 이루어지는 것이 바람직하였을 것이라고 말할 수 있다.

그러나 해방에서부터 5·10선거에 이르는 과정은, 정치세력들이 통합과 타협이 아니라 점점 더 분열하고 배제되면서 결국 소수의 정치세력만이 정치공간에 남는 모습을 보여 주었다. 이는 미국이 의도한 반공체제 구축과정의 결과이기도 하였지만, 분단이라는 민족문제에 대한 대응의 차이에 따른 것이기도 하였다. 신탁통치 이슈를 둘러싸고 좌·우·중도로 분립되어 있던 국내 정치세력은, 남과 북에 이념을 달리 하는 두 개의 정부가 수립되는 과정 속에서 또 다시 근본적인 재편성의 계기를 맞게 된다. 분단정부 수립과정은 각 정치세력에게 남북 양 체제 중 어느 체제를 선택할 것인가라는 이념의 문제와 함께, 분단을 수용할 수 있느냐라는 민족주의적 문제를 함께 부과하였고, 이를 둘러싸고 각 정치세력은 다시 분립을 겪게 된다.

먼저 좌파세력부터 살펴보자. 좌파세력은 일관되게 '모스크바 3상협정과 미·소공동위원회를 통한 단일정부 수립'을 주장해 왔었다. 따라서 이들은 모스크바협정의 폐기를 의미하는 한국문제의 유엔 이관 방침 자체에 대해 강력히 반발하면서, 대신 소련이 제의한 '양군 동시철병 후 한국인만에 의한 통일정부 수립안'을 적극 지지하였다. 좌파세력은 11월 14일 유엔 감시하 한국총선 결의안이 유엔에서 통과되자 이를 단정수립 기도로 규정하면서, 무력으로 이를 저지한다는 강경노선을 정하게 된다.

남한 좌파측의 단선저지투쟁은 북한에서 사회주의정권을 수립하는 과정과 맞물려 진행되었는데, 이 과정에서 남로당측은 단선 저지를 위한 직접적인 무력투쟁에 치중하는 반면, 北勞黨측은 주로 남한측 중도진영이나 우파측과 통일전선을 결성하여 南北連席會議를 추진한다는 역할 분담이 이루어졌다.[31] 1월 말 유엔한국임시위원단의 입북이 소련측에 의해 정식으로 거부됨으로써 남한만의 단선이 분명해지자, 유엔한국임시위원단 추방을 위한 비합법적 대중투쟁의 실행 결정이 내려지고 이에 따라 남로당은 단선·단정 저지를 위한 직접적인 실력 행사에 들어가게 된다. '2·7구국투쟁' 이후 약 3개월 동안 전개된 '단선·단정 저지투쟁'은 740여 명에 달하는 사망자를 낳으면서 격렬하게 전개되었지만 5·10선거를 저지하는 데에는 실패하였다. 이후 남한의 좌파세력은 '지하선거' 및 '해주남조선인민대표자대회' 등을 통해 북한정권 수립에 참여하게 된다.[32]

그러면 중도파세력의 대응은 어떠하였는가. 중도파세력은 좌우대립 속에서 민족주의와 민족통일을 강조하면서 이를 달성하기 위한 좌우합작과 계급연합을 강조하였다. 이들은 1차공동위원회 결렬 이후 미·소공동위원회 재개를 통한 통일정부 수립을 주장하면서 이를 위한 국내 정치적 기반 강화를 위해 좌우합작을 전개하였고, 따라서 2차공동위원회 재개를 계기로 상당한 활기를 얻게 된다. 중도 우파세력과 중도 좌파세력은 각각 공동위원회대책협의회 및 5당 캄파 등으로 정치세력 통합을 이루고 1947년 12월에는 중간 좌·우파의 결집체로 民族自主聯盟을 결성하기에 이른다. 그러나 미국의 한국문제 유엔 이관과 소련의 미·소양군 철퇴안이 대립하는 상황에서 중간파세력은 점차 좌우 양 진영으로 분열되었으며, 또한 남한단선 수용을 둘러싸고 또다시 분립되는 양상을 보이게 된다.

---

31) 정해구, 앞의 책, 117~8쪽.

32) 7월 15일부터 8월 10일까지의 소위 '지하선거'를 통해 선출된 총 1,002명의 좌파 및 중도 좌파세력은 월북하여 8월 21일부터 26일까지 해주에서 남조선인민대표자대회를 개최하고, 여기에서 다시 선출된 360명이 최고인민회의 남한지역 대의원으로서 북한정권 수립에 참여하였다.

먼저 勤勞人民黨과 5당 캄파계열의 중간 좌파세력은, 유엔 이관 방침에 처음부터 명백히 반대하면서, 소련이 제시한 '양군철수 이후 남북총선안'을 지지하였다. 폭력투쟁을 배제할 뿐 정치노선은 좌익과 사실상 동일하였다고 할 수 있다. 따라서 이들은 1948년 유엔한국임시위원단 자체를 반대하였고, 이후 남한단선을 거부하면서 남북협상에 적극 참여하게 된다. 나아가 5·10선거 이후에는 해주의 남조선인민대표자대회에 참여함으로써 북한정권 수립에 참여하게 된다.

중간 우파진영은 보다 복잡한 양상을 띠었다. 이들은 중간좌파와 달리, '유엔 감시하 전국총선 방침'을 단일정부 수립안으로서 수용하면서 이를 실현하고자 했다. 실현 가능성이 희박하였지만 이들은 유엔의 역할에 기대를 걸면서 유엔한국임시위원단과의 협력하에 남북지도자회담을 통해 전국총선거를 성사시키려고 하였다. 그러나 1948년 2월 남한단선이 유엔에서 결정되자, 이들은 단선 참여를 둘러싼 양자택일의 선택을 강요받게 된다. 이때 중간우파의 한 축을 이루었던 洪命憙의 民族獨立黨세력은 남한단선 반대를 분명히 하였다. 이들은 유엔 감시하 선거 방침이 더 이상 통일정부 수립노선이 아님이 분명해지자 북한이 추진하는 또 다른 '통일정부 수립노선' 즉, 1948년 4월 북한이 추진한 남북연석회의에 참여하는 길을 택하였고, 이를 위해 월북한 이후 평양에 남아 북한정권에 참여하게 된다.

중간우파의 또 다른 한 축을 이룬 金奎植에게 있어 남한단선 불참은 선뜻 결정하기 어려운 일이었다. 김규식은 유엔 감시하 전국총선 방침을 강조하면서도 그것이 소련의 반대로 결국 남한단선으로 귀결될 것을 예측하고 있었고, 그럴 경우 단선에 참여하는 것도 신중히 고려하였었다. 그러나 김규식 등 중간 우파세력으로서는, 조직과 자금의 열세는 고사하더라도 극우세력이 장악한 경찰개혁 등이 이루어져 공정한 선거가 보장되지 않는 한 선거 참여가 사실상 무의미하다는 것을 잘 알고 있었다.[33] 결국 김규식은 군정당국의 단선 참여 종용을 뿌리치고 남북협상의 길로 나아가게 된다. 남북협상에 참여하면서도 김규식은 북한에 대한 소련의 영향력 및 또 다른 분단정권인 북

33) 도진순, 앞의 책, 196쪽.

한정권 수립과정에 대해서 비판적이었으며, 협상 실패 이후 북한에 잔류하지 않고 서울로 돌아오게 된다. 이렇게 볼 때, 김규식의 단선 불참은 남한 체제 자체에 대한 반대라기보다는 극우파 중심의 정부수립에 대한 반대였다고 할 수 있다.

단선으로 가는 과정에서 金九의 대응 역시 김규식과 마찬가지로 곤혹스러운 것이었다. 2차공동위원회 결렬시점까지 김구는 李承晩·韓民黨과 함께 "탁치반대, 모스크바협정 폐기, 중간파 및 좌우합작 반대"의 노선을 주도하였다. 그러나 한국문제의 유엔 이관 이후 김구의 韓獨黨은 중도파와 우파 사이에서 동요하는 모습을 보이게 된다. 김구는 한국문제의 유엔 이관 이후 한독당 내 진보파인 趙素昻을 통해 중도파와의 연합을 추구하기도 했지만, 이것이 실패로 귀결되자 11월 말부터 이승만 진영과의 합작을 다시 추진하면서 차후 단선을 수용할 뜻을 분명히 밝혔다.[34] 11월 14일 유엔결의안 통과로 사실상 남과 북의 양자택일이 강요되는 상황에서, 김구가 가진 통일국가 수립을 향한 민족주의적 지향과 반소·반공의 강한 이념적 지향은 갈등하지 않을 수 없었고, 일단 김구는 후자를 택한 것으로 판단된다. 그러나 김구와 이승만진영의 합작은 결국 실패로 귀결된다. 한민당 정치부장 張德秀 암살사건을 빌미로 한 김구에 대한 경찰의 탄압, 한민당의 적극적 반대, 이에 대한 미군정 및 이승만의 호응 등이 작용한 결과였다.[35] 한민당과 이승만으로서는 신생정부를 둘러싼 강력한 경쟁자인 김구를 배제 또는 약화시키고자 했을 것이며, 미국으로서도 반외세 민족주의로 무장한 김구가 탐탁치 않았던 것이다. 이러한 일련의 사정으로 볼 때 김구의 단선 불참은, 민족주의적 입장에 근거한 자신의 선택과 이승만·한민당·미군정에 의한 배제의 두 측면이 함께 작용한 결과라고 할 수 있다.

---

34) 1947년 11월 30일 김구는 이승만과의 회동 이후, "소련의 방해로 북한의 선거만은 실시하지 못할지라도 추후 하시라도 그 방해가 제거되는 대로 북한이 참가할 수 있게 하는 것을 조건으로 하고 의연히 총선거의 방식으로 정부를 수립하여야 한다"라고 밝혔다.
《동아일보》, 1947년 12월 2일.
《조선일보》, 1947년 12월 2일.

35) 도진순, 앞의 책, 158~166쪽.

상황이 분명해진 1월 말 김구는 자신의 입장을 확고히 정리하여 발표하게 되는데, 그 내용은 "미·소양군 철수 후 유엔 감시하 남북지도자들간의 합의에 의한 전국총선"으로 요약된다.36) 이제까지 원칙적으로는 남북총선을 주장했음에도 불구하고 단선 참여 가능성에 대해 다소 여지를 남겨두었던 김구는, 이제 단선 반대의 분명한 태도를 표명하고 지금까지의 파트너였던 우파 진영과 결별한 뒤 김규식 등 중도파와 함께 남북한 총선의 실현을 위해 매진하게 된다. 김구는 김규식 등과 함께 유엔한국임시위원단과의 협조 아래 남북회담을 통해 유엔 감시하 전국총선을 실현시키고자 했으며, 또한 좌파들과는 달리 유엔을 미·소양군 철수 이후 진공상태를 감독할 수 있는 중요한 관리자로 인정하였다. 그러나 유엔에 대한 김구의 기대는 유엔소총회의 단선 결정으로 무산되었다.

남한단선 방침이 결정되자 미국 당국자들과 유엔한국임시위원단 요인들은 김구·김규식에게 단선 참여를 적극 권유하면서 남북회담을 만류하였다. 이들의 참여는 남한단선을 정당화하는 데에 중요하였기 때문이다. 그러나 김구는 중도파와 함께 남북연석회의를 주도하였다. 남북회담에 임하는 김구와 김규식의 태도는, 중간좌파나 일부 중간우파와는 달리, 미·소에 대한 평등한 입장을 견지하면서 남북의 단독정부를 모두 반대하는 것이었고,37) 따라서 이들과 달리 북에 잔류하지도 않았다. 김구의 이념적 지향에서 볼 때 북한은 대안이 될 수 없었다. 다른 한편 김구의 민족주의적 지향에서 볼 때 남한단선 역시 수용할 수 없었고, 결국 5·10선거 불참을 선택하게 된다.

이상에서 보듯이 좌파에서 중도, 우파 민족주의세력인 김구에 이르기까지 남한의 광범한 정치집단들이 남한단선을 적극적으로 반대하거나 소극적으로 불참한 것과는 대조적으로, 우파의 한민당과 이승만계 및 월남세력을 대표하는 朝鮮民主黨계 등은 적극적으로 단선을 추진하였다. 1차공동위원회 결렬 직후부터 단정수립의 불가피성을 역설했던 이승만은 1947년 6월 27일 과도

---

36) 1948년 1월 28일 김구는 유엔한국임시위원단에 제출하는 〈미·소양군 철수 및 남북한인 지도자회의 소집 의견서〉를 발표하였다.
《경향신문》, 1948년 1월 29일.

37) 도진순, 앞의 책, 237쪽.

입법의원에서 〈입법의원선거법〉이 통과되고 또한 7월에 들어 2차공동위원회의 사실상 결렬이 확인되자, 과도입법의원에서 작성한 선거법에 의한 남한총선거 실현을 위해 적극적 활동을 시작하였다. 이승만 주도 아래 7월 4일 우익 88개 단체는 입법의원선거법에 의한 총선을 결의하고, 7월 10일 이를 실현하기 위한 기구로서 '한국민족대표자회의'를 결성하였다. 한민당 역시 "통일정부 수립 전이라도 〈보통선거법〉을 실시하여 조선인 자주의 민주정부를 수립"할 것을 촉구하였고, 조선민주당 역시 남조선만의 단독선거라도 시행할 것을 촉구하였다.[38] 이후 유엔 감시하 남북총선 방침이 결정되었음에도 불구하고 이승만은 1947년 말까지 계속하여 "과도입법의원 선거법하에서 연내에 선거를 실시할 것"을 강력히 요구함으로써 미군정당국과 상당한 마찰을 빚기도 하였다. 1948년 1월 입국한 유엔한국임시위원단에 대해서 이승만과 한민당 등은 조속한 남한선거와 단정수립을 역설하였고, 김구·김규식의 남북협상 시도를 맹렬히 비난하였다.[39] 따라서 1948년 2월 유엔 소총회의 남한단선 결정을 가장 적극적으로 수용한 것은 이들이었다.

이승만·한민당의 우파세력은 이와 같이 조속한 남한단선 실시를 촉구하는 한편 선거에 대비한 조직적 준비를 진행시켰다. 이승만의 대한독립촉성회계는 1947년 7월 조직한 '민족대표자회의'를 중심으로 선거대책위원회를 수립하고 1947년 말까지 그 하급조직을 남한 각지의 시·군·구에 이르기까지 완료하였다. 또한 1948년 2월에는 선거운동의 전위대로 이용하기 위해 4개 우익 청년단체를 통합한 '구국청년연맹'을 결성하는 한편, 국민회의 총선거 후원회 조직, 이승만의 친위조직인 국청 조직의 강화 등을 통해 선거 준비에 만전을 기했다. 한민당 역시 1947년 11월 선거대책대강을 작성하면서 선거 준비태세에 돌입하였다. 특히 한민당원인 趙炳玉 경무부장과 張澤相 수도경찰청장의 지원과 막대한 선거자금, 동아일보를 이용한 선전 등이 이들의 자

38) *G-2, W/S,* no.96.
《동아일보》, 1947년 8월 30일, 9월 13일.
《서울신문》, 1947년 8월 30일.
《조선일보》, 1947년 9월 13일.
39) 한민당은 김구를 '크레믈린궁의 한 신자'로 맹렬히 비난하였다.
《동아일보》, 1948년 1월 30일.

원이었다. 이상에서 살펴 본, 단선에 이르는 과정에서의 각 정치세력들의 대응을 정리하면 〈표 1〉과 같다.

〈표 1〉 정부수립 과정에서 각 정치세력들의 입장

정치세력 / 이슈	좌파진영	중도진영			우파진영	
	좌파	중간좌파(근로민주당, 5당 캄파)	민독당 (홍명희)	중간우파 (김규식)	김구	이승만 한민당
유엔 감시하 전국총선	극력 반대	적극 반대	지지	지지	지지	지지
유엔 감시하 남한단선	극력 반대	적극 반대	반대	반대	반대	지지
남북협상	찬성	찬성	찬성	찬성	찬성	반대
양군 철수	즉시 철수	즉시 철수	–	철수(3~6개월 준비기간)	즉시철수 (유엔 치안)	주둔
5·10선거에 대한 대응	폭력 저지	적극 반대	적극 반대	불참	불참	참여
해주 남조선 인민대표자대회	참여	참여	참여	반대	반대	반대
체제선택	북한			남한		

(3) 5·10선거와 그 결과

5·10선거는 분단과 함께 남한 반공체제와 우파세력의 정권장악이 이미 기정사실로 굳어진 조건하에서 치러졌다. 반공체제하에서 좌파는 사실상 불법화되었으며, 좌파세력 스스로도 남한체제내의 합법적 정치세력으로 존재하기 보다는 5·10선거를 무력으로 저지하려 시도하는 일방 북한정권 수립에 참여하는 길을 택하였다. 더욱이 단정의 수용 여부를 둘러싸고 김규식 및 김구가 선거에 불참함으로써 이승만과 한민당에 필적할 수 있는 정치세력이 존재하지 않는 상황에서 선거는 시행되었다. 그러나 반공체제와 우파세력만의 참여라는 한계내에서도, 선거 자체는 복수정당의 참여와 경쟁이 보장되고 모든 성인에게 평등하게 1인 1표가 보장되는 즉, 자유민주주의 제도에 기초

하여 치러졌다는 점 역시 강조되어야 한다.

5·10선거는 미군정이 주관하고, 유엔한국임시위원단이 참관한 가운데 준비되고 실시되었다. 2월 28일 유엔한국임시위원단이 남한지역 선거 참관을 결정하자, 3월 1일 주한미군사령관 하지는 〈조선인민대표의 선거에 관한 포고〉를 통해 선거를 5월 9일 실시할 것임을 공포하였다. 이어 3월 3일에는 선거관리기관인 '국회선거위원회'가, 기존의 중앙선거준비위원회를 그대로 계승하는 방식으로 설치되었으며, 17일에 〈국회의원선거법〉, 22일에 〈국회의원선거법 시행세칙〉이 각각 공포되었다.[40] 이상과 같은 법적·행정적 조치와 함께 미군정은, 단선 반대세력의 선거 반대투쟁을 저지하기 위해 경찰 등 치안 조직을 강화하는 한편, 행정조직을 선거체제로 전환하고, 선거 홍보 및 등록 촉구 등에 모든 공공기관을 동원하였다.[41]

군정의 선거준비 조치와 함께, 유엔한국임시위원단은 선거 참관을 위한 본격적 준비에 착수하였다. 위원단은 선거 참관의 조건으로 제시한 자유분위기 조성을 위한 10가지 사항을 3월 19일 하지에게 건의하였고, 이에 따라 〈형사소송법〉 개정, 정치범 3,140명의 사면, 청년단체에 대한 주의 조치 등이 이루어졌다. 유엔한국임시위원단은 등록과정의 자유분위기 존재 여부를 파악하기 위해 중앙선거감시위원회 및 지방감시반을 편성하였다.[42]

이상과 같은 선거 준비를 바탕으로 3월 30일부터 유권자 등록이 시작되었

---

40) 선거법과 시행세칙은 남조선과도입법의원이 제정한 보선법과 중앙선거준비위원회가 준비한 시행세칙을 중심으로 유엔한국임시위원단과 미군정이 협의하여 개정한 것이었다.

41) 경남지역에 대한 군정보고서에 의하면, "거의 모든 행정단위의 한국인 관리들이 선거위원회 지원팀으로 조직되었고, 도청이나 군청·시청 등에서 다른 업무는 거의 중지되었다"라고 기록하고 있다. "Report of the Military Governor on the Holding of Elections in South Korea on 1948.5.10, leading to the Establishment of a Korean National Assembly and Government under the Observation of the UTCOK"(이하 Report of the Military Governor) Inclosure No. 45, *Records of the American Delegation, U.S.-U.S.S.R. Joint Commission on Korea, and Records Relating to the United Nations Temporary Commission on Korea(UNTCOK) : 1945~1945*(The National Archives, National Archives and Records Service, General Services Administration) roll 13.

42) 《조선일보》, 1948년 3월 25일.

다. 유권자 등록은 남로당의 폭력적인 단선 반대운동이 전개되는 속에서 진행되었다. 남로당의 단선 저지투쟁은 '2·7구국투쟁'으로 본격화되었는데,[43] 유권자 등록기간에는 전국 각지에서 봉화 소요, 선거등록사무소 피습, 등록서류 파기사건 등이 발발하였고, 제주도에서는 단선 저지를 위한 무력시위('4·3사태')가 발발하였다.

남로당의 무력투쟁보다 단선 추진세력에게 부담이 된 것은 김구·김규식 등이 중도파세력과 함께 추진한 남북협상이었다. 남북협상을 통해 외세를 배격하고 통일정부를 수립하자는 이들의 민족주의적 주장은 상당한 대국민 호소력을 갖고 있었기 때문이었다. 따라서 단선 참여세력들은 남북협상을 "총선을 파괴하려는 북한의 모략"이라고 비난하였고, 군정당국 역시 '남북협상의 허구성'을 홍보하는 데 선전·홍보활동의 초점을 맞추었다.

선거인 등록에는 경찰·청년단체·행정기관 등에 의한 압력 및 강압적 수단도 동원된 듯하다. 4월 5일부터 10일까지 전국 각도와 주요 도시를 시찰한 유엔위원단은, "미곡배급통장을 발급하는 지방행정 사무실에서 등록을 실시하고 미곡배급통장을 몰수하겠다고 위협하여 강제등록을 시키며, 경찰 및 청년단체가 등록을 강제한다는 등의 불평을 접수했지만 구체적 증거는 발견하지 못하였다"고 밝히면서, "등록반대자 중에는 주위에서 그들의 애국심을 의심할까 두려워서 등록한 자도 있었을 것으로 사료된다"라고 적고 있다. 또한 군정측의 선거 결과보고서 역시 "등록 및 선거하도록 하는 협박 및 폭력이 전혀 없었다고는 주장할 수 없다"라고 하여 압력과 강제가 있었음을 인정하고 있다.[44]

이러한 논란 속에서 4월 16일 유권자 등록이 마감되었다. 국회선거위원회는 등록 결과 총유권자 877만 1,126명 중 805만 5,295명이 등록함으로써

---

43) 김남식, 《남로당 연구》(돌베개, 1984), 303~333쪽.
44) 국제신문사 출판부 역, 앞의 책, 166~167쪽.
"Report of the Military Governor" Inclosure 45.
한국여론협회가 4월 12일 서울 충무로와 종로에서 행인 1,262명을 상대로 조사한 결과 자발적 등록이 9%, 등록을 강요당한 자가 91%라고 발표하였는데, 이에 대해 공보부는 조사의 공정성을 인정할 수 없다고 강력히 반박하였다.
《조선일보》, 1948년 4월 15·16일.

91.8%라는 높은 등록률을 기록하였다고 발표하였고,[45] 하지는 90% 이상의 높은 등록률을 기록한 것은 "투표하고자 하는 전 조선국민의 압도적 표시"라고 환영을 표시하였다. 하지만 이 수치는 약간 과장된 것이었다. 왜냐하면 이 수치는 선거 당시의 정확한 인구수를 알 수 없는 상황에서, 1946년 8월 25일 현재 인구수를 기준으로 산출된 유권자수에 바탕한 것이었기 때문에,[46] 그 이후의 인구증가분(남한으로의 이입인구 및 자연증가)이 반영되지 않은 만큼 등록률이 높게 나왔다고 할 수 있다. 이러한 문제점을 감안하여 선거 이후 작성된 미군정의 공식 선거보고서는 보다 정확한 통계를 보여주고 있다. 이에 따르면 1948년 4월 1일 현재 추정 총인구 1,994만 7천 명의 49.3%인 983만 4천 명을 유권자로 추산할 때 등록률은 79.7%로 계산된다(〈표 2〉).[47]

〈표 2〉 5·10선거 투표현황

구분 / 지역	총인구 (1948.4.1.현재)	유권자	등록자 (유권자 대비 등록률)	투표자 (등록자 대비 투표율)	투표율 (유권자 대비)
서울	1,247,000	616,000	568,291④(92.2)	488,304⑨(92.8)	79.2
경기	2,575,000	1,269,000	1,085,470⑤(85.4)	981,638⑨(96.6)	77.3
강원	1,167,000	575,000	467,554 (81.3)	458,038 (98.0)	79.7
충북	1,147,000	565,000	461,885 (81.8)	444,632 (96.3)	78.7
충남	1,992,000	982,000	794,392 (80.9)	760,694 (95.8)	77.5
전북	2,093,000	1,032,000	801,988⑥(77.7)	727,718⑨(96.7)	70.5
전남	3,058,000	1,508,000	1,106,397⑦(73.3)	908,879⑨(93.6)	60.2

45) 《경향신문》, 1948년 4월 15일.

46) 《서울신문》, 1948년 4월 15일.

47) "Report of the Military Governor", *op.cit.,* p.51.
〈유엔한국임시위원단에 관한 미국 연락장교의 보고서〉, 91쪽.
등록자수에 대한 자료로는, 위의 군정 및 유엔한국임시위원단의 보고서 외에도 《남조선과도정부활동보고서》(South Korean Interim Government Activities, No.31, p.151. 등록자수 7,837,504명, 등록률 78.7%), 4월 14일자 국회선관위의 공식 발표(《경향신문》, 1948년 4월 15일), 중앙선거관리위원회에서 최초로 발행한 선거사인 《대한민국선거사》(1964) 등이 있는데, 조금씩 수치가 틀린다.
여기에서는 당시 선거 시행당국인 군정당국과 선거 참관기관이었던 유엔한국임시위원단의 보고서를 가장 정확한 것으로 보고 이를 기초로 한다.

구분 \ 지역	총인구 (1948.4.1.현재)	유권자	등록자 (유권자 대비 등록률)	투표자 (등록자 대비 투표율)	투표율 (유권자 대비)
경북	3,260,000	1,607,000	1,227,597⑧(76.4)	992,036⑨(92.1)	61.7
경남	3,300,000	1,627,000	1,287,890 (79.2)	1,242,750 (96.5)	76.3
제주①	108,000	53,000	37,040 (69.8)	32,062 (86.6)	60.5
총계	19,947,000②	9,834,000③	7,837,504 (79.7)	7,036,750⑨(95.2)	71.6

* "Report of the Military Governor", *op.cit.,* Inclosure No. 4. & Inclosure No. 55 ; 〈유엔한국임시위원단(UNTCOK)에 관한 미국 연락장교의 보고서〉, 국사편찬위원회, 《대한민국사자료집 1 : 유엔한국임시위원단관계문서 I》, 1987, 91쪽.
① 선거무효된 북제주군을 제외한 남제주군만의 통계.
② 1946년 9월 현재 총인구(19,369,270명)+1946년 9월부터 1948년 3월까지 남한으로의 이입 인구(228,369명)+자연 인구증가분(523,240명. 증가율 년 1.8%로 계산).
③ 1947년 21세 이상인 자의 등록(750만 명 대상)에서 도출된 49.3%에 기초.
④ 단독입후보 1개 선거구(등록자 42,021명) 포함.
⑤ 단독입후보 2개 선거구(등록자 68,755명) 포함.
⑥ 단독입후보 1개 선거구(등록자 49,149명) 포함.
⑦ 단독입후보 3개 선거구(등록자 135,292명) 포함.
⑧ 단독입후보 5개 선거구(등록자 150,405명) 포함.
⑨ 단독입후보 선거구의 유권자는 제외.

하지만 80%에 이르는 등록률을 보인 것은, 그것이 최초의 보통·평등선거였다는 점, 남로당의 폭력적 저지와 남북협상이 진행되는 어수선한 분위기 속에서 진행된 점 등을 감안할 때 높은 등록률이라고 할 수 있을 것이다.

입후보자 등록 역시 4월 16일에 마감되었다. 그 결과 200개 선거구에 총 948명의 후보자들이 입후보하였다. 소속정당·단체별로 보면, 대한독립촉성국민회 235명, 한국민주당 91명, 대동청년단 87명, 민족청년단 20명 등의 순이었고, 무소속이 417명을 차지하였다. 단체별 인원에서 보듯이 입후보자의 주류는 이승만의 대한독립촉성회와 한민당, 우익 청년단체 등이었다. 무소속의 다수는 역시 우파세력이었다.[48]

48) 중앙선거관리위원회, 《대한민국선거사》(1964), 383쪽.
미군정 당국의 보고서는 "당 소속을 선언하지 않은 많은 후보자들은 남한지역에서 인기 없는 한민당과의 연관이 가져올 폐해를 회피하기를 열망하는 사실상의 우익분자들이었다"라고 적고 있다(〈유엔한국임시위원단에 관한 미국 연락장교의 보고서〉, 86쪽).

입후보자 등록과정에서는 두 가지 쟁점이 부각되었다. 하나는 우익진영의 후보자 난립이었고, 또 다른 하나는 중도파세력의 입후보였다. 한독당·민족혁명당·민족자주연맹 등 남북협상에 참여한 중도파세력들은 모두 당이나 조직 차원에서는 공식적으로 선거 불참을 선언했지만, 상당수가 무소속 내지 개인자격으로 선거에 입후보하였다. 이에 따라 대한독립촉성국민회·한민당·조선민주당·동아일보 등 우파진영에서는, 단선에 반대해 온 이들이 입후보한 것은 "웃지 않을 수 없는 일"로서 "민족진영을 착란하여 독립을 지연시키려는 분홍색 푸락치의 선거 방해공작"이라고 격렬히 비난하였다. 특히 우파진영의 후보가 난립한 상황에서 한국독립당과 중도파 인사들이 무소속으로 출마하게 되자, 승리를 낙관할 수 없다는 경계의식하에 '민족진영의 후보 단일화'가 시도되기도 했지만 뚜렷한 성과를 거둘 수는 없었다.[49]

입후보 등록까지 마감되고 투표일이 다가오자 군정은 남로당의 선거 파괴 위협에 맞서 경비태세를 더욱 강화하였다. 군정은 선거기간에 경찰력을 보충하여 좌익의 선거 방해를 막고 향토를 방위한다는 목적 아래 향보단을 조직하였다. 향보단은 딘(William F. Dean) 군정장관의 명령으로 경무부장의 지시에 의해 각 경찰지서 단위로 설치되었는데, 만 18세 이상 55세 이하 남자로 구성되었으며 우익 청년단원들이 대부분 이에 소속되었다.[50] 선거에 즈음하여 5월 3일 경무부내에 비상경비총사령부가 설치되고, 5월 8일에는 미군당국에 의해 특별경계령이 내려졌으며, 국방경비대에도 경계령이 내려졌다. 선거일에 임박한 5월 8일, 남로당에 의한 '단선반대 구국총파업'을 필두로 마지막 공세가 이후 며칠 동안 격렬하게 전개되어 8~10일 동안에만 경찰 및 좌우 민간인 등 총 80여 명이 사망하고 경찰서 및 투표소 90여 곳 이상이 습격을 받았다.[51] 〈표 3〉에서 보듯이 남로당의 '2·7구국투쟁'부터 5월 14일까지 사망 334명, 부상 330명이라는 인명 피해상황만 보아도 선거가 얼마나 치열한

---

49) 《동아일보》, 1948년 4월 3·8·11·14·21·25일.
《경향신문》, 1948년 4월 14·26일.
《조선일보》, 1948년 4월 25·27일.
〈유엔한국임시위원단에 관한 미국 연락장교의 보고서〉, 앞의 글, 87쪽.

50) 《조선일보》, 1948년 4월 17·18일.

51) *G-2, W/S,* no.139.

좌우갈등 속에서 치러졌는지를 알 수 있다.

남로당의 저지투쟁과 함께 남북회담이 추진되고 이를 둘러싼 공방이 오가는 가운데, 5월 10일 남한 전역에서 선거가 실시되었다. 선거 결과, 남한 전역에서 등록자 중 90% 이상이 투표한 것으로 발표되었다. 미국과 과도정부는 민주주의의 승리이며 공산주의에 대한 거부의 표현이라고 논평했지만, 선거를 보이코트한 좌파와 중도파에서는 이번 선거는 웃음거리일 뿐이고 자유로운 분위기가 조성되지 않는 채 시행되었다고 비난하였다.[52]

〈표 3〉 선거 방해 활동(1948년 2월 7일~1948년 5월 14일)

종류		건수 또는 인명수	종류		건수
선거사무소 피습		131	무기 도난	소총	68(회수 58)
관공서 피습	피습후 격퇴	220		카빈	50(회수 19)
	방지	81		권총	2(회수 2)
경찰 피습		72		탄약	1,619(회수810)
인명 피해	선거공무원	사망 15, 부상 61	철도 시설 파괴	기관차	71
	후보자	사망 2, 부상 4		철도차량	11
	경찰관	사망 49, 부상 128		궤도	65
	우익인사	사망 11, 부상 47	통신 시설 파괴	전화선 절단	541
	경찰관 가족	사망 7, 부상 16		전신주	543
	일반인	사망 107, 부상 387		통신수단 파괴	13
	폭도	사망 261, 부상 123		전선 절단	15
방화	선거 사무소	32	선거문서 도난		116
	선거 시설	5	선거종사 공무원 위협		73
	경찰서	16	후보자 위협		24
	관공서	18	선거반대 파업		44
	주택	153	선거반대 맹휴		75
파괴	선거 시설	41	선거반대 데모		241
	경찰서	12	전단 살포		275
	관공서	22	봉화		877
	주택	69			
	도로 및 교량	48			

* "Report of the Military Governor", *op.cit.*, Inclosure No. 42B. Table of Anti-Election Activities.

---

52) 《경향신문》, 1948년 5월 13일.
조순승, 앞의 책, 176쪽.

선거 종료 이후 미군정의 공식 보고서 및 이에 기초한 유엔한국임시위원단 자료에 따를 때, 투표율은 등록자 대비 95.2%였다.[53] 총유권자수를 기준으로 할 때의 투표율은 71.6%였다. 선거에는 당초 입후보자 942명 중에서 사망·기권 등으로 빠진 40명을 제외한 902명이 최종 출마함으로써 4.7대 1의 경쟁률을 보였다. 선거 결과 전국 200개의 선거구 중에서, 4·3사태로 인해 무효로 선언된 북제주군 2개 선거구를 제외한 198개 선거구에서 198명의 의원이 선출되었다.[54] 당선자 198명의 소속정당을 당선자 스스로 밝힌 바에 따라 살펴보면, 대한독립촉성국민회 54명, 한민당 29명, 대동청년단 12명, 민족청년단 6명, 한국독립당 1명, 조선민주당 1명, 기타 군소단체 10명, 무소속 85명 등이었다.[55] 그러나 이것은 당선자의 정확한 정파별 구성을 반영하지 못하는 것이었다.[56] 보다 정확한 통계는 85명에 이르는 무소속의원을 다시 정파별로 분류한 국회선거위원회의 발표였다. 이를 기준으로 당선자들의 정당별 분포를 보면, 한민당 76명, 대한독립촉성국민회 61명, 한국독립당 17명, 대동청년단 16명, 민족청년단 10명, 조선민주당 0명, 중도계 10명, 기타 10명

53) 투표율에 대해서 1968년 발행된 《대한민국선거사》는 95.5%라고 기록하고 있다.

54) 5월 24일 딘 군정장관은 북제주도 갑·을 양구의 투표가 5할에 미달하여 무효임을 선고하고 6월 23일 재선거를 시행하기로 명령하였는데, 6월 10일 이를 다시 무기연기시켰다.
《서울신문》, 1948년 6월 13일.
《동아일보》, 1948년 6월 13일.

55) 1949년 5월 10일 실시된 북제주군 선거를 포함하면 대한독립촉성회 55명, 한민당 29명, 대동청년단 12명, 민족청년단 6명, 한독당 1명, 조민당 1명, 기타 단체 11명 등이 된다.
중앙선거관리위원회, 《대한민국선거사》 1(1973), 616~617쪽.
국회사무처, 《제헌국회경과보고서》(1986), 21쪽.

56) 전체 의원의 42.5%를 차지하는 무소속의 경우, 한민당원이 공천에서 탈락하였거나 아니면 한민당에 대한 국민들의 나쁜 이미지를 고려하여 무소속으로 등록한 예가 적지 않았고, 또한 한독당이나 중간파 계열의 인사가 단선불참이라는 당명을 어기고 무소속으로 출마한 경우도 있었다(김일영, 〈농지개혁, 5·30선거, 그리고 한국전쟁〉, 《한국과 국제정치》 11·1, 1995년 봄·여름, 305쪽).
또한 정당공천제가 법률적으로도 실제적으로도 부재했기 때문에 개인적 차원에서 정당이나 단체의 이름을 내걸고 입후보한 경우도 허다하였다. 더욱이 5·10선거에 참여한 정당이나 단체 역시 뚜렷한 조직적 결집력을 가진 것은 아니었고, 특히 대한독립촉성회같은 범정당적 조직에는 각종 정당과 사회단체들이 참여하고 있었다.

등이었다.[57]

선거 이후, 유엔한국임시위원단내에서는 5·10선거 결과 구성된 의회를 11월 14일자 총회결의안에 명시된 국회(National Assembly)로 인정할 것이냐의 문제를 두고 논란이 있었지만, 유엔한국임시위원단은 6월 25일 "1948년 5월 10일의 선거 결과는 위원단의 접근이 가능하고 전 한국민의 3분의 2를 점하는 지역의 선거민들이 그들의 자유의사를 합법적으로 표현한 것이다"라는 결의안을 채택함으로써 선거의 공정성과 합법성을 인정하였다. 또한 유엔한국임시위원단은 6월 25일 국회에 보낸 서신을 통해 "국회는 한국국민에 의해 선출된 대표들에 의해 1948년 5월 31일 구성되었다"는 사실을 확인하여 국회를 공식적으로 인정하였다.[58]

(4) 제헌국회와 정부수립

5·10선거 이후, 선거에 참여한 단정추진세력과 미군정 및 과도정부는 조속히 헌법을 제정하고 이에 기초하여 정부를 수립하는 데 총력을 기울이게 된다. 이에 대한 도전은 두 방향에서 제기되었다. 하나는 좌파세력이었다. 5·10선거를 무력으로 저지하는 데 실패한 좌파세력은, 남한 지하선거를 통해 소위 '전국적 대표성'을 지닌 정부를 북한에 수립한다는 전략으로 나왔다. 이를 위해 좌파세력은 7월 15일부터 남한 전역에서 인민대표자 대의원을 선출하기 위한 '지하선거'를 감행하였고,[59] 미군정·과도정부는 대대적인 검거로 이에 맞섰다.

단정수립에 대한 또 다른 저항은 임정 및 중도파세력으로부터 나왔다. 김

---

57) *G-2, W/S,* no.141, p.5.
〈유엔한국임시위원단에 관한 미국 연락장교의 보고서〉, 90쪽.
한편 선거 후 한민당 선전부는 자당 당원으로서 당선된 자가 84명이라고 밝혔다(《조선일보》, 1948년 5월 22일).

58) Department of State, *U.S. United States Policy Regarding Korea 1834~1950*(한림대학교 아시아문화연구소, 1987), pp.151~152.
김동국, 〈유엔에서의 한국문제처리에 관한 연구〉(연세대 석사학위논문, 1989), 98~99쪽.
송선희, 앞의 글, 12~13쪽.

59) 김남식, 앞의 책, 342~343쪽.

구와 김규식은 제2차 남북지도자협의회에 불참한 것은 물론 북한선거에 참여한 개인과 단체를 정권 처분함으로써 북한정권에 대한 분명한 반대 입장을 천명했지만, 남한정부 수립과정에도 역시 참여를 거부하였다. 김구는 단정 불참과 통일독립노선을 재확인하고, 독자적으로 유엔에 대표를 파견하여 독자노선을 관철시키고자 했다. 제헌국회의 건국과정과 맞물리면서 전개된 임정세력 및 중도파의 이러한 움직임은 이승만·한민당진영과 대립을 초래하지 않을 수 없었다.

이 과정에서 주목되는 것은 원내에 진출한 중도파세력의 동향이다. 제헌국회에는 무소속으로 출마한 상당수의 김구·김규식노선 지지세력이 원내에 진출하였는데, 이들은 한민당과 대한독립촉성국민회의 양대 보수세력에 더하여 제3의 세력을 형성하게 된다. 제헌국회 초기 원내 정파의 세력은 대체로 한민당 70~80여 석, 대한독립촉성국민회 60여 석, 무소속 50여 석 정도로 추산되는데, 무소속 중 약 30여 명 정도가 김구 및 김규식계의 중도파세력으로 추산된다.[60] 이들은 친일파 처리문제, 토지개혁문제, 통일문제 등 건국초기의 중요한 의제를 둘러싸고 원외의 중도파세력과 인식을 같이 하면서 '참여를 통한 개혁'을 추구하였다. 따라서 헌법제정 및 정부수립 과정은 크게 이들 세 정치세력의 관계 속에서 전개되었다.

먼저 5월 31일 개원한 국회는 의장에 이승만, 부의장에 대한독립촉성회의 申翼熙와 한민당의 金東元을 각각 선출한 데 이어, 6월 3일 '헌법 및 정부조직법기초위원회' 설치를 마치고 헌법안 작성에 착수하였다. 주지하듯 헌법초안은 기초위원회 전문위원으로 참여한, 김성수의 측근이라 할 수 있는 兪鎭午案을 텍스트로 하여 작성되었고,[61] 기초위원회 위원장은 한민당의 徐相日이었다. 이러한 배경 위에서 헌법안은 이승만의 내각제 반대 방침에도 불구하고 내각책임제·단원제·대통령간선제 등을 골자로 택하였는데, 한민당의 의사가 대체로 관철되었음을 알 수 있다.[62] 그러나 헌법안의 본회의 상정 직

60) 김영상, 〈국회내 각파세력의 분포도〉(《신천지》, 1949년 3월).
김일영, 앞의 글.

61) 유진오, 《헌법기초록회고록》(일조각, 1980), 17~51쪽.
류수현, 〈제1공화국 헌법제정과정〉(《한국의 사회와 문화》 7, 1986년 10월), 194~195쪽.

전, 이승만은 내각책임제하에서는 정부에 참여하지 않겠다라고 한민당을 위협하였다. 김구·김규식 등 민족주의 우파세력마저 단정수립에 불참한 상황에서 이승만마저 이탈할 경우 신생정부의 수립은 불가능하였다. 따라서 한민당은 당초 주장을 꺾고 내각제 중심의 헌법안을 대통령제로 긴급히 수정하였다.

기초위원회에서 작성한 헌법안이 6월 23일 본회의에 상정됨으로써 본격적인 헌법안 심의가 시작되었다. 본회의 심의과정에서는 내각중심제와 대통령제, 양원제와 단원제 등 권력구조를 둘러싼 문제가 가장 큰 쟁점이 되었으며, 그 외 국가통제를 규정한 경제조항, 근로자의 권익보호조항, 대통령의 긴급명령권, 반민족행위자처벌 특별법 제정문제 등을 둘러싼 논쟁이 있었다. 대체로 무소속을 중심으로 한 소장파 세력들이 이승만에 맞춘 권력구조의 개조 및 졸속 심의 등을 비판하는 입장이었음에 반해, 한민당과 이승만의 단정연합은 조속한 정부수립을 위해 헌법안의 조기 통과에 주력하였다.[63] 그 결과 헌법안은 불과 13차의 회의를 거쳐 7월 12일 최종적으로 통과되었고, 7월 17일 하지를 비롯한 군정요인과 유엔한국임시위원단 요인이 참석한 가운데 헌법공포식이 거행되었다.

제헌헌법은 권력구조에 있어 기형적인 면이 있었지만, 내용 자체만을 두고 볼 때는 기본권의 광범위한 보장, 3권분립을 통한 권력간 견제와 균형, 사법권 독립, 지방자치 등 근대 자유민주주의 헌법이 갖추어야 할 사항을 모두 내포한 선진적인 것이었다. 특히 경제조항에서 자유경제체제를 원칙으로 하되 광범한 국가통제와 균등사회를 지향하는 민주사회주의적 요소까지 내포하고 있었다. 미국과 유럽 각국 헌법, 바이마르헌법 등 선진 외국의 헌법들이 폭넓게 수용된 결과였다. 뿐만 아니라 토지개혁, 노동3권, 노동자의 기업이익분배 균점권, 반민족행위자처벌 근거조항[64] 등 건국과정에서 제기된 일

62) 헌법기초위원회가 자신의 주장을 받아들이지 않자 이승만은 헌법 초안을 전원위원회에 회부하여 수정하려고 시도했지만 실패하기도 하였다.
동아일보사 편, 《비화 제1공화국》 1(1975), 104~107쪽.

63) 대체토론 과정에서 신익희 부의장의 제의로 각 의원의 발언시간은 5분으로 제한되었다. 또한 축조심사과정에서는 조속한 헌법제정과 정부수립을 위해 수정안을 모두 철회할 것을 요구한 이승만의 요구에 따라 백여 건에 달하는 수정안이 거의 철회되기도 하였다.

64) 반민족행위자 소급 처벌규정은 당초 초안에는 없었지만, 제헌국회 중반기 소

반 국민들의 요구를 광범하게 수용한 것이었다고 평가할 수 있다.

헌법 제정 다음의 과제는 정부수립 즉, 정·부통령선거와 組閣이었다. 이 시점에서 이승만의 대통령 취임은 기정사실로 되어 있었다. 이승만과 대결할 유일한 위치에 있는 김구는 5·10선거 참여를 거부하였고 또한 대통령선거에 출마하지 않겠다는 의사를 명백히 밝혔기 때문이다. 예상대로 이승만은 7월 20일 국회에서 재석의원 196명 중 180표라는 압도적 다수로 대통령에 당선되었다. 따라서 초점은 부통령선거, 대통령에 의한 국무총리 지명, 장관 인선 등에 맞추어졌다. 이 과정에서 주목할 것은 이승만과 한민당의 관계, 그리고 임정계 및 중도파세력의 입각 여부였다.

먼저 제헌과정에서 이승만의 압력에 굴복하여 대통령제를 수용하였던 한민당은 내각을 장악하려는 시도로서, 원내 제1당의 이점을 살릴 수 있는 '정당내각'을 주장하였고, 이것이 여의치 않자 국무총리 김성수하에 한민당·조선민주당·대한독립촉성회·과도정부세력 등이 참여하는 연립내각 구성을 제안하기도 했지만,[65] 대한독립촉성회를 중심으로 한 비한민당 우파세력과 무소속의원들의 반발로 좌절당하게 된다.[66]

한편 이승만계와 한민당세력은 서로 갈등하면서도 임정계열 및 중간파의 입각을 배제하는 데에는 이해를 같이 하였다. 임정계 및 중도파세력은 5·10선거 이후 '남한정부 지지파'와 '독자적 통일운동파' 등으로 분화되는 양상을 보였는데, 특히 무소속으로 원내에 진출한 진보·민족주의적 분파들을 중심으로 김구·김규식계를 남한정부에 참여시키려는 운동이 활발히 전개되고 있었다.[67] 이러한 움직임을 배경으로 무소속구락부는 '대통령 이승만, 부통령

장파로 활동한 김광준 의원의 동의에 의하여 부칙으로 삽입되었었다.
김영상, 〈헌법을 싸고 도는 국회 풍경〉(《신천지》, 1948년 7월), 24~26쪽.
유진오, 앞의 책, 55쪽.

65) 문창영, 〈한민당은 어데로 가나?〉(《신천지》, 1948년 9월), 27쪽.

66) 〈통합체 무소속구락부〉는 국무총리 및 내무·재무·국방부 장관 등의 요직에 과도정부 인사와 한민당측 인사를 기용하는 것에 반대한다는 건의서를 22일 이대통령에게 제출하였다. 또한 무소속 의원들도 〈조각 인선에 관한 건의안〉을 이승만에게 전달하였다.
《조선일보》, 1948년 7월 23일.
《제1회 국회 속기록》 제37호(1948년 8월 2일).

67) 도진순, 앞의 책, 315쪽.

김구, 국무총리 조소앙'안을 실현시키고자 하였다.[68] 그러나 임정계 및 중도파의 정부참여 시도에 대해 한민당과 이승만계는 강력히 반대하였다.[69] 이러한 대결구도하에서, 결국 7월 20일 李始榮이 부통령에 당선되었고,[70] 국무총리에는 李範奭이 국회의 인준을 받게 된다.[71] 초대 내각을 구성할 장관으로는 외무 張澤相, 내무 尹致暎, 재무 金度演, 법무 李仁, 국방 이범석(겸임), 문교 安浩相, 농림 曺奉岩, 상공 任永信, 사회 錢鎭漢, 교통 민희식, 체신 윤석구, 무임소국무위원 李青天·李允榮 등이 임명되었다.[72]

원내 최대 정파인 한민당은 김도연 한 명이 입각하는 데 그쳤고, 초대 정부의 대표성과 정통성을 보완하는 데 큰 힘이 되었을 임정계 및 중도파세력 역시 배제되었다. 이승만은 한민당과 임정계·중도파의 갈등을 이용하여 이

---

68) 무소속구락부는 7월 17~19일 연 3일간 회합을 통해 '대통령 이승만, 부통령 김구, 국무총리 조소앙'안을 제출하기로 합의하였다(《동아일보》, 1948년 7월 20일 ; 《서울신문》, 1948년 7월 20일). 그러나 7월 20일 국회의 부통령선거에서 김구는 1차투표에서 65표, 2차투표에서 62표를 얻는 데 그쳤다. 김구 부통령 카드가 무산되자 무소속구락부는 국회의원 100여 명의 서명을 받아 조소앙을 국무총리에 임명할 것을 이대통령에게 건의하였다(《경향신문》, 1948년 7월 11일 ; 《동아일보》, 1948년 7월 23일 ; *G-2, W/S,* no. 150, 1948년 7월 30일).

69) 대동청년단의 이청천이 '김구 부통령'을 실현시키기 위해 대통령선거와 부통령선거를 한 세트로 하여 전원위원회를 열어 사전 조정할 것을 제안하자, 한민당과 친이승만세력은 이럴 경우 민족진영의 쌍벽인 '이승만-김구'의 이미지로 인해 김구가 부통령에 당선될 우려가 있다고 보고 적극 저지하였다. 또한 이승만은 7월 20일 오전 대통령에 당선된 뒤 오후의 부통령선거에 앞서 이시영을 공개적으로 부통령에 추천하였다. 이시영은 임정 출신이었지만, 김구의 남북협상노선을 배격하고 이승만의 단정노선을 지지한 인물이었고 더욱이 이미 정계에서 은퇴한 '원로'에 불과하였다(동아일보사 편, 앞의 책, 1975, 129~134쪽). 국무총리 지명에 있어서도 이승만은 조소앙에 대해 "단정 반대의 의혹이 풀릴 때까지는 어렵다"는 말로써 배제 방침을 분명히 밝혔다.

70) 김구가 자신의 부통령 추대 움직임을 거부하는 가운데, 한민당과 대한독립촉성회의 우파연합이 이시영을 지지하고, 무소속계가 김구에게 표를 던진 결과 이시영이 부통령으로 당선되었다.

71) 이승만은 일반적으로 예상되었던 김성수·신익희·조소앙 등을 모두 배제하고 월남한 이윤영을 총리로 지명하였지만 국회인준을 받는 데 실패하였고, 결국 2차로 지명한 이범석이 국회의 인준을 받게 된다.

72) 김성수도 무임소국무위원에 임명되었으나 취임을 거절하였다.
《동아일보》, 1948년 8월 4·5·8일.
《조선일보》, 1948년 8월 13일.

들 모두를 초대 정부에서 배제한 것이다. 초대 내각의 성격은 주도적 정파가 없는 일종의 연립내각의 성격을 띠고 있었지만, 내각에 참여한 자들은 대개 이승만의 사적인 신임을 받고 있던 인물들이었다. 이 점에서 이승만 정부의 조각 구성은 5·10선거의 미진함을 보완하여 우익의 통합을 달성하기는 커녕, 단정진영내의 분열까지 초래한 것으로 평가된다.[73] 이러한 초대 정부의 구성과정은, 임정계 및 중도파 배제에서 단적으로 드러나듯이 친미반공이라는 정권의 성격을 뚜렷이 함과 동시에, 반공체제내에서 한민당과 이승만간의 격렬한 권력투쟁으로 인한 헌정의 파란을 예고하고 있었다.

헌법제정 및 정부구성 과정을 거쳐, 1948년 8월 15일 서울 중앙청 광장에서 극동연합군총사령관 맥아더, 주한미군사령관 하지, 유엔한국임시위원단 의장 루나(Luna) 등이 참석한 가운데 대한민국 정부수립 선포식이 거행되었다. 이 자리에서 하지는 15일 밤 자정을 기해 주한미군정이 종식됨을 알렸다. 신정부가 수립된 뒤 한·미정부간에 정권 이양에 대한 협상이 시작되었는데, 8월 24일 신정부에 경찰·통위부·해안경비대의 통솔권 및 통수권의 점진적 이양을 규정한 〈한미군사협정〉이 조인되었으며, 9월 11일 양국 정부간에 〈재정 및 재산에 관한 최초협정〉이 체결됨으로써 정권이양은 마무리되었다.[74]

신생정부는 스스로를 남북한 전체를 대표하는 중앙정부라고 주장하였다. 6월 12일 국회는 결의문을 통해, 북한지역에서도 유엔총회의 결의에 준하여 자유선거를 실시하고 거기에서 선출된 대표들을 서울의 국회에 보내줄 것을 요청하였으며,[75] 결정적으로 제헌국회는 〈헌법 제4조〉에서 "대한민국의 영토는 한반도와 그 부속도서로 한다"라고 규정하였다.

남한의 정부수립이 마무리되자, 분단의 책임 회피를 위해 정권수립을 미루어왔던 북한 역시 정권수립을 공식화하였다. 북한은 이미 1947년 12월 마련한 헌법 초안을 1948년 4월 29일 북조선인민회의 특별회의에서 통과시킴으

---

73) 도진순, 앞의 책, 317쪽.

74) U. S. Department of State, *United States Policy Regarding Korea : 1834~1950* (한호철 역, 《美國의 對韓政策 : 1834~1950》, 한림대학교 출판부, 1998), 141쪽.
국사편찬위원회 편, 《자료대한민국사 8》(1998), 95쪽 및 324~332쪽.

75) 국회사무처, 《제1회 국회 속기록》 제9호(1948년 6월 12일).
《동아일보》, 1948년 6월 13일.

로써 정권수립의 준비를 마친 상태였다. 남한정권이 수립되자 북한은, 소위 '남한 지하선거'를 통해 선출된 남측 대표를 포함함으로써 전국적 대표성을 지녔다고 주장하는 '최고인민회의'를 구성하였고, 최고인민회의는 9월 9일 내각구성을 완료하여 '조선민주주의인민공화국' 창립을 선언하였다. 북한 정권은 조선민주주의인민공화국 정강에서 북한정권이 "남북조선 인민의 총의에 의하여 수립된 통일적 조선중앙정부"라고 선언하였다. 이렇게 됨으로써 남과 북에는 자신이 한반도의 유일한 중앙정부라고 주장하는, 사실상의 두 개의 정부가 수립되었다.

한편 남북정권 수립을 후원한 美·蘇는 1947년 말의 상황과 같이 유엔에서 두 정권의 정당성을 둘러싸고 다시 격돌하였다.[76] 미국은 대한민국을 '한국의 유일한 합법정부'로 승인하도록 영향력을 행사하였고, 소련은 전국적인 민주적 선거에 의해 조직된 북한의 민주주의인민공화국이 승인되어야 할 것이라 주장하였다. 결국 1948년 12월 12일 유엔총회는 대한민국의 법적 지위를 공식적으로 승인하고, 정통성과 국제적 지지를 부여하는 미국측 결의안을 최종적으로 채택하였다.[77] 이 결의안이 대한민국을 한반도 전역에 걸쳐 통치권을 갖는 정부라고 명시한 것은 아니었지만,[78] 이후 동 결의안은 대한민국

76) 미국은 1948년 12월 12일의 제3차 유엔총회에서 결의안이 채택됨에 따라 1949년 1월 1일 대한민국정부를 합법적으로 승인하였다. 그러나 미국은 이에 앞서 1948년 8월 12일에 신정부가 "1947년 11월 14일 유엔총회결의에 의해 구성된 한국의 정부로 간주된다"는 성명을 발표하여 신정부를 사실상 승인하였다(US Department of State, Bulletin, August 22, 1948, p.242).

77) 결의안 2조는 다음과 같다.
"임시위원단의 감시와 협의가 가능하였으며 또 한국국민의 대다수가 거주하고 있는 한국의 지역에 대해 실효적 지배권과 관할권을 가진 합법정부(대한민국정부)가 수립되었다는 것과, 동 정부는 한국의 동 지역의 유권자의 자유의사의 정당한 표현이자 임시위원단에 의해 감시된 선거에 기초를 두었다는 것과, 또한 동 정부가 한국내의 유일한 그러한 정부라는 것을 선언한다(Declares that there has been established a lawful government－the Government of the Republic of Korea－having effective control and jurisdiction over that part of Korea where the Temporary Commission was able to observe and consult and in which the great majority of the people of all Korea reside; that this Government is based on elections which were a valid expression of the free will of the electorate of that part of Korea and which were observed by the Temporary Commission; and that this is the only such Government)."

이 전 한반도에 걸쳐 통치권을 가지는 한국의 유일한 합법정부라는 주장을 뒷받침하는 것으로 해석되어 왔다.

1948년 8월 15일 대한민국정부의 수립은, 구한말부터 시작하여 식민지기, 미·소의 분할점령통치기를 거치면서 우리 민족이 줄기차게 추구해 온 근대적 자주독립국가 건설의 여망이 일정한 결실을 맺는 순간이었다. 신생정부는 최초의 보통·평등선거를 통해 대내적 정당성을 확보한 동시에 유엔이라는 국제사회의 승인을 통해 대외적 정당성을 갖출 수 있었고, 최소한 법적·제도적 수준에서는 근대적인 입헌국가, 대의제 민주주의국가를 성립하는 데 성공하였다. 제헌헌법 속에 토지개혁, 친일파 처벌 조항 등을 명문화함으로써 일제 잔재 청산과 반봉건 과제를 해결할 수 있는 토대를 마련하기도 하였다.

그러나 신생 대한민국은 많은 한계와 도전을 안고 출범하였다. 남과 북은 냉전체제의 두 패권국가인 소련과 미국의 영향권에 배타적으로 편입되면서 국제냉전의 최전방에 내몰리게 되었다. 더욱이 남북의 두 정권은 서로를 '외세의 괴뢰'라고 비난하면서 상대방의 절멸을 통한 '통일'을 지향하고 있었다. 분단이 남긴 내부의 상흔 역시 심각하였다. 분단체제 속에서 이념과 사상의 지평이 폐색됨으로써 자유민주주의의 기본가치는 심하게 제약당했다. 정부수립 과정에서 많은 민족독립세력들이 배제당한 반면, 친일파세력은 행정부와 경찰 등 신생정부의 핵심에 자리잡음으로써 신생정부는 민족적 정통성의 측면에서도 흠결을 안고 출범하지 않을 수 없었다. 신생 대한민국은 서구의 대의제민주주의를 거의 완벽하게 법제화하는 데는 성공하였지만, 그것이 구현될 수 있는 정치적·사회적·경제적 기반은 전혀 갖추지 못하고 있었다. 이처럼 신생 대한민국은 분단의 평화적 관리와 민족통일의 달성, 민주주의의 달성, 민족적 정통성의 구현, 사회경제적 발전과 근대화 등 많은 과제를 안고 출범하였던 것이다.

〈朴璨杓〉

78) 이에 대해 덜레스는, "공동결의안 제2항은 단지 명백히 사실인 것만을 언급하기 위해 신중하게 용어가 사용되었고, 사실상 현 정부가 전 한국의 정부라고 주장하지 않았으며, 다른 지역에 또 하나의 정부가 존재한다는 사실을 부인하지도 않았다"라고 언급하였다(조순승, 앞의 책, 186쪽).

2. 조선민주주의인민공화국의 수립

1) 해방 후 북한 각 지역의 인민위원회 수립과 소련군 주둔

(1) 소련군의 북한 진주

1945년 8월 8일, 소련은 일본에 선전포고를 하였다. 소련은 얄타회담에서 對日戰 참가의 조건으로 사할린 및 부속 島嶼의 반환, 旅順 항구의 조차권 등 옛 러시아제국이 극동지역에서 누렸던 이권들을 재확보한다는 점을 미국으로부터 약속받은 바 있었다.[1] 그 효력을 확보하기 위해 소련은 얄타회담에서 천명한 바와 같이[2] 독일 패망 후 3개월 후인 8월 8일에 선전포고를 한 것이다.[3]

소련은 일본 관동군과 만주국군을 무너뜨리기 위해 제1 極東戰線, 제2 극동전선 및 자바이칼 전선(Забайкалский Фронт) 등 3개 전선을 조직하였다. 극동전선 1군(사령관 메레쯔코프 Мерецков K.A. 원수)은 연해주지역에서 만주로 진격하도록 되어 있었으며, 한국도 작전지역에 포함되어 있었다. 극동 소련군 총사령관인 바실레프스키(Василевский A.M.) 원수가 작전을 총지휘하였다.

전투 개시 후 일본의 관동군·만주국군은 급속히 패퇴하였다. 한국의 해방을 직접 담당한 부대는 치스짜코프(Чистяков И.М.) 대장이 지휘하는 제25군이었다. 제25군은 태평양함대와 연합작전을 펼쳐 8월 11일에서 20일까지 웅기·나진·청진과 나남을 점령하였다. 8월 21일 상륙부대는 군항 원산을 점령하였으며, 8월 24일과 25일 소련 공수부대들은 산업중심지인 함흥과 평양

---

1) 合同通信社調査部 譯編, 《얄타비밀협정－美國務省發表全文》(合同通信社, 1956), 445쪽.

2) 가브리엘 콜코, 〈국제정치적 역학관계와 戰後 처리문제〉(《분단전후의 현대사》, 일월서각, 1983), 60쪽.

3) 미국은 1945년 8월 6일, 히로시마에 원자폭탄을 투하함으로써 일본의 戰後 처리 문제에서 소련보다 우위를 확보하게 되며, 한반도의 분할·점령 등을 통해 동북아시아에서 소련과 경쟁관계에 돌입하였다.

에 투하되어 일본군 수비대의 항복을 받아냈다. 第25군 일부는 일본군과 헌병대·경찰을 무장해제시키면서 계속 남쪽으로 진격하여, 9월 초에는 미국이 제안한 38도선 분할점령안에 해당하는 전 지역을 점령하였다.[4)]

북한에 주둔한 소련군은 각 지역에 경무사령부를 설치하였다. 8월 26일 평양에 총사령부를 설치한 데 이어, 연해주군관구 군사평의회의 명령에 따라 6개 도, 85개 군, 7개 시(평양·진남포·청진·함흥·신의주·해주·원산)에 경무사령부를 각각 설치하였다. 이들은 일본군에게 항복을 받고 무기를 접수하였으며, 행정기관·경찰서·법원은 물론 일본인 소유 대기업·철도·통신수단·은행 등을 관리하였다.[5)]

북한에 진주하는 소련군에는 한국인들이 포함되어 있었다. 이들 대부분은 東北抗日聯軍敎導旅(일명 88여단) 소속이었다. 대일전쟁 종결 시점인 1945년 8월 25일 현재 동북항일연군교도려의 부대 전체 인원은 1,354명이었는데, 그중 한국인이 103명이었다.[6)] 전쟁이 종결된 시점에서 韓·中 대원들은 만주와 북한의 연고지역으로 투입되어 소련군의 점령정책을 도와주는 역할을 담당하였다. 이들은 군 경무사령부 활동지역에서 질서를 유지하고 주민 사이에서 영향력을 강화하기 위해 도·시 경무사령부 부사령관이나 고문, 지역방위 담당 등으로 배치되었다. 103명의 한국인들 가운데 47명은 각 지역 경무사령부 부사령관 및 고문으로, 15명은 통역요원으로, 37명은 지역방위 및 그 외의 기관으로 배속되었다. 간부급들은 모두 각 경무사령부로 배속하게 되어 있었다. 金日成은 평양에 부임하도록 하고, 金策－함흥, 安吉－청진, 金一－신의주, 崔賢－강계, 徐哲－원산, 金京石(金庚石)－진남포, 崔勇進－정주, 林春秋－사리원으로 각각 부임하도록 하였다.[7)] 블라디보스톡을 출발한 김일성

---

4) 유리 바닌, 〈한국의 해방 : 러시아의 시각〉(《현대북한연구》 3권 2호, 2000), 274～282쪽.

5) 鄭聖姙, 《소련의 對북한 점령정책에 대한 연구－1945. 8～1948》(이화여대 박사학위논문, 1999), 39～40쪽.
기광서, 〈1940년대 전반 소련군 88독립보병여단 내 김일성 그룹의 동향〉(《역사와 현실》 28, 1998), 277쪽.

6) 103명은 東北抗日聯軍 출신 88명과 소련계 한인 15명을 합친 수이다(기광서, 위의 글, 280쪽).

7) 기광서, 위의 글, 281～284쪽.

동행 그룹은 9월 19일 원산항에 도착하였다.[8] 김일성의 귀국시 소련군 지도부로부터 받은 직책은 평양주둔 경무사령부 부사령관(고문에 해당)이었다.[9]

동북항일연군교도려 소속 한인들은 단지 소련군의 군사활동을 보조하는 데 그치지 않고 해방 후 건국과정에 참여하기 위해 사전에 독자적인 조직을 마련하였다. 1945년 7월, 이 조직에 소속되어 있던 한국인들은 중국인들과 별도로 '朝鮮工作團委員會'를 조직하였다. 이 위원회의 서기는 崔庸健이었으며, 김일성・김책・안길・서철・최현 등이 위원이었다. 김일성은 이 위원회에서 정치군사 부문의 책임자였다. 조선공작단위원회는 8・15 이후 북한에서 동북항일연군세력이 정치적 영향력을 확대하는 토대가 된다.[10] 김일성을 비롯한 이들 유격대원들 다수는 1936년에 조직된 '동북항일연군'과 '(在滿韓人)祖國光復會' 등에서 활동한 인물들로서, 그 역사적 경험 위에서 해방 후 건국과정에 참여하게 되는 것이다.[11]

한편 소련군사령부는 북한에서 민정업무를 수행하는 전담기구를 설치하게 된다. 1945년 11월 말 소련군사령관 예하에 50명의 장교단을 통솔하는 민정담당 부사령관 직제가 도입되었다. 민정담당 부사령관에는 35군 군사평의회 의원을 역임한 로마넨끄(Романенко П.Р.) 소장이 임명되었다. 로마넨끄 밑에는 정치행정부・산업부・재정부・상업조달부・농림부・보건부・사법검찰부・경찰통제지도부가 조직되었다. 민정담당 부사령관 기구는 1947년 5월까지 존속했으며, 그후 소련국방상의 명령에 따라 '주북한소련민정국'으로 개편되었다. 민정국은 13개 부, 총원 78명으로 구성되었다.[12]

---

8) 와다 하루끼(이종석 옮김), 《김일성과 만주항일전쟁》(창작과비평사, 1992), 290쪽.
9) 기광서, 앞의 글, 287쪽.
10) 신주백, 《만주지역 한인의 민족운동사(1920~1945) - 민족주의운동 및 사회주의운동 계열의 대립과 연대를 중심으로》(아세아문화사, 1999), 489~493쪽.
11) 동북항일연군과 조국광복회에 대한 엄밀한 실증적 연구로는 다음을 참조할 것.
와다 하루끼(이종석 옮김), 앞의 책.
신주백, 위의 책.
이종석, 〈북한지도집단과 항일무장투쟁〉(《해방전후사의 인식》 5, 한길사, 1989).
12) 전현수, 〈소련군의 북한 진주와 대북한정책〉(《韓國獨立運動史研究》 9, 1995), 358~359쪽.

(2) 각 지역 인민위원회의 성립과 개편

일본이 8월 15일 무조건 항복을 선언하고 소련군이 북한지역을 장악해 가는 가운데, 한국인들은 자신들의 조직을 건설하기 시작하였다. 건국준비위원회 지부, 인민위원회 등 다양한 이름으로 조직되는 이들 지방조직들은 그 지역에서 꾸준히 민족운동·사회운동을 주도해 온 인물들에 의해 연합전선적인 형태로 건설되었다. 각 지역마다 주도세력에는 차이점이 있었다. 기독교·민족주의세력이 강력한 기반을 가지고 있던 평안남·북도지역에서는 민족·자본주의 계열이 주도하여 건국준비위원회 지부 등을 결성하였다. 그 반면 혁명적 농민조합·노동조합운동의 전통이 강한 함경남·북도에서는 사회주의자들이 주도하였다. 황해도는 사회주의 계열과 민족·자본주의 계열 어느 쪽도 주도권을 잡지 못한 가운데 두 세력이 경쟁하는 양상을 보였다.

해방 후 북한지역의 정치적 중심지는 平壤이었다. 일제하에 평양을 비롯한 평안남·북도지역은 민족자본가층이 두텁게 존재하였으며 민족주의운동, 특히 기독교 민족주의운동이 활발한 지역이었다. 해방 직후 이 지역에서 건국운동을 주도한 세력은 바로 이들 기독교 민족주의자들이었으며, 그 지도자는 曺晩植이었다. 조만식이 주도하여 출범한 '平安南道建國準備委員會'의 간부 명단은 아래와 같다.

> 위원장 曺晩植, 부위원장 吳胤善, 총무부장 李周淵, 치안부장 崔能鎭, 선전부장 韓載德, 교육부장 洪箕疇, 산업부장 洪貞模, 재정부장 朴承煥, 생활부장 李宗鉉, 지방부장 李允榮, 외교부장 鄭基秀
>
> 무임소위원 金炳淵, 韓根祖(법조계), 金翼鎭, 金主敎(종교계), 池昌奎(유림), 朴賢淑(여성계), 金秉瑞(의료계), 金洸鎭 등(오영진, 《소군정하의 북한—하나의 증언》, 국민사상지도원, 1952, 35~36쪽 ; 김용복, 〈해방 직후 북한 인민위원회의 조직과 활동〉, 《해방전후사의 인식》 5, 한길사, 1989, 203쪽).

평남건준은 조만식 등 평남지역의 기독교도와 민족주의자들 중심으로 구성되었다. 다만 李周淵과 한재덕·김광진 등 사회주의 성향의 인물들도 이 조직에 동참하였다. 조만식을 비롯하여 김병연·한근조·지창규는 민족협동전선조직 新幹會의 平壤支會를 주도한 경험이 있는 인물들로서,13) 민족주의 계열뿐만 아니라 사회주의 계열도 부분적으로 포용하는 자세를 취한 것이다. 총무부장을 맡은 이주연 또한 신간회 본부에서 중앙집행위원직을 수행하였던 咸南 端川 출신의 사회주의 농민운동가였다.[14] 이같은 민족진영의 움직임과 별도로 평양에서는 玄俊赫·金鎔範·朴正愛 등이 중심이 되어 조선공산당 평남지구위원회가 8월 17일에 결성되었으나 소련군의 진주 전에는 그 세력이 미약하였다.[15]

평안북도에서는 8월 16일에 민족주의자 李裕弼을 중심으로 신의주치안유지회가 결성되었다. 8월 26일에는 평안북도자치위원회가 결성되었는데, 위원장에 이유필, 부위원장에 좌익계열인 白容龜가 선출되었다. 보안부장에는 공산주의자 韓雄, 문교부장에는 咸錫憲이 선출되었다.[16]

해방 직후 함경남도에서 한국인들은 친일경력자·민족주의자·공산주의자의 세 부류로 나뉘어 있었는데, 그 중에서 가장 활발한 쪽은 공산주의자들이었다. 8월 16일에 咸興刑務所에서 약 2백 명의 정치범·경제범이 석방되었다. 석방된 정치범 宋成寬·金在奎·朴庚得·文會彪·崔浩敏·朱致旭 등은 韓祉福·朱璋淳·朱啓燮·金淸哲·朱文禎 등과 회동하여 그날 밤, '咸鏡南道人民委員會左翼'을 결성하였다.[17] 이 조직에 모인 사람들은 "조선 독립의 조건들이 구비되었다는 취지의 선전 삐라를 각처에 뿌리면서 급거 과거의 … 동지를 통합하여 … 함남 각지에 조직운동가를 파견하는 등 활발한 운동을 전개하였다. 이 결과 2~3일 만에 이미 함흥에서만 1백 명에 가까운 동지들을 결집시킬 수 있었고 따라서 함경남도인민위원회좌익을 발전적으로 해소하고 '咸鏡南道共産主義者協議會'를 결성"하였다. 이와 별도로 都容浩·崔明

---

13) 이균영, 《신간회연구》(역사비평사, 1993), 306쪽. 신간회 평양지회에서 조만식 계열과 마찰을 빚었던 노동운동가, 사회주의자들은 평남건준에 참여하지 않았다. 평양에서 신간회 경험이 건국준비위원회의 토대가 된 것은 사실이지만, 신간회 활동가들 전체가 해방 후 다시 손을 잡게 되는 것은 아니다.

14) 이균영, 위의 책, 483쪽.

15) 와다 하루끼, 〈소련의 對北韓政策 1945~1946〉(《분단전후의 現代史》, 일월서각, 1983), 249쪽.

16) 김용복, 〈해방 직후 북한 인민위원회의 조직과 활동〉(《해방전후사의 인식》 5, 한길사, 1989), 204쪽.

17) 森田芳夫, 《朝鮮終戰の記錄》(嚴南堂書店, 1964), 165쪽.

鶴 등을 중심으로 함경남도건국준비위원회가 결성되었다.[18] 도용호는 좌익 민족주의자였다.

황해도에서는 좌우익 세력간에 팽팽한 대립관계가 형성된 가운데, 金德永을 위원장으로 한 공산당 황해도지구위원회와 金應珣을 위원장으로 한 건준 황해도지부 등이 상호 충돌하고 있었다.[19]

소련군은 자신의 점령지역에서 한국인들의 자발적인 조직 결성에 대해 어떻게 대응하였을까. 제2차 대전시기에 소련의 대한반도정책은 다음의 추상적인 기본방침만을 가지고 있었다. 첫째, 일본 및 다른 국가들이 한반도를 또다시 소련 침략의 근거지로 사용하지 못하도록 하기 위해 한반도에 소련에 우호적인 정부를 수립할 것. 둘째, 한반도 문제를 소련 단독으로 처리하기는 불가능하므로 미국 등 연합국들의 이해관계를 고려해 주면서 합의점을 도출한다는 방침이었다. 그리고 더 나아가 1945년 8월, 미국이 공식적으로 한반도의 군사적 분할점령을 제의해 옴에 따라, 한반도에서 소련의 국가이익을 확보하기 위해 우선적으로 북한지역에 소련군을 주둔시킨다는 방침이 세워졌을 뿐이었다.[20]

8월 15일 소련 제25군 사령관 치스짜코프 대장이 발표한 호소문에는 소련군이 조선 인민의 행복을 창조할 수 있는 조건을 마련해 주었으며, 그 실현은 조선 인민 자신의 몫이라는 점, 소련군은 조선 기업소들의 재산을 보호하고 정상적 작업을 원조한다는 '해방자'로서의 선언적 내용만을 담고 있었다.[21] 구체적인 소련의 정책은 밝히고 있지 않다. 보다 정확하게 표현하면, 구체적인 정책이 아직 제25군에게 주어져 있지 않았다.

뚜렷한 정치 행동지침을 입수하지 못한 상태에서, 한반도를 일본제국의 일부로 간주하고 현상 유지를 위해 조선총독부 기구와 관리를 그대로 활용하

---

18) 磯谷季次, 《朝鮮終戰記》(未來社, 1980), 121~122쪽.
와다 하루끼, 앞의 글, 250~251쪽에서 재인용.

19) 森田芳夫, 앞의 책, 177~181쪽.

20) 김성보, 〈소련의 대한정책과 북한에서의 분단질서 형성, 1945~1946〉(《분단 50년과 통일시대의 과제》, 역사비평사, 1995), 61~62쪽.

21) 〈해방된 조선 인민에게 보내는 소련극동군 제1전선 제25군 사령관 호소문〉(《蘇聯과 北韓과의 關係—1945~1980》, 국토통일원, 1987), 31~32쪽.

는 방법을 택한 미국과 달리, 한반도를 '해방'하고 그 주민에게 권력을 되찾게 해 준다는 선언을 한 소련군으로서는, 일본 식민지 지배기구와 거리를 둔 한국인들의 도움이 필요하였다.

소련군은 각 지역에서 건국 준비를 위해 자생적으로 조직되고 있던 각종 자치기구들에 주목하였다. 소련군은 이들 자치조직들을 주둔정책의 협력자로서 인정하였다. 다만 여기에는 단서가 붙었다. 자치조직에는 민족주의자들과 사회주의자들이 함께 동등한 비율로 참여하여야 한다는 것이었다. 그 방침은 먼저 함경도지역에서 취해졌으며, 평양에서도 동일하게 적용되었다. 그 결과 함경도지역에서는 해방 직후부터 사회주의 혁명을 추구하는 사회주의자들의 급진성이 통제되었으며, 평안남·북도지역에서는 상대적으로 미약하였던 사회주의자들이 자치조직에 민족주의자들과 함께 대등하게 활동하는 길을 열어주었다.

8월 14일 나진에 진주한 후 대표를 자처하는 한국인들이 소련군을 환영하러 나왔을 때, 사령관은 "자치단체의 지도자들은 시민들 자신이 선출"하여야 한다고 못박았다. 정치부와 위수사령관들은 보다 검토되고 민주적인 길을 선택하라고 권고하였다. 즉, 집회에서 훌륭한 활동적인 애국자들을 선출하고 시자치기관에서 노동자와 주민 여러 계층의 이익을 대표하도록 그들에게 전권을 부여해야 한다는 것이었다. 나진에서는 이 원칙에 입각하여 이홍덕이라는 醫師에게 시자치기관의 지도권이 위임되었다. 청진과 웅기에서도 시자치기관이 구성되었다.[22]

함경북도인민위원회는 9월 말 청진에서 결성되었는데, 초대 위원장은 李昌仁(도회의원, 나진 실업가)이었다.[23] 함남에서는 소련군이 주둔한 상황에서 미리 조직되어 있던 咸鏡南道共産主義者協議會와 함경남도건국준비위원회가 연합하여 '조선민족함경남도집행위원회'라는 하나의 단체가 조직되었다. 간부진은 두 조직의 대표 각각 11명씩 총 22명으로 구성되었다.[24] 8월 25일에는 함경남도공산주의자협의회의 宋成寬·崔基模·林忠錫·金仁學과 건국준비위

22) A. M. 와시리예프스키 외, 《레닌그라드에서 평양까지》(함성, 1989), 193~194쪽.
23) 森田芳夫, 앞의 책, 163쪽.
24) 김용복, 앞의 글, 208쪽.

원회 함경남도지부의 都容浩・崔明鶴이 高昌一・金禮鏞과 함께 치스짜코프(Чистяков И.М.) 대장을 소련군사령부로 방문하여 조선민족함경남도집행위원회를 결성하였음을 알리고, 일본측의 행정권과 기타 일체 특권을 이 위원회에 이양하도록 교섭하였다. 소련군사령부는 이를 승인하였다.25) 8월 30일, 조선민족함경남도집행위원회는 '함경남도인민위원회'로 개칭하고, 아래와 같이 간부진을 편성하였다. 대부분 사회주의자들이다.

> 위원장 都容浩, 부위원장 崔明鶴, 교육국장 文錫九, 재무국장 李鳳洙, 행정국장 金濟鳳, 교통체신국장 宋成寬, 농림국장 張會建, 사법국장 趙松波, 인민보호국장 張海友, 보건국장 崔明鶴, 함흥시인민위원회 위원장 朴鍾煥(森田芳夫, 《朝鮮終戰の記錄》, 嚴南堂書店, 1964, 172쪽).

함경남도에서 정치활동가들은 주민들로부터 대표성을 인정받기 위해 선거절차를 밟은 것으로 보인다. 한 자료에 의하면, "24일에는 각 郡・面 대표들로서 道內 주민대표대회를 개최하고 도인민위원회를 선거하였다"고 하는데, 그것이 함경남도인민위원회를 가리키는지, 아니면 그 전신인 조선민족함경남도집행위원회를 가리키는지는 불확실하다.26)

8월 26일 평양에 입성한 소련군은 평안남도건국준비위원회를 건준측과 공산측 위원 각 16명 씩으로 된 '평남인민정치위원회'로 개편토록 유도하였다. 위원장은 조만식이 유임되었으며, 부위원장으로는 건준측의 오윤선 외에 공산측의 현준혁이 선출되었다.27)

평안북도에는 8월 27일 소련군 선발대가 진주하였으며, 30일에 치스짜코프 일행이 신의주에 입성하였다. 31일에 치스짜코프는 행정을 평북임시인민정치위원회에 이양함을 선언하였다. 이 위원회는 평북자치위원회가 단지 이름만을 바꾼 것이었다. 조직 개편은 없었던 것 같다.28)

---

25) 森田芳夫, 앞의 책, 169쪽.

26) 金哲, 〈北朝鮮人民會議는 朝鮮 實情에 가장 適切한 進步的民主主義 最高人民政權形態〉(《인민》, 2권 4호, 1947년 5월호 ; 《북한관계사료집》 13, 국사편찬위원회, 1992, 447쪽).

27) 오영진, 《소군정하의 북한-하나의 증언》(국민사상지도원, 1952), 116~117쪽.

28) 김용복, 앞의 글, 212쪽.

지방인민위원회들은 산하에 총무부·산업부·농림부·교육부·보안부·교통부 등 여러 부서들을 두었다.[29] 건준지부, 또는 인민위원회의 이름으로 조직되는 지방자치기구들은 어떤 뚜렷한 정치이념·노선·세력을 기반으로 건설된 것이 아니라, 해방 직후의 혼란 속에서 지역적 기반을 가진 활동가들이 널리 연계망을 형성하여 조직한 것이었으며, 일반 대중들에 기반을 두고 각종 현안을 처리하였다. 인민위원회들은 친일세력의 숙청(인민재판), 소작료 3·7제 실시, 철수한 일본인 재산·기업·농지의 운영, 식량문제 해결 등 현안들을 처리하였다. 1945년 11월 20일에 열린 전국인민위원회 대표자대회에서 발표된 통계에 의하면, 38도선 이북에 인민위원회는 7개 도(경기도 포함), 9개 시, 70군, 28읍, 564개 면에 조직되었다.[30]

(3) 스딸린 비밀전문과 서북5도행정국

북한지역에 주둔한 소련극동군 제25군은 이상의 일반적 방침 이상으로는 구체적인 방침을 하달받지 못한 상태에서 처음 한 달을 보냈다. 드디어 9월 20일, 소련군 최고사령관의 자격으로 스딸린(Сталин И.В.)은 북한지역 주둔에 대한 구체적인 방침을 하달하였다. 그 내용은 최근 전문이 공개되었다.

〈북한에서 소련군 부대와 지방정권기관 및 주민과의 상호관계에 대해 소련 극동사령관, 연해주군관구 군사회의와 제25군에 내린 소련군 최고사령관의 지시〉

1. 북한 영토 안에 소비에트 및 소비에트 권력의 다른 기관을 수립하지 말고 소비에트제도를 도입하지 말 것.
2. 모든 反日 민주주의정당·단체의 광범한 동맹에 기초하여 북한에 부르주아 민주주의권력을 수립하는 데 협력할 것.
3. 붉은 군대가 점령한 한국 땅에서 反日 민주주의 정당·단체 결성을 방해하지 말고, 그들의 사업을 도와줄 것.
4. 지방 주민에게 아래와 같이 홍보할 것.
   가) 붉은 군대의 북한 진주는 일본 강점자를 섬멸하는 것이 목적이며 한국 영토를 탐내거나 소비에트식 질서를 부식시키자는 것이 아님.

---

29) 《조선전사》 23(과학백과사전출판사, 1981), 108쪽.
30) 〈全國人民委員會代表者大會議事錄〉(《한국현대사자료총서》 12, 돌베개, 1986), 470쪽.

나) 북한 인민의 개인적, 사회적 소유는 소련군 당국의 보호를 받음.

5. 지방주민들에게 자신의 평화적인 사업을 계속하도록 호소하며 그리하여 공업, 상업, 교통 및 기타 기업들의 정상 가동을 도모하고 소련군 당국의 지시와 요구에 응하여 사회질서를 유지하는 데 협력해 주도록 알릴 것.
6. 북한에 진주한 소련군 장병들에게 군기를 엄격히 지키고 주민을 괴롭히지 말며 행동을 잘 하도록 訓示할 것. 종교 예식 수행과 행사 등을 방해하지 말고 사찰과 기타 종교시설에 손대지 말 것.
7. 북한의 민간행정에 대한 지도는 연해주군관구 군사평의회에서 수행할 것.

(러시아국방성중앙문서보관소(ЦАМОРФ), 문서군(Фонд) 148, 목록(опись) 3763, 문서철(дело) 111, 92~93쪽).

스딸린 비밀전문의 요점은 소련에 우호적인 권력을 북한지역에 수립하도록 하기 위해, 반일 민주주의적 정당·사회단체를 육성 지원하며, 그 권력의 형태는 소비에트가 아닌 '부르주아 민주주의'적이어야 한다는 것이었다. 이는 소련군이 단지 일본군 무장해제만을 목적으로 하여 주둔한 것이 아니라 한반도에서 소련의 국가이익을 보장받기 위한 정치적인 이유에서 주둔한 것임을 명확히 보여주는 것이었다.

그렇지만 다른 한편으로 이 비밀전문은 권력수립의 문제에서 문장만으로는 그 진의를 정확히 파악하기 어려운 부분이 있다. 북한지역에 친소적인 권력수립을 지원한다면, 그것은 연합국간 합의사항인 한반도 신탁통치 방침과 어떠한 관련성을 지니는 것인가. 한반도 전역의 신탁통치 방침을 실현 불가능한 것으로 미리 전제하고 분단정부를 수립하겠다는 의도인가, 그렇지 않으면 한반도 문제를 연합국간에 합의하여 처리하기 전에 일부 지역에 우선적으로 친소적인 권력을 수립하여 그를 바탕으로 하여 신탁통치 문제에서 유리한 위치를 선점하고자 한 임시 권력·지역 권력수립 방안이었을까.

9월 20일은 런던에서 미·소·영 3개국의 제1차 외상회의(9월 11일~10월 2일)가 열리고 있던 시점이다. 러시아 외교문서에 의하면, 당시 소련은 한반도의 4개국 신탁통치에 참여하며 그와 더불어 釜山 등 남한지역의 항구들을 소련이 사용할 수 있는 권한을 요구하고자 하였다.[31] 당시 분단정부 수립을

31) 일본의 전후 처리 문제로 미국과 소련간에 의견이 대립하게 되는 시점은 9월 24일 이후이다. 그 이전에 미국과 소련이 동북아시아 문제로 충돌하지는 않았

계획하고 있었다면 이와 같은 구상은 나오지 않았을 것이다. 그런 점에서 소련은 한반도를 국제적으로 관리한다는 미국측의 일관된 주장에 일단 보조를 같이하되, 향후 수립될 한국정부에서 소련의 안보상의 이해관계가 최대한 보장되게 하기 위해 북한지역에서 먼저 자신의 지지기반을 임시적으로 창출하려 한 것이 이 훈령의 의도였다고 보아도 무리가 없을 것이다. 이후 소련군의 북한주둔정책은 이 원칙에 입각하여 진행된다. 소련은 한편으로는 연합국간 신탁통치 문제를 논의해 나가되, 다른 한편으로 북한지역에서는 친소적인 임시권력 수립을 현실화해 갔다. 그리고 미·소공동위원회에서 그 권력을 전제로 해서 남한지역의 민주적 정당·사회단체들과 연립하여 통일임시정부를 수립하고 이를 연합국들이 후견하는 방향으로 나아가게 된다. 분단정부 수립 방침은 적어도 1945년 시점에는 세워져 있지 않았다.

소련주둔군은 스딸린 비밀전문에 입각하여 정책을 전개하였다. 우선 지역 인민위원회들을 통합하는 작업을 진행하였다. 10월 8~10일 사이에 평양에서 '북조선 5도인민위원회 연합회의'가 개최된다.[32] 이 회의에는 각 도인민위원회 대표 111명, 평양의 각계 대표 39명, 그리고 소련군사령부 대표 20명, 총 170명이 참가하였다. 각 도인민위원회 대표 111명 중 51명이 공산주의자들이었다.[33]

치스짜코프의 연설 후, 5개 분과별로 논의가 진행되었는데, 그 의제는 ① 농산물 확충과 식량 성출 문제, ② 군수공장의 민수공장으로의 전환문제, ③ 금융재정 문제, ④ 지방기구의 정비·통일문제였다.[34] 이 회의에서는 여러 의제 중 하나로 "광범한 모든 반일 민주주의 정당과 조직들의 블록에 기초하

다. 다시 말해 9월 20일의 시점은 미·소간에 국제적인 협조관계가 손상되지 않은 시점이다. 런던외상회담에 대해서는 김성보, 앞의 글, 62~69쪽 참조.

32) 국사편찬위원회 편, 〈해방 후 4년간의 국내외 중요일지〉(《북한관계사료집》 7, 국사편찬위원회, 1989), 576쪽.

33) Лебедев Н. Г.(레베데프), "Заря свободы над Кореей(한국에서의 자유의 여명)", Во имя дружбы с народом Кореи—Воспоминания и статы(한국 인민과 우호를 위하여—회상기와 논문), Наука, Москва, 1965, 38쪽.
〈해방 후 4년간의 국내외 중요 일지〉(《북한관계사료집》 7권), 576쪽에는 각 도 대표 75명이 참석하였다고 되어 있다.

34) 〈해방 후 4년간의 국내외 중요 일지〉(《북한관계사료집》 7), 576쪽.

여 민주적인 권력을 창출하는 문제를 논의하였으며, 1945년 11월에 전체 里民 대회에서 이장을 선출하며 농촌과 촌락에서 선출된 선거인들의 면대회에서 7~8명으로 구성된 면인민위원회선거를 실시하기로" 하였다. 또한 "시·군·도임시인민위원회들은 다양한 반일 민주주의 조직들의 대표자들로 구성되어 있는 현재대로 놓아두기로" 하였다. 당시 시위원회는 27명까지, 郡임시인민위원회는 17~19명, 道임시인민위원회는 45~47명까지 구성[35]되어 있었는데, 임시인민위원회들의 조직 구성을 보면, 각 도인민위원회에는 위원장·내무국장·보안국장·공업국장·재정국장·상업국장·농업국장이 두어졌으며, 군임시인민위원회들도 유사하게 구성되어 있었다.[36]

이 회의에서는 인민위원회 선거들을 준비하고 실행하기 위해 선거위원회가 구성되어야 하며, 각 도임시인민위원회들에게 선거를 지도할 의무를 부여하였다. 한국의 국가헌법이 작성될 때까지 인민권력의 임시기관들에 대한 선거는 보통·평등선거권에 기초하여 비밀투표로 실시하기로 결정되었다. 선거권과 피선거권은 성·재산상태·신앙·교육·거주·민족성에 구별없이 모든 20세 이상의 시민에게 주어졌다. 일본인들은 선거권을 잃었다. 입후보권은 각 도임시인민위원회와 소련군사령부에게 강령과 지도부의 구성원을 등록한 모든 반일 민주정당·단체들에게 주어졌다.[37]

---

35) 면위원회는 7~8명으로 구성되었다. 각급 인민위원회 구성원들은 모두 1만 명이 넘었다. 인민위원회들에는 주민 각층이 대표되었다. 노동자·농민·인텔리겐차·수공업자·상인·기업가·종교인·지주. 명확한 친일적 요소들은 참여하지 못하였다(러시아현대사자료보존 및 연구센터(РЦХИДНИ), 문서군 17, 목록 128, 문서철 1119, 160쪽).

36) 러시아현대사문서보존 및 연구센터, 문서군 17, 목록 128, 문서철 94, 15쪽. 각 도인민위원회마다 약간의 차이점이 있다. 예를 들어 황해도인민위원회는 내무국·교육국·鑛工局·農商局·재정국·경찰국·사법국·교통통신국·수송국(плавнойотдел)·입법국의 10개 국을 운영하였다. 평안남도인민위원회에는 입법국과 수송국을 제외한 8개 국만 설치하였다.
Щетинин Б. В.(쉐찌닌), "Власть—Народу(권력—인민에게)", Во имя дружбы с народом Кореи—Воспоминания и статьі(한국 인민과 우호를 위하여—회상기와 논문), 122쪽.

37) 러시아현대사문서보존 및 연구센터, 문서군 17, 목록 128, 문서철 94, 15쪽. 레베데프에 의하면, '북조선 5도인민위원회 연합회의'에서 리장선거는 11월 1~15일 사이에, 면인민위원장선거는 11월 15~30일 사이에 실시하기로 결정하였다(Лебедев Н. Г.(레베데프), 앞의 글, 39쪽).

소련군은 주둔 직후에는 자생적으로 건설되고 있던 인민위원회에 대하여 '위'로부터 민족주의자, 사회주의자 동일 비율로 조절토록 유도하는 방식을 취하였다면,38) 10월 단계부터는 '아래'로부터, 즉 촌락과 면 단위에서부터 선거를 통해 권력을 건설해 가는 방식을 유도하고 있음이 확인된다.

이상의 선거계획은 실천에 옮겨지지는 못하였다. 그 대신 각 도인민위원회의 활동을 총괄할 북조선행정국이 1945년 11월에 설치되었다. 소련주둔군사령부는 "경제생활을 급속히 整齊시키며 경제생활의 통일적 지도와 관리사업의 만전을 기하며 民政에 관한 협의"를 위하여 소재지를 평양으로 한 北朝鮮諸行政局을 조직하고 국장들을 임명하였다.

> 공업국장 鄭準澤, 재무국장 李鳳洙, 교통국장 韓熙珍, 교육국장 張鍾植, 농림국장 李舜根, 보건국장 尹基寧, 상업국장 韓東燦, 사법국장 趙松波, 체신국장 趙永烈, 보안국장 崔庸健(《正路》, 1945년 11월 25일).

그리고 소련군사령관의 檢事감독에 관한 고문관으로 韓洛奎, 재판에 관한 고문관으로 梁台源이 임명되었다.39) 북조선행정국의 사업은 "신조선 건설, 국내의 경제생활 개선, 민족문화 발전 및 인민의 생활 형편을 향상시킴에 방향"을 두었다.40)

2) 정당들의 조직과 활동

해방 후 형성된 북한 권력의 중심에는 북조선노동당(북조선공산당, 북조선신민당)이 있었다. 그러나 이 정당이 권력을 독점하였던 것은 아니며, 조선민주당·북조선천도교청우당 등 다른 정당 및 북조선농민연맹·청년동맹·직업동맹 등 사회단체들과 권력을 분점하는 통일전선정권이 유지되었다. 그러므로 북한 초기의 권력구조를 이해하기 위해서는 북조선노동당뿐만 아니라 다른 정당·사회단체들에 대한 이해가 동반되어야 하며, 아울러 여러 정당·사

---

38) 김용복, 앞의 글, 206~214쪽 참조.
39) 《正路》, 1945년 11월 25일.
40) 《正路》, 1945년 12월 5일.

회단체들간의 관계가 해명되어야 한다.

해방을 전후하여 북한지역에서는 함경남·북도지역의 농민조합·노동조합 운동가들을 비롯하여 다양한 국내 사회주의자들(吳淇燮·朱寧河 등)이 활동하고 있었다. 그리고 9월에는 동북항일연군 계열의 사회주의자들(金日成 등)이 귀국하였으며, 12월에 조선독립동맹 소속 활동가들이 귀국하였다. 이들 국내 사회주의 계열, 동북항일연군 계열, 조선독립동맹 계열은 소련국적 한인(허가이 등)들과 함께 북한에서 朝鮮共産黨 北朝鮮分局과 朝鮮新民黨 등을 결성하여 소련군과 정치적으로 협조하게 된다. 그 반면 민족·자본주의세력으로서는 평양을 중심으로 활동하던 曺晩植 등 기독교 민족주의자들이 朝鮮民主黨 창당을 인정받은 것 외에는 조직적인 활동이 통제되었다.

(1) 조선공산당 북조선분국

해방 후 북한지역에서는 서울에 본부를 둔 朝鮮共産黨으로부터 상대적인 독자성을 지니는 北朝鮮分局이 설치된다. '러시아 현대사자료보존 및 연구센터'에 소장되어 있는 한 문서에 의하면, 조선공산당의 정책 방향을 세우고 북조선분국을 창설하기로 공식 결정하게 되는 '조선공산당 북조선 5도당원 및 열성자대회'는 10월 13일에 열렸다. 이 대회에서 "조직문제에 대하여 오기섭과 김일성이 보고 연설을 하였다"는 기록이 신뢰할만 하다면, 김일성은 이 시기에 이미 당 조직문제에서 중요한 역할을 담당하고 있었다고 볼 수 있다.[41] 한편 이 문서에는 1945년 10월 1일에 이미 평양에서 북조선의 도당 책임자 및 열성자들의 회의가 열렸고, 여기서 "朴憲永을 지도자로 하는 조선

41) 러시아현대사문서보존 및 연구센터, 문서군 17, 목록 128, 문서철 1119, 219쪽. 한편 소련군 정치사령부(ГлавПУРККА) 제7국 부국장 사포쥬니코프는 연해주군관구의 보고에 근거하여 소련공산당 중앙위원회에 다음과 같은 보고를 하였다. 그에 의하면, 10월 6일 북조선지역의 공산당 조직위원회가 10월 6일에 창설되었다. 이 조직위원회에는 선전부·조직부·공업부·농민부·기술부의 5개 부서를 둔 조직국이 만들어졌으며, 별도로 통제위원회가 두어졌다. 조직국 제1비서는 김용범이며, 제2비서는 오기섭이었다. 그리고 선전부를 박정애(베라 최)가, 조직부를 이동화가, 농민부를 김책이 담당하였다(러시아현대사문서보존 및 연구센터, 문서군 17, 목록 128, 문서철 47, 19~21쪽). 위의 조직 편성과 책임자 임명이 확정적이지는 않았을 것이다. 10월 13일의 대회를 전후하여 변동이 있었을 것으로 보인다.

공산당 중앙위원회"에 종속된 "북조선의 당조직 지도를 위한 조직국 창설이 발의되었다"는 기록이 있다.42) 10월 13일에 공식적으로 조선공산당 북조선분국 창설이 공표되기 이전에, 그 창설문제를 논의하기 위한 예비회의가 사전에 열렸음을 알 수 있다.43)

위 회의의 결정에 따라 조선공산당 북조선분국 중앙이 실제로 조직된 시점은 10월 20일이다.44) 북조선분국 설치와 더불어 책임비서 金鎔範·吳淇燮의 지도 아래 북한 6개 道에 道委員會가 설치되었다.45) 12월 17·18일에 열린 조선공산당 북조선분국 중앙제3차확대집행위원회에서는 "당 활동의 비약적 전개와 全 혁명세력의 총집결"을 위하여 金日成을 책임비서로 추천하고 延安에서 돌아온 武亭을 간부부장으로 영입하였다. 이때 새롭게 짜여진 조선공산당 북조선분국의 간부 구성은 다음과 같다.

> 제1책임비서 金日成
> 제2책임비서 金鎔範, 간부부장 武亭, 조직부장 吳淇燮, 선전부장 尹相南, 노동부장 許가이, 농민부장 朴昌燮, 청년부장 楊永筍, 婦人部長 朴正愛.
> 북조선6도당 책임 진용 : 평남도 張時雨, 황해도 崔景德, 평북도 金明, 함남도 鄭達憲, 함북도 張順明, 강원도 金大鳳(《옳다》, 1946년 1월 6일).

조선공산당 북조선분국의 국가건설론은 부르주아 민주주의(자본민주주의)정권 수립론으로서, 계층적으로는 노동자·농민은 물론 자본가 등을 포괄하며46), 정치적으로는 "모든 반일 민주주의당들과 정치적 단체들의 넓은 연합

42) 러시아현대사문서보존 및 연구센터, 문서군 17, 목록 128, 문서철 1119, 216쪽.
43) 북한 출판물에 의거하여 북조선분국 결성문제를 토론하기 위한 예비회의가 1945년 10월 5일부터 열렸다고 보는 견해도 있다(박명림, 《한국전쟁의 발발과 기원》Ⅱ, 나남출판, 1996, 228~230쪽 ; 이종석, 《조선노동당연구－지도사상과 구조 변화를 중심으로》, 역사비평사, 1995, 169쪽). 예비회의의 정확한 개최 일자는 불확실하지만, 1945년 10월 13일의 공식 대회인 '조선공산당 5도당 책임자 및 열성자대회'를 앞두고, 이 대회의 준비를 위한 사전 예비회의가 여러 차례 열리고, 그 과정에서 일부의 반대를 물리치고 조선공산당 북조선분국 창설 방침이 확정된 것으로 보인다.
44) 《해방후 10년일지》(조선중앙통신사, 1955), 41쪽.
45) 《옳다》, 1946년 1월 6일.
46) 〈조선공산당 북부조선 5도연합회에서 한 당조직문제 보고〉(《북한현대사 1》, 공동체, 1989), 315쪽.

의 기초"[47] 위에 수립하는 통일전선정권 수립론이었다.

조선공산당 북조선분국은 소련주둔군의 적극적인 지원을 받으면서 북한지역에서 영향력을 확대해 갔다. 북조선분국은 1946년 5월을 전후한 어느 시점에 北朝鮮共産黨으로 명칭을 변경하면서, 서울 중앙으로부터 형식적으로나 사실적으로나 독립하게 된다.

(2) 조선민주당

북한지역의 민족주의자들은 1945년 11월 3일, 독자적인 정치세력화를 위하여 '朝鮮民主黨'을 창당하게 된다. 당수에 조만식, 부당수에 이윤영·최용건이 선출되었으며, 1백여 명의 중앙집행위원과 30여 명의 상무집행위원을 중심으로 운영되었다. 민족자본가·도시 소자산가·기독교인들이 주요 기반이었다.[48]

조선민주당은 소련 등 연합국과 협조하면서 '민주주의공화국'을 수립하는 것을 목표로 하였다. 조선민주당의 창당시 강령과 정책의 전문을 소개하면 다음과 같다.

〈강 령〉

1. 국민의 총의에 의하야 민주주의공화국의 수립을 기함.
2. 민권을 존중하여 민생을 확보하야 민족전체의 복립증진을 圖함.
3. 민족문화를 昂揚하야 세계문화에 공헌함.
4. 종교·교육·노농·실업·사회 각계 유지의 결합을 요함.
5. 반일적 민주주의 각 당파와 우호협력하야 전 민족의 통일을 도함.
6. 소련 及 민주주의 제 국가와 친선을 도하야 세계평화의 확립을 기함.

〈정 책〉

1. 국민은 언론·출판·집회·결사 及 신앙의 자유와 선거 及 피선거권을 유함
   민족반역자는 5대 자유와 공권을 박탈함.
2. 의회제도와 보통선거제의 실시.

47) 〈북부조선당 공작의 착오와 결점에 대하여〉, 위의 책, 336쪽.
48) 《조선로동당 력사교재》(조선로동당출판사, 1964), 142쪽.
변영호, 〈해방 직후 북한에 있어서 통일전선〉(《북한현대사 I》, 공동체, 1989), 221쪽.

3. 교육·보건의 기회 균등.
4. 문화 及 사회사업기관의 확충.
5. 문화인 及 과학기술자의 육성과 우대.
6. 국제 무역의 진흥과 국내 상업의 발전촉진.
7. 물가와 통화를 적정조절하야 국민생활의 안정 기도.
8. 소작제도의 개선, 자작농창정의 강화, 농업기술의 향상.
9. 均正簡便한 세제의 확립.
10. 노농운동의 정상적 발전을 조성함.
11. 노자문제의 일치점을 득하야 생산의 지장이 없기를 기함.
12. 실업자의 대책 수립, 공장법 생산보험 건강보험 최저임금제의 지정.
(통일부 북한자료센터 소장 미군노획문서 Microfilm(№. 809)).

강령과 정책을 보면, 조선민주당은 의회민주주의·자본주의적 국가체제를 지향하였으며, 토지개혁 등 근본적인 사회경제개혁에 대한 정책은 지니지 않고 있었다.

조선민주당은 1946년초 모스크바 3상회의의 조선문제 결정에 반발하면서 소련주둔군 및 조선공산당 북조선분국과 마찰을 빚게 된다. 그 과정에서 조만식은 연금되고 상무위원급 33인 중 15인이 월남하였다.[49] 1946년 2월 5일에 개최된 조선민주당 열성자협의회에서는 조만식 계열을 비판하는 선언문·결정서가 채택되었으며, 조선공산당에 협조적인 인물들로 중앙위원회를 개조하고 강양욱이 임시당수 대리가 되었다.[50] 이로써 민족주의자들과 사회주의자들간에 유지되었던 균형적 협조관계는 종식되었다.

(3) 북조선천도교청우당

천도교계는 현실참여의 전통을 바탕으로 하여 1945년 8월 해방 이후 신국가건설과정에서도 자신들이 추구하는 理想國家의 건설을 위하여 정치활동에 적극 참여하였다. 천도교청우당은 그 정치활동을 담당한 천도교계의 정치조직으로서, 남북한에 각각 남조선천도교청우당·북조선천도교청우당이 조직,

---

49) 김성보, 〈북한의 민족주의세력과 민족통일전선－조선민주당을 중심으로〉(《역사비평》, 1992년 봄호), 393쪽.
50) 〈해방 후 4년간의 국내외 중요일지〉(《북한관계사료집》 7), 594쪽.

운영되었다. 북조선천도교청우당은 30여만 명에 이르는 당원을 기반으로 하여 북조선공산당의 '友黨'으로서, 북조선민전의 주요 구성원으로서 북한의 정권수립과 제반의 사회개혁에 동참하였다.

본래 '천도교청우당'은 1931년 2월에 천도교 신파의 천도교청년당과 구파의 천도교청년동맹이 합동하여 만들어진 천도교의 정치사회단체였으나, 신구파 분규가 재연되어 1933년 3월부터 다시 천도교청년당과 천도교청년동맹으로 복귀된 바 있다.[51]

은둔 상태에 있던 천도교청우당 활동가들은 해방 직후 각 지역의 조직들을 복원하기 시작하였다. 소련주둔군 보고서에 의하면 북한지역에서는 1945년 10월까지 지방에서 당 조직들이 만들어졌다.[52] 10월 31일에는 지방 당조직대표들이 참석한 가운데 천도교 청우당 부활전당대회가 개최되었다. 대회에서는 민족통일결성 촉진·전재동포 구제·실업대책·기관지 발행 등을 만장일치로 가결하고 당위원장과 중앙위원과 각 부서책임자를 선거한 후 폐회하였다. 위원장에 金起田, 부위원장에 李應辰이 선출되었다.[53] 소련민정청의 기록에 의하면, 이 대회에서는 분단 조건을 고려하여 북한에 '당 서부지부'를 창설하기로 결정하였다. 서부지부 중앙위원회는 김정주의 지도 아래 13명으로 구성되었다.[54]

1946년 1월 25일 중앙위원회는 당지방조직대표 회의를 소집하였다. 이 회의에서 당지방조직대표의 대다수는 북조선에 독립적인 청우당을 창설할 것을 요구하였다. 1946년 2월 8일, 북조선천도교청우당이 창당되었다.[55] 위원장

---

51) 만 2년에 걸친 천도교청우당의 활동은 최근 영인본으로 간행된 기관지 《黨聲》을 통해 확인할 수 있다.

52) 러시아연방대외정책문서보관소(АВПРФ), 문서군 0480, 목록 4, 문서함 14, 문서철 47, 99쪽. 한편 표영삼은 신의주 천도교청우당 시당 간부 최동조의 증언에 입각하여 북한지역에 천도교청우당이 부활한 것은 1945년 11월 초 신의주시당부 조직에서부터 시작되었다고 서술하였다(표영삼, 〈북한의 천도교(상)〉, 《신인간》 375호, 1980년 3월, 23쪽). 이는 정식 지방조직이 건설된 시점을 의미하는 것으로 판단된다. 1945년 10월 31일 지방 당조직 대표들이 모여 개최한 천도교청우당 부활전당대회에서 지방 당조직 재건을 결의하고 이에 따라 사전에 조직되고 있던 지방조직을 중앙 차원에서 승인하는 절차를 밟았을 것으로 보인다.

53) 《자유신문》, 1945년 11월 5일.

54) 러시아연방대외정책문서보관소, 문서군 0480, 목록 4, 문서함 14, 문서철 47, 99쪽.

은 金達鉉[56], 부위원장 金廷柱·朴允吉이었다.[57] 당검열위원장으로는 金明熺가 선출되었다.[58]

천도교청우당은 창립대회 때 당원이 5만 2,959명이었으며, 조선민주주의인민공화국이 수립되는 1948년 9월 시점에는 당원수가 28만 9,494명으로 팽창하였다. 청우당원의 80%는 농민 출신으로 구성되었다. 그 외에 노동자가 7%, 사무원이 3%로서, 노동자－농민이 전체의 90%를 차지하며, 상인·기업가·수공업자·학생 등이 부분적으로 참여하였다.[59] 북조선천도교청우당은 농촌에 거주하는 천도교인들로 주로 구성되었음이 확인된다. 조선민주당과 기독교계가 주로 도시에 근거를 두고 있었다면, 천도교는 반대로 농촌에 근거를 두고 있었다.

천도교청우당의 국가건설 방략은 《黨志》와 〈천도교정치이념〉에서 확인할 수 있다. 《黨志》에서는 먼저 천도교의 원리를 종지·강령·목적으로 나누어 설명한다. 宗旨는 '人乃天', 강령은 '물심일원 성신쌍전 교정일치', 목적은 '보국안민 포덕천하'이다. 그 다음 보다 구체적인 국가건설론을 당강령주해에서 설명하였다. 천도교청우당의 4대 강령은 아래와 같다.

---

55) 《해방후 10년일지》, 46쪽.

56) 金達鉉은 1884년 함경남도 高原郡 출신으로 1903년에 천도교에 입도하였다. 그가 사회활동에 나서게 된 시점은 1919년 3·1운동 때부터이다. 3·1운동 당시 고원군에서는 천도교도들이 만세운동을 주도하였는데, 고원군 종리원장 趙東源의 지도하에 김달현 등이 참여하였다. 그후 1922년에 김달현은 無産者同志會 활동에도 참여하였다. 김달현은 1922년 12월 서울의 한 파업에도 관여하였다. 그는 또한 조선농민사 교양부장으로 활동하고, 1933년에는 천도교청년당 중앙위원, 1934년 1월에는 천도교 고원군 종리원장이 되었다. 그해 12월 제8회 천도교 임시대회에서 의장으로 당선되어 전국적인 인사가 되었다(표영삼, 〈天道敎의 3·1재현운동과 金達鉉〉, 《북한》 220, 1990, 4월호, 122~123쪽 ; 김준엽·김창순, 《한국공산주의운동사》 2권, 고려대 출판부, 1969, 34쪽).

57) 백세명, 〈當時 北韓의 敎會實情〉(《南北分裂沮止鬪爭－3·1再顯運動誌》, 천도교중앙총부출판사, 1969), 148쪽.

58) 러시아연방대외정책문서보관소, 문서군 0480, 목록 4, 문서함 14, 문서철 47, 99쪽.

59) 러시아연방대외정책문서보관소, 문서군 0480, 목록 4, 문서함 14, 문서철 47, 100쪽. 1948년 11월 시점에 북조선천도교청우당은 6개 도위원회, 13개 시위원회, 83개 군위원회, 617개 면위원회를 포괄하는 정당으로 성장하였다(위의 글, 101쪽).

1. 민족자주의 이상적 민주국가의 건설을 기함.
2. 事人如天의 정신에 맞는 새 윤리 수립을 기함.
3. 同歸一體의 신생활이념에 基한 신경제제도의 실현을 기함.
4. 國民皆勞制를 실시하여 日常輔國의 철저를 기함.

(《북한관계사료집》 8, 438~445쪽).

〈천도교정치이념〉은 기본 취지에서는 《당지》와 논리 구성을 같이 하지만, 보다 균형적인 자세를 취하는 변화를 보여 미국식 자본독재와 소련식 무산자독재 모두를 비판하고 전 인민의 자유와 평등을 보장하는 조선적 신민주주의를 지향하는 방향으로 정리되었다. 다만 그 균형은 보다 사회주의에 가까운 균형이었다. 자본주의·자유민주주의에 대해 근본적으로 부정적인 인식을 가지고 있으며, 다만 소련식에 대해서는 계급독재가 필요하지 않은 한국적 조건을 제시하면서 이를 극복하려는 방식을 취할 뿐이었다.

북조선천도교청우당은 모스크바 3상회의 결정을 지지하고 토지개혁에 동참하는 등, 조선공산당 북조선분국의 '友黨'으로서 활동하였다. 그러나 청우당은 1948년 '3·1재현운동' 사건으로 천도교인들 다수가 검거되면서 조선공산당측과 심각한 갈등에 빠지기도 하였다.

(4) 조선신민당

조선공산당의 또 다른 '友黨'은 華北朝鮮獨立同盟을 모태로 하는 조선신민당이었다. 화북조선독립동맹 간부들과 조선의용군 선발대 1,500명은 일제가 패망한 이후 안동에서 압록강을 건너 신의주에 도착하였다. 그러나 "정부없는 민족에 군대가 있을 수 없다"는 이유로 소련군이 동원한 평안북도 임시인민정치위원회 산하 보안부대에 의해 강제로 무장해제당하고 국경 밖으로 퇴각하였다.[60] 김두봉을 비롯한 조선독립동맹 간부들은 부득이 1945년 12월 13일, 무장해제된 채 귀국하였다.[61]

---

60) 민주주의민족전선 편, 《조선해방년보》(문우인서관, 1946), 146쪽.
이승현, 〈북조선노동당의 형성과 그 의미〉(《북한현대사》 I, 공동체, 1989), 91~92쪽.

61) 《해방후 10년일지》, 46쪽.

조선독립동맹은 1946년 2월 16일, 당 명칭을 조선신민당으로 개칭하고 북조선공산당의 友黨으로서 활동하였다. 조선신민당의 간부진은 아래와 같이 구성되었다.

> 主席 金枓奉, 副主席 崔昌益·韓斌, 조직부장 李維民, 선전부장 金民山, 비서처장 邊東潤, 총무처장 張徹(이상 본부).
>
> 위원장 白南雲, 부위원장 鄭魯湜, 조직부장 沈雲, 선전부장 高贊輔, 비서처장 具在洙(이상 남조선)(7월 12일).
>
> (《조선해방년보》, 149쪽. 이 명단은 1차 대표대회 이후 명단이다).

조선신민당은 〈강령〉에서 "친일분자, 팟쇼분자 및 전쟁범죄자 등 일체 반동세력을 철저히 소멸"할 것과 "전 국민의 의사를 대표한 보편적 평등적 선거에 의한 새로운 민주정권을 수립할 것"을 주장하였다. '조선민주주의공화국' 건립론이었다.[62] 이러한 주장은 해방 이전 조선독립동맹의 국가건설방략을 계승한 것이다. 화북조선독립동맹은 해방 직전에 작성한 강령 초안에서, 반일민족통일전선을 결성하고 그를 통해 "자주독립 강성번영한 조선민주공화국을 건립"할 것을 제창한 바 있다. 이 반일민족통일전선 밑에는 "조국독립을 위해서 투쟁하는 각 계층, 각 당파, 각 개인의 모든 역량을 집결하자"고 주장하였다. 그들은 이 통일전선 안에 지주층까지도 참여할 수 있다고 보았다.[63] 다양한 민족운동세력이 동등하게 참여하여 하나의 통일적 지도기관을 세울 것을 모색한 것으로서, 계급운동을 민족운동에 종속시키는 논리였다. 또한 그들은 조선공산당 중앙위원회 계열처럼 '노동자·농민의 민주주의적 독재정권'으로의 轉化 논리도 제시하지 않고 있었다. 그들에게는 통일전선의 결성에 의한 민족문제의 해결이 최대의 과제였기 때문이다. 강령 초안에서는 "今日 조선 민족은 식민지 조건하에서 異民族 통치에 대한 민족 모순이 민족내 각 계급간의 모순을 의연히 초과하고 있다"고 표현하고 있다.[64]

조선신민당은 1946년 8월 28일, 북조선공산당과 합당하여 북조선노동당으

62) 《조선해방년보》, 148~149쪽.

63) 崔昌益, 〈8·15以前 朝鮮獨立同盟綱領(草案)〉(《8·15 以前 朝鮮民族運動의 史的 考察》), 61~64쪽.

64) 崔昌益, 위의 글, 제2조.

로 합류하기 전까지, 북조선공산당에 가장 협조적인 '友黨'으로 활동하였다.

1946년 2월에 수립되는 북조선임시인민위원회는 해방 후 각지에서 세워진 인민위원회들을 하부기반으로 하고 앞서 언급한 정당들을 상부기반으로 하여 건설된다. 그리고 각종 대중조직들이 그 활동을 뒷받침하게 된다. 1945년 11월에는 북조선직업총동맹과 북조선여성동맹이 결성되었다. 1946년 1월에는 공산청년동맹 등이 통합되어 북조선민주청년동맹이 조직되었다. 그리고 1월 31일 북조선농민동맹이 결성되었다.

3) 북조선임시인민위원회의 수립과 '민주개혁'

1946년도는 한반도에 수립될 국가가 통일국가가 될 것인지, 그렇지 않으면 분단국가가 될 것인지 그 기본 방향이 결정되는 중요한 한 해였다. 모스크바 3상회의 결정에 입각하여 미국과 소련은 그 해 3월에 공동위원회를 열어 통일임시정부 수립문제를 논의하기로 하였다. 그러나 남북한 사회는 이미 1945년 말~1946년 초에 이른바 '탁치정국' 속에서 급속히 좌우익으로 분열되며, 2월에는 남북한에서 각각 미국과 소련의 지원을 받은 '남조선국민대표민주의원'과 '북조선임시인민위원회'가 수립된다.[65] 전자는 미군정에 대한 일종의 자문기구 성격에 국한되지만, 후자는 소련주둔군을 대신하여 사실상 국가권력기구의 역할이 주어지게 된다. 이 두 기구는 미·소공동위원회가 순탄하게 진행될 경우 통일임시정부의 토대로서 수렴될 수도 있는 것이었지만, 만약 공동위원회가 결렬될 경우, 남북한 각각에서 분단국가 수립의 토대로 작용할 수 있는 分斷性을 내포한 과도적 국가기구였다.

(1) '탁치정국'을 전후한 좌우대립

북한의 정치·행정이 사회주의자들 및 그들에게 우호적인 인물들 중심으로 이루어지면서 그로부터 소외된 자유민주주의·자본주의 지향적인 인물들

65) 민주의원의 의장으로는 이승만이, 북조선임시인민위원회의 의장으로는 김일성이 선출되었다. 남북 분단정부를 이끌게 되는 이승만과 김일성은 이미 1946년 2월 시점에 과도기적인 권력기구의 대표로 부상하고 있었다.

은 때로는 개별적으로 때로는 조직적으로 소련군정 및 조선공산당측에 저항하는 각종 행동을 표출하기에 이른다.

해방 후 북한에서 발생한 최초의 대규모 반공운동은 1945년 11월 23일에 발생한 '신의주학생사건'이다. 대지주 등 자산가들과 기독교인들이 다수 거주하던 신의주에서는 반공적인 분위기가 초기부터 강하였다. 해방 직후인 9월 초에는 尹河英·한경직 목사 등이 보수적인 '기독교사회민주당'을 결성한 바 있다. 11월 18일 龍岩浦 제일교회에서 열린 인민위원회 주최의 시민대회에서 한 학생 대표가 공산당의 횡포를 비난하자 좌우익간에 충돌이 발생한 것이 사건의 발단이었다. 11월 23일에는 신의주 시내의 중고등학생 3,500여 명이 보안서 등을 향하여 시위를 하였고, 시위대에 총격이 가해져 사망자 23명, 부상자 700명이 발생하였다. 사건 직후 급파된 金日成은 시민들 앞에서 스스로 공산주의자임을 밝히면서도 신의주 지방의 공산당 간부들을 비판하고 학생들을 관대히 처분하겠다고 밝히는 한편 전 민족이 총단결하여 민주국가를 건설할 것을 주장하여 대중적 지지도를 넓히는 계기로 삼았다.[66]

그 후에도 기독교계에서는 '평양章臺峴敎會사건'(1946년 3월 1일), 일요선거거부사건(1946년 11월 3일) 등이 발생하였다. 또한 '김일성·강양욱 저격사건'(1946년 3월), '함흥학생사건'(1946년 3월 13일)을 비롯하여,[67] 천도교계의 '3·1재현운동사건'(1948년 2월) 등이 전개되었다.[68]

북한에서 좌우익의 대립구도가 명확하게 되는 시점은 1946년 초 '탁치'문제를 둘러싸고 남한에서 좌우익이 분화하는 시기와 일치한다. 모스크바 3상회의 결정이 한국에 전달되는 1945년 12월 28일 이후 북한에서는 급속히 사태가 전개되었다. 1946년 1월 2일 조선공산당 북조선분국, 조선독립동맹, 조선노동조합전국평의회 북부조선총국 등 5개 단체는 3상회의 결정을 지지하

---

66) 함석헌, 〈내가 겪은 신의주학생사건〉(《씨올의 소리》, 1971년 11월호).
와다 하루끼, 앞의 글, 276~282쪽.

67) 사와 마사히코, 〈해방 이후 북한지역의 기독교〉(《해방후 북한교회사》, 다산글방, 1992), 22~45쪽.

68) 新人間社 편, 《南北分裂沮止鬪爭-3·1再顯運動誌》(천도교중앙총부출판부, 1969).
표영삼, 〈북한의 천도교〉(상·중·하)(《新人間》 375~377, 1980년 3~4월).
───, 〈天道敎의 3·1재현운동과 金達鉉〉(《북한》 220, 1990년 4월호).

는 공동성명서를 발표하였으며, 1월 3일에는 북조선 10행정국장 회의에서 3상회의 결정 지지성명서를 발표한다. 그리고 조선민주당의 지도자 조만식은 모스크바 3상회의의 결정에 부정적인 입장을 표명한 때문에 1946년 1월 5일 시점에는 북한 권력에서 탈락하게 된다. 그리고 1월 8일에는 민주청년동맹 지방 열성자협의회에서는 3상회의 결정을 반대하는 자를 '반동분자'로 규정하였으며, 민주주의조선임시정부에 반민주주의적 제 정당, 사회단체를 절대로 참가시키지 말 것을 주장하였다.[69] 열흘 사이에 이미 북한에서는 정치 역학 관계의 근본적인 개편이 이루어지며, 앞으로 미·소공동위원회에서 협의하게 될 제 정당, 사회단체의 범위에 3상회의 결정을 반대하는 조직은 참여시키지 말 것을 주장하는 사태가 전개된다. 그리고 한달 뒤인 2월 5일 조선민주당 열성자협의회가 개최되어 당 조직이 전면 개편된다. 북조선임시인민위원회의 결성은 그 3일 뒤인 2월 8일이었다.

(2) 북조선임시인민위원회의 수립

북한에서는 이미 1945년 11월에 10개 행정국이 세워지면서 국가기구의 토대가 마련되어 있었기 때문에, 중앙주권기관을 수립하는 일은 정치권의 결단만을 남겨둔 상황이었다.[70]

1946년 2월에 들어서 조선공산당 북조선분국을 비롯한 정당, 사회단체대표들은 북한지역에 중앙주권기관을 세우기 위한 발기위원회를 조직하였다.[71] 발기위원회는 2월 5일에 북조선임시인민위원회를 수립할 것을 결정하였으며, 같은 날 개최된 조선공산당 북조선분국 중앙상무집행위원회에서도 북한에

---

69) 〈해방 후 4년간의 국내외 중요 일지〉(《북한관계사료집》 7), 588쪽.

70) 예를 들어, 사법국은 1945년 11월 16일에 재판소·검찰소 등과 함께 설치되었는데, 이때 사법국 부국장으로 임명된 崔容達은 1946년 2월 11일 북조선임시인민위원회의 사법국장으로 임명된다(《북조선사법국포고》 1·12호). 5도 행정국의 10개 국이 그대로 북조선임시인민위원회의 10개 국으로 계승된다.

71) 《조선전사》 23, 116쪽. 김일성은 2월 9일의 〈목전 조선 정치형세와 북조선인민위원회의 조직문제에 관한 보고〉에서 '발기부'라고 표현하였다(《正路》, 1946년 2월 10일). 발기위원회의 구성원은 위원장 金策, 부위원장 康良煜·朱寧河, 위원 金鎔範·崔璟德·金達鉉·李周淵 등이었다(김광운, 《북한 권력구조의 형성과 간부 충원, 1945. 8~1947. 3》, 한양대 박사학위논문, 1999, 143쪽).

이미 통일적 중앙정부를 수립할 수 있는 기초가 마련되었다고 확인한 후, 북조선임시인민위원회를 수립하기 위하여 당의 모든 부서와 당원을 동원할 것을 결정하였다. 이 자리에서 金日成은 북조선임시인민위원회를 수립하기 위해 정당·사회단체 대표들과 도·시·군인민위원회 위원장, 행정국 국장 등이 참가하는 예비회의를 개최한 후, 대표협의회를 소집하여 선언서와 당면 과업을 채택하고 인민위원들을 선거할 것을 지시하였다고 한다.[72]

2월 7일에 '북조선임시인민위원회를 수립하기 위한 정당·사회단체대표들의 예비회의'가 열렸다. 예비회의에는 북조선공산당 2명, 민주당 2명, 독립동맹 2명, 노동조합 2명, 농민조합 2명, 여성동맹 1명, 민주청년동맹 1명, 종교단체 1명, 朝蘇文化協會 1명 및 도·시·군인민위원회 위원장들과 행정국 국장들이 참가하였다. 회의에서는 북조선임시인민위원회의 당면 과업을 토의하고, 인민위원선거에 관하여 논의하였다.[73]

다음 날인 2월 8일에는 북조선임시인민위원회를 결성하기 위한 '북부조선 각 정당·각 사회단체·각 행정국 及 각 도·시·군인민위원회 대표확대협의회'가 평양에서 개최되었다.[74] 대표단은 정당대표 6명, 사회단체대표 8명, 행정국장 11명, 각급 인민위원회 관련자 등 137명으로 구성되었다.[75]

개회 제1일에는 김일성의 〈목전 북부조선 정치형세와 북부조선인민위원회의 조직문제에 관한 보고〉와 그에 대한 토론이 있었다. 그리고 다음 날 북조선임시인민위원회의 위원선거가 있었다. 인민위원에 추천된 23인[76]의 명단은 아래와 같다.

> 김일성, 김두봉, 무정, 강양욱, 최용건, 이문환, 한희진, 이순근, 이봉수, 한동찬, 장종식, 尹基寧, 方禹鏞, 최용달, 홍기주, 현창형, 李箕永, 강진건, 박정애, 홍기황, 康永根, 방수영, 김덕영(《正路》, 1946년 2월 10일).

---

72) 《김일성전집》 3(조선로동당출판사, 1992), 82~89쪽.
73) 김광운, 앞의 책, 146쪽.
74) 《正路》, 1946년 2월 10일.
75) 김광운, 앞의 책, 147쪽.
76) 인민위원 총수 23인은 위원장·부위원장·서기장을 포함하지 않은 숫자로서 실제 총수는 위원장 김일성, 부위원장 김두봉, 서기장 강양욱을 포함하여 26명이라는 견해도 있다(김광운, 위의 책, 148쪽).

그리고 이들 중에서 위원장에 김일성, 부위원장에 김두봉, 서기장에 강양욱이 추천되었다.

북조선임시인민위원회는 '북조선최고행정주권기관'으로 간주되었다. 사법권은 재판소와 검찰소에서 담당하도록 되어있으나, 이들은 북조선임시인민위원회 사법국이 관할하므로 엄밀한 의미에서 사법권이 독립되어 있었던 것은 아니다. 입법권 또한 북조선임시인민위원회가 장악하였다. '최고행정주권기관'이기는 하지만, 별도의 독립된 입법부와 사법부가 없는 상태에서 임시인민위원회는 행정권뿐만 아니라 입법권·사법권까지 장악한 명실상부한 국가최고기관이었다.[77]

〈북조선임시인민위원회 구성에 관한 규정〉에는 북조선임시인민위원회가 북한의 '중앙행정 주권기관으로서 북조선의 인민·사회단체·국가기관이 실행할 임시법령을 제정'(3조)할 권한을 가지며, 임시인민위원회의 '各 局과 각 도인민위원회 등의 옳지 못한 결정을 시정하며 또는 정지할 수 있는'(4조) 기구이다. 따라서 그동안 '쏘련군사령부에 속하여 있던 각 국은 북조선임시인민위원회의 지배를 받으며 그 기관으로 편성'(8조)되었다. 그렇다고 해서 임시인민위원회가 유일한 중앙주권체는 아직 아니었다. 여전히 소련군의 점령하에 있는 상황이었으며 따라서 임시인민위원회의 각 국은 임시인민위원회에 대해서뿐만 아니라 '쏘련군사령부에 제출할 법령과 결정의 초안을 작성'하며, 임시인민위원회와 '쏘련군사령부에서 발포한 모든 법령과 결정을 실시'해야 했다. 이를 통해 임시인민위원회 출범으로 중앙의 권위가 임시인민위원회와 소련군 양자에 의해 공유되고 있음을 볼 수 있다. 그러나 모든 법령과 결정의 초안은 임시인민위원회 산하의 각국이 작성하게 되어 있으므로 주권은 임시인민위원회에 이양되었다고 볼 수 있다.[78]

---

77) 북조선임시인민위원회가 입법권과 행정권을 다 같이 장악한 이유는, 민주주의적 선거에 의하여 조직된 독자적인 인민대표기관이 존재하지 않았기 때문이다. 북조선임시인민위원회가 휴회 중에는 최고행정주권기관으로서 상무위원회가 그 역할을 대신하였다. 상무위원회는 집행권과 입법권을 행사하였을 뿐만 아니라 사법권까지도 행사하였다(한석봉, 《인민정권 건설경험》, 사회과학출판사, 1986, 36쪽).

78) 柳吉在, 《北韓의 國家建設과 人民委員會의 役割, 1945~1947》(고려대 박사학위 논문, 1995), 195쪽.

임시인민위원회 안에는 상무위원회를 두어 임시인민위원회가 폐회기간 중 최고행정주권기관의 역할을 하도록 하였다. 상무위원회는 임시인민위원회 위원장, 부위원장, 서기장 3인에 2인의 위원을 추가하여 5인으로 구성하였다. 임시인민위원회 산하에는 10국과 3부를 두었으며, 각 국장들은 인민위원 중에서 선임된다.[79] 7월 10일에는 '행정 각 기관 간부에 관한 인사문제'를 관장하는 간부부가, 9월 14일에는 노동부가, 12월 23일에는 '계획 및 통계사업'을 관장하는 기획국이 각각 신설되었다.[80]

임시인민위원회의 수립에 참가한 기관·단체들에는 조공 분국·조선민주당·천도교청우당·독립동맹 등의 정당조직들과, 전평 북부조선총국·전농 북부조선총국결성준비위원회·여성총동맹·민주청년동맹 등의 사회단체, 그리고 10개의 행정국, 그리고 각급 인민위원회 등 정권기관들이 망라되었다.[81]

선출된 북조선임시인민위원회 위원들은 1946년 2월 9일, 金日成으로부터 북조선임시인민위원회의 당면 과업에 대한 제안을 토의한 후 이를 만장일치로 통과시켰다.[82] 통과된 11개조 '당면 과업'은 친일잔재의 청산, 토지개혁, 주요 산업의 발전 지원, 중소상공업 육성, 노동운동 지원, 민주주의적 교육·문화 정책 등을 주 내용으로 한다. 이는 북한정치·사회세력들이 자신의 신국가건설노선을 구체화한 것이라기 보다는 '당면 과업'이라는 명칭 그대로 미·소공동위원회를 앞두고 북한지역에서 우선적으로 실행되어야 할 정책과제들을 천명한 것이었다. 인민민주주의적 개혁과정에서 핵심적인 사항이 되는 주요 산업의 국유화 방안이 제시되지 않은 점은, 아직 국가수립의 단계가 아니라는 점과 함께 소련군이 장악하고 있던 주요 산업의 향방이 이 시기에 아직 미정 상태였음을 보여주는 것으로 해석할 수 있다.

'당면 과업'에서 제시된 토지개혁의 문제는 다음 달인 3월 5일에 전격적으로 시행된다. 그 후 3월 20일에 열리게 되는 제1차 미·소공동위원회를 전후하여 북조선임시인민위원회의 국가건설노선은 보다 정교화한다. 위원장 김일

79) 《北朝鮮法令集》(北朝鮮人民委員會 司法局, 1947), 8쪽.
80) 柳吉在, 앞의 책, 196쪽.
81) 柳吉在, 위의 책, 196쪽.
82) 《正路》, 1946년 2월 10일.

성은 1946년 3월 23일에 〈20개조 정강〉을 발표하였다.

1. 조선의 정치・경제생활에서 과거 일본통치의 一切 殘餘를 철저히 숙청할 것.
2. 국내에 있는 반동분자와 반민주주의적 분자들과의 무자비한 투쟁을 전개하며 팟쇼 및 반민주주의적 정당・단체・개인들의 활동을 절대 금지할 것.
3. 전체 인민에게 언론・출판・집회 및 신앙의 자유를 보장시킬 것. 민주주의적 정당・노동조합・농민조합 및 기타 諸민주주의적 사회단체가 자유롭게 활동할 조건을 보장할 것.
4. 전 조선 인민은 일반적으로 직접 또는 평등적으로 무기명투표에 의한 선거로써 지방의 일체 행정기관인 인민위원회를 결성할 의무와 권리를 가질 것.
5. 전체 公民들에게 性別・信仰 및 資産의 多少를 불구하고 정치・경제・생활 제조건에서의 동등한 권리를 보장할 것.
6. 인격・주택의 신성불가침을 주장하며 공민들의 재산과 개인의 소유물을 법적으로 보장할 것.
7. 일본통치시에 사용하며 그의 영향을 가진 일체 법률과 재판기관을 폐지하며 인민재판기관을 민주주의 원칙에서 건설할 것이며 일반 공민에게 법률상 동등권을 보장할 것.
8. 인민의 福利를 향상시키기 위하여 공업・농업・운수업 및 상업을 발전시킬 것.
9. 대기업소・우수기관・은행・광산・삼림을 國有로 할 것.
10. 개인의 수공업과 상업의 자유를 허락하며 장려할 것.
11. 일본인・일본국가 賣國奴 및 계속적으로 소작을 주는 지주들의 토지를 몰수할 것이며 소작제를 철폐하고 몰수한 일체 토지를 농민들에게 무상으로 분배하여 그들의 소유로 만들 것. 灌漑業에 속한 일체 건물을 무상으로 몰수하여 국가에서 관리할 것.
12. 생활필수품에 대한 시장가격을 제정하여 투기업자 및 고리대금업자들과 투쟁할 것.
13. 단일하고도 공정한 조세제를 규정하며 진보적 所得稅制를 실시할 것.
14. 노동자와 사무원은 8시간 노동제를 실시하며 최저임금을 규정할 것. 13세 이하의 소년의 노동을 금지하며 13세로부터 16세까지의 소년들에게 6시간 노동제를 실시할 것.
15. 노동자와 사무원들의 생명보험을 실시하며 노동자와 기업소의 보험제를 실시할 것.
16. 전반적 인민의무교육제를 실시하며 광범하게 국가경영인 소・중・전문대학교를 확장할 것. 국가의 민주주의적 제도에 의한 인민교육제도를 개혁할 것.
17. 민족문화・과학 및 기술을 전적으로 발전시키며 극장・도서관・라디오・방

송국 및 영화관 수효를 확대시킬 것.
18. 국가기관과 인민경제의 諸부문에서 요구되는 인재들을 양성하는 특별학교를 광범히 설치할 것.
19. 과학과 예술에 종사하는 인사들의 사업을 장려하며 그들에게 보조를 줄 것.
20. 국가 병원수를 확대하며 전염병을 근절하며 빈민들을 무료로 치료할 것.
(《朝鮮中央年鑑》, 朝鮮中央通信社, 1949, 67쪽 ; 1950, 38·39쪽).

'20개조 정강'은 미·소공동위원회에서 논의하게 될 통일임시정부가 지향할 바를 천명한 것으로서, 북조선임시인민위원회가 천명한 전국적 범위의 국가건설노선으로서의 성격을 지닌다. 일제잔재의 청산뿐만 아니라 "팟쇼 및 반민주주의적 정당·단체·개인들의 활동을 절대 금지"하며 전 조선 인민이 인민위원회 결성의 의무와 권리를 가지는 것 등, 북한지역에서 실현한 인민민주주의적 개혁노선을 전국적으로 확장하는 내용을 담고 있다. 특히 주목되는 점은 무상몰수·무상분배의 토지개혁 방안과 함께 개인 재산을 법적으로 보장하며 개인 수공업·상업의 자유를 허락·장려하는 한편 대기업소·은행·광산 등 주요 산업은 국유화할 것 등 인민민주주의적 경제정책론을 명확히 천명한 점이다. 이상의 정강은 역사적으로 일제하 사회주의 계열의 신국가건설론을 계승·발전시킨 것임과 동시에, 국제적으로는 제2차대전 후 소련군이 주둔한 지역에서의 일반적인 인민민주주의 국가건설의 길이 한반도의 특수사정 속에서 구체화된 것이기도 하였다.[83]

(3) '민주개혁'

북조선임시인민위원회는 1946년 3월 5일 토지개혁을 출발점으로 하여 남

83) 미·소공동위원회를 앞두고 소련측은 1946년 3월 16일 연해주군관구의 메레쯔츠코프와 쉬티코프에게 〈조선임시정부 수립에 대한 소·미공동위원회 소련사령부 대표단에의 훈령 초안〉을 발송하였다(러시아연방대외정책문서보관소, 문서군 07, 목록 11, 문서함 18, 차례(Пор) 280, 1~8쪽). 이 자료는 〈소련의 조선임시정부 수립 구상－미·소공동위원회에 보낸 훈령과 조선임시정부 각료 후보〉(《역사비평》 24, 1994), 370~373쪽에 번역되어 있다. 이 훈령 초안에는 소련측이 향후 수립될 조선임시정부가 어떤 성격을 지녀야 할 것인지에 관련하여, '정부사업을 위한 기초'로서 반드시 실행하여야 할 과제로 18개 항목의 '정치 강령'을 제시하고 있다. 이 훈령 초안과 '20개조 정강'의 상관성에 대해서는 김성보(1995), 앞의 글, 85~88쪽 참조.

녀평등권법령 공포, 주요 산업 국유화, 노동법령 공포, 사법재판기관 개혁 등 제반의 '민주개혁'을 통해 인민민주주의적 국가건설의 사회경제적 토대를 구축하여 갔다.

그 중에서도 사회경제적 대변동을 초래한 것은 토지개혁이었다. 1942년 시점에 북한지역에서 논과 밭의 소작지율은 각각 64.3%, 49.6%였다.[84] 그리고 1945년 시점의 통계에 의하면 북한지역의 총 농가 가운데 4%에 불과한 지주가 총 경지면적의 58.2%를 차지하고 있었으며 농가호수의 56.7%에 달하는 빈농들은 총 경지면적의 5.4%를 차지하고 있었다.[85] 북조선임시인민위원회는 토지개혁을 통해 이와 같은 불평등한 토지소유관계를 해체하고 지주제를 청산함으로써 농민들의 지지를 얻어내고 농업경제의 발전을 도모하였다.

토지개혁의 구체적인 방법은 2월 말, 3월 초까지도 확정되어 있지 않았다. 토지개혁 논의는 일제강점기에 이미 다양하게 이루어지고 있었지만, 사회주의 계열과 민족·자본주의 계열간에 하나의 방안으로 수렴되지 못한 상태였으며, 사회주의 계열 내부에서도 다양한 편차가 있었다. 1945년 10월 이후 조선공산당 내부에서 일정한 합의가 도출되지만, 그 또한 1946년초 '탁치정국'과 극심한 좌우대립의 상황 속에서 재론의 필요성이 주어지고 있었다. 문제를 더욱 복잡하게 한 것은 북한지역에 주둔한 소련측 내부에서도 이견이 존재하였던 점이다. 소련외무성의 방안은 토지를 무상몰수하되 중소지주에게는 일정량의 토지를 그대로 소유하도록 하며 농민에게는 토지소유권을 유상분배하는 방안이었다. 이 방안은 동유럽에서 시행되는 토지개혁과 유사한 것이었다. 그 반면 연해주군관구측은 모든 소작지를 무상몰수, 국유화한 다음 농민에게는 경작권만을 제공하는 급진적인 방안을 주장하였다. 연해주군관구의 방안은 조선공산당측의 방안과 상통하는 것이었다. 결국 토지개혁 논의는 1946년 2월 말에 개최된 '북조선농민대표대회'에서 최종적으로 확정되었다. 이 대회에서 농민들은 모든 소작지를 지주에게서 무상몰수한 다음 소유권 자체를 농민에게 분여하는 방안을 채택하여 북조선임시인민위원회에 제출

84) 朝鮮銀行調査部, 《朝鮮經濟年報》(1948), I-340쪽(황해도는 전부, 강원도는 半數를 북한지역으로 계산함).
85) 손전후, 《우리나라 토지개혁사》(과학백과사전출판사, 1983), 71~72쪽.

하였다. 1946년 3월 5일, 북조선임시인민위원회는 '북조선농민대표대회'의 결의를 존중하여 무상몰수·무상분배 방침에 입각한 토지개혁 법령을 통과시켰다.86)

소작을 주는 모든 토지가 개혁 대상이 되었으며, 특히 5정보 이상의 토지를 소작 경영하는 지주는 '지주계급'으로 간주되어 토지는 물론 가축·주택 등까지 몰수되었으며 다른 郡으로 이주하도록 하였다. 몰수한 토지는 고용 농민, 토지가 없는 농민 및 토지가 적은 농민에게 가족별 노동력 점수에 따라 분배하였으며, 이주한 지주에게는 自耕을 원하는 경우 토지를 분배하였다.

토지개혁은 리(동) 단위로 조직된 농촌위원회들이 담당하였다. 먼저 농민대회를 소집하여 빈농·고농 중심으로 농촌위원들을 선출한 다음, 이들로 구성된 농촌위원회가 도-군-면인민위원회의 지도하에 토지몰수와 분배를 하였다. 북한 전체 경지면적(과수원, 대지 포함) 182만 98정보 가운데 55.4%에 해당하는 1백만 8,178정보가 몰수되었다. 이 가운데 95만 5,731정보가 78만 8,249호에 분배되었다. 토지개혁으로 농촌에서 지주층은 소멸하였으며, 농촌 계층구성은 부농 2~3%, 중농 62~63%, 빈농 25% 내외로 재편되었다.87)

토지개혁 후 농민은 국가에 생산물의 25~27%에 해당하는 양곡을 농업현물세로서 납부하게 되었으며, 농업 생산에서 유통까지 국가가 세밀하게 관리하는 국가관리 소농체계가 농촌에 만들어 졌다.88) 토지개혁을 거치면서 농민, 특히 빈농들 중 상당수는 사회주의세력의 지지기반이 되었다. 토지개혁 당시에는 농민동맹원 수가 108만 3,985명이었으나, 개혁 후에는 144만 2,149명으로 증가하였다.89) 1945년 12월 4,530명(농민이 34%)에 불과했던 북한의 조선공산당원 숫자는 1946년 4월에는 2만 6천여 명으로, 1946년 8월에는 36만 6천여 명으로 격증하였다.90) 북한 토지개혁은 단지 지주제의 몰락을 초래

86) 김성보, 《남북한 경제구조의 기원과 전개-북한 농업체제의 형성을 중심으로》(역사비평사, 2000), 135~144쪽.
87) 김성보, 위의 책, 183~184쪽.
88) 김성보, 〈토지개혁 후 북한에서의 國家管理 小農體系 형성〉(《韓國 近現代의 民族問題와 新國家建設(金容燮敎授停年紀念韓國史學論叢3)》, 지식산업사, 1997).
89) 《조선전사》 23권(과학백과사전출판사, 1881), 170~171쪽.
90) 손전후, 앞의 책, 257쪽.

하였을 뿐만 아니라, 불교계·천주교계의 재정기반을 약화시키고 평안남·북도지역을 중심으로 하여 거대한 세력을 형성하고 있던 기독교적 민족·자본주의진영 전체를 약화시키는 결과를 초래하였다.91)

한편 1946년 8월 10일에는 〈산업·교통운수·체신·은행 등의 국유화에 대한 법령〉이 발표되었다. "일본국가와 일본 법인 및 私人의 소유 또는 조선인민족반역자의 소유"로 되어 있는 모든 기업소·광산·발전소·철도운수·체신·은행·상업 및 문화기관 등이 무상몰수 대상이 되었다. 법령에 따라 국유화한 공장, 기업소는 북한 전체 산업의 90% 이상에 달하는 1,034개이다.

그 외에도 남녀평등권법령, 노동법령 등이 공포되었으며, 문화·교육의 급속한 발전, 사법재판기관 개혁 등 이른바 '민주개혁'이 실시되어,92) 인민민주주의적 국가건설을 위한 사회경제적 토대가 마련되었다.

4) 북조선노동당 창당과 북조선인민위원회의 수립

(1) 북조선민주주의민족통일전선 결성과 북조선노동당 창당

1946년 7월부터 북한에서는 전위정당인 북조선공산당을 대중적 정당으로 발전시키고, 기타 정당들과 사회단체들을 하나의 통일전선 조직으로 통합하는 작업이 진행되었다. 7월 22일, 평양에서 북조선공산당·조선민주당·조선신민당·북조선천도교청우당 등 4개 정당대표들과 북조선직업총동맹·북조선농민동맹·북조선민주여성총동맹·북조선민주청년동맹·조쏘문화협회·북조선예술총동맹·북조선불교총무원·북조선소비조합·북조선반일투사후원회·북조선교육문화후원협회·북조선공업기술총연맹·북조선보건연맹·북조선건축동맹 등 13개 사회단체대표들이 참석한 가운데 '북조선민주주의민족통일전선'이 결성되었다.93)

91) 김성보, 앞의 책, 162쪽.

92) 金策, 〈北朝鮮人民委員會 新發足에 際하여〉(《人民》 2-4호, 1947).

93) 〈북조선민주주의민족통일전선위원회 결성에 관한 결정서〉(《民主建國에 있어서 北朝鮮民戰의 役割》, 朝鮮出版社, 1947), 139~142쪽. 다른 자료에는 위의 13개 단체에서 북조선교육문화위원회의 이름이 빠져 있으며 그 대신 북조선기독교도연맹·북조선적십자사·북조선인민항공협회 3개 단체가 추가되어 총 15개

1946년 8월 28일 북조선공산당과 조선신민당은 합당 절차를 밟아 북조선노동당이라는 새로운 정당으로 재조직되었다. 두 정당의 합당문제가 본격적으로 거론된 것은 1946년 7월부터였다. 7월 23일 조선신민당은 중앙위원회 상임위원회를 열어 "현 계단의 조선신민당의 과업과 목적이 북조선공산당의 그 과업 목적들과 합치"한다는 이유로 양당의 합당에 대한 의견을 북조선공산당에 제의하기로 결정하였다. 조선신민당 대표 김두봉이 북조선공산당 책임비서 김일성에게 합당을 제의하는 서한을 보내고 김일성이 다음 날 이를 원칙적으로 수락하는 회신을 보냈다. 7월 28일에는 양당 중앙위원회 상임위원회 연합회의를 열어 합당을 결정하였다. 양당 합당과정에서 이를 비판하는 당원들의 목소리도 분출하였으나, 합당은 급속하게 이루어졌다. 8월 28일부터 30일까지 북조선노동당창립대회가 개최되었다. 대회는 마지막 날 13개 항으로 이루어진 당 강령과 41개조의 당 규약을 채택하고 당 기관지로서《정로》와《전진》을 합하여《로동신문》을 발행하기로 결정하였다. 그리고 당 중앙위원회 위원 43명과 검열위원회 위원 11명을 선출한 뒤 폐막하였다.[94] 김일성이 당 중앙위원으로 추천한 43명 중에서 북조선공산당 출신이 30명, 조선신민당 출신이 13명이었다.[95]

북조선노동당은 '민주주의 과업을 실천'하는 '대중적 정당'임을 표방하였지만, 사실상 맑스-레닌주의에 기초한 정당이었다.[96]

(2) 1946년 11월 인민위원회 선거

1946년도는 북한에서 '북조선임시인민위원회'라는 국가권력의 모체가 형성되고 '민주개혁'이라는 이름의 사회경제적 개혁이 달성된 해였다. 이 임시권력과 사회경제 개혁의 성과는 북한 내부에 제한되지 않고, 미·소공동위원회에서 수립될 통일임시정부의 성격과 그 정부에 의해 수행될 사회경제개혁의

사회단체가 북조선민주주의민족통일전선 결성에 참여한 것으로 되어 있다 (《朝鮮中央年鑑》, 1949, 88쪽).

94) 이종석, 앞의 책, 184~188쪽.

95) 북조선로동당 중앙본부,《북조선로동당 창립대회(제재료)》(1946), 72쪽. 김광운, 앞의 책, 213쪽.

96) 이종석, 앞의 책, 193쪽.

방향에도 영향을 미칠 것이었다. 그러나 제1차 미·소공동위원회는 그 해 5월초에 결렬되어 통일임시정부 수립의 가능성은 희박해져 갔다. 그에 비례하여 북조선임시인민위원회는 점차 '임시'적 성격에서 벗어나 실제적인 국가권력으로 轉化해 간다.

분단국가 수립으로의 지향성은 남북한에서 동시에 나타나고 있었으며, 서로간의 경계심이 그 지향성을 더욱 강화하였다. 남한에서는 이승만이 1946년 6월 3일에 남한 단독정부수립 계획을 발표하였다(정읍발언). 8월 24일에는 미군정이 '남조선과도입법의원' 설치를 위한 선거 계획을 공고하였으며, 10월 12일 과도입법의원 설치안을 정식 공포하였다. 그리고 10월 말까지 선거를 완료하였다. 북한에서도 1946년 가을에는 보다 권력기구를 강화하는 방향으로 나아가게 된다. 남한에서의 단정수립 움직임에 대응하는 한편, 국가권력의 정당성을 확보하고 '민주개혁'의 성과를 공고히 함으로써 북한에서의 정치·사회경제적 개혁의 결과가 뒤집히지 않도록 하기 위함이었다.[97]

북한에서는 1946년 11월 3일부터 1947년 3월 5일까지 약 4개월간 인민위원회 선거를 치루어 국가권력의 정당성을 확보하는 길에 들어섰다. 선거 방식은 '북조선민주주의민족통일전선'에서 추천한 후보자에 대해 찬반 의사만을 흑백투표함에 넣어 표시하는 방법이었다.

11월 3일 도·시·군인민위원회 위원선거에서 총 유권자 99.6%가 투표에 참가하였으며 북조선민주주의민족통일전선에서 추천한 후보자를 찬성한 사람의 수는 전체 선거자의 96%였다.[98]

선거에 의해 총 3,459명이 도·시·군인민위원으로 선출되었다. 당선 위원들의 정당별 분포를 보면, 노동당 31.8%, 민주당 10.0%, 청우당 8.1%, 무소속 50.1%이었다. 사회 성분별로는 노동자 14.5%, 농민 36.4%, 사무원 36.6%

---

97) 북한측의 공식적인 북조선인민위원회 수립 목적은 다음 대목에 잘 표현되어 있다. "북조선에서 이미 실시된 모든 민주건설과 민주역량을 더욱 발전시키고 확대 공고화함으로써 북조선의 민주건설을 기본으로 하는 통일적 임시정부를 하로 속히 건립하는 데 유일한 목적이 있는 것이다"(金策, 〈北朝鮮人民委員會 新發足에 際하여〉, 《인민》 2권 3호, 1947년 4월호 ; 《북한관계사료집》 13, 299쪽).

98) 김일성, 〈인민위원회의 선거총결과 금후의 중심 임무〉(《인민》2권 3호, 1947년 4월호 ; 《북한관계사료집》 13권, 290쪽).

로서 대다수를 차지하고, 그 외에 상인·기업가·문화인·종교인·前 지주들이 부분적으로 당선되었다.

面인민위원회 위원 당선자는 농민이 57.97%, 노동자 8.33%, 사무원 29%로서, 북한 인민민주주의체제에서 기본 성분이라고 할 수 있는 이들이 대부분을 차지하였다. 그 외에 지식인 2.3%, 상인 1.69%, 기업가 0.35%, 前 지주 0.07%, 종교인 0.29%였다. 면인민위원회 위원선거에서 참가자 총수 99.98%, 찬성투표자수 96.2%였다. 리인민위원회 위원선거의 참가자수는 99.85%였으며, 찬성투표수는 86%에 머물렀다.[99]

도·시·군인민위원회 위원선거는 북조선민주주의민족통일전선이 추천한 후보자에 대해 찬반의 의사만을 물음으로써 스스로 표방한 보통·비밀선거의 원칙에 충실한 것은 아니었다. 그렇지만 선거권자 90% 이상이 출석하여 80~90% 이상이 찬성함으로써, 권력의 정당성을 확보하려는 북한 권력측의 의도는 실현되었다.

(3) 북조선인민위원회의 수립

북한의 최고주권기관인 북조선인민회의를 창설하기 위하여 1947년 2월 17일부터 20일까지 平壤에서 1,159명의 대표가 참가한 가운데 북조선 각 도·시·군인민위원회대회가 소집되었다. 이 대회에서는 〈북조선 도·시·군인민위원회대회 대표선거에 대한 규정〉에 기초하여 도·시·군인민위원회 위원 3명에 1명의 비율로 선출된 대표와 정당·사회단체에서 각각 5명씩 선출된 대표들로 구성되었다.

인민회의 대의원선거는 도·시·군인민위원회 대표 5명 당 1명의 비율로

99) 리인민위원회 선거에서 특히 황해도와 평안남도는 반대율이 각각 22.3%, 18.89%로 전체 평균보다 상당히 높다. 반면에 함경남도와 함경북도는 각각 2.48%, 0.61%로 극히 반대율이 낮다. 두 지역의 정치성향의 차이를 보여준다. 평안북도와 강원도는 중간 형태를 보인다. 면인민위원회 선거에서도 유사한 지역적 특징이 나타난다. 평안남도 반대율이 6.5%, 황해도의 반대율은 6.3%였다(朱寧河, 〈北朝鮮 面 및 里(洞) 人民委員會委員選擧 總結에 대하여〉, 《북한관계사료집》 13, 371쪽~373쪽). 리·면인민위원회 위원 당선자 정당별 통계표 참조. 노동당은 함경남도에서, 민주당은 황해도에서, 청우당은 평안남도에서 상대적으로 많은 당선자를 냈다.

비밀투표의 방법으로 실시되었다. 선거 결과 북조선인민회의 대의원으로는 북조선노동당을 비롯한 각 정당의 대표들과 노동자, 농민 등 각계각층의 대표들이 선출되었다.[100]

최고주권기관인 북조선인민회의가 창설된 후 1947년 2월 21일 최고집행기관을 수립하기 위한 북조선인민회의 제1차 회의가 개최되었다.[101] 이 회의를 통해 북조선임시인민위원회의 주권이 북조선인민회의에 이양되었으며, 북조선인민회의는 다시 최고집행기관으로서 북조선인민위원회 구성을 "미·소공동위원회의 통일적 임시정부 수립까지"라는 전제 아래 법적으로 승인하였다. 북조선민주주의민족통일전선 의장단 崔庸健은 김일성을 북조선인민위원회 위원장으로 추대하고 북조선인민위원회를 조직할 책임을 그에게 위임할 것을 제의하였다. 북조선인민회의는 최용건의 제안을 채택하였다.[102] 이리하여 그 다음 날인 2월 22일, 북조선인민위원회가 성립하였다. 김일성을 위원장으로 하여, 부위원장에 金策·洪箕疇가 임명되었다. 위원 명단은 아래와 같다.

〈표 1〉 북조선인민위원회 위원 명단

직 위	성 명	소속당	직 위	성 명	소속당
위원장	金日成	북로당	체신국장	朱晃燮	청우당
부위원장	金 策	북로당	상업국장	張時雨	북로당
	洪箕疇	민주당	보건국장	李東英	민주당
사무장	韓炳玉	북로당	교육국장	韓雪野	북로당
기획국장	鄭準澤	북로당	노동국장	吳淇燮	북로당
산업국장	李文煥	무소속	사법국장	崔容達	북로당
내무국장	朴一禹	북로당	인민검열국장	崔昌益	북로당
외무국장	李康國	북로당	총무부장	金廷柱	청우당
농림국장	李舜根	북로당	간부부장	張鍾植	북로당
재정국장	李鳳洙	북로당	양정부장	宋奉郁	북로당
교통국장	許南熙	무소속	선전부장	許貞淑	북로당

* 《로동신문》, 1947년 2월 23일.

100) 《조선전사 24》, 32~33쪽.
101) 《조선전사 24》, 33쪽.
102) 김광운, 앞의 책, 250쪽.

위의 표에 의하면 북조선인민위원회 위원 22명 중 16명이 북조선노동당원이다. 1947년 2월에 수립된 북조선인민위원회는 형식적으로는 통일전선정권기관의 형식을 띠었지만, 사실상 북조선노동당 1당이 지배하는 사회주의 지향의 정권기관이었다.

5) 헌법 제정과 조선민주주의인민공화국의 수립

(1) 헌법 제정

1947년 11월 14일 유엔에서 미국의 제안에 따라 한국임시위원단의 조직을 결정하자, 그 나흘 뒤인 18~19일에 열린 북조선인민회의 제3차 회의에서는 헌법 제정 논의를 공론화하였다.[103] 이 회의에서 31명의 임시헌법제정위원이 선임되어 헌법 제정을 위임받았다.[104] 조선임시헌법제정위원회 제1차 회의는 인민회의 3차 회의가 끝난 다음 날인 20일 인민회의 상임의원회 의장실에서 개회되었다. 이 회의에서는 인민회의 상임위원회 법전부장인 김택영, 역사가 이청원, 북조선최고재판소 판사 김윤동 등 3인을 임시헌법초안 작성위원으로 임명하였다. 임시헌법제정위원회 상임서기장에는 김택영이 피선되었다. 김택영은 법률학 석사 출신의 소련계 한인이었다.[105] 당시 사법국장이던 崔容達은 임시헌법제정위원회에서 제외되었다.[106]

---

103) 尹慶燮, 〈1948년 北韓憲法의 制定背景과 그 成立〉(성균관대 석사학위논문, 1995), 40쪽. 1946년 말에서 1947년 초반에 이르는 시기에 북한의 사법관계자들은 소련의 스딸린 헌법을 국역하고, 동구라파 인민민주주의체제에 대한 연구서를 번역하는 등 기본적인 준비를 해 온 바 있다.

104) 임시헌법제정위원의 명단은 다음과 같다.
金枓奉, 金日成, 崔庸健, 洪箕疇, 朴允吉, 崔璟德, 金項鎭, 姜鎭乾, 朴正愛, 李箕永, 康良煜, 金廷柱, 李周淵, 鄭達憲, 文泰和, 金英洙, 金應基, 崔鳳秀, 韓晃壽, 崔金福, 康仁奎, 金始煥, 安信浩, 李鍾權, 金澤泳, 金潤東, 李淸源, 金周經, 閔丙均, 鄭斗鉉, 太成洙(北朝鮮人民會議 常任議員會, 《北朝鮮人民會議 第3次會議 會議錄》, 1948, 117~120쪽).

105) 尹慶燮, 앞의 글, 46쪽.

106) 경성제국대학 법문학부 출신으로 보성전문 법학교수를 역임하였고, 1946년 2월 북조선임시인민위원회 사법부장직 수행 이래 북한 법조계를 주도한 그가 제외된 것은 북조선노동당 지도부와의 마찰 때문으로 보인다. 그는 1948년 3월, 북조선노동당 제2차대회에서 허가이로부터 사법기관에 친일경력자를 다수

북한헌법 초안 작성과정에 소련은 어느 정도 개입하였을까. 주북한소련민정국 사법·검찰부의 쉐찌닌(Шетинин Б.В.)은 자신의 회상기에서 "헌법 초안 작성에 즈음하여 조선의 동지들은 나에게 자주 법률가로서의 자문을 구해 왔다"고 밝힌 바 있다. 그는 "조선의 동지들에게 헌법에 관한 레닌적 강령과 소련 및 여타 사회주의제국에서의 헌법제정의 구체적 경험을 면밀하게 연구하고, 부르주아 헌법을 비판적으로 분석할 것을 권고했다"고 한다.107)

1947년 12월 작성된 임시헌법 초안은 1948년 2월 6~7일 개최된 인민회의 제4차 회의에 제출되었다. 이 회의의 개최와 관련하여 1948년 1월 말 소련공산당에서 채택된 다음과 같은 결정 내용이 주목된다. 1월 24일 소련공산당 중앙위원회에서는 인민회의 4차 회의를 개최할 것을 허가하면서 "(이 회의에서) 헌법 초안을 심의하지 않고 … 헌법 초안에 대해 조선인민의 완전한 의사표명을 가능하게 하기 위하여 전 인민 토의에 부칠 것과 북조선인민위원회 대회를 1948년 3월에 소집하여 임시헌법 초안을 토의 비준한다고 결정할 것"을 제기했다. 이 결정은 인민회의에서 그대로 관철되었다.108)

'전인민 토의' 기간 동안 임시헌법제정위원회에 제출된 헌법 초안 지지결정서는 5만 8천통에 달하였고, 초안에 대한 수정안과 첨가안은 2,236통에 달하였다. 임시헌법제정위원회는 이 수정안 및 첨가안을 중심으로 헌법 초안을 수정해 나아갔다.109)

인민 토의 기간은 2개월간이나 진행되었다. 본래 3월에 개최 예정이었던 임시헌법 채택을 위한 인민회의가 4월로 연기되었기 때문이다. 북한만의 헌법 논의가 남북제정당사회단체연석회의에 부정적인 영향을 미칠까 우려했기 때문으로 보인다.110) 남북제정당사회단체연석회의가 종료된 뒤인 1948년 4월 29일, 북조선인민회의 특별회의는 헌법 초안을 만장일치로 채택하였다. 연석

등용한 점을 비판받은 후 결정적으로 힘을 잃게 된다. 다만 최용달의 헌법관련 논설이 북조선노동당 기관지인 《근로자》에 실리는 점 등을 고려해 볼 때 그가 어느 정도로든 북한헌법 형성과정에 기여하였을 것은 부인할 수 없다(최용달, 〈조선인민은 이러한 헌법을 요구한다〉, 《근로자》, 1948년 1호).

107) 쉐찌닌, 《조선인민과의 우정을 위하여 : 회상과 논문》(모스크바, 1965), 141·142쪽.

108) 尹慶燮, 앞의 글, 66쪽.

109) 金澤榮, 《조선민주주의인민공화국 헌법 초안의 근본원칙》, 8쪽.

110) 정해구, 《남북한 분단정권 수립 과정 연구》(고려대 박사학위논문, 1995), 174쪽.

회의를 뒤이어 남북제정당사회단체지도자협의회가 열리고 있는 도중이었다.

채택된 헌법 초안은 인민위원회를 국가권력의 기초로 하는 인민적 국가형태와 인민주권 형식을 담고 있으며, 특히 경제구성에서 국가소유, 협동단체의 소유, 개인소유를 모두 인정하는 점에서 '인민민주주의'적인 성격을 지닌다. 북한헌법 초안은 소련 헌법의 영향을 받으면서 이를 제2차 세계대전 후 동유럽과 동북아시아에서 일반화하고 있던 '인민민주주의' 국가건설의 틀에서 수용한 것이며, 남북 분단의 상황 등 한국적 특수성을 반영한 것이었다.

(2) 북한에서의 분단정부 수립

북한은 1948년 2월 8일 조선인민군을 창건하였다. 정부수립 이전에 조선인민군을 창건한 것은 미국·소련 양국군 철수를 대비하여 취해진 조치였다.

북한은 유엔소총회가 1948년 2월 26일 남한만의 단독선거를 결정하자, 공화국 수립을 서두르면서, 다른 한편으로는 '남한단독선거 반대투쟁'을 전개하였다. 1948년 3월 9일에 열린 북조선민주주의민족통일전선 중앙위원회 제25차 회의에서 김일성은, 외국군대가 철거하는 조건 아래 전 조선적으로 최고입법기관을 선거하여 민주주의적 인민정부를 수립하자는 통일정부 수립 방안을 제안하였다. 3월 25일에는 북조선민주주의민족통일전선이 남북한 정당·사회단체의 연석회의를 개최하자고 제안하였다. 뒤이어 3월 27~30일 동안 열린 북조선노동당 제2차 당대회에서도 이러한 주장들이 다시 확인되었다.

제2차 당대회가 끝난 뒤 4월부터는 남북한 정당·사회단체 연석회의가 본격적으로 추진되었다. 북한은 단선단정에 반대하는 모든 민주주의적 정당·사회단체들의 연석회의를 평양에서 개최할 것을 주장하였다. 남한의 민주주의민족전선 소속 단체들은 이에 호응하였고, 남북 지도자들간의 정치협상을 주장했던 김구와 김규식 등 우익 및 중도계 민족주의자들도 北行을 결정하였다.

1948년 4월 19일, 남북조선 제정당·사회단체 대표자연석회의 본회의가 남북의 46개 단체 대표 545명이 참석한 가운데 평양에서 개최되었다. 이날 회의에서는 김일성의 사회로 조선 정치정세 및 남한단선과 단정반대투쟁 대책을 회의 안건으로 채택하였다. 4월 20일, 김구와 홍명희 등이 평양에 도착하자, 김일성과 김두봉은 김구를 예방하였다. 여기서 김구는 대표자연석회의 주석단에 참여할 의사가 없음을 밝히고 김일성과 단독회담을 요구하였다. 4월 21일에 본회의가 속개되었지만 김구를 비롯한 남한의 우익 민족주의자들은 거의 참여하지 않았다. 김구는 북한이 대표자연석회의를 북한정권 수립에 활용하지 않는가 의심하였다.[111] 남한의 우익 민족주의자들이 대개 불참한 가운데 회의에서는 단선단정 반대, 소·미 양국군대의 철병, 외세의 간섭없는 민주주의 자주독립국가의 수립 등이 논의되었고, 단선을 파탄시키기 위한 남조선단독선거반대투쟁전국위원회 결성이 결정되었다.

남한 민족주의자들은 대표자연석회의보다 '남북요인회담'에 기대를 걸었다. 4월 26일과 30일에 김일성·김두봉·김구·김규식 4인의 이른바 '4김회담'이 열렸으며, 그와 별도로 남북지도자 15인으로 구성된 남북조선제정당사회단체지도자협의회가 결성되었다. 30일에 지도자협의회는 ① 미·소 양군 철수, ② 북한의 남침에 대한 우려 불식, ③ 전국 총선에 의한 통일국가 수립, ④ 남한의 단선단정 반대를 요지로 하는 공동성명서를 발표하였다.[112]

1948년 남북연석회의는 여러 가지 역사적 한계를 지니지만, 민족분단의 긴박한 정세에 대처하여 외세에 의한 분단을 반대하고 민족자주성을 추구했다는 점, 사상과 이념의 차이에도 불구하고 민족적 단결을 시도하였다는 점, 분단문제의 평화적 해결을 모색하였다는 점에서 역사적 의의를 지니는 것으로 평가된다.[113]

1948년 7월 10일 북조선인민회의 제5차 회의에서 조선민주주의인민공화국 헌법 실시와 조선최고인민회의 선거 실시를 결정하였다.[114] 정부수립에 앞서 남·북조선노동당은 총선거 및 정부수립을 효율적으로 준비하기 위해 8월 2일 연합중앙위원회를 구성하였다.

북한에서의 선거는 북조선민주주의민족통일전선이 공동추천한 후보자를 직접 선출하는 방식을 취하였다. 8월 25일 실시된 선거에서 유권자의 99.7%가 참가하고 98.4%가 찬성함으로써 212명의 대의원이 선출되었다. 반면 남

---

111) 도진순, 《한국민족주의와 남북관계－이승만·김구시대의 정치사》(서울대 출판부, 1997), 263~267쪽.
112) 도진순, 위의 책, 271~281쪽.
113) 도진순, 위의 책, 289쪽.
114) 《조선중앙년감》(1949), 43쪽.

한에서의 선거는 지하선거를 통한 간접선거 방식이 채택되었다. 8월 20일까지 지하선거를 통해 인민대표를 선출한 다음, 월북한 이들이 8월 21~25일 사이에 해주에서 남조선인민대표자대회를 개최하여 최고인민회의에 보낼 대의원을 선출하는 방식이었다. 간접선거로 뽑힌 1,080명의 인민대표들은 월북하여 해주에서 최고인민회의에 보낼 360명의 대의원을 선출하였다.

남북한에서 선거로 뽑힌 조선최고인민회의 대의원들(572명) 중 항일운동으로 체포·감금 경력자는 248명으로 전체의 43.3%였으며, 이들을 포함하여 항일운동 경력이 있는 자는 총 287명으로 전체의 50.2%에 달하였다.[115)]

최고인민회의는 9월 2~10일 제1차 회의를 개최하였다. 9월 8일에 최고인민회의는 조선민주주의인민공화국 헌법을 채택하였으며, 이 헌법을 '전 조선지역에 실시한다'고 선언하였다.[116)] 같은 날 홍명희의 제안에 따라 최고인민회의 상임의원회가 조직되었다. 이어 9일에는 김일성을 수상으로 하는 내각이 조직되었다. 내각의 명단은 다음 〈표 2〉와 같다.

〈표 2〉 조선민주주의인민공화국 내각 명단

직 위	성 명	소 속 당	직 위	성 명	소 속 당
수상	김일성	북로당	교통상	주영하	북로당
부수상	박헌영	남로당	재정상	최창익	북로당
	홍명희	민주독립당	교육상	백남운	前근로인민당
	김 책	북로당	체신상	김정주	청우당
국가계획위원회위원장	정준택	북로당	사법상	이승엽	남로당
민족보위상	최용건	민주당	문화선전상	허정숙	북로당
국가검열상	김원봉	인민공화당	로동상	허성택	남로당
내무상	박일우	북로당	보건상	李炳南	남로당
외무상(겸임)	박헌영	남로당	도시경영상	이 용	신한민족당
산업상(겸임)	김 책	북로당	무임소상	이극로	어학회장
농림상	박문규	남로당	최고재판소장	金翊善	북로당
상업상	장시우	북로당	최고검사총장	장해우	북로당

* 《조선중앙년감》(1949), 13쪽.

115) 《北韓最高人民會議資料集》 1(국토통일원, 1988), 100쪽.
116) 국토통일원 편, 《북한최고인민회의 자료집》 1(1988), 34~35쪽.

내각에는 남북의 인사들이 약 반씩 참여한 가운데 남·북조선노동당이 전체의 70%를 차지하였다. 남북조선노동당 외에는 민주독립당·인민공화당·근로인민당·신한민족당·조선민주당·천도교청우당 등 친사회주의적인 중도파정당들이 내각에 참여함으로써, 노동당 우위하에 人民民主主義的 성격의 정부가 수립되었다. 같은 날 朝鮮民主主義人民共和國 창건이 선포되었다.

1948년 8월 15일에는 남한에서 大韓民國이, 9월 9일에는 북한에서 조선민주주의인민공화국이 수립됨으로써, 1945년 8월 해방 이후 분단을 극복하고 통일민족국가를 건설하기 위한 민족적 노력은 좌절되었다. 일제강점하에서 자본주의적 국가건설의 흐름과 사회주의적 국가건설의 흐름으로 양분되었던 한국사회는 해방 후에 그 갈등을 치유하고 하나의 통일민족국가를 수립할 기회를 가지지 못하였다. 이념을 달리하는 미국·소련 두 강대국의 군사분할 점령정책 속에서 이념적 대립은 오히려 더욱 격화하였으며, 그 결과 1945년 8월의 해방 시점에는 생각하지도 못했던 두 개의 분단정부가 수립되었다.

〈金聖甫〉

집 필 자

개 요 …… 서중석

I. 광복과 미·소의 분할점령

1. 해방 이전 미·소의 대한정책 …… 정용욱
2. 해방 이후 미·소의 점령정책 …… 정용욱

II. 통일국가 수립운동

1. 광복 전후의 통일국가 수립운동 …… 안종철
2. 주요 정치세력의 통일국가 수립운동
   1) 우익 정치세력의 노선과 활동 …… 박태균
   2) 좌익 정치세력의 노선과 활동 …… 박태균
   3) 중도세력과 좌우합작운동 …… 박태균
   4) 남북지도자회의 …… 서중석

III. 미군정기의 사회·경제·문화

1. 미군정기의 사회 …… 정해구
2. 미군정기의 경제 …… 김기원
3. 미군정기의 문화

Ⅳ. 남북한 단독정부의 수립

한국사 52

광복과 대한민국 정부 수립

편찬간행 국사편찬위원회

초판1쇄 2003년 11월 30일
2쇄 2013년 6월 4일

번각발행 탐구당

등록일 1950년 11월 1일
등록번호 서울 제 03-00993 호

주소 서울특별시 용산구 한강대로 62 나길 6
전화 (02) 3785-2211(대표)
팩스 (02) 3785-2272
홈페이지 www.tamgudang.co.kr
전자우편 tamgudang@paran.com

ISBN 978-89-8236-618-5
978-89-8236-566-9(세트)

값 19,500 원